*ein Ullstein Buch*

# PROPYLÄEN WELT GESCHICHTE

*Eine Universalgeschichte*
*Herausgegeben von*
**GOLO MANN**
*unter Mitwirkung von*
**ALFRED HEUSS**
*und*
**AUGUST NITSCHKE**

Band I
**Vorgeschichte · Frühe Hochkulturen**
Band II
**Hochkulturen des mittleren und östlichen Asiens**
Band III
**Griechenland · Die hellenistische Welt**
Band IV
**Rom · Die römische Welt**
Band V
**Islam · Die Entstehung Europas**
Band VI
**Weltkulturen · Renaissance in Europa**
Band VII
**Von der Reformation zur Revolution**
Band VIII
**Das neunzehnte Jahrhundert**
Band IX
**Das zwanzigste Jahrhundert**
Band X
**Die Welt von heute**
Band XI
**Summa Historica**

*Elf Bände in zweiundzwanzig Halbbänden*

**Zweiter Band**
*2. Halbband*

# Hochkulturen des mittleren und östlichen Asiens

FRANZ ALTHEIM

A. F. P. HULSEWÉ

HERBERT JANKUHN

LUCIANO PETECH

ARNOLD TOYNBEE

*Karten und Zeichnungen im Text von Uli Huber.*

*Der Beitrag von Luciano Petech ist von Dr. Adrianna Giachi, der von Arnold Toynbee von Dr. A. R. L. Gurland in die deutsche Sprache übertragen worden.*

CIP-Kurztitelaufnahme der Deutschen Bibliothek

**Propyläen-Weltgeschichte:**
e. Universalgeschichte; 11 Bd. in 22 Halbbd. / hrsg. von Golo Mann unter Mitw. von Alfred Heuss u. August Nitschke. – Frankfurt/M, Berlin, Wien, Ullstein.
([Ullstein-Bücher] Ullstein-Buch; Nr. 4720)
ISBN 3-548-04720-3

NE: Mann, Golo [Hrsg.]

Bd. 2. → Hochkulturen des mittleren und östlichen Asiens

**Hochkulturen des mittleren und östlichen Asiens.** –
Frankfurt/M, Berlin, Wien: Ullstein.
Halbbd. 2. Franz Altheim... – 1976.
(Propyläen-Weltgeschichte; Bd. 2)
([Ullstein-Bücher] Ullstein-Buch; Nr. 4724)
ISBN 3-548-04724-6

NE: Altheim, Franz [Mitarb.]

*Ullstein Buch Nr. 4724
im Verlag Ullstein GmbH,
Frankfurt/M – Berlin – Wien*

*Der Text der Taschenbuchausgabe
ist identisch mit dem der
Propyläen Weltgeschichte*

*Umschlag: Hansbernd Lindemann
Alle Rechte vorbehalten
© 1962 by Verlag Ullstein GmbH,
Frankfurt a. M./Berlin
Printed in Germany 1976
Gesamtherstellung: Ebner, Ulm
ISBN 3 548 04724 6*

# INHALTSVERZEICHNIS

*Luciano Petech*

351 INDIEN BIS ZUR MITTE DES 6. JAHRHUNDERTS

Die Quellen *(354)* Die Frühgeschichte *(356)* Die vedische Periode *(363)* Die spätvedische Periode *(373)* Die Epoche der großen religiösen Bewegungen *(379)* Die Maurya-Periode *(397)* Das Zeitalter der Invasionen *(419)* Die Kushāna-Periode *(438)* Die Gupta-Periode *(460)*

*A. F. P. Hulsewé*

477 CHINA IM ALTERTUM

Geschichte und Geschichtsschreibung *(479)* Historische Texte *(481)* Perioden und Tendenzen *(486)* Mythen und Frühgeschichte *(489)* Shang-Reich und Shang-Kultur *(492)* Shang-Gesellschaft *(496)* Von den Chou bis zum geeinten Reich *(499)* Chou-Gesellschaft und Feudalismus *(503)* Denker für eine Gesellschaft im Umbruch *(506)* Autoritäres Regiment und allumfassende Liebe *(511)* Der mystische Weg: Taoismus *(514)* Philosophische Vorbereitung der Staatsallmacht *(516)* Der Ch'in-Kaiser einigt das Reich *(521)* Aufstieg und Niedergang der Han-Dynastie *(524)* Aufbau und Gliederung des Han-Staates *(527)* Gesellschaftliche Schichtung *(547)* Denker der Han-Zeit *(552)* Chinesische Expansion *(555)*

*Herbert Jankuhn*

573 DER URSPRUNG DER HOCHKULTUREN

Vorstufen städtischer Hochkultur im Vorderen Orient *(575)* Die Voraussetzungen *(579)* Der Fruchtbare Halbmond *(581)* Spuren früher bäuerlicher Wirtschaftsweise *(585)* Die ältesten Spuren stadtartiger Siedlungen in Jericho *(591)* Jericho als Vorstufe städtischer Hochkultur *(597)*

*Franz Altheim*

601 ERSTE BEZIEHUNGEN ZWISCHEN WEST UND OST

## INHALTSVERZEICHNIS

*Arnold Toynbee*

621 DIE HÖHEREN RELIGIONEN

639 UNIVERSALGESCHICHTE IN STICHWORTEN

655 NAMEN- UND SACHREGISTER
(Von *Bruno Banke*)

696 QUELLENVERZEICHNIS DER ABBILDUNGEN

*Luciano Petech*

INDIEN

BIS ZUR MITTE DES 6. JAHRHUNDERTS

Die Geschichte Indiens spielt sich in einem von der Natur deutlich umgrenzten Raum ab. Die Steinwüste Beluchistans, der Hindukush, das gewaltige Massiv des Himalaya und die Gebirge an der Grenze nach Burma riegeln den indischen Subkontinent nach außen ab. Die einzige, aber sehr wichtige Ausnahme stellen die Pässe an der afghanischen Grenze dar, über die immer wieder Erobererhorden, aber auch Karawanen von Händlern mit den verschiedenartigsten Handels- und Kulturgütern nach Indien eingedrungen sind; auf dem gleichen Wege strahlte Indien seinen Einfluß in den innerasiatischen Raum aus. Ein anderer Verbindungsweg war das Meer, über das die Kaufleute je nach den Epochen mehr oder minder enge Beziehungen zum Roten Meer und zum östlichen Mittelmeer einerseits und zu den indochinesischen Küsten und zum indonesischen Archipel andererseits unterhielten.

Das Herz des Subkontinents und der Schauplatz seiner hauptsächlichsten historischen Ereignisse ist die große Gangesebene, die eine kaum spürbare Bodenschwelle von der Indusebene, ihrer Verlängerung nach Westen, trennt. Die Hügellandschaften Zentralindiens, die Halbinsel Kāthiāwār und die Steppenebenen Rajasthans gehören mehr oder weniger zum Gebiet des Ganges. Dagegen trennt die Vindhya-Kette dieses Gebiet vom Dekhan, einem Plateau, das nach Westen steil, nach Osten sanfter abfällt und ohne Unterbrechung zur südlichsten Spitze der Halbinsel überleitet; als Grenze zwischen Dekhan und Süden kann der Godāvarī gelten.

Die Geschichte Indiens in ihren auf Einigung abzielenden Tendenzen, die allerdings nur gelegentlich und für kurze Zeit auftreten, ist vor allem die Geschichte der Expansion der großen nördlichen Reiche auf den Dekhan hin. Nach dem Abschluß dieser Expansion wird deutlich, welch gewaltiges Verkehrshindernis die Vindhya-Kette bildet. Infolgedessen ist der Dekhan das erste Gebiet, das sich vom Nordreich loslöst, ehe dieses selbst zerfällt. Dieser tausendjährige Prozeß der Einigung und des Zerfalls stellt den eigentlichen Rhythmus der indischen Geschichte dar. Dagegen hat der Süden sein eigenes Leben mit kulturellen und politischen Traditionen, die sich von denen der übrigen Halbinsel unterscheiden; abgesehen von seiner Verteidigung gegen den Druck der Dekhan-Staaten von Norden her, hat seine Geschichte regionalen Charakter mit eigenen, von denen des Nordens unterschiedenen Grundzügen.

Jeweils innerhalb dieser drei Hauptgebiete zeichnen sich dann einige natürliche Regionen ab. Physische Struktur, wirtschaftliche Kapazität, demographisches Potential und ethnische Eigentümlichkeiten gaben die Grundlage für die Bildung unabhängiger Regionalstaaten ab, die sich unter anderen Umständen wie in Europa zu Nationalstaaten hätten entwickeln können. Zu ihnen gehören zum Beispiel Bengalen, Gujarat und Maharashtra. Während des ganzen Altertums und des Mittelalters war dieses regionale Element für die Geschichte Indiens bei weitem wichtiger und entscheidender als die Einheit des Subkontinents.

## *Die Quellen*

Im Gegensatz zu den europäischen Ländern und China ist die Geschichte des alten Indiens hauptsächlich aus den Inschriften erschlossen worden, denn bis auf einige wenige Ausnahmen gibt es im vorislamischen Indien keine geschichtliche Literatur im eigentlichen Sinne des Wortes. Die Werke parahistorischen Charakters tragen vor allem dazu bei, die Lücken in dem Grundgewebe auszufüllen, das sich aus den Inschriften ergibt, können aber die Inschriften niemals ersetzen. Deshalb ist die Rekonstruktion der indischen Geschichte sozusagen aus dem Nichts die Frucht von anderthalb Jahrhunderten geduldiger Kleinarbeit, die zunächst von europäischen, später von indischen Gelehrten geleistet wurde; nur diese Arbeit hat der Welt eine längst vergessene Vergangenheit erschließen können.

Die nach Tausenden zählenden indischen Inschriften stammen nicht nur aus Indien, sondern auch von den Küsten Südostasiens und aus Indonesien. Sie lassen sich in zwei große Gruppen aufteilen: Inschriften auf Stein *(shilapattra)* und Inschriften auf Kupfer *(tāmrapattra)*. Sie enthalten Aufrufe und Edikte, Gedächtnisinschriften, Lobinschriften *(prashāsti)*, Schenkungsurkunden, Votivinschriften und Gebetsformeln. Dazu kommen, mögen sie auch von geringerem historischem Interesse sein, Didaskalien auf Statuen und Reliefs. Bei weitem am zahlreichsten sind die Schenkungsurkunden. Ihr Einleitungsteil kann wichtige historische Elemente, wie Königsnamen, Genealogien, Herrschertaten, Daten, enthalten, während der eigentliche Text uns meist Kenntnisse von den Einrichtungen, der Wirtschaft und den sozialen Verhältnissen vermittelt. Sieht man von den Siegeln der Harappa-Kultur und von drei – vielleicht dem Ende des 4. vorchristlichen Jahrhunderts entstammenden – Inschriften ab, so beginnt die Epigraphik mit den Edikten Ashokas aus dem 3. vorchristlichen Jahrhundert.

Das Münzwesen ist vor allem für die ältesten Zeiten von Bedeutung, für die es häufig die einzige Quelle darstellt; so ist beispielsweise die Genealogie und die Chronologie der indo-griechischen Könige und der Kshatrapa von Ujjain fast ausschließlich aus Münzen erschlossen worden. Mit der Münzprägung ist, teilweise unter persischem Einfluß, vermutlich im 5. vorchristlichen Jahrhundert begonnen worden. Sie beschränkt sich indessen zunächst auf die Punzierung verschiedener Symbole auf rechteckige Metallstückchen. Später treten lokale Münzen auf; Typen und Maßsysteme werden im 2. vorchristlichen Jahrhundert unter griechischem Einfluß grundlegend erneuert.

Zu den literarischen Quellen gehören nur wenige Werke historischen Charakters, die zudem meist dichterische Form haben. Alle haben rein lokale Bedeutung. Das wichtigste ist die Rājataraṅgiṇī von Kalhana (etwa 1150 n. Chr.), eine Chronik der Könige von Kashmir, die die dem Verfasser nahen Zeiten lebendig und außerordentlich genau schildert. Vier Autoren haben sie später nacheinander bis zum Jahr 1586 fortgeführt. Die Insel Ceylon besitzt alte Chroniken (Dīpavaṃsa und Mahāvaṃsa aus dem 5. Jahrhundert) mit jüngeren Fortsetzungen. Außerdem gibt es biographische Gedichte und Romane in Sanskrit, die sich aber auf eine spätere als die hier behandelte Zeit beziehen. Die vedischen, buddhistischen und Jaina-Texte religiösen Inhalts liefern nur ungenaue und chronologisch schwer fixierbare Daten, die außer der Religionsgeschichte die sozialen, wirtschaftlichen und kulturellen Verhältnisse beleuchten. Eine besondere Stellung nehmen die achtzehn Purāṇa ein, eine Art von Enzyklopädien mit mythologischem und juristisch-sozialem Inhalt, die (in der Gestalt von Prophezeiungen *ab eventu*) lange Königslisten enthalten. Ihr Vergleich mit anderen Quellen hat ergeben, daß diese Listen häufig verworren und voller Irrtümer sind; dennoch muß man sich auf sie stützen, wenn jeder andere Anhaltspunkt fehlt. Von diesen genealogischen Elementen abgesehen, bieten die Purāṇa jedoch fast keinerlei historisches Material. Dagegen haben die Dramen gelegentlich die Erinnerung an Ereignisse bewahrt, bei denen es freilich immer schwierig ist, authentische Tradition von poetischer Erfindung zu unterscheiden. Die für den Historiker fruchtbarsten literarischen Texte sind vielleicht die tamilischen Idyllen des dritten Shangam (Akademie) von Madurai, die bis in die ersten Jahrhunderte unserer Zeitrechnung zurückreichen und uns, außer genealogischen Nachrichten, ein sehr lebendiges Bild vom Leben im antiken Südindien vermitteln.

Die ausländischen Quellen zerfallen in der Hauptsache in zwei deutlich unterschiedene Gruppen. Die eine bilden die Schriften griechischer und lateinischer Autoren; die frühesten von ihnen sind die Fragmente von Ktesias und Herodot, die wichtigsten die der Schriftsteller, die die Taten Alexanders behandeln. Sie finden eine würdige Nachfolge im »Periplus des erythräischen Meeres« (1. Jahrhundert v. Chr.) und bei Ptolemäus (2. Jahrhundert n. Chr.). Einige Daten liefern auch byzantinische, syrische und armenische Schriftsteller. Die andere Gruppe stellen die chinesischen Quellen dar, die ihrerseits wieder in zwei Kategorien zerfallen. Die eine besteht aus den Angaben, die auf Grund der diplomatischen und militärischen Beziehungen zu Indien und den anliegenden Ländern gesammelt wurden und in die offizielle Geschichtsschreibung der Dynastien eingegangen sind (vor allem Shih-chi, Han-shu und Hou Han-shu). Die andere umfaßt die Berichte der buddhistischen Pilger, die sich zum Besuch der heiligen Stätten und zur Auffindung heiliger Schriften nach Indien begaben. Diese zweite Kategorie gewinnt indessen erst gegen Ende des von uns behandelten Zeitabschnitts Bedeutung.

## Die Frühgeschichte

Die Vorgeschichte Indiens ist andernorts behandelt worden. Hier muß der Hinweis genügen, daß ihre Erforschung in den letzten Jahren uns eine hinreichend deutliche Vorstellung von der Menschheitsentwicklung in den verschiedenen Teilen der Halbinsel gestattet. In dieses Bild fügt sich in einem gewissen Augenblick eine kulturelle Erscheinung ein, deren Schauplatz das heutige Westpakistan ist und die gewisse, wenn auch nicht wesentliche Berührungspunkte mit der gleichzeitigen Entwicklung in Mesopotamien aufweist. Sie geht von kleinen Bevölkerungsgruppen in den Dörfern der Täler aus, die von der iranischen Hochebene gegen den Indus zu abfallen. Um 3000 v. Chr. besaß diese Bevölkerung schon eine hochwertige, auf der Töpferscheibe gedrehte, gebrannte Keramik mit geometrischen Ornamenten; ihre Geräte waren noch jungsteinzeitlich, aber Kupfer und Bronze kamen, vorerst nur zu Schmuckzwecken, bereits in Gebrauch. Die Herkunft dieser Gemeinschaften oder jedenfalls die ihrer gewerblichen Tätigkeit muß auf der iranischen Hochebene gesucht werden, wo die Funde von Sialk III., Tepe Giyan V. und Bakun III. und IV. (etwa 3200–2800 v. Chr.) deutliche Entsprechungen aufweisen. Eine Gruppe dieser Bauernschaften hat ihre Spuren in Kechi Beg bei Quetta und in Amri am unteren Indus hinterlassen, während verwandte Völkerschaften die Kulturen von Nal und Nundara, vom Zhob und von Loralai ins Leben gerufen haben. Die am weitesten entwickelte Gruppe war vielleicht diejenige, deren Überreste in Kulli in Beluchistan gefunden worden sind und die bis gegen 2100 tätig war; charakteristisch für sie sind vor allem die Tonfiguren von Zebus und Frauen und die lebendige Dekoration ihrer Keramik mit stilisierten Tierfiguren.

In der Mitte des dritten Jahrtausends beginnen diese bäuerlichen Gemeinschaften unter der Führung unternehmungslustiger Anführer plötzlich ihre Tätigkeit bis in die Indus-Tiefebene auszudehnen, die damals von Dschungeln und Sümpfen bedeckt war und ein sehr viel feuchteres Klima als das heutige trockene besaß. In einigen ihrer Siedlungen (zum Beispiel Kot Diji fünfundzwanzig Kilometer südlich von Khairpur) sind mächtige gemauerte Zitadellen entdeckt worden, die mit rechteckigen Türmen aus Stein und Rohziegeln verstärkt waren. Die Keramik, die dort gefunden worden ist, weist seltsame Ähnlichkeiten mit der aus Tell Halaf in Mesopotamien auf.

Dieser herbe Frühling entfaltete sich sozusagen schlagartig zu der reifen Blüte einer Kultur, die man nicht mehr als Induskultur bezeichnen kann, da ihre Überreste auch im Gangestal und an der Gujarat-Küste zutage getreten sind; vielmehr ist es richtig, sie nach ihrem ersten Fundort zu benennen: Harappa im Punjab. Ein anderer Fundort von großer Bedeutung ist Mohenjo-daro in Sindh. Die beiden Städte liegen fünfhundertfünfzig Kilometer voneinander entfernt, und doch sind ihre Kulturen identisch und ohne lokale Varianten; offensichtlich hat die große Flußader des Indus die Verbindung zwischen beiden erleichtert.

Es handelt sich um zwei große Städte, deren Umfang mindestens fünf Kilometer und vielleicht sogar mehr betrug. In beiden liegt am Westrand eine Zitadelle (etwa hundertzwanzig bis hundertfünfzig Meter zu sechzig bis neunzig Meter), die die eigentliche Stadt

Straße mit Kanalisationsanlage in Mohenjo-daro, 3. Jahrtausend

Siegel mit Bilderschrift und Einhorn (?)
aus Harappa, 3. Jahrtausend. New Delhi, National Museum of India

## INDIEN BIS ZUR MITTE DES 6. JAHRHUNDERTS

beherrschte. Der Stadtkern hat einen streng geometrischen Grundriß und entspricht einem fortgeschrittenen Städtebau von erstaunlich modernen Aspekten, die man in dieser Gegend und zu einer so frühen Zeit nicht erwarten würde. Harappa wurde archäologisch unwiederbringlich zerstört, als es vor einem Jahrhundert als riesige Ziegel- und Kiesgrube für den Bau der Eisenbahnlinie Lahore–Multan gedient hat. Immerhin haben die Ausgrabungen eine allgemeine Vorstellung von seiner Anlage und seinem Bau vermittelt.

Die mächtige Zitadelle, die durch Alter und nicht durch Feindeinwirkung in Verfall geraten war, war solide und sorgfältig von Grund auf neu aufgebaut worden. An ihrer Nordseite schlossen sich zwei Reihen kleiner länglicher Bauten in gleichmäßigem Abstand an, vermutlich Behausungen von Arbeitern, die von der Festung abhängig und kontrolliert waren. Noch weiter nördlich grenzten zwei Plattformen mit Mörsern, in denen das Korn zerstampft wurde, an einen Komplex von Kornspeichern an, die aus zwei symmetrischen Gruppen von je sechs von einem breiten Mittelgang getrennten Magazinen bestanden. Das Ganze läßt an ein Regime denken, in dem die Tribute hauptsächlich in Korn bezahlt wurden und in dem das Korn, wie in den gleichzeitigen Siedlungen in Mesopotamien und vor allem in Ur, das Grundelement der Wirtschaft darstellte.

Mohenjo-daro ist besser erhalten; aber hier besteht die Hauptschwierigkeit in der Höhe des Grundwasserspiegels, die keine stratigraphischen Ausgrabungen in der Tiefe zuläßt. Die von festen Ziegeltürmen gesicherte Zitadelle enthielt ein großes Badebassin, dessen Boden sorgfältig abgedichtet und mit einem Abflußrohr aus Ziegeln versehen war; es hat vermutlich zu religiösen Zwecken gedient. Gleich daneben sind die Spuren eines riesigen Kornspeichers entdeckt worden, der in siebenundzwanzig Blöcke unterteilt war. Zu der Zitadelle gehören auch ein Gebäude, das wahrscheinlich der Sitz eines Priesterkollegiums war, und außerdem eine Art Versammlungssaal; das alles vermittelt den Eindruck einer theokratischen Herrschaft, in der politische Gewalt und Priesterklasse nicht getrennt waren. Die Unterstadt war auf einem regelmäßigen rechteckigen Grundriß errichtet, in Blöcken von rund dreihundertsechzig zu hundertachtzig Metern, mit geradlinigen, sich rechtwinklig schneidenden Straßen. Die Häuser waren um einen Innenhof gruppiert mit wenigen und kleinen Öffnungen nach der Straße. Sehr sorgfältig war das Entwässerungssystem; die Häuser waren mit Brunnen ausgestattet, häufig auch mit Baderäumen. Tonrohre leiteten die Abwässer aus dem Hof, dem oberen Stockwerk und vom Dach nach außen. Ein kleines Gebäude, in dem Skulpturenreste gefunden worden sind, scheint ein Tempel gewesen zu sein; merkwürdigerweise gibt es aber keine eigentlichen Sakralbauten, zumindest sind sie schwer als solche zu identifizieren. Auch in Mohenjo-daro wie in Harappa legt ein aus kleinen und armseligen Standardbehausungen bestehendes Viertel die Vermutung nahe, daß hier Arbeiter oder geradezu Sklaven wohnten, die vielleicht von den Priestern abhingen. Als Material der Hauptmauern diente auch hier gebrannter Ziegel, was ausreichende Vorkommen von Brennstoff voraussetzt, vielleicht sogar auf Wälder in der Nähe schließen läßt; für die Innenwände der Häuser wurden indessen auch luftgetrocknete Tonziegel verwendet. Das Ganze macht einen rein zweckgebundenen und ziemlich eintönigen Eindruck. Allerdings müssen die Häuser durch – heute vollständig verschwundene – Holz- und Stuckornamente freundlicher gewirkt haben. Die sanitären Anlagen ergänzte eine Kanalisation, die unter der Straße lag, aus Ziegeln gebaut und mit Steinplatten bedeckt war, alles in allem eine Bemühung um die öffentliche Hygiene und das Kanalisationssystem, wie sie Indien bis in die moderne Zeit nicht mehr gekannt hat.

Die kleineren Städte, von denen Chanhu-daro (hundertdreißig Kilometer südlich von Mohenjo-daro) besonders wichtig ist, wiederholen die gleichen Merkmale in kleinerem Maßstab, ohne dem Bild, das die beiden großen Städte bieten, etwas wesentlich Neues hinzuzufügen.

Von den Bewohnern dieser Indus-Städte weiß man nicht viel. Im Gegensatz zu Mesopotamien, Ägypten und China sind die Gräber der herrschenden Schicht bisher nicht gefunden worden. Die wenigen menschlichen Überreste, über die bisher wissenschaftlich befriedigende Veröffentlichungen vorliegen, entstammen bedauerlicherweise der letzten Periode von Mohenjo-daro. Sie bieten ein sehr komplexes anthropologisches Gesamtbild, ja geradezu ein Rassengemisch: Proto-Australoide, Mediterrane, Alpine, Alpino-Mongoloide.

Die Gesellschaft von Harappa und Mohenjo-daro hatte wesentlich städtischen Charakter, ihr Wirtschaftsleben beruhte auf dem Flußhandel und auf dem Ackerbau der umliegenden Gebiete. Die hauptsächlichsten Erzeugnisse waren Weizen und Gerste, aber auch die Baumwolle war bekannt und wurde angebaut. Der militärische Aspekt dieser Gesellschaft tritt nicht in den Vordergrund. Die meisten der aufgefundenen Klingen können ebensogut häuslichen, handwerklichen und militärischen Zwecken gedient haben. Immerhin gibt es zahlreiche, stets aus Kupfer und Bronze bestehende Pfeilspitzen und Wurfgeschosse aus gebranntem Ton, die von Hand oder mit Schleudern geworfen wurden. Die häuslichen Geräte bestanden zum guten Teil noch aus Stein. Der Handel benutzte vor allem Kähne auf dem Indus und schwere zweirädrige Karren, von denen wir verschiedene Tonmodelle, die als Spielzeug dienten, besitzen. Das einheitliche Gewichtssystem beruhte auf dem – bis in die jüngsten Zeiten in Indien gebräuchlichen – Binarsystem (2, 4, 8, 16, 32).

Die Kunst ist vor allem durch ihre Steinskulpturen gekennzeichnet, von denen einige Stücke ein hohes künstlerisches Niveau haben: so zum Beispiel der bärtige Kopf aus Mohenjo-daro, dessen hieratisch stilisiertes Aussehen an eine Gottheit denken läßt; oder der Torso aus Harappa, der eingehende anatomische Kenntnisse verrät. Unter den wenigen Bronzefigürchen ist die höchst lebendige und natürliche Darstellung einer Tänzerin in Ruhestellung berühmt geworden. Selbstverständlich existieren zahlreiche Terrakottafigürchen, die indessen mehr handwerklichen Charakter und einen nur bescheidenen künstlerischen Wert haben. Die Keramik – eine reine Gebrauchskeramik ohne hervorstechende Merkmale – ist unbemalt grau mit dunkelgrauem Überzug oder rosa mit rotem Überzug. Eine eigentümliche Stellung nehmen die meist aus Speckstein bestehenden Siegel ein, die – wie sich aus den Ausgrabungen von Lothal ergibt – in erster Linie dazu dienten, die Warenballen mit dem Namen des Besitzers oder Spediteurs zu bezeichnen. Diese Siegel tragen lebendige und fast naturalistische Tierdarstellungen – vor allem von Zebus –, seltener menschliche Gestalten, und in einem Fall das Bild einer sitzenden, mit Hörnern geschmückten Gottheit, die von Tieren umgeben ist. In ihr hat man ein Urbild des Shiva in der Gestalt des Pashupati, des Herrn der Tiere, erkennen wollen. In diese Siegel

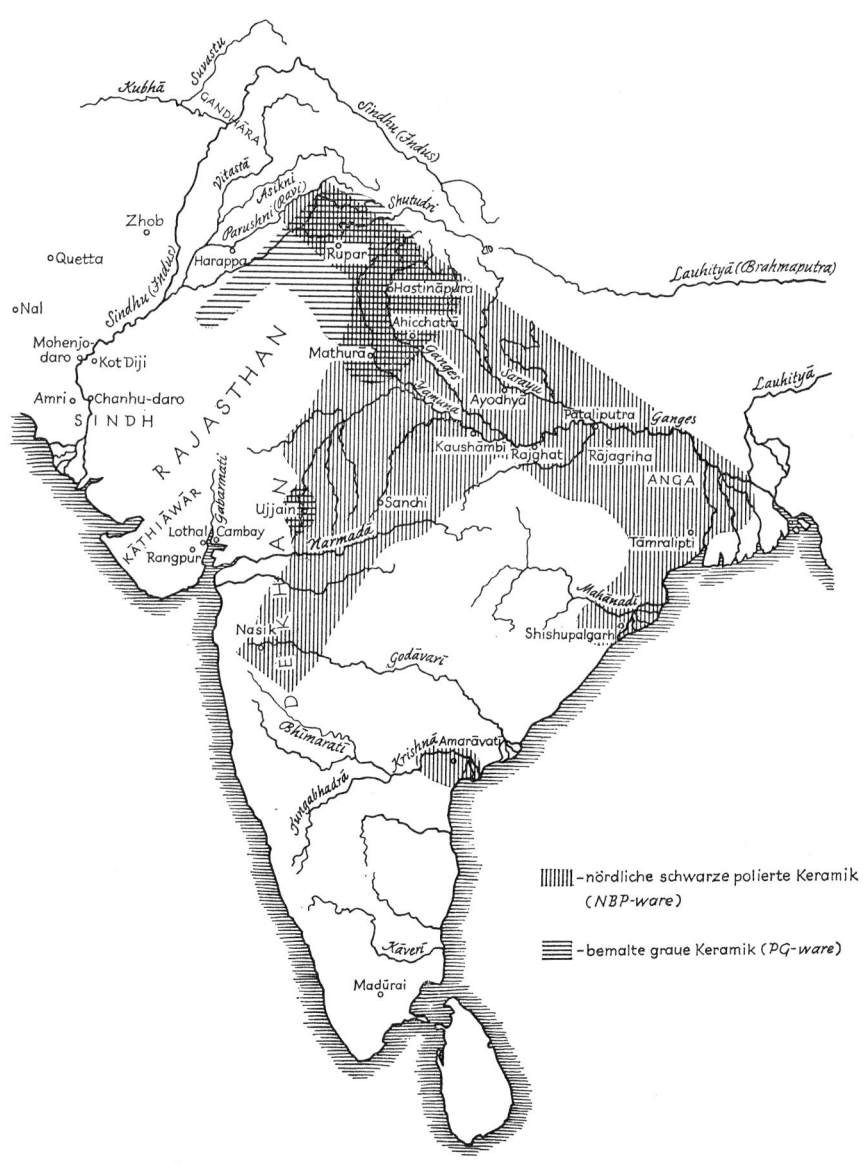

*Indien im Altertum* 2. UND 1. JAHRTAUSEND V. CHR.

und einige Tontäfelchen sind kurze Inschriften eingeritzt, deren längste aus nicht mehr als siebzehn Zeichen besteht. Es handelt sich um ein System von Bildzeichen, von denen bisher dreihundertsechsundneunzig bekannt sind. Die Schrift war bustrophedisch, und ihre erste Zeile begann von rechts. Bedauerlicherweise haben das Fehlen zweisprachiger Inschriften und die Kürze der Texte, die eine erfolgreiche Anwendung der Kombinationsmethode unmöglich machen, bisher die Entzifferung dieser Schrift verhindert, die eines der faszinierendsten Probleme der indischen Frühgeschichte darstellt. Ausgehend von den dravidischen Sprachen (H. Heras) oder von den früh-hethitischen Hieroglyphen und schließlich von den frühindogermanischen Sprachen (Bedřich Hrozný) ist ihre Entzifferung versucht worden; dabei fiel eine nahe, wenngleich unerklärliche Verwandtschaft mit den Inschriften auf der Osterinsel im östlichen Stillen Ozean auf (Wilhelm von Hevesy). Bisher war es aber nicht möglich, Folgerungen aus diesen Feststellungen zu ziehen, und wir müssen uns damit abfinden, daß wir nicht wissen, welche Sprache die alten Bewohner des Industales sprachen.

Einige Aspekte des religiösen Lebens weisen bereits auf die spätere Hindu-Religion hin: so der heilige Stier und das schon erwähnte Urbild des Shiva. Andere indessen erinnern an Babylonien, mit dem ein intensiver Seehandel über Dilmun (die Bahrein-Inseln) betrieben wurde. Auf Grund dieser Tatsache hat man die Chronologie der Harappa-Kultur annähernd fixieren können. Denn in Ur und an anderen Orten Mesopotamiens sind Siegel im Harappa-Stil in Bodenschichten gefunden worden, deren stratigraphische Bestimmung ihre Datierung in die Sargoniden- und die kassitische Epoche, das heißt in die Zeit zwischen 2350 und 1500 v. Chr., erlauben. Diese und andere Elemente, unter denen die Kontrollen durch die Radiokarbonmethode ($C_{14}$) immer größere Bedeutung gewinnen, machen es möglich, die Blütezeit der Harappa-Kultur ungefähr für die Zeit zwischen 2500 und 1800 anzusetzen; und wahrscheinlich darf man annehmen, daß ihre ersten Anfänge ungefähr auf das Jahr 2900 zurückgehen und ihre letzten Ausläufer bis in die Mitte des zweiten Jahrtausends reichen. Dagegen ist ein unmittelbarer Einfluß der sumerischen Kultur auf die Harappa-Kultur bis auf einige allgemeine Vorstellungen, die mehr Anreiz als eigentliche Entwicklungsdirektiven darstellen, wahrscheinlich auszuschließen.

Zu den Haupteigentümlichkeiten der Harappa-Kultur gehört einerseits ihr schneller Anfangserfolg, der sie schlagartig ihren Höhepunkt erreichen läßt, und anderseits ihre verhältnismäßige Unbeweglichkeit und das Fehlen einer eigentlichen Entwicklung. Mag dieser Eindruck auch teilweise täuschen und auf die Unzulänglichkeit der von den ersten Ausgräbern angewandten Methoden zurückgehen, so läßt sich doch nicht leugnen, daß zwischen den Funden der oberen und denen der unteren Schichten nur wenige Unterschiede bestehen. Wir müssen uns daher eine starre, vermutlich von einer geschlossenen Priesterkaste beherrschte, allen Neuerungen abholde Gesellschaft vorstellen, zu der eine breite Mittelschicht gehörte, der das blühende Wirtschaftsleben zugute kam und die darum kein Bedürfnis nach Verbesserungen verspürte. Es fehlte deshalb der belebende Wunsch nach einer Veränderung – Toynbees »challenge of environment«. Mit diesem Bild stimmt der allgemeine Eindruck einer eintönigen Symmetrie, eines lähmenden Konformismus, eines rein materiellen Perfektionismus überein, den man aus diesen toten

Städten gewinnt; doch darf man dabei nicht vergessen, daß nur das rohe Mauerwerk erhalten ist, während alle Ornamente verschwunden sind. Jedenfalls aber muß der herrschenden Schicht, mag sie eine Priesterkaste gewesen sein oder nicht, eine beträchtliche Sklavenmenge zu Gebote gestanden haben; denn die Kuliviertel, die in der Nähe der Zitadellen von Mohenjo-daro und Harappa ans Tageslicht gekommen sind, lassen das Vorhandensein von Sklaven als unbestreitbar erscheinen. Die Gesellschaft muß also die Sklaverei des alten orientalischen Typs zur Grundlage gehabt haben.

Wir wissen nicht, ob diese so einheitliche und aller örtlichen Varianten entbehrende Kultur in einer Reihe von Staaten oder in einem großen einheitlichen Reich mit zwei Hauptstädten organisiert war. Jedenfalls stellt uns der – nach den neuesten Ausgrabungen in Indien – ständig wachsende Umfang ihres Bereichs vor die Alternative, daß dieses Reich entweder nie existiert hat oder das größte und mächtigste des frühen Altertums gewesen ist.

Die Randsiedlungen der Harappa-Kultur sind in ihrer Bedeutung mit den beiden Hauptzentren nicht zu vergleichen, mögen einige von ihnen auch interessante Eigentümlichkeiten aufweisen. Aufschlußreich ist vor allem ihre Lage; aus ihr geht hervor, wie die Arbeit der indischen Archäologen in den letzten fünfzehn Jahren bewiesen hat, daß der Bereich der Harappa-Kultur sich sehr viel weiter nach Osten und Süden erstreckte, als man bisher geglaubt hat.

Im Nordosten wurde eine Reihe bemerkenswerter Harappa-Hügelgräber (ungefähr dreißig) in der Gegend von Bikaner im nördlichen Rajasthan identifiziert. Die unteren Schichten von Rupar am Sutlej stehen ebenfalls mit der letzten Harappa-Periode in Zusammenhang und lassen auf eine relativ späte Ausbreitung der Kultur nach Osten schließen. Der östlichste Punkt, an dem bis 1960 Harappa-Keramik gefunden worden ist, ist Alamgirpur bei Mirath in Uttar Pradesh.

Im Süden stellt Rangpur in Kāthiāwār eine späte oder verspätete Phase dar. Aber der weitaus wichtigste Fundort ist Lothal im äußersten Norden des Golfs von Cambay. Hier haben die jüngsten Ausgrabungen eine städtische Siedlung zutage gefördert, der die strengsten städtebaulichen Richtlinien von Harappa zugrunde liegen: ihr großartiges Kanalisationssystem ist technisch noch vollkommener als das von Mohenjo-daro. Bemerkenswert ist ein großes Gebäude, das vielleicht als Magazin für die Warenballen benutzt wurde; interessant aber ist vor allem ein Bau aus gebrannten Ziegeln, zweifellos ein Dock für die Schiffe, die den Sabarmati-Fluß bis zu der Stadt hinauffuhren. Er hat mehr oder weniger die Gestalt eines Rechtecks. Seine nord-südliche Länge beträgt ungefähr zweihundertfünfzehn Meter, die west-östliche fünfunddreißig Meter, er ist über vier Meter tief. Bei Flut ermöglichte eine Öffnung im östlichen Damm die Einfahrt der Schiffe. Aber auch bei Ebbe wurde der Wasserspiegel vermittels einer kleinen Innenmauer und eines zweckmäßigen Regulationskanals auf gleicher Höhe gehalten. Unmittelbar an dem Bassin führte eine große Laderampe aus festgestampfter Erde und Rohziegeln von zweihundertvierzig zu zwölf Metern entlang. Offensichtlich hat das dem Meer nahegelegene Lothal als Hafen für das südliche Gebiet des Staates (oder der Staaten) von Harappa und Mohenjo-daro gedient. In der Tat zeigen einige Keramikfunde Berührungspunkte mit Ägypten einerseits (Mumienmodell) und Babylonien anderseits. Außerdem ist eine erhebliche Anzahl von Siegelabdrücken auf Ton, die die Warenballen schließen und garantieren sollten, ans Tageslicht gekommen. Daß Lothal schließlich ein großes Produktionszentrum für Glasperlen war, ergibt sich aus ungefähr einer halben Million Glasperlen, darunter rund tausend goldenen, die hier gefunden worden sind. In diesem Zusammenhang ist anzumerken, daß eine Glasperlenfabrik schon früher in Chanhu-daro ausgegraben worden ist. Dem Leben dieser blühenden Handels- und Industriestadt setzte eine furchtbare Überschwemmung ungefähr 1500 v. Chr. ein Ende, die die Siedlung trotz ausgedehnten Schutzwällen zerstörte.

Die Gründe für das Ende der Harappa-Kultur und ihre näheren Umstände sind in Geheimnis gehüllt. Zweifellos sind Zeichen des Stillstands, einer allgemeinen Stagnation und eines technischen und wirtschaftlichen Verfalls schon vor ihrem plötzlichen und in manchen Fällen gewaltsamen Ende zu erkennen. Die geometrische Regelmäßigkeit der Stadtbaupläne wurde nicht mehr beobachtet; in den oberen Schichten von Harappa und Mohenjo-daro zeichnet sich die Neigung zu improvisiertem Bauen mit minderwertigen Materialien und in einer primitiveren Technik deutlich ab. Die weiten Höfe wurden mit Lehmmäuerchen unterteilt; bescheidenere Bauten wurden auf den Trümmern der weitläufigen alten Häuser errichtet. Die Kultur hatte sich nun erschöpft und barg in sich keinerlei Möglichkeit einer Erneuerung; von ihrer Gleichförmigkeit und Unveränderlichkeit während der annähernd tausend Jahre ihres Bestehens haben wir bereits gesprochen.

Zu ihrer unmittelbaren Zerstörung scheinen vielfach auch Überschwemmungen beigetragen zu haben, was vor allem in Lothal naheliegt, wovon Spuren aber auch in Mohenjo-daro nicht fehlen. Es ist erwogen worden (Damodar Dharmanand Kosambi), ob die blühende Landwirtschaft der Harappa-Kultur in der Hauptsache von großen Bewässerungsanlagen und Flußregulierungen abhing und ob deren Zerstörung durch die Eroberer – eine Zerstörung, auf die man im Rigveda Hinweise finden will – der entscheidende Grund für den Niedergang und die Entvölkerung der großen Städte war. Hinzu käme die Abholzung, denn die Millionen von Ziegeln, die im Laufe der Jahrhunderte für den Bau der großen Städte gebrannt wurden, müssen gewaltige Holzmengen verbraucht haben. Daß es sich in einigen Fällen gleichwohl um eine gewaltsame Zerstörung gehandelt hat, ist nicht zu bestreiten. In Harappa zeigt ein verrammeltes Stadttor, daß die Stadt sich im Verteidigungszustand gegen Eindringlinge befand; berühmt ist auch das Massaker in Mohenjo-daro, wo auf einer Treppe rund zwanzig durcheinanderliegende Skelette gefunden worden sind, von denen viele die Spuren von Schwert- und Axthieben tragen: tragische Überreste von Flüchtlingen, die an dieser Stelle von grausamen Eroberern eingeholt und hingemordet wurden. Gewiß handelt es sich hier um einen vereinzelten Fall: weder in Harappa noch in Chanhu-daro noch in Lothal ist ähnliches gefunden worden. Dennoch ist die Zerstörung großer Städte offensichtlich wenigstens teilweise das Werk von Eroberern. Die Frage, wer diese waren, ist in den letzten Jahren lebhaft diskutiert worden. Nach der Theorie von Wheeler ist der Untergang der großen Städte das Werk der Ārya; danach wären die Zitadellen von Harappa (vielleicht das Hariyūpīya des Rigveda?) und von Mohenjo-daro die von Indra, dem höchsten Gott der Ārya und dem Symbol ihrer Stärke, zerstörten Festungen der Ureinwohner. Wie es im Rigveda heißt:

> Kampf um Kampf suchst du kühnlich auf, Burg um Burg schlägst du da mit Kraft zusammen, als du, Indra, mit den Genossen Namī in der Ferne den Zauberer Namuci niederstrecktest.
> Wir wollen deine Heldentaten verkünden, welche Dāsischen Burgen du (*soma-*)berauscht im Anlauf gebrochen hast.

Bisher hat diese Theorie die größte Wahrscheinlichkeit für sich. Andere sind indessen der Meinung, das Ende der Harappa-Kultur gehe der Invasion der Ārya voraus und sei das Werk von Völkerschaften, die aus dem Nordwesten oder geradezu aus der Gangesebene eingedrungen seien. Diese Frage kann jedoch vorläufig nicht geklärt werden.

Nicht überall fand die Harappa-Kultur zur selben Zeit ein Ende. In Lothal zum Beispiel wurden die Ruinen wieder besetzt, und eine Phase der Harappa-Kultur dauerte dort noch vier oder fünf Jahrhunderte an. Das gleiche geschah im Nordwesten und vor allem in Rupar. Im Industal folgte auf eine Unterbrechung eine rohere, die Jhukar-Kultur, deren Siegel mit Strahlenmotiven an ähnliche Arbeiten aus dem nördlichen Iran und dem Kaukasus erinnern. Auf sie folgte die noch dürftigere Jhangar-Kultur. Es hat den Anschein, als seien aber wenigstens in einem Fall die letzten Spuren einer Indus-Bevölkerung zugänglich, die auf der Flucht aus ihren geplünderten und zerstörten Städten ihren alten Glanz in kleinerem Maßstab und mit dürftigeren Mitteln in abgelegenen und schwer zugänglichen Gegenden wiederherzustellen versuchte. Bei Mundigak in Südafghanistan haben die französischen Ausgrabungen gut dreizehn Siedlungsschichten zutage gefördert. Einige davon sind gleich alt, ja älter als die Blütezeit der Harappa-Kultur. In der zehnten Schicht aber fällt ein mächtiger Bau auf, der später in der elften Schicht wiederhergestellt wurde. Die Fassade dieses langgestreckten Gebäudes war mit 1,35 Meter hohen Halbsäulen ausgeschmückt; über ihnen befand sich ein ornamentaler Abschluß aus zinnenförmigen Rohziegeln. Fast sicher handelt es sich um einen Palast. Das Ganze scheint eine späte Variante der Harappa-Formen darzustellen, wenngleich deutliche Spuren mesopotamischer Einflüsse nicht fehlen. Was ihre architektonischen und städtebaulichen Aspekte betrifft, ist Mundigak der Schwanengesang der Harappa-Kultur; wir werden jedoch sehen, daß einige ihrer wenigen augenfälligen Seiten sich in Indien bis in spätere Epochen erhalten haben.

## *Die vedische Periode*

Wenn unsere Kenntnisse von der Harappa-Kultur unter dem Fehlen jeglicher literarischen Quellen leiden, so ist uns die folgende Periode dagegen durch die Spärlichkeit und Unsicherheit des archäologischen Materials nur wenig bekannt. Die städtische Harappa-Kultur wird von einer auf Viehzucht und – anfangs nur in zweiter Linie – auf Ackerbau fußenden Kultur abgelöst; ihre Träger sind die Ārya. Dieser Name (wörtlich »edel«) bezeichnete ursprünglich eine soziale Schicht und zugleich ein Volk und wurde erst später als linguistische Bezeichnung gebraucht; auf jeden Fall hat das Wort keinerlei rassische Bedeutung. Eine enge sprachliche Verwandtschaft macht deutlich, daß diese Völkerschaften mit den Bewohnern Irans (Airya) identisch oder wenigstens nahe verwandt waren. Daraus läßt sich fast mit Sicherheit schließen, daß sie über die Grenzpässe nach Indien eingewandert sind. Aus ihren Überlieferungen, wie sie in den heiligen Veden bewahrt werden, ist freilich jede Erinnerung an eine ursprüngliche Heimat außerhalb Indiens und eine Völkerwanderung verschwunden; daraus haben einige moderne indische Wissenschaftler folgern wollen, daß die Ārya eine autochthone Bevölkerung seien. Doch ist diese These unhaltbar. Gleichwohl bleibt es schwierig, das Herkunftsland der Ārya zu präzisieren. Heute neigt man dazu, die Urheimat der Indogermanen (deren östlichen Zweig die Ārya darstellen) in den Steppen Südrußlands zu suchen; ob sie aber über die Kaukasuspässe oder durch das Amu-Darya-Tal nach Iran und weiter nach Indien gezogen sind, läßt sich nicht sagen.

Den einzigen Anhaltspunkt gibt ein in Boghazköi (Kleinasien) gefundenes, aus dem 14. Jahrhundert v. Chr. stammendes Dokument. Es enthält einen Vertrag Suppiluliumas', des Königs der Hethiter, mit Mattiwaza, dem König von Mitanni am oberen Euphrat. Als Zeugen werden die Mitanni-Götter – unter ihnen Mitra, Uruwana, Indar und die Nasattiyana – angerufen; offensichtlich handelt es sich um die vedischen Götter Mitra, Varuna, Indra und die Nāsatya. Hier scheint man den religiösen Einfluß der zukünftigen Ārya auf ihrer langsamen Wanderung nach Indien mit Händen greifen zu können; einen ausschließlich mythologischen Einfluß allerdings, da es feststeht, daß die Mitanni-Sprache keine indogermanische Sprache war. Im übrigen ist nicht einmal auszuschließen, daß dieser Einfluß aus Indien nach Westen zurückgewandert ist.

Andere auf die Wanderung bezügliche Daten fehlen gänzlich. Die vedischen Texte zeigen uns die Ārya schon fest in der Punjabebene beheimatet und nicht nur ohne jeden Kontakt mit Iran, sondern auch ohne jede Erinnerung an eine iranische Herkunft oder an Beziehungen mit Iran.

Wie schon angedeutet, beruhen alle unsere Kenntnisse von der Ārya-Kultur wesentlich auf den vier Veden, dem typischen Erzeugnis einer Priesterschicht, im Sinne einer beschränkten und teilweise künstlichen Kaste. Nicht umsonst beziehen sich die Unterschiede in den Veden auf Fragen der Opfertechnik, die sie auch alle miteinander verbinden. Denn jede vedische Hymne setzt eine Opferzeremonie voraus. Sie kann privat und häuslich *(grihyakarman)* sein und vom Familienoberhaupt abgehalten werden; sie kann aber auch aus einem feierlichen Opfer *(yajña)* bestehen, das auf Kosten des Opferherrn vollzogen, in der magisch bedingten Praxis aber von vier Priestern oder Priestergruppen ausgeführt wird. Diese Priester sind: der Hotri, der Rezitator der Hymnen und Anrufungen; der Udgarit, der Sänger, der mit seiner Melodie die Opferhandlungen begleitet; der Adhvaryu, der unter rituellen Formeln *(yajus)* die Tötung der Tiere und ihre Darbietung im Feuer vollzieht; der Brāhman, der Oberpriester, der das Werk der anderen überwacht und kontrolliert.

Der Zeitpunkt der Entstehung der Hymnen und der – gewiß sehr viel spätere – der Kompilation der vier vedischen Sammlungen *(samhitā)* ist Gegenstand sehr langwieriger Diskussionen gewesen, die einen wollten ihn im vierten Jahrtausend, die andern in der ersten Hälfte des ersten vorchristlichen Jahrtausends suchen. Hier soll – wenn auch mit allen Vorbehalten – eine Chronologie zugrunde gelegt werden, die von der Zusammenstellung des Rigveda um das Jahr 1000 v. Chr. ausgeht, wobei unterstellt wird, daß einige seiner Hymnen möglicherweise schon um 1500 existiert haben, das heißt also schon vor der Erwähnung der vedischen Götter im Dokument von Mitanni.

Die der chronologischen Ordnung und der heiligen Bedeutung ihres Inhalts nach erste der vier Sammlungen ist der Rigveda, die dem Hotri zugedachte Sammlung. Sie ist uns in einer einzigen Fassung, der der Shākala-Schule, erhalten. Sie enthält eintausendachtundzwanzig Hymnen *(sūkta)*, die zu zehn »Kreisen« *(mandala)* gruppiert sind. Die Hymnen sind von verschiedener Länge, die kürzeste hat nur eine, die längste achtundfünfzig Strophen. Selbstverständlich handelt es sich um Kompositionen aus verschiedenen Epochen. Der eigentliche und vom sprachlichen Standpunkt aus altertümlichste Kern umfaßt die Mandala II–VII, von denen jeder einer anderen Priesterfamilie zugeschrieben wird. Auch IX ist sehr alt, wurde aber erst später in die Sammlung aufgenommen. I und VIII sind relativ alt, umfassen aber Gruppen jüngerer Hymnen, die erst später hinzugefügt wurden *(khila)*. Entschieden jünger, sowohl was seine Form wie was seinen Inhalt angeht, ist der X. Mandala. Insgesamt entspricht der Rigveda weit mehr literarischen und religiösen als rituellen Vorstellungen, da in ihm keinerlei Versuch spürbar ist, ihn zu einem praktischen liturgischen Handbuch zu machen.

Die Hymnen stellen in der Hauptsache Lobpreisungen der Gottheit, Gebete und Verfluchungen dar; das Ganze ist von der Erzählung mythischer Episoden – oder häufiger noch von Anspielungen auf sie – begleitet. Zahlreiche Gottheiten werden angerufen; unter ihnen spielen Indra, der Götterkönig, und Agni, der Feuergott, die größte Rolle. Viele Hymnen – vor allem die Agni und Soma gewidmeten – enthalten eine lyrische Beschreibung der rituellen Handlung (Entzündung des Feuers, Spende, Bereitung und Opferung des heiligen Tranks, des *soma*). Einige wenige Hymnen bestehen aus Erzählungen historischen oder doch wenigstens halbhistorischen Charakters. Insbesondere im X. Mandala sind die Erzählungen kosmogonischen Inhalts häufig. Der Stil ist nicht kunstlos. Die Strophe hat zumeist einheitlichen Charakter, ihr emphatischer Stil bedient sich ausgiebig der Anakoluthen und Ellipsen. Viel Raum wird der Metapher gegeben, und der unbekannte Dichter macht gern und häufig Gebrauch von Doppelsinnigkeiten, wobei er sich die Vieldeutigkeit mancher Wörter zunutze macht. Dies Verfahren wird später allgemein üblich, und die Dichter der klassischen Sanskrit-Literatur bedienen sich seiner bis zum Mißbrauch. Im Schutz seines Sakralcharakters, von liebevoller Fürsorge umgeben, Gegenstand philologischer Studien und bis in eine sehr späte Epoche ausschließlich mündlich überliefert, ist der Rigveda in einem außerordentlich guten Erhaltungszustand ohne Varianten und Verderbnisse auf uns gekommen.

Der Yajurveda ist uns in fünf Samhitā erhalten, deren erste vier als »Schwarzer Yajurveda« bezeichnet werden, da sie mit exegetischen Prosastücken vermischt sind; die fünfte,

»Weiße Yajurveda«, beschränkt sich lediglich auf Formeln und Gebete. Die fünf Samhitā sind die folgenden: Kāthaka (Katha-Schule), Kapishthala (eine andere Fassung der Katha-Schule, nur teilweise erhalten), Maitrāyanī (Maitrāyanīya-Schule), Taittirīya (Āpastambhin-Zweig der Taittirīya-Schule), Vājasaneyi (in zwei Fassungen: Kānva und Mādhyamsina). Die fünf Samhitā haben sehr viel Gemeinsames, und man hat nicht feststellen können, welche von ihnen einem hypothetischen Urtext am nächsten steht. Jedenfalls ist der Weiße Yajurveda sicherlich jünger als der Schwarze, in dem die Taittirīya Samhitā gegenüber den andern drei eine Sonderstellung einnimmt. Sein Inhalt ist zum guten Teil dem Rigveda entnommen, enthält aber teilweise tiefgreifende Veränderungen. Sein eigentümliches Element ist die Opferformel *(yajus)* – eine Anrufung der Gottheit, vor allem aber der Opfergegenstände –, die dazu bestimmt ist, ihnen einen nahezu magischen Charakter und die Fähigkeit zu verleihen, die mit dem Opfer beabsichtigte Wirkung zu erzielen.

Der Sāmaveda ist uns in drei Fassungen erhalten: Kauthuma, Rānāyanīya und Jaiminīya oder Talavakāra, von denen die letzte gewisse Abweichungen enthält. Ihr Inhalt besteht aus drei Büchern mit Strophen und vier Liedersammlungen; in der Jaiminīya Samhitā sind die Gesänge weit zahlreicher und bedeutender. Der Inhalt des Sāmaveda ist zum größten Teil dem Rigveda entnommen, und die Melodie ist vermittels einer primitiven und unvollkommenen Notenschrift aufgezeichnet.

Rigveda, Yajurveda und Sāmaveda bilden eine einheitliche, unter dem Namen Triveda bekannte Gruppe; von ihr mußte der Brāhmane eine vollständige Kenntnis besitzen. Eine Sonderstellung nimmt indessen die vierte Sammlung, der Atharvaveda, ein, von dessen zwanzig Büchern die beiden letzten Ergänzungen darstellen. Er ist uns in zwei Fassungen erhalten: Shaunaka, die allgemein verbreitete; und Paippalāda, der heute nur einige Familien in Orissa folgen. Sowohl in ihrem Aufbau als im Gehalt ihres Textes weicht die Paippalāda sehr stark von der andern ab. Eigentümlich für den Atharvaveda, vor allem in seinen ersten sieben Büchern, sind die magischen Formeln, die zu rein materiellen Zwecken verwendet wurden; aus ihnen geht der archaische und volkstümliche Ursprung seiner Geisteshaltung hervor, mag die Sammlung auch von Priestern überarbeitet worden sein. Man geht deshalb mit der Vermutung gewiß nicht fehl, daß sein Ritual ziemlich primitiv ist und derselben Zeit wie der Rigveda entstammt oder gar älter ist; die Fassung aber ist eine späte, weit jünger als die des Rigveda. So wurde der Atharvaveda, der lange Zeit nur wenig Beachtung fand, erst in einem sehr viel späteren Zeitpunkt als vierter in die Reihe aufgenommen.

Die Sprache der Veden stellt das älteste Stadium der indo-arischen Sprachen dar, das sich noch kaum von dem gemeinsamen indo-iranischen Idiom unterscheidet. Ihre Verwandtschaft mit den ältesten Teilen des Avesta ist in gewisser Hinsicht so eng, daß ihre wesentliche Übereinstimmung mit ihnen noch zu erkennen ist. Im Umkreis der Veden selbst ist die altertümlichste Sprache die des Rigveda, die jüngste die des Atharvaveda. Der ursprüngliche grammatikalische Aufbau mit seinen acht Fällen, dem allgemeinen Gebrauch des Duals, dem Gegensatz zwischen Medium und Aktiv beim Verb, der Unterscheidung von Optativ und Konjunktiv und einer typisch archaischen Syntax ist vollständig erhalten. Daneben führt die vedische Grammatik auch einige Neuerungen ein, so die zahl-

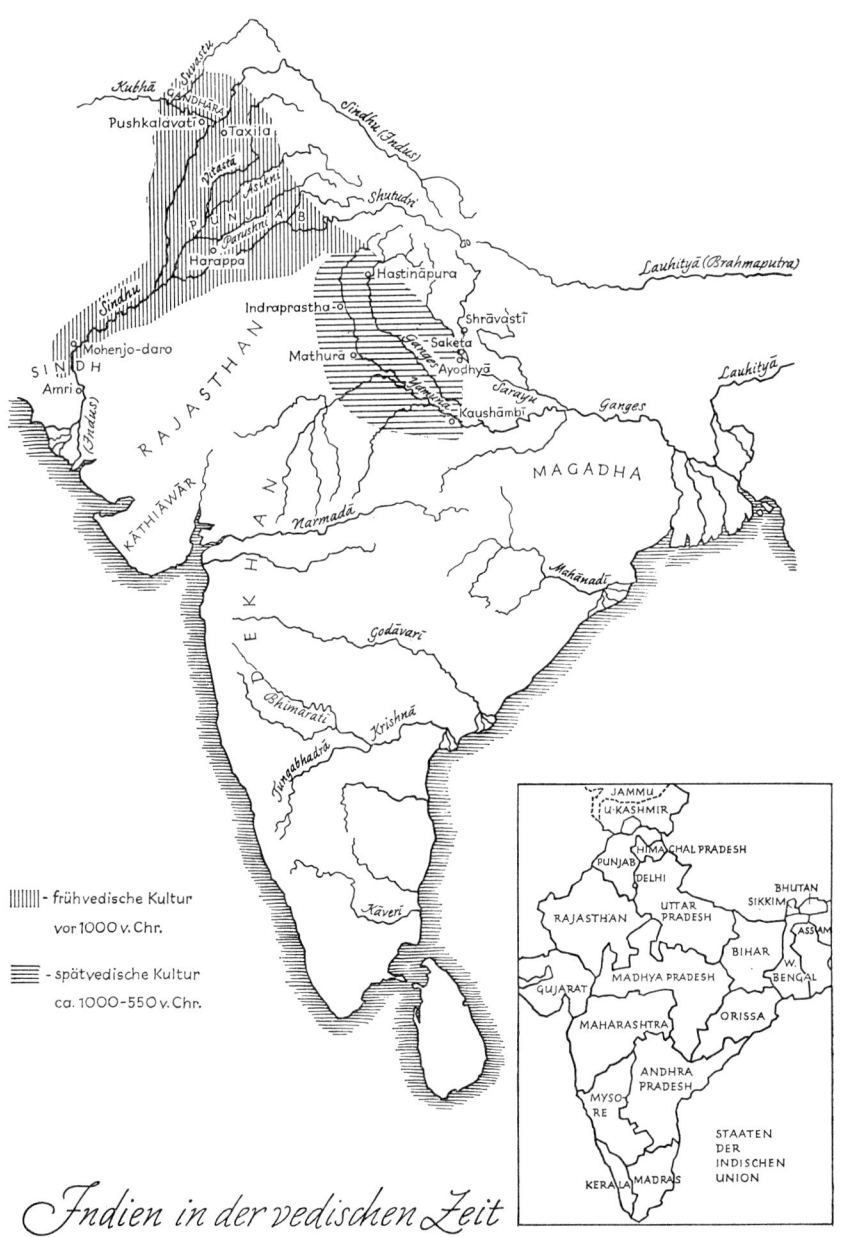

reichen Formen des Infinitivs, von denen später nur ein Teil im klassischen Sanskrit erhalten bleibt. Schon fällt eine gewisse Künstlichkeit auf, was insofern nicht überraschen darf, als es sich hier um eine Priestersprache handelt, in der die Formel mehr galt als die Biegsamkeit der Sprache. Selbstverständlich wurde, je weiter sich die Ārya-Gesellschaft nach Osten ausbreitete, auch ihr nordwestlicher Dialekt allmählich immer mehr mit östlichen Elementen durchsetzt.

Unsere Kenntnisse von der Geschichte der vedischen Periode beschränken sich auf die vagen Hinweise des Rigveda und auf sehr viel spätere, vor allem in den Purāna erhaltene Überlieferungen. Die Kontrolle dieser pseudohistorischen Legenden durch andere Quellen ist allerdings unmöglich; die Wahrscheinlichkeit ihrer Verderbnis und Abwandlung während eines Jahrtausends mündlicher Überlieferung ist so groß, daß ihr historischer Wert sehr darunter leidet. Tatsächlich sind die Überlieferungen von der ältesten Geschichte der Ārya nicht glaubwürdiger als die von der ältesten chinesischen Kultur oder die von der Urzeit Roms.

Am Ursprung der Menschheit steht Manu Vaivasvata, von dessen neun Söhnen alle Dynastien der Tradition abstammen. Diese lassen sich auf zwei Hauptstämme zurückführen: die Sonnendynastien, die von Manus zweitgeborenem Sohn Ikṣvāku, und die Monddynastien, die von dem Erstgeborenen abstammen, der zugleich Mann *(Ila)* und Frau *(Ilā)* war. Aus der Monddynastie soll später Yayāti, der Gründer eines mächtigen Reiches, hervorgegangen sein. Seine Gestalt ist vielleicht nicht vollkommen sagenhaft, da sein Name im Rigveda als der eines frühen Opferherrn erscheint. Ebenso erwähnt der Rigveda den Namen seiner fünf Söhne und der Stämme, an deren Spitze sie standen. Von dieser reinen Aufzählung von Herrschernamen abgesehen, ist das vielleicht einzige historische Ereignis, an das die Hymnen des Rigveda eine einigermaßen genaue Erinnerung bewahrt haben, die Schlacht der Zehn Könige *(dāsharājña)* zwischen Sudās, dem König der Bharata, und einem Bund von zehn Stämmen, deren wichtigste die Pūru, Yadu, Turvasha, Anu und Druhyu waren. Die Verbündeten unter der Führung des Priesters Vishvamitra wurden am Fluß Parushnī (Ravi) entscheidend geschlagen. Im wesentlichen scheint es sich um einen Krieg zwischen West- und Ost-Ārya gehandelt zu haben, der mit dem Sieg der östlichen Stämme endete. Jedenfalls dürfen wir nicht vergessen, daß alle diese Texte rein religiösen Charakters sind, daß ihnen jede Absicht, historisch zu erzählen, fernliegt und daß schon die Mentalität der Priesterkreise, denen sie entstammen, jedes Interesse für die Überlieferung anderer als mythologischer oder ritueller Traditionen ausschließt.

Ergiebiger erscheint die Frage nach den Etappen und dem Verlauf der Ausbreitung der Ārya in Indien. Hier nämlich kann eine Untersuchung des geographischen Horizonts der vedischen Schriften zu gewissen Resultaten führen. Die Ortsbezeichnungen der ältesten Rigveda-Hymnen beziehen sich im wesentlichen auf das Indusbecken, das heißt auf den Punjab und Teile von Ostafghanistan; dieses Gebiet bezeichnen die Texte als Siebenstromland (Saptasindhu). Besonderen Sakralcharakter besaß die Gegend am Sarasvatī-Fluß (heute Sarsuti), die in den späteren Texten Brāhmavarta heißt. In den jüngeren Teilen des

Rigveda und in den drei andern Samhitā verlagert sich der Schauplatz nach Osten. Einerseits wird deutlich, daß die Ārya-Kultur den Westteil des Gangesbeckens – einschließlich Koshala und Videha, aber vorläufig noch ohne Magadha (südliches Bihar) und Anga (westliches Bengalen) – vollständig durchdrungen hat. Anderseits ist der äußerste Westen, Gandhāra (beiderseits des Indus zwischen Peshawar und Rawalpindi) und Bāhlīka (Balkh, das Baktrien der Griechen) ganz den iranischen Völkerstämmen preisgegeben worden und wird nunmehr als nichtarisches Gebiet betrachtet. Im Landesinneren beginnen Stammesgruppen sich abzuzeichnen, die größer und mächtiger als die übrigen sind. Zu ihnen zählen die Kuru oder Kaurava, in denen die Bharata und die Pūru des Rigveda aufgehen; ihre Wohnsitze lagen im Kurukshetra an der oberen Jumna nördlich von Delhi. Später erscheinen sie als Bündnispartner eines verwandten Stammes, der etwas südlicher wohnt, der Pañcāla. Die beiden Völker bildeten eine politische Einheit von einigem Bestand in dem Gebiet zwischen Ganges und Jumna; diese Gegend wurde Mittelland (Madhyadesha) genannt und war das Hauptzentrum brāhmanisch-priesterlicher Gelehrsamkeit.

Etwas besser bekannt als ihre Geschichte ist die politisch-soziale Gliederung der Ārya. Die politische Grundeinheit ist der Stamm. Er wird von einem König *(rājan)* regiert, der zwar beträchtliche Autorität besitzt, aber kein absoluter Monarch ist, da ihm zwei kollegiale Organe zur Seite stehen. Das eine ist die Sabhā, ein Ausdruck, der zugleich den – aus den Brāhmanen und Adligen bestehenden – Rat und das Gebäude bezeichnet, in dem dieser sich unter dem Vorsitz des Königs versammelt. Das andere ist die Samiti, ein Wort, das gelegentlich mit Sabhā synonym ist, das aber eigentlich eine Art Volksversammlung zu bezeichnen scheint. Außerdem bedeutete der sehr starke Einfluß der durch den königlichen Hausgeistlichen *(purohita)* vertretenen Priesterklasse eine weitere Einschränkung der königlichen Gewalt. Der Herrscher hatte das Recht, seinen Untertanen Steuern in Naturalien *(bali)* aufzuerlegen; in der malerischen Sprache eines Hymnus des Rigveda: »Wie der König die Reichen, frißt er (der Feuergott) die Hölzer auf.« Aber seine wichtigste Funktion ist die eines Anführers im Kriege, und in dieser Hinsicht ist die große, von den Ārya eingeführte Neuerung die Verwendung des Pferdes im Kriege; König und Adel *(rājanya)* kämpften vom Kriegswagen aus, während das gemeine Volk das Fußvolk bildet.

Die territoriale Organisation war schon gut ausgebildet; das Stammesgebiet *(rāshtra)* war in Distrikte *(vish)* aufgeteilt, zu denen die Dörfer *(grāma)*, damals wie später stets die Grundeinheit jedes indischen Staates, zusammengeschlossen waren.

Die Frage, wie es mit dem Grundbesitz stand, ist ungeklärt und umstritten; aber es scheint so, als sei die ursprüngliche bäuerliche Gemeinschaft schon damals im Begriff gewesen, sich in persönliches Eigentum aufzulösen. Gleichwohl war das Symbol und das Maß des Reichtums nicht der Grundbesitz, sondern der Viehbestand. Die größte Wertschätzung wurde dem Rindvieh zuteil, das ausschließlich die Maßeinheit für das dem Priester geschuldete Entgelt *(dakshinā)* darstellte. Die Kuh wurde geachtet *(aghnyā*, unverletzlich), aber noch war ihre Opferung üblich. Neben Ackerbau und Viehzucht gab es bereits einen Handel, von dem wir freilich wenig wissen und der keine große Bedeutung gehabt haben kann, und ein Handwerk, zu dem vor allem Schreiner und Schmied gehörten. Der Ausdruck *ayas* für Metall läßt uns indessen darüber in Unkenntnis, ob die primitiven Ārya Eisen oder Kupfer bearbeiteten.

Die Grundeinheit der Ārya-Gesellschaft war die streng patriarchalisch organisierte Familie. Sie war in ein biegsames Geflecht sozialer Beziehungen eingebettet, aus denen erst später das Kastensystem entstand. Es handelte sich um eine Klassifizierung nach Berufen, der indessen noch der später entscheidende Faktor der Erblichkeit des Berufs und der sozialen Stellung fehlte. Aus Gründen, die mit der technischen Schwierigkeit des komplizierten Rituals zusammenhingen, zeichnete sich die Erblichkeit zu allererst in der Priesterklasse, bei den Brāhmanen ab. Im Umkreis der Familie erfreute sich die Frau einer recht gehobenen sozialen Stellung. Sie nahm an der Seite des Gatten an den Opfern teil. Die Witwe durfte sich nicht nur wiederverheiraten, sondern sie mußte, wenn der Mann kinderlos starb, den Bruder des Verstorbenen heiraten und seine Gattin bis zur Geburt eines Sohnes bleiben (*niyoga*, Leviratsehe auf Zeit). Die Polygamie war zugelassen, wenn auch die Einehe die Regel war.

Selbstverständlich war eines der Hauptprobleme dieser Eroberergesellschaft das ihrer Beziehungen zu den besiegten und unterworfenen Ureinwohnern. Eine Angleichung an ihre Kultur fand nicht statt. Bei dieser Feststellung dürfen wir nicht vergessen, daß die materielle Zivilisation von Harappa, die uns in vieler Hinsicht der der Ārya-Hirten so sehr überlegen erscheint, beim Eintreffen der Ārya im Indusbecken bereits untergegangen oder allenfalls so versteinert war und stagnierte, daß sie keinerlei Vitalität mehr ausstrahlen konnte. So fiel den Besiegten eine untergeordnete Stellung in der Ārya-Gesellschaft, ja, im Grunde eine Stellung außerhalb dieser Gesellschaft, zu. Die Dasyu oder Dāsa, wie sie in den vedischen Hymnen heißen, mußten sich damit abfinden, als zweitklassige Menschen unter ihren Herrschern zu leben, wobei sie freilich ihre eigenen Traditionen, ihre eigenen Bräuche und ihren religiösen Glauben bewahrten; und erst später konnte sich jener undurchsichtige Prozeß gegenseitiger Durchdringung anbahnen, der Sieger und Besiegte zu einer einzigen, in Kasten getrennten Gesellschaft zusammenschloß, deren religiöse und soziale Formen arisch waren, aber zum guten Teil einen nichtarischen Inhalt besaßen.

Eines der heikelsten Probleme bei der historischen Auswertung der vedischen Schriften, das ernstlich erst in den letzten Jahren angegangen worden ist, stellt die archäologische Identifizierung der Ārya-Bevölkerung dar. Charakteristisch für die Bodenfunde, die der auf den Untergang Harappas folgenden Kultur zugehören, ist die sogenannte schwarz-rote Keramik. Ihre Fundorte liegen vor allem in Zentralindien (Nagda und Ujjain) und in Westindien (Kāthiāwār), wo sie gleichzeitig mit der Harappa-Keramik vorkommt, diese aber überlebt; anscheinend entstammt sie der Eisenzeit. Auf sie folgt in derselben Gegend eine leuchtend rote Keramik, die schon der ersten historischen Periode anzugehören scheint. Im Norden dagegen (Hastināpura, Rupar, Bikaner) überwiegt eine graue Keramik, die auf der Scheibe gedreht wurde, wenngleich einige Stücke wie von Hand geformt wirken; der feinkörnige Grund, der zwischen Aschgrau und Schwarzgrau wechselt, ist mit abstrakten Motiven (Spiralen, konzentrische Kreise, Hakenkreuze) schwarz bemalt. Die Funde, die sie begleiten, sind äußerst primitiv: dürftige architektonische Reste aus Lehm, tierische

Überreste von Rindern, Schafen und Pferden, einfache Kupfergeräte; dafür fehlen jegliche Steingeräte.

Das Bild der materiellen Zivilisation entspricht also genau dem der vedischen Schriften. Fügt man hierzu die Tatsache, daß die Hauptfunde sich um die Stätten konzentrieren (Hastināpura, Kurukshetra, Mathura), die zur Zeit der Veden, und zwar vor allem zur spätvedischen Zeit berühmt waren, so leuchtet es ein, daß eine große Zahl von Gelehrten die graue Keramik den arischen Eroberern zuschreiben möchte. Diese bisher am besten begründete These zwingt – worauf Heinz Mode mit Recht hingewiesen hat – dann freilich zu der Annahme, daß die durch die graue Keramik charakterisierte Ārya-Kultur mehrere Jahrhunderte lang neben einer weiter westlich beheimateten nichtarischen Kultur existiert hat, die auf den Überresten der Harappa-Kultur entstanden war und für die die schwarzrote und später die leuchtend rote Keramik kennzeichnend ist. Könnte man diese Kultur nicht mit den Dasyu des Rigveda in Zusammenhang bringen? Doch hier betreten wir das Feld der – jedenfalls bei dem jetzigen Stand unserer archäologischen Kenntnisse – um so weniger kontrollierbaren Hypothesen, als das Vorkommen der einzelnen Keramiktypen jeweils nicht das der andern ausschließt und vereinzelte Funde der einen in Gebieten auftreten, wo die andern vorherrschen. Vor allem am mittleren Ganges existiert ein Dreieck von Überlagerungen, das eine ziemlich innige Durchdringung der verschiedenen Kulturen erkennen läßt.

Schließlich finden gewisse Unterschiede innerhalb der grauen Keramik eine merkwürdige Parallele in den sprachlichen Unterschieden, denen zufolge die östlichen und westlichen Dialekte einander näher verwandt erscheinen und in gewissem Sinn von denen des mittleren Nordindiens abweichen. Nach einer Hypothese von Subharao, die andere Deutungen jedoch nicht ausschließt, könnten zwei aufeinanderfolgende Eroberungswellen der Ārya dieses Phänomen erklären.

Noch einmal muß betont werden, daß die Ārya-Eroberer aus dem Kontakt mit den noch vorhandenen Resten der Harappa-Kultur kaum einen – direkten oder indirekten – Nutzen zogen. Nach deren Erlöschen fehlt jede Spur einer Architektur und eines Städtebaus, es gibt fast keine Skulpturenfunde. Der Rückschritt in der materiellen Kultur ist deutlich und eindrucksvoll; an die Stelle der raffinierten Kaufleute der großen Induststädte treten rohe Viehzüchter und ungebildete Krieger, die ihre – lediglich militärische – Überlegenheit vor allem dem durch die Zähmung des Pferdes ermöglichten Gebrauch des Kriegswagens verdanken. Die Unterschiede zwischen beiden Kulturen gehen sehr weit. Ein Beispiel dafür bietet der Vergleich der Tierdarstellungen auf den Siegeln von Harappa mit den in den vedischen Texten erwähnten Tieren. Dort begegnen wir dem Elefanten, dem Tiger, dem Stier, kurz, typisch indischen Tieren. Bei den Ārya hingegen ist der Elefant fast unbekannt, an die Stelle des Tigers tritt der Löwe, und die Rolle des Stieres als heiliges Tier übernimmt zumeist die Kuh.

Das primitive vedische Denken kreist um die Mythologie, während kosmogonischen und eschatologischen Theorien sehr viel geringere Bedeutung zukommt. In der Hauptsache bezieht sich die Mythologie auf die Naturmächte, kann aber auch anders gedeutet werden, was vor allem bei den späteren Auslegungen der Fall war. Die Gottheiten haben keine deutlich ausgeprägte Individualität, und ihr persönlicher Charakter verwischt sich noch mehr durch die Tatsache, daß in jedem Hymnus der Gott, dem er gewidmet ist, die Attribute der höchsten Gottheit nebst einigen typischen Eigenschaften anderer Götter verliehen bekommt. (Dieses Phänomen wurde von Max Müller als Kathenotheismus bezeichnet.) Es gibt keine eigentliche Hierarchie mit einem gegliederten Pantheon. Die zahlreichen Gottheiten entstammen nur teilweise dem allgemeinen indogermanischen Besitz; altertümlich ist aber gewiß die soziale und religiöse Dreiteilung mit ihrem magisch-religiösen, kriegerischen und Fruchtbarkeitsaspekten (Theorie von Georges Dumézil). Die Götter sind tätige, den Leidenschaften unterworfene Wesen, die jederzeit bereit sind, in die menschlichen Angelegenheiten einzugreifen; vor allem aber sind sie von den Menschen durch Gebet und Opfer beeinflußbar. Der ethische Gehalt dieser Mythologie ist ziemlich schwach, wie aus den vedischen Hymnen selbst hervorgeht. Diese bitten um materielle Vorteile – Reichtum, Viehbestand, Nachkommenschaft, Kriegsglück – im Tausch gegen das dargebrachte Opfer; ihre Grundlage ist daher das *do ut des*. Die Sünde wird als eine rituelle Befleckung verstanden, als eine Fessel *(pāsha)*, die durch rituelle Reinigung *(prāyashcitta)* beseitigt werden kann.

Unter den Hauptgöttern zeichnet sich Varuna, der Schöpfer und Erhalter der Welt, die höchste und souveräne Gottheit, aus. Er steht der ethischen Ordnung der Welt *(rita)* vor, ist ihr Verteidiger und bestraft den, der sie verletzt. Sein Genosse und später sein Gegenspieler ist Mitra (der iranische Mithra), der Verbündete, der Gott der Verträge. Beide stehen an der Spitze der acht Āditya, die von kosmisch-solarem Aspekt und mit dem Königtum verbunden sind. Der Gott, der im Rigveda jedoch die höchste Verehrung genießt, ist Indra, dessen Menschenähnlichkeit schon sehr viel stärker betont wird. Ein großer Krieger, dessen wichtigste Waffe der Blitz *(vajra)* ist; ein großer Trinker, dessen Getränk der heilige Soma ist; ein großer Liebhaber und gleichwohl der Gatte der Indrāni. Seine Hauptkennzeichen sind deshalb seine lärmende, maßlose Kraft, sein Berserkerzorn, sein kriegerisches Heldentum. Er ist der Schirmherr der Krieger und die eigentliche Gottheit ihrer Kaste. Bei den feindseligen Beziehungen zu den Ureinwohnern stellt Indra den Inbegriff des kriegerischen Ārya-Eroberers dar. Vielleicht war er ursprünglich ein einfacher Heros, der sehr bald göttliche Ehren genoß und auf den die charakteristischen Eigenschaften anderer Heroen übertragen wurden. Seine Gefolgsleute und Helfer sind die Marut, Schreckensgottheiten, die mit dem Blitz und dem Sturm zusammenhängen. Eine zweitrangige Rolle, der aber eine große Zukunft beschieden ist, spielt vorläufig Rudra, eine Schrecken einflößende, dem Feuer zugehörige Gottheit, die anderseits aber Helfer, Heiler und Arzt ist; die Polarität seiner Bedeutungen spiegelt sich in seinen Epitheta, die das schrittweise Verschwinden des vedischen Gottes überleben: Shiva, »der Huldreiche«, Hara, »der Zerstörer«, Shankara, »der Heiler«, Mahādeva, »der große Gott«. Die Zwillinge Ashvin bilden eine unzertrennliche Einheit; sie erscheinen abends und morgens auf feurigen Pferden und vollbringen Wunder der Heilung. Vielleicht sind sie ein Symbol des Morgen- und Abendsterns und sicherlich den Dioskuren der klassischen Mythologie vergleichbar. Einige Gottheiten sind deutlich den Himmelserscheinungen zugeordnet; zum Beispiel

Sūrya, die Sonne; Ushas, die Morgenröte; Dyaus, der Himmel *(Dyaus-pitā = Zeus pater,* Jupiter); Vāyu, Gott des Windes als eines reinigenden Hauches. Andere Gottheiten, die sehr häufig angerufen werden, haben eine unmittelbare Beziehung zum Ritus. So Agni, das Feuer und speziell das heilige Feuer des häuslichen Herdes; Soma, der heilige Opfertrank. Von geringer Bedeutung sind die weiblichen Gottheiten, einfache Varianten oder Beisitzer der männlichen Götter.

Kosmologie und Kosmogonie sind nur in Ansätzen vorhanden. Das gilt auch für die Eschatologie, wenngleich die Unterscheidung des Leibes von einem vitalen Prinzip *(asu)* oder Geist *(manas)* schon frühzeitig einsetzt. Das Jenseits wird als ein Überleben vorgestellt und in den Begriffen der irdischen Welt beschrieben. Am Ende seines Lebens folgt der Mensch dem Weg seiner Väter *(pitryāna)* bis in ein Totenreich, das manchmal im Götterhimmel liegt, häufiger aber in einem unterirdischen und düsteren Jenseits, wo Yama, der König der Toten, regiert.

Anfänge einer Spekulation erscheinen in den späteren Hymnen des Rigveda, in denen des X. Mandala, und beschäftigen sich vor allem mit der Kosmogonie oder der Heiligkeit und Wirksamkeit des rituellen Wortes *(vāk)*; aber diese bescheidenen Ansätze führen sehr bald zu den Höhepunkten des Denkens in dem berühmten Hymnus X, 129, von dem später die Rede sein soll.

Eine wesentliche Äußerung des vedischen Rituals ist schließlich das Opfer *(yajña)* und die Trankspende ins Feuer *(soma)*; auch das Menschenopfer ist nicht ausgeschlossen. Das eigentliche Instrument des Opfers, das privat *(grihya)* oder feierlich *(shrauta)* dargebracht werden kann, ist das Feuer *(agni)*. Das Opfer wird von einem Opferherrn *(yajamāna)* bestellt und zu dessen Gunsten dargebracht. Materiell wird es von einer Gruppe von Priestern unter dem Vorsitz des sie überwachenden Brāhmanen vollzogen, an den die Hälfte der Honorare *(dakshinā)* geht. Es gibt keine Tempel, die Opferstätte wird von Mal zu Mal vorbereitet.

## *Die spätvedische Periode*

Die Geschichte des ersten Viertels des ersten vorchristlichen Jahrtausends ist uns vollständig unbekannt bis auf die in den Purāna bewahrten Überlieferungen, die ungefähr tausend Jahre später niedergeschrieben wurden und auf die nur wenig Verlaß ist. Da aber einige der von ihnen erwähnten Königsnamen in der Literatur dieser Zeit wiederkehren, lassen sich wenigstens die Umrisse von einigen ihrer wichtigsten Gestalten erkennen, die gleich schwachen Irrlichtern in dem fast vollständigen Dunkel der späten indischen Frühgeschichte aufleuchten.

Nach der Überlieferung soll spätestens zu Beginn dieser Zeit der sagenhafte Krieg zwischen Kaurava und Pāndava stattgefunden haben, der der Gegenstand des großen Epos Mahābhārata ist. In den indischen Legenden spielt dieser Sagenkreis die gleiche Rolle wie der Trojanische Krieg in den griechischen; aber wie bei diesem wissen wir nur annähernd, welche historischen Ereignisse der Sage zugrunde liegen; und ganz unrealistisch erscheinen die Versuche, die in Indien und anderwärts immer wieder unternommen worden sind, ihn auf Grund astronomischer oder anderer Elemente zu datieren. Weniger gewagt, wenn auch vorläufig noch nicht ausgereift, sind die Versuche, die ethnisch-politische Situation, die sich in dem großen Gedicht spiegelt, zu rekonstruieren.

Beschränken wir uns auf das an Hand der Texte aus der spätvedischen Periode Kontrollierbare, so fällt unser Blick zu einem gewissen Zeitpunkt auf die schattenhafte Gestalt eines großen Herrschers: Parikshit, König der Kuru, der außer in den Purāna und im Mahābhārata in einem Hymnus des Atharvaveda mit Ausdrücken erwähnt wird, die ihn beinahe einer Gottheit gleichstellen. Sein Reich, dessen Mittelpunkt nördlich von Delhi lag, erstreckte sich von der Sarasvatī bis an den Ganges. Seine Hauptstadt war Āsandīvat, das häufig mit Hastināpura identifiziert wird, wahrscheinlich aber das heutige Asandh am Fluß Chitang ist. Der König der Kuru gehörte zur Familie Paurava oder Bhārata, und einige Vorfahren Parikshits werden in den vedischen Schriften aufgezählt, ohne daß das genügte, die traditionelle Genealogie der Purāna zu erhärten. Von den Datierungen hat die, die Parikshit im 11. vorchristlichen Jahrhundert ansetzt, die größte Wahrscheinlichkeit für sich.

Noch berühmter ist Parikshits Sohn und Nachfolger, Janamejaya, der nach dem Mahābhārata Taxila erobert haben soll. Möglicherweise ist in dieser Behauptung ein Körnchen Wahrheit enthalten, denn das Aitareya Brāhmana spricht von Janamejaya als von einem großen Eroberer. Das könnte bedeuten, daß Poros, dem Alexander der Große in dieser Gegend begegnet ist, ein Abkömmling des Paurava-Königs Janamejaya war. Janamejayas Eroberungen gaben Anlaß zu großen und vielfältigen Opfern und zu diesbezüglichen Streitigkeiten zwischen verschiedenen Priesterfamilien, die im Shatapatha Brāhmana erwähnt werden. Dem gleichen Text zufolge richteten Janamejayas Brüder Bhīmasena, Ugrasena und Shrutasena das größte und gewichtigste der vedischen Opfer aus, das ashvamedha. Bei ihm wurde ein Pferd feierlich geweiht und dann für ein Jahr freigelassen. Eine Truppenmacht folgte ihm, jederzeit bereit, den Kampf mit demjenigen zu eröffnen, der versuchen sollte, ihm den Weg zu versperren. Am Ende des Jahres wurde das Pferd zusammen mit anderen Tieren in einem prunkvollen, drei Tage währenden Kultakt geopfert. Traditionellerweise war das Ashvamedha den kaiserlichen Herrschern als Höhepunkt und Weihe ihrer Herrschergewalt vorbehalten.

Anscheinend hat sich also zu einem gewissen Zeitpunkt ein starker Staat zwischen Ganges und Indus gebildet, der erste ernsthafte Versuch einer politischen Konzentration in den seit langem von den Ārya beherrschten Gebieten. Aber wir wissen nichts von seiner Dauer. Jedenfalls wird jetzt zum erstenmal eine wirkliche Stadt (Āsandīvat) als politisches Zentrum erwähnt; sie stellt das erste schüchterne Wiedererwachen eines städtischen Lebens dar, nachdem dieses nach dem Verschwinden der großen Indusstädte jahrhundertelang fast vollständig gefehlt hatte.

Unsere Kenntnisse von den politischen Einrichtungen der spätvedischen Epoche leiden unter der Tatsache, daß die verfügbaren Quellen rein priesterlichen Charakter haben und deshalb tendenziös sind. Das färbt zum Beispiel auf die Theorie des Königtums ab. Während das Aitareya Brāhmana sie auf kriegerische Notwendigkeiten und auf die allgemeine Zustimmung zurückführen möchte, wonach der König vor allem ein Heerführer wäre, findet sich in den anderen Texten die Theorie vom göttlichen Königtum: »Er, der Herrscher *(rājanya)*, ist der sichtbare Vertreter von Prajāpati, dem Herrn der Geschöpfe; darum, indem er Einer ist, herrscht er über Viele« (Shatapatha Brāhmana). Seine Legitimität empfängt der König durch eine Weihezeremonie *(rājasūya)*, einen Besprengungsritus mit verschiedenen archaischen Symbolen. Zu ihnen gehört der sinnbildhafte Raub einer Kuhherde, die einem der königlichen Verwandten gehört. Die Monarchie ist erblich, wenngleich im Atharvaveda Spuren einer Wahl durch die Untertanen zu finden sind. Samiti und Sabhā bestehen weiter zur Unterstützung und – vermutlich – Kontrolle des Königs. Auch sie werden auf Prajāpati zurückgeführt und stehen deshalb auf der gleichen Sakralebene wie der König. Offenbar hatte die größere Samiti vor allem politische und gesetzgeberische Aufgaben, während der kleineren Sabhā besonders die Rechtsprechung oblag. Aber im Zusammenhang mit einer Vereinfachung und Konzentration der zahllosen kleinen Stammesstaaten, in denen allein auf die Dauer ein persönlicher Kontakt zwischen König und lokaler Samiti möglich war, war die königliche Gewalt jetzt entschieden im Wachsen begriffen. Gleichwohl unterstand der König noch immer dem moralischen und religiösen Gesetz *(dharma)*, auf dessen Kodifizierung er keinerlei Einfluß hatte; er war der Beschützer des Gesetzes, kein Gesetzgeber.

In den Beschreibungen der Zeremonien werden einige königliche Beamte genannt. So nahmen am Rājasūya die Truppenkommandeure *(senānī)*, die Dorfschulzen *(grāmanī)* und die Steuereinnehmer *(bhāgadugha)* teil. Andere wichtige Figuren bei Hofe waren der Hausgeistliche *(purohita)*, der Wagenlenker *(sūta)*, der zugleich die Aufgaben eines Barden erfüllte, der Schatzmeister *(samgrahitri)* und der Verwalter der Würfel *(aksāvāpa)* für das königliche Spiel, dem auch in den Zeremonien des Rajasūya eine Rolle zufiel. Die Besteuerung in Naturalien unterschied sich nicht von der in der vorangegangenen Epoche; aber die Priester waren davon befreit. Die Rechtsprechung blieb Privileg und wichtigste Pflicht der Könige. Das Strafrecht war ziemlich streng; ein auf frischer Tat ertappter Dieb zum Beispiel wurde mit dem Tod oder durch Abhacken der Hände bestraft. Gottesurteile, hauptsächlich mit glühendem Eisen, waren üblich. Im Zivilrecht war die normale Form noch das freiwillige Schiedsgericht.

Die Struktur der Ārya-Gesellschaft in dieser Zeit ist vor allem durch die Entstehung und Entwicklung des Kastenwesens *(varna)* gekennzeichnet. Da es in anderen indogermanischen Gebieten nicht entstanden ist, darf es nicht als eine arische Schöpfung gelten, sondern als Anpassung an die neuen Verhältnisse, die auf bereits vorhandenen und schon in der Struktur der Industädte angelegten sozialen Gegebenheiten beruhen. Theoretisch bestanden vier Kasten: Priester *(brāhmana)*, Krieger *(kshatriya)* – zu ihr gehörten die Könige –, Ackerbauern und Handwerker *(vaishya)* und Sklaven *(shūdra)*. Die Familie *(kula)* war in die Sippe *(gotra)* eingebettet: innerhalb der Kaste herrschte Endogamie, Exogamie aber für die Sippe. Die zuverlässigsten Elemente der Dasyu wurden vermutlich in die vierte Kaste aufgenommen; der Rest war aus dem sozialen System und damit aus der politischen Gemeinschaft ausgeschlossen. Anderseits trug die Tendenz der einzelnen Berufe, erblich zu werden, dazu bei, die Unterteilungen innerhalb der vier Hauptkasten zu vervielfältigen. Doch war das System noch nicht erstarrt, und die Heirat zwischen Angehörigen verschiedener Kasten noch möglich. Die Stellung der Frau, die jetzt von der Teilnahme am häuslichen Ritual ausgeschlossen war, verschlechterte sich zusehends. Schon im Atharvaveda wird die Geburt einer Tochter beklagt. Immerhin war eine zweite Ehe der Witwen noch zugelassen.

Die wichtigste Grundlage des Wirtschaftslebens war jetzt der Ackerbau, während die Viehzucht in den Hintergrund trat. Immer häufiger beginnen die Texte auch von reichen Kaufleuten und selbst von Wucherern zu sprechen, aber noch gibt es keine deutlichen Hinweise auf Münzen. Der Handel wurde im Tausch oder allenfalls auf der Grundlage von Gold bewerkstelligt, das nach Gewicht angerechnet wurde.

Archäologisch ist diese Epoche keineswegs besser bezeugt als die vorangegangene. Die Ārya-Herrschaft erstreckte sich jetzt, wie aus den Texten hervorgeht, über die ganze nördliche Ebene, vielleicht unter Ausschluß Bengalens; aber weder Bauten noch Skulpturen, die man ihnen zuschreiben könnte, sind erhalten. Das einzige uns überkommene Zeugnis ist die Keramik, bei der, wie immer, eine Zuordnung zu dem einen oder anderen Völkerstamm nur schwer möglich ist. In einem großen Teil Nordindiens bleibt während dieser ganzen Periode die graue bemalte Keramik in Gebrauch; auch Kāthiāwār und Rajasthan bieten kein wesentlich anderes Bild.

Die spätvedische Religion ist uns aus den letzten vedischen Hymnen bekannt und unterscheidet sich kaum von der früheren. Allerdings wird das Pantheon des Rigveda gewissen Veränderungen und Umgruppierungen unterzogen. Varuna ist nicht mehr der Genosse des Indra, sondern sein Widerpart und Rivale.

Interessanter ist indessen die Tatsache, daß in den Lehrgedichten des X. Mandala im Rigveda die philosophische Spekulation ihre ersten unsicheren Schritte tut. Ihr zentrales Problem ist die Kosmogonie; und schon hier taucht jene monistische Tendenz auf, die immer ein bezeichnender Zug des indischen Geistes bleiben wird. In dem berühmten Hymnus X, 129 ist von dem Einen *(ekam)* die Rede, das Seiendem und Nichtseiendem vorausging und inmitten des umgebenden Nichts lebte und atmete. Durch Erwärmung *(tapas,* was später »asketische Meditation« bedeutet) entsteht die Liebe *(kāma),* derzufolge das Eine sich in ein männliches und ein weibliches Prinzip aufspaltet, aus deren Paarung die Welt der Erscheinungen entsteht. Aber über die Erschaffung der einzelnen Wesen kann niemand etwas sagen, da selbst die Götter ihr unterworfen sind; allenfalls könnte der »Überwacher« *(ādhyaksha,* persönlicher Gott?) im Himmel darüber etwas wissen; vielleicht weiß aber auch er es nicht.

In einem anderen Hymnus tritt die Gestalt des Menschen *(purusha)* auf, »der alles dies (das Weltall) ist, das, was war, und das, was sein wird«. Später töten die Götter den Menschen als Opfer für den Menschen selbst, und aus dem Opfer entstehen die vedischen Hymnen, die Tiere, die Kasten der Menschen, die Götter und außerdem die Luft, der Himmel, die Erde und die vier Himmelsgegenden; anders ausgedrückt, das ursprüngliche Eine ist zugleich transzendent und immanent, und das Weltall nichts anderes als seine

Manifestation. Auch dieser Gedanke war entwicklungsträchtig. Ihm zufolge neigt der primitive Polytheismus der Ārya in der Spekulation dazu, sich auf einen »Theopantismus« hin zu überwinden, der die Vielzahl auf eine letzte Einheit zurückführt.

Weit weniger spekulativ und inniger mit der alltäglichen Wirklichkeit verbunden ist das Denken des Atharvaveda; in ihm wird ein gelegentlich außerordentlich primitiver Inhalt in einer Sprache ausgedrückt, die unter vielen Gesichtspunkten jünger als die des Rigveda ist. Der berühmte Hymnus auf die Mutter Erde ist als ein Stück hoher Poesie wichtiger denn durch seinen gedanklichen Gehalt: »Deine Hügel und schneebedeckten Berge und deine Wälder seien erfreulich, o Erde. Auf der braunen, schwarzen, roten und vielgestaltigen, festen und weiten Erde, von Indra beschützt, stand ich unbesiegt, nicht geschlagen, nicht verwundet. Was dein Mittelpunkt ist, o Erde, was dein Nabel ist, die Erquickung, die aus deinem Leib hervorgeht, leg es in uns und sei uns gnädig, o Erde. Die Erde ist die Mutter und ich bin ihr Sohn; Parjanya ist der Vater, er schenke uns Überfluß.«

Aber vom religiösen Standpunkt aus reduziert der Atharvaveda, hauptsächlich eine Sammlung von Zauberformeln, die Götter zu reinen Namen ohne die geringste Individualität. Er enthält auch einige kosmogonische Spekulationen, aber sie stehen nicht auf der Höhe des Rigveda. So wird in einem Hymnus die Zeit *(kala)* als Ursprung aller Dinge angerufen, während in einem anderen der Atem *(prāna)* und in wieder einem anderen die Liebe *(kāma)* dafür gilt. Der kleine Zyklus der Rohita-Hymnen besingt den »Roten« *(rohita)*, daß heißt die Sonne, als Urprinzip. Im allgemeinen steht der Atharvaveda außerhalb des Hauptstromes des indischen Denkens; er gibt uns einige Vorstellungen vom Volksglauben, von der magischen Welt, in der die Bauern und Hirten lebten, zeigt aber keinerlei Ansätze zu der späteren philosophischen Entwicklung. Dennoch braucht man nicht notwendig an einen Einfluß der nichtarischen Umgebung zu denken; der Atharvaveda kann auch den magisch-religiösen Glauben der untersten Schichten des Ārya-Volkes, im Gegensatz zum Ritualismus und den beginnenden Spekulationen seiner Priesterklassen, wiedergeben.

Dieser Ritualismus gewinnt im Lauf der Zeit ein erdrückendes Übergewicht. Schon in den Hymnen des Sāmaveda und des Yajurveda steht die Opferhandlung ganz im Mittelpunkt und läßt sogar die Gottheit, der sie zugedacht ist, in den Hintergrund treten. Die von den Priester-Autoren der Hymnen ausgesprochene Überzeugung, daß ein nach den Riten dargebrachtes Opfer seinen Zweck nicht verfehlen kann, läßt den Gott fast verschwinden und das Ritual unbestritten herrschen. Diese Vorstellung findet ihren vollkommensten Ausdruck in der Literatur der Brāhmana. Sie stellen ritualistische Abhandlungen über die heilige Wissenschaft *(brāhman)* dar, die nicht in rationalen Begriffen, sondern in mystischen und paramystischen Vergleichen und Behauptungen dargelegt und kommentiert wird. Ihre Vorschriften *(vidhi)* und Erklärungen *(arthavāda)* entstehen aus den Diskussionen der verschiedenen vedischen Schulen, und deshalb werden die Brāhmana überlieferungsgemäß mit den Veden verbunden, besonders eng die des Yajurveda, eigenständiger die der anderen drei. Auf den Rigveda beziehen sich das – ausschließlich dem Soma-Opfer gewidmete – Aitareya Brāhmana in vierzig Adhyāya, die zu acht Pañcikā gruppiert sind, und das Kausītaki Brāhmana in dreißig Adhyāya. Im Schwarzen Yajurveda hingegen enthält die Samhitā selbst große Abschnitte von Brāhmana in Prosa. Nur die Taittirīya-Schule hat ein getrenntes Brāhmana in drei Kanda zusammengestellt, das aber ebenfalls mit vedischen Versen *(mantra)* untermischt ist. Zum Weißen Yajurveda gehört das Shatapatha Brāhmana, das wie der Veda selbst in zwei voneinander stark abweichende Fassungen (Madhyandina und Kānva) zerfällt. Es stellt das bedeutendste Erzeugnis dieser Literatur dar, in dem die Diskussion ihre größte Reife und Tiefe erreicht. Der Sāmaveda enthält zwei eigentliche Brāhmana (Pañcavimsha Brāhmana und Jaiminīya Brāhmana) und eine Reihe kleinerer Werke *(anubrāhmana)* sehr vermischten Inhalts, der zumeist keinen Bezug auf die größeren Werke hat. Mit dem Atharvaveda verwandt ist das Gopatha Brāhmana, in der Hauptsache ein wahlloser Auszug aus den anderen Brāhmana. Chronologisch folgt diese Literatur auf die Samhitā und ist vermutlich im ersten Viertel des ersten vorchristlichen Jahrtausends anzusetzen.

Ihr Inhalt ist immer eine Erörterung der Opfermodalitäten, der mystischen Bedeutung der Opferhandlungen, der Entsprechung zwischen den einzelnen Opferhandlungen und psychischen, kosmischen und anderen Elementen. Häufig führen diese Diskussionen zur Exemplifizierung legendäre Erzählungen *(itihāsa)* an, wie die Geschichte von Shunahshepa; zum guten Teil gehen diese auf vedische Vorbilder zurück, die, der besonderen Denkweise der Brāhmana entsprechend, erweitert worden sind.

Dieses Denken ist ausschließlich und typisch priesterlich. Die Herrschaft der Priesterklasse ist absolut und so erdrückend, daß es zu Behauptungen kommt wie: »Die Sonne würde nicht aufgehen, würde nicht der Priester in der Frühe das Feueropfer darbringen« (Shatapatha Brāhmana). Sie sucht ihre eigenen technischen Kenntnisse auszulegen und erklärt deren Notwendigkeit, Vorteile und Bedeutung. Bei diesen Erklärungen handelt es sich um eine magische Neuauslegung des Götterkultes. Ihre hermeneutischen Mittel sind vorwissenschaftlich.

In den Brāhmana finden wir im embryonalen Zustand etymologische, grammatische und phonetische Theorien, vor allem aber eine physiologische Theorie des Lebensatems *(prāna)*, der so wichtig erscheint, daß sein Name für die Gesamtheit der im Körper vereinigten Lebensfaktoren herhalten muß: Atem, Gedanke, Wort, Gesicht, Gehör. In den Brāhmana erscheinen auch zum erstenmal die Begriffe *rūpa* (Gestalt, Sichtbares) und *nāma* (Name, Unsichtbares, inneres Wesen), die später noch große Bedeutung erlangen sollen. Insgesamt stellen die Brāhmana, zwar nicht in ihren Gedanken, aber in den Mitteln, mit denen sie fixiert und definiert werden, die Anfangsphase der indischen Philosophie dar.

Die Gottheiten der Brāhmana sind die gleichen wie die vedischen, doch gewinnt Rudra als Schreckensgottheit, die das Opfer annimmt (und fordert), immer größere Bedeutung; der Name Shiva wird schon sein gebräuchlichster Rufname. Gleich nach ihm kommt Vishnu, der mit dem Opfer selbst identifiziert wird. Ein Grunddogma, das in dieser Zeit Gestalt gewinnt, erklärt die Veda oder wenigstens die ersten drei von ihnen *(trayī)* für ewig, unerschaffen, heilig und unfehlbar. Die Kosmogonie beruht auf dem Mythos von Prajāpati, der vermittels der Askese *(tapas)* die Welt aus sich ausströmt oder entläßt; er stellt eher eine abstrakte Konstruktion als eine lebendige und volkstümliche Gottheit dar. Schließlich findet man in den Brāhmana zum erstenmal die Vorstellung, daß die guten Werke ihre

Wirkung erschöpfen können, daß das selige Leben der Guten, der Opferer, der Helden in der jenseitigen Welt ein Ende finden könne und daher auch im Jenseits ein Tod (und deshalb eine Wiedergeburt) möglich sei; der erste Schritt auf die grundlegende Theorie von der Seelenwanderung hin ist getan.

Nach dem traditionellen Schema folgen auf die Brāhmana die Āranyaka, »Waldtexte«, das heißt Geheimschriften, die um ihres abstrusen, magischen (und deshalb gefährlichen) Charakters willen außerhalb der Gemeinschaft in der Einsamkeit der Wälder gelesen wurden. Sie stellen jeweils einen Anhang oder ein Schlußkapitel der gleichnamigen Brāhmana dar. Ihr Inhalt ist vermischt, bezieht sich aber immer auf die Symbolik der Opferhandlung und nicht auf ihre Technik. Er kann aus den Versen bestehen, die die Opferhandlung begleiten, oder aus anderen rituellen Charakters, *Mahānāmnī* genannt, aus Spekulationen über Prāna und Purusha, aus grammatischen Symbolismen und magischen Formeln. Das Shānkhāyana Āranyaka des Rigveda gibt eine Darstellung des »inneren Agnihotra«, das heißt eines symbolischen Ritus, der das Opfer ersetzen kann. Der philosophische Gehalt dieser späten Früchte der liturgischen vedischen Exegese ist fast gleich Null. Was sich in ihm aber gewandelt hat, ist die Atmosphäre; jetzt zählt nicht mehr die genaue Ausführung der liturgischen Technik, sondern die Meditation über ihre Bedeutung; nicht die Handlung, sondern der Gedanke. Das Beharren auf dem innerlichen Opfer bereitet den Übergang von dem »Weg der Tat« *(karmamārga)*, das die Brāhmana vorschreiben, zu dem »Weg der Erkenntnis« *(jñānamārga)* vor, das später das entscheidend Neue der Upanishaden ausmachen wird.

## *Die Epoche der großen religiösen Bewegungen*

Parallel zum gleichzeitigen Geschehen in Griechenland und China erlebt auch Indien einen erstaunlichen Frühling des philosophischen und spekulativen Denkens. Vor allem im Gangestal, insbesondere in seinem östlichen Teil, entwickelte sich dieses hochgespannte geistige Leben; Buddha und Mahāvīra lebten und predigten beide im heutigen Bihar und in den östlichen Distrikten von Uttar Pradesh. Das Gravitationszentrum der Welt der Ārya hatte sich endgültig nach Osten verlagert, und die alten Reiche im Industal waren zu Randzonen von geringer Bedeutung abgesunken.

Um 500 v. Chr., also in der Zeit des Buddha und des Mahāvīra, hatte eine Zusammenfassung der politischen Kräfte bereits stattgefunden, die aber noch weiterhin anhielt. Die arischen Stammesstaaten fügten sich zu einigen größeren Gebilden zusammen. Nicht alle waren Monarchien; einige (allerdings nicht die größeren), wie der Staat der Shākya, in dem der Buddha geboren wurde, waren Republiken oder geradezu Bundesrepubliken wie der mächtige Staatenbund der Vrijji. Die Regel war indessen die monarchische Staatsform. Eine buddhistische Schrift (Anguttara Nikāya) enthält die traditionelle Liste der sechzehn großen Staaten *(mahājanapada)*, die mit gewissen Varianten auch andernorts wiederkehrt. Ohne Vollständigkeit anzustreben, sei hier auch auf die wichtigsten Staaten hingewiesen, die dieser Katalog der politischen Konstellation Indiens im 6. vorchristlichen Jahrhundert aufzählt: Magadha, auf das wir später zurückkommen wollen; Kāshi, das heutige Benares, das durch die ganze indische Geschichte eine heilige Stadt war, damals aber, was es in der Folge niemals mehr gewesen ist, auch die Hauptstadt eines starken Staates. Kosala im östlichen Uttar Pradesh, dessen Oberhoheit die Shākya von Kapilavastu anerkannten, war während des 6. und 5. Jahrhunderts eine der Großmächte Nordindiens und der einzige ernsthafte Rivale des Reiches von Magadha. Weiter östlich in West-Bengalen und vielleicht bis zum Meer reichend, bildete Anga die äußerste Grenze für die östliche Ausdehnung der Ārya. Nördlich des Ganges gegen den Himalaya zu, bestand der bereits erwähnte Staatenbund der Vrijji aus acht Stämmen, unter denen die Vrijji und die Licchavi hervorragten; er war auf den Trümmern des Reiches Videha entstanden, das einstmals von dem in der vedischen Literatur erwähnten König Janaka beherrscht wurde. Südlich vom mittleren Ganges lag Vatsa mit seiner großen Hauptstadt Kaushāmbī, nicht weit von Allahabad. Im Zwischenstromland zwischen Ganges und Jumna lag Pañcāla, wo später die Stadt Kanyākubja, ein Jahrtausend später der politische Mittelpunkt Indiens, entstand. Im Mālwā lag das Avanti-Reich mit seiner Hauptstadt Ujjayinī (Ujjain), ein Vorposten der Ārya gegen Süden. Und schließlich lagen an der Westgrenze Gandhāra am mittleren Indus und Kamboja im heutigen Ostafghanistan, ein Land, das schon mehr iranisch als indisch war.

Als wichtigster Staat der Mahājanapada erwies sich alsbald Magadha, das der Brennpunkt der nordindischen Geschichte für die ganze Periode, mit der wir uns beschäftigten, werden sollte. Magadha entspricht dem mittleren Teil des heutigen Bihar zwischen dem Ganges im Norden und den waldigen Hügeln von Chhota Nagpur im Süden. Seine Geschichte, sehr eng mit dem Wirken des Buddha verbunden, ist aus buddhistischen Quellen in Sanskrit und Pāli, aus Jaina-Quellen und den späteren brahmanischen Purāna bekannt. Bedauerlicherweise sind die genealogischen und chronologischen Divergenzen zwischen diesen verschiedenen Quellengruppen groß und häufig nicht miteinander in Einklang zu bringen. Wir werden, wie es seit langem üblich geworden ist, der Chronologie der in der Pāli-Sprache aufgezeichneten singhalesischen Quellen folgen.

Um 546 v. Chr. bestieg Shrenika Bimbisāra, der Begründer der Haryanka-Dynastie (546–414) und Zeitgenosse des Buddha, den Thron des damals kleinen Fürstentums Magadha. Er verließ die alte Hauptstadt, Girivraja, um in ihrer unmittelbaren Nachbarschaft eine neue zu gründen, die den Namen Rājagriha erhielt und mit Mauern aus unbehauenem Stein mit dem gewaltigen Umfang von vierzig Kilometern befestigt wurde. Die Politik von Bimbisāra scheint auf ehelichen Verbindungen mit den benachbarten Königshäusern beruht zu haben; wir wissen, daß er mit den Dynastien von Madra, Kosala und Vaishālī verschwägert war. Nachdem er sich so den Rücken gegen Norden und Westen gedeckt hatte, leitete er gegen Osten eine Eroberungspolitik ein, besiegte den König von Anga und annektierte dessen Herrschaftsgebiete. Sein Ende war tragisch: um 494 wurde er von seinem Sohn Ajātashatru entthront und ins Gefängnis geworfen, wo er Hungers starb.

Der Vatermörder mußte sich selbstverständlich gegen die Verwandten seines Vaters und vor allem gegen die Koshala und Vrijji verteidigen. Von Prasenajit von Kosala besiegt und gefangengenommen, wurde er allerdings befreit und heiratete die Tochter des Siegers. Später wurde Prasenajit entthront und flüchtete an den Hof seines Schwiegersohnes, wo er starb. Nachdem eine Überschwemmung den Usurpator und sein Heer hinweggefegt hatte, annektierte Ajātashatru Koshala. Länger dauerte der Krieg mit den Vrijji. In seinem Verlauf befestigten zwei Generale von Magadha das Dorf Pātaligrāma am Südufer des Ganges, das später unter dem Namen Pātaliputra die Landeshauptstadt wurde. Der Krieg konzentrierte sich sehr bald um Vaishālī, die Hauptstadt der Licchavi, die schließlich der militärisch-technischen Überlegenheit der Magadha-Truppen erlag, da sie zum erstenmal Katapulte und schwere Streitwagen ins Feld führten. Das Gebiet der Vrijji wurde Magadha angegliedert. In religiöser Hinsicht zeigte Ajātashatru sich anfangs dem Buddha feindlich gesinnt und nahm an den Verschwörungen gegen sein Leben teil. Doch dann bat er reuig um Verzeihung, die ihm auch gewährt wurde. Von da an war er dem Buddhismus gewogen und ließ – den Überlieferungen zufolge – dem Konzil, das sich zwei Monate nach dem Tod des Meisters in Rājagriha versammelt hatte, seinen Schutz zuteil werden.

Aber das rächende Schicksal ereilte den Vatermörder Ajātashatru, der – zumindest nach den buddhistischen Quellen – um 462 von seinem Sohn Udāyin, bis dahin Vizekönig von Anga, erschlagen wurde; die jainistischen Quellen hingegen bestreiten diesen Vatermord. Warum Ajātashatru nach seiner Thronbesteigung Rājagriha verließ und um 458 die neue Stadt Pātaliputra, das heutige Patna, erbaute, das seitdem ununterbrochen Hauptstadt geblieben ist, wissen wir nicht. Unter ihm spitzte sich der bereits unter Ajātashatru sich anbahnende Konflikt mit den Avanti-Königen weiter zu, die ihrerseits erobernd vordrangen und sich bereits das Gebiet von Kaushāmbī unterworfen hatten. Der Kampf zwischen den beiden stärksten Mächten der Ārya dauerte nahezu ein Jahrhundert. Es sieht so aus, als sei Udāyin dem Jainismus besonders zugetan gewesen, wenngleich auch die Buddhisten ihn für sich in Anspruch nehmen. Um 446 starb er eines gewaltsamen Todes, entweder von der Hand seines Sohnes oder von der eines von dem Avanti-König gedungenen Mörders.

Nach der buddhistischen Legende machten sich auch die drei folgenden Könige des Vatermordes schuldig, bis der letzte von ihnen mit seiner Grausamkeit seine Untertanen zum Aufstand reizte, die ihn dann absetzten und den Minister Shishunāga auf den Thron erhoben. So endete um 414 die Dynastie der Haryanka, die die Texte uns in düsteren Farben malen: trotz ihrer Hingabe an die milde Lehre des Buddha troffen sie vom Blute ihrer Väter. Jedenfalls hatten sie aber aus Magadha eine Großmacht gemacht, die stärkste im östlichen Indien, und hatten damit die politisch-militärischen Grundlagen für den Imperialismus der Nanda und der Maurya gelegt. Die Gründe für ihren unbestreitbaren Erfolg sind vor allem in einem technisch-wirtschaftlichen Faktor zu suchen: das heißt in dem sich immer weiter verbreitenden Gebrauch eiserner Waffen und in der in diesem Zusammenhang günstigen Tatsache, daß die wilde und für den Landbau ungeeignete Gegend von Rājagriha reiche Vorkommen vorzüglicher Eisenerze nahe der Erdoberfläche barg (Barābar-Hügel) und daß sie zudem an der Straße zu den großen Kupfer- und Eisenerzlagern in den Distrikten Dalbhum und Singhbhum lag. Zu diesen materiellen Vorteilen trat eine tiefgreifende Umschichtung der militärischen Institutionen durch die Haryanka-

Könige. Den Stammes- und Feudalmilizen der anderen Staaten stellte Magadha ein stehendes Heer gegenüber, das dem König unmittelbar unterstand und aus regelmäßigen, durch ein wohlgefügtes Steuersystem gesicherten Einnahmen unterhalten wurde. Zum erstenmal zeichnete sich hier eine absolute Monarchie ab, die nicht mehr den Beschränkungen durch die vedischen Sabhā und Samiti unterlag. Der Adel tritt in den Hintergrund und verschwindet; der absolute Herrscher steht dem Volk unmittelbar gegenüber. Diese einschneidenden Veränderungen lassen es nicht erstaunlich erscheinen, daß die Haryanka-Könige, die als Menschen vielleicht verächtlich, als Herrscher aber sehr tüchtig waren, lange in der Erinnerung fortlebten; sie werden in Inschriften und selbst in den Erzählungen der chinesischen Pilger, die tausend Jahre später Magadha besuchten, immer wieder erwähnt.

Die Shishunāga-Dynastie (etwa 414–346) baute das Werk der Haryanka weiter aus. Ihr Gründer, Shishunāga (etwa 414–396), beendete den fast hundertjährigen Kampf mit Avanti und eroberte so für seine Krone einen guten Teil Zentralindiens. Hauptstadt wurde wiederum das alte Girivraja, während der Erbprinz Gouverneur in Benares war. Shishunāgas Nachfolger Kālashoka (etwa 396–368) verlegte den Regierungssitz endgültig nach Pātaliputra zurück, wenngleich er lange Zeit gern in Vaishālī residierte. Einige Quellen behaupten, das zweite buddhistische Konzil habe während seiner Herrschaftszeit stattgefunden. Seine Nachfolger – nach buddhistischer Tradition seine zehn Söhne der Reihe nach – wurden von einer Palastverschwörung beseitigt, an der die Königin teilnahm und die von einem Räuberhauptmann von niederer Herkunft (Shūdra?) angezettelt wurde. Dieser begründete die Nanda-Dynastie (346–313); aber die Quellen sind sich über dessen Namen (Mahāpadma oder Ugrasena oder Nanda) und über die Zahl seiner Nachfolger keineswegs einig. Angeblich soll die Dynastie aus neun Königen (Nava Nanda), das heißt dem König und seinen acht Brüdern oder Söhnen, bestanden haben. Der erste König nahm die imperialistische Politik wieder auf und dehnte seine – direkte oder indirekte – Herrschaft über die ganze Gangesebene, über Zentralindien, Orissa und vielleicht sogar über Teile des Dekhan aus. Es ist eine Ironie der Geschichte, daß dieses erste indische Großreich von Shūdra, deren arische Reinheit zumindest zweifelhaft ist, auf den Trümmern der von den Kshatriya erschaffenen und beherrschten Mahājanapada errichtet wurde. Als Alexander der Große nach Indien kam, war der König der Gangariden (Anwohner des Ganges) und der Prasier (Prācya, »Orientalen«) der letzte der Nanda-Könige, den die klassischen Autoren Xandrames oder Agrammes (vielleicht eine Umschreibung von Augrasainya) nennen. Quintus Curtius erwähnt Einzelheiten von ihm, die merkwürdig mit denen der Jaina-Quellen übereinstimmen. Und tatsächlich scheint der Jainismus den eigentlichen politisch-religiösen Hintergrund der Dynastie abgegeben zu haben. Von dem Reichtum und der ungeheuren militärischen Macht der Nanda legen sowohl die Pāli-Texte wie die griechischen und lateinischen Texte Zeugnis ab; nach Diodoros und Quintus Curtius bestand das Heer von Magadha in seinen vier traditionellen Waffengattungen aus zweihunderttausend Mann Fußvolk, zwanzigtausend Reitern, zweitausend Streitwagen und dreitausend oder viertausend Elefanten. Aber schon wenige Jahre später wurde die Dynastie trotz ihren Reichtümern und ihrem gewaltigen Heer von einem genialen Abenteurer, dem Begründer der Maurya-Dynastie, gestürzt.

## INDIEN BIS ZUR MITTE DES 6. JAHRHUNDERTS

Während Magadha sich schrittweise zur bedeutendsten Macht des Nordens entwickelte, begannen iranische Großmächte mit jenen Vorstößen ins Industal, die – wenngleich nur in langen Abständen wiederholt – schließlich das spätere Pakistan doch gänzlich der übrigen Halbinsel entfremdeten. Das persische Achaimenidenreich drängte von Anfang an (um 550 v. Chr.) gegen die Tore Indiens. Anscheinend hat schon sein Begründer Kyros Expeditionen in die heute afghanischen Gebiete unternommen. Aber die diesbezüglichen Nachrichten entstammen einer späten Zeit. Xenophon spricht von der Eroberung Baktriens und Indiens. Arrian behauptet, Kyros habe die Inder zwischen Indus und Kophes (Kubhā) beherrscht, die ihm Tribut gezollt hätten; und Plinius erwähnt die Zerstörung der Stadt Capisa (Kāpishi, das heutige Begram nördlich von Kabul) durch Kyros. Aber mögen solche Vorstöße auch stattgefunden haben, so spricht doch nichts dafür, daß sie mehr als große Beutezüge waren, denen keinesfalls die Einrichtung einer regulären Verwaltung folgte.

Der wirkliche Eroberer der indischen Gebiete war Dareios I. In der Liste der von ihm beherrschten Gebiete, die in der großen Inschrift von Bisutun (um 516) aufgezählt werden, erscheinen unter anderen Harahuvati (Arachosien; Südafghanistan) und Gadara (Gandhāra; die achaimenidische Keilschrift gibt den Nasal am Ende einer Silbe nicht an). Wenig später nennt die Inschrift von Persepolis (um 513), der diejenigen von Naqsch-i-Rustam und Hamadan folgen, die gleichen Namen und fügt noch Hidu (Hindu) hinzu. Hidu, die normale iranische Form für Sindhu, den Indus, war der Name der achaimenidischen Satrapie am großen Fluß, der von den Griechen zuerst als Völkername, *Indoi*, später als geographische Bezeichnung, *India*, übernommen wurde. Er bezeichnete ursprünglich die Gebiete am mittleren und unteren Indus; mit der allmählichen Ausweitung der geographischen Kenntnisse der Griechen gegen Osten erweiterte sich auch die Bedeutung des Wortes, bis es schließlich auf die ganze Halbinsel angewandt wurde. Die afghanischen Gebiete und Gandhāra wurden von den Persern vor 516 erobert, und die Indus-Satrapie wurde zwischen 516 und 513 eingerichtet. Die näheren Umstände der Eroberung sind fast unbekannt. Wir wissen nur von Herodot, daß ihr die Forschungsreise des Skylax von Karyanda voranging, der sich mit seiner Flotte in Kaspatyros (vielleicht an der Mündung des Kabul-Flusses in den Indus) einschiffte und den großen Fluß bis zu seiner Mündung hinabfuhr. Der Entdeckung folgte unmittelbar die Eroberung. Die so entstandene örtliche Situation spiegelt sich in der Liste der Steuerprovinzen *(nomoi)* bei Herodot: die Gandarioi bildeten zusammen mit den Sattagydai, Dadikai und Aparytai die siebente Provinz, die jährlich hundertsiebzig Talente aufzubringen hatte; die Indoi bildeten die zwanzigste Provinz, die volkreichste von allen und diejenige, die die höchsten Steuern bezahlte: dreihundertsechzig Talente.

Die politische Organisation, die diesen Gebieten gegeben wurde, bleibt ziemlich undeutlich. Anscheinend reichte der Einfluß des Großkönigs nicht über einen Gürtel von unbekannter Breite am Indusufer entlang (bis zur Wüste, sagt Herodot) hinaus; auch ist unklar, ob das Deltagebiet in das Reich eingeschlossen war. Rings um die Verwaltungszentren entstanden richtige Städte, und die jüngsten Ausgrabungen von Charsadda (Pushkalāvatī, die erste Hauptstadt von Gandhāra) haben Befestigungsanlagen ans Tageslicht gefördert, die vielleicht auf das 4. Jahrhundert zurückgehen. Dennoch bleibt die Tatsache bestehen, daß wir keine unmittelbaren Nachrichten über die Indus- und Gandhāra-Satrapien nach Dareios haben, und man kann sogar vermuten, daß sie als solche bald abgeschafft wurden. Denn während es im Heer des Xerxes, das im Jahr 480 in Griechenland einfiel, noch indische und gandhārische, jeweils von persischen Offizieren befehligte Einheiten gab, standen im Heer Dareios' III. bei Gaugamela (331) zwar Inder; sie waren diesmal aber unter den Einheiten anderer Provinzen (Baktrien und Arachosien) aufgeteilt. Es ist auch nicht ausgeschlossen, daß sie Söldner waren, wie sie Arrianus für die Saken, ihre Nachbarn, ausdrücklich bezeugt. Für die Zeit zwischen 480 und 331 fehlt uns jegliche Nachricht, und es ist deshalb nicht unmöglich, daß die persische Herrschaft im Industal de facto schon im Lauf des 5. Jahrhunderts ein Ende nahm. Als einigermaßen aufschlußreich erscheint die Tatsache, daß keine achaimenidische Goldmünze *(dareikos)* in Indien gefunden worden ist; dabei ist jedoch zu bedenken, daß die Münzen nur fakultativen Kurs hatten, vor allem für die westlichen Provinzen geprägt wurden und in den indischen Provinzen, die bereits örtliche Münzen besaßen (von ihnen soll später die Rede sein), nicht zwangsweise eingeführt wurden.

Dennoch bleibt die Anwesenheit der Perser am Indus während fast zweier Jahrhunderte – mag sie auch nur dem Namen nach bestanden haben – eine Tatsache. Mit ihr gelangten zwei teilweise neue Ideen nach Indien. Die eine ist die Idee eines einheitlichen Großreiches, das als selbständiger Organismus und nicht als einfache Gruppierung von Vasallenstaaten anzusehen ist. Die andere ist der ethische, nicht mehr rein pragmatische Charakter der Monarchie, der sich so deutlich in den Inschriften des Dareios ausdrückt. Auch fehlt es nicht an – zwar nur indirekten – Spuren eines materiellen Einflusses der persischen Herrschaft auf Indien. Hierher gehört der Gebrauch der offiziellen Sprache und Schrift der achaimenidischen Verwaltung: des Aramäischen, das in den afghanischen Gebieten auch nach dem Sturz des Reiches weiterverwendet wurde (Inschriften von Pul-i-Darunteh, Taxila und Kandahar); aus ihm entstand später die Kharoshthī-Schrift, die in der gleichen Gegend gebraucht wurde. Deutlicher noch ist der achaimenidische Einfluß auf das Maurya-Reich, wie er sich im Protokoll und im allgemeinen Tenor der Inschriften von Ashoka, in der Architektur der Maurya-Paläste, die den achaimenidischen Apadāna gleichen, und in der von Persepolis abgeleiteten Form der Maurya-Kapitele widerspiegelt. Dieser größtenteils postume Einfluß war indessen friedlich und indirekt; soweit wir sehen, gab es keine Berührung oder wenigstens keine feindliche Berührung zwischen den Gebieten unter achaimenidischem Einfluß und denen, die die Vorherrschaft der Könige von Magadha anerkannten.

Der letzte Vorstoß der arischen Sprachen und der spätvedischen Religion nach Süden läßt sich zeitlich kaum richtig ansetzen. Bei der allgemeinen chronologischen Unsicherheit der gesamten Literatur bieten die Sanskritquellen keine sicheren Anhaltspunkte. Anscheinend hat um das Jahr 500 der Einfluß der Ārya noch nicht die gebrechliche Schranke der Vindhya-Berge überschritten, die auch später noch als Südgrenze des Āryavarta (so in der Manusmriti) angesehen wurde. Das südlichste arische Königreich war Vidarbha (das heutige Berar). Aber schon im 5. Jahrhundert geben uns Legenden, wie die vom Meister Bāvari, der Koshala verlassen hatte, um sich zusammen mit seinen Jüngern am Fluß Godāvarī im Assaka-Land von Dakshināpatha (Dekhan) niederzulassen, eine Vorstellung davon, wie sich der Ausbreitungsprozeß der arischen Sprachen und Religionen nach Süden abspielte. Kātyāyana, ein Grammatiker des 4. vorchristlichen Jahrhunderts, kennt schon die Namen der Königreiche im äußersten dravidischen Süden: Pāndya, Cola und Kerala. Die Dharmasūtra von Baudhāyana erwähnen bereits einige typisch südliche Bräuche. Es scheint also, als könne man – wenn auch nur durchaus provisorisch – die Arisierung der Zentralhochebene des Dekhan zwischen dem 6. und 4. Jahrhundert ansetzen. Es ist ein vollständig anonymer und uns unbekannter Vorgang, der indessen später von der Überlieferung in der mythischen Gestalt des Weisen Agastya, des Eroberers und Zivilisators des Südens, personifiziert wurde.

Die Sprachwissenschaft weist heute eine arische Sprache, das Marathi, als vorherrschend im Dekhan nach, das ein nichtarisches Substrat überlagert. In den waldreichen und wenig zugänglichen Gegenden sind dazwischen Munda- und Dravida-Sprachinseln eingesprengt. Im Süden dagegen äußerte sich der arische Einfluß vor allem im Eindringen der spätvedischen Religion, die sich aber der dravidischen Sprachen bedienen mußte. Die äußerste Südspitze der Halbinsel blieb dem Sanskrit als Sprache der Hochkultur verschlossen. In der Mitte des 4. Jahrhunderts fand eine regelrechte Kolonialisierung der Insel Ceylon (wahrscheinlich auf dem Seeweg, ausgehend von den Häfen der Nordwestküste) durch die Ārya statt. Und noch heute stellt das Singhalesische, das von der Mehrzahl ihrer Bewohner gesprochen wird, die südlichste arische, von den anderen gänzlich isolierte Sprache dar.

Die spätvedische und die upanishadische Literatur, die allein bis in diese Zeit zurückreichen, sind in Sanskrit verfaßt. Diese Sprache hatte sich in der Periode der Brāhmana und der Upanishaden schrittweise mit kaum spürbaren Abänderungen aus der vedischen Sprache entwickelt, bis sie ihre endgültige Form im 5. Jahrhundert fand. Wahrscheinlich ist sie in dieser Zeit von Pānini fixiert worden. Als Sprache der Priesterklassen war sie damals aber schon im Begriff zu erlöschen, da das Volk die jüngeren Prakrit-Dialekte sprach, von denen später die Rede sein wird. Vermutlich wurden diese Dialekte auch in Priesterkreisen zur alltäglichen Umgangssprache; alles in allem war es ein Vorgang, der seine Parallele zweitausend Jahre später in der Beziehung zwischen Persisch und Urdu in den herrschenden muslimischen Klassen finden sollte. Pānini stellte in seiner Grammatik *(Ashtādhyāyī)* die endgültigen Sprachregeln auf, die er in nahezu algebraischen Formeln von größter Genauigkeit formulierte. Diese Grammatik war ein Werk von ungewöhnlichem phonetischem und morphologischem Scharfsinn und war für die europäischen Gelehrten vor hundertundfünfzig Jahren eine wahre Offenbarung. Aber sie gebot der Entwicklung der Sprache auch Einhalt, da sie sich als literarisches Instrument niemals mehr von Pāninis Norm entfernen konnte und sehr bald die Eigentümlichkeiten einer toten Sprache annahm. Die Sprache der Lehren des Buddha und des Mahāvīra, wie ihre Jünger sie von den Lippen der Meister hörten, war indessen die örtliche Umgangssprache; ihre ersten schriftlichen Zeugnisse gehören aber erst der folgenden Periode an.

Als die großen religiösen Reformen eine Bresche in die alte Bastion des priesterlichen Formalismus der Ārya schlugen, legte diese bei ihrer Verteidigung eine unerwartete Lebenskraft an den Tag. Die Priesterklasse verzichtet zwar nicht auf den Ritualismus, läßt ihn aber, soweit wir sehen, weniger deutlich in Erscheinung treten und bemüht sich, ihre eigene Bedeutung auf andere Weise geltend zu machen. Zu diesem Zweck setzt sie die Kodifikation der Regeln, die die brahmanische Gesellschaft beherrschen, ins Werk und versucht, eine noch fließende Situation zu fixieren und der Kastenstruktur größere Festigkeit zu verleihen. So entsteht die Literatur der Dharmasūtra, das heißt der Aphorismen *(sūtra)* über das religiös-soziale Recht *(dharma)*. Dem vedischen Ritual eng verbunden, sind die ersten von ihnen in einer noch archaischen Prosa geschrieben und könnten auf das 5., ja auf das 6. Jahrhundert zurückgehen. Es folgen die Sūtra, in Versen auch Smriti genannt, die umfänglicher sind und Ansätze zu einer juristischen Systematik erkennen lassen. Diese Literatur wird wenigstens bis ins 2. vorchristliche Jahrhundert fortgesetzt. Ihr Inhalt ist im allgemeinen einheitlich und handelt von den Quellen des Dharma, den auf die Kasten bezüglichen Regeln, der Initiation *(upanayana)*, von dem brahmanischen Studenten *(brahmacārin)*, dem *pater familias (grihastha)*, von den Asketen, der Nahrung, der Theorie der Übertretungen und Sühnungen *(prāyashcitta)*, von den Rechten und Pflichten des Königs *(rājadharma)*, von rituellen Fragen mit besonderer Berücksichtigung der Reinigung und der Totenopfer *(shrāddha)*, dem Privatrecht (Ehe, Adoption, Erbschaft), Eigentumsrecht, Elementen des Strafrechts, den Pflichten gegenüber Eltern und Lehrer. Der älteste Dharmasūtra scheint der von Gautama (um 500 v. Chr.) zu sein, wenngleich verschiedene Gelehrte das bestreiten; er scheint mit dem Ritual der Chandoga, das heißt der Sāmaveda-Sänger, in Zusammenhang zu stehen. Wenig jünger, jedenfalls in seinem Kern, ist der von Baudhāyana, der uns freilich nur in einer relativ späten Umarbeitung überliefert ist. Der am besten erhaltene ist der von Āpastambha, der ebenfalls ziemlich alt ist, wenn er auch nicht auf das 5. Jahrhundert zurückgeht, wie Bühler behauptete. Die anderen Sūtra sind jünger, und einige von ihnen sind nur eine Wiederholung der Smriti, obwohl diese insgesamt jünger als die Sūtra sind.

Gleichzeitig mit den Dharmasūtra, sozusagen als Reaktion auf sie, begann das Kastenwesen seine endgültige Ausprägung zu finden, dessen Starrheit und Exklusivität in striktem Gegensatz zu der Biegsamkeit der spätvedischen Epoche stehen. Die Berufsstände verwandeln sich jetzt in eigentliche Kasten, deren oberste sehr große Privilegien besitzen. Der Brahmane ist heilig und unverletzlich und kann, selbst wenn er schwere Verbrechen begeht, nicht mit dem Tode bestraft werden; ihm sind die höchsten Staatsämter vorbehalten, insbesondere das des Priesters, des Lehrers, des Richters und des Ministers. Am Fuß der sozialen Pyramide tendiert die Stellung des Shūdra zu einer deutlichen Verschlechterung. Seine Hauptaufgabe ist der Dienst; er ist vom Studium der heiligen Schriften ausgeschlossen; die Strafen für ihn sind barbarisch grausam, und er genießt andererseits keinen hinlänglichen Schutz. Wenn ein Brahmane einen Shūdra tötet, muß er die gleiche Buße wie für die Tötung einer Katze, eines Frosches, eines Hundes oder eines Raben leisten. Immerhin war die Eheschließung zwischen Männern höherer und Frauen niederer Kasten *(anuloma)* noch zugelassen, nicht aber das Gegenteil *(pratiloma)*. Die Nachkommenschaft konnte noch im

Verlauf mehrerer Generationen in die höhere Kaste aufsteigen. Schon entwickelt sich, wenn auch erst als undeutliche Tendenz, die Idee, es sei unstatthaft, daß ein Mann der höheren Kasten eine von einem Angehörigen der unteren Kasten bereitete Speise zu sich nehme oder mit ihm zu Tische sitze. Und das fortgesetzte Entstehen neuer Kasten stellte die Verfasser der späteren Abhandlungen vor ernste Probleme.

Dieser Neigung zum sozialen Formalismus bezüglich der Lebensstadien des einzelnen Individuums begegnet man auch innerhalb der Kasten. Jeder Mensch, welcher Kaste er auch angehören mag, soll angeblich im Laufe seines Lebens vier Stadien *(āshrama)* durchlaufen. Zuerst ist er Brahmacārin, Student des heiligen Wissens, dann Grihastha, der Mann, der heiratet und für den Fortbestand der Familie und die notwendigen Opfer für die Vorfahren sorgt; seine Hauptverpflichtungen sind das Opfer, das Studium und die Freigebigkeit gegenüber den Priestern. In der dritten Phase lebt er als Vanaprastha oder Bhikshu in Armut und Entsagung in der Nähe der Dörfer. Schließlich verläßt er als Samnyāsin, als Asket, die Familie und jede menschliche Gemeinschaft und lebt in den Wäldern, ohne das Dorf betreten zu dürfen.

Die Stellung der Frau verschlechtert sich ständig, vor allem mit der schrittweisen Herabsetzung des Heiratsalters und mit der immer vollständiger werdenden Unterwerfung, erst unter den Vater und dann unter den Gatten; vor allem wird ihr so eine gute Bildung fast unmöglich gemacht. Im übrigen erfährt die soziale Struktur keine großen Veränderungen. Die Sklaverei bleibt weiter bestehen, behält aber immer ihre rein häusliche Form und hat keinen Einfluß auf die Landwirtschaft.

Vom materiellen Leben in Nordindien pflegt man an Hand der buddhistischen Texte ein recht vollständiges Bild zu entwerfen. Indessen wurden diese Schriften erst sehr viel später, besonders in Ceylon, gesammelt und enthalten vermutlich deshalb verhältnismäßig viel lokale und zeitgenössische Kulturelemente, die zu Unrecht dem Magadha des 6. Jahrhunderts zugeschrieben werden. Nur vom Handel haben wir etwas deutlichere Vorstellungen. Die allmähliche wirtschaftliche Entwicklung und ihre wachsende Bedeutung führten auch bei den Tauschmitteln zu einem Fortschritt. Noch war zwar der Tauschhandel üblich, und die als Zahlungsmittel dienenden Metalle wurden nach Gewicht berechnet. So zahlte zum Beispiel die achaimenidische Indusprovinz ihren Tribut in Goldstaub. Im 6. Jahrhundert tauchen dann aber die ersten archaischen Münzen auf, das heißt Metallstücke von einheitlichem Gewicht, für das ein Staatssiegel garantierte: Silberstücke, die mit drei Punkten markiert wurden oder gekrümmte Silberbarren mit einfachen Symbolen. Wenig später wurden sie von flachen rechteckigen oder runden Metallstücken abgelöst, die aus einer gehämmerten Blechfolie ausgeschnitten und auf das richtige Gewicht zurechtgestutzt wurden; mit einer Punze wurden ein oder mehrere Embleme oder Symbole auf ihnen angebracht, weshalb sie den etwas schwerfälligen Namen »punzierte Münzen« *(punch-marked coins)*, erhielten. Die Grundeinheit des Maßsystems bildete der ungefähr 0,118 g wiegende Rati *(guñja*-Beere), die übliche Goldmünze war der Suvarna von achtzig Rati, von dem uns jedoch kein Beispiel bekannt ist. Dafür besitzen wir Purāna oder Dharana aus Silber von zweiunddreißig Rati und kupferne Kārsāpana von achtzig Rati und deren Vielfaches oder deren Unterteilungen. Im Nordwesten dagegen standen die silbernen achaimenidischen

Sigloi im Kurs, die die punzierten Münzen anscheinend nur in ihrem Gewicht und besonders in ihrer Symbolik beeinflußt haben. Der goldene Dareikos hingegen kursierte, wie bereits erwähnt, in Indien nicht.

Noch festeren Boden haben wir in der Archäologie unter den Füßen. Charakteristisch für Nordindien in der Zeit vom 6. bis zum 4.Jahrhundert ist die schwarze polierte Keramik *(Northern Black Polished Ware*, NBP), deren Hauptfundorte im Gangesbecken und insbesondere in Magadha liegen. Sie darf also als die Gebrauchskeramik der Ārya-Gesellschaft im Norden gelten, wo sie bis zum 2.Jahrhundert und vielleicht noch länger im Gebrauch war. Sie wurde auf der Töpferscheibe gedreht, ist nicht sehr dick, und ihre Oberfläche hat einen stahlähnlichen Glanz. Regelmäßig und ohne Ausnahme geht der Gebrauch von Eisen für Waffen und Geräte mit ihrem Erscheinen Hand in Hand. Ein anderes Charakteristikum dieser Gegend in dieser Zeit ist das Wiedererstehen großer Städte nach der Unterbrechung, die auf den Untergang von Harappa und Mohenjo-daro folgt. Den riesigen Stadtwall von Rājagriha haben wir bereits erwähnt. Ebenfalls schon in die Epoche des Buddha fällt die Blütezeit von Kaushāmbī, fünfzig Kilometer westlich von Allahabad, und Ahiccatrā im Distrikt Bareli, deren gewaltige Mauern und beachtliches Areal bei Ausgrabungen zutage getreten sind.

Auch im Süden hat die Archäologie in den letzten Jahren bedeutende Ergebnisse erzielt, die eine nützliche Ergänzung der unsicheren literarischen Überlieferungen darstellen. In Malwā ist eine mikrolithische, hochspezialisierte Kultur entdeckt worden, deren Keramik schwarze Zeichnungen auf rotem oder cremefarbigem Grund aufweist; später tritt die vom Ganges stammende NBP-Kultur an ihre Stelle, die höchstwahrscheinlich von den Ārya importiert wurde (Maheshwar; ungefähr das gleiche Bild bietet Ujjain). Zugleich mit dem Vordringen der NBP-Kultur nach Zentralindien, etwa um 500 v.Chr., verbreitet sich hier auch der Gebrauch des Eisens, und eine städtische Kultur entwickelt sich. Aus dieser Zeit stammen die mächtigen, mit Holzbalken verstärkten Lehmmauern, die die heilige Stadt Ujjain, die älteste Zentralindiens, umgaben und die unlängst ausgegraben worden sind. Diese Importe aus dem Norden übten eine schockartige Wirkung aus und verwandelten die vorangegangene mikrolithische Kultur von Grund auf. Die gleiche Reihenfolge wie in Malwā tritt auch im nördlichen Dekhan (Prakasha, Bahal, Nasik) auf; auch hier folgt in einer zweiten Phase die NBP. Weiter südlich im Dekhan bleibt indessen die neolithische Kultur bestehen, die sich nur sehr langsam und teilweise durch das Erscheinen der schwarzroten Keramik und der – allerdings seltenen – Metalle wandelt. Im äußersten Süden schließlich sind, bis auf die Überreste einer primitiven mikrolithischen Jäger- und Sammlerkultur (Teri), fast gar keine Funde gemacht worden.

Insgesamt erweist sich der Süden als kulturell stark zurückgeblieben; erst die Eroberung durch die Maurya im 3. vorchristlichen Jahrhundert läßt ihn mit einem Satz die Entwicklung von mehreren Jahrhunderten überspringen und aus einem vorgeschichtlichen Stadium unmittelbar ins volle Licht der Geschichte treten.

Die Brāhmana und die Āranyaka hatten den alten vedischen Ritualismus durchgehend zu seinen letzten Konsequenzen geführt; die Religion hatte sich in eine Technik verwandelt und interessierte nur noch die Priesterklasse. Sie konnte jetzt weder die Bedürfnisse der Leute aus dem Volk befriedigen, die eines Glaubens und eines Trostes bedurften, noch die anspruchsvolleren Geister, die nach dem Ursprung der Dinge und dem Wesen des Lebens selbst forschten. Den kleinen Leuten schenkte diese Zeit vielleicht die ersten Ansätze zu einem Glauben an persönlichere und individuellere Gottheiten, der freilich erst sehr viel später eine deutliche und für uns greifbare Gestalt annahm. Die höheren Schichten hingegen lehnten den toten Ritualismus nicht nur ab, sondern in ihren Kreisen, insbesondere in der Kaste der Kshatriya, entstand eine denkerische Bewegung, die ihren Ausdruck in den Upanishaden (Geheim-Gleichungen) fand.

Die Upanishaden bestehen aus einem Komplex von angeblich einhundertacht Texten, wobei diese heilige Zahl der Überlieferung um so weniger dem tatsächlichen Umfang der Schriften entspricht, als ihre Abfassung bis in unsere Tage fortgesetzt worden ist. Insgesamt stellen sie wirklich das *Vedānta* im alten Sinn des Wortes dar, das heißt das Ende der Veda. Hier interessieren uns nur die ältesten von ihnen, die auf das 6. Jahrhundert zurückzugehen scheinen, eine oder zwei vielleicht sogar auf das 7., und die unmittelbar an die Āranyaka, ihre liturgische Esoterik und die Symbolik ihrer Melodien und Worte anknüpfen. Vor allem scheinen sie die Spekulationen des zehnten Buches des Shatapatha Brāhmana fortzusetzen. Sie sind in Prosa geschrieben und mit didaktischen Versen und gelegentlich mit lyrischen Strophen untermischt. Die zeitlich frühesten und zugleich längsten und bedeutendsten sind die Brihadāranyaka Upanishad – eine Art siegreichen Disputs des Weisen Yājñavalkya mit seinen Rivalen, der formal den letzten Teil des vierzehnten Buches des Shatapatha Brāhmana darstellt – und die Chāndogya Upanishad, der zweite Teil eines Chāndogya Brāhmana des Sāmaveda. Alt ist auch eine Gruppe von vier Upanishaden in Prosa (Aitareya, Kaushītaki, Kena und Taittirīya) und eine in Versen (Īshā). Wenig jünger, aber den Veden schon ferner stehend und bereits Ausdruck einer ausgereifteren Spekulation sind die Upanishaden in Versen (Katha, Shvetāshvatara, Mahānārāyana, Mundaka, Prashna); noch neueren Datums sind die Māndūkya und die Maitrāyanīya in Prosa, mit denen man wahrscheinlich schon in die Zeit nach der Entstehung des Buddhismus eintritt.

Diese in einer teils scholastischen, teils hochpoetischen Sprache geschriebenen Texte werfen vielerlei Probleme auf. Eines davon ist die alte kosmogonische Frage: Was war am Anfang, das Sein oder das Nichtsein? Dem Zweifel, der den Rigveda-Hymnus erfüllt, setzt der Weise der Chāndogya seine Gewißheit entgegen:

> Am Anfang, mein Lieber, gab es nichts anderes als das Sein *(sat)*, einzig und ohne ein zweites. Andere sagen freilich: »Am Anfang war das Nichtsein *(asat)*, einzig und ohne ein zweites; aus diesem Sein entstand nicht das Sein.« Wie aber könnte es so sein, mein Lieber? Wie kann das Sein aus dem Nichtsein entstehen? In Wahrheit war das Sein am Anfang aller Dinge, das Sein allein und ohne ein zweites. Dann dachte [das Sein]: »Möchte ich doch vieles werden. Möchte ich doch zeugen.« Und so erzeugte es die Wärme *(tejas)*. Die Wärme dachte: »Möchte ich doch vieles werden. Möchte ich doch zeugen.« Und sie erzeugte die Wasser.

Ein anderes Problem von weit größerer Tragweite bezieht sich auf das Ātman, das Selbst jedes Einzelwesens: nicht Seele oder sterbliches Ich, sondern eine geheimnisvolle, der Zeit und dem Raum übergeordnete Präsenz, jenseits aller Leidenschaft. Obwohl sie in allem ist,

ist sie doch nicht vielfältig, sondern eins; infolgedessen wird sie mit dem Brāhman, der letzten Wesenheit des Weltalls, identifiziert. Daraus entsteht eine Heilslehre, denn wer die Identität Ātman-Brāhman erkennt, kann sich dem unaufhörlichen Fluß der Zeit und des Raumes entziehen, die jedes Ding mit sich in ein unbestimmtes Werden reißt; zum erstenmal wird das Heil nicht durch einen liturgischen Akt, sondern durch die Erkenntnis erwirkt. Diese Idee hat einige der sublimsten Seiten der indischen Philosophie inspiriert. Zum Beispiel: »Das Ātman ist Honig für alle Wesen, und alle Wesen sind Honig für das Ātman; jenes aus Glanz und Unsterblichkeit bestehende Wesen, das dem Ātman innewohnt, das auch jenes aus Glanz und Unsterblichkeit bestehende Wesen ist, das das Ātman selbst ist, dieses selbe ist das Ātman, es ist die Unsterblichkeit, ist das Brāhman, ist das All. Dieses Ātman wahrlich ist der Herr aller Geschöpfe, ist der König aller Wesen. Und wie alle Speichen eines Rades zugleich in der Nabe und im Radreifen enden, so enden in diesem Ātman alle Wesen, alle Götter, alle Welten, aller Atem *(prāna)*, alle Einzelwesen.« Und wiederum: »Der Allwirkende, Allwünschende, Allriechende, Allschmeckende, das All Umfassende, Schweigende, Unbekümmerte, dieser ist mein Ātman im inneren Herzen, dieser ist das Brāhman, zu ihm werde ich von hier abscheidend eingehen. Wem dieses wird, fürwahr, der zweifelt nicht.« Und schließlich einer der Höhepunkte menschlichen Denkens zu allen Zeiten: »Diese feine Substanz (die du nicht wahrnimmst), mein Lieber, ist dieses All, dies ist das Reale, dies ist das Ātman, das bist du *(tat tvam asi)*, o Shvetaketu.«

Das Problem dieses wie aller Monismen ist, eine Erklärung dafür zu finden, wie die menschliche und kosmische Dualität zwischen Sein und Werden, Zeit und Ewigkeit, Ātman und Dingen entsteht. Schon in einigen Upanishaden wird dieser Prozeß mit dem Karman (Tat) einerseits und mit der Avidyā (Nicht-Erkenntnis) andererseits in Zusammenhang gebracht. Aus Nicht-Erkenntnis entsteht die Tat, und jede Tat bringt aus sich als Frucht eine ununterbrochene Kette von Gedanken und Wirkungen hervor, die die Erkenntnis der den Dingen innewohnenden letzten Einheit verhindert; nur die Erkenntnis kann zur Befreiung führen. »Wer gebunden ist, geht, von seinem Karman begleitet, dorthin, wohin ihn sein begehrlicher Sinn führt; ist das Karman einmal erschöpft, kehrt er, was immer er vollbracht haben mag, aus jener Welt in diese Welt, zum Tun, zurück. So für den Verlangenden. Nunmehr von dem Nichtverlangenden. Wer ohne Verlangen, frei von Verlangen, in gestilltem Verlangen, selbst sein Verlangen ist, dessen Lebensgeister ziehen nicht aus; sondern Brāhman ist er, und in Brāhman geht er auf.«

Hier stoßen wir auf einen von den Veden, die nur eine Belohnung von Gut und Böse im Jenseits kannten, völlig unabhängigen Gedanken. Das Gesetz des Karman, das heißt der Glaube, daß die Taten des Daseins zwangsläufig ein neues Dasein bedingen, entstammt der von den Ārya unterworfenen und dennoch ununterdrückbaren Urbevölkerung; er geht in das lebendige Glaubensgut der Ārya ein, durchdringt es und verwandelt es schließlich vollständig. Diese so naheliegende Erklärung des Phänomens stützt sich aber insofern auf reine Vermutungen, als die alten literarischen Texte ausschließlich von den Ārya verfaßt worden sind und es unklar bleibt, wieweit frühindisches Denken schon damals in sie eingegangen ist.

In den Upanishaden ist die Spekulation alles, und die praktische Moral hat nur geringen Anteil an ihnen, was insofern verständlich ist, als die Moral in gewisser Hinsicht in die Erkenntnis eingeschlossen ist, die die einzige Grunderfordernis darstellt. Gleichwohl fehlt es nicht an Stellen von hohem ethischem Gehalt, wie die der Taittirīya: »Nachdem er den Veda mit ihm studiert hat, ermahnt der Lehrer seinen Schüler: ›Sage die Wahrheit, übe die Pflicht, vernachlässige nicht das Vedastudium. Nachdem du dem Lehrer die liebe Gabe überreicht hast, sorge, daß der Faden deines Geschlechtes nicht reiße. Vernachlässige nicht die Pflicht, vernachlässige nicht deine Gesundheit, vernachlässige nicht dein Vermögen, vernachlässige nicht Lernen und Lehren des Veda. Vernachlässige nicht die Pflichten gegen die Götter und Ahnen, ehre die Mutter wie einen Gott, ehre den Vater wie einen Gott, ehre den Lehrer wie einen Gott, ehre den Gast wie einen Gott!‹«

Hier erhebt sich die Frage nach den chronologischen und gedanklichen Beziehungen zwischen den vierzehn ältesten Upanishaden und dem Buddhismus. Diese oft diskutierte Frage ist jedoch nicht zu beantworten. Denn es handelt sich um zwei voneinander unabhängige Gedankenstränge, die alle beide als Reaktion auf den vedischen Ritualismus entstanden sind und die nebeneinander existiert haben können, ohne sich gegenseitig zu beeinflussen; und in der Tat ist es schwer, sichere Spuren einer solchen Beeinflussung zu finden. Das einzige, was sich sagen läßt, ist, daß die ältesten Upanishaden ihrer Sprache, ihrer engen Abhängigkeit von der Brāhmana-Literatur und der Primitivität ihres ganz intuitiven und kaum logischen Denkens nach archaisch sind, was man schon von den allerersten buddhistischen Schriften nicht behaupten kann. Andererseits ist nicht auszuschließen, daß einige dem ursprünglichen buddhistischen Denken am nächsten stehende Schriften uns nicht überliefert worden sind, gerade weil sie, durch die große Reform des Buddha überholt und von ihr aufgesogen, in Vergessenheit geraten sind.

Während der upanishadische Gedanke, zumindest formal, auf den Veden beruhte und von der vedischen Literatur seinen Ausgang nahm, kehrten andere Denker der alten Religion der Ārya entschlossen den Rücken, um neue Wege zu gehen. Dennoch blieben immer einige Grundpostulate allen auf indischem Boden erwachsenen Religionen gemeinsam. Eines davon ist das Gesetz des Karman. Ein anderes der schließlich allgemeine Glaube an die Seelenwanderung, das heißt an die Wanderung des – verschieden aufgefaßten – vitalen Prinzips von Leben zu Leben, und infolgedessen an die Unbeständigkeit der verschiedenen Welten, zumindest als subjektiver Erfahrung.

Hiervon geht die Jaina-Bewegung aus, deren Name sich von dem Titel ihres historischen Gründers, Jina, »des Siegreichen«, herleitet. Bei ihr handelt es sich nicht um die persönliche Schöpfung eines großen Reformators, sondern um die Systematisierung und Vervollständigung einer schon existierenden Denkerschule, die die Überlieferung auf die vierundzwanzig Tīrthankara (»Verkünder des Heils«; wörtlich: »Furtbeschaffer«) zurückführt. Von ihnen ist der vorletzte, Pārshva, wahrscheinlich eine historische Persönlichkeit, die vielleicht gegen Ende des 7. Jahrhunderts gelebt hat. Der letzte war Vardhamāna, gemeinhin Mahāvīra, »der große Held«, genannt, der wahrscheinlich in der Mitte des 6. Jahrhunderts in Magadha geboren wurde. Im Alter von achtundzwanzig Jahren verließ er Besitz und Familie, um sich dem Leben eines wandernden Asketen zu weihen; nach zwölf Jahren erlangte er die Erleuchtung, und darauf verbrachte er weitere dreißig Jahre damit, seine Lehre in einem nicht sehr weiten Bereich Nordostindiens, vor allem in Magadha und Anga, zu predigen. Er starb mit zweiundsiebzig Jahren; sein Todesdatum ist umstritten, wahrscheinlich ist es aber das Jahr 477 oder 468 v. Chr. Sein Leben spielte sich also an den gleichen Stätten und zur selben Zeit wie das des Buddha ab; aber es sieht nicht so aus, als hätten die beiden Reformatoren einander gekannt oder sich gegenseitig beeinflußt.

Wie immer in der Frühzeit einer Religion ist uns die Lehre ihres Gründers nur in den späteren Überarbeitungen bekannt. Hier ist nicht der Ort, die Entwicklung des jainistischen Denkens darzulegen, schon weil sein Einfluß auf die indische Geschichte unvergleichlich geringer als der des Buddhismus war. Die Skizzierung einiger Grundzüge mag genügen, bei der man sich aber vor Augen halten muß, daß es sich großenteils um eine Systematisierung aus wesentlich späterer als der hier behandelten Zeit handelt. Die Theorie des Jainismus beruht auf der Gegenüberstellung von Materie und individuellem Prinzip. Die Materie *(pudgala)* besteht aus Atomen *(paramāṇu)*, von denen jedes einzelne vier Eigenschaften besitzt: Fühlbarkeit, Geschmack, Geruch und Farbe. Diese Atome gruppieren sich zu Zusammensetzungen *(skandha)*, die sich zu einem Aggregat oder Körper *(kāya)* vereinigen. Die Seelen *(jīva)* existieren in unendlicher Anzahl und sind ihrer eigenen Natur nach mit vollkommener Erkenntnis, Wahrnehmungsvermögen, Glückseligkeit und Energie ausgestattete Monaden. Aber diese ihre Eigenschaften können sich in der Praxis nur sehr unvollkommen entfalten, weil die Jīva mit der Materie verbunden sind, die die ihnen innewohnende Leuchtkraft verdunkelt. Im Hinblick auf ihre Verbindung mit den Jīva, deren Verdunkelung sie bewirkt, heißt die Materie Karman und kann gut oder böse sein. Sie wird außerdem in ein zerstörerisches *(ghātin)* und ein unzerstörerisches Karman *(aghātin)* unterteilt; ihr entstammen acht Bindungen, die die Seelen an sich fesseln. Das Karman reift, übt seine Wirkung aus und verzehrt sich; deshalb gibt es im Leben eine ständige Erzeugung von Karman – sie entsteht aus einem der rechten Haltung und der rechten Erkenntnis widersprechenden Handeln – und einen ständigen Prozeß der Selbstvernichtung *(nirjarā)* des Karman. Bliebe der Mensch jedoch müßiger Betrachter dieser beiden Vorgänge, gäbe es für seine Seele keine Möglichkeit, seine ursprüngliche Reinheit wiederzuerlangen und sich von der Materie zu befreien. Zu diesem Zweck hat sich der Mensch einem Unterdrückungsprozeß oder einer Disziplin *(samvarakarman)* zu unterwerfen; die Dauer und Intensität des zerstörerischen Karman können durch eine freiwillige Unterwerfung *(sakāmanirjarā)* eingeschränkt oder geradezu ausgeschaltet werden. Wem es vermittels des Bewußtseins des Erkennens *(jñānacetanā)* gelingt, das Karman vollständig zu überwinden, ist ein Vereinsamter *(kevalin)*, ihm ist die absolute Isolierung der Seele von der Materie gelungen, und er hat ihr ihren ursprünglichen Glanz ohne jede Verdunkelung und ohne jede Möglichkeit eines neuen Zuflusses von Karman zurückverliehen. Nur ein Mensch kann das erreichen; die Götter, die der agnostische Jainismus als Konzession an die Volksreligiosität hinnimmt, müssen, wenn sie die Erlösung erlangen wollen, als Menschen wiedergeboren werden.

Tanzender Shiva
Südindische Bronzeplastik, 13. Jahrhundert. Zürich, Rietberg-Museum, Sammlung v. d. Heydt

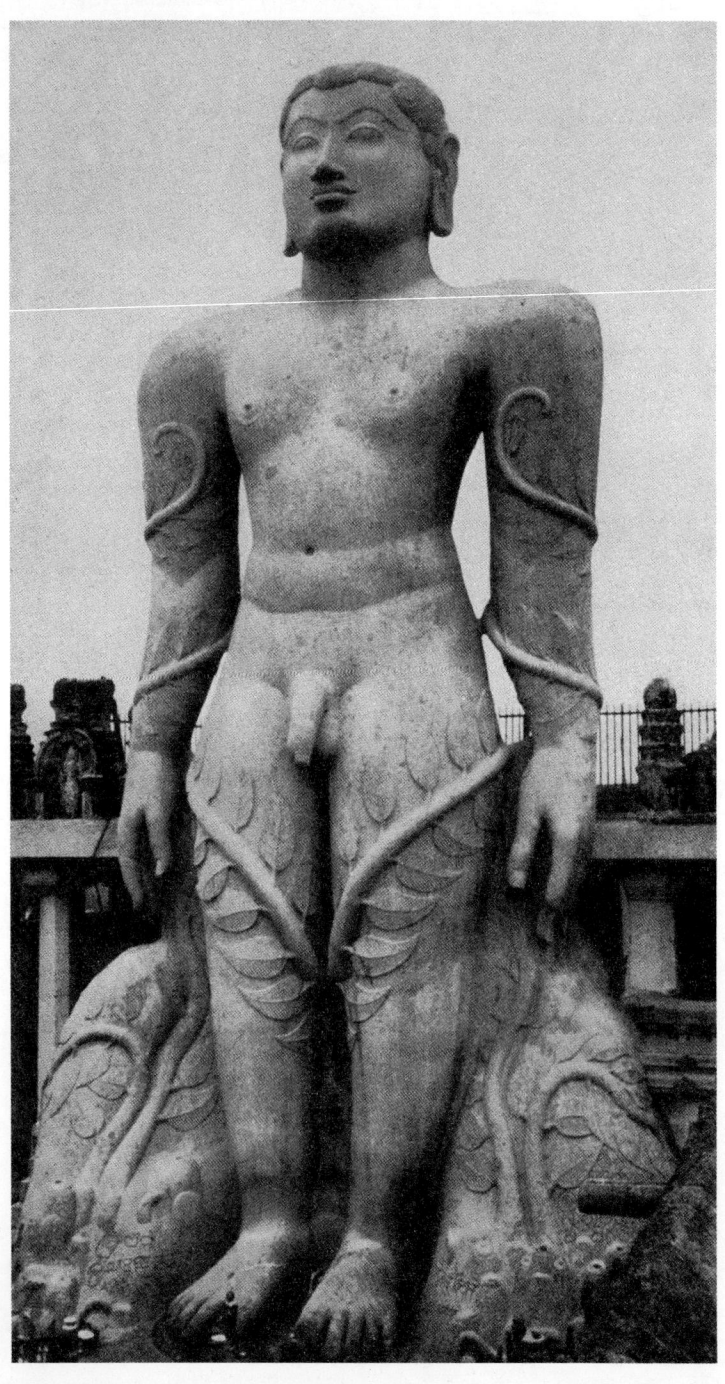

Der Jaina-Koloß von Sravana Belgola
Steinskulptur, spätes Mittelalter

Die Praxis, durch die dieses Ziel erreicht werden kann, besteht in einer ungewöhnlich strengen Askese, deren nur einige erwählte Geister fähig sind. Für die gewöhnlichen Menschen, die sich nicht gänzlich vom menschlichen Leben loslösen können, werden die disziplinarischen Regeln gemildert; dafür können sie nicht unmittelbar ihr Heil erwerben, sondern lediglich eine künftige Wiedergeburt vorbereiten, die günstige Bedingungen bietet, um später das höchste Ziel zu erreichen. In der Praxis werden die Jaina-Gläubigen in zwei Klassen aufgeteilt: die praktizierenden Asketen, die jede menschliche Bindung aufgegeben haben, und die Laiengläubigen *(shrāvaka)*. Grundlegende Voraussetzung der Jaina-Regel ist eine absolute, konzessionslose, vollständige Hochachtung vor jeglicher Form des menschlichen und tierischen Lebens *(ahimsā)*. Jedes Lebewesen besitzt ein Jīva (Seele), und so ist die Welt von ihnen erfüllt. Es gibt Jīva mit nur einem Sinn, dem des Gefühls (Pflanzen und Mikroorganismen), und andere mit zwei, drei, vier und fünf Sinnen. Aber alle sind gleich, und der Asket, der irgendein Jīva verletzt, versündigt sich gegen das Ahimsā und lädt eine schwere Schuld auf sich. Eine vollständige Einhaltung der Ahimsā ist unmöglich, weil sie die Lebensfunktionen verhindern würde. Deshalb sind pflanzliche Speisen erlaubt, aber die absolute Schonung des tierischen Lebens ist bis zu dem Punkt geboten, daß die Gläubigen den Erdboden vor sich mit einem kleinen Besen fegen, um nicht Insekten zu zertreten, und einen Schleier vor dem Mund tragen, um keine Mücken zu verschlucken.

Auch für die anderen Bereiche des menschlichen Lebens sind die Verhaltensregeln sehr streng: Kontrolle des Geistes, der Worte und des Körpers, Entbehrungen und freiwillige Opfer. Eine wichtige Rolle spielt dabei das Fasten, das bis zum freiwilligen Hungertod fortgesetzt werden kann *(samlekhanā)*. Eine ebenso große Rolle spielt die innere Askese, die Achtung vor den Lehrern und Mitschülern, Buße, Studium und Meditation.

In diesem System fehlt jegliche Gottesvorstellung, aber auch der Sinn für wahre menschliche Brüderlichkeit, für das Mitleid mit den leidenden Brüdern. Die finstere Strenge des Jaina-Asketen, die sich immer und ausschließlich auf das eigene Heil bezieht, hat in Indien nicht viele Nachfolger finden und sich nicht in allen sozialen Klassen verbreiten können. Zudem hatte sie einige nicht vorbedachte praktische Folgen. Die Vorschrift der Ahimsā schloß die Jaina vom Ackerbau aus, weil man beim Pflügen und Umgraben unzählige kleine Lebewesen tötet; sie schloß sie auch vom Handel mit jeder Art Waren von organischer und vor allem tierischer Herkunft aus. Deshalb verbreitete sich der Jainismus vor allem unter gewissen Gruppen von Kaufleuten, so den Juwelieren und Bankiers. Das führte dazu, daß diese Gemeinschaft, die heute knapp zwei Millionen meist in Rajasthan, Gujarat und Uttar Pradesh ansässiger Anhänger zählt, eine große Wirtschafts- und Finanzmacht darstellt; ihr nur zeitweiliger politischer Einfluß vor allem im Dekhan und im Süden erlosch hingegen sehr bald.

Von sehr viel größerer Bedeutung sowohl für Indien als auch für ganz Asien war die gleichzeitige denkerische Bewegung, die von dem Buddha ausging und seinen Namen führt. Nur schwer lassen sich aus dem Dickicht von Legenden, das sich im Lauf der Jahrhunderte um ihn gewoben hat, die Elemente herausschälen, die eine Rekonstruktion der historischen Gestalt des Meisters gestatten. Das hat dazu geführt, daß man sogar seine Existenz bezweifelt hat, eine kritische Übertreibung, die aber ohne Folgen geblieben ist. Wenn wir uns auf wenige Angaben beschränken, die wirklich auf die Überlieferung seines Lebens zurückzugehen scheinen, so wurde Gautama Siddhārtha in Kapilavastu (im heutigen nepalischen Terai) geboren. Er entstammte einer führenden Familie des adligen Clans der Shākya. Nach einer in Wohlleben verbrachten Jugend geriet er mit neunundzwanzig Jahren in eine heftige moralische Krise, die ihn veranlaßte, seiner sozialen Stellung zu entsagen und – auf der Suche nach dem Wege der Erlösung aus dem der Welt innewohnenden Schmerz und dem beständigen Fluß der Geburten und Wiedergeburten (Samsāra) – die Welt zu verlassen. Er suchte diesen Weg in Kasteiungen; als er aber nach sechs Jahren dem Tode nahe war, verzichtete er darauf, ohne sein Ziel erreicht zu haben. Und erst jetzt, als er in Bodh Gaya in Bihar am Fuße eines Baumes in tiefe Meditation versunken saß, erlangte er die Erleuchtung *(bodhi)*, das heißt die Erkenntnis, die allein zum Heil führen kann. Zum Buddha (dem Erleuchteten) geworden, begann er im Hirschpark von Benares zu lehren. Von da an gibt es in seinem Leben keine bedeutenden äußeren Ereignisse mehr; er starb achtzigjährig als Haupt einer großen Mönchsgemeinde in Kushinagara unweit von Kapilavastu. Diese wenigen Angaben dürfen als gesichert gelten; der Rest ist fromme Legende. Unsicher ist auch der Zeitpunkt seines Todes, der doch ein Datum von großer Bedeutung ist. Nach der in Ceylon üblichen Chronologie starb der Buddha 543 v. Chr. Heute neigt man dazu, seinen Tod kurz vor oder kurz nach 480 v. Chr. anzusetzen.

Ebenso schwierig ist es, die ursprüngliche Lehre des Buddha zu rekonstruieren. Ausgangspunkte sind die damals dem ganzen indischen Denken gemeinsamen Ideen: die Seelenwanderung, das Gesetz des Karman und die Überwindung von beiden als Endziel. Dieses Endziel ist das Nirvāna, keine Vernichtung, sondern ein unbeschreiblicher Zustand, in dem jede Unterscheidung von Gut und Böse, von Sein und Nicht-Sein aufhört und der nur negativ definiert werden kann. Der vom Buddha entdeckte Weg zum Ziel ist kurz in den »Vier Heiligen Wahrheiten« zusammengefaßt, die vielleicht tatsächlich einen authentischen Ausdruck seines Denkens darstellen. Der Meister hat sie zum erstenmal in seiner Predigt in Benares verkündet, die für den Buddhismus das gleiche bedeutet wie die Bergpredigt für das Christentum.

> Dies, ihr Mönche, ist die heilige Wahrheit vom Leiden: Geburt ist Leiden, Alter ist Leiden, Krankheit ist Leiden, Tod ist Leiden, mit Unliebem vereint zu sein ist Leiden, von Liebem getrennt zu sein ist Leiden, nicht erlangen, was man begehrt, ist Leiden, kurz die fünferlei Objekte des Ergreifens (das heißt die fünf Gruppen von Elementen, aus denen das leiblichgeistige Dasein des Menschen besteht) sind Leiden. — Dies, ihr Mönche, ist die heilige Wahrheit von der Entstehung des Leidens: es ist der Durst, der von Wiedergeburt zu Wiedergeburt führt, samt Freude und Begier, der hier und dort seine Freude findet: der Lüstedurst, der Werdedurst, der Vergänglichkeitsdurst. — Dies, ihr Mönche, ist die heilige Wahrheit von der Aufhebung des Leidens: die Aufhebung dieses Durstes durch gänzliche Vernichtung des Begehrens, ihn fahren lassen, sich seiner entäußern, sich von ihm lösen, ihm keine Stätte gewähren. — Dies, ihr Mönche, ist die heilige Wahrheit von dem Wege zur Aufhebung des Leidens: es ist dieser heilige achtteilige Pfad, der da heißt: rechter Glauben, rechtes Entschließen, rechtes Wort, rechte Tat, rechtes Leben, rechtes Streben, rechtes Gedenken, rechtes Sichversenken.

Es handelt sich hier um Grundprinzipien, um das Minimum, zu dem der Buddha die wesentlichen Elemente seiner Lehre zusammenfassen zu können glaubte. Sie beschränken sich auf die Feststellung, daß die Welt Schmerz ist, auf die Suche nach dem Grund des Schmerzes, auf die Heilmittel, mit denen der Schmerz bekämpft werden kann, und auf die Mittel, die diesen Heilmitteln zur Wirksamkeit verhelfen. Das Ganze hat eine einprägsame Form, es stellt wahre *versus memoriales* in Prosa dar. Auf den lehrhaften Ton dieser Prinzipien mit ihren zahlreichen zur Gedächtnisstütze bestimmten rhythmischen Wiederholungen wird auch in Zukunft der gesamte buddhistische Lehrstil abgestimmt sein. Eine andere Grundlehre, die vielleicht auf den Meister selbst zurückgeht, ist die von den zwölf Ursachen *(nidāna)*, die in ehernem Kausalnexus *(pratītya-samutpāda)* zu den Ursprüngen des Schmerzes in der Welt zurückführen. Es handelt sich dabei um eine Art Schlußfolgerung oder eine Erklärung der zweiten und dritten Wahrheit:

> Da dachte der Bodhisattva (das ist der künftige Buddha) also: Auf Grund welcher Voraussetzungen gibt es Altern und Sterben? Und was muß Altern und Sterben sonst noch bedingen? Und er dachte also: wenn es Geborenwerden gibt, gibt es Altern und Sterben, denn Altern und Sterben liegen dem Geborenwerden zugrunde. Und da dachte der Bodhisattva: unter welchen Voraussetzungen gibt es Geborenwerden? Und was sonst noch mag das Geborenwerden bedingen? Und er dachte also: wenn es Werden gibt, gibt es Geborenwerden, dem Werden liegt das Geborenwerden zugrunde.

Auf die gleiche Weise kommt man vom Werden zum Lebensdrang, zum Durst (Gier), zur Empfindung, zur Berührung, zu den sechs Sinnen, zur Individualität *(nāmarūpa,* Name und körperliche Form), zum Bewußtsein, zu den Triebkräften, zum Nichtwissen *(avidyā).* Dieser Kausalnexus kann bei seiner Durcharbeitung – wie es auch tatsächlich geschehen ist – zu sehr abweichenden Ausdeutungen führen, von denen verschiedene Schulen ihren Ausgangspunkt genommen haben.

Eine andere, vielleicht auf den Meister selbst zurückgehende Grundanschauung ist die entschiedene Ablehnung eines nach dem Tode fortbestehenden Individuationsprinzips *(ātman),* wobei freilich mit der gleichen Bestimmtheit die Allmacht des Gesetzes des Karman beibehalten wird. »Das Karman existiert, die Frucht des Karman existiert, aber man kann kein Agens wahrnehmen, abgesehen von einem Aggregat von Elementen.« In anderen Worten: man kann von keinem Ich sprechen, sondern nur von einem vergänglichen Agglomerat der fünf Skandha (Sinnlich-Körperliches, Empfindung, Unterscheidung der einzelnen Wahrnehmungen, Triebkräfte, Bewußtsein); während des beständigen Sichvereinigens und Sichtrennens der Skandha beruht die einzige Dauer eben auf dem Karman. Deshalb beschränkt das Individuationsprinzip sich auf eine ununterbrochene Folge oder einen Strom *(santāna)* von Skandha. Stirbt der Mensch, so zerfallen die fünf Skandha, aber kraft des Karman, das während der Lebenszeit akkumuliert wurde, entsteht eine neue Gruppe von Skandha. Das Karman ist deshalb die Elementarkraft, die ausgeschaltet werden muß. Es gibt keine ewige Wesenheit, die vom Spiel des Saṃsāra, dem beständigen Kreislauf von Sterben und Geborenwerden, erlöst werden könnte; es gibt nur die Illusion von einer falschen Persönlichkeit, die ausgelöscht werden muß. Wenn das Karman sich verzehrt hat und erloschen ist, bleiben die Skandha müßig; jede Bewegung hört auf, und jener unterschiedslose Zustand absoluter Abgeklärtheit beginnt, das Nirvāna, das der Buddha niemals näher hat definieren wollen.

Zu der theoretischen Lehre traten moralische Vorschriften hinzu, deren wichtigste die fünf Gebote *(shīlā)* sind: nicht töten, das nicht nehmen, was nicht geschenkt wird, keine unreinen Handlungen begehen, nicht lügen, keine berauschenden Getränke trinken. Das gilt für alle. Die Bettelmönche *(bhikshu)* sind indessen noch zur Beobachtung anderer fünf Gebote gehalten: nicht zu verbotenen Stunden essen, sich nicht weltlichen Freuden ergeben, keine Wohlgerüche gebrauchen, sich keiner breiten und schönen Betten bedienen, kein Geld annehmen. Von seinen Anfängen an ist nämlich für den Buddhismus die Bildung eines Mönchsordens *(sangha)* bezeichnend, der an eine Vielfalt von Regeln gebunden war, die sich im Lauf der Zeit ausbildeten und komplizierten. Was indessen fehlte, war ein Lehramt: der Buddha hat die Möglichkeit, einen Nachfolger zu haben, entschieden von sich gewiesen. Er hat nur den Weg gezeigt, und sein wahrer Nachfolger war das Gesetz *(dharma)*. Ebenso fehlte eine hierarchische Organisation; jedes Kloster war vom anderen unabhängig, und der einzige Obere, den ein Bettelmönch anerkannte, war die Gemeinschaft der Brüder. Deshalb bestand von Anfang zu Recht die Anschauung, die Religion ruhe auf drei Säulen, den drei Juwelen *(triratna)*: dem Buddha, seiner Lehre und seiner Gemeinde. Die Gemeinde beruhte ihrerseits im Hinblick auf ihre materiellen Bedürfnisse und auf die Erfüllung ihrer Zwecke auf der Klasse der Laienhörer *(upāsaka)*.

Über die Geschichte der buddhistischen Gemeinde in den nächsten einhundertfünfzig Jahren sind wir schlecht informiert. Nicht, daß es etwa an Quellen fehlte, ganz im Gegenteil. Aber ihr Gehalt ist so legendär und oft so widersprüchlich, daß es fast unmöglich ist, aus ihnen den historischen Kern herauszuschälen. Alle Quellen stimmen jedoch darin überein, daß noch im Todesjahr des Buddha in Rājagriha ein Konzil abgehalten wurde, um das Gesetz *(dharma)* und die Disziplin *(vinaya)* zusammenzufassen und kanonisch festzulegen. Ein zweites Konzil soll hundert Jahre nach dem Tod des Meisters in Vaishālī abgehalten worden sein, vor allem um über einige Punkte der mönchischen Disziplin zu entscheiden. Nicht ausgeschlossen ist, daß im ersten Jahrhundert nach dem Hinscheiden des Meisters Gruppen seiner Schüler versucht haben, sein Wort zu kodifizieren; aber weiter scheint man in der Bewertung der nicht miteinander übereinstimmenden und im ganzen späten Überlieferungen über die buddhistischen Konzilien nicht gehen zu dürfen. Jedenfalls war die Festlegung des Kanons das Werk vieler Generationen und beschäftigte sicher viele Jahrhunderte.

Buddhismus und Jainismus waren nicht die einzigen denkerischen Bewegungen, die aus dem Kreis der Orthodoxie ausbrachen. Anderen war nicht ebensoviel Glück beschieden, sie erloschen im Lauf der Jahrhunderte, ohne bis auf uns zu kommen. Zu ihnen gehörten die sowohl von den Buddhisten wie von den Jaina bekämpften Ājīvika. Zu Zeiten des Buddha und des Mahāvīra war Goshāla Maskarīputra das Haupt dieser alten Sekte, von der wir allerdings nur wenig wissen. Anscheinend hingen sie aber einer fatalistischen Weltanschauung an, die die Wirkungen des Karman leugnete und annahm, das Samsāra kreise durch 8400000 kosmische Zeitalter weiter, und an deren Ende trete eine spontane schicksalsbestimmte Erlösung *(niyati)* ein. Das mußte eine Verleugnung des freien Willens und eine Aufhebung des Kausalitätsprinzips bedeuten. Dennoch befolgten die Ājīvika eine asketische Regel, die der der Jaina nicht unähnlich war. Unter den letzten Maurya-Königen (Ende des 3.Jahrhunderts v. Chr.) wurde diese Sekte gefördert, schwache Spuren von ihr lassen sich jedoch bis ins 5. nachchristliche Jahrhundert verfolgen.

Andere Strömungen hingegen waren entschieden materialistischer; sie leugneten nicht nur den Einfluß des Karman, sondern selbst die Seelenwanderungstheorie; in anderen Worten: sie leugneten alle gemeinsamen Voraussetzungen der indischen Religionen. Unter verschiedenen Namen bekannt (Nāstika, Lokāyata, Carvāka), die ursprünglich verschiedene Bedeutung hatten, bildeten sie zu keiner Zeit eine eigentliche Schule. Ebenso wie bei den Ajīvika kennen wir die Grundlinien ihrer Anschauungen nur aus den Widerlegungen anderer Schulen. Einer ihrer bedeutendsten Vertreter war Ajita Kesekambalī, der ebenfalls ein Zeitgenosse des Buddha war. Er verfocht das Ucchedavāda, das heißt die Lehre, wonach das Individuum im Todesaugenblick völlig ausgelöscht wird; der Leib des Menschen löst sich in die vier Elemente Erde, Wasser, Feuer und Luft auf, während sein Sinnesvermögen im Raum *(ākāsha)* verschwindet. Als Begründer dieses Materialismus galt in der klassischen Epoche Brihaspati, der mit dem vedischen Gott gleichen Namens identisch ist. Doch scheint es sich hierbei um eine willkürliche Rekonstruktion zu handeln.

## *Die Maurya-Periode*

Als das Achaimenidenreich unter dem Ansturm der von Alexander dem Großen angeführten makedonischen und griechischen Truppen zusammenbrach, war die Lage an der Ostgrenze des Reiches einigermaßen verworren. Der Satrap von Baktrien, Bessos, ermordete Dareios III. und wollte seine Nachfolge antreten, wurde aber von dem Eroberer ohne Schwierigkeit geschlagen und getötet. Andere Lokalgouverneure hielten die bedingungslose Unterwerfung für zweckmäßiger, so jener iranische Würdenträger in der Landschaft am Oxos, dem Alexander sein Amt ließ und der in dieser Eigenschaft nach dem Tod des Eroberers Münzen mit der griechischen Aufschrift Sophytes prägte. Unlängst hat man festgestellt, daß er nichts mit dem Sopeithes bei Strabo und Quintus Curtius zu tun hat, daß er kein Inder war und sein Name infolgedessen nicht zu einem hypothetischen und unbelegten Saubhūti rekonstruiert werden kann. In den Gebieten jenseits des Hindukush scheint jeder Überrest einer persischen Verwaltung verschwunden zu sein; jedenfalls fand Alexander nicht die geringste Spur davon, als er sich anschickte, dem Perserreich die Ostprovinzen zurückzugewinnen, für deren legitimen Oberherrn er sich jetzt hielt, nachdem er die Nachfolge der Achaimeniden angetreten hatte. Schon 330 hatte er Alexandreia am Kaukasos (Parvan am Ghorbandfluß, nördlich von Kabul) gegründet. Zu Beginn des Jahres 327 überquerte er den Hindukush, verstärkte Alexandreia und teilte, nachdem er in das Tal des Kabulflusses gekommen war, seine Truppen in zwei Armeekorps auf. Das eine unter der Führung von Hephaistion und Perdikkas folgte dem direkten Weg am Flußlauf des Kabul entlang (der Khaibarpaß wurde damals noch nicht benutzt); sein Hauptziel war die Eroberung von Pushkalāvatī und die Sicherung des Indusübergangs. Dieses Ziel wurde dank der wertvollen Zusammenarbeit mit dem König von Taxila (Takshashilā) erreicht, der sich wegen seines Hasses auf Poros (Paurava? Parvataka?), den wichtigsten Herrscher im Punjab, dem Eindringling sofort zur Verfügung gestellt hatte. Alexander führte unterdessen eine Flankenbewegung durch das Chitraltal – wo er verwundet wurde – und durch Bajaur aus, wobei er auf erbitterten Widerstand der Assakenoi (Asvaka) stieß; die wichtigste Waffentat in diesem Feldzug war die Belagerung der Festung Aornos auf dem Hügel Una zwischen Swat und Indus. Nachdem er sich mit den anderen Heeresteilen vereinigt hatte, setzte er im Frühjahr bei Ohind über den Indus und betrat als Freund und Verbündeter Taxila, wo er von dem neuen König Omphis (Āmbhi) empfangen wurde. Dann trat er dem schwersten Hindernis auf seinem Wege, dem König Poros, entgegen, der ihn an der Spitze einer massiven Streitmacht an den Ufern des Hydaspes (Jhelum) erwartete. Alexander erzwang den Flußübergang und besiegte Poros, der ihm verwundet in die Hände fiel. Ritterlich wie sein Gegner, besaß der Makedonier die diplomatische Klugheit, diesem Freiheit und Reich zurückzugeben, ja, sein Reich sogar durch andere Gebiete zu vergrößern. So gewann er einen zweiten Verbündeten, den er gegen den König von Taxila ausspielen konnte, der nun für ihn nicht mehr unersetzlich war. Nachdem er die Könige Abisares (Abhisāra) und Poros den Jüngeren unterworfen hatte, setzte er sich wieder in Marsch, überquerte die Flüsse des Punjab, einen nach dem anderen, eroberte und zerstörte die Stadt Singala im Sturm und erreichte den Fluß Hyphasis (Beas).

Jetzt fand sich Alexander in der Nähe des Gangariden- und Prasiergebietes, also des Nanda-Königreiches in Magadha, wo er sich der stärksten Militärmacht Nordindiens gegenüber sah. Aber entweder, weil er dies erkannte oder aus natürlicher Müdigkeit nach einem achtjährigen Feldzug oder weil nun die nominellen Grenzen des Perserreiches überschritten waren, für dessen Eroberung die griechischen Soldaten ausgezogen waren: jedenfalls weigerten sich seine Truppen, ihm noch weiter zu folgen. Es war keine Meuterei, sondern ein richtiggehender Militärstreik, dem Alexander machtlos gegenüberstand. Nachdem er große Altäre an den Flußufern errichtet hatte, begann er daher zu Beginn des Herbstes 326 den Rückmarsch. An den Hydaspes-Ufern ließ er eine Flußflotte bauen, auf der er, von Heeresteilen auf beiden Flußufern gefolgt, den Jhelum und dann den Chenab bis zu seiner Mündung in den Ravi hinabfuhr. Am Ravi mußte er sich mit seinen Elitetruppen ausschiffen, um den Durchzug durch die Gebiete der Malloi (Malla) und Oxydrakai (Kshudraka) zu erzwingen, die entschlossen waren, ihm den Weg zu verlegen. Während dieses Feldzuges wurde Alexander schwer verwundet, und seine Truppen metzelten deshalb die Bewohner der feindlichen Stadt nieder. Diese Politik des Terrors diente dazu, den Durchzug bis zur Mündung in den Indus zu sichern, wo Alexander einen letzten Widerstand, den des Königs Musikanos, überwinden mußte. Im Delta angekommen, entsandte er den General Krateros durch Arachosien und Drangiane (Südafghanistan und Sistan) direkt nach Iran. Nach der Erforschung des Deltas und der Errichtung einer Marinebasis in Pattala, verließ Alexander im September 325 auf der mühsamen und kahlen Küstenstraße von Gedrosien Indien endgültig. Zur See begleitete ihn eine Flotte unter Nearchos. Schon 323 starb der große Eroberer in Babylonien.

Alexander hatte die Absicht gehabt, seinen indischen Territorien eine feste Verwaltung zu geben, und hatte zu diesem Zweck die Gebiete zwischen Jhelum und Ravi dem Poros, die zwischen Indus und Jhelum dem Omphis von Taxila, die Gegenden am Fuß der Berge dem König Abisares, das Kabultal, nachdem der makedonische Gouverneur Philippos dort ermordet worden war, einem baktrischen Adligen und das Delta dem Makedonier Peithon unterstellt. Diese Regelung wurde, was die indischen Könige anging, bei der zweiten Teilung von Triparadeisos 321 bestätigt; nur Peithon wurde nach Arachosien versetzt, und Eudamos, Kommandant eines thrakischen Truppenteils, vertrat nun als einziger die makedonische Autorität im Industal. Aber auch er verließ wenige Jahre später, 317, nachdem er Poros ermordet hatte, das Land, um an den Diadochenkriegen teilzunehmen. So wurden der Punjab und Sindh automatisch frei von jeder makedonischen Garnison oder Beamtenschaft. Nur die Paropamisadae (im Kabultal) und Arachosien behielten ihre griechischen Satrapen; 311 bemächtigte sich Seleukos ihrer und gliederte sie seinem Herrschaftsgebiet an.

Der abenteuerliche Feldzug Alexanders war zu rasch über den Nordwesten Indiens hinweggegangen, um bleibende Spuren zu hinterlassen. Seine Herrschaft überdauerte seinen Tod nur um wenige Jahre, und die von ihm gegründeten Städte verschwanden bald; auch seine Gestalt selbst fand praktisch keinerlei Beachtung und keinen Platz in der indischen Überlieferung, wie das sonst für so viele Länder Vorderasiens der Fall war. Es war, wenn man so will, eine vom europäischen Standpunkt aus interessante Episode, die aber aus der indischen Perspektive unerheblich blieb. Wahrscheinlich ist die zutreffendste Definition die, daß Alexander, Erbe der achaimenidischen Könige, die persische Epoche im Indusbecken abschloß, nicht aber die griechische eröffnete. Und in der Tat sollte die griechische Herrschaft erst anderthalb Jahrhunderte später und unter völlig anderen Voraussetzungen ihren Anfang nehmen.

Gleichwohl ist das Eindringen des Makedoniers mit dem Aufstieg des Begründers des ersten indischen Großreiches eng verbunden. Candragupta, der einem alten, seit den Zeiten des Buddha unter dem Namen Moriya bekannten Clan angehörte, verlebte in diesen Jahren eine armselige Jugendzeit in Pāṭaliputra. Der Knabe fand das Interesse von Cāṇakya oder Kauṭilya, einem sehr wendigen Brāhmanen, dessen Name in Indien später synonym für politische List werden sollte. Die beiden verließen die Hauptstadt von Magadha, wo Cāṇakya vom letzten Nanda tödlich beleidigt worden war, und begaben sich nach Taxila; dort erhielt Candragupta seine Erziehung. Justinus berichtet, Sandrokottos (Candragupta) sei dort Alexander begegnet, da er ihn aber durch die Freiheit seiner Rede beleidigt habe, sei er nur durch die Flucht dem Zorn des makedonischen Eroberers entgangen, der ihn zum Tode verurteilt habe. Später schuf er sich ein Heer aus »Räubern« *(latrones)*, das heißt aus den republikanischen Stämmen des Punjab, die Alexander Widerstand geleistet hatten, und begann den Krieg gegen die makedonischen Generale und ihre indischen Verbündeten. Einem späten Drama, dem Mudrārākshasa, zufolge bestanden seine Truppen aus Shaka, Yavana (Griechen), Kirāta, Parasika (Persern) und Balhika (Baktrern), also Ausländern, und sein Hauptverbündeter war Parvataka, vielleicht der

Poros Alexanders. Wenn dies zutrifft, würde es die Ermordung des Poros durch Eudamos erklären; und der Druck der Banden von Candragupta muß nicht wenig zu dem Zusammenbruch der makedonischen Verwaltung im Punjab beigetragen haben.

Gleich darauf aber wandte sich Candragupta nach Osten gegen die Nanda, deren harter Steuerdruck sie unbeliebt gemacht hatte. Einzelheiten über seinen Feldzug sind uns nicht bekannt, aber es sieht so aus, als sei ein erster Vormarsch auf die Hauptstadt in katastrophaler Weise fehlgeschlagen; bei einer zweiten Expedition ging er methodisch vor und sicherte die Verbindungswege. Pāṭaliputra wurde belagert und genommen, der letzte Nanda erschlagen (oder, nach anderen, in die Verbannung geschickt), und Candragupta bestieg den Thron.

Die Datierung von Candraguptas Thronbesteigung in Magadha ist sehr umstritten; in Frage kommt die Zeit zwischen 325 und 322 oder das Jahr 313; für das letzte sprechen einige Jaina-Texte und vor allem die Behauptung des Justinus, Sandrokottos sei im Besitze (Nord)indiens gewesen, als Seleukos durch die Rückeroberung Babyloniens 311 die Voraussetzungen für seine spätere Größe schuf. Allerdings ließen sich die beiden Datierungen in Einklang bringen, wenn man annähme, daß Candragupta 322 die – also von diesem Jahr an datierende – Herrschaft über einen großen Teil des Punjab antrat und daß er die Nanda 313 entthronte und in diesem Jahr König von Magadha wurde.

Candragupta und sein getreuer Ratgeber Cāṇakya sahen sich jetzt dem Problem der Westgrenze, und das heißt der makedonischen Rechte im Industal, gegenüber. Die Frage wurde akut, als Seleukos, nachdem er sich um 311 einige westlich des Indus gelegene Satrapien gesichert hatte, seine Herrschaft auch östlich des großen Flusses aufrichten wollte. Um die Jahre 305 und 304 »überschritt er den Indus und griff Sandrokottos [Candragupta], den König der an diesem Fluß beheimateten Inder, so lange an, bis er mit ihm ein Freundschaftsbündnis und einen Ehevertrag abschließen konnte« (Appianus). Im übrigen trat er die umstrittenen Gebiete gegen fünfhundert Elefanten ab (Strabo); diese Elefanten, wahre Panzerwagen des hellenistischen Kriegswesens, verschafften wenig später Seleukos den Sieg über Antigonos bei Ipsos. Die von ihm abgetretenen Gebiete waren, laut Heratosthenes und Plinius, die Paropamisadae, Arachosien und Gedrosien und Teile von Areia; also weite Teile von Afghanistan und Beluchistan. Erst unter den Moghulen, fast zweitausend Jahre später, hatte Indien wieder eine so weit westlich gelegene Grenze. Auf den Frieden folgten ziemlich enge diplomatische Beziehungen, und zu Recht ist die Gesandtentätigkeit von Megasthenes berühmt, der Seleukos in Pāṭaliputra vertrat.

Vom Wirken Candraguptas auf der Halbinsel nach der Eroberung von Magadha wissen wir nichts; und es ist unbekannt, ob die Eroberung des Dekhan und eines Teiles des Südens, die als Herrschaftsgebiete seines zweiten Nachfolgers gelten, ihm oder seinem Sohn zuzuschreiben ist. Aber die Tatsache, daß Teile des Dekhan schon zum Herrschaftsbereich der Nanda gehörten, scheint auf die erste Alternative hinzudeuten. Ebensowenig wissen wir über seine Innenpolitik, die offenbar völlig Cāṇakya anvertraut und deshalb wohl von der brāhmanischen Orthodoxie geprägt war. Tatsächlich bezeugen die buddhistischen Quellen seine Feindseligkeit dieser Religion gegenüber. Offenbar hat er sich aber gegen Ende seines Lebens zum Jainismus bekehrt.

Doch seine persönlichen Glaubensüberzeugungen sind unwichtig. Wichtiger ist, daß Candragupta die Rache des Kshatriya-Adels und der Brāhmanen an der Shudra-Herrschaft der Nanda vollzogen hat. Seine Herrschaft erscheint als eine Restauration der traditionellen Werte der Ārya. Aber unter seinen Nachfolgern sollte der Maurya-Staat ein ganz anderes Aussehen erhalten.

Cānakya oder Kautilya wird eine höchst interessante politische Schrift, das Kautalīya Arthashāstra, zugeschrieben, die zu Beginn des 20. Jahrhunderts in Südindien gefunden worden ist. Seitdem sind die Kontroversen über ihre Authentizität, ob nämlich Cānakya ihr Verfasser ist, nicht mehr zur Ruhe gekommen. Vor allem in Indien pflegt man dieses Werk, das man mit den Fragmenten des Werkes von Megasthenes vergleicht, für die Beschreibung der Lebens- und Verwaltungsverhältnisse unter Candragupta auszuwerten. Aber verschiedene Anzeichen sprechen für ein späteres Entstehungsdatum, und der Gesichtskreis des Buches deutet auf ein System kleiner Staaten und nicht auf ein großes allindisches Reich hin. Deshalb ist es, ohne in die Datierungsfrage einzusteigen, nicht ratsam, das Arthashāstra als Quelle für die politischen Verhältnisse der Maurya-Epoche zu verwenden.

Der Nachfolger von Candragupta, Bindusāra (um 300–272), ist für uns wenig mehr als ein Name. Die Griechen nannten ihn Allitrochades oder Amitrochates (Amitrakhāda, Vernichter der Feinde), und die Beziehungen zum Westen wurden unter ihm genauso intensiv wie unter seinem Vater gepflegt. Deimachos von Plataiai vertrat die Seleukiden an seinem Hof, und auch Ptolemaios Philadelphos von Ägypten (285–261) entsandte einen Dionysios nach Pātaliputra, was als Zeichen für die politische Bedeutung des großen indischen Reiches und für die immer engeren Handelsbeziehungen zwischen seinen Küsten und dem hellenistischen Orient gelten darf. Der alte Cānakya scheint weiterhin Minister, wenn auch nicht der wichtigste, geblieben zu sein. Von den Ereignissen unter Bindūsāras Herrschaft sind uns nur die friedliche Niederwerfung zweier Aufstände in Taxila und Khasha (kashmirisches Himalaya-Vorland) durch den Prinzen Ashoka bekannt. Die Dynastie schenkte auch weiterhin ihre Huld der alten brahmanischen Religion.

Bindusāra hatte seinen Erstgeborenen Susīma zum Nachfolger erwählt, aber Ashoka unternahm unmittelbar nach dem Tod seines Vaters einen Staatsstreich, besetzte Pātaliputra und verdrängte mit Hilfe seines Ministers Rādhagupta alle anderen Brüder außer Tissa, der ihn später in seiner Religionspolitik nachdrücklich unterstützte. Einen Widerschein dieser turbulenten Zeiten erkennen wir in der Tatsache, daß seine feierliche Krönung erst vier Jahre nach seiner Machtergreifung stattfand.

Ashokas Herrschaft (etwa 272–236) bedeutet einen der Gipfelpunkte der indischen Geschichte. Vor allem beruht zum erstenmal die Chronologie nicht mehr auf Hypothesen, sondern schwankt nur innerhalb sehr enger Grenzen, da es möglich ist, sie an Hand der Erwähnung gleichzeitig regierender hellenistischer Herrscher auf den Inschriften zu kontrollieren. Sie stellt deshalb einen Angelpunkt der gesamten Chronologie des alten Indiens dar. Weiterhin muß betont werden, daß die Quellen, die sich auf ihn beziehen, reich und sicher sind. Er ist eine der volkstümlichsten Gestalten der buddhistischen Literatur: der

König, der das Gesetz beschützte, das Vorbild des Laienhörers, Mittelpunkt eines ganzen Kranzes von Sagen, die allerdings leider die historische Gestalt überwuchern und unter sich begraben; der wichtigste Text ist das Ashokāvadāna, dessen Sanskrit-Original verlorengegangen, uns aber in zwei chinesischen Übersetzungen erhalten ist.

Vor allem aber beginnt mit Ashoka die indische Epigraphik. Seine Inschriften sind zahlreich und werden noch ständig in verschiedenen Gegenden der Halbinsel zutage gefördert. Zum größten Teil folgen sie einem großartigen, von der kaiserlichen Kanzlei in großzügigen Zusammenhängen erdachten und ausgeführten Propagandaplan, der auf der ständigen Wiederholung einiger Grundbegriffe beruht. Diese Propaganda auf Stein teilt sich in drei Textgruppen. Zunächst die vierzehn Felsedikte, von der uns acht mehr oder weniger vollständig erhalten sind. In Dhauli und Jaugada in Orissa, dem alten Kalinga, werden zwei von den vierzehn Edikten durch zwei Sondertexte ersetzt, die deshalb als Kalinga-Edikte bezeichnet werden. Dann die zwei kleinen Felsedikte, die an zwölf verschiedenen Plätzen gefunden wurden. Und schließlich die sieben Säulenedikte, die vollständig nur auf einer, ursprünglich in Toprā, heute aber in Delhi befindlichen Säule erhalten sind. Sechs von diesen Texten wurden auch an fünf anderen Orten gefunden. Und hierher gehört auch noch das zweisprachige griechisch-aramäische Edikt von Kandahar, dessen Inhalt den allgemeinen Tenor der Edikte widerspiegelt, ohne sich auf eines insbesondere zu beziehen. Der Rest sind meistens Gedächtnisinschriften, die auf Säulen und Grottenwänden eingemeißelt sind.

Die Sprache der Inschriften ist normalerweise eine Form des Prakrit, wahrscheinlich das von Magadha – also eine östliche Mundart – mit einigen lokalen Varianten; nur die Inschrift von Girnar bietet das vollständige und darum kostbare Beispiel einer Übersetzung ins westliche Prakrit. Die Inschriften des Ashoka sind also in der offiziellen Sprache des Reiches abgefaßt, die auch im Süden, in vollständig dravidischem Gebiet, gebraucht wurde, wo nur wenige sie verstanden haben können. Sie ist eine Verwaltungs- und nicht die Volkssprache, denn die Inschriften wenden sich an die Beamten und Würdenträger und nicht unmittelbar an das Volk. Ihr Alphabet ist, mit Ausnahme der westlich des Indus gefundenen Inschriften, die in Kharoshthī aufgezeichnet sind, das Brahmī-Alphabet, auf das wir später zurückkommen werden. Selbstverständlich sind die zwei fragmentarischen aramäischen Inschriften von Taxila und Pul-i-Darunteh ebenso wie die zweisprachige von Kandahar in den Alphabeten dieser Sprachen geschrieben. Ashoka selbst wird auf diesen Inschriften normalerweise mit den Beinamen Devānampiya (Göttergeliebter) und Piyadasi (von anmutigem Aussehen; Priyadrasi auf aramäisch, Piodasses auf griechisch) bezeichnet. Nur auf den Fassungen der Felsedikte in Maski und Gujarra erscheint der Name Ashoka. Sein Herrschertitel ist einfach der vedische Titel Rāja.

Die Inschriften von Ashoka erlauben uns einerseits eine Rekonstruktion seiner Verwaltung und geben uns andererseits eine Vorstellung von seinen religiösen Anschauungen und seinen ethischen Propagandataten. Im neunten Jahr nach seiner Krönung (etwa 260) eroberte er Kalinga oder unterdrückte dort wohl einen Aufstand. Der Feldzug war hart und blutig; gut hunderttausend Menschen verloren ihr Leben, hundertfünfzigtausend wurden deportiert, und noch sehr viel größer war die Zahl derer, die den Anstrengungen und

Krankheiten des Krieges erlagen. Dieses Morden führte zu einer Gefühlserschütterung, einem wahren seelischen Schock, demzufolge Ashoka dem Krieg entsagte und sich vollständig der Praxis der Gewaltlosigkeit *(ahimsā)* verschrieb.

> Selbst ein Hundertstel oder ein Tausendstel all jener Männer, die zu jener Zeit in Kalinga erschlagen wurden, die starben und verschleppt wurden, würde jetzt von Devānampiya als sehr beklagenswert betrachtet werden. Und Devānampiya denkt, daß selbst einem, der ihm Unrecht tut, vergeben werden soll, was vergeben werden kann. Und selbst die Bewohner der Wälder, die zu der Herrschaft von Devānampiya gehören, selbst diese befriedet und bekehrt er. Und sie hören von der Macht zu strafen, die Devānampiya trotz seiner Reue besitzt, und sie schämen sich ihrer Sünden und werden nicht getötet. Denn Devānampiya erstrebt für alle Wesen Gewaltlosigkeit, Selbstzucht und Unparteilichkeit, wenn Gewalt angewendet wurde (13. Felsedikt).

Nach der buddhistischen Überlieferung wurde Ashoka vom Mönch Ugagupta zum Buddhismus bekehrt. Das trifft wahrscheinlich insofern zu, als nicht nur die Überlieferung in diesem Punkt einhellig und bestimmt ist, sondern auch aus den Edikten hervorgeht, daß er ein Laienhörer *(upāsaka)* wurde. Sicher ist, daß er eine Wallfahrt zu den heiligen Stätten des Buddhismus *(dhammayāta)* unternahm, deren Verlauf er an den wichtigsten Stationen durch Inschriften markierte. Aber die Lehre oder das Gesetz *(dhamma)*, die Ashoka in seinen Edikten predigt, hat nichts Theologisches oder Doktrinäres an sich und bietet nur vage Analogien zum kanonischen Buddhismus. Sie nähert sich allenfalls einem Volksbuddhismus, das heißt einer Religion, die sich nur mit den Fragen der praktischen Moral beschäftigt und die theoretischen Aspekte vollständig beiseite läßt. Man hat sogar mit einer gewissen Wahrscheinlichkeit behaupten können, daß das Dhamma von Ashoka sich lediglich auf die gängigen moralischen Vorstellungen seiner Zeit und nicht speziell auf den Buddhismus bezieht. So ist zum Beispiel das Ziel, zu dem er seine Untertanen führen möchte, nicht das Nirvāna, sondern einfach das Paradies *(svarga)* des Volksglaubens (9. Felsedikt). Auf zwei Inschriften verleiht er der nichtbuddhistischen Sekte der Ājīvika Grotten als Versammlungs- und Kultstätten. Nur zwei seiner Edikte haben unmittelbaren Bezug auf die buddhistische Gemeinschaft. Das eine, das von Bairāt, empfiehlt Mönchen und Laien die Lektüre nicht leicht zu identifizierender Texte, die aber jedenfalls Teilen der ältesten kanonischen Pāli-Texte zu entsprechen scheinen. Und wie um hervorzuheben, daß es sich hier um einen Sonderfall handelt, heißt das Gesetz hier nicht mehr einfach Dhamma, sondern Saddhamma, das Gute Gesetz, entsprechend der durch Gebrauch der Texte geheiligten Formel. Das andere aus den letzten Regierungsjahren stammende Edikt in Kaushāmbī wendet sich gegen die Urheber der Schismen im Sangha und könnte vielleicht zu den Nachrichten über ein Konzil in Beziehung gesetzt werden, das in Ashokas Regierungszeit abgehalten worden ist.

In einem seiner Edikte informiert uns der König darüber, daß er ein Jahr lang »mit der Gemeinde zusammengelebt« habe *(sanghe upete)*, ein Satz, der auf verschiedene Weise gedeutet werden kann. Denn seine auf Stein in allen vier Himmelsrichtungen Indiens verewigten Predigten haben zwar etwas von salbungsvoller Kirchlichkeit an sich, die gleichwohl nicht völlig von der praktischen Regierungstätigkeit abzulösen ist. So hätte ein Fürstbischof des Mittelalters seine Herde belehren können.

> Verdienstvoll ist Gehorsam gegen Vater und Mutter; Freigebigkeit gegen Freunde, Bekannte und Verwandte, gegen Brāhmana und Shrāmana (buddhistische und anderen Sekten angehörige Mönche) ist verdienstvoll. Sich des Tötens von Tieren zu enthalten ist verdienstvoll. Mäßigung in den Ausgaben und im Besitz ist verdienstvoll (3. Felsedikt).

Wie man sieht, war Ashoka völlig tolerant und gedachte in seinem praktischen Verhalten keinerlei Unterscheidung zwischen alter und neuer Religion zu machen. Über allen seinen Predigten steht, still und liebevoll, die wunderbare Erklärung: »Alle Menschen sind meine Kinder *(save munise pajā mama)*« (1. Kalinga-Edikt). Aber die Verwaltungstätigkeit des Herrschers behält ihre volle Bedeutung: »Deshalb sehe ich es als meine Pflicht an, die Wohlfahrt aller Menschen zu fördern, aber die Wurzel alles diesen liegt in der Anspannung aller Kräfte und in der Verrichtung der Geschäfte« (6. Felsedikt). Andererseits wird die Strenge der Gesetze nur zum kleinen Teil gemildert:

> Denn das Folgende ist zu wünschen, daß nämlich bei Gerichtsverfahren wie bei der Bestrafung Gerechtigkeit herrsche. Und mein Befehl geht sogar so weit, daß Gefangenen und zu einer Strafe oder zum Tode Verurteilten ein Strafaufschub von drei Tagen gewährt werde. So werden entweder ihre Verwandten [die königlichen Beamten] dazu überreden, ihnen das Leben zu schenken, oder wenn niemand da ist, der sie überredet, werden sie fromme Stiftungen machen oder fasten, um Glückseligkeit in der anderen Welt zu erlangen (4. Säulenedikt).

Diese Hinweise auf die praktischen Verwaltungsbedürfnisse eines großen Reiches tragen dazu bei, das allzu Moralisierende und in gewissem Sinn Salbungsvolle auf den Inschriften dieses großen Predigers auf dem Thron zu berichten.

Ashoka war, nach seinem eigenen Bekenntnis, kein Eroberer. Soweit wir sehen, hat er nach der Eroberung von Kalinga keinen einzigen Feldzug mehr geführt; er selbst sagt: »Diese Eroberung wird von Devānampiya als die wichtigste erachtet, nämlich die durch das Sittengesetz *(Dhammavijaya)*« (13. Felsedikt).

Aber das von seinem Namen und seinem Großvater ererbte Reich war groß genug, um seiner ganzen Anspannung zu bedürfen, damit trotz den gewaltigen Verkehrs- und Verwaltungsschwierigkeiten ein Auseinanderfallen des Staates vermieden wurde. Wie groß dieses Reich war, können wir zweifelsfrei aus den Fundstellen seiner Inschriften ersehen. Kālsī liegt am oberen Ganges, Rumindēi auf nepalischem Gebiet, Jaugada und Dhauli in Orissa, Girnār in Kathiawar, Shiddapura im Kurnool-Distrikt des Staates Mysore. Kandahar, Shahbazgarhi und Mansehra liegen westlich des Indus; ja, das im Gebiet der Yavana (Griechen) und Kamboja (iranische Bevölkerung) gelegene Kandahar war halbes Kolonialland, wo offiziell nicht mehr das Prakrit von Pātaliputra gesprochen wurde, sondern die Sprachen der früheren achaimenidischen und makedonischen Verwaltungen: das Aramäische und das Griechische. Es ist also klar, daß das Reich Ashokas den größten Teil Indiens, Pakistans und Afghanistans diesseits des Hindukush umfaßte. Wir wissen nicht, ob es auch bis nach Sindh, Ostbengalen und Assam reichte. Nicht zu ihm gehörte sicherlich der äußerste Süden (ungefähr vom vierzehnten Breitengrad an), denn das 14. Felsedikt erwähnt als unabhängige Staaten die Königreiche der Cola, Pāndya, Keralaputra und Sātiyaputra, das heißt also die südlichste Spitze der Halbinsel.

Aber die diplomatischen Beziehungen Ashokas reichten weit über die indische Halbinsel hinaus. Singhalesische Chroniken berichten, daß Mahinda als Gesandter seines Bruders

Der Mahabodhi-Tempel in Bodh Gaya
in seiner heutigen Gestalt, ursprünglicher Bau 3. Jahrhundert v. Chr.

Löwenkapitell einer Ashoka-Säule
Steinskulptur aus Sarnath. Maurya-Zeit, 3. Jahrhundert v. Chr.
Sarnath, Archaeological Museum

(oder Vaters) Ashoka die Insel Ceylon aufsuchte; er ließ sich dort endgültig nieder und wurde der Begründer des Buddhismus auf der Insel. Im Westen erwiderten die diplomatisch-religiösen Gesandten Ashokas die Besuche der Botschafter der hellenistischen Staaten, wie aus einer berühmten Liste des 13. Felsediktes hervorgeht. Besonders intensiv waren logischerweise die Beziehungen zu dem unmittelbaren Nachbarn Amtiyaka (Antiochos III. Theos von Syrien 261-246), König der Yona (Sanskrit: Yavana, die Griechen; von dem iranischen Namen, der seinerseits auf das Wort Jonier zurückgeht). Und noch jenseits der seleukidischen Herrschaftsgebiete empfingen weitere vier Könige Ashokas Gesandte, und zwar Tulamaya oder Turamāya (Ptolemaios II. Piladelphos von Ägypten, 285-247); Amtekina (Antigonos Gonatas von Makedonien, 276-239; er war wohl in Indien unter dem Namen Antigenes bekannt); Maka oder Maga (Magas von Kyrene, um 300-250); Alikyasudala oder Alikasudara (Alexander von Epiros, 272-255). Die ganze griechische und hellenistische Welt hatte also Kontakte mit Indien. Wie immer in der Geschichte Eurasiens erwies sich die Bildung eines großen Reiches oder eines Staatensystems von relativ beständigem Gleichgewicht als notwendige und hinlängliche Voraussetzung für die Anbahnung mehr oder weniger enger diplomatischer und Handelsbeziehungen. Bedauerlicherweise ist hiervon keine Spur in den griechischen und lateinischen Quellen erhalten geblieben, die zwar Candragupta und Bindusāra erwähnen, aber den Namen Ashoka nicht kennen. Im übrigen wurden die direkten Beziehungen mit Ausnahme von Ägypten wenige Jahre später unmöglich, als um 250 der Partheraufstand und derjenige des Diodotos von Baktrien die direkten Wege durch den Iran nach dem Mittelmeer abschnitten.

Den Beziehungen zur hellenistischen Welt müßten ebensolche mit dem Orient entsprochen haben. Aber Ashoka selbst berichtet uns nichts darüber; und die uns im Mahāvamsa erhaltene Liste der vom Dritten Konzil in verschiedene Länder entsandten Missionare ist nur von geringem Nutzen, da die meisten der dort erwähnten Orte an den Grenzen von Ashokas Reich liegen. Wir werden später Gelegenheit haben, auf diese Liste zurückzukommen.

Nach einer im Ashokāvadāna erhaltenen Legende soll Ashoka gegen Ende seines Lebens kindisch geworden sein, und die tatsächliche Regierung sei in die Hände seines Enkels übergegangen, der der närrischen Freigebigkeit des alten Herrschers Zügel angelegt habe. Selbst wenn man von diesem Bericht über das traurige Ende einer bedeutenden Regierungszeit absieht, ist es wahrscheinlich, daß die Verkündung und die Ausübung der Ahimsā (und die daraus sich ergebende Vernachlässigung der Streitmacht) einen ungünstigen Einfluß auf den Zusammenhalt des Reiches gehabt haben; wahrscheinlich war das Reich schon in den letzten Lebensjahren Ashokas im Zerfall begriffen.

Über die letzten Maurya sind wir sehr schlecht unterrichtet, da brauchbare epigraphische Daten fehlen und die Königslisten der literarischen Quellen, die eine Aufteilung des Reiches widerzuspiegeln scheinen, voneinander stark abweichen, ja, sich sogar widersprechen. Nach den meisten Purāna war Ashokas unmittelbarer Nachfolger Dasharatha, Sohn des Kunāla, den sein Vater Ashoka auf Betreiben seiner Stiefmutter hatte blenden lassen. Dasharatha ist uns aus drei kurzen Widmungsinschriften auf Wänden von Grotten in den

Nagarjuni-Hügeln bekannt, die er den Ājīvika geschenkt hat; einzig interessant daran ist, daß Dasharatha das Epitheton Ashokas, Devānampiya, weiterführte. Sein Nachfolger war Samprati (?) und dessen Nachfolger Shālishūka, der wohl mit Jalauka, dem Sohn und – nach der Rājatarangiṇī – dem Nachfolger Ashokas in Kashmir identisch war; beide Namen haben einen merkwürdigen Anklang an Seleukos.

In diesen Jahren wollte Antiochos III. nach seinem erfolgreichen Feldzug gegen die Parther, die seleukidische Herrschaft an den Grenzen Indiens, in den von seinem Vorfahren Seleukos I. einst an Candragupta abgetretenen Gebieten, neu befestigen. »Er zog über den Kaukasos (Hindukush) und stieg nach Indien hinunter und erneuerte die Freundschaft mit Sophagasenos dem König der Inder; er erhielt weitere Elefanten, bis er im ganzen einhundertfünfzig Stück besaß, und nachdem er seine Truppen frisch verproviantiert hatte, brach er von neuem auf, führte sein Heer persönlich an und überließ Androsthenes von Kyzikos die Aufgabe, den Schatz zu begleiten, den der König ihm zu übergeben versprochen hatte« (Polybios). Die Tatsache, daß Sophagasenos (Saubhāgasena) wie Sandrokottos »König der Inder« genannt wird und daß von einer »Erneuerung der Freundschaft« gesprochen wird, legt den Gedanken nahe, daß Sophagasenos kein örtlicher Rāja gewesen ist, wie oft behauptet wird, sondern der Herrscher von Magadha war oder zum mindesten das Haupt eines Zweiges der Maurya-Dynastie, die sich in Gandhāra niedergelassen hatte und von einer allerdings sehr späten Quelle (dem tibetischen Historiker Tāranātha, zu Beginn des 17. Jahrhunderts) erwähnt wird.

Nach dem Durchzug des Antiochos senkt sich noch tiefere Dunkelheit hernieder. Das Reich wird bloße Erinnerung an die Vergangenheit, und der letzte Maurya Brihadratha, der nur noch Magadha besitzt, wird um 185 n. Chr. von seinem General Pushyamitra ermordet.

Die Ausdehnung der Nanda-Herrschaft über die Vindhya-Berge hinaus und die Eingliederung des Dekhan und eines Teiles des äußersten Südens in das Maurya-Reich sind für die Geschichte der Halbinsel höchst bedeutungsvolle Tatsachen. Zum erstenmal Teil einer staatlichen Einheit, die fast ganz Indien umfaßte, von der plötzlichen Zunahme des Handelsverkehrs auf den Verkehrsstraßen des Binnenlandes belebt, tat der Dekhan auf dem Wege zu seiner Eingliederung in die Zivilisation und die Religionen Indiens einen plötzlichen Sprung vorwärts. Er wurde das Vizekönigreich Suvarnagiri, eines von den vier, in die das Maurya-Reich offensichtlich aufgeteilt war. Auch ihm galt die nachdrückliche Sorge Ashokas, und das Dritte Konzil entsandte Missionare, um den Glauben des Buddha dort zu verbreiten. Gleichzeitig mit dem Buddhismus und vielleicht schon vor ihm drang der Jainismus dorthin vor; und nach einer Überlieferung beschloß Candragupta sein Leben als Asket in einem Jaina-Heiligtum des Südens.

Zusammen mit Religion und Zivilisation kam die Schrift in diese Gegend. Die Edikte Ashokas im Süden sind in einer leicht abweichenden Form des Brahmī aufgezeichnet, aus dem sich später, über die Inschrift auf dem Schrein von Bhattiprolu und denen in verschiedenen Höhlen des tiefsten Südens (die in Früh-Tamil geschrieben sind), die heute für die dravidischen Sprachen gebrauchten Alphabete entwickelten.

Wie bereits angedeutet, geriet der tiefste Süden nicht in das politische Kraftfeld der Maurya. Seit der Epoche Ashokas ist er in drei Königreiche aufgeteilt, die von beständigem, von den herrschenden Dynastien unabhängigem Charakter waren (was in den Ebenen des Nordens nur selten vorkam). Ihnen war eine Existenz von anderthalb Jahrtausenden beschieden. Diese drei Königreiche waren Cera oder Kerala an der südwestlichen Küste, das weitgehend dem heutigen Staat Kerala entspricht, mit der nicht eindeutig identifizierten Hauptstadt Vanji; Pāndya an der äußersten Südspitze der Halbinsel, dessen Mittelpunkt die berühmte Stadt Madurai war, das Mathurā des Südens, die heilige Stadt Südindiens; und Cola an der Südostküste im unteren Tal des Flusses Kaverī mit der Hauptstadt Uraiyur. Ethnisch gesehen waren alle drei Königreiche der politische Ausdruck für die zähe Eigenart des Tamil-Volkes; gleichwohl entwickelte sich auf dem Gebiet von Cera in einer sehr viel späteren Epoche (zweite Hälfte des ersten nachchristlichen Jahrtausends) die Malayalam-Sprache, ursprünglich ein einfacher Tamil-Dialekt. Die Beziehungen der drei Königreiche zu dem Maurya-Reich scheinen, wenigstens zu Zeiten von Ashoka, friedlicher Natur gewesen zu sein. Das war indessen nicht immer der Fall, denn der Dichter Māmūlanār (3. Jahrhundert n. Chr.) erwähnt in seinem Ahanānūru eine Überlieferung, derzufolge ein kriegerischer Stamm aus dem Süden, die Kōshar, ihre Feinde erfolgreich bekriegten; da aber der Herrscher von Mōhūr sich ihnen nicht ergab, unternahmen die Mōriyar (Maurya), die ein großes Heer besaßen, dessen Vorhut die kriegerischen Vadugar bildeten (Nordmänner, vielleicht die Telugu), einen Zug nach Süden zur Hilfe für die Kōshar. Diese Überlieferung ist vage und nicht zu datieren, bezeugt aber jedenfalls die militärische Aktivität der Maurya im Süden.

Um zu genauen Schlüssen über die materielle Kultur zu kommen, genügen die Funde noch nicht. Jedenfalls ist deutlich, daß zwei kulturelle Grundströmungen sich im Dekhan des 3. vorchristlichen Jahrhunderts vereinigten: eine davon war die Eisenbearbeitung, die aus der Gangesebene kam und mit den gewaltigen, für Südindien der unmittelbar darauffolgenden Epoche typischen Megalithen zusammenhing. Hält man sich an das von Mortimer Wheeler 1959 aufgestellte Schema, so kann man annehmen, daß »um 300 v. Chr. einige Kulturelemente mit dem Eisen als wichtigster Komponente in die chalkolithischen Stämme im Süden einsickerten; ihr Vordringen wurde durch die Ausdehnung des Maurya-Reiches nach Süden plötzlich beschleunigt und geriet damit in einen neuen Zusammenhang. Zwischen den rohen chalkolithischen Kulturen und dem sich in ihrer Mitte festsetzenden Komplex gab es keinen organischen Übergang, ausgenommen dort, wo die Eisenkultur die NBP-Keramik aufgab und weiter südlich die schwarzrote Keramik absorbierte. Größtenteils überschwemmte der Eindringling den Eingesessenen wie die Flut den Sand. Es handelte sich um eine wirkliche kulturelle Eroberung, um nicht mehr und nicht weniger.« Mit anderen Worten, die Maurya-Herrschaft beruhte zum Teil auf der Einführung einer fortschrittlicheren Technik, der des Eisens. Es war die Eisenkultur, die die politische Ausdehnung Magadhas über das restliche Indien, einschließlich des Südens, ermöglichte. Und mit dem Erscheinen des Eisens weist die ganze Halbinsel seit dem 3. Jahrhundert v. Chr. trotz der Verschiedenheit ihrer Bestattungssysteme eine bemerkenswerte Einheitlichkeit in ihrer materiellen Kultur auf; der entscheidende Beweis dafür ist die Einheitlichkeit der keramischen Formen und Techniken in einem großen Teil des Subkontinents von dieser Zeit an (Bendapudi Subbarao).

In dieser Zeit hatten sich die arischen Sprachen mehr oder minder über die Gebiete verbreitet, in denen sie noch heute vorherrschen; wir dürfen jedoch annehmen, daß sie südlich der Vindhya-Berge nur die Sprache der relativ wenig zahlreichen herrschenden Klassen waren und daß sie erst im Laufe vieler Jahrhunderte in niedrigere soziale Schichten einsickerten. Das Sanskrit behält seine Stellung als heilige Sprache des Hinduismus, als Sprache der upanishadischen Philosophie und der Literatur mit brahmanischem Hintergrund. Dagegen bevorzugten die neuen Religionen und vor allem die Inschriften, sofern sie Ausdruck der Verwaltungssprache waren, die verschiedenen Prakrit-Dialekte. Es handelt sich um volkstümliche Formen, die sich aus dem gemeinsamen indogermanischen Erbe herleiten; ihr phonetisches Gerüst ist mehr oder weniger in Verfall geraten (charakteristisch ist die Assimilation der Konsonantengruppen), und ihre Morphologie hat einen Vereinfachungsprozeß durchgemacht. Wir können von dieser Epoche an drei Gruppen unterscheiden: die östliche, die westliche und die nordwestliche. Zu der ersten gehörte der Magadha-Dialekt der Inschriften Ashokas. Zu der zweiten gehört höchstwahrscheinlich der heute allgemein als Pāli bekannte Dialekt (ein Kommentator des 5. Jahrhunderts bezeichnet ihn aber als Magadhī), der zur kanonischen Sprache einer der bedeutendsten Schulen des Buddhismus geworden ist.

Das Sanskrit, das mittlerweile – außer vielleicht in gewissen brahmanischen Kreisen – zu einer toten Sprache geworden war, unterlag dennoch einer Entwicklung, die sich ebensowohl an den grammatischen Arbeiten von Kātyāyana (4. oder 3. vorchristliches Jahrhundert) als am literarischen Gebrauch ablesen läßt. Seine morphologische Struktur verändert sich nicht, aber einige Formen verschwinden mehr und mehr aus dem praktischen Gebrauch, und die Partizipialkonstruktion gewinnt, gleichsam als Präludium zum Nominal- und Attributivstil der klassischen Literatur, immer größere Bedeutung.

Die Schrift ist uns nur aus der Epigraphik bekannt, da uns kein indisches Manuskript aus der vorchristlichen Ära erhalten ist. Das östlich vom Indus gebrauchte Alphabet war das Brahmī-Alphabet, von dem alle modernen indischen Schriftsysteme stammen. Es wird von links nach rechts geschrieben und gibt das Konsonantensystem außergewöhnlich präzise an. Es ist zum Teil eine Silbenschrift, insofern die Vokale mit Hilfe von Zeichen oberhalb und unterhalb der Konsonanten angegeben werden. Ihr Ursprung ist umstritten; aber eine jüngst in Lothal aufgefundene vereinfachte Form der Harappa-Schrift, aus der die beschreibenden Bildzeichen verschwunden sind, scheint die Hypothese, das Brahmī leite sich von der Harappa-Schrift her, entscheidend zu stützen. Dagegen lieferte im Industal und in den heute afghanischen Gebieten die alte offizielle aramäische Verwaltungsschrift der Achaimeniden die Grundlage für ein anderes Alphabet, das Kharoshthī, das von rechts nach links geschrieben wurde und ein weniger vollständiges Vokalsystem besaß. Im Nordwesten blieb es bis zum 4. nachchristlichen Jahrhundert, in Zentralasien vielleicht noch einige Jahrhunderte länger in Gebrauch.

Die sehr langsame Entwicklung des Kastensystems nahm jetzt einen regional verschiedenen Verlauf, weshalb bestimmte Unterkasten heute nur in bestimmten Regionen zu finden sind. Der Brāhmane war nicht mehr der vedische Stammespriester, sondern Glied einer geschlossenen, außer- und oberhalb der verschiedenen Stämme stehenden Kaste, mit denen ihn sozusagen nur dienstliche Beziehungen verbanden. Weit häufiger als die brahmanischen Texte sprechen die buddhistischen Quellen von den Hīnajāti, den sozialen Schichten unter- und außerhalb der vier traditionellen Kasten. Selbstverständlich mußte dieses soziale System den griechischen Beobachtern besonders auffallen. Megasthenes spricht ziemlich ausführlich davon, wobei er aber wohl regelrechte Kasten mit Berufsgruppen vermengt und verwechselt. Er erwähnt sieben Kasten: Philosophen, Ackerbauern, Hirten, Handwerker, Soldaten, Aufseher (oder Spione) und Ratgeber. Aber schon zu seiner Zeit »konnte niemand aus der eigenen Kaste herausheiraten oder einen Beruf oder ein Handwerk mit einem anderen vertauschen oder mehr als einem Beruf nachgehen«. Bei den Philosophen unterscheidet er Brachmanes (Brāhmanen) und Sarmanes (Shrāmana, Asketen im allgemeinen und buddhistische Mönche im besonderen). Die Sklaverei wird in den indischen Texten häufig erwähnt, wenn auch nur in seiner milden häuslichen Form, und wir können Megasthenes gewiß nicht folgen, wenn er behauptet, »alle Inder seien frei, und keiner von ihnen sei Sklave«.

Die Mehrzahl der Bevölkerung bestand aus Ackerbauern, die in der Regel kleine Grundbesitzer waren. Die Zeit der Gründung von großen Staaten und das damit verbundene Ende der Stammesautonomie hatte eine Veränderung der Produktionsweise und des Wirtschaftslebens mit sich gebracht. Wie bereits erwähnt, ging es einen großen Schritt vorwärts, von der primitiven Kollektivwirtschaft dem Privateigentum entgegen. Und selbst an gelegentlichen, auf die Zeiten des Buddha bezüglichen Hinweisen auf Großgrundbesitz fehlt es nicht. Die Viehzucht hatte nur geringe Bedeutung und behielt noch einen Teil der primitiven Genossenschaftsformen bei; mochten auch die Herden nicht mehr wie in der vedischen Periode Kollektivbesitz sein, so unterstanden die Weiden und der private Viehbesitz doch auch weiterhin der Obhut eines gemeinsamen Hirten. Hierher gehört auch die vielleicht richtige Beobachtung, die Ahimsā des Buddhismus und des Jainismus stelle eine sofort populär gewordene Reaktion auf die ungeheure Verschwendung der vedischen Opfer dar, die ohne jegliches Entgelt dem sich damals bildenden Privateigentum allzuviel Vieh entzogen (Damodar Dharmanand Kosambi).

Das Handwerk hatte vor allem lokalen Charakter. Es begann, sich in geschlossenen Zünften *(shrenī)* zu organisieren, deren Zugehörigkeit erblich war. Als Vereinigungen zur gegenseitigen Hilfe hatten sie eigene Satzungen und übten die Schiedsgerichtsbarkeit, in beschränktem Rahmen auch die Gerichtsbarkeit aus. Der Fernhandel wurde hauptsächlich durch Karawanen besorgt, die sich aus dem Zusammenschluß verschiedener Kaufleute unter einem Karawanenführer und Oberkaufmann bildeten. Daneben sprechen schon die alten buddhistischen Texte vom Seehandel, vor allem mit Suvarnabhūmi (Südostasien); und ein interessanter Text, der Baveru-Jātaka, scheint sich auf den Handel mit Babylonien (Babirush) zu beziehen. Auch auf diesem Gebiet hatten die politischen Ereignisse heute schwer abzuschätzende Folgen; so wissen wir zum Beispiel, daß die Kontrolle der Maurya den fast vollständigen Untergang von Taxila als Handelszentrum herbeiführte.

Das Münzsystem war noch dasselbe wie in der vorangegangenen Zeit; auch die Maurya verwendeten punzierte Münzen. Aber da auf ihren Münzen die Königsnamen fehlen, sind ihre Prägungen nur schwer zu identifizieren. Erst unter westlichem Einfluß erscheinen später die Königsnamen auf den Münzen. Vielleicht dürfen wir den Maurya die Münzen mit dem Zeichen des Pfaus (Moriya = zum Pfau gehörig) zuschreiben und vor allem die in ganz Indien ausgegebenen mit dem zunehmenden Mond über Bögen. Unter Ashoka scheint eine Entwertung der Bronze durch eine Erhöhung ihres Kupfergehaltes bis über fünfzig Prozent stattgefunden zu haben.

Die materielle Kultur ist uns vor allem aus der Maurya-Kunst bekannt, von der später die Rede sein soll. Wie schon mehrfach erwähnt, ist sie durch das Wiedererstehen zahlreicher großer Städte gekennzeichnet, wie Pāṭaliputra, Kaushāmbī, die heilige Stadt Mathurā, die dritte Schicht von Hastināpura mit ihren zahlreichen Münzen, und vor allem die Ruinen von Ahicchatrā, der Hauptstadt des nördlichen Pañcāla. In Zentralindien ist Ujjain auch weiterhin die Hauptstadt. Die allgemein gebräuchliche Keramik ist noch die NBP, die bis zum Ende dieser Periode weiterhin hergestellt wird.

Eine Rekonstruktion der Verwaltung nach wissenschaftlichen Kriterien kann sich lediglich auf zwei Quellen stützen: die Indiká des Megasthenes für die Regierung von Candragupta und die Inschriften des Ashoka für seine Herrschaft. Sich auf die im übrigen stark theoretischen Hinweise des wahrscheinlich späteren Arthashāstra zu stützen, scheint wenig ratsam. Denn ich würde sagen, daß es eine Welt aus der Zeit nach den Maurya in einer noch teilweise der Maurya-Zeit angehörenden Terminologie beschreibt.

Die Indiká des Megasthenes gingen schon im Altertum verloren, und nur mehr oder weniger umfangreiche Fragmente davon sind uns erhalten geblieben, vor allem von Arrianus und Strabo. Ihr Hauptwert beruht auf ihrer Unabhängigkeit von Theorien und auf der Tatsache, daß sie das Werk von Augenzeugen sind.

Die Stellung des Königs war wie in allen absoluten Monarchien die Quelle großer Machtvollkommenheiten, brachte aber auch eine gewaltige Arbeit mit sich. »Der König schläft tags nicht, sondern bleibt den ganzen Tag im Hof, um Gericht zu halten und andere öffentliche Angelegenheiten zu erledigen, die nicht einmal zu der Stunde, da er sich massieren läßt, unterbrochen werden. Selbst während er sich kämmen und parfümieren läßt, hat der König keine Ruhe von den Staatsgeschäften.« In seiner Regierungstätigkeit wurde er von den »Räten und Beisitzern« unterstützt, die nicht zahlreich, aber einflußreich waren; eine ihrer Hauptaufgaben war die Wahl der hohen Beamten und Offiziere. Dem König standen auch ausgedehnte Informationsquellen zu Gebote, die auf einem gut organisierten Geheimdienst fußten.

Wichtiger als früher und später waren jetzt die Städte für das Wirtschaftsleben des Landes. Pāṭaliputra war eine große Metropole, achtzig Stadien lang und fünfzehn breit. Ein tiefer Graben, der der Verteidigung und dem Abzug des Kanalisationssystems diente, eine Palisade (von der beträchtliche Teile zutage gefördert worden sind) und Mauern mit fünfhundertsiebzig Türmen und vierundsechzig Toren umgaben sie. Megasthenes berichtet, wie die Hauptstadt verwaltet wurde. Die Stadtverwalter *(astynomoi)* bildeten sechs jeweils fünfköpfige Ausschüsse, die die Aufsicht über das Handwerk, das Fremdenwesen, das Geburten- und Totenregister, den Handel (Maße und Gewichte, Überwachung der Märkte), den Verkauf der (staatlichen?) Manufakturerzeugnisse und das Steuerwesen (den Zehnten von dem Preise der verkauften Ware) hatten. Gemeinsam sorgten die sechs Ausschüsse für den Unterhalt der öffentlichen und der Marktgebäude, für die Häfen und die Tore.

Die Provinzialverwaltung beschäftigte sich, wie immer in Indien, vor allem mit der Landwirtschaft und der Grundsteuer und im Zusammenhang damit mit der Wasserregulierung und der Bewässerung; diese Aufgaben wurden von speziellen Beamten *(agronomoi)* wahrgenommen.

Die Streitmacht war groß und gut organisiert; ungefähr sechshunderttausend Mann bildeten ein stehendes Heer, das ausschließlich dem Befehl des Königs unterstand. Verwaltet wurde es von sechs Ausschüssen, denen die Aufsicht über die vier traditionellen Waffen (Fußvolk, Reiterei, Kriegswagen und Elefanten), über die Verpflegung (einschließlich Transports und verschiedener Hilfsdienste) und die Verbindung zur Flotte oblag. Die Hauptwaffen der Fußtruppe waren der große einfache Bogen, der Schild und das Schwert, die der Reiterei zwei kleine Lanzen und ein kleiner Schild.

Selbstverständlich interessierte sich der griechische Gesandte sehr für das Hofzeremoniell, erwähnt aber auch, das Leben des Herrschers sei von Furcht und Mißtrauen erfüllt; er verbringe niemals mehr als eine Nacht in demselben Raum, und seine persönliche Sicherheit sei einer weiblichen Leibwache anvertraut.

Der Lebensstandard war, zumindest in den Städten, sehr hoch, und die Wirtschaft des Reiches muß, vor allem dank dem lebhaften und relativ freien Binnenhandel, in höchster Blüte gestanden haben.

Die Inschriften Ashokas ergänzen die um ein halbes Jahrhundert älteren Mitteilungen des Megasthenes und modifizieren sie teilweise. Eine wesentliche Neuerung ist vor allem, daß aus dem reinen Militär- und Verwaltungsstaat Candraguptas ein ethischer, auf einer Staatsidee beruhender und von ihr bestimmter Staat geworden ist, eine Entwicklung, die sich ungefähr um die gleiche Zeit auch in China anbahnte. Deutlich spürbar ist der nachwirkende Einfluß der – damals freilich bereits gestürzten – Achaimeniden auf den geistigen Gehalt und selbst auf die Form von Ashokas Edikten, bei denen neben ihren moralischen Ermahnungen die Absicht, eine regelrechte Verwaltungsreform durchzuführen, erkennbar ist.

Aus literarischen Quellen (singhalesischen Chroniken) geht hervor, daß dem König sein Bruder Tissa als Unterkönig *(uparāja)* zur Seite stand. Ähnliche Hilfsfunktionen hatten der Erbprinz *(yuvarāja)* und andere Prinzen des königlichen Hauses auszuüben. Vor allem waren sie Vizekönige in den großen Bezirken, in die das Reich unterteilt war und von denen es wenigstens vier gegeben haben muß, mit Regierungssitz in Taxila, Ujjain, Tosali in Kalinga und Suvarnagiri im Dekhan. Den Vizekönigen unterstanden die Provinzgouverneure *(prādeshika)*, von denen ein großer Teil keine Brāhmanen, sogar noch nicht einmal Inder gewesen sein dürften. Eine Inschrift von Junagadh erwähnt Rāja Tushapha, einen

Iranier, als Gouverneur von Surāshtra. König und vielleicht auch Vizekönige und Gouverneure wurden von Räten *(parishat)* in ihrer Tätigkeit unterstützt.

Die wichtigsten Beamten gliedern sich jetzt in drei große Gruppen auf: Rājūka, Yuta, Mahāmātra. Von den Rājūka heißt es etwas vage, sie seien »über viele Hunderttausende von Menschen gesetzt«, bevollmächtigt, »Belohnungen und Strafen zu gewähren«, »eingesetzt zum Wohlergehen und zum Glück der Landleute«. Es handelt sich also um eine Art Bezirksvorsteher. Die Yuta waren Provinzialfinanzbeamte. Die Mahāmātra nahmen im allgemeinen Sonderaufgaben wahr. In seinem vierzehnten Regierungsjahr schuf Ashoka die Spezialkategorie der Dharma-Mahāmātra, die die religiösen Gemeinschaften und gleichzeitig die frommen Stiftungen überwachten.

Der Informationsdienst, dem wir schon bei Candragupta begegneten, besteht weiter; seine Mitglieder heißen Prativedaka. Ein Sonderbeamter *(vrajabhūmika)* war mit der Sorge für die öffentlichen Arbeiten – etwa den Trinkwasserbrunnen, den Baumpflanzungen, die den Straßen Schatten spenden sollten, den Rasthäusern für Reisende – betreut.

Der Staat sorgte auch für den Heilkräutervorrat. Eine Neuerung bedeutet die Inspektionsreisen verschiedener Beamter im fünf- und dreijährigen Turnus zu Aufsichts- und religiösen Propagandazwecken. Sonderaufgabe der Mahāmātra bei ihren Inspektionen war die Überwachung der Rechtsprechung. Alles in allem haben wir es also mit einer wohlgegliederten Verwaltung zu tun, die in recht engem Kontakt mit dem Volk stand.

Durch das Fehlen einer dogmatischen Autorität und einer obersten Disziplinargewalt konnte die buddhistische Gemeinde nach dem Tod des Meisters ihre Einheit nicht aufrechterhalten. Zwar maßten sich Mahākāshyapa und seine Anhänger, zu denen später Ānanda, der Lieblingsjünger des Buddha, hinzukam, die Autorität von Meistern der Lehre und vor allem der Disziplin an, aber ihre diesbezüglichen Ansprüche wurden keineswegs allgemein anerkannt. Vielmehr führte die Absicht, den Alten *(sthavira;* auf Pāli: *thera)* eine Vorrangstellung einzuräumen, zu Spannungen innerhalb der Gemeinde, die sich zu offenem Widerstand auswuchsen. Einer der ersten Gegenstände des Zankes und der Spaltung waren die fünf »Häresien« von Mahādeva, die sich alle auf die Stellung und die Vorrechte des Arhat bezogen, also des Mönches, der die Erleuchtung erlangt hat und bei seinem Tode ins Nirvāna eingehen wird; Mahādevas Tendenz ging dahin, die Stellung der Arhat, also der Sthavira, die sich als solche bezeichneten, einzuschränken. Wahrscheinlich geschah das in Ashokas Regierungszeit, mögen auch einige Überlieferungen das Ereignis in die Zeit der Nanda zurückverlegen.

Die von den Sthavira abgelehnten Thesen fanden in weiten Kreisen der einfachen Mönche Zustimmung. So entstanden zwei Hauptströmungen, die später zur Bildung regelrechter Schulen führten. Auf der einen Seite standen die Sthavira, die dem monastischen Ideal eines strengen Lebens in Heiligkeit treu geblieben waren, auf der anderen die Mahāsanghika, die den Wünschen der Laien mehr entgegenkamen und in gewissem Umfang demokratischeren Glaubensvorstellungen huldigten.

Selbst wenn die Konzilien, deren Historizität außerordentlich zweifelhaft ist, tatsächlich abgehalten worden sind, ist ihre Wirkung in Zeit und Raum nur sehr beschränkt gewesen.

Yakshinī
Relief vom Steinzaun des Stupa in Bharhut, um 100 v. Chr.
Calcutta, Indian Museum

Fassade der Caitya-Halle von Bhaja, 2. Jahrhundert v. Chr.

## INDIEN BIS ZUR MITTE DES 6. JAHRHUNDERTS

So nahmen an dem Dritten Konzil, von dem die Pāli-Quellen behaupten, es sei zur Regierungszeit Ashokas in Pātaliputra abgehalten worden, wenn es überhaupt stattfand, lediglich die Sekte der Sthavira oder, wie sie in Ceylon heißen, der Theravādin teil.

Der Buddhismus war von Anfang an eine missionarische Religion. Der Buddha selbst hatte in seiner ersten Predigt seine Jünger aufgefordert, in die Welt hinauszugehen und das Gute Gesetz zum Wohl der Menschen, der Götter und aller Lebewesen zu verkünden. Gleichwohl breitete sich der Buddhismus, der bisher auf das mittlere Gangestal und vielleicht auf einen Teil Zentralindiens beschränkt gewesen war, erst unter Ashoka und teilweise auf seine Veranlassung über fast den ganzen Subkontinent aus. Jetzt erst wurde er eine allindische Religion, ehe er vier Jahrhunderte später eine panasiatische Religion wurde. Leider haben wir auch für die Glaubensverbreitung in dieser Zeit nur späte, verworrene und widersprechende Quellen. Sie gehen zum größten Teil auf die singhalesische Überlieferung zurück, wie sie im Mahāvamsa niedergelegt ist, die den Inbegriff der Interessen der Sthavira-Schule darstellt. Jedenfalls sieht es so aus, als seien hauptsächlich auf Betreiben des Sthavira Moggaliputta Tissa gleich nach dem Konzil von Pātaliputra Missionare in neun Regionen entsandt worden: nach Kashmir und Gandhāra, nach Mahishamandala (an der unteren Narbada), nach Vanavāsa (Dekhan-Hochebene nördlich der Tungabhadrā), Aparantaka (Nordkonkan und andere westliche Küstenstriche), Mahārāshtra, Yonakaloka (die Länder, wo Griechisch die offizielle Sprache war; vor allem Arachosien, also das heutige Südafghanistan), Himavat (Himalaya-Länder), Suvannabhūmi (Chersonesos chryse, Südostasien, insbesondere Südburma; vielleicht eine spätere, ins Altertum zurückverlegte Mission) und nach Lankā (Ceylon). Einige dieser Missionare sind uns außer aus den Pāli-Quellen von den Sāñchi-, Sonari- und Andher-Inschriften bekannt. Die Hauptfiguren sind Majjhantika (Sanskrit: Madhyantika), der Apostel von Kashmir und Gandhāra, von Nordwestindien im allgemeinen; und Mahinda, Sohn oder Bruder Ashokas, der nach Ceylon entsandt, dort einen gewaltigen Predigterfolg hatte, der in der raschen und endgültigen Bekehrung des Königs, der herrschenden Klasse und des größten Teiles des Volkes gipfelte.

Ceylon blieb der Hort des Gesetzes, auch als es aus Indien verschwand; und von dort strahlte es neuerlich auf Südostasien aus, wo es heute noch herrscht. Doch darf man den Einzelheiten dieser – höchst wahrscheinlich in einer späteren Zeit zusammengestellten – Erzählung wohl nicht allzuviel Gewicht beimessen. Sicher bleibt indessen die Intensivierung der buddhistischen Propaganda in der Epoche Ashokas und ihre Ausbreitung über ganz Indien. Vor allem aber unterschied sich diese Propaganda wesentlich von der vom Buddha anbefohlenen, da sie sich nicht an die Eliten wandte, um heilig lebende Mönche unter den schon in diesem Sinn vorbereiteten Laien anzuwerben, sondern die ganze Bevölkerung ferner Länder zum Buddhismus bekehren wollte. Sie bemühte sich also um die Schaffung von Laiengemeinden und nicht von Mönchsorden. Im übrigen unterschied sie sich grundsätzlich von Ashokas harmloser und recht vager Propaganda für das Dharma.

Die alte vedische Religion war jetzt bis zur Unkenntlichkeit verwandelt. Die Ritualschulen, für die es keine praktischen Möglichkeiten mehr gab und die außerhalb der Hauptströmungen des religiösen Lebens geblieben war, lagen im Sterben. Zu den letzten Texten, die sie hervorbrachten, gehören, in direktem Zusammenhang mit der Brāhmana-Literatur, die synthetischen Handbücher *(sūtra)*, die ungefähr zwischen 400 und 200 v. Chr. entstanden sind. Insgesamt bilden sie die Vedānga, die sechs »Körperteile des Veda«.

Phonetik *(shikshā)*. Den Anfang der Studien auf diesem Gebiet bilden die Prātishākhya, Aussprache- und Lautregeln zur korrekten Rezitation des vedischen Textes. Später erscheinen die Phonetik-Handbücher in Versen. Mit diesen Abhandlungen verbunden sind die Listen oder Kataloge der vedischen Hymnen.

Ritual *(kalpa)*. Es besteht aus zwei Teilen: dem großen Ritual *(shrauta)* für die Opferpriester und den häuslichen Riten, die dem *pater familias* oblagen. Diese sind natürlich für die Kenntnis des Alltagslebens in der Familie eines Brāhmanen oder orthodoxen Kshatriya sehr aufschlußreich. Ebenfalls hierher gehören die bereits erwähnten Dharmasūtra und die Shulvasūtra, Handbücher mit Angaben über die Maße und den Bau von Brandopferaltären, die schon gewisse geometrische Grundkenntnisse verraten. Entstanden sind diese Texte zwischen dem 7. und dem 3. vorchristlichen Jahrhundert.

Grammatik *(vyākarana)*. Der einzige uns erhaltene Text ist die Astādhyāyī von Pānini, von der bereits die Rede war.

Etymologie *(nirukta)*. Auch hiervon besitzen wir nur noch einen Text, den Nirukta von Yāska, einen Kommentar zu bereits vorhandenen Listen seltener und dunkler Worte.

Metrik *(chandas)*. Die wichtigste Abhandlung ist der Chandahsūtra von Pingala.

Astronomie *(jyotisha)*. Von ihr ist uns ein einziges ziemlich spätes Exemplar überliefert, der Jyotisha-Vedānga, ein Handbuch zur Festlegung der Daten und des Zeitpunkts für die Opfer.

Aber schließlich kam es so weit, daß der vedische Ritualismus der Vergangenheit angehörte, mochte er auch die ganze spätere Religion durchtränken, die sich auf ihn ausdrücklich beruft.

Der Volksglaube geht nun neue Wege. Die Gottheiten, die jetzt vor allem in den Vordergrund treten, sind Vishnu und Shiva, die den beiden Hauptrichtungen der nachvedischen Religion, des Brāhmanismus, ihre Namen geben. Vishnu wird sehr bald mit Vāsudeva identifiziert, ursprünglich einem vedischen Heros aus dem Clan der Yādava. Spuren eines Vāsudeva-Kultes scheinen bei Pānini vorhanden zu sein, und fast sicher bezieht sich Megasthenes auf ihn. Der griechische Schriftsteller erwähnt nämlich, die Surasenoi (Surasena, in der Gegend von Mathurā) hätten den Herakles besonders verehrt. Heutigentags ist man aber übereinstimmend der Ansicht, daß bei den griechischen Schriftstellern, die über Indisches handeln, Herakles der Name für den Gott Vāsudeva-Krishna war. Vāsudeva ist nämlich mit Krishna identisch, in dessen Gestalt wiederum zwei verschiedene Gottheiten eingegangen sind: ein Hirtengott aus der Mathurā-Gegend und ein kriegerischer Gott, der ursprünglich wohl eine historische oder halbhistorische Persönlichkeit gewesen ist. Shiva, eine vedische Gottheit, deren ursprüngliche Form auf die Harappa-Kultur zurückgehen mag, scheint später als Vishnu zur Gottheit ersten Ranges aufgestiegen zu sein. Jedenfalls ist eine eigentlich shivaitische Sekte nicht vor dem Beginn unseres Zeitalters faßbar. Doch scheint sein Kult im Volk schon zur Zeit des Megasthenes verbreitet gewesen zu sein, dessen

Dionysos wohl mit Shiva identisch war. Schließlich hatte auch der Sonnenkult *(sūrya)* in dieser Zeit noch viel Zulauf, wie man wohl aus einigen Münzen folgern darf; daß im Nordwesten iranische Einflüsse mit dazu beigetragen haben, scheint nicht ausgeschlossen.

Der fortschrittliche Flügel des orthodoxen Denkens, die Upanishaden-Strömung, breitet sich auch weiterhin aus und entwickelt sich, ohne vom Buddhismus beeinflußt zu sein oder Berührungspunkte mit ihm zu haben; dieses Nicht-Wissen voneinander ist so deutlich und auffallend, daß man annehmen muß, daß die beiden Religionen in ganz verschiedenen Kreisen verbreitet waren. Bei einigen der ältesten Upanishaden finden sich schon Züge, die auf den Brāhmanismus (Vishnu- und Shiva-Kult unter der Gestalt des Rudra) hindeuten; zu ihnen gehört die Shvetāshvatara, die von Schrader zutreffend als »Eingangstor zum Hinduismus« bezeichnet worden ist. Die nachvedischen Upanishaden sind sehr zahlreich: mehr als dreihundert sind uns erhalten. Sie enthalten sowohl Verse als auch – vorwiegend – Prosa. Die Theorie vom Ātman-Brāhman ist anfangs noch erkennbar, tritt dann aber nach dem Anwachsen typisch theistischer Elemente zurück. Im allgemeinen sind die spätesten Upanishaden sektiererisch, das heißt, sie hängen dem Vishnu- oder Shiva-Kult oder einer seiner Sekundärformen an. Die nichtsektiererischen befassen sich mit der Deutung der heiligen Silbe *Om*, mit den Yoga-Praktiken und der Theorie, die der Entsagung *(samnyāsa)* den Vorzug vor jeder anderen asketischen oder geistigen Übung gibt. Noch später erscheinen dann die tantrischen Upanishaden.

Aber mittlerweile hat die Orthodoxie offenbar den kühnen Gedankenflügen der ersten Upanishaden entsagt und widmet sich mehr dem Versuch, eine Verbindung zwischen den Ergebnissen und Erwerbungen der vorangehenden Periode und den Gegebenheiten der neuen – in einem höchst lebendigen und fruchtbaren Umbruch begriffenen – Religion herzustellen.

Nachdem die vedische Überlieferung in der Literatur erloschen war, sah es so aus, als sollten die Hervorbringungen der Sanskrit-Literatur nur noch aus den fast ausschließlich auf Brahmanen zurückgehenden juristischen und technischen Texten bestehen oder aus der (häufig literarisch sehr wertvollen) Spekulation der Upanishaden, die vorwiegend Kshatriya-Kreisen entstammen. Aber unabhängig von diesen Strömungen gingen im Volk eine ganze Reihe von Legenden um, die nicht so sehr um einzelne Heroen als um hervorragende Familien kreisten. Allmählich wurden diese Legenden – wahrscheinlich das Werk von berufsmäßigen Barden *(sūta)* – zu zwei großen Epenkreisen zusammengefaßt, dem Mahābhārata und dem Rāmāyana. Ihre Entstehung ist vollständig in Dunkel gehüllt, sowohl was ihre Verfasser, wie die Herkunft des Stoffes und die Chronologie angeht. Jedenfalls ist sicher, daß ihre vollständige Gestaltung lange Jahrhunderte der Bearbeitung erforderte. In gewissem Sinne ist es daher ganz willkürlich und eine reine Bequemlichkeitslösung, wenn wir bei dieser Gelegenheit über sie sprechen.

Die Erzählung des Mahābhārata hat höchstwahrscheinlich einen geschichtlichen Kern: den großen bereits erwähnten Krieg zwischen den Pāndava und den Kaurava, der gegen Ende der rigvedischen Epoche auf dem Kurukshetra zwischen Ganges und Jumna stattfand. Aber um diesen Kern ist ein ganzes Gespinst von – häufig unter sich und mit dem eigentlichen Kern nur locker verbundenen – Randepisoden gewoben, zu denen auch ursprünglich davon unabhängige Episoden hinzukamen, bis eine ungeheure Stoffmasse sich angesammelt hatte. Das heutige Mahābhārata besteht aus achtzehn Büchern *(parvan)* und enthält rund neunzigtausend Distichen *(shloka)*. Anscheinend ist es hauptsächlich das Werk von Brāhmanen, aber für eine vollständig orthodoxe Kshatriya-Gesellschaft verfaßt. Zwischen die Beschreibungen von Schlachten und Festen, von denen einige zu den klassischen epischen Darstellungen der Weltliteratur gehören, sind – meist vom Hauptthema unabhängig – Episoden von lyrischem Gehalt eingestreut, wie die von Nala und Damayantī und die von Savitrī, beides reine und bewegende Liebesgeschichten, in denen das süße Weibtum der indischen Frau in seiner ganzen Reinheit und Keuschheit erstrahlt. Andere Episoden (zum Beispiel die Legende von Rishyashringa, die Legende von der Sintflut und die vom ersten Menschen) haben mythologischen, wieder andere fabulierenden oder lehrhaften Charakter. Selbst die bedeutendste philosophische Dichtung Indiens, die Bhagavadgītā, von der später die Rede sein wird, bildet einen Teil des Mahābhārata. Sein religiöser Hintergrund ist nicht einheitlich; die bedeutende Rolle, die Krishna in seiner kriegerischen Gestalt in dem Gedicht spielt, würde ihm einen vorwiegend vishnuitischen Ton verleihen, wären andere Teile nicht rein shivaitisch. Die Entstehung des Mahābhārata kann man, unter Berücksichtigung einer Jahrhunderte dauernden Entwicklung, grob zwischen dem 4. vorchristlichen und dem 4. nachchristlichen Jahrhundert ansetzen. Diese ungefüge Masse, die voller Schönheiten, aber auch schlechtester Verse ist, ist in gewissem Sinn Symbol und Quintessenz der indischen Kultur, deren Entwicklung inner- und außerhalb der Halbinsel sie begleitet. Tatsächlich ist das Gedicht nicht nur teilweise in die dravidischen Sprachen und in die des modernen Indiens, sondern auch ins Alt-Javanische übersetzt oder, richtiger, adaptiert worden; sein Siegeszug in Kamboja, Thailand und Burma ist durch die Inschriften bezeugt.

Die andere große Dichtung, das Rāmāyana, ist kürzer (rund vierundzwanzigtausend Shloka) und einheitlicher. Es ist vermutlich von einem einzigen Verfasser, dessen Name in der Überlieferung Vālmīki lautet, gesammelt und aufgegliedert worden. Sie besteht aus sieben Büchern *(kānda)* und erzählt in ihrem Kern die Taten des Heros Rāma, seine Heirat mit Sītā, deren Raub durch den Dämonenkönig Rāvana, der sie nach Lankā (Ceylon) verschleppt, Rāmas Feldzug gegen Lankā, die Schlachten, den Endsieg und Sītās Rückgewinnung. Die Bücher I und VII sind offensichtlich spätere Zutaten. In ihnen nimmt Rāma als Inkarnation von Vishnu göttliche Züge an. Die Dichtung kreist, abgesehen von dem Feldzug nach Lankā, um Ayodhyā, ist also ebensosehr das Epos des östlichen Gangestales, wie das Mahābhārata das des westlichen ist. Ihr Geist ist eindeutig ritterlich und weniger priesterlich als der der größeren Dichtung. Auch stilistisch gesehen handelt es sich um eine reifere Kunst, in der schon rhetorische Figuren erscheinen: Metaphern, Vergleiche, Bilder und beschreibende Kompositionen. Das Rāmāyana, das mit Recht als Ādikāvya (erstes ausgeschmücktes Gedicht) gilt, eröffnet die Kunstliteratur des Sanskrit. Bei ihm ist nur eine relative Chronologie möglich; wenngleich jünger als der Mahābhārata, was seine Sprache, seinen Stil, sein Denken und das Fehlen vedischer Reminiszenzen angeht, wird er andererseits doch von der größeren Dichtung zitiert und nachgeahmt. Die Ausarbeitung des Rāmāyana muß also später (3. vorchristliches Jahrhundert?) begonnen und früher beendet worden sein als die des größeren Gedichtes. Auch er fand innerhalb und außerhalb Indiens eine gewaltige Verbreitung, die – wegen seiner größeren Handlichkeit – die des Mahābhārata sogar noch übertraf.

Etwa parallel zur Entstehung dieser Epik verläuft die des buddhistischen Kanons. Die Sammlung der dem Buddha zugeschriebenen Aussprüche und der Mönchsregeln, die auf ihn zurückgehen, muß in den Frühzeiten der Religion begonnen haben. Sie wurden zuerst nur mündlich überliefert und erst später schriftlich fixiert. Fast jede der auf einer gemeinsamen Grundlage beruhenden Schulen ging dabei ihre eigenen Wege, was zur Vervielfachung der Kanons führte. Dennoch fallen auch einem oberflächlichen Beobachter einige gemeinsame Züge bei ihnen auf.

Die übliche Teilung ist immer die in drei »Kisten« *(pitaka)*, daher der Name des Kanons Tripitaka. Die drei Kisten sind: Sūtra oder Lehrtexte, die dem Buddha selbst in den Mund gelegt werden; Vinaya oder Zuchtregeln des Mönchsordens; Abhidharma oder Texte, die vertiefend und systematisierend das Material der Sūtra wiederaufnehmen.

Das Sūtrapitaka ist einheitlich und früh entstanden. Die hauptsächlichen Verschiedenheiten betreffen die kleineren Texte *(kshudraka)*, die einige Schulen in das erste Pitaka als fünfte und letzte Sammlung *(nikāya, āgama)* oder als Unterpitaka einfügen; andere Schulen schließen sie vollständig aus dem Kanon aus; bei ihnen besteht das Sūtrapitaka nur aus vier Sammlungen. Noch andere schließlich machen daraus ein gesondertes viertes Pitaka. Vollständig erhalten ist uns das Sūtrapitaka der Theravādin-Schule in der Pāli-Sprache. Von den Sūtras anderer Schulen existieren umfängliche Bruchstücke in Sanskrit, die in Zentralasien entdeckt worden sind, und außerdem eine vollständige chinesische Übersetzung der vier Āgama einer Schule in Kashmir, die auf Sanskrit- und Prakrit-Originalen fußt. Die kleineren Texte sind uns im Pāli-Kanon, in Sanskrit-Fragmenten und in chinesischen und tibetischen Übersetzungen erhalten.

Wenngleich ebenfalls alter Herkunft ist das Vinayapitaka weniger einheitlich; die Abweichungen der verschiedenen Fassungen voneinander sind so groß, daß man von Dokumenten einzelner Schulen sprechen muß. Es handelt vor allem von den Sünden, die vermieden werden müssen, von den Bußen für Übertretungen *(prātimoksha)* und den abzuhaltenden Zeremonien *(karmavācana)*. Üblicherweise enthält er drei Teile:

1. Der Sūtravibhanga, der seinerseits in Bhiksuvibhanga (zweihundertsiebenundzwanzig Mönchsregeln des Prātimoksha) und Bhiksunīvibhanga (dreihundertelf analoge Regeln für die Nonnen) unterteilt ist.

2. Skandhaka oder Vastu, der das tägliche Leben im Kloster gemäß den vom Karmavācana vorgeschriebenen Zeremonien betrifft.

3. Nur in einigen Schulen vorhandene Anhänge. Erhalten sind uns sechs verschiedene Vinaya: der der Theravādin von Ceylon auf Pāli; der der Sarvastivādin (wenige Sanskrit-Fragmente und eine chinesische Übersetzung), der der Dharmaguptaka (in chinesischer Übersetzung), der der Mahāsānghika (sehr kurze Sanskrit-Fragmente und eine chinesische Übersetzung), der der Mahīshāsaka (eine chinesische Übersetzung), der der Mūlasarvāstivādin (später als die übrigen); er ist vollständig erhalten in einer tibetischen Übersetzung und in großen Teilen im Sanskrit-Original, das in einem zerstörten Stūpa in Gilgit aufgefunden worden ist; außerdem existiert eine unvollständige chinesische Übersetzung.

Das Abhidharmapitaka ist entschieden späteren Ursprungs; manche Schulen schließen ihn vom Kanon sogar aus, da er nicht die Worte des Meisters darstellt; wo er existiert, ist er eine Schöpfung der jeweiligen Schule, und die Verwandtschaft zwischen den einzelnen Fassungen beschränkt sich auf eine vage und allgemeine Ähnlichkeit. Die Theravādin-Schule besitzt einen Abhidharma in sieben Teilen auf Pāli. Auch die Sarvāstivādin hatten einen Abhidharma in sieben Teilen, der heute nur in einer chinesischen Übersetzung und teilweise auf tibetisch erhalten ist. Schließlich existieren vereinzelte Abhidharma-Abhandlungen, die anderen Schulen zugehören.

Ungefähr zur selben Zeit begann nach dem üblichen schrittweisen Entstehungsprozeß ein Jaina-Kanon Gestalt zu gewinnen. Da ihm ein weniger glückliches Schicksal als dem buddhistischen Kanon beschieden war, ist uns seine ursprüngliche – vom Konzil von Pātaliputra im 3. vorchristlichen Jahrhundert festgelegte – Form nicht erhalten; wir besitzen nur eine vom Konzil von Valabhī im 6. Jahrhundert n. Chr. kodifizierte Fassung. Anscheinend hat zumindest ein Teil der alten Werke, wenn auch in anderer Zusammenstellung und in modernisierter Sprache, in diesem neuen Gewand überlebt. Wir wissen nur, daß er ursprünglich in Prakrit geschrieben und in zwölf Teilen aufgegliedert war; der letzte enthielt die vierzehn Pūrva oder ursprünglichen Texte, die Mahāvīra selbst seine Schüler gelehrt haben soll.

Das Kunsthandwerk von Harappa fand keine eigentliche Nachfolge, denn den späteren keramischen Erzeugnissen kann man nur in sehr engen Grenzen einen künstlerischen Wert zubilligen. In jeder Hinsicht beginnt für uns die indische Kunst mit den Maurya. Sollte vor Ashoka etwas existiert haben, so ist uns jedenfalls nichts davon erhalten, da Architekten und Bildhauer Werkstoffe benutzten, die – wie Holz, Elfenbein und Ton – nicht dauerhaft waren. Erst unter den Maurya wird, wohl unter iranischem Einfluß, die Verwendung von Stein allgemein üblich.

Die Maurya-Kunst ist eine höfische Elitekunst, die ausschließlich in Hofkreisen entsteht und stark von der achaimenidischen Kunst beeinflußt ist. Doch wirkt sich dieser Einfluß, wie das für Iran häufig ist, erst postum, also nach dem Sturz der Achaimeniden aus. Höchstwahrscheinlich ist er der Vertreibung der Künstler aus Persepolis und Susa zu verdanken, die nach der makedonischen Eroberung arbeitslos geworden waren. Und vielleicht ist das das einzige Gebiet, auf dem Alexanders Eroberung einen, wenn auch indirekten Einfluß ausgeübt hat. Natürlich haben auch die Kontakte mit dem seleukidischen Iran während der ersten Hälfte des 3. vorchristlichen Jahrhunderts ihre Wirkung gehabt.

Von der Maurya-Architektur ist uns fast nichts erhalten. Immerhin ist bei den dürftigen und unzulänglichen Ausgrabungen in Pātaliputra eine Säulenhalle zutage gekommen, die mehr oder minder unmittelbar von den achaimenidischen Apadāna und speziell von dem »Hundert-Säulen-Saal« des Dareios in Persepolis inspiriert erscheint. Vor ihr lagen zwei große, aus Baumstämmen errichtete Plattformen, die, wie in Mesopotamien und in Iran, einen künstlichen Hügel bildeten. Die Halle selbst bestand aus Reihen riesiger Sandsteinsäulen, achtzig an der Zahl, die ein Holzdach trugen. Eines der Kapitelle ist gefunden worden; mit seinen seitlichen Voluten und den Palmzweigen in seiner Mitte erinnert es stark an die Kapitelle von Persepolis. Diese Halle gehörte zu dem großen Palast Ashokas, der noch im 5. nachchristlichen Jahrhundert stand, als der chinesische Pilger Fa-hsien ihn sah. Heute indessen läßt sich der Glanz Pātaliputras nur aus den Fragmenten des Megasthenes wiedererwecken, dessen Beschreibungen des Parks um das indische Königsschloß sich ebensowohl auf einen persischen Königsgarten *(parádeisos)* beziehen könnte.

Sehr viel bescheidener und diesmal rein indisch ist die architektonisch-bildhauerische Ausstattung der Grotten auf den Barābar-Hügeln, die Ashoka den Ājīvika-Asketen geschenkt hat. Die bedeutendste ist die von Lomas Rishi, die sich äußerlich wie die steinerne Nachahmung eines Holzbaus ausnimmt. Diese Nachbildung von Formen der Holzarchitektur in Stein werden für einen guten Teil der buddhistischen Kunst im nächsten Jahrhundert charakteristisch bleiben.

Die Plastik beschränkt sich fast ausschließlich auf die Säulen, die die Inschriften Ashokas tragen, und andere ähnliche, aber inschriftlose. Ihr wichtigster Teil ist immer das Kapitell. Das raffinierteste ist sicher das von Sārnāth mit lotosförmigem Ansatz, über dem sich drei heraldische, stark stilisierte, einander den Rücken kehrende Löwen erheben. Üblicherweise ist das krönende Tier eben der Löwe (so in Rampurva, Besarh, Lauriyā Nandangarh); es kann aber auch ein Elefant oder ein Pferd sein (Rummindēi, das alte Lumbini, der Geburtsort des Buddha). Sehr lebendig, fast naturalistisch sind dagegen die kleineren Tiere dargestellt, die als Basreliefs aus dem Kapitell herausgemeißelt sind, was wohl auf gewisse Beziehungen zur hellenistischen Kunst hinweist. Recht stark ist der achaimenidische Einfluß auf die Bildhauerei; und ebenfalls von Iran übernommen ist die – ausschließlich in der Maurya-Zeit übliche – spiegelblanke Politur des Steines.

Diese so wenig indische Kunst überlebte das glanzvolle Maurya-Reich nicht. Die Zukunft gehörte, zumindest in der Gangesebene, einer rein indischen und provinziellen Kunst, von der einiges, etwa der kolossale und massive Halbgott *(yaksha)* von Pārkham, der heute im Museum von Mathurā steht, eine rohe Darstellung übermenschlicher physischer Kraft, auf die späte Maurya-Epoche zurückgehen soll. Bei einer anderen Yaksha-Statue aus Patna hingegen, die vielleicht jüngeren Datums ist, verbinden sich achaimenidische Reminiszenzen (Schlangenarmbänder und parallele Faltendrapierung) mit dem Eindruck einer gewichtigen und erdgebundenen Massigkeit. Steigt man sozial noch tiefer hinab, so kommt man schließlich zu den Figürchen von Ahicchatrā, dem rohen und primitiven Ausdruck einer Landbevölkerung, der fast jedes künstlerische Gefühl fremd ist.

## *Das Zeitalter der Invasionen*

Das zerfallende Maurya-Reich überlebte in seinem eigentlichen Kern, dem wirtschaftlich starken Königreich Magadha, das dem Usurpator Pushyamitra zugefallen war (rund 185 bis 149). Pushyamitra begründete die Shunga-Dynastie, die wir fast nur aus den Purāna und anderen literarischen Quellen kennen, da keiner ihrer Könige eine Inschrift hinterlassen hat; vielleicht betrachtete die nationale Reaktion, die die dem Iran zugeneigten

Maurya hinweggefegt hatte, auch die Gewohnheit, große Felsinschriften anzulegen, als einen fremden Import, was insofern einige Berechtigung gehabt hätte, als Ashoka ja tatsächlich mit diesen Inschriften prinzipiell und in gewissen Ausdrücken des Protokolls die Achaimeniden nachgeahmt hatte. Das Harshacarīta von Bāna aus dem 7. nachchristlichen Jahrhundert – also eine sehr späte Quelle – berichtet uns, Pushyamitra sei der General des letzten Maurya gewesen und habe seinen Herrn bei einer großen Truppenparade ermordet. Der neue König herrschte noch über einen großen Teil des Gangestales und Teile Zentralindiens, wo sein Sohn Agnimitra Vizekönig war. Aus dem Mālavikāgnimitra (5. Jahrhundert n. Chr.) wissen wir von Kämpfen zwischen Pushyamitra und den Yavana (Griechen). Nach dem Sieg brachte er das feierliche vedische und brahmanische Roßopfer *(ashvamedha)* dar. Das weist auf eine Wiederaufnahme der blutigen Opfer, die von Ashoka abgeschafft worden waren, und auf eine Rückkehr zur brahmanischen Orthodoxie hin. Und tatsächlich stellt uns die buddhistische Überlieferung Pushyamitra als ihren Verfolger dar, der die Klöster zerstörte und für jeden Mönchskopf, den man ihm brachte, hundert Goldmünzen versprach. Doch handelt es sich gewiß um Übertreibungen, denn der erste große buddhistische architektonische Komplex in Indien, der Stūpa von Bharhut, wurde eben unter den Shunga errichtet.

Pushyamitras Nachfolger sind für uns reine Namen, einigen von ihnen begegnen wir auf den im westlichen Uttar Pradesh gefundenen Bronzemünzen. Der fünfte König dieser Reihe ist anscheinend mit dem König Bhagabhadra der Säuleninschrift von Besnagar identisch, von der weiter unten die Rede sein soll. Eine andere Säuleninschrift von Besnagar nennt den Namen des neunten Königs, Bhāgavata. Der zehnte und letzte König wurde auf Betreiben eines Ministers, des Brahmanen Vasudeva, von einer Sklavin ermordet. Die Regierungszeit der Shunga hatte einhundertzwölf Jahre gedauert (185–73 v. Chr.). Sie begünstigte nicht nur die Wiederherstellung der alten Religion, sondern – wie wir später noch ausführen werden – auch insbesondere die Entwicklung einer von fremden Einflüssen freien indischen Nationalkunst.

Vasudeva begründete die Kānva-Dynastie, die aus vier Königen bestand und nur fünfundvierzig Jahre (etwa 73–28 v. Chr.) regierte. Vermutlich auf Magadha beschränkt und von rein lokalem Interesse, hatte sie keinerlei Bedeutung für die indische Geschichte. Von einzelnen Ereignissen während ihrer Dauer wissen wir nichts.

Den Purāna zufolge wurden die Kānva von den Āndhra aus dem Dekhan beseitigt; doch gibt es keine epigraphischen oder literarischen Spuren von einer Āndhra-Herrschaft in Magadha. Es muß sich also um einen verheerenden Raubzug gehandelt haben, dem unmittelbar ein Rückzug folgte, oder die Purāna wollten nur andeuten, daß nach dem auch nominellen Ende der Vorherrschaft, die Magadha seit den Zeiten der Nanda ausgeübt hatte, die Āndhra die bedeutendste indische Dynastie wurden. Zudem wird der einigermaßen fiktive Charakter dieses Teiles der puranischen Listen durch die Numismatik bestätigt. Die sogenannten Mitra-Münzen, die in Uttar Pradesh gefunden worden sind, nennen einige Namen, die denen in der Liste der Shunga-Könige entsprechen, aber auch verschiedene andere, den literarischen Quellen unbekannte Herrscher. Dabei kann es sich um Namen von Shunga- oder Kānva-Königen oder von lokalen Fürsten handeln, die im 1. Jahrhundert unserer Zeitrechnung im Gangestal herrschten.

Nochmals taucht der Name Pushyamitras in einer Inschrift von Ayodhyā auf, die einen Dhana(-deva), König von Koshala, erwähnt, der in der sechsten Generation (mütterlicherseits?) von Pushyamitra abstammte; er und seine Familie sind uns auch von einer ganzen Reihe von Münzen bekannt. Sie scheinen im ganzen 1. nachchristlichen Jahrhundert die letzten Nachkommen eines lokalen Zweiges der Shunga zu sein. Andere Lokalstaaten der gleichen Art sind Pañcāla (Inschrift von Pabhosa), Kaushāmbī und Mathurā, die ebenfalls nur von Münzen bekannt sind. Neben ihnen bestanden die aristokratischen Republiken der Ārjunāyana (nordwestlich von Mathurā) und der Shibi (in Rajasthan), weiter gab es die Königreiche der Audumbara (zwischen Ravi und Beas) und der Kuninda (Nordteil des indischen Punjab) und die Republik Trigarta (zwischen Ravi und Sutlej), die Republik der Yaudheya (zentraler Teil des indischen Punjab) und der Agastya (Südteil der gleichen Gegend). Es ist deutlich, daß nach dem Sturz der Shunga der Norden in vollständige Kleinstaaterei zurückverfiel, zu der im äußersten Nordwesten die Fremdherrschaft hinzukam.

Ein besonderes Problem stellt Kalinga dar, für dessen Eroberung Ashoka so viel Blut vergossen hatte. Nach dem Ende der Maurya muß das Land seine Unabhängigkeit zurückerworben haben. Aber von seiner Geschichte wissen wir nichts außer dem, was man aus der berühmten, aber stark verwitterten und fast unleserlichen Inschrift des Königs Khāravela in der Elefantengrotte bei Buhaneshwar in Orissa herauslesen kann. Sie enthält keine Zeitangaben, und nur die sehr umstrittene Deutung ihrer Schrift erlaubt uns, sie etwa auf das 1. vorchristliche Jahrhundert anzusetzen. Khāravela war höchstwahrscheinlich ein großer Herrscher, der dreimal in Nordindien einfiel und den König von Magadha zu seinem Vasallen machte, der aber auch Werke des Friedens verrichtete, wie die Wiederherstellung eines Kanals aus der Nanda-Zeit, den Bau eines großen Tempels und Schenkungen an die Jaina-Mönche, deren Religion er angehörte. Aber er war nur ein flüchtiger Meteor, nach ihm versank Kalinga erneut ins Dunkel.

Nach dem Vertrag zwischen Seleukos I. und Candragupta Maurya blieb es zwischen dem seleukidischen Iran und Maurya-Indien mehr oder weniger bei der Grenze im Hindukush. Während der ganzen ersten Hälfte des 3. vorchristlichen Jahrhunderts – solange die beiden starken Reiche und ihre guten gegenseitigen Beziehungen bestanden – änderte sich an dieser Situation nichts. Aber als um 250 in Indien die Regierungszeit des friedliebenden Ashoka sich ihrem Ende zuneigte, machten die seleukidischen Gebiete in Ostiran eine tiefe Erschütterung durch. Die Parther erklärten ihre Unabhängigkeit und begannen damit jene Reihe von Kriegen, die im Laufe eines Jahrhunderts die griechischen Herrscher ganz Iran und Irak kosteten; gleichzeitig rebellierte weiter östlich der Statthalter Diodotos und begründete das griechisch-baktrische Reich (grob gesagt, das heutige Nordafghanistan am linken Ufer des mittleren Oxos).

Dieser äußerste Vorposten des Hellenismus im Fernen Osten stützte sich nur auf eine sehr dünne griechische – zivile und militärische – Herrenschicht, die zum kleineren Teil vielleicht schon vor Alexanders Eroberung existierte, nun aber die iranischen Großgrundbesitzer und Bauern überlagerte. Seine Geschichte ist uns wie die der indo-griechischen Nachfolgestaaten hauptsächlich von Münzen bekannt, die nur für die erste Zeit von knappen und fragmentarischen Hinweisen in griechischen und lateinischen Texten ergänzt werden. Seine Chronologie und Genealogie und ihre historische Bewertung ist deshalb noch sehr unsicher, und oft sind sich die Gelehrten auch über grundsätzliche Dinge nicht einig. Hier wollen wir der 1957 von Awadh Kishore Narain unternommenen und 1958 von Alberto Simonetta modifizierten Darstellung folgen.

Auf Diodotos I. folgte Diodotos II. und auf diesen Euthydemos (etwa 235-200). Dieser mußte sich 208 einem Rückeroberungszug Antiochos' III. von Syrien stellen; nach dreijähriger Belagerung seiner Hauptstadt Baktra erzwang er den Rückzug des Eindringlings durch die Drohung, er werde die zentralasiatischen Nomaden zu Hilfe rufen – was das Ende des Hellenismus in Iran bedeutet hätte. Der Friede wurde geschlossen, und Antiochos wandte sich dem Hindukush zu, wo er – wie bereits erwähnt – vom König Sophagasenos Elefanten erhielt. Dann kehrte er nach Iran zurück. Sein Feldzug hatte lediglich die Wirkung, daß das seit einem Jahrhundert bestehende Gleichgewicht an der indischen Grenze verlorenging. Nach seinem Rückzug bemächtigte sich anscheinend Euthydemos' Nachfolger, Demetrios I. (etwa 200-182), der Westprovinzen des Maurya-Reiches: Drangiane, Arachosiens und wahrscheinlich auch der Paropamisadae, das heißt des ganzen heutigen Afghanistans. Dagegen brachte die Regierungszeit seines Nachfolgers Euthydemos II. (um 182-175) die griechische Expansion zum Stillstand; nach ihm wurde das Reich wahrscheinlich unter Demetrios II. und Antimachos I. aufgeteilt.

Im Gegensatz zu den Gewohnheiten der Seleukiden in Syrien und der Ptolemäer in Ägypten hielten es die baktrischen Griechen, nachdem sie sich Indien zugewandt hatten, für zweckmäßig, auch die Gefühle und Interessen ihrer Untertanen an der indischen Grenze zu berücksichtigen. So beginnt Demetrios II. mit der Prägung zweisprachiger Münzen, deren Verbreitung sich in der Regel auf die Gebiete südlich des Hindukush beschränkt; die Schauseite der Münzen trägt Titel und Namen des Königs auf griechisch, die Rückseite das gleiche auf Prakrit und in Kharoshthi-Schrift. Diese griechisch-baktrischen Münzen gehören im übrigen zu den schönsten und künstlerisch wertvollsten des ganzen Altertums. Der Lebendigkeit und Kraft ihrer Königsporträts können nur die kaiserlich-römischen Münzen Ebenbürtiges an die Seite stellen.

Bald darauf verlor Demetrios II. Baktrien an einen ungewöhnlich genialen Abenteurer, Eukratides I. (etwa 171-157), der sich mit wenigen hundert Leuten des Landes bemächtigte; Demetrios' Gegenmaßnahmen blieben erfolglos, und er verschwand von der Bildfläche. Die Gebiete südlich des Hindukush blieben allerdings in der Hand von Euthydemos' Nachkommen, aber gegen die Paropamisadae und Gandhāra führte Eukratides einen Feldzug, eroberte beides und schlug dort Goldmünzen, was außer ihm nur noch ein griechischer König getan hat. Es sah so aus, als sollte sich die griechische Herrschaft unter ihm konsolidieren; als er aber nach Baktra zurückkehrte, wurde er von seinem Sohn und Mitregenten, vielleicht dem Eukratides II. der Münzen, ermordet. Die Nachfolge trat Heliokles (etwa 157-135), wohl der letzte Herrscher Baktriens, an; mit seinem Tod ging die Wiege der griechischen Könige an zentralasiatische Völker verloren (die Yüe-chih der chinesischen Quellen), die seit einiger Zeit gegen ihre Grenzen andrängten.

Schon zuvor waren die Westprovinzen von den Parthern annektiert worden, und die südlich des Hindukush gelegenen scheint Apollodotos I., ein Nachkomme von Euthydemos, zurückerobert zu haben. Auf ihn folgte sein minderjähriger Sohn, Strato I. (etwa 160-135), für den anfangs seine Mutter Agathokleia regierte. Unter Strato muß die Schlacht am Indus gegen Pushyamitra Shunga stattgefunden haben, die das Drama Mālavikāgnimitra erwähnt. Er verlor Gandhāra an Heliokles, dessen Nachfolgern es Antimachos II. (etwa 135-130) abnahm.

Stratos Nachfolger war, soweit wir sehen, Menander, bei weitem der berühmteste und größte der indo-griechischen Könige, dessen Regierungsdaten jedoch alles andere als sicher sind: um 166 bis 150 nach Tarn, um 155 bis 130 nach Narain, um 130 bis 110 nach Simonetta. Dem Plutarch als das Ideal eines hellenistischen Herrschers bekannt, ist er, unter dem Namen Milinda, auch der Held einer apologetischen buddhistischen Schrift auf Pāli, des Milindapañha, der einen Dialog zwischen dem König und dem Mönch Nāgasena darstellen soll. Gebürtig aus einem nahe Alasanda, das heißt (dem kaukasischen? dem ägyptischen?) Alexandreia gelegenen Dorf, wurde er, wie aus seinem Porträt auf den Münzen hervorgeht, schon in jungen Jahren König. Der Mittelpunkt seines Reiches war Gandhāra, aber sein Herrschaftsgebiet erstreckte sich im Punjab wenigstens bis zum Fluß Ravi. Nach Narain und Simonetta war er (nach Tarn aber Demetrios I.) der Eindringling in der Gangesebene, den einige indische Literaturtexte kurz erwähnen. Im Verlauf dieses Feldzuges belagerten griechische Truppen Sāketa (Ayodhyā) und Madhyamika (Nagar in Rajasthan). Und selbst Pātaliputra belagerten die mit den Herrschern von Pañcāla und Mathurā verbündeten Griechen und nahmen es im Sturm; doch dann brach zwischen den Verbündeten Zwist aus, es kam zum Krieg zwischen ihnen, und die Griechen mußten das Gangestal verlassen. Das Scheitern dieser letzten Anstrengung des Hellenismus im Osten bewirkte, daß die Grenze der hellenistischen Einflußsphäre am Ravi blieb, ungefähr dort, wo Alexander sie gezogen hatte; und auch vom Punjab ist es sicher, daß dort die alten indischen Republiken im wesentlichen unabhängig blieben. Dagegen ist es nicht ausgeschlossen, daß Menander die griechische Vorherrschaft bis in das untere Industal ausdehnte.

Nach Menander zerfielen die griechischen Gebiete in Indien in verschiedene kleine Königreiche, deren Herrscher uns nur von Münzen bekannt sind, da sie keine Spur in der literarischen Überlieferung Indiens oder des Westens hinterlassen haben. Zwischen diesen kleinen Fürsten scheint der Krieg das Normale gewesen zu sein, die schlimmsten Feinde der Griechen waren die Griechen selbst. Unter rund zwanzig oder gar mehr obskuren Herrschern gewinnt nur Antialkidas (um 100-85), dank einer Inschrift seines Gesandten Heliodoros auf einer Säule in Besnagar in Madhya Pradesh, einigermaßen deutliche Gestalt. Er war weitgehend hinduisiert und ein getreuer Anhänger der Bhāgavata-Religion, also des Vishnuismus.

Das Ende war eine lange anhaltende Agonie. Von Norden kommend, besetzten die Shaka um das Jahr 70 Taxila und Arachosien. Nach kurzer Erholung verschwand das griechische Ostreich um das Jahr 28 endgültig. Das letzte griechische Bollwerk, die Paropamisadae, hielt noch länger stand; ihr letzter griechischer König Hermaios (etwa 50 v. Chr. bis

5 n. Chr.) konnte noch einmal eine Offensive gegen die zerfallende Shaka-Konföderation unternehmen, wurde aber sehr bald von der neuen indo-parthischen Macht überwältigt. Einige Münzen bringen seinen Namen mit dem des Kushāna Kujula Kadphises in Verbindung, was oft als Beweis ihrer Zeitgenossenschaft gegolten hat. Vermutlich handelt es sich aber um eine späte Nachahmung, vielleicht zum Zweck legitimistischer Propaganda.

Solange er Verstärkung durch Abenteurer aus hellenischen oder hellenisierten Ländern des Westens fand, erhielt der griechische Drang nach Osten immer neue Impulse. Später ließ dieser Nachschub aber nach und hörte schließlich ganz auf. Aber es bleibt erstaunlich, daß dieser verlorene Posten des Hellenismus im damaligen Fernen Osten sich überhaupt so lange halten konnte, wenn er auch nur rein lokale Bedeutung hatte. Denn die für uns so interessante Geschichte der Griechen in Indien hat auf die indische Geschichte, in der sie eine durchaus zweitrangige Episode blieb, einen ganz geringen Einfluß. Das gilt auch für den kulturellen Austausch. Der griechische Beitrag zur indischen Kultur gehört in eine Zeit lange nach dem Verschwinden der Indo-Griechen; es gibt in Indien kein einziges literarisches oder künstlerisches Element, das mit Sicherheit oder auch nur mit Wahrscheinlichkeit zu dem glanzvollen Abenteuer des Eukratides und des Menander in Beziehung gesetzt werden kann.

Das Ende der Indo-Griechen ist die Folge einer Völkerbewegung, die lange Zeit zuvor an den Grenzen Chinas begann. Am Ausgang des 3.Jahrhunderts v. Chr. hatten die Hsiung-nu einen starken Staat von nomadischem Charakter in den Steppen der heutigen Mongolei gegründet. Sehr bald gerieten sie in Konflikt mit einem Volk in der heutigen chinesischen Provinz Kansu, das den Chinesen unter dem Namen Yüe-chih (Mondvolk?) bekannt war, während sie selbst sich Tochari genannt zu haben scheinen. Um das Jahr 172 bereiteten die Hsiung-nu den Yüe-chih eine verheerende Niederlage, vertrieben sie aus ihrer Heimat und zwangen sie, nach Westen zu wandern. Sie brachen in das Land der Sai-wang (so die Chinesen; es handelt sich um die Shaka der Inder, die Sacae der klassischen Autoren) am oberen Ili ein; die Sai-wang strömten nach Süden weiter, überquerten die sehr schwierigen Pässe im Pamir und ließen sich in der Grenzzone am rechten Indusufer, die die Chinesen Chi-pin nannten, nieder.

Wenig später wurden die Yüe-chih ihrerseits von einem anderen Volk besiegt und gezwungen, ihre Wanderung wiederaufzunehmen, wobei sie mit den Shaka und den skythischen Stämmen am Iaxartes (Sir-Darya) zusammenstießen und diese aus ihren Sitzen vertrieben. Diese Stämme durchzogen Baktrien um das Jahr 135, womit sie dem Griechenreich einen nicht wiedergutzumachenden Schlag versetzten, und ließen sich dann an der Grenze des Partherreiches nieder. Die Yüe-chih eroberten wenig später (um 129) Baktrien endgültig, beseitigten seine griechischen Herrscher und unterstellten das Land – zwar mit weitgehender Autonomie – ihrer eigenen Oberherrschaft; ihre Hauptstadt blieb nördlich des Oxos (Amu-Darya). Erst später (um 100) gliederten sich die Yüe-chih Baktrien endgültig an (Rekonstruktion von Narain).

Die oben erwähnten skythischen Stämme stellten für einige Jahrzehnte eine ernste Gefahr für die Parther dar; zwei Parther-Könige (Phraates II. im Jahr 128, Artabanos II. im Jahr

123) fielen im Kampf gegen sie. Aber ihr Ansturm wurde aufgehalten. In ihren neuen Wohnsitzen im Shaka-Land (Sakastāna, das heutige Sistan) vermischten sie sich mit skythischen Stämmen, die dort seit der Achaimenidenzeit saßen, und mit dem widerspenstigen parthischen Feudaladel der Gegend. Diese skytho-parthische Mischung wurde dann in Indien als Pahlava bekannt; im Westen pflegt man sie auch Indo-Parther zu nennen.

Als im Jahr 52 der Parther-König Orodes den Vizekönig des Shaka-Landes, Surenas, umbrachte, rebellierte ein gewisser Vonones, vielleicht ein Erbe des Verstorbenen, nahm den Titel »König der Könige« an und fand Hilfe und Vasallenschaft des Shaka-Häuptlings Spalahora aus Arachosien und seines Sohnes Spalagadama. Bald aber wurde Vonones beseitigt, und Spalagadama und der neue Oberherr Spalyris, Herren von Südafghanistan, erkannten die Oberhoheit des Shaka-Königs Maues an.

In der Zwischenzeit hatten die Sai-wang oder eigentlichen Shaka unter ihrem König Maues (um 60–30) ein Reich am Indus gegründet und den Griechen Gandhāra und Taxila genommen. Die Shaka-Könige sind uns – wie die Pahlava nach ihnen – nur von Münzen und fragmentarischen, schwer zu deutenden Kharoshthī-Inschriften bekannt. Ihre Datierung hat in ein Dickicht von nicht abgeschlossenen und in absehbarer Zeit wohl nicht endenden Diskussionen geführt. Nicht zu bestreiten ist jedoch, daß die Shaka teilweise unter griechischem Einfluß standen; so benutzten sie auch weiterhin die makedonischen Monatsnamen. Ihr Reich war im Grunde ein Bund von Stämmen, und die Fürsten oder lokalen Herrscher, die den alten iranischen Titel Kshatrapa (Satrap) trugen, erfreuten sich weitgehender Unabhängigkeit.

Die Regierungszeit von Maues muß von fortwährenden Kämpfen mit den Griechen erfüllt gewesen sein. Ihm folgte in der Würde eines Königs der Könige sein Mitkönig (offiziell »Bruder des Königs«) Spalirises. Dieser wiederum verband sich mit Azes als Mitkönig. Nach dem Verschwinden von Spalirises begegnet uns eine Gruppe von Herrschern, auf deren Münzen auf der einen Seite der Name Azes in griechischen Buchstaben und auf der anderen der Name Ayilisha in Kharoshthī-Schrift steht; oder Azilises auf der griechischen und Aya auf der indischen Seite. Einige Gelehrte wollen diese Münzen auf einen einzigen König beziehen, im allgemeinen ist man aber der Meinung, es handele sich um drei Herrscher: Azes (Aya) I., Azilises (Ayilisha) und Azes II. Auch ihre Daten sind umstritten und werden zwischen dem 1. vorchristlichen und der Mitte des 1. nachchristlichen Jahrhunderts angesetzt. Jedenfalls ist sicher, daß der Niedergang des Shaka-Bundes im Industal in die lange Regierungszeit von Azes II. fällt. Jetzt machten die Satrapen sich selbständig und schlugen ihre eigenen Münzen.

Inzwischen war der Parther Orthagones in der Drangiane zur Macht gekommen; sein Nachfolger Gondophares bemächtigte sich der Überreste des Shaka-Reiches und setzte wahrscheinlich auch dem griechischen Reich Paropamisadae ein Ende. Nach Simonetta regierte er von 5 bis 25 n. Chr.; aber diese Daten müßte man auf rund zwanzig Jahre später verschieben, wenn Gondophares tatsächlich identisch mit Gudnaphar in der syrischen (Gundophoros in der griechischen) Fassung der Akten des Apostels Judas Thomas wäre, der diesen König zum Christentum bekehrt haben will. Aber der Inhalt dieser apokryphen

Akten ist rein legendarisch, und möglicherweise haben die unbekannten Verfasser ihre Erzählung um einen realen, aber längst vergangenen und nur noch wenig bekannten historischen Kern gewoben. Merkwürdig ist hierbei, daß heute die Thomaslegende in Südindien angesiedelt ist, wo seit dem 13. Jahrhundert das Grab des Apostels in Mailapur bei Madras gezeigt wird. Mag Gondophoros mit der Thomaslegende im Zusammenhang stehen oder nicht, jedenfalls war er ein großer Herrscher, Herr über das heutige Afghanistan, über Teile des Punjab und des östlichen Irans. Seine Nachfolger (Abdagases, Pakores und Sanabases) indessen mußten sich auf das iranische Gebiet und Arachosien beschränken, während Gandhāra in die Hände eines gewissen – nur von Münzen bekannten – Sasan überging. Doch bald wurden die Gegenden südlich des Hindukush dem unruhigen Shaka- und Pahlava-Feudaladel von einem anderen fremden Eindringling von weitaus größerer historischer Bedeutung genommen: von den Kushāna.

Eine gewisse Vorstellung von dem Leben einer indischen Stadt im Zeitalter der Shaka- und Pahlava-Invasionen bekommen wir aus den Ausgrabungen von Taxila, die Sir John Marshall ein ganzes Menschenalter lang geleitet hat. Die der Invasion Alexanders und der Maurya-Herrschaft entsprechende Phase ist die, die auf dem Bhir-Hügel ans Tageslicht gefördert worden ist; ein armseliger Flecken, ohne eine Architektur, die diesen Namen verdiente, eine Ansammlung von geweißten Mauern, ohne Planung und ohne Verzierungen. Die Griechen verließen ihn und gründeten wenig nördlich die neue Stadt Sirkap; sie war es auch, die der Wundertäter Apollonios von Tyana 44 n. Chr. besuchte, zu dessen Zeit die Stadt unter der Herrschaft eines Königs Phraotes, vielleicht eines parthischen Lokalfürsten, stand. Aus der Beschreibung des Apollonios und den Ausgrabungen erschließt sich uns ein lebhaft gärendes kulturelles und religiöses Leben, wenngleich die Bauten in der Stadt schlicht und keineswegs großartig sind; vor allem der königliche Palast – mag sein Grundriß auch den assyrischen Palästen merkwürdig ähnlich sein – ist sehr bescheiden. Sirkap war ursprünglich von einem Erdwall umgeben, zur Zeit Azes' I. aber erschien der Umfang der Stadt zu groß, und eine feste innere Steinmauer wurde erbaut.

Nach dem Zerfall von Ashokas Reich und einer Periode völliger Dunkelheit erhält der Dekhan zum erstenmal eine eigene, aus den Inschriften und nicht nur aus den purānischen Listen bekannte Dynastie, deren politische Bedeutung über die Grenzen eines einfachen Regionalstaates hinausgeht. Auf Inschriften und Münzen lautet ihr Name – der (nach Przyluski) vielleicht von Munda-Herkunft ist – Shātavāhana oder Sātakarni; in den Purāna dagegen heißt sie Andhra oder Andhrabhritya. Wahrscheinlich ist jener der Name der Dynastie, dieser der des Volkes. Auch hier ist das chronologische Problem schwierig. Die wenigen Inschriften datieren nur nach Regierungsjahren, und auf die Listen der Purāna, laut deren die Dynastie in einem Zeitraum regiert hätte, der zwischen dreihundert und vierhundertsechzig Jahren schwankt, ist kein Verlaß. Einige Wissenschaftler – vor allem indische – halten die längere Regierungszeit für wahrscheinlich. Die Shātavāhana wären dann unmittelbare Nachfolger der Maurya im Dekhan gewesen, und der Beginn ihrer Regierung fiele in die Zeit um 230 v. Chr. Sehr viel mehr spricht aber für die kürzere Zeitspanne mit dem Beginn um die Mitte des 1. vorchristlichen Jahrhunderts.

Vermutlich stammen die Shātavāhana aus dem nordwestlichen Dekhan, und zwar aus der Gegend von Paithan. Nach dem Begründer der Dynastie Shimuka war die bedeutendste Figur in den ersten Generationen Siri Sātakani. Er ist vielleicht mit Saraganes dem Älteren im »Periplus des Erythräischen Meeres« identisch, der am Beginn unserer Zeitrechnung gelebt hat. Als Eroberer des Narbadatales, von Vidarbha (Berār) und Teilen von Malwa nahm er den Titel »Herrscher des Südens« (Dakhināpati) an und brachte zweimal das Roßopfer *(ashvamedha)* dar. Das führte – nach der Vormachtstellung des Buddhismus unter den Maurya – zu einer gewissen Wiederbelebung des vedischen Rituals, wie überhaupt ganz allgemein die Shātavāhana – ähnlich wie die Shunga in der Gangesebene – die Hindu-Reaktion im Dekhan verkörpern.

Die zahlreichen Nachfolger von Siri Sātakani, die in den Purāna-Listen genannt werden, gehörten wahrscheinlich gleichzeitig regierenden Seitenlinien des Hauses an. Der berühmteste dieser kleineren Herrscher ist Hāla (1. Jahrhundert n. Chr.), der zwar auf Inschriften und Münzen nicht vorkommt, den die Texte aber als großen Schirmherrn der Literatur und als großen Dichter preisen. Die offizielle Sprache der Shātavāhana war das Prakrit des Maharashtra. So darf die Dynastie, durch die das sprachliche und religiöse Erbe des Gangestales im Dekhan Verbreitung fand, als Vorkämpferin und Beschützerin der Ārya-Expansion gelten. Hāla soll der Verfasser der Sattasaī sein, einer Sammlung von siebenhundert erotischen Versen, vielleicht der bedeutendsten Dichtung der Prakrit-Literaturen; zumindest wurde sie unter seiner Schirmherrschaft zusammengestellt. Parallel zur literarischen Blüte ging eine Verstärkung des Handelsverkehrs mit dem römischen Osten, von der später noch die Rede sein soll; besonderen Vorteil zog daraus der Hafen des Shātavāhana-Reiches, Bharukaccha (das Barygaza der Griechen, das heutige Broach).

Über dem Süden liegt auch weiterhin das Halbdunkel, in das ihn das fast vollständige Schweigen der Quellen verweist. Wir besitzen keine Anhaltspunkte, an Hand deren wir beurteilen können, wieweit das Herrschaftsgebiet der Shātavāhana im Süden reichte, wie wir auch nichts über die Geschehnisse in den drei Reichen Cera, Cola und Pāndya wissen. Völlig vereinzelt steht die Nachricht, Khāravela von Kalinga habe einen Bund von Tamil-Staaten vernichtet, der schon hundertdreizehn Jahre bestanden habe. Die Datierungsschwierigkeiten für die Inschrift von Hathigumpha machen es unmöglich, diese Mitteilung zeitlich und räumlich zu präzisieren. Sehr viel besser ist uns die materielle Kultur des Südens bekannt. Vom Krishnatal bis zur südlichen Spitze der Halbinsel ist eine große Anzahl von Megalithen verschiedener Typen gefunden und in den letzten Jahren erforscht worden: dolmenartige Bauten aus unbehauenen Granitblöcken, die von einer Felsplatte aus dem gleichen Material überdacht sind und häufig Terrakottasarkophage enthalten, mehr oder minder tiefe, von kreisförmig aufgestellten Steinen umgebene Begräbnisstätten; Felsblöcke, die eine fast wie ein Regenschirm aussehende Steinplatte in der Form einer plattgedrückten Halbkugel tragen; die gleichen Platten, unmittelbar auf der Erde aufliegend: Menhire oder aufrecht stehende Felsplatten. Einem ähnlichen Typus gehören die riesigen Bestattungsurnen in der Umgebung von Pondichery und im Gebiet von

Tinnevelly an. In allen diesen Grabmonumenten wurden die vom Fleisch entblößten Knochen, auch wenn sie verschiedenen Individuen gehörten, zusammengehäuft beigesetzt. Die in der Mehrzahl eisernen Geräte sind in einer ziemlich fortgeschrittenen Technik hergestellt. Die typische Keramik ist die rot-schwarze, aus dem Norden stammende: dünne, auf der Scheibe gedrehte, umgekehrt (mit dem Boden nach oben) gebrannte Gefäße. Die Formen sind einfach und zweckmäßig und, da ein Dekor nur in Ansätzen vorhanden ist, ohne künstlerischen Ehrgeiz. Diese merkwürdige, technisch so fortschrittliche und in ihren Bestattungsbräuchen so eigenartig vereinzelt dastehende Kultur ist ohne zwingende Gründe den Dravidavölkern zugeschrieben worden. Sie scheint vom 3. vorchristlichen bis zum 1. nachchristlichen Jahrhundert bestanden zu haben. Der am gründlichsten erforschte Fundort dieser – sowie der vorausgegangenen und der nachfolgenden – Kultur ist Brahmagiri in Nordmysore, das den Angelpunkt für die gesamte archäologische Chronologie Südindiens bildet.

Die soziale Erstarrung der indischen Gesellschaft hatte inzwischen – zumindest im Herzen des Ārya-Landes, im Gangestal – einen Grad erreicht, der eine endgültige theoretische Festlegung erlaubte, ein Prozeß, der sich bereits in den Dharmasūtra der vorangehenden Periode anbahnt. So entstehen die großen juristisch-sozialen Handbücher *(dharmashāstra* oder *smriti)*, poetische Werke, die in Form und Inhalt von der Epik beeinflußt sind. Als ihre Verfasser gelten Weise aus einer längst vergangenen Vorzeit; in Wirklichkeit aber entstanden sie allmählich während rund achthundert Jahren, das heißt zwischen dem 3. vorchristlichen und dem 5. nachchristlichen Jahrhundert.

Das älteste, berühmteste und am meisten verehrte ist die Manusmriti oder Mānava-Dharmashāstra, die aus zwölf Abschnitten *(adhyāya)* mit zusammen zweitausendsechshundertvierundneunzig Versen besteht. Sie darf als ein Spiegel der allgemein juristisch-sozialen Theorie Indiens um die Zeit von Christi Geburt gelten. Nach ihrer Anschauung leitet sich das Gesetz vor allem aus den Heiligen Veda-Texten, dann aus den Vorschriften der Weisen des Altertums und aus den Sitten guter Menschen und schließlich aus der eigenen Neigung her, der indessen die geringste Autorität in diesem Zusammenhang zugebilligt wird. Das Gesetz ist in achtzehn Abteilungen gegliedert, die eine irrationale Mischung von Zivil- und Strafrecht darstellen. Das Strafrecht ist nicht für alle gleich, sondern nach Kasten abgestuft, und läßt den Brāhmanen besonderen Schutz angedeihen. Die Wahrnehmung der Gerichtsbarkeit *(danda*, Stock) ist eine der Hauptpflichten der Regierung ihren Untertanen gegenüber. Der König ist höchster Richter und muß dieses Vorrecht tunlichst persönlich ausüben. Andernfalls muß er seine Gewalt Gerichten übertragen, deren Vorsitzender ein gelehrter Brāhmane ist, dem drei Beisitzer – auch sie gewöhnlich Brahmanen – beigegeben sind. Bei Streitigkeiten über Dorf- und Feldgrenzen hat indessen die bäuerliche Gemeinschaft die entscheidende Stimme. Außer bei Totschlag und den Fällen, wo keine qualifizierten Zeugen vorhanden sind, gilt die Zeugenaussage, deren Wert von der Kaste und dem Geschlecht des Zeugen abhängt, als wichtigstes Beweismittel. Fehlen Zeugen, so greift man auf den Eid oder auf das Gottesurteil zurück.

Jede Kaste hat ihren speziellen Kodex von Pflichten und Rechten *(dharma)*; selbstverständlich liegt bei den Brāhmanen der Akzent dabei auf den Rechten und bei den

Shūdra auf den Pflichten. Die Ehe zwischen einem Mann aus höherer und einer Frau aus niedrigerer Kaste ist noch zugelassen, es besteht aber die Neigung, diese Erlaubnis einzuschränken oder abzuschaffen. Die tatsächliche Vermehrung der Kasten versucht die Manusmriti durch die Theorie der Mischehen *(sankara)* und die Degradierung der Angehörigen höherer Kasten, die ihre heiligen Pflichten *(vrātya)* nicht erfüllen, zu erklären. Auf diese Weise gelingt es, alle Arten sozialer Gruppen und selbst die Fremden, wie Yavana, Shaka, Cīna, Pahlava, Dravida, in das komplizierte Gefüge einzuordnen. Wieweit dabei die Theorie der Wirklichkeit entsprach, ist allerdings eine andere Frage. So gilt zum Beispiel im Mahābhārata der Sohn eines Brāhmanen als Brāhmane, welcher Kaste auch immer seine Mutter angehören mag; und die buddhistischen und Jaina-Texte nennen die Kshatriya an der Spitze der Kastenhierarchie. In Wirklichkeit ist die Entstehung der Mischkasten eine Folge der Umwandlung und Schließung der Handwerkerzünfte.

Die sogenannte vereinte Familie (»joint family« im modernen Indien) war die Regel; die verheirateten Söhne und ihre Kinder gehörten auch weiterhin – mit allen daraus resultierenden Konsequenzen für die Erbfolge – der väterlichen Großfamilie an. Die Ehe war exogam, also innerhalb derselben Sippe oder doch bis zu einem bestimmten Verwandtschaftsgrad verboten. Es gab verschiedene Formen der Eheschließung, meistens aber lag es dem Vater ob, für seine Tochter – ohne Ansehen der materiellen Vorteile – eine gute Partie auszusuchen. Nach den Darstellungen des Mahābhārata war ein nicht allzu frühes Heiratsalter üblich. In den Smriti überwiegt die schon zuvor erwähnte Tendenz, das Heiratsalter so weit herabzusetzen, daß schließlich Kinderehen erlaubt, später geradezu vorgeschrieben werden. Frühzeitig erscheint im Mahābhārata und bei den Historikern Alexanders des Großen der Brauch der *Satī*, das heißt der freiwilligen Opferung der Witwe (oder der Witwen) auf dem Scheiterhaufen, auf dem der Leichnam des Mannes verbrannt wird. Überhaupt ist seit geraumer Zeit die Einäscherung zur einzigen erlaubten Bestattungsform geworden.

Die Grundlage der Wirtschaft war der Ackerbau; aus dem Mahābhārata aber geht hervor, daß der Viehzucht mehr Bedeutung zukam, als die anderen Texte vermuten lassen.

Für die staatlichen Institutionen dieser Zeit gibt es keine Quellen, die sich an Zuverlässigkeit mit den Inschriften Ashokas und dem Bericht des Megasthenes für die Maurya-Zeit vergleichen lassen. Aus dem Kautilīya Arthashāstra, der vielleicht auf die ersten nachchristlichen Jahrhunderte zurückgeht, können wir zumindest entnehmen, wie die gängigen politischen Ideen der letzten vorchristlichen Jahrhunderte aussahen. Es genügt dazu, auf zwei seiner Grundkonzeptionen hinzuweisen. Außenpolitisch ist die normale Konstellation die Existenz verschiedener kleiner oder mittlerer Staaten, deren übliche gegenseitige Beziehung der Krieg ist. Innenpolitisch ist das ganze Staatsleben darauf ausgerichtet, der Verwaltung und den Machtmitteln des Königs möglichst große Wirksamkeit zu verleihen; daraus folgen eine peinlich genaue Reglementierung des öffentlichen Lebens in allen seinen Bereichen und ein Eingreifen des Staates auch in geringfügigste Angelegenheiten, woraus sich praktisch eine regelrecht dirigistische Wirtschaftsform ergeben mußte.

Die Struktur der Fremdstaaten im Indusbecken läßt sich aus den Inschriften nur schwer erschließen. Anscheinend behielten die Shaka und Pahlava die griechische Einteilung in

Eparchien bei. Einige griechische Titel, wie Militärgouverneur *(strategos)* und Bezirksvorsteher *(meridarchos)*, sind gebräuchlich, aber die Fürsten der einzelnen zu diesem Staatenbund unter der Oberhoheit des Großkönigs zusammengefügten Staaten trugen den alten iranischen Titel Satrap.

Der Handel gewann immer größere Bedeutung im Wirtschaftsleben. Zum erstenmal tauchen in den chinesischen Texten die Straßen auf, die dem Verkehr mit dem Fernen Osten dienten. Ein Abschnitt in der Geschichte des Han-Reiches (Han-shu) schildert eine Seeroute, die von China aus in die südlichen und südwestlichen Länder führte. Seine Ortsnamen sind nicht zu identifizieren. Immerhin könnte die Erwähnung einer zehntägigen Landreise auf halbem Wege der Durchquerung der malaiischen Halbinsel gelten. Das Ziel der Reise ist das Königreich Huang-chih, vielleicht Kanchī in Südindien oder aber auf Sumatra. Dieser Reiseweg wurde gegen Ende des 2. vorchristlichen Jahrhunderts bekannt, am häufigsten scheint er aber in den Jahren zu Beginn unserer Zeitrechnung benutzt worden zu sein. Später berichten die chinesischen Texte auch von der Existenz einer zwar schwierigen und wenig benutzten Handelsstraße, die von Südwestchina durch die Berge nach Assam führte.

Bei weitem wichtiger als der Handel mit dem Osten waren indessen die Handelsbeziehungen zum Römischen Reich, die in dieser und – wie wir später sehen werden – zu Beginn der nächsten Periode am intensivsten waren. Das übliche Tauschmittel waren dabei noch immer die punzierten Münzen. Bald jedoch tauchten Münzen auf, deren Prägung durch einen Hohlstempel bewerkstelligt wurde und dadurch Reliefcharakter hatte. Dies sind in der Tat die ersten geprägten Münzen. Gleichzeitig erscheinen die ersten Legenden in Brahmī, bei denen die Buchstaben gelegentlich von rechts nach links laufen. Die Münzen haben nur lokale Gültigkeit, und ihre Emission wird kleinen nord- und mittelindischen Herrschern oder den republikanischen Staaten des Nordwestens zugeschrieben; hier allerdings sind die Legenden in Kharoshthī verfaßt, und das Maßsystem läßt griechische Einflüsse vermuten. Die fremden Invasionen führten, was die Legenden und die Gewichte angeht, zu einem anderen Münztypus. Die griechischen Könige von Baktrien schlugen Münzen nach dem attischen System, dessen Grundlage die silberne Drachme von 4,379 Gramm und der goldene Stater von 8,748 Gramm waren. Anfangs war das Münzwesen rein griechisch; unter Demetrios II. beginnen dann aber die für die indischen Gebiete bestimmten zweisprachigen Legenden (griechisch und Kharoshthī). Seit Heliokles wurden für die Silberprägung leichtere Gewichte üblich (Herabsetzung des attischen Münzfußes? Rückkehr zum älteren achaimenidischen System des Siglos?), während die Goldemissionen völlig aufhören.

In ihren Typen und ihrer Zweisprachigkeit stellen die – ausschließlich silbernen – Münzen der Shaka und Pahlava lediglich eine Weiterbildung des griechischen Systems dar; bei den Münzen der Pahlava macht sich selbstverständlich auch der Einfluß arsakidischer Typen aus Iran bemerkbar.

Dieses fremde Münzwesen wirkte nachhaltig auf das indische ein. Vor allem ist die runde (nicht mehr viereckige) Münze mit dem Namen des Herrschers westlichen Ursprungs. Manche indischen Stammesmünzen übernahmen auch das attische Münzsystem, und hellenistisch war auch die allgemein übliche Anordnung von Bild und Legende. Schließlich drang auch die Bezeichnung Drachme in Indien ein. Wir begegnen ihr auf Inschriften in der Form Dramma oder Damma.

Die Volksreligion, die bereits als Hinduismus bezeichnet werden kann, entwickelte sich in der seit geraumer Zeit eingeschlagenen Richtung weiter. In ihrem Mittelpunkt stand die Verehrung der mit Vishnu und Shiva identifizierten oder wenigstens in ihren Kreis gehörigen Gruppe von Gottheiten.

Vāsudeva-Krishna, der nun mit Vishnu identisch ist, muß unter dem Titel Bhagavat, »der Hehre«, schon damals eine ungewöhnlich beliebte Gottheit gewesen sein; seine Anhänger nannten sich Bhāgavata. Inschriftlich wird diese aus der Gegend von Mathurā stammende religiöse Richtung auf der Säule von Besnagar erwähnt. Hier erklärt Heliodoros, der Sohn des Dion und Botschafter des griechischen Königs Antialkidas bei dem indischen Herrscher Bhagabhadra, er sei ein Bhāgavata und errichte deshalb diese Säule mit dem Bild des mythischen Vogels »Garuda von Vāsudeva, dem Gott der Götter«. Aber Vāsudeva-Krishna wird jetzt nicht nur mit dem vedischen Vishnu, sondern auch mit dem – bereits im Shatapatha Brāhmana erwähnten, aber in seinem Ursprung nicht von ihm abhängigen – Nārāyana identifiziert. Im Baudhāyana Dharmasūtra und bestimmt in allerdings schwer datierbaren Teilen des Mahābhārata scheint diese Identifizierung schon stattgefunden zu haben. Den Inschriften des 1. nachchristlichen Jahrhunderts (Ghosundi, Nanaghat) zufolge muß der Bhāgavatakult damals sowohl im Norden wie im Dekhan schon sehr populär gewesen sein. Die ersten Abbildungen von Vishnu begegnen uns auf den Münzen von Pañcāla, die frühestens auf das erste nachchristliche Jahrhundert zurückgehen.

Vor allem aber erschließt sich uns die Bhāgavatareligion oder der primitive Vishnuismus aus den Versen der Bhagavadgītā, des Meisterwerkes der religiösen indischen Poesie, die formal zum Mahābhārata gehört. Sie stellt einen Dialog zwischen Krishna und dem Helden Arjuna dar, der auf dem Schlachtfeld seinen Verwandten und Freunden gegenübersteht und deshalb zögert, sie anzugreifen. Krishna besänftigt seine Zweifel, indem er ihm die Philosophie des Handelns *(karmayoga)* darlegt, von der später noch die Rede sein soll. Von den beiden Wegen, die der Mensch beschreiten kann, um sich von den Tatmotiven zu befreien, ist einer der der Erkenntnis *(jnāna)* und der andere der der mystischen Liebe *(bhakti)*. Bei der Beschreibung der letzteren findet die Gītā Worte von bewegendem lyrischem Klang:

> Wer stets bei seinem Tun nur meiner denkt im Leben,
> mich über alles liebt, sich ganz mir hingegeben,
> wer niemand haßt und wer an keinem Ding mag hangen,
> der wird, o Pāndusohn, dereinst zu mir gelangen.

Was immer man auch tun mag, es ist für den Gott getan und stellt einen Gottesdienst dar. Die Frucht jeder Tat ist dem Gott geweiht. Das Endziel ist die Verwirklichung des Gottes, ja, noch vollständiger, die Einswerdung mit ihm durch die leidenschaftliche Liebe zu ihm und dadurch zu seinen Geschöpfen.

Gegen Ende dieser Periode zeichnet sich die Theorie von den vier »Entfaltungen« ab *(catur-vyūha)*, der zufolge Bhagavat Vāsudeva vier einander folgende Hypostasen aus sich entläßt: Sankarshana, Pradyumna und Aniruddha, von dem Brāhman und die ganze Schöpfung abstammen. Offensichtlich nimmt hier der Vāsudeva-Krishna-Zyklus einen Teil der Pentade der fünf göttlichen Heroen *(vīra)* des Vrishni-Stammes in sich auf, die schon von einer Inschrift des 1. nachchristlichen Jahrhunderts bekannt sind. In einer späteren Zeit gab man diesen »Entfaltungen« eine philosophische Deutung. In der hier behandelten Zeit hingegen wohnen wir lediglich einem jener Prozesse bei, vermittels deren der Vishnuismus die Glaubensinhalte und Kulte anderer Religionen und anderer Zeiten in sich aufnahm.

Der Shivaismus erscheint als Volkskult bereits bei dem Grammatiker Patañjali (2. Jahrhundert v. Chr.?), der die Shivabhāgavata erwähnt. Auch im ersten Buch des Rāmāyana, das indessen auf eine spätere Ergänzung zurückgeht, hat er einen relativ wichtigen Platz inne. Das gleiche gilt für das Mahābhārata, wo er ebenfalls nur in späten Teilen erscheint. Sehr bald und vielleicht noch vor Beginn unserer Zeitrechnung wurde der Shivakult mit dem des *Linga*, des Phallus, Sinnbildes der Männlichkeit, in Zusammenhang gebracht, was später vor allem im Dekhan und im Süden sichtbar wird. Dabei handelt es sich um ein primitives, nichtarisches Element, das sich in der Literatur nur langsam durchsetzen konnte.

Im 2. vorchristlichen Jahrhundert war der Buddhismus durch die – anscheinend aber nicht zu einer wirklichen Verfolgung ausartende – Feindschaft der Shunga-Könige von Magadha, durch die nur anfangs zerstörerischen Shaka- und Pahlava-Invasionen und vor allem durch die wachsende Volkstümlichkeit des Vishnukultes mit seinem theistischen Gehalt bedroht. Diese Religion wandte sich in einem nachdrücklichen, das Gefühl ansprechenden Appell an die mystischen Instinkte des Volkes und stellte so einen Gegensatz zu der rationalen und ein wenig kühlen Logik der frühen buddhistischen Lehren dar, denen sie in mancher Hinsicht überlegen war. Der Buddhismus mußte deshalb Stellung beziehen, suchte sich aber dieses neuen Rivalen in einer lebhaften – freilich einer späteren Epoche zugehörenden – Polemik zu erwehren. Die Anwesenheit der neuen Fremdmächte im Nordwesten veranlaßte ein Gros an propagandistischen Bemühungen, die zunächst den Griechen (ihr Echo begegnet uns im Milindapañha) und dann den Shaka galten; bei den Shaka scheint man vor allem kurze konzentrierte Formeln verwendet zu haben, die einen tiefsinnigen – selbstverständlich der Erklärung und des Kommentars bedürftigen – Lehrgehalt in einem einzigen Distichon ausdrückten. Die bekannteste dieser Formeln, die in Indien, Zentralasien und China unendlich oft wiederholt worden ist, ist das Distichon: *ye dharmā hetuprabhavā hetum tesām Tathāgato hyavadāt – tesām ca yo nirodhah evamvadī mahāsramanah.* »Die Daseinselemente *(dharma)* entstehen alle aus einem Grunde, und den Grund dieses Grundes hat Buddha genannt; er hat auch ihre Vernichtung genannt, und das ist die Lehre des großen Asketen.« Doch gab der Buddhismus nicht nur, er empfing auch; so entstanden in diesem, allen eschatologischen Einflüssen Irans preisgegebenen Durchgangsland für Menschen und Ideen jene Tendenzen, die rasch große Bedeutung erlangen sollten und später zum Nahāyāna-Buddhismus führten.

Soweit diese Erfahrungen in den Grenzgebieten den Buddhismus noch nicht berührt hatten, führten Unstimmigkeiten in der Lehre zur Bildung regelrechter Schulen, die zwar alle eine gemeinsame Grundlage hatten (später als »Kleines Fahrzeug« oder Hīnayāna bezeichnet), die sich aber doch auch in wesentlichen Dingen unterschieden. Diese Abweichungen fanden, wie bereits erwähnt, ihren Ausdruck häufig in verschiedenen Fassungen des Kanons. Auf den fundamentalen Unterschied zwischen Sthavira und Mahāsānghika in der Maurya-Epoche haben wir schon hingewiesen. Der Zersetzungsprozeß machte indessen hier nicht halt, sondern jeder der beiden Zweige spaltete sich seinerseits in verschiedene Sekten *(nikāya)* auf, deren wechselseitige Beziehungen (von Lamotte) mit Recht mit den verschiedenen, alle der gleichen Bewegung zugehörigen protestantischen Bekenntnissen verglichen worden sind. Persönlich standen sich die Anhänger der einzelnen Schulen im übrigen immer gut.

Die Anzahl der Sekten beläuft sich überlieferungsgemäß auf achtzehn, ihre Namen leiten sich von ihrer Lehre, der Zusammensetzung ihrer Gemeinde, ihrer Heimat oder ihrem vermeintlichen Begründer her. Die Unstimmigkeiten beziehen sich auf Fragen der Lehre und Disziplin von sekundärer Bedeutung (vor allem die Klassifizierung des Dharma und seine Realität). Die Reihenfolge, in der sie auseinander hervorgegangen sind, wird von den verschiedenen Autoren verschieden wiedergegeben und ist deshalb schwer zu rekonstruieren. Am wichtigsten waren die – vor allem in Ceylon und im Süden ansässigen – Theravādin (ihre Untersekte Haimavata wird in der Shunga-Epoche in der Gegend von Sāñchi in Madhya Pradesh bezeugt) und die Sarvāstivādin, die nach den Inschriften hauptsächlich in Mathurā und den von Fremden beherrschten nordwestlichen Gebieten mit Ausläufern in Benares saßen; von ihnen spalteten sich vier Zweige ab: Vātsīputrīya, Mahīshāsaka, Kāshyāpīya und Sautrāntika. Zu der von uns behandelten Zeit saßen von diesen Sekten die Kāshyāpīya im Pahlava-Gebiet, im Shunga-Reich und in Karli an der Westküste; die Sautrāntika in Sāñchi und Bharhut; die Dharmottarīya, ein Nebenzweig der Vātsīputrīya, in Karli. Die Mahāsānghika sind in Mathurā und in Karli bezeugt.

Im allgemeinen mußten die Sekten, was ihre Lehre anging, Zugeständnisse an ihre Laienumgebung machen. Das trifft unter anderem auf einige Stationen des Lebensweges des Bodhisattva zu, des Wesens, das durch viele Existenzen hindurch den langen und steilen Aufstieg zum Rang eines Buddha nimmt. Sodann wird der Buddhakult in mehr oder minder großem Ausmaß zugelassen und die Nächstenliebe für mehr oder weniger verdienstvoll gehalten. Die Bilderverehrung hingegen hat im Buddhismus des »Kleinen Fahrzeuges« niemals die gleiche Bedeutung wie die Reliquienverehrung gehabt, die praktisch beim Tode des Buddha begonnen hatte. Die Gründerlegende wird um immer fabelhaftere Züge bereichert, und die Gestalt des Buddha nähert sich immer mehr der eines Gottes. Schließlich beginnt – was offensichtlich eine Konzession an iranische Heilslehren darstellt – die Gestalt des Maitreya volkstümlich zu werden, des Buddha zukünftiger kosmischer Zeitalter, der das in Verfall geratene Gute Gesetz wiederherstellen und die Menschen zur Erlösung führen wird.

Auch im Jainismus führten die inneren Kämpfe zu einer Spaltung, deren genaues Datum – im Unterschied zu den buddhistischen Schismen – bekannt ist: 79 n. Chr. Außerdem entstanden hierbei nur zwei Hauptsekten, die sich ihrerseits allerdings in mehrere Zweige aufspalteten. Die eine Sekte sind die Shvetāmbara (Weißgekleidete), die das Gebot der Nacktheit durch die Erlaubnis zum Gebrauch ganz einfacher Kleider milderten, die andere sind die Digambara (Raumbekleidete), strenge Anhänger der absoluten Nacktheit. Die Gründe für die Spaltung waren also disziplinären Charakters; und tatsächlich sind die Unterschiede in der Lehre von geringer Bedeutung. Recht weit gehen hingegen die Abweichungen in ihrem Kanon. Der in Ardhamagadhī-Prakrit geschriebene Shvetāmbara-Kanon besteht aus fünfundvierzig zu verschiedenen Gruppen zusammengefaßten Texten. Die Digambara behaupten, der authentische Kanon sei verlorengegangen, und setzten an seine Stelle einen sekundären Kanon in Sauraseni-Dialekt, der in vier Abschnitte *(anuyoga)* aufgeteilt ist.

Die Philosophie geht in Indien ohne deutliche Übergänge aus dem religiösen Denken hervor und löst sich niemals ganz von ihm ab. Schon die Upanishaden sind eine primitive Form der Philosophie.

In den letzten Jahrhunderten vor Beginn unserer Zeitrechnung verdichteten sich jene Denkströmungen und nehmen ihre eigentliche Gestalt an, die später als die sechs orthodoxen Systeme *(shad-darshana)* einen organischen Zusammenhang erhalten werden. Eines von den sechs, und vielleicht das wichtigste, der Vedānta, ist *in nuce* bereits in dem irisierenden und begrifflich so schwer zu fassenden Denken der siebenhundert Verse der Bhagavadgītā enthalten, die ihrerseits das Wesentliche des upanishadischen Denkens in einem geschlossenen System zusammenfassen. Die Gītā nimmt eine zugleich pantheistische und theistische Position ein. Es gibt einen (in Krishna-Vāsudeva verkörperten) zugleich immanenten und transzendenten Gott; er ist mit einem Teil seines Wesens in allem enthalten, steht aber gleichzeitig als persönlicher Weltenherr hoch über allem. Er ist die materielle Ursache und Grundlage von allem, was ist; er ist aber auch die wirkende Ursache des Weltgeschehens, durch die »Kraftsubstanz« oder Urmaterie *(prakriti)*. Diese ihrerseits bewirkt alles, was in der Welt vor sich geht, durch ihre drei Konstituenten: Sattva (Güte, Klarheit), Rajas (Leidenschaft, Nebel), Tamas (Dunkel, Schwere). Dies ist eigentlich die Zentraltheorie der späteren Sānkhya-Philosophie. Gott lenkt das Schicksal und Dasein eines jeden; er bewegt die Wesen durch die illusorischen Erscheinungen des Lebens *(māyā*; noch in der Gītā bedeutet Māyā eigentlich die Potenz oder Energie des Selbstwerdens). Die Erlösung geschieht nicht nur durch den vedischen Werkdienst, sondern auf zwei Wegen: dem Weg der intuitiven Erkenntnis des letzten Seinsgrundes *(jnānamārga)* und dem Weg der innigen Gottesliebe *(bhaktimārga)*. Demgemäß ist auch die religiöse Praxis doppelt: entweder Kontemplation, die zu intuitiver Erkenntnis führt, oder Handeln nach den Eingebungen der Pflicht, frei und abgelöst von allem egoistischen Streben nach dessen Früchten *(karmayoga)*. Handeln *(karman)* bedeutet die Reihe der sozialen Pflichten *(varnadharma)* des Individuums, entsprechend seiner Zugehörigkeit zu einer der vier Kasten; so gehört für den Krieger der bewaffnete Kampf zu diesen Pflichten. Das Handeln selbst fesselt den Menschen nicht an den Kreislauf des Sterbens und Wiedergeborenwerdens; nur das Haften an der Frucht des Handelns ist die Wurzel allen Übels. Weder der Verzicht auf das Handeln *(nivritti)* noch das blinde, unintelligente Handeln *(pravritti)*, sondern die rechte Mitte zwischen diesen beiden Extremen, die Loslösung von der Frucht *(samnyāsa)*, führt zur Erlösung.

Zwiegestaltig erscheint schließlich auch die Erlösung selbst. Der Yogin, welcher seine Sinne zügelnd, Gleichmut übend und sich am Wohl aller Wesen freuend das Unwandelbare *(akshara)* verehrt, geht in das Brāhman ein; wobei Brāhman die unpersönliche Seite des Weltenherrn darstellt. Diejenigen, die das Karmayoga üben und ihm alle ihre Werke anheimstellen, gelangen zum Purusha, das heißt zum persönlichen Gott. Dabei ist es nicht klar, ob dann die Individuen bei Vishnu fortleben oder in ihm aufgehen; das Wie der Vereinigung des Erlösten mit dem All-Gott bleibt im Dunkel.

Dieser Dualismus in ihrem Ursprung und ihrem Denken, zwischen Kontemplation und Handeln, zwischen Vedānta und Sānkhya führt dazu, daß die Gītā auf unterschiedliche und manchmal widersprüchliche Weise gedeutet und von verschiedenen Schulen für sich in Anspruch genommen werden kann. Und abgesehen von ihrer vornehmen poetischen Form ist dies einer der Hauptgründe für ihre gewaltige Volkstümlichkeit und den tiefen Einfluß gewesen, den sie auf alle Phasen des indischen Geisteslebens ausgeübt hat.

Die Sanskritliteratur unterscheidet sich auch weiterhin nicht von der religiösen Hinduliteratur. Die einzige Ausnahme bilden die bereits erwähnten Abhandlungen der sechs Vedānga und die Epik, deren Entstehungszeit bis in diese Epoche reicht und die schließlich in rein formaler Verbindung auch lyrische Stücke enthält. Noch gibt es keine unabhängigen Werke oder Autorennamen, die nicht die üblichen legendären Rishi, die heiligen Seher des Altertums wären.

Die Sanskritsprache hat ihre endgültige – von Pānini vorgeschriebene – Form gefunden, und die grammatische Wissenschaft beschränkt sich darauf, sein großes Werk zu kommentieren. Das bedeutendste dieser exegetischen Werke ist das Mahābhāshya (»Großer Kommentar«) von Patañjali, der fast sicher im 2. vorchristlichen Jahrhundert gelebt hat.

Es gehört zur Ironie der Geschichte, daß die wichtigsten indischen Kunstdenkmäler in den zwei letzten vorchristlichen Jahrhunderten ausnahmslos buddhistisch sind, sich aber im Herzen des von der Shunga-Dynastie, der Vorkämpferin der brāhmanischen Orthodoxie, beherrschten Gebietes befinden. Sie bestehen aus der Ausschmückung der Stūpa und der sie umgebenden Balustraden.

Der Stūpa, das typische Denkmal des Buddhismus, war ursprünglich ein Grabhügel, der die Reliquien heiliger Mönche bedecken sollte; ja, nach der Legende wurden die ersten acht Stūpa errichtet, um ebenso viele Teile der Asche des Meisters selbst in sich aufzunehmen. Es ist nicht ausgeschlossen, daß die Volkstümlichkeit des Stūpa wie viele andere Dinge auf Ashoka zurückgeht. Sicher ist, daß die populäre Überlieferung behauptet, er habe einige von ihnen erbaut; so werden zum Beispiel in Pattan in Nepal vier Stūpa von Ashoka an den Hauptpunkten der Stadt gezeigt, und einer soll außerdem im Zentrum der Stadt gestanden haben; die gegenwärtig noch existierenden Bauten gehen allerdings sicher nicht auf eine so frühe Zeit zurück.

Seine wichtigsten Bestandteile sind immer ein halbkugelförmiger Körper mit einem Aufbau darauf, aus dessen Mitte sich ein Mast mit einer Reihe von Sonnenschirmen, den Symbolen des Königtums, erhebt. Sehr bald erstarrten diese Formen und wurden den

Regeln einer komplizierten, mit geomantischen Elementen durchsetzten mystischen Interpretation unterworfen. Die übliche Kultform war die Umwandlung nach rechts *(pradakshinā)*; der dazu dienende Pfad war von einer Balustrade umgeben, die von monumentalen Toren *(torana)* durchbrochen war.

Einer der bedeutendsten Komplexe aus der Shunga-Epoche befand sich in Bharhut in Zentralindien; er ist zerstört worden, aber bemerkenswerte Überreste seines Skulpturenschmuckes befinden sich im Indian Museum von Calcutta und andernorts. Balustrade und Portale waren – wie die Grotten, von denen später die Rede sein soll – Nachahmungen entsprechender Holzbauten. Ihr ungefähr auf das Jahr 100 v. Chr. datierbares und wahrscheinlich Elfenbeinschnitzereien nachahmendes Dekor besteht aus verschiedenen Motiven westlichen Ursprungs (Palmen, persepolitanische Kapitele), vor allem aber aus Medaillons und Paneelen, die Figürchen in flachem Relief enthalten. Diese stellen nicht eigentliche Gottheiten, sondern Halbgötter oder Übermenschen *(yaksha,* weiblich: *yakshinī)* dar, das heißt Erdgeister, die der vorarischen Grundschicht der lokalen Bevölkerung zugehören. Andere Szenen beziehen sich auf die Jātaka, die Erzählungen aus dem früheren Leben des Buddha, wieder andere auf das Leben des historischen Buddha; letztere sind freilich nicht sehr zahlreich; offensichtlich bildete man nicht gern Szenen aus dem Leben dessen ab, der schon ins Nirvāna eingegangen war und deshalb nicht mehr existierte. Aus dem gleichen Grunde wird der historische Buddha in dieser Zeit niemals in menschlicher Gestalt abgebildet, sondern seine Gegenwart wird durch seine Fußspuren, einen Sonnenschirm, einen kleinen Stūpa oder dergleichen symbolisiert.

Eines der geläufigsten Motive ist eine Yakshinī, die einen Baum umarmt, ein Symbol der Fruchtbarkeit; und dieser archaischen Kunst gelingt es, die schwellenden Formen des weiblichen Körpers kraftvoll, aber nicht ohne eine naive Grazie darzustellen. Ihr Stil ist offensichtlich eine Weiterbildung der rein indischen Strömung in der Maurya-Kunst. Ihm fehlt noch die Fähigkeit zur Synthese; die Kompositionen sind eigentlich nur eine Aneinanderreihung von Einzelheiten, der Faltenwurf ist stark schematisiert, und dem Detail gilt eine fast übertriebene Aufmerksamkeit.

Aus einer etwas früheren Zeit, vielleicht aus der Mitte des 2. vorchristlichen Jahrhunderts, stammt der Skulpturenschmuck des Stūpa Nummer 2 in Sāñchi (Madhya Pradesh); er sollte die Reliquien von zwei Jüngern des Buddha und zehn heiligen Mönchen aufnehmen, deren Namen man unter den Teilnehmern von Ashokas Konzil begegnet. Die Dekoration besteht aus Medaillons, die in die senkrechten Stützen der Balustraden eingemeißelt sind, und einigen rechteckigen Paneelen auf den Pfosten der Eingangstore. Die Medaillons enthalten Einzelfiguren oder dekorative Motive, die sich immer auf die Jātaka-Legenden oder das Leben des Buddha beziehen. Sie machen den Eindruck, als seien sie nach elfenbeinernen oder hölzernen Vorbildern kopiert. Auf den Paneelen weisen einige dekorative Elemente wie der aufrechte Löwe einen gewissen iranischen Einfluß auf. Diese – leider nur aus wenigen Überresten bekannte – Kunst war mit nur geringen Unterschieden, wie sie die Reliefs auf dem Stūpa von Jagayyapeta am Fluß Krishna bezeugen, über einen großen Teil Indiens verbreitet. Im allgemeinen finden wir in der analytischen und sich in Einzelheiten verlierenden Kunst des Stūpa Nummer 2 von Sāñchi die gleichen Elemente wie in Bharhut wieder.

Einen anderen Typus des buddhistischen Kunstdenkmals stellt der Vihāra dar: das Kloster, das dem Aufenthalt der Mönche während der Regenzeit diente. Im wesentlichen besteht der Vihāra aus einer viereckigen Halle, die oft unter Ausnutzung natürlicher Höhlen aus dem lebenden Fels geschlagen wurde und von Zellen für die Wohnung der einzelnen Mönche umgeben ist. Der älteste (aus der Früh-Shunga-Zeit, um 150 v. Chr.) ist der von Bhaja am Südhang der West-Ghat, südlich von Bombay. Seine Paneele sind mit Yaksha-Figuren ausgeschmückt; an dem einen Torpfosten ist eine Gottheit auf einem Wagen mit vier Pferden abgebildet, der Sonnengott Sūrya, und an dem anderen eine auf einem Elefanten reitende Figur, Indra; diesen beiden bemerkenswerten Darstellungen vermochte die Symbolkraft einer noch archaischen und unbeholfenen Kunst höchsten künstlerischen Ausdruck zu verleihen. Analoge Symbole finden sich auf der Balustrade des Mahābodhi-Tempels in Bodh Gayā, der auf dem Boden errichtet wurde, auf dem der Buddha seine Erleuchtung erlangte; sie gehören der Endzeit der Shunga-Kunst um die Mitte des 1. vorchristlichen Jahrhunderts an. Auch hier erscheinen auf den Paneelen Sūrya und Indra als Symbole des Sonnen- und Königtums des Buddha, wobei gewisse Elemente auf hellenistische Inspiration hinzudeuten scheinen. Die Medaillons hingegen bieten eine ganze Schau phantastischer Tiere westasiatischen Ursprungs.

Vom architektonischen Standpunkt aus stellt Bhaja das Vorbild für eine ganze Reihe in den Fels gehauener und durch die gleichen Merkmale gekennzeichneter buddhistischer Heiligtümer dar; es sind Vihāra vom üblichen Typus, häufig mit einem Caitya (Mittelsaal für den Gottesdienst) ausgestattet; offensichtlich handelt es sich um Nachahmungen von Holzbauten; sie gehören zum Buddhismus des Hīnayāna und sind auf die West-Ghat in der Gegend von Bombay konzentriert. In Bhaja hat der Caitya die Form einer Basilika mit einem großen Mittelschiff und zwei kleinen Seitenschiffen. Das Ganze hat einen halbkreisförmigen Abschluß. In dieser Art Absis befindet sich ein Stūpa, der aus dem Fels herausgehauen und dem Kult und dem Umschreiten als dem Symbol des Nirvāna des Buddha bestimmt ist. Holzrippen waren am Gewölbe befestigt, und auch die ganze Fassade mit einer großen Mittelrosette muß aus Holz gewesen sein. Das Ganze vermittelt vor allem durch die Harmonie und Einfachheit der Formen und durch das in ihm herrschende Dämmerlicht den Eindruck eines gesammelten Mystizismus.

Der schönste von diesen Vihāra ist der von Karli, nicht weit von Bhaja, der im Jahr 80 v. Chr. gestiftet und begonnen und im 1. nachchristlichen Jahrhundert bis auf wenige Zutaten aus der ersten Hälfte des folgenden Jahrhunderts beendet worden ist. Vor dem Caitya stehen zwei gedrungene Säulen, die ursprünglich von Löwen auf lotosförmigen Kapitellen – einem unmittelbar von den Maurya übernommenen Element – gekrönt waren. In Karli ist die Fassade aus behauenen Steinen, nicht mehr aus Holz, und von reichem Skulpturenschmuck überzogen, der auf dem Rücken von – ursprünglich mit elfenbeinernen Stoßzähnen und Metallornamenten versehenen – Elefanten zu ruhen scheint. Die Säulen im Inneren haben sechzehneckigen Grundriß, ihre Kapitelle sind lotosförmig mit Aufsätzen in Gestalt umgekehrter Pyramiden, die männliche und weibliche auf Elefanten reitende Figuren tragen. Die Holzrippen der Decke mit rein ornamentaler Funktion – obwohl sie eine tragende Konstruktion darstellen sollen – haben den

Jahrhunderten, dem Klima und den weißen Ameisen getrotzt. Andere nach Art der Vihāra erbaute Klöster sind die Jaina-Klöster in Lalitagiri und Khandagiri bei Bhubaneshvar in Orissa, bei denen sich die Dekoration auf die äußeren Veranden konzentriert; diese Bauten entstammen vermutlich dem 1. vorchristlichen Jahrhundert.

Die ältere indische Plastik erreicht ihren Gipfel in den Reliefs auf dem Stūpa Nummer 1 von Sāñchi, der ursprünglich von Ashoka errichtet worden ist und in seiner jetzigen Gestalt auf das zweite und dritte Viertel des 1. vorchristlichen Jahrhunderts datiert werden muß. Die Balustradenreliefs und vor allem die großartigen, verschwenderisch gebildeten Portale *(torana)* stellen einen Höhepunkt der indischen Kunst dar. Besonders der westliche Torana ist ein wahres Meisterwerk, und die Yakshinī, die auf seiner rechten Seite als eine Art Karyatide eine dekorative Funktion ausübt, repräsentiert mit ihrem strotzenden Busen, ihrer sehr schmalen Taille und ihren mächtigen Hüften den Typ der sinnlichen, indischen Schönheit, der dann zu einem festen Schema in der klassischen Kunst wurde. Bei den Paneelen vertieft sich der Hintergrund, und die Figur nähert sich dem Halbrund. Die Komposition ist vielfältiger und ihrer eigenen technischen Mittel sicherer. Sie vermag auf kleinem Raum Erzählungen, sogar ganze Reihen von Erzählungen plastisch darzustellen.

Schließlich tut in dieser Zeit die indische Malerei ihre ersten Schritte, wovon uns bedauerlicherweise nur wenig erhalten ist. In dem großen Komplex der Ajanta-Grotten in Mahārāshtra, einer wahren Galerie indischer Kunst aus einem halben Jahrtausend, sind die ältesten Teile die Fresken der Grotte X, die wahrscheinlich auf die zweite Hälfte des 1. vorchristlichen Jahrhunderts zurückgehen. Die Hauptszene stellt den Shaddanta Jātaka dar, die Geschichte, wie der Buddha in einer seiner früheren Existenzen als Elefant das Opfer seiner sechs Stoßzähne bringt. Auch hier wie in Sāñchi ist die Darstellung fließend und geht ohne Unterbrechung von Episode zu Episode weiter. Die Freiheit und die Phantasie, mit der die unbekannten Künstler die Umgebung der Szene – das heißt Dschungel und Prärie – behandeln, ist eines der besten Beispiele für den phantastischen Naturalismus, das wir kennen. Leider ist der Erhaltungszustand des Freskos sehr schlecht.

## *Die Kushāna-Periode*

Die Shaka- und Pahlava-Herrschaften in Nordwestindien wurden von einem neuen Einfall fremder Heere fortgefegt, die einen weit mächtigeren und kulturell bedeutenderen, den Kushāna-Staat, begründeten.

Wie wir gesehen haben, beherrschten die aus Zentralasien stammenden Yüe-chih im 1. vorchristlichen Jahrhundert Baktrien. Die chinesischen Texte berichten, sie hätten das Land unter fünf Fürsten mit dem Titel Yabghu aufgeteilt; einer von ihnen herrschte über das Land der Kuei-shuang, das heißt der Kushāna. In anderen Worten: die Kushāna waren, ethnisch gesehen, von baktrischer, also ostiranischer Abkunft, aber ihre Elite war, was ihre Institutionen anging, entscheidend von den Yüe-chih beeinflußt. Ihre Sprache war natürlich die des alten Baktriens; sie wurde in griechischen Buchstaben geschrieben und ist uns jetzt von der großen Inschrift des Kanishka in Surkh Khotal in Nordafghanistan bekannt. Von den Yüe-chih wissen wir nichts weiter, auch nicht, auf welche Weise ihr Reich unterging; spätere chinesische Texte behaupten – wahrscheinlich zu Unrecht – die Kushāna seien mit den Yüe-chih identisch gewesen.

Nach der Geschichte der chinesischen Späteren Han-Dynastie (Hou Han-shu), die in diesem Teil auf die Jahre 25 bis 125 n. Chr. zurückgeht, griff Ch'iu-chü-ch'üeh, Yabghu von Kuei-shuang, die anderen vier Yabghu an, bemächtigte sich ihrer Gebiete, ließ sich zum König ausrufen, besiegte die Parther und eroberte Kabul und die Grenzgebiete. Erwiesenermaßen ist er mit dem auf Münzen und Inschriften Kujula Kadphises (oder ähnlich) genannten Herrscher identisch. Nach seinem Tod im Alter von achtzig Jahren folgte ihm Yen-kao-chên, der Vima Kadphises der Inschriften und Münzen; er eroberte T'ien-chu (Indien) und ernannte einen General zu seinem Statthalter. Auf die beiden Kadphises folgte, wohl nach einer Unterbrechung, der König Kanishka, Begründer einer neuen Dynastie, der von Münzen und Inschriften und aus der buddhistischen Überlieferung bekannt ist, von dem aber die chinesischen Historiker nichts wissen.

Dieses auf den chinesischen Quellen beruhende Schema führt uns zu dem meistumstrittenen Problem der alten indischen Geschichte, dem wegen seiner vielfachen Ausstrahlungen größte Bedeutung zukommt: der Chronologie der Kushāna. Es ist hier nicht möglich, auch nur die wichtigsten Seiten dieser vielschichtigen Frage darzulegen. Ihren Angelpunkt stellen die Inschriften Kanishkas und seiner Nachfolger dar, die auf die Jahre zwischen 3 und 98 einer unbekannten Zeitrechnung datiert sind. Die Hypothesen über die »Zeitrechnung Kanishkas« lassen sich auf zwei Grundtendenzen zurückführen. Eine, der vor allem die indischen und sowjetischen Wissenschaftler zuneigen, identifiziert diese Zeitrechnung mit der »Shaka-Ära« von 78 n. Chr., die in Südindien noch heute gilt. Die andere Hypothese, der die meisten westlichen Forscher folgen, setzt den Beginn dieser Zeitrechnung auf das zweite Viertel des 2. nachchristlichen Jahrhunderts an, das heißt auf 128/129 (Konow, Marshall) oder 144 (Ghirshman). Wir wollen hier der Theorie von Ghirshman folgen, die zwar auf nicht ganz sicheren und heute teilweise als falsch anerkannten Voraussetzungen beruht, die aber in der Tatsache, daß Kanishka anscheinend einige Münzen Hadrians nachgeahmt hat, eine starke Stütze findet.

Die Geschichte der Kushāna-Könige ist wenig bekannt; die kurzen, fragmentarischen und schwer zu deutenden Inschriften sind nur von geringem Nutzen; die chinesischen Texte schweigen nach Wima Kadphises. Genau wie für die Griechen sind die Münzen eine der Hauptquellen. So bestätigt zum Beispiel die einen römischen Denarius nachahmende Münze, die auf griechisch die Legende Koshanou Zaoou (= Kushāna Yabghu) Kozola Kadaphes und in Kharoshthī die Legende Kaphsasa Khusanasa Yauasa trägt, vollständig die oben erwähnte Erzählung des Hou Han-shu. Unter Vima Kadphises scheint der Herrschaftsbereich der Kushāna alle alten Shaka- und Pahlava-Gebiete, von Khalatse in Ladakh im Norden bis Mathurā im Süden, umschlossen zu haben, wo ein Devakula, ein dynastischer Tempel, unter anderem auch eine Statue des Vima Kadphises enthielt. Offenbar fühlte er sich persönlich stark von dem neuen shivaitischen Glauben angezogen. Andererseits leitet sich sein Titel »Mahārāja Rājātirāja Devaputra« (Großkönig, Oberkönig der Könige, Sohn der Götter) nach Maricq direkt von dem iranischen Titel der Arsakiden her, und die iranische Komponente scheint beim Kushāna-Königtum, den baktrischen Ursprüngen der Dynastie entsprechend, tatsächlich alles andere überwogen zu haben. Der Vizekönig, der nach den chinesischen Texten die indischen Provinzen verwaltete, gilt gewöhnlich als identisch mit dem anonymen »Basileus Basileōn Sōtēr Megas« (König der Könige, der Erretter, der Große), von dem zahlreiche Münzen erhalten sind.

Der größte Kushāna-König war zweifellos Kanishka (144–168 n.Chr.). Von ihm besitzen wir Gold- und Bronzemünzen und Inschriften in Brahmī und Kharoshthī, aus denen hervorgeht, daß sein Herrschaftsgebiet bis nach Benares reichte, also den größten Teil der Gangesebene umfaßte. Tibetische und chinesisch-buddhistische Texte bezeugen sowohl seine Kriege gegen die Könige von Sāketa (Ayodhyā) und Pāṭaliputra wie seine Ermordung, als er zur Eroberung der nördlichen Länder ansetzte. Kanishka hat in der buddhistischen Überlieferung eine Stellung, die der des Ashoka nur wenig nachsteht. In seiner Regierungszeit soll das sogenannte Vierte Konzil stattgefunden haben, das in Kashmir oder in Jālandhara abgehalten worden ist. Das große Reich zwischen Amu-Darya und Ganges, das unter ihm zu seiner größten Machtentfaltung kam, wurde nach dem nun üblichen Feudalsystem mittels Satrapen und Großsatrapen regiert.

Aber die Macht der Zentralregierung zeigt sich in dem für das ganze Reich einheitlichen Münzwesen. Die Gold- und Bronzemünzen tragen gewöhnlich auf der Schauseite die Figur des vor einem Altar stehenden Königs und in iranischer Sprache und griechischen Buchstaben die Inschrift »König der Könige Kanishka der Kushāna« und auf der Rückseite das Bild einer Gottheit und ihren Namen in griechischen Buchstaben. Diese Gottheiten sind recht zahlreich und weisen zugleich auf die religiöse Toleranz der Dynastie und auf die Verschiedenartigkeit ihrer Untertanen hin, für die die Münzen gedacht waren. Es erscheinen der Buddha (Sakaymo Boddo), Hindu-Gottheiten wie Oesho (Shiva), iranische Gottheiten wie Oado (Vādo, der Gott des Windes), Athsho (Atish, der Feuergott), Miiro oder Miyro oder Mioro (Mithra oder Mihr), Pharro (Farr, das königliche Herdfeuer), elamitische Gottheiten wie Nana oder Nanaia (die Große Mutter) und griechische Gottheiten wie Helios und Selene; den Vorrang aber haben eindeutig die iranischen Gottheiten, was entweder auf die Herkunft der Dynastie oder auf ihre hauptsächlichsten Handelsverbindungen zurückzuführen ist.

Auf Kanishka folgte Vasishka (um 168–172), von dem wir Inschriften, aber keine Münzen haben, und auf ihn Huvishka (etwa 172–185), der nur den untergeordneten Titel Devaputra Shāhī trug. Ein Kanishka II. ist uns nur von der einzigen Inschrift von Ara aus dem Jahr 41 (= 185 n.Chr.) bekannt, die dadurch berühmt ist, daß sie ihn mit dem Titel Kaisara (Caesar) zu bezeichnen scheint; doch ist ihre Entzifferung nicht eindeutig. Gleich darauf erscheint Huvishka wieder: entweder handelt es sich um den vorherigen, der jetzt aber alle kaiserlichen Titel trägt, oder aber um einen Huvishka II. Von ihm gibt es bis zum Jahr 60 (= 204 n.Chr.) Inschriften. Seine Regierungszeit, von der wir allerdings fast nichts wissen, dauerte lange und war glücklich. Das Münzwesen entfaltete sich unter ihm zu seiner schönsten Blüte. Der allgemeine Typus der Münzen ist immer noch der gleiche wie unter Kanishka, aber es erscheinen auf ihnen noch weitere indische Gottheiten wie Skanda

Inneres der Caitya-Halle von Karli mit dem Stupa, Ende 1. Jahrhundert v. Chr.

König Kanishka
Statue, 2. Jahrhundert. Mathura, Archaeological Museum

und Kumāra, Umā, Mahāsena, iranische Gottheiten wie Manaobago (Vohumāna) Ardokhsho, Shaoreoro (Shahrewar, der Kriegsgott), Ooromozdo (Ahuramazda), und Gottheiten des mittelländischen Orients wie Oron (Horus), Sarapo (Serapis), Herakilo (Herakles) und selbst Riom (die Göttin Roma).

Dieser Reichtum der Formen und der religiöse Eklektizismus verschwinden unter seinem Nachfolger Vāsudeva, der zwischen 74 und 98 ( = 218–242 n. Chr.) bezeugt ist und mit Po-t'iao, dem König der Yüe-chih, identisch zu sein scheint, dessen Gesandte Anfang des Jahres 230 am chinesischen Hof empfangen wurden. Schon sein Name läßt seine weitgehende Indisierung erkennen, wozu wahrscheinlich der Verlust aller oder mindestens einiger zentralasiatischer und afghanischer Gebiete beigetragen hat. Die Inschriften von Vāsudeva stammen lediglich aus Mathurā, und seine Münzen tragen zumeist das Bild Shivas mit seinem Stier Nandin; nur selten begegnen uns Nana und Ardokhsho.

Mit Vāsudeva verschwindet das große Kushāna-Reich. Für mehrere Jahrzehnte gerät das Tal von Kabul unter die Kontrolle der persischen Sasaniden, deren Lokalgouverneure später den Titel Kushān Shāh annahmen. In anderen Grenzgebieten regierten auch weiterhin Lokalherrscher, lediglich von Münzen bezeugt, auf denen die Namen Kanishka und Vāsudeva wiederkehren und deren Typen und Legenden immer barbarischer werden.

Die Kushāna-Herrschaft umfaßte während ihrer Blütezeit Gebiete nördlich und südlich des Hindukush. Sie war also von der Natur dazu ausersehen, eine Vermittlerrolle zwischen drei Welten zu übernehmen: zwischen der iranischen, der indischen und der zentralasiatischen. Ihre Bedeutung in der asiatischen Geschichte ist deshalb überragend. Ein sehr lebhafter Handel entwickelte sich, von dem – wie wir später sehen werden – zahlreiche Spuren ans Tageslicht gekommen sind. Der Buddhismus entwickelte neue Formen gerade in den Kushāna-Gebieten, die ihm die Basis und den Weg für seine Ausbreitung über Zentralasien, China und schließlich bis nach Korea und Japan boten, wodurch sich die religiöse Landkarte Asiens wesentlich gewandelt hat. Auch die Kunst entwickelte hier unter westlichem Einfluß neue Formen, die den Buddhismus auf seinem Weg durch Zentralasien begleiteten. Andererseits vermittelte das Kushāna-Reich römisch-hellenistische Kulturelemente nach Indien, die ihre Spuren vor allem in der wissenschaftlichen Literatur hinterließen. Vermutlich Nachkommen der alten iranischen Untertanen der baktrischen Griechenkönige, waren die Kushāna-Könige für jeden aus der westlichen Welt stammenden Einfluß aufgeschlossen. Und es ist zu bezweifeln, ob ohne sie die Religionen und Künste des Fernen Ostens die Verbreitung gefunden hätten, die ihnen tatsächlich zuteil geworden ist.

Die Hauptstadt der großen Kushāna kennen wir nicht. Gewiß war Peshawar, die Stätte der größten religiösen Gründung Kanishkas, eine ihrer wichtigsten Städte. Besser bekannt ist uns die materielle Kultur einiger toter Städte in Afghanistan, wie zum Beispiel die von Kapishi, dem heutigen Begram; und auch die des dritten Taxila, das sich auf dem Talgrund von Sirsukh erhob, von Natur schwach, aber mit Mauern mächtig befestigt, die sehr viel solider waren als die der griechischen oder der Shaka-Stadt.

Während sich der Shaka-Staatenbund im Industal unter dem Ansturm der Pahlava auflöste und vor der Kushāna-Eroberung vollständig verschwand, siedelte ein Teil seines Adels nach Süden, nach Zentralindien und Gujarat über. Dort boten ihnen die Entfernung und die Steppen von Rajasthan Schutz vor dem Druck des großen nordwestlichen Reiches. Eine ihrer ersten Staatsbildungen in dieser neuen Heimat war die der Kshaharāta, die mit Bhūmaka, dem Herrn von Gujarat und den angrenzenden Gegenden, entstand. Sein Einfluß erstreckte sich vielleicht auch auf Teile von Sindh, denn seine Münzen gebrauchen außer Brahmī auch das ausschließlich im Industal geläufige Kharoshthī.

Bhūmakas Nachfolger Nahapāna ist uns außer von Münzen auch von Inschriften bekannt, die die Daten 41 bis 46 tragen und sich aller Wahrscheinlichkeit nach auf die Shaka-Zeitrechnung von 78 n. Chr. beziehen; Nahapāna hätte also in der Zeit von 119 bis 125 nach Christus regiert. Während Bhūmaka sich mit dem Titel Kshatrapa begnügt hatte, befördert Nahāpana sich in seiner letzten Inschrift zum Mahākshatrapa (Großsatrap) und führt außerdem stets den Titel König (Rāja), der als einziger auf den Münzen erscheint. Kshatrapa war also anscheinend eine Art dynastischer Name geworden, und die Kshaharāta waren völlig unabhängig oder erkannten höchstens eine vage und ferne Oberhoheit der Kushāna-Könige an. In der Tat war Nahapāna ein großer Herrscher, der auch über Maharashtra regierte, wie aus den Inschriften seines Schwiegersohnes Ushavadāta hervorgeht; das bedeutet, daß die Shaka sich des ursprünglichen Kernes des Shātavāhana-Reiches bemächtigt hatten. Dieser Erfolg war aber von kurzer Dauer; nach 125 eroberte Gautamīputra Sātakarni die Gebiete seiner Ahnen zurück, und Nahapāna verschwand, vielleicht im Kampf erschlagen; mit ihm endeten die Kshaharāta.

Aber der – immer stärker indisierte – alte Shaka-Adel besaß noch genug Lebenskraft; sehr bald sammelte er seine Kräfte um die neue Dynastie der Kārdamaka, die Cashtana, Sohn des Ysāmotika, im Ujjain-Gebiet gegründet hatte. Diese Herrscher, die auf allen Münzen Rāja genannt werden, gebrauchten eigenartige neue Titel. Der Herrscher führte in der Regel den Titel Mahākshatrapa und zog seinen Sohn oder Bruder mit dem Titel Kshatrapa in untergeordneter Stellung zur Mitregierung heran. Schon im Jahr 130 (Inschrift von Andhau) fand die wachsende Macht der Shātavāhana in Cashtana und seinem Enkel Rudradāman I. mächtige Gegner. In denselben Jahren nennt Claudius Ptolemäus Ozēnē (Ujjain) als die Hauptstadt des Tiastenes (Cashtana); diese Verlegung der Hauptstadt in ein Gebiet, das keinerlei Verbindung mit dem Industal mehr hatte, führte dazu, daß das Kharoshthī auf den Münzen nicht mehr gebraucht wurde.

Der bedeutendste Kshatrapa war Rudradāman I. (um 135–155). Seine berühmte Inschrift von Junagadh aus dem Jahr 72 der Shaka-Zeitrechnung (150 n. Chr.), die von großen Siegen über die Shātavāhana berichtet, ist das erste große epigraphische Denkmal auf Sanskrit, das damals das Prakrit als offizielle Sprache abzulösen begann. Mit ihrer Beschreibung des Schicksals des großen künstlichen Sees Sudārshana, der von Candragupta Mauryas Vizekönig Pushyagupta angelegt, von dem griechischen Herrscher (Yavanarāja; in Wirklichkeit ein iranischer Adliger) Tushapha in der Zeit Ashokas ausgebaut und nach einem heftigen Wirbelsturm von Pahlava Suvishakha, dem Statthalter Rudradāmans I. in Surāshtra, wiederhergestellt worden war, gibt diese Inschrift eine interessante Einzelheit aus der Bewässerungsgeschichte dieser Gegend. Als Verwandter der Shātavāhana und der Ikshvāku, als Herrscher auch über Teile von Sindh, als Sieger über die republikanischen Stämme der Yaudheya im südlichen Punjab, scheint der Shaka-Herrscher unter Ausnutzung der dunklen

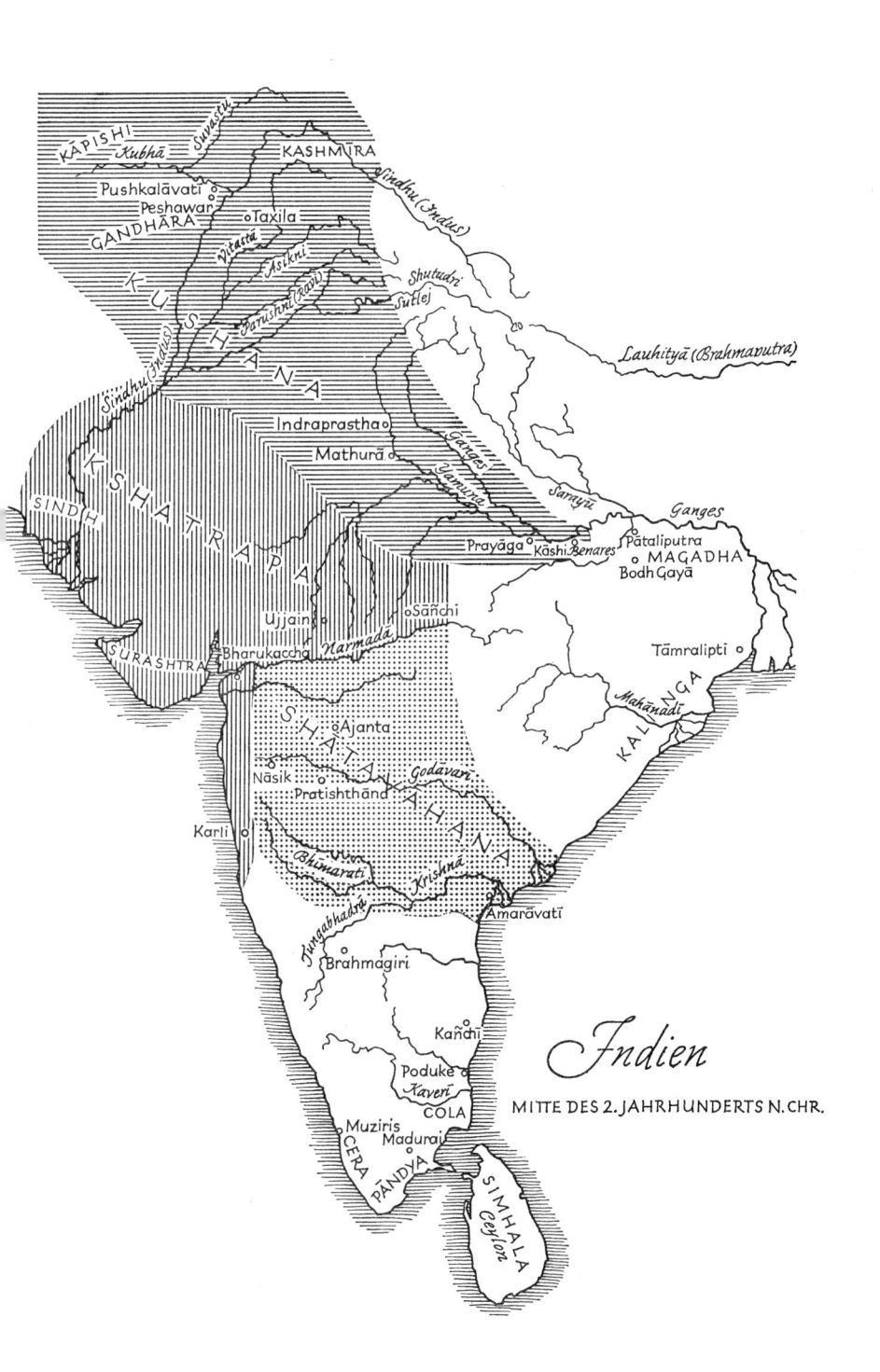

# Indien

MITTE DES 2. JAHRHUNDERTS N. CHR.

und wohl auch turbulenten Übergangsperiode von den beiden Kadphises zu Kanishka eine Wiedereroberung des Nordens angestrebt zu haben; diese Politik hatte indessen keinerlei Aussicht auf Erfolg, denn die Shaka waren gewiß nicht in der Lage, dem großen Kanishka, dem Herrn über fast ganz Nordindien, Widerpart zu bieten. Dennoch verdient Rudradāman schon durch seine Förderung der gerade jetzt entstehenden klassischen Sanskrit-Literatur und durch die Tatsache, daß er Ujjain zum Mittelpunkt der Sanskrit-Kultur in Indien gemacht hat – eine Stellung, die die Stadt auch unter seinen Nachfolgern bewahren konnte – einen besonderen Platz in der Geschichte.

Seine Nachfolger sind uns vor allem von ihren zahlreichen Münzen bekannt, die sämtlich – in Indien ein Einzelfall – das Emissionsdatum tragen. Das ermöglicht eine ziemlich vollständige Erschließung ihrer Genealogie und eine sichere Chronologie. Es sieht freilich nicht so aus, als hätten die späteren Kshatrapa eine großangelegte imperiale Politik verfolgt, und ihre blühende Herrschaft in Malwa wird – bis auf den Verlust der Südprovinzen an die Shātavāhana gegen Ende des 2. Jahrhunderts – kaum großen Störungen ausgesetzt gewesen sein. Dem Mahākshatrapa von Ujjain stand auch weiterhin ein Kshatrapa zur Seite, der Statthalter von Gujarat und Surashtra war; allerdings scheint es in der Zeit von 240 bis 275 keine Kshatrapa gegeben zu haben. Nach 295 wiederum gab es für mehr als ein halbes Jahrhundert keine Mahākshatrapa, und es ist nicht ausgeschlossen, daß die Shaka Anlehnung an die wachsende Macht der iranischen Sasaniden suchten und diese als Oberherren anerkannten.

Wenig später wurde die alte Dynastie von einer neuen abgelöst, die aber unter der fremden Oberhoheit blieb. Dieser Zeit des Niedergangs machte um das Jahr 348 Rudrasena III. ein Ende, der eine dritte Dynastie begründete und den Titel Mahākshatrapa wieder annahm, was auf die Wiederherstellung der Unabhängigkeit hinweist. Aber die Widerstandskraft der jetzt vollständig indisierten alten Shaka war nun erschöpft. Um das Jahr 405 wurden die Kshatrapa von Candragupta II., der Malwa der Gupta-Herrschaft unterwarf, ihrer Macht enthoben.

In Nordindien führte der langsame Zerfall des Kushāna-Reiches nach Kanishka dazu, daß einige Regionalstaaten und insbesondere Adelsrepubliken, die die Vorherrschaft der Fremden hatten anerkennen müssen, wiedererstarkten. Im westlichen Rajasthan gewannen die Mālava ihre Freiheit und Unabhängigkeit zurück (Inschrift von Nandsa aus dem Jahr 226 n. Chr.); aus uns unbekannten Gründen wurde ihre, vielleicht aus Iran stammende Zeitrechnung aus dem Jahr 57 n. Chr., jetzt Vikrama-Ära genannt, von einem großen Teil Nordindiens übernommen. Auch die Mālava mußten sich den Gupta beugen und ihre Oberhoheit anerkennen. Die Yaudheya im Südpunjab, die tapfer gegen die Kshatrapa gekämpft hatten, gehörten zu den Haupterben des Kushāna-Reiches in dieser Gegend. Aber die republikanische Staatsform war mittlerweile in vollständigem Zerfall begriffen, und die wenigen die Kushāna-Herrschaft überlebenden Republiken sollten in der Gupta-Zeit endgültig erlöschen.

Am mittleren Ganges hingegen trat eine Reihe von kleinen Staaten (Vidishā, Kāntipuri, Mathurā, Padmāvati), von Königen aus der Familie Nāga regiert, die Nachfolge der Kushāna an. Die Geschichte der Nāga-Könige ist eine der dunkelsten im ohnehin schon dunklen 3. nachchristlichen Jahrhundert; einstweilen erlauben die Quellen, die sich auf die Purāna und einige Münzen beschränken, keine sicheren Kenntnisse. Ebensowenig weiß man von den Pañcāla-Königen des Nordens, die in Ahicchatrā residierten und von einer Reihe von Münzen bekannt sind. Auch in Ayodhyā und Kaushāmbī regierten Lokalfürsten von geringer Bedeutung.

Die Shātavāhana-Herrschaft im nordwestlichen Dekhan hatte durch die Kshaharāta schwere Machteinbußen erlitten; die Dynastie wurde in die Zentralgebiete des Dekhan zurückgedrängt. Aber unter Gautamīputra Sātakarni nahm sie im ersten Viertel des 2. Jahrhunderts einen plötzlichen und glanzvollen neuen Aufschwung. Als »Vernichter der Shaka, Yavana und Pahlava«, wie ihn die Inschriften nennen, führte er den Dekhan-Staat zu neuen Siegen, eroberte die Gebiete seiner Ahnen um Nāsik zurück und dehnte anscheinend die Shātavāhana-Vorherrschaft auch auf Landstriche in Zentralindien und im Gujarat aus. »Er tränkte seine Pferde an den Wassern von drei Ozeanen«, sagen die Inschriften gemäß der damals in Indien entstehenden Konzeption eines Universalherrschers *(cakravartin)*. Aber wie stets bot der spärlich bevölkerte und Angriffen aus dem Süden ausgesetzte Dekhan keine Grundlage für ein Reich von allindischen Ausmaßen. Schon Gautamīputra selbst verlor einen großen Teil seiner Eroberungen an Cashtana, wenngleich er, was zu retten war, durch eine eheliche Verbindung mit den Kshatrapa von Ujjain zu retten suchte.

Sein Sohn und Nachfolger Vāsishthīputra Pulumāvi (Mitte des 2. Jahrhunderts) war auch im Westen bekannt, und Ptolemäus erwähnt ihn unter dem Namen Siri P(t)olemaios, König von Baithana (Paithan, Pratishthāna). Von den Eroberungen seines Vaters konnte er nur die Gegend von Nāsik halten. Aber er suchte eine neue politisch-strategische Grundlage für die Dynastie und fand sie in der Eroberung des Landes an der Ostküste zwischen den Flüssen Godāvarī und Krishna, das heute den Namen Andhra wiederangenommen hat; dort sind seine Inschriften in Amarāvatī gefunden worden.

Seine Nachfolger sind für uns reine Namen, und nur Yajñashri Sātakarni (Ende des 2. Jahrhunderts), der vor allem von Münzen bekannt ist, scheint es gelungen zu sein, die Expansionspolitik seiner Vorfahren wiederaufzunehmen, durch die ihm die Eroberung von Shaka-Gebieten im Narbadatal gelang. Nach ihm kam der völlige Zusammenbruch. Wir kennen die Könige nur von den purānischen Listen und von Münzen; der Staat scheint, der regionalen Gliederung entsprechend, unter den verschiedenen Linien der Dynastie aufgeteilt worden zu sein.

In Kuntala (dem Nordteil des heutigen Staates Mysore) tritt im 3. Jahrhundert ein lokaler Herrscherzweig auf, Chutu genannt, der vielleicht mit den Shātavāhana zusammenhing. Eine andere Linie, die von den Münzen des Schatzes von Tarhala bekannt ist, besaß, bis sie gegen Ende des 3. Jahrhunderts von den Vākātaka verdrängt wurde, die Gebiete von Berar und Madhya Pradesh. Die Wiege der Dynastie in der Gegend von Nāsik ging in die Hände der Ābhīra über, einer Familie von vielleicht iranischer Herkunft, die bedeutende militärische Ämter unter den Kshatrapa innegehabt hatte.

Die Hauptlinie der Shātavāhana war in die neuen Territorien zwischen Krishna und Godāvarī übergesiedelt; aber auch dort wurden sie um 230 von den Ikshvāku, dem –

zumindest vom kulturellen Gesichtspunkt aus – bedeutendsten dieser kleinen Nachfolgestaaten, verdrängt. Ihr Gründer Shāntamūla I. war ein überzeugter Anhänger der brahmanischen Religion; dennoch entstanden unter seinen Nachfolgern in dem Komplex von Amarāvatī die bedeutendsten Denkmäler des buddhistischen Kultes in Südindien. Die Ikshvāku waren nur eine Episode für das Land, und um das Jahr 300 fiel Andhra einer sehr viel langlebigeren Dynastie, den Pallava, zu.

Die Herrschaft der Shātavāhana und ihrer Nachfolger bedeutet für den Dekhan eine Verstärkung, ja, den Höhepunkt und vielleicht das Ende der arischen Impulse. Sie stellt auch eine Zeit erheblichen westlichen Einflusses dar, der dem blühenden Seehandel mit dem Römischen Reich zu verdanken war, von dem noch später die Rede sein soll. Eine für die südlichen Gegenden typische Keramik (die *rouletted ware*) ist deutlich von der mittelländischen Keramik beeinflußt, deren Vorkommen eine recht genaue Datierung gestattet. Roher und ohne künstlerische Ambitionen ist die *russet-coated pottery*, die auch als Andhra-Keramik bezeichnet wird. Sie steht allerdings in keinem ursprünglichen Zusammenhang mit den Shātavāhana, denn ihre Ausbreitung ist auf die erst später eroberten Gebiete zwischen Krishna und Godāvarī beschränkt.

Südindien war auch weiterhin zwischen den drei traditionellen Königreichen Cola, Pāndya und Cera aufgeteilt. Auch jetzt gibt es hier noch keine Inschriften, aber die ältesten Tamil-Texte aus der Shangam-Periode vermitteln uns die Kenntnis einiger Herrschernamen und gestatten vor allem eine recht getreue Rekonstruktion der glanzvollen Kultur dieser Epoche. Offenbar lag die Vorherrschaft im 1. nachchristlichen Jahrhundert bei den Cola und ging dann auf die Pāndya über. Der bedeutendste der alten Cola-Herrscher, Karikāla, begann jene Expansionspolitik gegen die Insel Ceylon, die die Geschichte Südindiens für mehr als ein Jahrtausend begleitete und die Uferstaaten zwang, immer wieder den Aufbau einer Seemacht zu versuchen, ein Phänomen, das in den anderen indischen Küstenstrichen fehlt. Karikāla wird auch der Beginn der großen Flußregulierungsarbeiten am unteren Kaverī zugeschrieben. Die Anlagen sind für die Cola-Dynastie typisch und machten die Bewässerung des dravidischen Südens zur fortschrittlichsten in Indien, der auf diesem Gebiet eine Zeitlang alle anderen asiatischen Staaten außer China übertraf. Nach dem Ende der Maurya-Gefahr blieb der Süden für ein halbes Jahrtausend von Eroberungszügen verschont; die Shātavāhana setzten sich nur an seinen nordöstlichen Grenzen fest. Das allmähliche Eindringen der nördlichen Religion und Mythologie war darum ein völlig friedlicher Prozeß einer spontanen Durchdringung.

In den beiden ersten Jahrhunderten unserer Zeitrechnung kam es zu den intensivsten Handelsbeziehungen zwischen Indien und dem Römischen Reich. Sie sollten vor allem die Wünsche der neuen herrschenden Klasse in Rom befriedigen, die im Zuge der Konsolidierung des Reiches durch Augustus zu großem Wohlstand gekommen war. Es handelte sich also um einen Luxushandel, um den Import von Spezereien, Aromen, Perlen, kostbaren Stoffen und exotischen Gegenständen. Rom hatte im Austausch dagegen nicht viel zu bieten, und an einer berühmten Stelle bei Plinius heißt es, der Handel mit Indien habe Rom ein Defizit von fünfzig Millionen Sesterzen im Jahr eingebracht. Das erklärt die großen

Funde von kaiserlich-römischen Münzen in Indien, deren zwei deutlich voneinander abgegrenzte Schwerpunkte im äußersten Süden der Halbinsel und im äußersten Nordwesten, bei den Pässen an der afghanischen Grenze, liegen.

Tatsächlich benutzte der römische Handel zwei Hauptwege: einen zur See und einen zu Lande. Zu Lande gingen die Waren über die direkte Straße von Antiocheia durch Mesopotamien und Iran bis nach Afghanistan; diese Straße wurde jedoch von den Parthern kontrolliert, deswegen wurde ihr, vor allem in Kriegszeiten, eine Nebenstraße vorgezogen, die an den Nordufern des Schwarzen und des Kaspischen Meeres entlangführte und sich in Baktrien mit der Hauptstraße wieder vereinigte.

Den Hauptfund von diesem Handel stellen zwei praktisch unberührte Zimmer dar, die von französischen Archäologen in den Ruinen von Begram, dem alten Kāpishi, nordöstlich von Kabul ausgegraben worden sind. Sie enthielten ein regelrechtes Warenlager mit Gütern aus allen vier Himmelsrichtungen Asiens. Hier lagen chinesische Bronzespiegel und Lackarbeiten beieinander, Gläser aus dem römischen Orient, römisch-hellenistische Bronzestatuetten und Waagengewichte in Form eines Minerva-Kopfes, indische Elfenbeinplatten, wahrscheinlich Beschläge für Toilettenschreine, die in einer dem Mathurā-Stil sehr ähnlichen, raffinierten Weise gearbeitet waren. Gerade Gegenstände dieser Art entsprachen einer lebhaften Nachfrage in der gehobenen römischen Gesellschaft, wie der Fund einer ähnlichen Elfenbeinschnitzerei – eines fast nackten, aber reich mit Juwelen geschmückten weiblichen Figürchens, wahrscheinlich der Griff eines Spiegels – bei den Ausgrabungen in Pompeji bestätigt. Leider ist dieser Fund vereinzelt geblieben, wenn man von einigen buddhistischen Figürchen in Bulgarien, einer Statuette in Mainz und anderen Gegenständen von zweifelhafter Echtheit absieht.

Der Handelsweg über die Pässe wurde fast bis in die Zeit der islamischen Eroberung Irans (7. Jahrhundert) benutzt. Und auf ihm kam ein merkwürdiges, jetzt verlorenes Bronzefigürchen bis an die Grenzen Indiens, das – wie aus Photographien hervorgeht – eine verkleinerte Kopie der berühmten Petrusstatue in der Peterskirche in Rom darstellte.

Reichere Spuren hat der Seehandel hinterlassen. Seine Basis waren die ägyptischen Häfen Berenike und Myos Hormos am Roten Meer, von denen aus die Schiffe ursprünglich den Küsten Arabiens und Beluchistans entlang bis nach Indien fuhren. Aber um den Beginn unserer Zeitrechnung wurde unter den Schiffern der regelmäßige Wechsel der Monsune (»Hippalus-Wind«) allgemein bekannt, und seither war eine direkte Überfahrt über den Indischen Ozean von Aden nach Indien möglich, die viel Zeit ersparte und größere Sicherheit vor Piratenangriffen bot. Von den Häfen der Halbinsel war der nördlichste Barygaza (sanskrit: Bharukaccha; Broach), von wo aus eine viel benutzte Karawanenstraße zu der indischen Endstation des großen Landweges am mittleren Indus führte; südlicher lag Sopara und noch südlicher an der Malabar-Küste Muziris (das heutige Cranganore); dort oder in der Nähe ist auf der »Tabula Peutingeriana«, der einzigen römischen geographischen Karte, die uns erhalten ist, ein *Templum Augusti* eingezeichnet, vielleicht als religiöser und sozialer Mittelpunkt der römischen Handelskolonien. Von dem Handel in Muziris berichten auch die Tamil-Texte aus der Shangam-Zeit, »...als die Stadt, wo die guten Schiffe, Meisterwerke aus dem Yavana-Land, die den weißen Schaum des

Periyar-Flusses in Kerala durchschneiden, mit Gold ankommen und mit Pfeffer fortfahren, als dieses von Wohlstand überschäumende Muciri belagert wurde...« (Tāyān-Kannanār). Von Muziris gingen die Waren gewöhnlich auf dem Landweg weiter, mit dem doppelten Ziel, die Beryllgruben der Nilgiri-Berge zu erreichen und die gefährliche Umschiffung von Kap Comorin zu vermeiden. An der Ostküste war der wichtigste Freihafen *(emporion nomimon)* Poduke, das heutige Arikamedu südlich von Pondichery. Dort haben erfolgreiche französische und indische Ausgrabungen eine wohlerhaltene Hafenanlage zutage gefördert. Wichtigster Ausfuhrartikel waren dort die Musseline, um derentwillen die Koromandel-Küste immer berühmt gewesen ist. Unter den Importen zeichnen sich die Gefäße aus Arretium aus, von denen zahlreiche Scherben mit den Stempeln der jeweiligen Fabriken gefunden worden sind. Zusammen mit ihren lokalen Imitationen bilden diese Funde den Angelpunkt der ganzen Keramikchronologie im südlichen Indien.

Weiter nördlich endete die Schiffahrt nach Indien im Hafen von Tāmralipti in der Gangesmündung, wo in den letzten Jahren als verstreute Funde Terrakottafigürchen und sogar ein Täfelchen mit einer griechischen Danksagung an Eurus, den Wind der Morgenröte, ans Tageslicht gekommen sind. Selbstverständlich wurden die römischen Waren von den verschiedenen Häfen aus in das Landesinnere weiterbefördert; so wurden in Kolhapur in Mahārāshtra eine hübsche Statuette des Neptun und ein bronzener Lekythos (griechisches Ölfläschchen) bester Machart aus dem 1. nachchristlichen Jahrhundert gefunden.

Von diesem ganzen lebhaften Handel berichtet uns eine Art praktisches Handbuch, der »Peryplus des Erythräischen Meeres«, ein am Ende des 1. nachchristlichen Jahrhunderts von einem unbekannten Kapitän oder Steuermann geschriebener griechischer Text, der einfach und klar den einzuschlagenden Kurs beschreibt und die für die nach Indien reisenden Kaufleute notwendigen warenkundlichen und finanziellen Informationen enthält.

Eng mit dem römischen Handel hängt die Frage nach den gegenseitigen kulturellen Einflüssen zusammen. Elemente, die über allen Zweifel erhaben sind, gibt es kaum. Ein griechischer Einfluß auf das indische Theater scheint jetzt wohl ausgeschlossen, selbst wenn man diesen Einfluß vom Mimus und nicht von der klassischen Tragödie oder Komödie herleiten will. Das einzige, zweifellos aus dem Westen stammende Element ist ein geringfügiges technisches Detail: der Vorhang, der die Tür im Hintergrund abschloß, durch die die Schauspieler die Bühne betraten, hieß Yavanikā, »die Griechische«. Sicher und nicht zu bestreiten ist hingegen der alexandrinische Anteil an der Weiterbildung der indischen Astronomie. Andererseits sind keine verläßlichen Spuren eines griechischen Einflusses auf das indische Denken nachgewiesen worden. Geringfügig war auch – trotz dem sporadischen Auftauchen von Gymnosophisten (brahmanischen Yogin) und Samanes (buddhistischen Shrāmana) in Rom – der Einfluß indischen Denkens auf die klassische Welt. Das eine oder andere indische Element hat man in der Philosophie Plotins wiedererkennen wollen, aber es handelt sich um ganz unspezifische Aspekte einer allgemein orientalisierenden Tendenz. Gleichwohl ist es nicht zu bezweifeln, daß die neuplatonischen und christlichen Kreise in Rom zumindest die wesentlichen Elemente einiger Grundformen des indischen Denkens kannten. Die aus dem ersten Viertel des 3. Jahrhunderts stammende, auch Philosophoúmena genannte »Widerlegung aller Häresien«, die fälschlich dem heiligen Hippolytos von Rom zugeschrieben wird, gibt eine kurze, aber zutreffende Beschreibung der Lehre der Brahmanen, in der Jean Filliozat unschwer die zentralen Lehren der Upanishaden und insbesondere die einer der spätesten, der Maitri Upanishad, wiedererkannt hat. Auf anderen Gebieten bedient sich zum Beispiel die Nomenklatur der griechischen Arzneimittel verschiedener Begriffe indischer Herkunft, Namen von Drogen, die eben durch den Handel bekanntgeworden waren: *péperi* von *pippali*, Pfeffer; *kóstos* von *kúshtha*, *Costus speciosus* (Pflanze, die ein ätherisches Öl liefert). Auf dem Gebiet der Mathematik könnte der Westen von Indien die trigonometrischen Funktionen (Sinus und Cosinus) übernommen haben, von denen es festzustehen scheint, daß sie in Indien zum erstenmal errechnet wurden. Vor allem aber schenkte Indien dem Okzident die gar nicht hoch genug einzuschätzende Gabe der arabischen Ziffern, wenngleich Indien den Begriff des Stellenwertes und den Gebrauch der Null ursprünglich von Mesopotamien übernommen haben mag.

Die gegenseitigen religiösen Einflüsse waren dürftig. Sowohl Indien wie Europa bekamen in einem bestimmten Augenblick die Macht der religiösen Ideen Irans zu spüren. Aber während der Buddhismus in Europa zwar bekannt, aber stets nur Gegenstand einer rein intellektuellen Neugierde war, drang das Christentum schon recht früh in Indien ein, wo es feste Gemeinden bildete, die sich bis in unsere Tage hielten. Es sind die sogenannten Thomaschristen in Kerala, ursprünglich (vom 5.-6. Jahrhundert) Nestorianer, die zum Katholizismus und dann zum jakobitischen Monophysismus übertraten. Sie stellen eine in sich geschlossene und auf den Südwesten beschränkte Gemeinde dar, wenngleich Spuren christlicher Kolonien auch im Südosten Indiens gefunden worden sind. Ihre liturgische Sprache war und ist das Syrische, was dazu beitrug, aus dem Christentum in Indien einen Fremdkörper zu machen, der nicht den geringsten Einfluß auf das religiöse Denken des Landes genommen hat. Nach Spuren eines solchen Einflusses in den buddhistischen und Hindu-Texten ist wiederholt geforscht worden, aber die Ergebnisse waren immer negativ. Schließlich ist ein Relikt lange zurückliegender Ereignisse die kleine jüdische Kolonie in Cochin, die sich dort zu einer nicht festzustellenden Zeit, vermutlich aber schon im 1. nachchristlichen Jahrtausend, angesiedelt hat.

Von den politischen Einrichtungen der großen indischen Staaten dieser Zeit weiß man nur wenig. Die Kushāna-Verwaltung ist für uns nahezu ein Buch mit sieben Siegeln. Etwas besser ist der Aufbau des Kshatrapa-Staates bekannt. Während die Titel der Herrscher iranisch waren, sind die seiner Minister indisch. Die Beamten im allgemeinen hießen Amātya, und unter ihnen wurden die Gouverneure und Minister ausgesucht, die in Räte (Matisaciva) und Exekutivbeamte (Karmasaciva) unterteilt waren. Zu den militärischen Dienstgraden gehörten Generäle und der Oberkommandierende (Mahādandanāyaka). Mochten aber auch die Titel indisch sein, so bestand doch das Personal, wenigstens in den höheren Dienstgraden, zumeist aus Shaka, also aus Angehörigen der herrschenden Klasse.

Die Verwaltung der Shātavāhana, obwohl vom normalen indischen Typus, führte einige bemerkenswerte Neuerungen ein. Vor allem fügten viele Herrscher ihrem Namen ihren Mutternamen bei (zum Beispiel Gautamīputra, Vāsishthīputra), und die Königinnen hatten einen bedeutenden Anteil an der Führung der Staatsgeschäfte. Es handelte sich dabei um die Überreste einer der Vergangenheit angehörenden matriarchalisch organisierten Gesellschaft; die Nachfolge geht aber stets über die väterliche Linie. Auch hier hießen die Beamten im allgemeinen Amātya, aber es gab einen höheren Rang, der Rājāmātya. Seit Gautamīputra trugen die hohen militärischen Ränge den Titel Mahāsenāpati. Das Königreich war in Distrikte unterteilt, die von Amātya verwaltet wurden. Aber in den westlichen und südlichen Gegenden gab es auch Würdenträger (Mahārathi, Mahābhoja), die deutlich die Eigenschaften von Feudalherren hatten. Die Ehefrauen trugen den Titel ihres Mannes, und die Staatswürden waren auf die wenigen Familien beschränkt, die das Privileg genossen, in die königliche Familie einheiraten zu können. Die Ikshvāku behielten diese Gliederung bei, ergänzten sie aber durch das Amt des Hochrichters (Mahātalavara).

Der soziale Aufbau ist durch eine Verfestigung der Kasten und das allmähliche Vordringen des religiös-sozialen Systems des Brahmanismus gekennzeichnet. Seine Rechtfertigung findet er noch immer in der Literatur der Dharmashāstra. Vermutlich auch dieser Epoche gehören die Yajñavalkyasmriti und die Nāradasmriti an. Die Yajñavalkyasmriti ist systematischer und klarer als die Manusmriti, zumindest in ihrer Darstellung der Prozesse, von denen sie eine vollständige und übersichtliche Beschreibung gibt; als Beweismittel gelten Dokumente, Zeugen und Besitzstand, zu denen in besonderen Fällen das Gottesurteil hinzukommt. Die im wesentlichen auf der Manusmriti fußende Nāradasmriti ist ein fast rein juristisches Werk. Besonderes Gewicht legt sie auf die Darstellung der Gerichtshöfe mit den verschiedenen Instanzen in der Gesellschaft: Familie, Zunft, Ortsversammlung, vom König bestallte Personen und als oberste Instanz der König selbst. Das Verfahren ist nun gut ausgebildet und recht elastisch. Selbstverständlich nimmt in den Texten der Brāhmane den ersten Platz auf der sozialen Stufenleiter ein; nicht so in der Praxis, in der, vor allem wo der Einfluß des Buddhismus und Jainismus spürbar war, die Kshatriya und die regierenden Schichten überhaupt dem Priester übergeordnet waren.

Das Wirtschaftsleben ist wie immer vom Ackerbau geprägt; doch bekam nun der Handel eine Bedeutung, die er niemals – weder früher noch später – besessen hat. Der sehr lebhafte Austausch mit dem Ausland belebte auch den Binnenhandel der Halbinsel. Abgesehen von der Archäologie gibt der »Periplus des Erythräischen Meeres« am deutlichsten Zeugnis von ihm. Gleichwohl waren die Priesterklassen, deren Anschauungen sich in den Smriti widerspiegeln, der Handelstätigkeit eher abhold, die auf die Vaishya beschränkt bleiben sollte. Handel und Gewerbe waren seit geraumer Zeit in Zünften organisiert, die nicht nur Funktionen gegenseitiger Hilfe und Kontrolle ausübten, sondern auch als Treuhänder die Verwaltung frommer Stiftungen versahen. Sie waren, um einen Begriff des römischen Rechtes anzuwenden, juristische Personen.

Die finanzielle Situation ist durch das massenhafte Eindringen kaiserlich römischer Münzen charakterisiert; die goldenen wurden (im Norden) eingeschmolzen oder (im Süden) mit einem Strich durch das Porträt des Kaisers, der sie außer Kurs setzte und nur ihren Metallwert gelten ließ, im Umlauf gelassen. Der Einfluß des römischen Maßsystems ist vor allem bei den Kushāna spürbar, während die Kshatrapa griechische Typen und

Gewichte verwenden. Im Süden scheint die Masse des umlaufenden Geldes aus römischem Gold und Silber, aus punzierten Lokalmünzen und aus Blei- und Kupferprägungen der Shātavāhana zu bestehen.

Der wachsende Einfluß der Laien auf den Buddhismus, sein Kontakt mit anderen Religionen, das Bedürfnis nach einem emotionalen Element, das die ausgeglichene, aber ein wenig trocken vernünftelnde Scholastik der alten Sekten ergänzen könnte, bewirkten, daß in der Kushāna-Epoche bestimmte Tendenzen aufkamen, die den Buddhismus in eine neue Richtung lenkten. Diese neue Strömung wird als »Großes Fahrzeug« (Mahāyāna) bezeichnet, und ihre Anhänger gaben den Angehörigen der alten Sekten den ein wenig abschätzigen Namen »Kleines Fahrzeug« (Hīnayāna). Für sie ist das letzte Ziel nicht mehr das Heil des Individuums, sondern das aller Wesen. Das Ideal ist nicht der Mönch, der seine Erlösung aus dem Kreislauf des Geborenwerdens und Sterbens erstrebt *(arhat)*, sondern der mitleidige Mensch, der nach ihrer Erleuchtung freiwillig darauf verzichtet, ins Nirvāna einzugehen, damit alle Geschöpfe seiner teilhaftig werden *(bodhisattva)*. Der Buddha ist keine historische Persönlichkeit mehr, ist nicht mehr ein erhabener Meister und gleichwohl ein Mensch, der ins Nirvāna eingegangen ist und deshalb nicht mehr existiert und dem, der sich an ihn wendet, nicht helfen kann. Er ist vielmehr ein Symbol der letzten Realität der Dinge, in einer endlosen Reihe von Hypostasen gegenwärtig und immanent, dem ein fast göttlicher Kult geweiht ist. Die Sprache der Texte ist nicht mehr das Pāli und die anderen Prakrit-Sprachen, sondern das Sanskrit oder wenigstens eine stark dem Sanskrit angenäherte Form des Prakrit, das als »hybrides Sanskrit« bezeichnet wird.

Die erste Entfaltung dieser neuen Tendenzen zeichnet sich in der formlosen, chaotischen Literatur der Prajñāpāramitā oder »Vollkommenheit der Erkenntnis« ab, einer der sechs Vollkommenheiten *(pāramitā)*, die schon die Mahāsānghika kennen; diese Literatur ist wahrscheinlich um den Beginn unserer Zeitrechnung in Andhra entstanden. Ihr zentraler Gedanke, in umständlicher Weise immer wiederholt, ist, daß die Elemente des Lebens *(dharma)* ohne Eigensein und darum trügerisch sind und nur in Abhängigkeit von anderen zur Erscheinung kommen und daß jenseits alles Bedingten nur das »Leere« *(shūnya)* übrigbleibt, gegensatzlos und unbegrenzt wie der Weltraum.

Diese mahāyānischen Strömungen fanden ihren großen Theoretiker in Nāgārjuna, die erste der verschiedenen unter diesem Namen bekannten Persönlichkeiten, der etwa im 2. Jahrhundert in Nālandā in Bihar gelebt hat. Sein berühmtestes Werk sind die Mūlamadhyamaka Kārikā; und Madhyamika, »Mittlere Lehre«, ist der Name seiner Schule. Nāgārjuna ist vor allem ein erbarmungsloser Logiker, dessen dialektisches Vorgehen zur *reductio ad absurdum* aller Erfahrungsdaten führt. Kein Ding hat ein Eigensein, es existiert nur in Abhängigkeit von anderen. Sein Sein steht in Beziehung zu einem anderen, das heißt, es ist trügerisch. Seine Individualität und Besonderheit sind ein Irrtum, sie sind nichtig außerhalb der absoluten Identität. Diese Identität ist das Leere *(shūnya)*. Es ist weder Sein noch Nicht-Sein; die Identität steht jenseits aller logischen Kategorien, jenseits von Affirmation und Negation. Über die Welt der Erfahrung läßt sich nichts sagen, weder daß sie ist, noch daß sie nicht ist, noch daß sie zugleich ist und nicht ist, noch daß sie zugleich weder ist noch nicht ist. Keine Idee hat Gültigkeit, alles ist widersprüchlich. Es handelt sich also um einen Relativismus oder vielleicht besser (nach Giuseppe Tucci) um einen Kritizismus, das heißt um eine Analyse der Relativität des Denkens. Alles Denken und aller Gedankeninhalt sind relativ; kein Ding hat eine reale Existenz, sein Sein ist rein vorgestellt und scheinbar *(samvriti)*; Subjekt und Objekt stehen in Interdependenz. Von einem empirischen Standpunkt aus ist die Welt so, wie sie erscheint, aber jenseits dieses Schleiers des Scheins ist das Unqualifizierte und Unqualifizierbare, das Leere. Um diese Theorie zu erhellen, gibt Nāgārjuna das Beispiel des Augenkranken, der sich einbildet, Flecken und Punkte zu sehen: wer nicht weiß, daß er krank ist, hält diese Flecken und Punkte für wahr und real, wer weiß, daß er krank ist, kann zwar diesen Defekt nicht beseitigen, weiß aber, daß der Gesunde ihn nicht hat und daß für ihn diese Punkte nicht existieren.

Vom rein religiösen Standpunkt besteht der Mahāyāna auf der stufenweisen Erlösung *(kramamukti)* vermittels des Aufstiegs durch die zehn aufeinanderfolgenden »Erden« *(bhūmi)*; er weist außerdem immer wieder auf die Figur des Bodhisattva hin, die wir oben erwähnt haben. Der Bodhisattva ist ein Geschöpf von unendlicher Liebe und unendlichem Mitleid, die seinem Gefühl für die absolute Wesenlosigkeit aller Dinge und der daraus folgenden Verleugnung der Illusion, die das Ich heißt, entspringen. Ist ihnen einmal Erleuchtung *(bodhi)* zuteil geworden, so können alle Bodhisattva sein. Und das Ziel umschließt die Identifikation des Buddha mit der Bodhi. Er ist das kosmische Bewußtsein selbst, das in die Welt der Erscheinungen hinabsteigt, um sich zu enthüllen und die Menschen den Weg des Lichtes zu lehren. Deshalb tritt der Kult des Buddha, der der Gott der Götter geworden ist, immer mehr in den Vordergrund. Später vervielfachen sich die Buddhas und Bodhisattvas; einer von ihnen, der fast sicher unter zoroastrischem Einfluß (dem Shaosyant) entsteht, ist die bereits erwähnte Figur des Maitreya, des Buddha der zukünftigen kosmischen Zeitalter, des Heilands, der, wenn die Welt vom Bösen durchdrungen ist, auf die Erde herabsteigen wird, um das Reich des Gesetzes wiederaufzurichten.

Aber sehr bald nehmen von den Hypostasen des Buddha fünf eine wachsende Bedeutung an: es ist die Pentade der Pañca-Tathāgata: Vairocana, der predigende Buddha, Aksobhya, der Buddha, der die Erde zum Zeugen seiner erlebten Erleuchtung anruft, Amitābha, der meditierende Buddha (dessen Gestalt bald die iranischen Vorstellungen vom ewigen Licht und ewigen Leben in sich aufnehmen wird), Ratnasambhava, die unendliche Freigebigkeit des Buddha, Amoghasiddhi, der Schutz, den der Buddha seinen Gläubigen zuteil werden läßt. Und alle fünf sind nichts anders als Projektionen des ursprünglichen Buddha (Ādibuddha), des Symbols des kosmischen Bewußtseins.

Auf diesem Weg verläßt der Mahāyāna den Weg des alten Meisters und schickt sich an, eine große asiatische Religion zu werden, mit einem reichen Pantheon, mit einem Kult und einer Liturgie und vor allem mit einer ausgebildeten Heilslehre. Durch das Kushāna-Reich verbreitet er sich in den afghanischen Gebieten, in Baktrien, in Sogdiana und im Tarim-Becken; von dort, und gleichzeitig über den Seeweg, gelangt er in der zweiten Hälfte des 1. Jahrhunderts nach China, wo er um die Mitte des folgenden Jahrhunderts durch vorwiegend parthische und zentralasiatische Missionare bereits festen Fuß gefaßt hat.

Der Vishnuismus hat in dieser Epoche schon deutliche Konturen angenommen. Die Inschriften der Shātavāhana bezeugen seine Verbreitung im Dekhan, zunächst in einer gemäßigten Form, in der Vāsudeva Indra und anderen Göttern nur gleichgestellt ist (Inschrift von Nānāghāt). In den Süden dringt er schon im 2. Jahrhundert vor (Inschrift von Chinna). Allmählich erfährt er auch eine Ausarbeitung seiner Lehre, die, ausgehend von der Theorie der vier Entfaltungen *(vyūha)*, sich zu einer richtigen Schule ausbildet, das Pañcaratra; und vom 2. und 3. Jahrhundert an wird sein Kult ein Bilderkult, mögen auch nur wenige vishnuitische Statuen aus den ersten Jahrhunderten erhalten sein.

Auch der Shivaismus neigt dazu, konkretere und organischere Formen anzunehmen. Die erste Sekte von unbestreitbar shivaitischem Charakter sind die Pāshupata, deren Name seit dem 1. nachchristlichen Jahrhundert auftaucht, deren Theorien uns aber nur in einer sehr viel späteren Gestalt bekannt sind. Ihr Begründer wird überlieferungsgemäß Lakulin genannt, er ist eine wohl nur teilweise historische Gestalt, von der wir aber nichts wissen, außer daß er zu Beginn des 2. nachchristlichen Jahrhunderts wirkte. Der Shivakult verbreitet sich sehr früh im Süden und wird recht häufig in den ältesten Tamiltexten erwähnt. Einige Gottheiten des shivaitischen Pantheons wurden ungemein volkstümlich, wie zum Beispiel Umā, die Gattin Shivas, eine Sonderform der Magna Mater, die sehr bald mit den Bergen (Pārvatī, Durgā) in Zusammenhang gebracht und zu einer Schreckensgottheit (Kālī) wird. Besonders wichtig war im ersten Jahrtausend unserer Zeitrechnung der heute etwas in den Hintergrund getretene Skanda (Kumāra oder Kārttikeya), ein Kriegsgott, dessen Reittier der Pfau ist. Die Volkstümlichkeit des Anführers von Shivas Scharen, Ganesha mit dem Elefantenkopf, gehört jedoch einer späteren Zeit an. Bereits auf den Reliefs von Bharhut erscheint hingegen Shrī oder Lakshmī, die Göttin der Schönheit und des Glücks, die auf einer Lotosblüte sitzt.

Das indische Denken nach den Upanishaden und der Bhagavadgītā bewegt sich in drei verschiedenen Richtungen: die Exegese des vedischen Denkens oder richtiger, der Versuch, ihm neue Ideen einzufügen, steht neben der Weiterbildung des upanishadischen Denkens und gänzlich neuen Schöpfungen. Im Lauf des 1. Jahrtausends entstanden so regelrechte philosophische Systeme, deren Zahl überlieferungsgemäß auf sechs festgelegt wird und von denen jeweils zwei einer der drei zuvor erwähnten Richtungen angehören: Vedānta und Mīmāmsā, Sānkhya und Yoga, Nyāya und Vaisheshika.

Alle sechs Systeme erkennen mehr oder weniger ausdrücklich die Autorität und Heiligkeit der Veden an und gelten daher als orthodox. Leider ist ihre Chronologie, wie die jeder anderen Manifestationen der indischen Kultur, sehr unsicher, und es ist schwer zu sagen, welche von ihnen in dieser Zeit ihre entscheidenden Entwicklungsphasen durchgemacht hat. In gewissem Sinne kann als äußeres Kennzeichen für eine solche Entwicklung die Abfassung der jeweiligen Sūtra gelten, die als wahre *versus memoriales* weniger einen Abriß als einen Leitfaden durch das exegetische Werk der verschiedenen Denker darstellen; aber selbstverständlich nimmt die Strömung, auf die die Sūtra sich beziehen, schon sehr viel früher ihren Anfang.

Der Vedānta, das weitaus entwicklungsträchtigste System, nimmt seinen Ausgang von einigen Upanishaden, und sein wichtigster Text, als dessen Verfasser Bādarāyana (etwa 3.Jahrhundert) gilt, sind die Brahmasūtra oder Vedāntasūtra, die so lakonisch und schematisch sind, daß sie die verschiedensten Ausdeutungen zulassen. Die Grundanschauung des Vedānta ist monistisch. Das einzig Reale ist das unaussprechliche und undefinierbare Brāhman oder Ātman; die Welt der Erscheinungen ist nur Schein *(māyā)*. Das Zentralproblem des Vedānta ist daher die Erklärung der Beziehung zwischen dem Brāhman und jenem Spiel eitler Illusionen und Erscheinungen, die die Welt sind, das heißt die Beziehung zwischen dem individuellen und dem universalen Ātman. Seine Anschauung ist der des Mahāyāna also ähnlich, und vielleicht gerade darum bekämpfen sich beide erbittert.

Die Mīmāmsā ist im wesentlichen eine Fortsetzung des Denkens der Brāhmana und befaßt sich mit der symbolischen Deutung des vedischen Opfers. Diese Lehre ist in den Mīmāmsāsūtra enthalten, als deren Verfasser Jaimini genannt wird und die vielleicht den beiden ersten Jahrhunderten unserer Zeitrechnung entstammen. Die Mīmāmsā vertritt einen liturgischen Pragmatismus, dessen Gedanken nichts Außergewöhnliches enthalten und keiner bedeutenderen Entwicklungen wie der des Vedānta fähig sind. Bemerkenswert ist allein, daß die nachdrückliche Bejahung der von niemand offenbarten und von Ewigkeit her existierenden Veden zur Negation der Existenz Gottes führt.

Der Nyāya stellt vor allem ein logisches System dar, dessen Text, die Nyāyasūtra, Akshapāda zugeschrieben wird und vermutlich im 3. Jahrhundert entstanden ist. Ursprünglich ist dem Nyāya nicht daran gelegen, das Geheimnis des Universums zu deuten, er beschränkt sich vielmehr darauf, mit dialektischen Mitteln sowohl den Disputen der Brahmanen über Opfer und Liturgie wie den Erörterungen der Ärzte bezüglich der Diagnose einer Krankheit oder der Denker und Lehrer über das Ātman einen logischen Zusammenhang zu geben. Er bietet eine Technik, ein Instrument für andere Theorien, und sein eigentlich philosophischer Gehalt ist etwas Sekundäres.

Der Vaisheshika enthält eine interessante Atomtheorie von sehr umstrittener Herkunft, die man auf ein Schisma der Jaina oder eine primitive Mīmāmsā-Schule hat zurückführen wollen. Die Vaisheshikasūtra soll ein Brāhmane namens Kanāda verfaßt haben, der vielleicht im 1. oder 2.Jahrhundert gelebt hat. Auf den Inhalt der Nyāya und Vaisheshika werden wir später zurückkommen.

In den ersten Jahrhunderten unserer Zeitrechnung entsteht eine Literatur, die zwar noch in enger Bindung an die Religion steht, aber nicht mehr völlig von ihr abhängig ist und keinen reinen Lehrcharakter mehr hat. Diese Entwicklung scheint ihren Ausgang von den Buddhisten genommen zu haben, und tatsächlich ist der erste große Name der bis dahin praktisch anonymen indischen Literatur der eines Buddhisten: Ashvaghosha. Wir wissen, daß er ein Zeitgenosse Kanishkas gewesen ist. So können wir entsprechend unserer Chronologie annehmen, daß er in der Mitte des 2.Jahrhunderts gelebt hat. Von seinem Drama Shāriputraprakarana in neun Akten hat uns der Sand Zentralasiens Fragmente erhalten; es behandelt die Bekehrung der beiden Hauptjünger des Buddha und ist in reinem klassischem Sanskrit geschrieben. Das Drama folgt schon den Regeln, die später der Nātyashāstra des Bharata, der kanonische Text der indischen Dramaturgie, fordern wird. Die weiblichen Personen und die aus niedriger Kaste sprechen Prakrit, das schon drei verschiedene Varianten erkennen läßt.

So wie Ashvaghosha am Beginn des Dramas steht, steht er auch am Beginn der Kunstdichtung *(kāvya)*, von der gewisse Teile des Rāmāyana schon einige primitive Beispiele enthalten. Ashvaghosha ist der Verfasser des Saundārananda in achtzehn Gesängen, der Bekehrungsgeschichte Nandas, des Stiefbruders des Buddha. Sein Meisterwerk indessen und einer der Höhepunkte der indischen Poesie überhaupt ist das versifizierte Leben des Buddha in achtundzwanzig Gesängen, das Buddhacarita, das vollständig nur in einer chinesischen Übersetzung des 5. Jahrhunderts existiert, während uns von dem Sanskrit-Text nur die dreizehn ersten Gesänge erhalten sind. Ashvaghosha ist ein großer Dichter, der seiner innigen Liebe zu der Lichtgestalt des Meisters bewegenden Ausdruck zu verleihen vermochte.

Der nur wenig jüngere Kumāralāta war der Autor der Kalpanāmanditikā, von der wenige Fragmente des Originals und eine chinesische Übersetzung unter dem Titel Sūtrālamkāra erhalten sind. Sie ist eine buddhistische Legendensammlung in einem Gemisch aus Prosa und Versen. Von geringeren literarischen Ansprüchen – obwohl auch sie wahre Juwelen enthält – ist die Literatur der Avadāna, fromme Geschichten von moralisierendem Charakter mit erbaulichem Zweck, unter denen die Jātaka, die Taten des Buddha in seinen früheren Leben, eine besondere Stellung einnehmen. Ein typisches Beispiel dieser Literatur ist das Avadānashataka mit seinen zehn Erzählungsdekaden, das auf das 2. Jahrhundert zurückgeht.

Zwar gab es unter den Brāhmanen keinen Ashvaghosha, gleichwohl war auch in ihren Kreisen bereits eine Kunstliteratur entstanden, wie die Inschrift von Rudradāman in Junagadh (150 n. Chr.), ein richtiges kleines Kunstgedicht *(kāvya)*, beweist. Von allem Anfang an hat diese Literatur, die im höfischen Umkreis der großen Herrscher entsteht, aristokratischen Charakter: sie ist raffiniert, delikat und vornehm und entspricht immer starreren Konventionen.

Zu ihren frühesten Erzeugnissen gehören die dreizehn Dramen, die 1910 in Kerala gefunden worden sind. Als ihr Autor gilt Bhāsa (etwa 3. Jahrhundert). Ihre Themen sind den epischen Dichtungen, der Krishna-Legende und Volkserzählungen entnommen. Sie machen noch einen archaischen Eindruck, haben manchmal etwas unbeholfene Überleitungen und sind in einem einfachen und schmucklosen Stil geschrieben. Ihr Sanskrit läßt gelegentlich den Einfluß der Epik erkennen, während das Prakrit ihrer Dialoge sicherlich einer Zeit nach Ashvaghosha zugehört, an dessen Dichtung der Bhāsa-Komplex nicht heranreicht.

Dagegen ist das Drama Mricchakatika (»Tonwägelchen«), dessen Autorschaft einem auch in seinen Lebensdaten völlig unbekannten König Shūdraka zugeschrieben wird, ein wahres Meisterwerk. Es könnte älter als der Kālidāsa sein und folglich dem 3. oder 4. Jahrhundert entstammen. Es beschreibt im Zusammenhang mit einer großen politischen Intrige die Liebe eines ruinierten Kaufmanns zu einer Kurtisane. Seinen berechtigten Ruhm verdankt es seinem einfachen und glanzvollen Stil und vor allem der köstlichen und wirkungsvollen Darstellung der Sitten und des Alltagslebens, die es zu einem wahrhaft bürgerlichen Drama machen und ihm eine Sonderstellung in der indischen Poesie sichern.

In der Lyrik und Epik fehlen bedeutende Namen, dafür erreicht die literarische Theorie in dieser Zeit ihren Höhepunkt. Um das 3. Jahrhundert schrieb Bharata seinen Nātyashāstra, der das grundlegende Handbuch der Dramaturgie und des mit ihr innig verbundenen Tanzes geblieben ist. Wenig jünger ist Jayadeva, der in seinem Jayavadevachandas auf den Spuren des Pingala die Regeln der Metrik behandelt.

Die Prakrit-Literatur muß in dieser Epoche ihren Höhepunkt erreicht haben, ehe sie Terrain an das Sanskrit verlor und auf die scholastische Hīnayāna- und Jaina-Literatur beschränkt blieb. In den Inschriften hat diese Ablösung des Prakrit durch das Sanskrit zu Beginn des 4. Jahrhunderts bereits stattgefunden. Von der Prakrit-Literatur ist uns nur die Sattasāī von Hāla erhalten. Eine große Novellensammlung, die Brihatkathā von Gunādhya, die in Paishācī-Prakrit geschrieben war, ist verlorengegangen und überlebt nur in späteren Sanskrit-Umarbeitungen.

Von den Handbüchern der literarischen Theorie ist es nur ein Schritt zur wissenschaftlichen und parawissenschaftlichen Literatur. Das bedeutendste politische Handbuch ist das – Kautilya zugeschriebene und vielleicht in dieser Zeit endgültig abgefaßte – Arthashāstra. Die Medizin *(ayurveda)* findet ihre theoretische Systematisierung in der Carakasamhitā, deren Autor Caraka nach der Überlieferung Hofarzt von Kanishka war (2. Jahrhundert). Dieses Werk ist uns aber nur in einer Umarbeitung aus dem 9. Jahrhundert erhalten. Caraka gehörte zur Schule des Ātreya, der einige Jahrhunderte vor Christus gelebt hat. Mit ihr rivalisierte die medizinische Schule von Sushruta, dessen Sushrutasamhitā uns – wenn auch nicht in der Originalfassung – ebenfalls erhalten ist. Die indische Medizin stellt eine rationale Theorie der organischen Funktionen und ihrer Störungen auf. Das Universum besteht aus fünf Elementen (Erde, Wasser, Feuer, Wind, Raum), denen die Bestandteile des menschlichen Körpers (Gewebe, Lebenssäfte, Galle, Atem, Eingeweidehöhlen) entsprechen. Das zweite, dritte und vierte gelten als die aktiven Elemente *(tridhātu)*. Aus ihren verschiedenen Kombinationen und deren Reaktionen aufeinander ergibt sich das Geschehen im menschlichen Körper. Beim Verlust ihres Gleichgewichts entstehen Krankheiten, die folglich dreiteilig *(tridosha)* sind. Schließlich erfuhren auch die Astronomie und die Mathematik in den ersten Jahrhunderten unserer Zeitrechnung starke Impulse, wie sie in den Sammlungen der folgenden Jahrhunderte ihren Ausdruck fanden.

Die erste der dravidischen Sprachen, die eine eigene Literatur entwickelte, war das Tamil. Als einzige in Indien ist diese Literatur in ihren Anfängen – sowohl ihrer Form wie ihrem Inhalt nach – erstaunlich unabhängig von der Sanskrit-Literatur. Die Überlieferung ordnet sie drei literarischen Sammlungen oder Akademien *(shangam)* zu, von denen die beiden ersten sehr alt und praktisch legendär sind. Aus der Endzeit der dritten, und das heißt aus den ersten drei nachchristlichen Jahrhunderten, sollen die ältesten existierenden Werke stammen, deren uns überlieferte Gestalt freilich einige Jahrhunderte jünger ist.

Der lehrende Buddha
Schieferskulptur aus Loriyan Tangai. Gandhāra-Zeit, 2./3. Jahrhundert
Calcutta, Indian Museum

Zofe beim Bedienen einer Dame
Schnitzerei von einem Elfenbeinkästchen aus Begram, 3. Jahrhundert
Paris, Musée Guimet

In dieser ausgesprochenen Laiendichtung hat die Religion fast keinen Platz. Das Jenseits ist ihr kein Problem, und vom Tod ist zwar häufig die Rede, aber nur als Ende des Lebens und der Freude, ohne irgendeinen Gedanken an zukünftige Wiedergeburten. So ist die Tamil-Literatur die einzige in Indien, in der es ein elegisches Genre gibt. Fast immer beschreibt und kritisiert sie das Leben ihrer Zeit: friedliche Taten, kriegerische Siege, Abenteuer und vor allem Liebesgeschichten. Die Dichter, von denen keiner für uns eine deutlich umrissene Persönlichkeit hat, sind keine Priester oder Weisen, sondern junge Sänger, die das Wohlleben und die fröhliche Gesellschaft lieben.

Die ältesten Erzeugnisse dieser Literatur sind in einer Reihe von Anthologien gesammelt. Zu ihnen gehört zum Beispiel der Pattuppāttu (»Zehn Idylle«) mit Werken von acht Dichtern; das schönste dieser zehn Idyllen ist der Nedunalvādai, eine Beschreibung des Winters und seines Einflusses auf die Stimmung von Mensch und Tier. Eine andere Gedichtgruppe ist im Ettuttokai (»Acht Sammlungen«) enthalten: kurze lyrische Gedichte zumeist erotischen Inhalts, unter denen es aber auch einige zum Lob von Lokalgottheiten oder der Taten der Cera-Könige gibt. Einer etwas späteren Zeit entstammt der Shilappadikaram (»Die Ballade vom Armband«), ein romantisches Gedicht von der Liebe zwischen einer Kurtisane und einem jungen Kaufmann, der dann, zu Unrecht eines Diebstahls verdächtigt, zum Tode verurteilt wird; seine glänzenden Beschreibungen des Lebens im Tamil-Land haben diesem Gedicht mit Recht großen Ruhm eingetragen. Die blühende Frische dieser alten Idyllen wurde von keiner der späteren indischen Literaturen wieder erreicht. Die Tamil-Literatur ist älter als die weltliche Sanskrit-Literatur und mag diese deshalb, zumindest in ihrer Ästhetik, beeinflußt haben.

Die Shunga-Kunst, also die rein nationale indische Kunsttradition, findet ihre natürliche Fortsetzung in der Schule von Mathurā, deren Blütezeit mit der des Kushāna-Reiches zusammenfällt (144-232 nach unserer Chronologie). Sie gehört also in dieselbe Zeit wie die Kunst von Gandhāra, von der später die Rede sein soll. Die engen Beziehungen von Mathurā zum Kushāna-Reich lassen sich an der Plastik der Porträtgalerie im königlichen Tempel zu Math ablesen: Vima Kadphises, Kanishka, Cashthana. Diese einzigen Porträts der gesamten altindischen Kunst sind vom Ausland beeinflußt, ein einzigartiges Phänomen, das nur bei den Münzen eine Entsprechung findet.

Eigentlich bedeutsam aber wird die Schule von Mathurā durch ihre Schöpfung des Buddha-Bildes, das sich unabhängig von dem anderen ästhetischen Kriterien verpflichteten Buddha-Bild in der Kunst von Gandhāra entwickelt hat. Die Diskussion um die Priorität des einen oder anderen hat faktisch bei Null geendet. Die ersten Versuche dieser Skulptur (Bodhisattva des Mönches Bala zu Sārnāth) sind eine reine Fortentwicklung der Yaksha-Statuen der Maurya- und Nach-Maurya-Zeit, haben aber einen ausgeprägt hieratischen Charakter, was der traditionellen Vorstellung des Buddha als Übermensch *(mahāpurusha)* und Weltherrscher *(cakravartin)* entspricht; ein gewisses Maß an Abstraktion ist daher unvermeidlich. Ebenso unvermeidlich ist der feste Kanon der Proportionen und der mystischen Gesten und Haltungen der Hände *(mudrā)*, die Augenblicke aus dem Leben und der Aktivität des Buddha symbolisch darstellen. Das Hauptmerkmal der Mathurā-Kunst im

Gegensatz zu der von Gandhāra ist aber das größere Maß an Abstraktheit bei den sitzenden Buddha-Figuren, die im Verlauf der Zeit häufiger werden als die stehenden Figuren. Andererseits erscheinen im Skulpturenschmuck auf den Balustraden der Stūpa, von dem nur wenige Fragmente den islamischen Bildersturm überlebt haben, einige Yakshinī-Figuren, die mit ihrer – fast sicher eine tänzerische Position darstellenden – dreifachen Biegung des Körpers *(tribhanga)* zu den sinnlichsten Darstellungen der indischen Kunst gehören. Im Gegensatz zu Gandhāra hatte Mathurā eine Vorliebe für Einzelfiguren und interessierte sich nicht für die erzählerischen Möglichkeiten, die der anthropomorphen Darstellung des Buddha innewohnen.

Mit der Mathurā-Schule im Zusammenhang steht auch die Elfenbeinschnitzerei, von der die Magazinräume von Begram in Afghanistan, auf die wir schon hingewiesen haben, uns eine Reihe von Meisterwerken wiedergeschenkt haben. Es sind Genrefigürchen, zumeist halbnackte Frauen bei ihrer Toilette, in einer Art Flachrelief von außerordentlich delikater Technik und einer vollentwickelten Kunst würdig. Diese bisher einzigartigen Stücke der weltlichen Kunst Indiens gehörten wahrscheinlich in ein Frauengemach. In ihnen feiert der – sonst in ganz Asien niemals mit soviel sinnlicher Eleganz dargestellte – nackte weibliche Körper seine Triumphe und beschwört darin die Vorstellungen einer glanzvollen und raffinierten Gesellschaft.

Von ganz anderer Art ist die im Kushāna-Reich auftretende Schule oder, richtiger, der Komplex von Schulen, die bald als griechisch-buddhistische, bald als römisch-indische oder – weniger verbindlich – als Gandhāra-Kunst bezeichnet werden. Ihr Ausgangspunkt ist die Begegnung der klassischen Welt mit dem Buddhismus, zu der jene einen großen Teil der Form, diese den ganzen Inhalt beiträgt; im Laufe der Zeit wird immer deutlicher noch eine dritte Komponente dieser Kunst spürbar: die iranische. Diese Begegnung zweier Welten ist eine Folge des lebhaften Handelsverkehrs in den ersten zwei oder drei Jahrhunderten unserer Zeitrechnung; denn auszuschließen ist offenbar, daß die Kunst der indo-griechischen Reiche überlebte. Sie ist uns, abgesehen von den Münzen, völlig unbekannt und hat vielleicht nie existiert. Die griechische Überlieferung im Punjab und in Afghanistan wird allenfalls einem Verständnis und der Aufnahme westlicher ästhetischer Maßstäbe den Weg bereitet haben.

So entsteht an den Ufern des Indus das menschliche Bild des Buddha, dessen Typus unzweifelhaft von dem des Apollon beeinflußt ist und an dessen Seite der Bodhisattva in der Tracht eines indischen Königs mit reichem hellenistischem oder sarmatischem Juwelenschmuck steht. Gleichzeitig werden die auf das Leben des historischen Buddha bezüglichen und bisher in der indischen Kunst vernachlässigten Erzählungsschemata ausführlicher weiterentwickelt. In diesen ikonographischen und kompositorischen Schemata ist der Wille zur Klarheit deutlich spürbar. Sie passen die minutiösen Beschreibungen der Texte den Möglichkeiten des Steins an. Mit leichten Abwandlungen werden die Schemata auch von den südindischen Schulen in weitem Ausmaß verwendet; andererseits übt Gandhāra einen – durch die Forschungen von Mario Bussagli eindeutig nachgewiesenen – tiefen Einfluß auf die zentralasiatische Kunst und damit auf die chinesische Plastik der Wei-Dynastie (5.–6. Jahrhundert) aus. Der römisch-hellenistische Faltenwurf und die römisch-hellenistische formale Struktur werden zu wesentlichen Komponenten dieser Kunst. Einige ihrer Bodhisattva erinnern stark an bekannte Statuen des römischen Westens, so scheint zum Beispiel der berühmte Buddha von Hoti Mardan, der heute im Museum von Peshawar steht, eine Nachahmung des Apollon von Belvedere zu sein. Im übrigen ist es nicht ausgeschlossen, daß, zumindest anfangs, Künstler aus dem Römischen Reich in den Kushāna-Gebieten gearbeitet haben. Bei den letzten von dieser Schule hervorgebrachten Typen beginnt der Faltenwurf zu erstarren und gerät in die Nähe jener äußersten, von der späten Partherkunst in Iran bevorzugten Stilisierung. Einzigartig in dieser wenig originalen Kunst ist der Wille der Künstler, den metaphysischen Gehalt des Dargestellten auszudrücken und nicht nur anzudeuten, unter Verzicht auf alle illusionären Mittel, wie sie sowohl der klassische Okzident wie zum Teil auch Indien selbst zur Verfügung stellten.

Trotz ihrer fundamentalen Wichtigkeit für die ganze asiatische Kultur liegt die erste Phase der Gandhāra-Kunst, deren Blüte mit der des Kushāna-Reiches zusammenfällt, abseits von der Hauptströmung der indischen Kunst. Bis auf das rein äußerliche Element des Faltenwurfs gleicht sie einem nicht assimilierbaren Fremdkörper, der, nachdem die indische Kunst unter der Gupta-Dynastie ihr volles Selbstbewußtsein wiedergewonnen hatte, langsam ausgeschieden wurde. Indien noch fremder, ja völlig unabhängig und abgeschieden von ihm ist die zweite Phase der Gandhāra-Kunst, die unter dem Einfluß neuer, mit der sasanidischen Eroberung nach Indien strömender Elemente im zweiten Viertel des 3. Jahrhunderts entsteht und zumindest bis ins 4. Jahrhundert hinein andauert. Eben dieser iranische Einfluß und der fast völlige Ersatz des Steins durch den Stuck, der zum Lieblingsmaterial der Künstler wird, sind für sie kennzeichnend. Die wichtigsten Denkmäler dieser zu Recht auch als irano-buddhistisch bezeichneten Phase sind die berühmten Stuckfiguren von Hadda in Afghanistan. Sie gehören verschiedenen Stilen an, gemeinsam aber ist ihnen einerseits eine realistische Tendenz, die mit der Unmittelbarkeit und Kraft ihres Ausdrucks wahrhaft eindrucksvolle Meisterwerke hervorbringt, und andererseits eine Tendenz, die zur Abwandlung eben dieses Realismus neigt, was zu einer merkwürdigen Vorwegnahme der Gotik, vor allem der Plastik von Chartres und Amiens, führt.

Es handelt sich hier um einen großen geschmacklichen Rückschritt entschieden antiklassischen Maßstäben entgegen, die in der gleichzeitig in Europa sich vollziehenden Umstellung ihre Parallele findet. Neben dieser Kleinkunst der Stukkaturen entsteht in der zweiten Phase der Gandhāra-Kunst aber auch eine Monumentalplastik, der in der buddhistischen Kunst Chinas ein breiter Widerhall beschieden war. Ihre bekanntesten Überreste sind die beiden großen stehenden Buddhas, die bei Bamiyan in Afghanistan aus dem Fels gehauen sind. Es handelt sich um zwei Kolosse, von denen der eine dreiundfünfzig, der andere sechsunddreißig Meter groß ist; aber nur die Grundformen des Kopfes und des Körpers sind aus dem Stein herausgeschlagen, und nur diese sind uns erhalten; Faltenwurf und Gesichtszüge, die heute verloren sind, waren in Ton aufgetragen und mit einem bunt bemalten Überzug versehen. Der kleinere Buddha stammt aus dem 3. oder 4., der größere wahrscheinlich aus dem 5. Jahrhundert.

Im Dekhan blühte fast gleichzeitig mit der Mathurā- und der Gandhāra-Kunst eine gewöhnlich nach ihrem Hauptzentrum Amarāvatī an der Mündung des Krishna bezeichnete Kunst. Der große Stūpa von Amarāvatī, der durch den dortigen Aufenthalt Nāgārjunas berühmt geworden ist, existiert nicht mehr, aber ein guter Teil seines Figurenschmucks, der wahrscheinlich aus dem 2. und 3. Jahrhundert stammt, ist im Museum von Madras aufbewahrt. Der Buddha wird dort wie in der Gandhāra-Kunst im Mönchsgewand dargestellt; aber damit hat es auch mit Berührungspunkten zwischen beiden Kunstrichtungen sein Bewenden. Der Faltenwurf ist von ganz anderem Charakter, und sein Rhythmus hat vor allem dekorative Funktion. Die Figuren sind in die Länge gezogen und von einer schmachtenden und trägen Grazie, »die wollüstigste und delikateste Blüte der indischen Kunst« (Coomaraswamy). Die Reliefpaneele dagegen geben häufig einer krampfhaften, nahezu bacchantischen Bewegtheit Ausdruck, die zu der Abgeklärtheit der zentralen Buddha-Figur in krassem Gegensatz steht und eines der Elemente ist, das für die Kunst des Südens durch die Zeiten hindurch charakteristisch bleiben sollte. Wenig später als die Reliefs von Amarāvatī sind die von Nagarjunikonda (um 300 n. Chr.).

Von der Malerei der ersten drei Jahrhunderte unserer Zeitrechnung scheint nichts übriggeblieben zu sein, da die Fresken von Bamiyan und die Masse derer von Ajanta fast sicher der folgenden Epoche angehören. Auch um die Architektur, die ein Opfer der Zeit und der islamischen Zerstörung geworden ist, steht es nicht besser. Der große Mahabodhi-Tempel von Bodh Gayā nimmt vielleicht die Grundzüge seiner ursprünglichen Gestalt wieder auf, die zur Schule von Mathurā gehört haben muß; seine heutige Gestalt aber ist eine Folge von späteren, sehr unheilvollen Wiederherstellungen. Von der Architektur von Gandhāra besitzen wir nur einige stark zerstörte Vihāra (zum Beispiel der von Takht-i-Bahi bei Peshawar) und die Beschreibung, die die chinesischen Pilger des 6. und 7. Jahrhunderts von einem großartigen, heute verschwundenen Bau, dem großen Stūpa Kanishkas in Peshawar, geben. Die Grotten von Bamiyan haben nur sehr wenig Indisches an sich und gehen auf hellenistische und später auf sasanidische Modelle zurück. Der westliche Dekhan bewahrt auch weiterhin den bereits bekannten Typus von Felsbauten (der große Caitya von Kānheri bei Bombay, die Grotten von Pandu Lena bei Nāsik, der Caitya von Bedsa bei Karli), während weiter östlich die Architektur von Amarāvatī nur von einigen interessanten Reliefs bekannt ist, die reichdekorierte Stūpa wiedergeben.

## Die Gupta-Periode

Um das Jahr 300 bestanden im Gangestal eine Unzahl von Zwergstaaten. Eine der kleinen lokalen Fürstenfamilien waren die Gupta, die sich in der zweiten Hälfte des 3. Jahrhunderts in der Grenzzone zwischen Bihar und Bengalen festsetzten. Zu Beginn des 4. Jahrhunderts heiratete einer von ihnen, Candragupta, die Prinzessin Kumāradevī aus der vornehmen Familie der Licchavi, die zu Zeiten des Buddha über Vaishālī geherrscht hatte und im 5. Jahrhundert auf dem Thron von Nepal erscheint. Diese Heirat legte den Grund für den Aufstieg der Gupta. Candragupta I. (etwa 310–335) nahm seinen Wohnsitz in der alten Metropole Pātaliputra, die vielleicht zu der Mitgift seiner Frau gehörte, und 320 begründete er zur Erinnerung an seine Hochzeit und Krönung die Gupta-Zeitrechnung, die dann alle seine Nachfolger gebrauchten. Die von ihm geprägten Goldmünzen tragen sein und seiner Frau Bild und den Namen der Licchavi. Hiervon abgesehen wissen wir aber nichts von seiner Tätigkeit; vermutlich umfaßte das von ihm begründete Königreich nur Bihar und Teile von Bengalen.

Sein Sohn und Nachfolger Samudragupta (etwa 335–375) verwandelte diesen Regionalstaat in ein Reich, das sich über einen guten Teil Nordindiens erstreckte. Er ist uns vor allem durch eine der schönsten indischen Inschriften bekannt, seine von dem Dichter Harishena verfaßte Lobpreisung auf der Allahabad-Säule. Nachdem sein Vater ihn feierlich zum Nachfolger ernannt hatte, mußte er anscheinend erst einen Rivalen beseitigen: Kāca, von dem andere annehmen, er habe später als Samudragupta gelebt. Sobald er seine Stellung gefestigt hatte, unternahm er eine Reihe von Eroberungszügen und beseitigte die Nāga-Könige im Westen und verschiedene andere Herrscher. Weitere Staaten – Samatata (Ostpakistan), Kāmarūpa (Assam), Nepal und Kartripura (Jalandhar in Ostpunjab) – wurden unter der Bedingung, daß sie die Oberhoheit des Eroberers anerkannten, verschont. Auch die letzten Republiken – die Mālava in Ost-Rajasthan, die Yaudheya am unteren Sutlej, die Mādraka im Punjab, die Ābhīra in Zentralindien und andere weniger wichtige – mußten ihn als Herrscher anerkennen. Keine dieser Republiken konnte jemals wieder ihre Unabhängigkeit erlangen, und mit den Gupta verschwindet diese alte Staatsform endgültig aus der indischen Geschichte. Direkt oder indirekt erstreckte sich Samudraguptas Einflußsphäre auf das gesamte Gangestal nebst dem Punjab im Westen und Assam im Osten.

Seine größte militärische Unternehmung war der Eroberungszug in den Dekhan, wo er zwölf Herrscher – unter ihnen den Pallava-König von Kañchī – besiegte. Im Grunde war es lediglich ein gewaltiger Beutezug ohne dauerhafte politische Folgen; offenbar geriet die Ostküste niemals – nicht einmal nominell oder zeitweise – unter die Gupta-Herrschaft. Samudraguptas diplomatische Beziehungen reichten bis zu den Kshatrapa von Malwa und den Kushāna-Epigonen in Gandhāra, die in seiner Inschrift mit dem alten kaiserlichen Titel »Daivaputra Shāhī Shāhānushāhī« bezeichnet werden. Sogar Ceylon trat mit ihm in Beziehungen, und Meghavarna, der König der Insel, erbaute mit der Erlaubnis Samudraguptas einen großen Vihāra in Bodh Gayā. Selbstverständlich ist es schwierig, sich eine deutliche Vorstellung von der wirklichen Bedeutung des großen Königs für die Geschichte Indiens zu machen, denn unsere Kenntnisse sind – bis auf seine schönen Münzen – auf eine einzige ihn unverblümt lobende Quelle beschränkt. Jedenfalls steht fest, daß Samudragupta einer der größten Eroberer, wenn nicht der größten Organisatoren der indischen Geschichte war. Unter anderem brachte er ein Ashvamedha dar. Sein männlicher und kriegerischer Hinduismus vermochte seinen Nachfolgern ein großes Reich zu hinterlassen, was dem idealistischen Pazifismus Ashokas nicht gelungen war.

Auf Samudragupta folgte, vielleicht nicht unmittelbar, Candragupta II. (um 375 bis 414). Als würdiger Sohn des großen Eroberers setzte er dessen Werk fort, beseitigte zu Beginn des 5. Jahrhunderts das Kshatrapa-Reich in Zentralindien und stieß bis zur Westküste vor. Wie sein Vater war er ein großer Schirmherr der Literatur, und sein Ehrenname

Vikramāditya wird mit dem Leben einiger der größten indischen Dichter in Verbindung gebracht. Seine Regierungszeit stellt nicht nur den Höhepunkt der Dynastie, sondern der ganzen klassischen indischen Kultur dar. Mit den Nāga und Vākātaka verwandt, regierte er ein großes Reich, von dessen Blüte uns der chinesische Pilger Fa-hsien, der es 400 bis 411 bereiste, berichtet; leider gibt der chinesische Reisende keinerlei Hinweise politischer Art.

Kumāragupta I. (414–455) erhielt das Reich seiner Väter unversehrt und in Frieden. Lediglich gegen Ende seines langen Lebens geriet es durch unbekannte Feinde in eine Krise, die aber dank der Tüchtigkeit des Erbprinzen Skandagupta überwunden werden konnte. Nach seiner Thronbesteigung mußte dieser dann einen Teil seiner Regierungszeit (455 bis 467) in Waffen verbringen. Seine Hauptfeinde waren die Hūna, ein der literarischen Überlieferung (Kālidāsa, Mahābhārata) nicht unbekannter Name, der auf die Kidariten oder die Chioniten an der iranischen Grenze hinweisen könnte. Phonetisch stellt er eine Parallelform zu den Hunnen der europäischen Geschichte dar. Der Krieg muß, wie sich aus dem Verfall der Münzen in Stil und Wert ergibt, die Kräfte des Reiches erschöpft haben. Dennoch wurde die Krise für den Augenblick überwunden, und Skandagupta herrschte noch bis zum Arabischen Meer; sein Statthalter Parnadatta, ein Iranier, stellte den Stausee Sudarshana wieder her, dem einst die Bemühungen der Beamten von Ashoka und Rudradāman gegolten hatten.

Aber nach ihm beginnt der Abstieg des Gupta-Reiches. Die Nachfolge war anscheinend umstritten, binnen weniger Jahre folgten eine Anzahl unbekannter Herrscher einander auf dem Thron. In den westlichen Seeprovinzen machten sich die Gouverneure von Surashtra, mit Sitz in Vālabhī, wenn nicht formal, so doch praktisch unabhängig. Nominell noch unter der Oberherrschaft des letzten Gupta von kaiserlichem Rang, Budhagupta (um 477–495), bildeten sich in der Grenzzone zum Vākātaka-Reich in Bundelkhand weitere Staaten (Parivrājaka, König von Ucchakalpa, Pānduvamsha und andere). Nach dem Tode Budhaguptas scheinen Münzen und Inschriften auf eine Teilung des Reiches zwischen einem Zweig der Dynastie in Malwa und einem anderen in Magadha hinzuweisen, während Pātaliputra für immer aufhörte, eine Hauptstadt oder auch nur eine große Stadt zu sein, und das Reich in seine Bestandteile zerfiel. Mit dem Ende der Gupta büßte Magadha seine Stellung als führender Staat ein, die es, wenn auch mit langen Unterbrechungen, ein Jahrtausend lang innegehabt hatte.

Zu Beginn des 3. Jahrhunderts hatte das Kushāna-Reich für die Entwicklung in Indien keinerlei Bedeutung mehr. Für eine gewisse Zeitspanne in der ersten Hälfte des 4. Jahrhunderts unterstand es als Ganzes der Herrschaft der Kushān Shāh, die, wie wir gesehen haben, persische Statthalter waren. Aber um die Mitte des Jahrhunderts müssen die Kushāna ihre Unabhängigkeit zurückerobert haben, denn sie erscheinen mit allen ihren alten Titeln auf der Inschrift Samudraguptas in Allahabad.

Später erfahren wir aus den chinesischen Texten und den Münzen von der Existenz eines Herrschers namens Kidāra, der von seiner Basis in Baktrien aus den Kushāna-Staat teilweise wiederherstellte und den Königstitel (»Kidāra Kushāna Shāhi«) annahm. Seine Nachfolger, die Kidariten, regierten noch für einige Zeit in Gandhāra und Tokharestan, wie nunmehr

## INDIEN BIS ZUR MITTE DES 6. JAHRHUNDERTS

der gebirgige Teil Baktriens genannt wurde. Aber ihre Chronologie ist sehr umstritten. Angeblich soll Kidāra um die Mitte des 4. Jahrhunderts gelebt haben, was bedeuten würde, daß er die Kushāna-Macht wiederherstellte; datiert man ihn dagegen auf die Zeit zwischen 415 bis 435, dann wäre er ein Kushāna-Epigone, der von Tokharestan aus lediglich den Namen des längst erloschenen alten Reiches wiederaufleben ließ. In diesem Fall wären die Kidariten die Hūna, gegen die Skandagupta um 455/56 kämpfte; und tatsächlich erwähnt der byzantinische Historiker Priscus für das Jahr 456 die »Kidariten-Hunnen« als Feinde Persiens. Wie immer es sich aber mit ihnen verhalten mag, jedenfalls wurden sie durch die Hephthaliten um das Jahr 500 oder wenig früher aus den afghanischen Gebieten vertrieben. Mitglieder ihrer Familie schlugen indessen noch eine Zeitlang im nördlichen Punjab Münzen, und die aus dem Kashmir stammende Dynastie der Karkota berief sich noch später auf ihren Namen.

Ein Problem, das hier nur gestreift werden kann, weil es den Rahmen unserer Erzählung sprengt, ist das von Toramāna, dem Herrscher von Zabul (»Shāhi Jāuvla«), dem heutigen Ghazni, und seinem Sohn Mihirakula, der mit Kashmir in Beziehung gesetzt wird. Mihirakula, ein überzeugter Shivait, ging in die Geschichte vor allem als heftiger Verfolger des Buddhismus ein. Sicher waren die beiden fremder Herkunft. Doch gibt es nicht den geringsten Anlaß, sie mit den Hūna in Zusammenhang zu bringen, wie das seit einem halben Jahrhundert ganz selbstverständlich geschieht.

Das Gupta-Reich, dieser letzte Versuch des Hinduismus, eine einigende politische Kraft zur Wirkung zu bringen, machte vor der Schranke der Vindhya-Berge halt und dehnte sich nicht in den Dekhan aus. Die großen Plünderungszüge Samudraguptas an der Ostküste blieben ohne Zukunft. Einer der Hauptgründe für diese Begrenzung war die Tatsache, daß die wichtigsten Vindhya-Pässe im Zentrum der Halbinsel seit langer Zeit in der Hand der Vākātaka-Dynastie waren, die aber zu mächtig war, als daß man sie hätte beseitigen können, und mit der die Gupta darum in der Hauptsache eine Politik der Freundschaft und der Zusammenarbeit verfolgten.

Die Vākātaka waren in der Mitte des 3. Jahrhunderts in der Gegend von Nagpur in den Überresten des Shātavāhana-Reiches aufgetaucht. Ihr Begründer Vindhyashakti war ein Brāhmane, was beweist, wie wenig die Vorschriften der Dharmashāstra nun in der praktischen Politik der Zeit befolgt wurden. Sein Sohn Pravarasena I. war Herr über das ganze Herz der Halbinsel und mit den Bhārashiva-Nāga-Königen des Gangestales verschwägert. Nach ihm spaltete sich die Dynastie anscheinend für eine gewisse Zeit in zwei Zweige. Rudrasena II. heiratete Prabhāvatīgupta, die Tochter Candraguptas II., und diese eheliche Verbindung mit dem mächtigsten indischen Staat schenkte den Vākātaka Sicherheit an ihren Nordgrenzen, ließ sie aber auch vorübergehend in die Einflußsphäre der Gupta geraten. Tatsächlich regierte Prabhāvatīgupta nach dem Tode ihres Mannes den Staat als Regentin wenigstens dreizehn Jahre lang. Erst später, in der Mitte des 5. Jahrhunderts, bestieg ihr dritter Sohn, Pravarasena II., den Thron und reorganisierte den Staat auf militärischer Grundlage; seine Provinzialbeamten trugen den Titel General. Er war auch als Dichter berühmt, falls er wirklich der Verfasser des Prakrit-Gedichtes Setubandha war. Aber zwei Generationen nach ihm wurden seine Nachkommen von einem Seitenzweig der

Familie, aus Vatsagulma in Berar, in der Person von Harishena verdrängt. Dieser verlieh den Vākāṭaka für einen kurzen Augenblick noch einmal neues Leben und war gegen Ende des 5. Jahrhunderts noch Herr über einen guten Teil des Dekhan. Nach ihm aber breitet sich vollständiges Dunkel aus, und wir wissen nicht einmal, wie und wann die Dynastie endete.

Während der Nordteil des alten Shātavāhana-Reiches in die Hände der Vākāṭaka geriet, zersplitterten sich die westlichen Gebiete unter obskuren Lokalherrschern (die Familien Bhoja und Traikūṭaka). Im Osten beherrschten im 4. Jahrhundert die Shālankāyana, die am Ende des 5. Jahrhunderts von den Pallava beseitigt wurden, die Stadt Vengi. Südlich des Krishna begannen sich nach 450 die Vishnukundin festzusetzen, vermutlich Vertreter einer lokalen Reaktion gegen die Pallava. Aber keine dieser Familien kam über ihren rein lokalen Umkreis hinaus.

Ein starker Regionalstaat, der mehr oder minder dem Telugu-Land entsprach, wurde indessen von den bereits erwähnten Pallava begründet. Ihre Herkunft ist in Dunkel gehüllt; sicherlich sind sie in Südindien Fremde, aber abgesehen von der Ähnlichkeit ihres Namens gibt es keinen Grund, sie mit den Pahlava oder Parthern in Zusammenhang zu bringen. Mitten in dravidischem Land förderten die ersten Pallava das Prakrit, das sie in ihren Inschriften gebrauchten; später gaben sie es zugunsten des Sanskrit auf, aber jedenfalls handelt es sich um Arya-Herrscher in dravidischem Gebiet. Um die Mitte des 3. Jahrhunderts treten sie im Hinterland von Madras ins Licht der Geschichte, ihre Hauptstadt war die heilige Stadt Kañchī (Kanchipuram). Schrittweise dehnten sie sich nach Norden aus, annektierten den Staat der Ikshvāku und dann einen guten Teil des Āndhra-Landes. Im Süden kam es sehr bald zu einem Zusammenstoß mit den Cola; und gegen Ende des 6. Jahrhunderts erscheinen die Pallava als vierter Partner neben der traditionellen Triade der dravidischen Staaten. Aber die Zeit ihrer wirklichen politischen Bedeutung, die bis zu ihrem Sturz gegen Ende des 9. Jahrhunderts anhielt, liegt außerhalb des Rahmens unserer Darstellung.

Über die kleineren Dynastien, die sich in dem Landstrich zwischen dem Dekhan und dem äußersten Süden festsetzten, gehen wir hinweg; zu ihnen gehören die westlichen Ganga im heutigen Zentral-Mysore und die um die Mitte des 4. Jahrhunderts von den Brāhmanen Mayūrasharman wenig weiter im Norden begründeten Kadamba.

Für die drei Staaten im tiefen Süden bedeutete die Gupta-Periode eine Zeit der Finsternis und vielleicht des politischen Verfalls. Es ist nicht ausgeschlossen, daß daran das Abnehmen und dann das Ende des römischen Handels nach der zweiten Hälfte des 4. Jahrhunderts beteiligt war, das unbestreitbare Folgen für die wirtschaftliche Lage des Landes haben mußte. Von den Cera weiß man fast nichts. Die Cola verloren ihre Unabhängigkeit durch die Kalabhra und blieben für lange Jahrhunderte (bis zum 9. Jahrhundert) unbedeutend, selbst als ihre Bedrücker um das Jahr 600 von den Pallava und Pāndya beseitigt wurden. Wer die Kalabhra eigentlich waren, ist eine noch offene und vielumstrittene Frage; jedenfalls waren sie lokale Tamil-Fürsten. Auch das Pāndya-Reich geriet unter ihre Herrschaft.

## INDIEN BIS ZUR MITTE DES 6. JAHRHUNDERTS

In der Gupta-Periode gelangen jene Einwanderung nach Südostasien und die kulturelle Durchdringung, die in den vorangegangenen Jahrhunderten langsam begonnen hatten, auf ihren Höhepunkt. Dieser allmähliche, schlecht zu definierende, vollständig anonyme Prozeß macht im Lauf weniger Jahrhunderte aus dem Westteil der indonesischen Inselwelt und den Küsten Südasiens bis nach Kap Varella ein gänzlich von indischer Kultur und indischer Religion durchtränktes Gebiet: eine wahre »Magna India« jenseits des Meeres. Die Zeugnisse aus der Anfangszeit sind ungewöhnlich spärlich. Chinesische Texte setzen die Gründung des Fu-nan-Reiches im heutigen Kamboja durch den Brāhmanen Kaundinya im 1. nachchristlichen Jahrhundert an; und in der Mitte des 3. Jahrhunderts erscheinen die ersten Sanskrit-Inschriften in dieser Gegend. Eine Statuette im Amarāvatī-Stil, die im heutigen Siam gefunden wurde, kann frühestens aus dem 3. oder 4. Jahrhundert stammen, und die Funde in Burma sind noch jüngeren Datums. Im äußersten Osten des indischen Expansionsgebietes, in der Gegend von Hue, mitten im heutigen Vietnam, entsteht gegen Ende des 2. Jahrhunderts das Königreich Campā, dessen Geschichte, bis zu seinem Sturz 1471, ein einziger langer Kampf gewesen ist, zuerst gegen den Druck Chinas, dann gegen den Vietnams mit seiner chinesischen Kultur; der erste materielle Fund ist auch hier ein Buddha im Amarāvatī-Stil. Auf der malaiischen Halbinsel zählt Ptolemäus indisch klingende Ortsnamen auf, und fast zur selben Zeit (2. Jahrhundert) erwähnen die chinesischen Texte indisierte Staaten: Lankasuka, Tambralinga; die ersten Sanskrit-Inschriften stammen aus dem 4. Jahrhundert. In Indonesien erscheinen sie zu Beginn des 5. Jahrhunderts in Kutei in Ostborneo und im Westteil Javas.

Ursprünglich scheint der indische Einfluß wirtschaftlicher Natur gewesen zu sein, als bedeutendste Folge jenes niemals lebhafteren Güteraustauschs, der im 1. und 2. Jahrhundert aus den asiatischen Küsten vom Persischen Golf und vom Roten Meer bis zur Chinesischen See ein einheitliches Handelsgebiet machte. Diese Handelsbeziehungen wurden psychologisch durch den sich ausbreitenden Buddhismus begünstigt. Er nämlich räumte das Hindernis beiseite, das in der Angst der Kastengesellschaft vor der Befleckung durch Berührung mit »wilden« Völkern bestand. Der »Seekaufmann« ist eine wichtige Figur in den Erzählungen der Jātaka. Diese Kaufleute kamen, soweit wir heute sehen können, aus allen Teilen der indischen Halbinsel, vor allem aber, wie nur natürlich, aus Südindien. Die von ihnen in den indochinesischen und indonesischen Häfen errichteten Handelskolonien übten eine starke kulturelle und soziale Anziehungskraft auf die gehobenen Klassen im Osten aus. Ehen mit den Töchtern der lokalen Oberhäupter zwangen dazu, diese wenigstens formal in das Hindu-System einzuordnen, um das Stigma einer Verbindung mit Personen, die keiner Kaste zugehörten, zu vermeiden. Andererseits wurden diese Frauen die besten Propagandistinnen für die Glaubensüberzeugung ihrer Männer. So entstanden Familien hohen Standes und buddhistischer oder hinduistischer Religion, die der indischen Kultur vollständig und begeistert anhingen. Von der Indisierung der herrschenden Klassen bis zur Bildung indischer Staaten war dann nur noch ein kleiner Schritt; schon die Wahl eines Inders zum Herrscher oder die vollständige Indisierung eines lokalen Herrschers konnte das auslösen. So entstand in Südostasien eine Anzahl großer Staaten, deren Religion hinduistisch oder buddhistisch und deren heilige Sprache das

Sanskrit war, deren Könige indische Namen trugen und deren Überlieferungen die Indiens waren. Natürlich wurde dieser indische Firnis immer dünner, je weiter man von der Küste ins Binnenland vordrang und vor allem, je tiefer man die soziale Stufenleiter hinabstieg.

In der ersten Hälfte des 5.Jahrhunderts wurde dieser Prozeß erheblich beschleunigt, was man – vielleicht zu Unrecht – mit der Entstehung des Gupta-Reiches in Indien in Zusammenhang hat bringen wollen; ein Teil der herrschenden Klasse der Vindhya-Staaten, ihre Fürsten, Brāhmanen und Gelehrten, soll vor der Guptaherrschaft über See Zuflucht gesucht und so den indischen Gemeinden, die in diesen Gegenden schon bestanden, frische hochqualifizierte Kräfte zugeführt haben.

Ein teilweise analoger Prozeß spielte sich in den Karawanenstädten des Tarim-Beckens, wahren »Wüstenhäfen«, ab. Freilich mit dem Unterschied, daß hier der indische Einfluß dem iranischen und chinesischen begegnete und infolgedessen nicht wie in der Magna India zu absoluter Herrschaft kam. Seine größte Wirkung lag auf religiösem Gebiet; für fast ein Jahrtausend wurde der Buddhismus unter den zahlreichen dort gedeihenden Religionen die vorherrschende. Auf politischem Gebiet nahm die Entwicklung jedoch einen völlig anderen Verlauf. Die regierenden Familien in den Oasenstädten wurden nicht so vollständig indisiert. Außerdem war die politische Macht dieser Stadtstaaten verschwindend gering, stets waren sie ein Spielball mächtiger Nachbarn: Chinas und der verschiedenen Steppenreiche. Gleichwohl sind uns die indischen Handelskolonien in Zentralasien unmittelbar und höchst lebendig gegenwärtig, aus Fragmenten der in Prakrit geschriebenen Briefe, Rechnungen und anderen Dokumenten, die im Wüstensand erhalten blieben und die von europäischen Expeditionen im ersten Viertel dieses Jahrhunderts ans Tageslicht gefördert worden sind.

Bei dieser ganzen glanzvollen Ausbreitung der indischen Kultur außerhalb der Grenzen der Halbinsel müssen drei entscheidende Tatsachen festgehalten werden. Erstens war sie nicht von Dauer und besteht heute mit der einzigen Ausnahme der Insel Bali an keinem Ort fort, doch reichte ihr Einfluß so tief, daß sie ihre Zeichen dem Denken, der Folklore und den Überlieferungen der Völker, die diesem Einfluß ausgesetzt waren, auf immer eingeprägt hat. Zweitens hatte diese Expansion keinen politischen Charakter. Kein Teil der Magna India oder Zentralasiens wurde mit Waffengewalt erobert oder einer indischen Herrschaft unterworfen. Und schließlich ist sie fast vollständig anonym; mit Ausnahme einiger weniger Hinweise aus chinesischen Quellen ist uns kein Name dieser kühnen Seefahrer und Reisenden erhalten geblieben. Gleichwohl ist dieser Komplex in seiner Gesamtheit eine der imponierendsten Erscheinungen der Menschheitsgeschichte. Die sozialen Institutionen und Bedingungen dieser Zeit sind uns in ihrem Leben und in ihrer Wirkung besser bekannt als die der vorangegangenen. Das liegt daran, daß wir nicht mehr an die unsicheren literarischen Quellen und die theoretischen Abhandlungen gebunden sind, von denen man nie weiß, inwiefern sie den Tatbeständen entsprechen; zum erstenmal erlauben es die relativ zahlreichen Gupta-Inschriften, die inneren Wirkkräfte der indischen Gesellschaft bei ihrer Arbeit zu beobachten. Dafür läßt die theoretische Spekulation auf juristischem und politischem Gebiet nach und stagniert.

Selbstverständlich kann das Gupta-Reich als Beispiel für die Struktur eines großen Staates während der Gipfelperiode der indischen Kultur gelten. Die Herrschertitel sind weit entfernt von der Einfachheit der Maurya-Zeit, als ein Ashoka sich damit begnügte, sich Rāja zu nennen. Die normale Formel ist jetzt »Höchster Gott, Höchster Kaiser, Oberkönig der Großkönige« (Paramadaivata, Paramabhattāraka, Mahārājādhirāja). Der absolute Herrscher wird wie bisher von einer hohen Bürokratie unterstützt. An ihrer Spitze stand der Großminister, dem der Oberbefehlshaber, der Großgeneral und der Großkämmerer unterstellt waren. Vom Oberbefehlshaber hingen die Kommandanten der drei Waffengattungen ab: Fußvolk, Reiterei, Elefanten; der Wagen war als Kriegswaffe verschwunden. Eine Neuerung der Gupta-Zeit war der Außenminister, buchstäblich: »Minister für Frieden und Krieg« (Sāndhivigrahika). Die Beamten der Zentralregierung wurden unter der Bezeichnung Amātya zusammengefaßt, als Sondergruppe gehörte zu ihnen eine höhere Klasse, die für besondere Vertrauensstellungen ausersehen war: die Kumārāmātya.

Auch in der Provinzialverwaltung gab es Neuerungen. Die Provinzen wurden von Prinzen königlichen Geblüts (Mahārājaputra) oder von Gouverneuren (Uparika) verwaltet. Sie waren im allgemeinen in Distrikte unterteilt, denen vom Provinzstatthalter ernannte Präfekten vorstanden; aber gelegentlich wurde dorthin auch ein Kumārāmātya oder ein königlicher Geheimrat (Āyūktaka) entsandt.

In Grundbuchangelegenheiten (An- und Verkauf, Schenkungen) standen dem Distriktsvorsteher in den größeren Städten ein Bürgerrat (Adhishthānādhikarana) und auf dem Lande ein Bezirksrat (Vishayādhikarana) zur Seite. Der Bürgerrat setzte sich normalerweise aus vier Mitgliedern zusammen: dem Haupt der Kaufmannschaft, dem Haupt des Karawanenwesens, dem ersten Handwerker und dem ersten Schreiber. Gelegentlich taucht auch ein Bauernschaftsrat (Ashtakulādhikarana) auf, an dessen Spitze die Dorfältesten (Mahattara) standen. Insgesamt verraten diese Einrichtungen ein reiches und tätiges lokales Leben und einen bemerkenswerten Grad von Selbstverwaltung. Neben den Provinzen und Distrikten, die der direkten königlichen Kontrolle unterstanden, gab es jedoch auch zahlreiche Lehnsfürstentümer und tributpflichtige Staaten, wie es indischen Traditionen von jeher entsprach.

Auf seinem Höhepunkt war der Gupta-Staat, wie aus der Beschreibung des chinesischen Pilgers Fa-hsien hervorgeht, reich und wohlgeordnet, seine Bevölkerung war ruhig und zufrieden, sein wirtschaftliches Leben blühte. Gleichwohl ist der Verfall der Städte und des städtischen Lebens ein Merkmal dieser Epoche. Pātaliputra ist nach Fa-hsien wenig mehr als ein Dorf; Ujjain, die eigentliche Hauptstadt während der letzten Lebensjahrzehnte der Dynastie, ist klein. Klein soll auch Kanauj gewesen sein, das das geistige Erbe von Pātaliputra antrat und die wichtigste Stadt Indiens zwischen dem 7. und dem 13. Jahrhundert wurde. Ein großer Teil der Gupta-Schenkungsurkunden ist nicht in der Hauptstadt, sondern im königlichen Feldlager ausgefertigt worden. Nach der scharfsinnigen Beobachtung von Damodar Dharmanand Kosambi erstickt in den folgenden Jahrhunderten das Dorf, als eine in sich geschlossene wirtschaftliche Einheit, die Stadt. Die Münzen werden immer seltener, und im 7. Jahrhundert beschreibt der chinesische Reisende Hsüan-tsang ein Indien, das im Grunde zum Tauschhandel zurückgekehrt ist.

Diese Gesellschaft hatte nicht mehr die Kraft für ein großes einheitliches Staatswesen, und daher vermochte sie in der Zeit vom Sturz der Gupta bis zu den islamischen Eroberungen keine staatliche Einheit zu schaffen. Nach den Gupta findet das politische Leben seinen Ausdruck in einem System weniger großer, miteinander im Gleichgewicht stehender Regionalstaaten, einem wahren »indischen Konzert«, um hier einen der europäischen Diplomatie des letzten Jahrhunderts so teuren Begriff zu verwenden.

Auf juristischem Gebiet war am bedeutendsten das verlorene Werk Katyāvana (etwa 400–600), das zwar einiges Originale, etwa auf dem Gebiet des Sklavenwesens bietet, im ganzen aber die von den großen Dharmashāstra gebahnten Pfade nicht verläßt.

Das anfangs sehr lebendige Wirtschaftsleben wird zum großen Teil von den Zünften beherrscht, von denen in Basarh, dem alten Vaishālī, Siegel gefunden worden sind; diese Zünfte waren juristische Personen und konnten als solche Schenkungen zu sakralen Zwecken entgegennehmen. Sie waren intern in vier Stufen gegliedert: Lehrling, Geselle, Sachverständiger und Meister.

Im 4. und 5. Jahrhundert spielt sich der Handel noch auf monetärer Basis ab; die Münzen der Gupta sind das Schönste, was die indische Kunst auf diesem Gebiet hervorgebracht hat; unmittelbar darauf aber beginnt ein rascher und unabwendbarer Abstieg. Die ersten Goldmünzen entsprachen dem auf dem römischen Aureus mit einem Gewicht von 7,8 Gramm fußenden Kushāna-System; und tatsächlich hießen die auf den Inschriften erwähnten Goldstücke Dīnāra (das heißt *denarius aureus*). Skandagupta führte eine radikale Reform durch, er gab den römischen Münzfuß auf und kehrte zum klassischen indischen Modell des Suvarna von achtzig Ratti, also von rund 9,3 Gramm zurück. Gleichzeitig wurde der Feingehalt an Gold von 0,900 auf ungefähr 0,750 herabgesetzt, so daß der Kaufwert der Münze praktisch unberührt blieb. Der Grund dieser Reform ist nicht bekannt. Die Silbermünzen der Gupta hatten lokalen Charakter; anfangs erfolgte ihre Emission nur in Malwa als Fortsetzung des Münzwesens der Kshatarapa, deren Typen und Gewichte (1,9 Gramm; etwas weniger als eine halbe Drachme) übernommen wurden; erst später wurden sie im ganzen Reich in Umlauf gesetzt. Die Bronzemünzen hatten geringe Bedeutung; ihr Gewicht ist sehr unterschiedlich, was auf das Fehlen eines regulären Systems hinzudeuten scheint. Interessant ist, daß das Gupta-Münzwesen und das weniger wichtige der Nāga und der Republiken, die dem Gupta-Staat vorangingen, im Süden keine Entsprechung finden. Die Shātavāhana hatten Münzen geschlagen, aber ihre wichtigsten Nachfolger (Vākāṭaka, Ikshvāku und Pallava) kamen ihrem Beispiel nicht nach. Im ganzen Süden ist die einzige Dynastie, von der uns wenige Münzen – eines einzigen Herrschers – erhalten sind, die fast bedeutungslosen Shālaṅkāyana. Auch hier wissen wir nichts von den eigentlichen Gründen dieser Erscheinung, aber offenbar hängt sie irgendwie mit der Rückentwicklung der indischen Wirtschaft und ihrer Rückkehr zum reinen Tauschhandel zusammen.

Beim indischen Buddhismus vertiefte sich der Bruch zwischen den verschiedenen Schulen der Hīnayāna einerseits und den Strömungen des Mahāyāna andererseits auch weiterhin. Von jenen haben die Theravādin besondere Bedeutung, deren Hochburg jetzt Ceylon war. Dort haben sie den Untergang ihrer Schule und des ganzen Buddhismus auf der Halbinsel bis heute überlebt. Ein großer Meister, Buddhagosa, ein Brāhmane, der im 5. Jahrhundert aus dem Norden nach Ceylon übergesiedelt war, brachte ihre Lehren in ein System. Wie fast immer in Indien haben seine Werke die Gestalt eines Kommentars; das wichtigste von ihnen ist das Visuddhimagga (»Der Weg zur Reinheit«), ein Werk von hohem philosophischem Rang, das die Grundlage für die Ontologie und die Erkenntnistheorien des südlichen Buddhismus abgibt.

Auch die Sarvāstivādin brachten im 2. Jahrhundert ein großes zusammenfassendes Werk, die Mahāvibhāshā, hervor; das berühmteste Werk der Schule ist jedoch der Abhidharmakosha von Vasubandhu dem Jüngeren (etwa 400–480), der zum Teil auf Sanskrit und vollständig in chinesischen und tibetischen Übersetzungen erhalten ist. Sein Denken ist anscheinend in gewissen Punkten vom Vaisheshika beeinflußt. Seine Lehre stellt den Weltprozeß als das Zusammenwirken von in funktioneller Abhängigkeit entstehenden Einzel-Dharmas dar und bildet sozusagen eine Brücke zum gnoseologischen Idealismus der Yogācāra-Schule.

Der Yogācāra stellt eine Weiterbildung des Madhyamaka dar und ist der Höhepunkt des philosophischen Denkens des Mahāyāna. Ihre drei wichtigsten Meister sind der vielleicht mythische Maitreyanatha (der, falls er wirklich existiert hat, etwa 270–350 gelebt haben muß), Asanga (um 310–390) und Vasubandhu der Ältere (um 320–380). Asanga, der Verfasser des Mahāyānsūtrālamkāra und des Abhidharmasamuccaya, war der Bruder Vasubandhus des Älteren, dessen mittelbarer Schüler Dignāga (Ende des 4. Jahrhunderts) seinerseits als Begründer der formalen Logik des Buddhismus gelten kann.

Der Yogācāra definiert die absolute Realität positiv, die Nāgārjuna nur negativ definieren konnte. Für sie ist diese Realität das Denken, das lichtartige, kosmische Bewußtsein, das Prinzip, das Absolute. Es wird anfangs im »Speicher-Bewußtsein« *(ālayavijñāna)* objektiviert. In ihm findet eine spontane Verunreinigung statt, aus der sich die individuellen Gedankenreihen entwickeln, die sich gegenseitig als Erscheinungsformen einer objektiven Realität und illusorischen Personalität bedingen. Diese Erscheinungsformen lösen sich in dem gereinigten Bewußtsein selbst auf, wenn die Erkenntnis die Gedanken zum Halten bringt. Dem Realismus der Sarvāstivādin wird das reine Bewußtsein gegenübergestellt, die absolute Subjektivität. Im Gegensatz zu den Behauptungen Nāgārjunas ist das Denken nichts Relatives, sondern etwas Kreatives; die Dinge, wie sie der allgemeinen Erfahrung erscheinen, sind irreal, aber diese Irrealität hat ihre Grundlage in etwas Realem, die eben die reine Subjektivität ist; die Objektivität ist nur eine irreale Projektion von ihr. Wenn Asanga diese reine Subjektivität das »Leere« *(shūnya)* nennt, so tut er es also nicht, weil die Subjektivität in sich leer ist, sondern weil sie »leer« genannt werden kann im Hinblick auf die Objektivität ihrer Erscheinungsformen, daß heißt in ihrer Aufspaltung in Subjekt und Objekt.

Neben dem Yogācāra stand auch der Madhyamaka unter den Nachfolgern von Āryadeva, dem Jünger von Nāgārjuna, in hoher Blüte. Sein Zentrum war von der Gupta-Zeit an die große Klosteruniversität von Nālandā in Bihar, die bis zu ihrer Zerstörung am Ende des 12. Jahrhunderts die Hochburg des indischen Buddhismus auch in der Zeit seines Verfalls blieb.

Faßt man die theoretische Position der Hauptströmungen in den beiden buddhistischen Gruppen zusammen, so kann man sagen, daß, während der Hīnayāna lediglich die Existenz des Ichs verneinte, der Yogācāra außerdem die Realität der empirischen Welt, die Universalien und die Existenz eines Schöpfergottes verneinte und nur zwei Erkenntnismittel gelten ließ: Wahrnehmung und Schlußfolgerung.

In der indischen Religionsgeschichte bedeutet die Gupta-Periode den definitiven Stillstand der Ausbreitung des Buddhismus, ja den Beginn seines Zurückweichens, da die Gunst der Höfe und des Volkes sich allmählich immer mehr der alten Religion zuwendet. Im übrigen bekannten sich in der gesamten indischen Geschichte nur zwei Dynastien von nationaler Bedeutung entschieden zum Buddhismus: die Maurya (und von ihnen nur Ashoka) und die Pāla in Bengalen (8.–12. Jahrhundert). Die Gupta selbst waren Vishnuiten, wie der Titel von Candragupta und seinen Nachfolgern (Parama-Bhāgavata) beweist.

Im vishnuitischen Glauben tritt in dieser Zeit die Theorie der Inkarnationen *(avatāra)*, deren Zahl später auf zehn festgelegt wurde, entschieden in den Vordergrund. Es handelt sich dabei um die Systematisierung von Glaubensüberzeugungen und Legenden, deren Ursprünge auf sehr alte Zeiten zurückgehen. Wenn die Welt von Bösen, Dämonen oder auch einfach von allzu mächtig gewordenen Asketen bedrängt wird, nimmt Vishnu die Gestalt eines Tieres oder eines phantastischen Wesens an, in der er den Menschen den Frieden wiederzubringen vermag. Daß diese Liste auf verschiedenartige Quellen zurückgeht, wird durch die Tatsache bestätigt, daß eine dieser Inkarnationen der Buddha ist und daß die letzte *(kalkin)* der Zukunft angehört und am Ende des gegenwärtigen kosmischen Zeitalters die Ordnung auf der Erde wiederherstellen wird. Das heißt, daß hier im Hindugewand die iranische Vorstellung vom Erlöser wiederkehrt, der wir schon im Maitreya des Buddhismus begegneten. Die in der Gupta-Zeit populärste Inkarnation war die des Wildschweins *(varāha)*. Ebenso volkstümlich wurde die Gestalt der Göttin Lakshmī, die als Vishnus Frau galt. Vishnuitische Glaubensvorstellungen breiteten sich über fast ganz Indien aus; Madurai im Süden wurde eines der Hauptzentren der Bhāgavata.

Obwohl nicht von großen Dynastien begünstigt, machte auch der Shivaismus bemerkenswerte Fortschritte, vor allem im Dekhan und später im Süden. Im Vergleich mit den beiden Hauptgöttern traten die übrigen Götter des alten vedischen Pantheons nun in den Schatten und sanken auf die Stufe von sekundären Manifestationen der Gottheit oder geradezu zu deren Gefolgsleuten herab. Nur Sūrya, der Sonnengott, konnte seine Stellung lange bewahren.

Einen besonderen Aspekt gewinnt die Kālī oder Durgā genannte Gefährtin Shivas. Sie bekommt den Charakter einer Shakti, das heißt eines Symbols der aktiven Kraft der Gottheit. In dieser Konzeption zeichnet sich eine fest umrissene Tendenz *(shakta)* innerhalb des Shivaismus ab. Durgā ist die Magna Mater und gilt als Gattin des Shiva; später kommt es zu dem sexuellen Symbolismus der Vereinigung von potentieller und aktueller Kraft, die eben Shiva und Durgā verkörpern. Sie können gütige Götter sein, häufiger aber sind sie Schreckensgottheiten, was für die Ikonographie des Shivaismus besonders kennzeichnend ist.

Verehrung des Buddha vor einem Stupa
Relief von einem Steinzaun aus Nagarjunakonda, 3. Jahrhundert
Nagarjunakonda, Museum

Anhängerinnen der Lehre Buddhas mit Opfergaben
Wandgemälde in der Höhle II von Ajanta, 6. Jahrhundert

Zu den vier Systemen, deren Haupt-Sūtras in der vorangehenden Epoche entstanden, treten jetzt zwei weitere hinzu, Sānkhya und Yoga, um die traditionelle Zahl Sechs zu erfüllen. Der Zusammenhang zwischen den beiden, die eine gemeinsame doktrinäre Grundlage haben, ist vielleicht enger als bei den anderen vier.

Der älteste Text des Sānkhya, der uns erhalten ist, ist die Sānkhyakārikā des Īshvarakrishna (4.-5.Jahrhundert) in nur zweiundsiebzig Versen; aber von einer älteren und abweichenden Form des Sānkhya findet man schon Spuren im Mahābhārata und bei Ashvaghosha. Die grundlegenden Kommentare zur Sānkhyakārikā sind die von Gaudapada und Māthara.

Der Sānkhya nimmt (wie der Yoga) die Existenz zweier entgegengesetzter und gleichermaßen ewiger Substanzen an: die zahllosen Einzelseelen *(purusha)* und die einzige, dynamische komplexe Urmaterie *(prakriti)*. Die Urmaterie besteht unauflöslich aus drei Formen oder Seinsweisen *(guna)*: Sattva (das Gute, die Intelligenz), Rajas (Leidenschaft, Energie) und Tamas (Dunkel, Widerstand), die jeweiligen Grundlagen der Erkenntnis, des Handelns und des Stillstands; sie sind in ständiger Bewegung, und ihre unendlichen Kombinationen erschaffen die Dinge und die ihnen innewohnenden Eigenschaften. Einzelseele und Urmaterie sind Gegensätze und haben miteinander keinerlei Verbindung; aber die Prakriti beeinflußt die Stabilität der Seele dadurch, daß sie ihren unbefleckten Glanz trübt und sie zu der Vorstellung führt, in die Evolution der Materie fortgerissen zu werden. Zur Erlösung führt das Bewußtsein, das diese Beziehung unterbricht und die Einzelseele für immer in ihren untätigen und unbewegten Lichtzustand zurückversetzt. Zumindest in seinen späteren Formulierungen ist der klassische Sānkhya durchweg antitheistisch, das heißt, er verwirft jedes Eingreifen einer Gottheit in die Beziehungen zwischen Urmaterie und Einzelseele.

Der Yoga ist ein System asketischer Praktiken, die ursprünglich einem großen Teil der indischen philosophischen und religiösen Systeme gemeinsam waren. Seine Entwicklung führte aber von der Askese und dem psychologischen Training zu einer theistischen Erlösungslehre. Sein wichtigster Text, die Yogasūtra, wird einem Patanjali zugeschrieben, der fast sicher nicht mit dem berühmten Grammatiker des 2.Jahrhunderts identisch ist; denn die Yogasūtra enthalten Hinweise auf die Theorien des Mahāyāna, die von ihnen widerlegt werden. Sie können deshalb nicht früher als im 5. oder 6. Jahrhundert entstanden sein.

Sein theoretisches Schema ist mehr oder minder das des Sānkhya, behauptet aber die Existenz Gottes als eines höchsten Reglers der Natur; er ist nicht der Schöpfer der Urmaterie, sondern eine auserlesene Seele, die durch ihre Vollkommenheit den Menschen anspornt, sich aus den Fesseln der Materie zu lösen. Die Erlösung tritt dann nicht nur durch die Erkenntnis, sondern auch durch eine spezielle Disziplin ein, die den Verstand von den Neigungen und Verwirrungen, die aus der Vergangenheit herrühren, befreit. Das hauptsächliche Ziel dieser Schule ist gerade die Verwirklichung dieser Disziplin, die die vollständige und endgültige Beruhigung *(nirodha)* aller Weisen und Funktionen des Verstandes bewirken soll. Zu diesem Zweck ist eine detaillierte psycho-physische Analyse des Menschen als Grundlage für eine Reihe von Übungen und Positionen notwendig, die der befreienden Meditation förderlich sind.

In dieser Zeit findet der Nyāya seine systematische Darstellung durch den Kommentator Vātsyāyana (4.–5.Jahrhundert). Im Nyāya kann die erkennbare Wirklichkeit durch vier Erkenntnismittel *(pramāna)* erkannt werden. Die Wirklichkeit ist in sechs Kategorien eingeteilt: Substanz *(dravya)*, Qualität *(guna)*, Tätigkeit *(karman)*, Allgemeinheit *(sāmānya)*, Besonderheit *(vishesha)*, Inhärenz *(samavāya)*. Ein Gott gilt als wirkende Ursache des Universums.

Auch der Vaisheshika wird systematisiert, und zwar von Prashastapāda (im 5.Jahrhundert?). Für ihn ist die Welt eine Realität, und die Dinge sind von der Tatsache, daß wir sie erkennen, unabhängig. Das Erkennbare ist in die gleichen sechs Kategorien eingeteilt wie beim Yoga; aber die erste Kategorie, die Substanz, hat atomare Struktur, das heißt, sie entsteht aus der ständigen Isolation und Verbindung, Ruhe und Bewegung von Atomen *(anu, paramānu)* je nach den Impulsen, die vom Karman auf sie ausströmen. In bezug auf die Existenz Gottes verhielt sich der Vaisheshika anfangs agnostisch, übernahm dann aber die theistische Theorie des Nyāya.

Schließlich fand auch die Mīmāmsā eine im wesentlichen endgültige systematische Form in der Shabarabhāshyā des Shabarasvāmin (im 5.Jahrhundert), von dem die späteren Kommentatoren ausgingen. Dem Vedānta hingegen fehlt es an großen Namen, und erst im 8.Jahrhundert sollte jene herrliche Blüte beginnen, die ihn zum wichtigsten der sechs orthodoxen Systeme machte.

Für die Sanskrit-Literatur stellt die Gupta-Dynastie das Augusteische Zeitalter der indischen Kultur dar. Das Sanskrit herrscht souverän, und einige Inschriften sind von beachtlichem literarischem Niveau. Die brahmanische Literatur im engeren Sinn findet ihren Abschluß in der Abfassung der Purāna, deren Zahl sich überlieferungsgemäß auf achtzehn beläuft. Nach der klassischen Definition behandeln sie fünf Hauptgegenstände: die Erschaffung der Welt, ihre Wiedererschaffung nach der Zerstörung, Genealogien, kosmische Zeitalter, die Geschichte der in zwei große Gruppen geschiedenen – solaren und lunaren – Dynastien. Sie stellen regelrechte Enzyklopädien mythologischen, historisch-legendären, soziologischen und teilweise auch juristischen Inhalts dar. Wie schon anfangs erwähnt, sind sie eine der Quellen für die dynastische Geschichte Indiens, wenn sie auch nur mit äußerster Vorsicht benutzt werden dür.en. Daneben existieren »Neben-Purāna« *(Upapurāna)*, die zumeist an besonders heilige Stätten und besondere Sekten gebunden sind. Zweifellos gehen die wichtigsten und ältesten Purāna (Mārkandeya, Brāhmānda, Vāyū, Vishnu Purāna) auf die Gupta-Zeit zurück.

Aber während die Priesterliteratur sich anschickt, ihren alten tausendjährigen Zyklus glorreich abzuschließen, entfaltet sich in dem großen Kālidāsa die schönste Blüte der Sanskrit-Kunstdichtung. Die chronologische Stellung weniger Genies der Weltliteratur ist so umstritten wie die Kālidāsas, dessen Daten in der Spanne fast eines Jahrtausends schwanken. Heute scheint sich jedoch eine Übereinstimmung darin anzubahnen, daß Kālidāsa am Hofe Candraguptas II. Vikramāditya, also um 400 n.Chr., gelebt hat. Wir wissen nur von ihm, daß er ein shivaitischer Brāhmane aus Ujjain war und kreuz und quer durch Indien gereist ist. Er ist der Autor dreier Dramen, von denen eines, die Abhijnāna-Shakuntalā, ein Meisterwerk der Weltliteratur ist. Ebenso bedeutend ist Kālidāsa als Epiker. Der Kumārasambhava in achtzehn Gesängen, von denen nur die ersten acht authentisch sind, enthält die Geschichte der Geburt von Kārttikeya oder Kumāra, dem Sohn Shivas und Pārvatīs. Eine andere große Dichtung ist der Raghuvamsha, der nach dem 19. Gesang abbricht. Er ist nicht so einheitlich wie der Kumārasabhava und erzählt die Heldentaten von dreißig Königen der Sonnenrasse. Ob Kālidāsa auch der Autor des Kleinen Ritusamhara ist, einer Beschreibung der sechs indischen Jahreszeiten, scheint zweifelhaft. Sein Meisterwerk ist vielleicht der Meghadūta (»Wolkenbote«), eine kleine lyrische Dichtung von wenig mehr als hundert Versen. Ein Halbgott, den ein Fluch von seiner Geliebten trennt, beauftragt in diesem Gedicht eine vorüberziehende Wolke, seine Botschaft der Geliebten zu bringen, und beschreibt ihr Schritt für Schritt den Weg, den sie einschlagen soll. Sein brillanter und raffinierter Stil hat dieses Gedicht zum repräsentativen Meisterwerk einer höfischen Poesie gemacht, die nirgends in vulgären und in abgedroschenen Realismus verfällt und dessen ein wenig überzüchtete Eleganz noch nicht in Geziertheit und Effekthascherei abgeglitten ist.

Ein anderer berühmter Dichter, der vielleicht gegen Ende dieser Zeit gelebt hat, ist Bhāravi, der Autor des Gedichtes Kirātārjuniya. Mit ihm beginnt bereits eine gekünstelte Lyrik, so glanzvoll er auch in seiner vollkommenen Beherrschung der wahrhaft virtuosen Sprache ist.

Unabhängig von dieser höfischen Literatur gingen im Volk moralische Erzählungen und Fabeln um, ein wahrer Schatz an Frische und Lebendigkeit. Von den Sammlungen dieser Stücke ist die berühmteste das Pancatantra. Sein verlorenes Original muß in den ersten nachchristlichen Jahrhunderten entstanden sein; es war wohl erfolgreicher als jedes andere literarische Werk und machte in Übersetzungen seinen Weg durch den ganzen eurasischen Kontinent. Seine Sanskrit-Fassungen und Auszüge entstammen jedoch einer späteren Zeit.

Von den Volkserzählungen kommen wir zur Kunstnovellistik, deren erster großer Vertreter Dandin ist, Verfasser des Kāvyādarsha und des Dashakumāracharita, der wahrscheinlich um das Jahr 500 gelebt hat.

Ein bedeutender Name in den literarischen Hilfswissenschaften ist der des Buddhisten Candragomin (Ende des 5. Jahrhunderts?). Er war der Verfasser des Cāndravyākarana und der Begründer einer vor allem im Norden und in buddhistischen Kreisen blühenden Grammatikschule.

Von den Wissenschaften erreichte vor allem die Astronomie, die die Summe aus einer jahrhundertelangen Entwicklung und aus tiefgreifenden hellenistisch-römischen Einflüssen zog, in der Gupta-Periode ein hohes Niveau. In der Mitte des 6. Jahrhunderts erwähnt der Astronom Varāhamihira fünf verschiedene Systeme. Zwei verraten durch ihren Namen westlichen Einfluß: Paulisha-Siddhānta (System des Paulus von Alexandria) und Romaka-Siddhānta (römisches System). Alle diese Schriften, bis auf den Sūrya-Siddhānta, sind verlorengegangen. Die erste Fassung des Sūrya-Siddhānta entstand im 4. Jahrhundert. Sein heutiger Text, der fünfhundert in vierzehn Kapitel eingeteilte Distichen umfaßt, ist ein oder zwei Jahrhunderte jünger. Er steht in rein indischer Überlieferung, der klassische Einfluß ist nur mittelbar und bezieht sich lediglich auf einige Teile. Sein zweites Kapitel handelt von Sinus und Cosinus. Wie schon erwähnt, war die indische Trigonometrie in dieser Zeit vermutlich der griechischen voraus. Der Sūrya-Siddhānta kennt fünf Planeten, die durch die aufsteigenden und absteigenden Knoten der Mondbahn auf die Zahl Sieben ergänzt werden. Auch die Ekliptik der Planetenumläufe ist ihm bekannt. Die Jahresdauer berechnet er – fast genau richtig – auf 365 Tage, 6 Stunden, 12 Minuten, 35,5 Sekunden. Auch die Präzession der Äquinoktien ist bekannt, und ihre Geschwindigkeit wird mit 54 Sekunden bemerkenswert richtig geschätzt.

Ein interessantes, halb astronomisches, halb mathematisches Werk ist das des Āryabhata, der in den ersten Jahren des 6. Jahrhunderts gelebt hat. Āryabhatas mathematische Kenntnisse sind erstaunlich groß; er kennt die Lösung zweier unbekannter Gleichungen ersten Grades durch unendliche Brüche und gibt die Größe Pi ($\pi$) mit einem Wert von 3,1416 an.

Die Medizin indessen scheint seit Sushruta und Caraka keine großen Fortschritte gemacht zu haben. Ein kurzes medizinisches Kompendium von hundert Distichen, das Yogashataka, gehört anscheinend in das Ende dieses Zeitabschnitts.

Im Süden setzt sich die Blüte der mit dem dritten Shangam verbundenen Tamil-Literatur in einer Reihe von traditionell mit ihm in Verbindung gebrachten Werken fort. Sie gehören aber, wie aus ihrem sprachlichen Charakter ersichtlich wird, einer späteren Periode an. Einige von ihnen, die »Achtzehn Sammlungen«, enthalten einen gnomischen Zyklus, dessen Meisterwerk der Kural ist.

Die Gupta-Plastik stellt – bis auf einige Reminiszenzen im Faltenwurf – eine vollständige Überwindung der Gandhāra-Kunst dar. In ihr verschmelzen die Eleganz der Amarāvatī-Kunst und die sinnliche Kraft der Mathurā-Kunst zu einem neuen Schönheitsideal, das durch seine Vergeistigung der Erscheinungswelt charakterisiert wird. So kommt die indische Ästhetik hier zu ihrer vollständigen Entfaltung und findet ihr vollkommenes Gleichgewicht. Diese Ästhetik gefällt sich in ihrer Kenntnis des menschlichen Körpers; der Faltenwurf ist jetzt sparsam und wohlüberlegt und erinnert an einen leichten, feuchten Stoff, der den nackten Gliedern fest anliegt. Unumgänglich ist jetzt die – schon früher bekannte – dreifache Biegung des Körpers *(tribhanga)*. Die weiblichen Statuen haben den Kopf nach rechts geneigt, den Körper nach links und die Beine wiederum nach rechts; im umgekehrten Sinn gilt dies für die männlichen Bilder. Die rhythmische Wirkung, die so entsteht, darf wirklich klassisch genannt werden. Und in der Tat ist die Gupta-Kunst die klassische Kunst Indiens. Doch bleibt es merkwürdig zu beobachten, wie spät die Kunst der fortschreitenden Hinduisierung des kulturellen Lebens folgt; in dem typisch hinduistischen Gupta-Reich ist sie noch vorwiegend buddhistisch.

Mathurā bleibt auch jetzt eines der wichtigsten Kunstzentren. In ihrer klugen Stilisierung folgen die Buddhas von Mathurā peinlich genau den Beschreibungen der ikonographischen und religiösen Texte, und doch entfaltet sich das natürliche und wirkungsvolle Spiel ihrer Maße und ihre ruhige Majestät frei im Raum. Diese Kunst ist nicht naturalistisch, das Spiel der Muskeln verschwindet zugunsten einer schon ganz abstrakten Auffassung vom menschlichen Körper, in der sich zwischen der plastischen, ein wenig massiven

Tor des Tempels in Deogarh, 5. Jahrhundert

Der lehrende Buddha
Steinskulptur. Gupta-Zeit, 5. Jahrhundert. Mathura, Archaeological Museum

Festigkeit der Form und den delikaten Einzelheiten der Oberfläche ein vollkommenes Gleichgewicht herstellt. Das trifft auch für die nicht seltenen brāhmanischen Bilder zu.

Das andere große Zentrum der Gupta-Plastik ist Sārnāth bei Benares, der Ort, an dem der Buddha zum erstenmal das Gesetz predigte. Hier kommen die Künstler zu einer noch stärkeren, bereits die Abstraktion streifenden Stilisierung, so bei dem berühmten predigenden Buddha im Museum von Sārnāth, dem vielleicht höchsten Ausdruck indischer Skulptur aller Zeiten. Die Kunst von Sārnāth strahlt auch auf Gebiete außerhalb Indiens aus, ins Khmer-Reich (Kamboja) und vor allem durch die prachtvollen Reliefs des Tempels von Borobudur auf Java, die freilich einer etwas späteren Zeit angehören. Von der Bronzeplastik ist uns wenig erhalten, außer dem großartigen stehenden Buddha von Sultanganj, der sich heute im Museum von Birmingham befindet, und verschiedenen Statuetten aus Gandhāra und dem Gangestal. Ein anderes Zentrum vorwiegend hinduistisch geprägter Kunst muß im nördlichen Teil von Madhya Pradesh gelegen haben; hier handelt es sich aber ausschließlich um Varianten der Kunst von Sārnāth.

Von der Gupta-Malerei kennen wir nur schlecht erhaltene Überreste, die im Süden des Reiches oder in unabhängigen Gebieten gefunden wurden. Vor allem sind hier die Fresken der Grotten I, II, XVI, XVII und XIX von Ajanta zu nennen, die das Leben des Bodhisattva als das eines indischen Fürsten darstellen. Die Hof- und Haremsszenen dieser Fresken haben ein Niveau erreicht, auf dem inneres und äußeres Leben untrennbar sind; und eben diese psychisch-physische Übereinstimmung macht den universalen Rang der Gupta-Malerei aus. Aber die eigentlichen Meisterwerke dieser Schule, zum Beispiel der berühmte Bodhisattva mit dem blauen Lotos aus der Grotte I, entstanden in der späten Gupta-Zeit, also am Ende des 6. Jahrhunderts, und gehören deshalb nicht in den Rahmen unserer Darstellung. Leider ist von den Fresken des Portikus der Grotte XVII, die dem Ende des 5. Jahrhunderts entstammen, nur sehr wenig erhalten; aber der luftige Aufschwung des den Indra und seine Kohorte im Flug zum Buddha darstellenden Fragments sind durch die technische Könnerschaft und die Sicherheit des Pinselstrichs des unbekannten Künstlers bemerkenswert. Dem gleichen Stil gehören die stark beschädigten Fresken in der Veranda der Grotte IV von Bagh in Madhya Pradesh an.

Auch in der Architektur werden die schon seit längerer Zeit üblichen Formen zu ihrer größten Vollkommenheit geführt. Den großen Höhlen-Caitya vom Typus Bhaia und Karli entspricht der Grundriß der Grotte XI von Ajanta, deren Skulpturenschmuck jedoch reich und von einem Raffinement ist, das die herbe Einfachheit der alten Vorbilder weit hinter sich läßt.

Vor allem aber – und das ist trotz einigen Vorbildern in Sāñchi und Taxila die große Neuerung der Gupta-Kunst – werden die in Mauerwerk und Ziegeln nachgeahmten Caitya jetzt selbständige Bauten. So entsteht der indische Tempel, der im Mittelalter eine großartige Entwicklung nehmen wird. Beispiele mit Korbdecke finden sich im Süden, in Chezārlā und Ter. Weiter nördlich besitzen wir in Sāñchi ein buddhistisches Tempelchen, dem ein Portikus mit flachem Dach vorgelagert ist. Im Herzen des Gupta-Reiches ist nur sehr wenig erhalten; denn alle großen Tempel von Sārnāth, Benares, Mathurā und anderen Orten fielen dem islamischen Bildersturm zum Opfer.

Nur einige zweitrangige Bauten wurden gerettet, die der Aufmerksamkeit der Muslimen entgangen waren, da sie in Dörfern abseits von den großen Verkehrsstraßen lagen. Der wichtigste und besterhaltene oder richtiger, am wenigsten zerstörte von diesen Tempeln ist der Shiva-Tempel in Deogarh, wahrscheinlich aus dem 5. Jahrhundert. Er besteht aus einem kubischen Block, aus dem ein verfallener pyramidenförmiger Turm emporragt; ursprünglich war die Cella von Portiken umgeben. Der Skulpturenschmuck der Außenwände ist teilweise erhalten und hält in seinem Reichtum und seiner dramatischen Bewegtheit dem Vergleich mit den großen buddhistischen Skulpturen von Mathurā und Sārnāth durchaus stand. Ein anderer sehr schlecht erhaltener Bau ist der Ziegeltempel in Bhitargāon bei Khanpur. Die Cella ist ein sekundäres Element in dem großen, in enger werdenden Stockwerken aufragenden Turm, der einen später auf Java, im Khmer-Reich und in Campa oft nachgeahmten Typus darstellt.

Der »augusteische« Charakter der Gupta-Zeit hat also seinen vollen Ausdruck außer in der Literatur auch in der Kunst gefunden.

*A. F. P. Hulsewé*

CHINA IM ALTERTUM

*Geschichte und Geschichtsschreibung*

Wer über die Geschichte Chinas, zumal über Chinas früheste Zeit schreibt, kann sich – anders als bei der Geschichte des griechisch-römischen Altertums – nicht darauf verlassen, daß die Vorstellungen, die der Leser in der Schule oder aus allgemeiner Lektüre mitbekommen hat, auch nur einigermaßen der historischen Wirklichkeit entsprechen. Wahrscheinlicher ist, daß sich viele Leser an Ideen orientieren, die das Verständnis der tatsächlichen Entwicklung Chinas erschweren. Falsche Vorstellungen, die weite Verbreitung gefunden haben, müssen aus dem Weg geräumt werden, ehe man sich an den eigentlichen Stoff heranwagt. So wird zum Beispiel weit und breit angenommen, das große China von heute sei ein uraltes, seit eh und je von unzähligen Beamten zentral verwaltetes Reich mit einer Hochkultur, die das gleiche Alter erreicht habe wie die Kulturen der hochentwickelten Reiche des Vorderen Orients, also etwa Ägyptens und Babyloniens. Alles an diesem Bild ist unrichtig.

Bis zum Ende des 2. vorchristlichen Jahrhunderts beschränkte sich das alte chinesische Kulturgebiet auf die Region nördlich des Yang-tzu-kiang, die westlich nicht weiter reichte als bis zum östlichen Teil der heutigen Provinz Kansu. Erst 221 v. Chr. wurde dies Kulturgebiet zu einem Einheitsstaat unter einem souveränen Herrscher, der sich auch einen ganz neuen Titel, gewöhnlich mit »Kaiser« übersetzt, zulegte. Und erst seit dieser Zeit verwaltet den Staat eine Beamtenschaft, die von der Zentralregierung bestellt und besoldet wird; in den Jahrhunderten davor war die Verwaltung des in viele Groß- und Kleinstaaten zersplitterten Gebietes rein feudal. Eine politisch-kulturelle Einheit, die man China nennen darf, läßt sich überhaupt nur bis zur Mitte des zweiten vorchristlichen Jahrtausends zurückverfolgen; dagegen reichen die Anfänge des ägyptischen Reichs und der mesopotamischen Stadtstaaten bis in den Beginn des dritten, wenn nicht gar bis in den Ausgang des vierten Jahrtausends hinein. Man sollte also das, was man sich historisch als China vorstellen muß, nicht überschätzen.

Man sollte es aber auch nicht unterschätzen. Daß die europäischen Atlanten das Hauptgewicht auf das Europäische und Nationale legen, ist begreiflich, ja fast selbstverständlich. Jedes deutsche Land, jedes französische Departement, jede englische Grafschaft, jede holländische Provinz bekommt ein eigenes Kartenblatt, aber mit je einem Kartenblatt von derselben Größe müssen sich dann auch ganze außereuropäische Länder, ja ganze Kontinente begnügen. Das trübt den Blick. Auch wenn man weiß, daß die Maßstäbe auf jeder Karte anders sind, denkt man zumeist nicht daran. Was auf den Kartenblättern gleich groß aussieht, wird auch als gleich groß empfunden. Aber schon beim alten chinesischen Kulturgebiet haben wir es mit Gebietsstrecken von tausend und mehr Kilometern zu tun! Und noch ein anderes: die wenigen Karten Asiens, die einem geläufig sind, gelten in der Regel der politischen Einteilung, und die seltenen physikalischen Karten stellen, weil sie sich eines großen Maßstabs bedienen, nur grobe Annäherungen dar. Selten kann sich der Beschauer die wirklichen natürlichen Verhältnisse richtig vorstellen. Indes besteht das chinesische Kulturgebiet aus mehreren natürlichen »Provinzen«; ihre geographische Verschiedenheit war für die Bildung der frühen Kleinstaaten und der späteren Verwaltungseinheiten des großen Reiches bestimmend.

Sehr reich sind die uns zugänglichen Quellen zur chinesischen Geschichte, und sie fließen um so reicher, je weiter die Geschichte fortschreitet. Wie bei allen Kulturen, die schriftliche Zeugnisse hinterlassen haben, kann man das von der Archäologie zutage Geförderte von den Werken unterscheiden, die sich als Schrifttum erhielten, später gedruckt wurden und noch in der Gegenwart als Dokument älterer Zeiten verfügbar sind. Unter den archäologischen Funden findet sich ergiebiges Material für die letzten Jahrhunderte des zweiten Jahrtausends: Zehntausende von Tierknochen- und Schildpattbruchstücken, die zu Orakelzwecken benutzt wurden und auf denen Fragen und Antworten eingeritzt sind; ihnen verdanken wir eine vollständige Liste von Herrschern und manche Auskunft über Gesellschaft und Religion. Weiteres archäologisches Material – meist aus dem ersten vorchristlichen Jahrtausend – bilden Inschriften auf den wegen ihrer herben Schönheit berühmten Bronzegefäßen; zur Erinnerung an wichtige Begebenheiten im Leben des Auftraggebers angefertigt, haben die Gefäße in ihren Inschriften historische Vorkenntnisse festgehalten: Belehnungen, Schenkungen, Ernennungen zu hohen Ämtern.

Zum archäologischen Material aus der Zeit vor der ersten Einigung Chinas darf man auch noch die Texte rechnen, die 279 n. Chr. bei einer Grabplünderung zufällig zum Vorschein gekommen sind und die seitdem schriftlich überliefert wurden; dazu gehören die überaus wichtigen »Bambus-Annalen«, die »Geschichte des Himmelssohnes Mu« und möglicherweise auch ein Exemplar der »Zerstreuten Schriften der Chou«. Von der größten Bedeutung für die Zeit von 221 v.Chr. bis 220 n.Chr. sind die im 20.Jahrhundert gefundenen Überreste der Verwaltungsarchive, die von Garnisonen an den äußersten Westgrenzen Chinas angelegt worden waren. Darüber hinaus haben sich viele in Stein gemeißelte Inschriften erhalten; andere, die inzwischen der Zerstörung anheimgefallen sind, waren vor fast einem Jahrtausend von frühen chinesischen Epigraphikern registriert worden.

Noch reichhaltiger ist die schriftliche Hinterlassenschaft, aus der die chinesische Geschichtsschreibung schöpfen kann, denn die Vorliebe für historische Parallelen und Anekdoten, die chinesische Autoren zu allen Zeiten ausgezeichnet hat, führt dazu, daß auch die meisten nichthistorischen Werke eine Fülle geschichtlicher Nachrichten enthalten. Chinas historische Literatur im engeren Sinne ist sehr alt. Ein Blick auf die vielen chinesischen Bibliographien, von denen die älteste aus dem 1.Jahrhundert v.Chr. stammt, zeigt, wie intensiv sich die Chinesen in allen Perioden ihrer Geschichte mit Geschichtsschreibung befaßt haben. Gewiß gingen sie an Geschichte mit ihren eigenen Maßstäben heran, die nicht die abendländischen sind. Indes wird man ihnen kaum vorwerfen können, daß sie sich mehr um »große Taten« und »große Männer« gekümmert hätten als um »das Volk«; eher muß man ihnen zugute halten, daß sie mit ihrem stets wachen Interesse an historischen Präzedenzfällen Wirtschaftsgeschichte schon zu einer Zeit trieben, als die europäischen Geschichtsschreiber von ihr noch nichts wußten.

Im Rahmen der traditionellen chinesischen Weltanschauung nahmen die Geschehnisse der Vergangenheit und ihre Beschreibung stets eine besondere Stellung ein. Zwar ist die Vorstellung, daß man aus der Geschichte lernen könne *(historia docet)*, vielen Völkern gemeinsam, aber wenn aus ihr überhaupt Geschichtsschreibung hervorgegangen ist, ist das zweifellos nicht überall in denselben Formen geschehen. Der gläubige Israelit oder Christ suchte in der Vergangenheit nach Beispielen vom Wirken Gottes in der Welt; den archaischen Griechen wurde der Eingriff der Götter in das Weltgeschehen im Mythos vorgeführt. Die Chinesen, die an einen engen Zusammenhang zwischen dem Geschehen in der menschlichen Gesellschaft und dem Gang des Kosmos glaubten, sahen sich in der Geschichte nach Parallelen und Korrelationen zwischen menschlichem Tun und seinen Auswirkungen in der Natur um und deuteten diese Auswirkungen je nach den Umständen als Strafe oder als Mahnung. Sie nahmen den Zusammenhang so ernst, daß sie sorgfältigst alle seine Manifestationen aufzeichneten. Schon die frühen Annalen registrieren ständig sowohl die Handlungen der Menschen als auch die Vorgänge des Naturgeschehens.

Von Anfang an zeichnet sich die chinesische Geschichtsschreibung dadurch aus, daß der Zeitpunkt jeder Begebenheit möglichst exakt notiert wird. Die Bedeutung, die einer peinlich genauen Chronologie beigemessen wurde, mag mit zwei sehr frühen Bräuchen zusammenhängen: alle zehn Tage wurden den zahlreichen Ahnen des Herrschers individuell Opfer dargebracht, und an jedem zehnten Tag wurden die Orakel über das befragt, was in den kommenden zehn Tagen Heil oder Unheil bringen mochte. Beide Bräuche setzten eine festgefügte Zeitrechnung voraus und führten somit zur Festlegung eines sechzigtägigen Zyklus, der den an das Sonnenjahr mit Hilfe von Schaltmonaten angeglichenen Mondkalender ergänzte; im Rahmen dieses Kalenders wurden die Jahre schon sehr früh als Regierungsjahre des jeweiligen Herrschers gekennzeichnet.

## *Historische Texte*

Die chinesischen Historiker haben die Geschichte ihres Landes und Volkes in der Hauptsache chronologisch und analytisch beschrieben. Aus der Fülle des vorhandenen Materials nahmen sie das nach ihrer Ansicht charakteristische heraus und stellten es an den ihm zukommenden Platz, ohne damit ein Werturteil abzugeben, das eher in der Anordnung des Stoffes zum Ausdruck kommen sollte. Selbst ihre großen Gesamtdarstellungen sind niemals persönlich gefärbte Systeme; sie bleiben chronikhaft und diskursiv. Somit ist die alte chinesische Geschichtsschreibung trotz ihrer unübersehbaren Fülle nicht über die prehorodotische Phase hinausgekommen und hat einen Thukydides oder Tacitus nicht erreicht, die in ihren Schriften auch ihre Persönlichkeit zum Ausdruck brachten. Bestimmt fehlte es ihnen nicht an tiefer Einsicht; sie tritt aber nur gelegentlich in einem Nebensatz oder in kurzen, meist Sonderfällen gewidmeten Aufsätzen lapidar in Erscheinung. Für die Zeit vor der Errichtung des großen »kaiserlichen« Staates beruht unsere Kenntnis des Werdens Chinas auf den folgenden Geschichtstexten:

Ch'un-ch'iu, »Frühlinge und Herbste«, Annalen des Kleinstaates Lu (im Süden der Halbinsel Shantung), die sich über die Zeit von 722 bis 480 v. Chr. erstrecken. Für die einzelnen Jahre, die als Regierungsjahre der Herzoge von Lu numeriert sind, liefern die Annalen lapidare Angaben über die wichtigsten Vorkommnisse: Geburt, Heirat und Tod der Fürsten und der führenden Amtsträger, Feldzüge und Überfälle, Errichtung von Stadtmauern, Naturerscheinungen, denen übernatürliche Bedeutung beigemessen wird, wie Sonnenfinsternisse, Erdbeben, Überschwemmungen, auch ungewöhnliches Benehmen von Tieren (Hirschen, Vögeln). Von diesen Frühlings- und Herbstannalen behauptet die Tradition, sie seien von Konfuzius (551?–478?) verfaßt; jedenfalls scheint er sie bei seiner Lehrtätigkeit benutzt zu haben, und einige neuere Gelehrte halten es für möglich, daß er sie in mancher Beziehung bearbeitet oder aber diese oder jene Formulierung geändert habe.

Chu-shu chi-nien, die, wie erwähnt, 279 n. Chr. aufgefundenen »Bambus-Annalen«, Chronik des Kleinstaates Wei (am Mittellauf des Gelben Flusses). Diese Annalen umfassen eine viel größere Zeitspanne; von der mythischen Vorzeit bis ins 4. vorchristliche Jahrhundert. Allerdings sind sie infolge der mangelhaften schriftlichen Weitergabe in der späteren Zeit teilweise entstellt und lückenhaft auf uns gekommen.

Die Annalen von Ch'in (im Wei-Tal in Westchina), die zum größeren Teil vom Historiker Ssu-ma Ch'ien, von dem noch die Rede sein wird, um etwa 100 v. Chr. in seine große Geschichte Chinas aufgenommen worden sind.

Tso chuan, »Überlieferungen des Tso«, ein großes, um 300 v. Chr. verfaßtes Geschichtswerk, das hauptsächlich auf den Chroniken des Staates Chin (in der Provinz Shansi) basierte, aber auch Chroniken anderer Staaten und romanhafte Erzählungen verarbeitete und die Zeit vom 8. bis zur Mitte des 5. Jahrhunderts umspannte. In seiner ursprünglichen Form liegt uns das Werk nicht mehr vor: es wurde – vermutlich im 3. Jahrhundert n. Chr. – zerstückelt, damit die einzelnen Fragmente den knappen Eintragungen der »Frühlings- und Herbstannalen« als Erläuterungstexte angehängt werden konnten.

Zwei Werke, »Überlieferungen des Kung-yang« und »Überlieferungen des Ku-liang«, geben vor, die esoterische Auslegung des Konfuzius der »Frühlinge und Herbste« zu enthalten; eine dritte vermeintliche Exegese dieser Art ist übrigens dem Tso chuan in seiner heutigen Gestalt beigegeben.

Kuo-yü, »Diskussionen der Staaten«, dürfte um dieselbe Zeit wie Tso chuan entstanden sein; es ist eine Sammlung historischer Anekdoten und Reden, nach den verschiedenen Teilstaaten der vordynastischen Zeit geordnet.

Ein dem Kuo-yü ähnliches Werk, jedoch mit stark romanhaften Zügen, ist Chan-kuo-ts'e, »Pläne der kämpfenden Staaten«, vielleicht erst im 1. Jahrhundert v. Chr. aus älterem und seitdem verschollenem Material zusammengestellt. Den Inhalt bilden größtenteils ebenfalls Reden, aber aus einer späteren Periode: dem 4. und 3. vorchristlichen Jahrhundert.

Ein Werk ganz anderer Art ist Shu-ching, »Kanon der Schriften«, oder Shang-shu, »Schriften des Altertums«. Hier sind neunundzwanzig Stücke verschiedener Herkunft und aus weit auseinanderliegenden Zeiten zusammengestellt. Die ältesten – vielleicht aus dem 9. oder sogar aus dem 10. Jahrhundert v. Chr. – bringen Beschreibungen von Investituren; andere beschreiben den Endsieg der Chou über die Shang und enthalten Kampfreden gegen deren Herrscher; wieder andere sind entmythologisierende, in gewissem Sinne also »geschichtliche« Darstellungen der mythischen Herrscher der Vorzeit.

Analoges Material enthält I Chou shu, »Zerstreute Schriften der Chou«, bisher noch wenig durchleuchtet.

Eine erschöpfende Darstellung will das großangelegte, aus hundertdreißig Kapiteln bestehende Geschichtswerk des Hofastrologen und Hofhistorikers Ssu-ma Ch'ien (145?–85? vor Christus) sein, seit dem 1. nachchristlichen Jahrhundert als Shih-chi, »Aufzeichnungen des Geschichtsschreibers« bekannt. Es behandelt die Geschichte Chinas von der mythischen Vorzeit bis etwa 100 v. Chr., teilweise in völlig neuer Form. Es umfaßt Reichsannalen, die ab 840 Jahresdaten geben; Abhandlungen über allgemeine Gegenstände, wie Ritual, Wasserhaushalt, Finanzwesen; tabellarische Übersichten über die Adelshäuser der Han-Zeit; Annalen der vordynastischen Teilstaaten; Biographien; Beschreibungen der wichtigsten Fremdvölker an Chinas Grenzen. Im Shih-chi sind viele der vorher genannten Quellen verarbeitet.

Die Aufzählung wäre nicht vollständig, wenn nicht auch Werke Erwähnung fänden, die zwar weder historisch noch philosophisch-anekdotisch sind, aber dennoch wichtige historische Einzelheiten enthalten. Dazu gehören Shih-ching, »Kanon der Oden«, der in seinen Tempelgesängen manche geschichtliche Reminiszenzen bewahrt hat, und die »Ritualhandbücher«, I-li (aus dem 4. oder 3. vorchristlichen Jahrhundert) mit genauen Ritualvorschriften, Li-chi, eine während der Han-Zeit entstandene Sammlung philosophischer Abhandlungen über die Vorschriften des I-li, und Chou-li, ein idealisiertes und systematisiertes Bild der Organisation eines Herrscherhofes am Ausgang der Feudalzeit.

Für die vier Jahrhunderte der Han-Zeit (206 v. Chr.–220 n. Chr.) ist das Material, das sich erhalten hat, reichhaltiger und jedenfalls historiographisch besser organisiert. Für diese Periode sind die bedeutendsten Werke:

Han-shu, »Schriften über die Han«, womit die erste oder frühe Han-Dynastie (206 v. Chr. bis 23 n. Chr.) gemeint ist; verfaßt sind die »Schriften« von Pan Ku (32–92 n. Chr.) unter Benutzung der Aufzeichnungen seines Vaters Pan Piao (3–54); Ergänzungen wurden nach dem Tod des Verfassers von seiner Schwester Pan Chao vorgenommen. Es ist zu vermuten, daß sich Pan Ku auf das Werk des Ssu-ma Ch'ien, soweit es sich auf die Han-Zeit bezieht, gestützt hat. Mit seinen hundert Kapiteln folgt Han-shu der Stoffeinteilung des Shih-chi (das auch den großen Geschichtswerken späterer Jahrhunderte als Vorbild gedient hat); nur fehlen hier natürlich die Annalen der Teilstaaten, die inzwischen verschwunden waren. Übrigens war Pan Ku Hofbeamter und hatte den Inhalt der Palastarchive offiziell zu seiner Verfügung.

Hou-Han-shu, »Schriften über die späten Han« (23–220 n. Chr.), stammen von Fan Yeh (398–436), der sich auf verschiedene frühere Darstellungen stützte; die meisten davon sind verschollen. Aus einer solchen älteren Geschichte, von Ssu-ma Piao (240–306), werden in modernen Hou-Han-shu-Ausgaben neben anderem die Abhandlungen über Ritual- und Verwaltungswesen abgedruckt. Noch einige andere Bruchstücke der älteren Werke haben sich erhalten, am ausgiebigsten und wichtigsten wohl Tung-kuan Han-chi, »Aufzeichnungen über die Han aus dem Östlichen Pavillon«, zwischen etwa 75 und 175 n. Chr. aus verschiedenen Anlässen im Auftrag der Han-Regierung von Gelehrtenkommissionen zusammengestellt.

Auszüge aus Han-shu und Hou-Han-shu wurden im 2. und 4. Jahrhundert unter Verwertung anderen Materials angefertigt; die Ergebnisse sind Han-chi, »Aufzeichnungen über die Han« von Hsün Yüeh (148–209), und Hou-Han-chi, »Aufzeichnungen über die späten Han« von Yüan Hung (320–376).

Interessanten ökonomischen Problemen gilt ein von Han K'uan um 43 v. Chr. verfaßter Bericht über eine 81 v. Chr. am kaiserlichen Hof abgehaltene Konferenz, die sich mit der Frage der Abschaffung der staatlichen Salz- und Eisenmonopole befaßte.

Von gewisser Bedeutung für die späte Han-Zeit sind auch einige politisch-polemische Schriften, die keine historischen Arbeiten darstellen, ebenso fragmentarisch überlieferte Werke, die das reichlich komplizierte Verwaltungssystem der Han, vor allem in seiner Frühzeit, beschreiben. Besonderes Interesse verdienen die »politischen Enzyklopädien« aus späteren Jahrhunderten, die ihre Themen immer an Hand historischer Modelle behandeln und auch auf die Han-Zeit und ihre spezifischen Entwicklungstendenzen ausführlich eingehen. Zu nennen wären da T'ung-tien, »Übersicht über die Verfassungen« (Anfang des 9. Jahrhunderts), T'ung-chih, »Übersicht über die Abhandlungen« (Mitte des 12. Jahrhunderts), Wen-hsien t'ung-k'ao, »Allgemeine Untersuchungen über die Dokumente« (etwa 1275), und Yü-hai (nach Ende des 13. Jahrhunderts). Ein großes kritisches Geschichtswerk hat Ssu-ma Kuang (1019–1086) in seinem »Allgemeinen Spiegel zur Hilfe der Regierung«, Tzu-chih t'ung-chien, geschaffen, das trotz seiner annalenmäßigen Form einen Gesamtüberblick über Chinas Geschichte vom 5. vorchristlichen bis zum 9. nachchristlichen Jahrhundert ermöglicht; in einer modernen Ausgabe zählt das gigantische Werk zwanzig Bände mit insgesamt neuntausendsechshundertzwölf Seiten.

Angesichts des nie erlahmenden Interesses an historischen Studien ist es nicht verwunderlich, daß sich China mit seinen ältesten Geschichtswerken immer wieder befaßt hat und daß sie immer von neuem gedeutet und kommentiert wurden. Ja auch heute noch werden über diese Texte fortgesetzt neue Studien veröffentlicht. So hat die Volksrepublik China den zweitausendhundertsten Geburtstag des großen Historikers Ssu-ma Ch'ien zum Anlaß genommen, eine Sammlung zahlreicher Aufsätze über den »Herodot Chinas« herauszubringen. Für die ältere Kommentarwissenschaft waren vor allem die »Frühlings- und Herbstannalen« und der »Kanon der Schriften« von zentralem Interesse: beide Texte gehören zum konfuzianischen Kanon, und ihnen gelten infolgedessen nicht nur philosophische und historisch-antiquarische, sondern auch ethisch-religiöse Erörterungen, die dem historischen Material immer wieder eine aktuelle Bedeutung verleihen.

Von weitreichender Bedeutung ist aber auch die physische Erhaltung des historischen Textmaterials. Im Altertum schrieben die Chinesen – wie auch heute – mit Pinsel und Tusche; schon auf den Schildpattbruchstücken aus dem 14. vorchristlichen Jahrhundert kommen Schriftzeichen vor, die nicht eingeritzt, sondern ohne jeden Zweifel mit dem Pinsel aufgetragen sind. Das normale Schreibmaterial waren flache Bambus- oder Holzstäbchen von etwa dreiundzwanzig Zentimeter Länge und nur wenigen Zentimetern Breite; besondere Texte wurden auf Stäbchen von doppelter Länge geschrieben. Von den kürzeren Stäbchen sind uns Tausende bekannt; bei neueren Ausgrabungen in Nordchina sind jetzt auch die doppeltlangen Stäbchen zum Vorschein gekommen, auf denen kanonische Texte (Fragmente aus dem I-li) aufgezeichnet sein sollen. Beide Gruppen von Funden stammen aus der Han-Zeit, aus dem 2. vorchristlichen und dem 1. nachchristlichen Jahrhundert. Auch auf Seide wurde geschrieben, allerdings hat sich bis jetzt nur ein solches Dokument gefunden: ein magischer Text, der einen Toten ins Grab begleitete.

Die Texte des Altertums liegen uns jedoch nicht in dieser Gestalt vor; sie wurden immer wieder abgeschrieben und schließlich gedruckt. Ihre Überlieferung wurde gewissermaßen durch den Umstand erleichtert, daß bei allem Wandel der Formen die Struktur der chinesischen Schriftzeichen im Prinzip immer dieselbe geblieben ist. Freilich weichen die Formen der Knocheninschriften von den Formen der heutigen Schrift erheblich ab, und auch die in den Bronzegefäßen eingravierten etwas späteren Texte sind nicht leicht zu lesen und zu deuten. Aber schon gegen Ende des 3. vorchristlichen Jahrhunderts setzte eine Schriftreform ein, womit die chinesischen Schriftzeichen die Form erhielten, die sie trotz einigen späteren Modifikationen bis heute beibehalten haben.

Wie verhalten sich Schrift und Sprache? Trotz gewissen phonetischen Ansätzen ist die chinesische Schrift keineswegs rein phonetisch; die Schriftzeichen haben sich durch die Jahrtausende hindurch erhalten, aber die Sprache hat sich verändert und ist obendrein in viele Dialekte, deren Sprecher einander nicht verstehen, auseinandergewachsen. Mühsam ist rekonstruiert worden, wie die Zeichen um die Mitte des ersten vorchristlichen Jahrtausends ausgesprochen wurden, doch ist es trotzdem dabei geblieben, daß die Zeichen nach der heutigen Aussprache gelesen werden, also ohne Rücksicht auf den phonetischen Wert, den sie hatten, als die Texte geschrieben wurden. In der internationalen Wissenschaft gilt als Grundlage die in Peking gebräuchliche Aussprache, und zwar meistens in der von den englischen Sinologen Wade und Giles festgelegten Umschrift; sie wird auch in der vorliegenden Darstellung benutzt. Die Vokale haben ihren normalen Wert; nur wird das *u* in *ssu* und *tzu* und das *i* in *shih* und *chih* dumpf ausgesprochen, etwa wie *e* in »raten«. Das *e* am Wortende *(te)* und vor *ng (teng)* hat fast denselben dumpfen Klang; nach *i (t'ien)* oder *y* ist *e* jedoch offen, wie das *ä* in Jäger, während es vor *i* geschlossen ist. Bei Vokalzusammenstellungen wird *ao* wie *au* und *ou* wie *oh* gesprochen. *S* und *ss* sind scharf auszusprechen; *sh* ist *sch*, *hs* – nur vor *i* und *ü* – wird ebenfalls scharf wie *ß* bei Muße gesprochen. *Ch* vor *i* und *ü* klingt fast wie *tj*, vor den übrigen Vokalen jedoch wie *tsch*. Die sonstigen Konsonanten – außer *j* – haben denselben Wert wie im Deutschen, doch ist zu beachten, daß die Laute *k*, *t*, *p* (und *ch*) nicht angehaucht werden, während das Aspirationszeichen (wie in *t'ien*) einen kräftigen Anhauch angibt (*t'u* = »thu«, *tu* dagegen fast wie

»du«). *Y* wird nur konsonantisch gebraucht und, wie im Englischen, wie *j* gesprochen. *J* dagegen hat ungefähr den Wert des englischen *r*.

Die Erfindung des Papiers knüpft sich nach der geschichtlichen Überlieferung an den Anfang des 2. Jahrhunderts unserer Zeitrechnung: im Jahre 105 n. Chr. soll ein gewisser Ts'ai Lun dem Thron eine Denkschrift unterbreitet haben, in der er sein Verfahren der Papierherstellung entwickelte. Aber schon fast zwei Jahrhunderte früher war eine Art Papiervorläufer aus Seidenabfällen in Gebrauch, wenn auch vielleicht nur für kurze Aufzeichnungen und Vermerke. Das älteste Papierfragment, das sich zeitlich fixieren läßt, dürfte etwa aus dem Jahr 313 n. Chr. stammen. Für uns Westeuropäer ist mit der Einführung des Papiers unmittelbar die Erfindung des Buchdrucks verbunden; jedoch liegen die beiden Erfindungen in ihrem Heimatland China mehrere Jahrhunderte auseinander. Das älteste datierbare gedruckte Fragment fällt ungefähr in die Zeit um 770, seinen ersten beachtlichen Aufschwung nimmt der Buchdruck aber erst in der zweiten Hälfte des 10. Jahrhunderts. Viel früher war die Technik bekannt, mit der von einem in Stein gemeißelten Text ein Abklatsch angefertigt werden konnte; vielleicht hat der Buchdruck von dieser Technik seinen Ausgang genommen.

Mit dem kritischen Studium der Werke des chinesischen Altertums steht es also anders als mit der Textkritik der klassischen Schriften Griechenlands und Roms. Anfang des 20. Jahrhunderts wurde zwar ein chinesischer Bücherschatz entdeckt, der vor 1020 eingemauert worden war: die Bibliothek einer Einsiedelei im fernen Nordwesten Chinas. Daraus kennen wir mancherlei Manuskriptfragmente; außerdem sind Fragmente der kanonischen Werke bekannt, etwa 175 n. Chr. in Stein gemeißelt, ebenso eine gleichartige, vollständige Fassung aus dem 8. Jahrhundert. Für die nichtkanonischen Texte zur frühen Geschichte sind wir allerdings fast ausschließlich auf die seit dem 11. Jahrhundert gedruckten Versionen und auf gelegentliche handschriftliche Kopien früherer Drucke angewiesen, die sich nicht erhalten haben. An der Fülle dessen, was bewahrt worden ist, hat sich auch in China eine wissenschaftliche Textkritik entwickelt, die der westeuropäischen in vielem ebenbürtig ist.

## Perioden und Tendenzen

Für die frühe chinesische Geschichte ist die Einteilung in Perioden, auch wenn über ihre Benennung gestritten werden kann, verhältnismäßig einfach. Mit dem Ausgang des 3. vorchristlichen Jahrhunderts sterben endgültig Adelsherrschaft und Kleinstaaterei ab, und mit der Ch'in-Han-Zeit beginnt die zweitausendjährige Ära des trotz allen vorübergehenden Zerfallserscheinungen immer wieder geeinten und als Beamtenstaat verwalteten Kaiserreiches. Demgegenüber zeigt die früheste Zeit traditionell-feudale Züge: einen Erbadel, vom Großkönig oder vom Lokalherrscher belehnt oder mit Unterlehen oder Pfründen ausgestattet, auf der einen, eine an die Scholle gebundene, unfreie Bauernschaft auf der anderen Seite. Wollte man die frühe Zeit weiter gliedern, so könnte man von einem politischen Meilenstein, der Verlegung des Sitzes des Großkönigs nach dem Osten im Jahre

771 v. Chr. oder von einem sozialen und wirtschaftlichen Einschnitt von überragender Bedeutung ausgehen, der sich freilich nicht genau datieren läßt: den Übergang von Bronze- zu Eisengeräten in der Landwirtschaft und der Verwendung tierischer Zugkraft für den Pflug, beides wahrscheinlich um die Mitte des ersten vorchristlichen Jahrtausends.

Die traditionelle Einteilung der chinesischen Geschichte unterscheidet folgende Perioden:

1. vor- oder urgeschichtliche Zeit bis etwa zum 16. vorchristlichen Jahrhundert;
2. Zeit der Shang-Herrscher (auch Yin genannt) vom etwa 16. bis ungefähr zur Mitte des 11. Jahrhunderts;
3. Frühzeit der Chou-Herrscher oder Periode der West-Chou von ungefähr der Mitte des 11. Jahrhunderts bis 771, dem Jahr der Verlegung der Residenz um rund dreihundert- fünfzig Kilometer nach dem Osten;
4. Ch'un-ch'iu-Zeit, bis zur Mitte des 5. Jahrhunderts, benannt nach den »Frühlings- und Herbstannalen« des Staates Lu, die die Ereignisse zwischen 722 und 480 v. Chr. registrieren;
5. Chan-kuo-Periode, Zeit der »kämpfenden Staaten«, von der Mitte des 5. Jahrhunderts bis 221 v. Chr., Jahr der Gründung des geeinten Kaiserreichs;
6. Ch'in-Zeit, von 221 bis 209 v. Chr.;
7. frühe Han-Zeit, von 206 v. Chr. bis 23 n. Chr., unter Einschluß der Regierungszeit des »Usurpators« Wang Mang (9–23 n. Chr.);
8. späte Han-Zeit, von 23 bis 220 n. Chr., Jahr der offiziellen Abdankung des letzten Han- Herrschers, der aber schon Jahrzehnte vorher das Auseinanderfallen des chinesischen Kulturgebietes in drei einander unablässig bekriegende Staaten mit eigenen (sich ab 220 Kaiser titulierenden) Herrschern voraufgegangen war.

Legt man sich nicht auf das Jahr 220 als Abschluß fest, so ist diese traditionelle, eigent- lich dynastische Einteilung auch heute brauchbar; sie zeigt jedenfalls richtige Einschnitte an. Als die entscheidende Zäsur erscheint das Jahr 221 v. Chr.; vor diesem Zeitpunkt liegt die Periode des Feudalismus, der Teilung des Landes, der Kleinstaaterei, nach ihm das geeinte Reich, das sich trotz aller Zerklüftung und aller Fremdherrschaft bis heute be- hauptet hat. Manche neueren chinesischen Forscher (die auch im revolutionären China viel Widerspruch ausgelöst haben) wollen auf die Geschichte Chinas das ursprünglich aus westeuropäischen Verhältnissen abgeleitete Periodisierungsschema von Marx und Engels – Urkommunismus, Sklavenhaltergesellschaft, Feudalismus – übertragen wissen. Da chi- nesische Philosophen im 4. und 3. Jahrhundert v. Chr. mancherlei über den paradiesischen Urzustand der Menschheit zu sagen hatten, wird dabei die Zeit der mythischen Herrscher mit der Periode des Urkommunismus identifiziert; dann beginnt die Sklavenhaltergesell- schaft mit den vielleicht schon historischen Zeiten der Hsia-Herrscher (etwa 21. Jahrhundert v. Chr.), und sie endet mit dem Sturz des Shang-Reiches etwa im 11. Jahrhundert, worauf die Epoche des Feudalismus einsetzt, die in diesem Schema fast drei Jahrtausende um- spannt und bis ins 19. Jahrhundert anhält. Hat man nur die »Produktionsverhältnisse« und den ökonomischen »Unterbau« der Gesellschaft im Auge, so mag die Anwendung der Kategorie »Feudalismus« auf eine dreitausendjährige Geschichte noch einen gewissen Sinn haben, denn weder in den »Produktivkräften« noch in den »Produktionsverhältnissen« lassen sich in dieser langen Zeit große Veränderungen feststellen. Dabei müssen aber so viele politische und vor allem auch soziale Wandlungen vernachlässigt werden, daß sich die Befürworter des Schemas dann selbst veranlaßt sehen, mit verfeinernden Unterteilungen zu arbeiten, womit die bestehende Einfachheit des Periodisierungssystems wieder zunichte gemacht wird. In keiner Weise verbürgt ist die These von der Sklavenhaltergesellschaft, vom goldenen Zeitalter des Urkommunismus schon gar nicht zu reden (am allerwenigsten, wenn die paradiesische Urzeit aus schlecht angebrachtem Nationalstolz mit Gestalten in Verbindung gebracht wird, die nachweislich nur Mythen entstammen).

Widersteht man den Versuchungen solcher Schematisierung, die ohnehin nicht viel erklärt, so läßt sich der Gang der chinesischen Geschichte in wenigen Sätzen zusammenfassen. Dann scheint zunächst bedeutsam, daß sich die Träger der chinesischen Kultur von ihrem ursprünglichen Zentrum am Gelben Fluß aus ausgebreitet und über sämtliche erreichbaren Gebiete, in denen Ackerbau möglich war, ergossen haben; so vollzog sich die Ausdehnung nach Norden und Westen bis zum Rand der Steppe, bis zu einer Grenze also, die durch die Stärke des Regenfalls bestimmt war und etwa der Linie eines Jahresniederschlags von fünfzig Zentimetern entsprach. In südlicher Richtung war der Expansion keine natürliche Grenze gesetzt, und so ist, seit sich der nordchinesische Raum zu Beginn unserer Zeitrechnung gefüllt hatte, ein nie mehr nachlassender Drang nach Süden zu beobachten, ein Strom chinesischer Ackerbauer, der alle Ebenen und bebaubaren Täler überschwemmt, wobei die Urbevölkerung entweder assimiliert wird oder in Gegenden, die für die Landwirtschaft keinen Anreiz bieten, in Enklaven von der Außenwelt isoliert, ihr eigenes Dasein fristet.

Ein zweiter allgemeiner Wesenszug der chinesischen Geschichte scheint sich im ständigen Streben nach der politischen Einigung des chinesischen Kulturgebiets zu verkörpern. Aus der Vielzahl der Kleinstaaten oder Stadtstaaten, mit der das chinesische Volk aus der Dämmerung der Frühgeschichte heraustritt, bilden sich im Laufe einiger Jahrhunderte größere politische Einheiten, und aus ihnen entsteht wiederum nach wenigen hundert Jahren das geeinte chinesische Kaiserreich. Aber diese Einheit ist nicht stabil: die mehr als zweitausendjährige Geschichte des Kaiserreichs ist von Spannungen zwischen zentrifugalen und zentripetalen Kräften, die gelegentlich das Reich sprengen, angefüllt – von den drei Königreichen des 3. Jahrhunderts bis zu den *war lords*, den regionalen Militärmachthabern, unserer Zeit.

Eben in diesen Spannungen zwischen der zentralen Regierung und den Kräften, die eine lokale Autonomie, eine möglichst geringe Einmischung der zentralen Staatsgewalt wollen, liegt die dritte Grundtendenz. Diese Kräfte sind nicht zufällig. Sie haben ihre solide Basis in der geographischen Besonderheit von Regionen, die Chi Ch'ao-ting »ökonomische Schlüsselgebiete« genannt hat, wie etwa die der nordchinesischen Tiefebene, des Yang-tzu-Stromgebiets, des Lands der »roten Erde« in der heutigen Provinz Ssu-ch'uan oder des Perlfluß-(Chukiang-)Deltas bei Kanton.

Was diesen Spannungen ihren eigenartigen Charakter verleiht, ist viertens bis in die neueste Zeit hinein der Umstand, daß die Zentralregierung, die Macht um den Thron, mit ihren Vertretern in der Lokalverwaltung, in den Provinzen und Präfekturen, im Grunde derselben Gesellschaftsschicht angehört wie die führenden ortsansässigen Gruppen in den einzelnen Lokalbezirken, deren wirtschaftliche Selbständigkeit auf Grundbesitz beruht (und zum Teil durch umfangreiche Handelsgeschäfte verstärkt wird), deren gesellschaftliche Geltung und traditionelles Ansehen jedoch daraus herrühren, daß ihnen seit Generationen die Aussicht gesichert ist, in der Staatsverwaltung Ämter zu bekleiden.

Die fünfte Facette bildete der im wesentlichen zweischichtige Aufbau der chinesischen Gesellschaft. Er entsprang der absoluten Vorherrschaft des Ackerbaus; als selbständige Betätigung nahm der Handel eine höchst untergeordnete gesellschaftliche Stellung ein, zumal der Staat häufig wichtige Handelswaren als Monopol an sich zog. So bestand die Gesellschaft primär aus der großen Masse der steuer- und arbeitsdienstpflichtigen Bauern und einer Oberschicht der »regierungsfähigen« Grundbesitzer.

Ein sechstes Charakteristikum, das aus dem fünften erwuchs, war die Spannung zwischen Unterschicht und Oberschicht, die nicht wie die »horizontale« zwischen Zentrum und Peripherie politisch, sondern überwiegend wirtschaftlich bedingt war. Allzu schwere Lasten konnten die Unterschicht zu Volksbewegungen treiben, die man früher Aufstände nannte und die heute in der marxistischen Geschichtsschreibung als Klassenkampf und Revolutionen erscheinen. Bewegungen, die bis ins 19. Jahrhundert hinein niemals eine grundsätzliche Neuordnung erstrebten, sondern nur die Reinigung und Wiederherstellung der überlieferten gesellschaftlichen und politischen Organisation forderten.

## *Mythen und Frühgeschichte*

Kein mächtiges Gotteswort, kein dröhnender Posaunenstoß eröffnet die Geschichte Chinas; kein leuchtender Mythos, keine hehren Heldentaten erhellen die Anfänge des chinesischen Volkes. Aus Legenden, die wir nicht mehr kennen, haben spätere, nüchterne, mehr rationalistische Geschlechter leblose Schattenrisse tugendhafter Herrscher und dummdreister Übeltäter gemacht; die Überlieferung kennt keine gewaltigen Götter und übermenschlichen Helden, sie zeichnet nur kläglich vermenschlichte Figuren. In diesem bläßlichen Widerschein erscheinen schattenhaft Fu-hsi, Erfinder der Orakel und der Schrift, Shennung, der »göttliche Ackermann«, und Huang-ti, der Gelbe Kaiser, der mit dem Ungeheuer Ch'ih-yu gerungen hat. Diese Hauptpersonen der Mythen haben ihren klassischen Umriß in den Wandverzierungen der Han-Gräber erhalten, die mitsamt einigen später aufgezeichneten Legenden einen vagen Einblick geben in die Götterwelt der ursprünglichen Volksreligion, von der der konfuzianische Entmythologisierungseifer nicht viel übriggelassen hat.

Einiges erfahren wir noch über die vorbildlich tugendhaften Herrscher Yao und Shun und über den großen Yü, der die chinesische Sintflut bezwungen hat: bei den Philosophen des 5. Jahrhunderts sind diese drei legendären Gestalten der Inbegriff eines mustergültigen staatlichen Regiments. Dieselben Philosophen wissen auch von der goldenen Urzeit einer unverdorbenen Menschheit zu berichten, in der weise Herrscher über das irdische Dasein walteten, für die Menschen Nützliches erfanden und sie lehrten, Häuser zu bewohnen, statt im Geäst der Bäume oder in Erdlöchern Unterschlupf zu suchen.

Aus der Urgeschichte wissen wir, daß im gesamten heutigen China schon seit der frühesten Vorzeit Menschen existiert haben. Nicht nur prähistorische Anthropoiden – wie der

Homo pekinensis, der vor fünfhunderttausend Jahren in Nordchina lebte – sind auf chinesischem Boden gefunden worden; auch sämtliche Perioden der Steinzeit haben in fast ganz China sichtbare Spuren hinterlassen. Doch zeigt die Archäologie zugleich, daß sich das eigentliche chinesische Kulturgebiet, der Kern, aus dem später der chinesische Staat hervorwachsen sollte, nur über das mittlere und untere Stromgebiet des Gelben Flusses, des Huang-ho, erstreckte. In der Jungsteinzeit haben vier getrennte Kulturen zum kulturellen Werden Chinas im Raum des Gelben Flusses beigetragen: im Osten der nordchinesischen Tiefebene die Kultur der schwarzen Töpferei, nach ihrem ersten Fundort die Lungshan-Kultur genannt; im Westen, im Lößhügelland, die gleichsam nach Westasien vorstoßende Kultur der roten, teilweise bemalten Töpferei, Yangshao; im südlicheren Teil der Tiefebene die Kultur der grauen Töpferei, Hsiao t'un; schließlich in der Steppe die Mikrolithen- oder Gobi-Kultur. Aus Hsiao t'un, die sich räumlich auf Kosten der anderen Kulturen ausbreitete, ist später in direkter Folge die Shang-Kultur hervorgegangen.

Welchen Anteil diese Kulturen am Zustandekommen der chinesischen Zivilisation hatten, wissen wir nicht. Die Träger dieser Kulturen lassen sich nicht mit den »Barbaren« gleichsetzen, die das chinesische Kulturgebiet bis weit ins erste vorchristliche Jahrtausend umgaben, ja es zum Teil noch bewohnten, und man sollte sie auch nicht in rein mythologischen oder bestenfalls halbgeschichtlichen Gestalten aus der chinesischen Vorgeschichte vermuten. Solche Identifizierungen stützen sich gewöhnlich auf die chinesischen Bezeichnungen der »Barbarenvölker« und auf ziemlich späte Überlieferungen, die eine »barbarische« Herkunft mancher mythologischer Gestalten behaupten. Aber solche Überlieferungen sind nicht sehr zuverlässig, und überdies verbergen sich hinter den wenigen stets gleichbleibenden Namen wechselnde Völkerschaften. Die chinesischen Historiker haben immer, auch in den frühen Zeiten, nach »Ursprüngen« gesucht, andererseits aber den Bewohnern bestimmter Gegenden immer wieder dieselben Namen gegeben und auf diese Weise eine ethnische Verwandtschaft unterstellt, die es in Wirklichkeit nicht gab. Hinzu kam, daß besiegte und assimilierte »Barbaren« sicherlich das Bedürfnis hatten, sich als »legitim« auszuweisen, und zu diesem Zweck Stammbäume aufzustellen, die ihre Abstammung – ähnlich den älteren Geschlechtern des ursprünglichen chinesischen Kulturgebiets – auf die Heroen der Vorzeit zurückführten. Die Bemühungen des deutschen Soziologen Wolfram Eberhard, die verschiedenen Völker, die am Aufbau der chinesischen Kultur teilgenommen hatten, nach ethnologischen Methoden zu bestimmen, hat mit Hilfe von sehr spätem Material Ergebnisse erbracht, die für spätere Perioden eine gewisse Geltung beanspruchen mögen, aber solche Versuche versagen in bezug auf die Völker der chinesischen Frühzeit.

Eine geringe Beachtung der Frühzeit kann man der traditionellen chinesischen Geschichtsschreibung nicht nachsagen. Die erste systematische Zusammenstellung des ältesten Materials findet sich schon um 100 v. Chr. in der großen Geschichte Chinas von Ssu-ma Ch'ien, die mit Huang-ti, dem Gelben Kaiser, anfängt. Die vielen vor Ssu-ma Ch'ien umlaufenden Legenden und Mythen hatten ihren wichtigsten Niederschlag in den Stammbäumen zahlreicher größerer und kleinerer Herrscherhäuser gefunden, die der schwedische Sinologe Bernhard Karlgren in »Legends and Cults of Ancient China« zusammengestellt hat.

Ein starker Drang zur Entmythologisierung der Überlieferung brachte es mit sich, daß die alten Stammesgötter und halbgöttlichen Kulturheroen in menschliche Wesen verwandelt wurden, mit denen sich ein genealogischer Zusammenhang herstellen ließ und die in einem fortlaufenden chronologischen Schema untergebracht werden konnten. Spätere Generationen haben die von Ssu-ma Ch'ien systematisierte Chronologie noch weiter in die Urzeit hinein verlängert: bis zum vierten vorchristlichen Jahrtausend und darüber hinaus. Aus dieser Zeit stammt die Vorstellung, daß China von Anfang an ein gewaltiger, bürokratisch regierter Staat gewesen sei, der auch fast das ganze Yang-tzu-Becken umfaßt habe. In Wirklichkeit verlegten diese Geschichtsschreiber lediglich die ihnen vertrauten Zustände des Han-Kaiserreichs in eine ferne Vergangenheit zurück, dabei im Banne einer Tradition stehend, die die Vergangenheit als das goldene, unverdorbene Zeitalter idealisierte. Im jüngsten Jahrtausend mit seinen vielen einander blutig bekämpfenden Kleinstaaten erblickten sie ein Verfallsstadium, das durch die zunehmende Schlechtigkeit der Menschen, und namentlich der Machthaber, verursacht schien. Da ihnen der regierende Adel mit seinen erblichen Ämtern ein Greuel war, durfte es in der goldenen Urzeit nur unbestechliche, nach Verdienst und Leistung ausgewählte, dem Herrscher treu ergebene Beamte geben.

Auf die unzweifelhaft mythologischen Gestalten der exemplarischen Kaiser Yao, Shun und Yü läßt die traditionelle Geschichtsschreibung mit genauer Zeitangabe – von 2033 bis 1562 v. Chr. – die Hsia-Herrscher folgen. Nun wird Yü die Errettung Chinas aus der Sintflut (Durchstich der Gebirge und Kanalisierung der Flüsse) zugeschrieben, eine durchaus mythische Begebenheit. Haben dann auch die Hsia nur im Mythos geherrscht? Die alten Texte behandeln sie in einer Weise, die keinen legendären Eindruck macht; so vergleicht Konfuzius das Brauchtum der Hsia recht konkret mit dem Brauchtum ihrer bestimmt historischen Nachfolger, der Shang und der Chou. Und bei Ssu-ma Ch'ien findet sich eine sehr exakt anmutende Herrscherliste der Hsia; sie unterscheidet sich in nichts von einer ähnlichen Liste der Shang, die von der Archäologie vollauf bestätigt worden ist. Vielleicht werden künftige Funde auch die Geschichtlichkeit der Hsia beweisen: sei es als Vorläufer der Shang, sei es als Beherrscher West- oder Nordchinas zur Zeit der Vormachtstellung der Shang im Osten (wobei die Ungleichzeitigkeit das Produkt einer späteren Tradition wäre). Daß die Liste der Hsia-Herrscher auch mythische Kulturheroen, so einen »Erfinder der Harnische« aufführt, macht allerdings die geschichtliche Existenz der Hsia wenig glaubhaft.

Festen Boden betreten wir mit den Shang-Herrschern, deren Aufeinanderfolge aus Orakelinschriften einwandfrei hervorgeht; annähernd läßt sich in vielen Fällen sogar die Regierungszeit der einzelnen Herrscher berechnen, was jedenfalls eine relative Zeitbestimmung erlaubt. Die Herstellung einer absoluten Chronologie, die Verknüpfung der relativen Daten mit bestimmten festen Jahren, bleibt bisher noch ein Problem. Moderne chinesische Gelehrte setzen die Shang-Zeit verschieden an: den Ausgang bei 1122, 1111, 1066 oder 1028, den theoretischen Beginn – mit noch größeren Schwankungen – bei 1766, 1751, 1562 oder 1523. Daß sich das Ende der Shang-Periode nicht genauer bestimmen läßt, liegt daran, daß das Jahr der Gründung des Hauses Chou nicht sicher belegt ist. Schon Ssu-ma Ch'ien war sich der Datierungsschwierigkeiten bewußt, weswegen er auch mit genauen

Jahresangaben erst bei 841 v. Chr. anfing; er gibt weiter für die wichtigsten Teilstaaten Herrscherlisten mit genauen Regierungsjahren, die er auch noch in großen Übersichtstabellen aufeinander abstimmt. Mit den von älteren und heutigen Gelehrten angebrachten Detailkorrekturen bilden sie das eiserne Gerüst für die spätere Frühgeschichte.

Die Zeitangaben für die Kaiserzeit liegen ohne Ausnahme fest; die kaiserlichen Annalen stellen ein kontinuierliches Ganzes dar, das bis in die Neuzeit hineinführt und dank der Eintragung der Sonnenfinsternisse mit modernen astronomischen Methoden überprüft werden kann.

## Shang-Reich und Shang-Kultur

Über das Reich der Großkönige von Shang im Huang-ho-Delta in Nordostchina, von dem die alten chinesischen Geschichtswerke nur dürftige Nachrichten bringen, geben umfassende archäologische Funde aus der Mitte des zweiten vorchristlichen Jahrtausends genügend Aufschluß. Fundorte von Gegenständen, die unzweifelhaft der Shang-Kultur angehören, liegen verstreut über ein weites Gebiet, das im Osten an der Südseite der heutigen Provinz Shantung bis ans Meer reicht und im Westen am Mittellauf des Gelben Flusses entlang bis ins Tal des Wei-Stromes vordringt. Vom Mittellauf des Gelben Flusses breiten sich die Fundorte in die Täler seiner nördlichen Nebenflüsse aus; von dort folgen sie dem Terrassengelände am östlichen Abhang der T'ai-hang-Kette, die das Bett des alten Flusses beherrscht. Auch noch in geschichtlicher Zeit hat sich das Strombett des Gelben Flusses mehrfach verlagert; im Altertum – etwa bis zum Beginn unserer Zeitrechnung – verlief es weiter westlich und nördlich als heute und erreichte das Meer nach der Vereinigung des Stromes mit den aus dem Nordwesten kommenden Flüssen in der Nähe des heutigen Tientsin. Die nordöstliche Spitze der Tiefebene bestand aus Sümpfen, die offenbar das Kulturgebiet der Shang nach Norden abschlossen; durch das heutige Flußbett des nordöstlichen Arms des Huang-ho strömte damals ein selbständiger Fluß, der Chi. Die Südgrenzen dieses Gebietes waren im Westen die Gebirgsketten, die das Huang-ho-Tal vom Yang-tzu-Tal trennen, und im Osten die wasserreichen Gegenden der heutigen Provinzen Kiangsu und Süd-Anhuei. Die räumliche Ausdehnung der Shang-Kultur ist mit Hilfe der Funde leicht zu bestimmen. Viel schwieriger ist es, in diesen Raum das Territorium einzuzeichnen, das die Großkönige der Shang politisch beherrschten. Die Beschriftung der Orakelknochen, auf der unsere Kenntnisse beruhen, gibt darüber keine ausreichende Auskunft.

Vor jeder wichtigen Handlung pflegten die alten Chinesen die Orakel zu befragen. Das wichtigste Befragungsverfahren bestand darin, daß man einen Knochen erhitzte und die Antwort der höheren Mächte den Sprüngen und Rissen entnahm, wie es die Opferbeschauer in Babylonien und Rom mit den Leberfalten der Opfertiere taten. Zur Shang-Zeit war die Technik verfeinert: das Knochenstück oder der Schildkrötenpanzer wurde mit einem Bohrer angebohrt (nicht durchbohrt) und in die Höhlung zur Erhitzung der Oberfläche ein glühender Metallstab eingeführt; zusätzlich wurde nun auch die an das

Reste einer neolithischen Siedlung bei Hsi-an in der Provinz Shensi

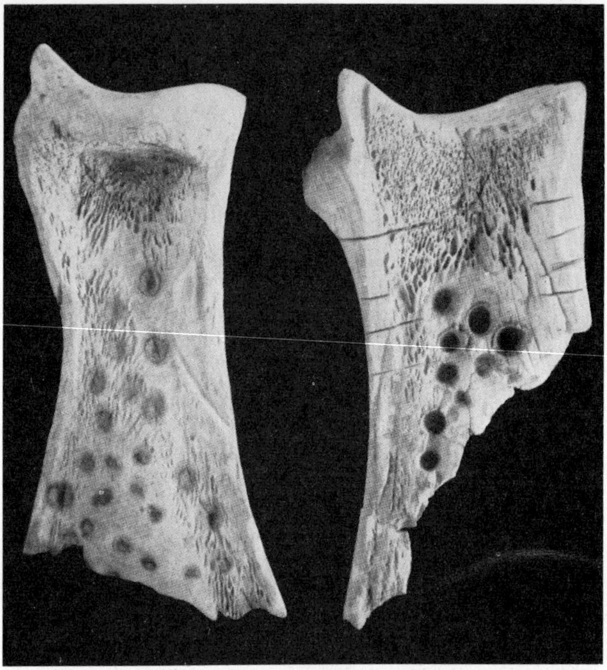

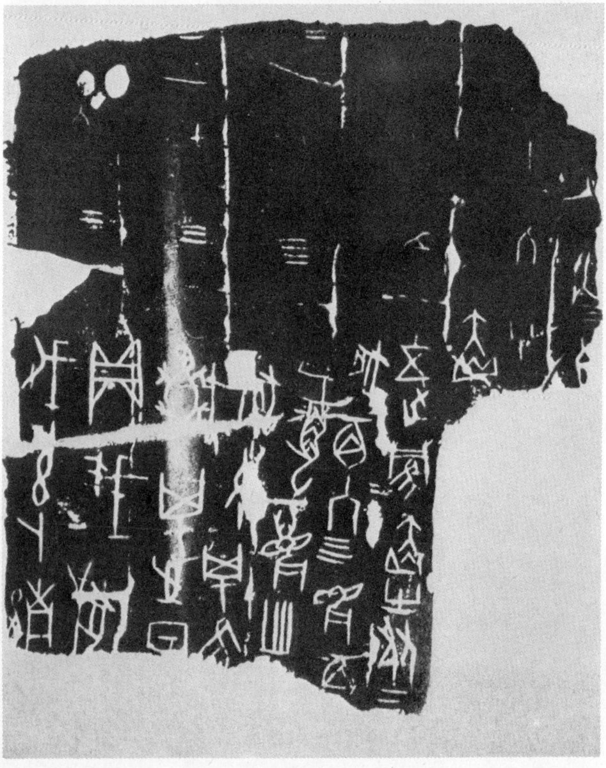

Orakel gerichtete Frage eingeritzt. Die Orakel wurden bei sehr vielen Anlässen befragt und die Knochen- und Schildpattfragmente in eigens dazu bestimmten Archivgruben aufbewahrt.

Das Material, das sich auf diese Weise erhalten hat, ist umfangreich, aber in der Art der Auskünfte, die es gibt, nicht allzu artikuliert. Wird etwa nach den Aussichten eines Krieges gefragt, so erwähnt die Inschrift außer dem Namen des Orakeldeuters und einem recht unsicheren Datum nur den Namen des feindlichen Landes oder Stammes, aber weder Lage noch Entfernung; genannt werden Titel von Militär- und Zivilpersonen, aber nicht die Funktionen, aus denen sich die organisatorische Struktur rekonstruieren ließe. Die Hinweise sind zu vage, als daß sich die politischen Grenzen des Reiches genau abstecken ließen; das Staatsgebiet muß aber wesentlich kleiner gewesen sein als das Gebiet, das an der Shang-Kultur teilhatte. Daß das Reich beträchtliche politische Wechselfälle gekannt haben muß, geht schon aus den Angaben des Ssu-ma Ch'ien hervor, der von acht Verlegungen der Hauptstadt zu berichten weiß.

Beständig war die mit dem Seen- und Sumpfgebiet des Huai und seiner Nebenflüsse gegebene Südostgrenze; das Höchstmaß der möglichen Ausbreitung bestimmten vermutlich die nördlichen »neun Flüsse« des unteren Huang-ho. Im Bereich der »Barbaren« verblieb die östliche Shantung-Halbinsel, und im Nordwesten muß die T'ai-hang-Gebirgskette eine permanente Schranke gebildet haben. Wahrscheinlich beschränkte sich die Expansion des Shang-Reiches auf Vorstöße in der Richtung des unteren Han-Flusses und, was wichtiger ist, auf die weitere Durchdringung des mittleren Stromgebiets des Huang-ho. Von den Chou, die ihren Hauptsitz im Wei-Tal in der heutigen Provinz Shensi hatten, wissen wir, daß sie gegen Ende der Shang-Herrschaft in einem Abhängigkeitsverhältnis zum Großkönig standen.

Bis jetzt haben sich von den acht Hauptstädten der Shang zwei identifizieren lassen: die letzte, das »Zentrale Shang«, wo die Großkönige bis zum Ende ihrer Herrschaft im 11. Jahrhundert verblieben, unweit des heutigen An-yang, und eine frühere, die angeblich vom zehnten Herrscher gestiftete »Stadt Ao«, in der Nähe des heutigen Cheng-chou. Weitere wichtige Shang-Zentren wurden oberhalb des Westufers des Gelben Flusses nördlich und südlich von An-yang entdeckt, ohne daß sich feststellen ließe, ob sie je als Hauptstädte gedient hatten. Eine große Siedlung von Trägern der Shang-Kultur liegt weiter westlich an der Südseite des Huang-ho: das heutige Lo-yang, wo später die Großkönige der Chou residieren sollten.

Bemerkenswert ist die Größe der Shang-Städte: in Ao umschlossen die fast zwanzig Meter dicken Mauern aus gestampftem Lehm ein Gebiet von etwa dreieinhalb Quadratkilometern. Ao wurde durch Feuer vernichtet, und es ist möglich, daß es sich beim großen Auszug nach dem »Zentralen Shang« unter König P'an-keng (1384?), von dem eins der

---

Drei Zeichenorakel aus der Shang-Zeit
Orakelknochen mit eingebohrten Löchern und durch Erhitzen entstandenen und als Antwort gedeuteten Rissen; unten: Orakelbefragung über den Ausgang einer Jagd und Beschreibung der Beute (darunter Tiger und Hirsche) als Antwort, Abklatsch von einer Schildkrötenschale

ältesten Stücke im »Kanon der Schriften« berichtet, um eine Räumung Aos handelte. Eine dritte Shang-Hauptstadt hat möglicherweise in der Nähe des heutigen Shang-ch'iu (östlich von Cheng-chou) gelegen; daß auch Lo-yang eine Shang-Residenz gewesen sei, ist wenig wahrscheinlich: dazu liegt es zu weit abseits im Hügelland.

Die Shang – wie auch die übrige jungsteinzeitliche Bevölkerung Nordchinas – waren Ackerbauern. Sie bauten schwarze und gelbe Hirse, Gerste, Weizen und Sorghum an und benutzten dazu steinerne Hacken und hölzerne Spaten; das reife Getreide schnitten sie mit steinernen Sicheln. Da sich keine Spuren einer Berieselung der Felder gefunden haben, ist es zweifelhaft, ob die Shang-Bauern Reis anbauten, obschon das Zeichen für Reis in den Orakeltexten vorkommt. Sie züchteten Schweine, Schafe und Rinder und hielten Hunde; alle die Tiere wurden gelegentlich zu Opfern verwendet. Auch Pferde gab es, aber der von Tieren gezogene Pflug sollte erst nahezu ein Jahrtausend später kommen. In den neolithischen Fundorten der westlichen Yangshao-Kultur haben sich nur Knochen von Schweinen, Rindern, Hunden und Hirschen gefunden, in denen der östlichen Lungshan-Kultur dazu noch Spuren von Schaf und Pferd; im Vergleich dazu überrascht die Fülle von Tieren in den Shang-Funden, besonders aus der Spätzeit: Bären, Tiger, Panther, Dachse und Füchse, verschiedene Hirscharten, sogar Elefanten und Nashörner. Das ist erjagte Beute; auch aus den Orakeltexten geht hervor, daß im Shang-Reich große Jagden abgehalten wurden: eine Inschrift verzeichnet als Ertrag einer Jagd einen Tiger, vierzig Hirsche, hundertneunundfünfzig Rehe und hundertneunundsechzig Füchse.

Bediente sich die Bauernbevölkerung noch hauptsächlich steinerner Geräte, so waren doch schon seit Beginn des zweiten Jahrtausends auch bronzene Werkzeuge, vor allem aber Waffen in Gebrauch gekommen, die allesamt Vorläufer aus Stein hatten. Wohl nur wenige Jahrhunderte später kommt der Streitwagen auf: mehrere Streitwagengräber haben sich gefunden – mit Roß und Lenker, Rüstung und Zaumzeug. Wie auch in anderen Erdteilen sind an den chinesischen Fundorten neben unzähligen Geschirrscherben ganze irdene Gefäße ans Tageslicht gekommen, darunter viele Formen, die für die späteren Bronzegefäße als Vorbild gedient haben; als charakteristische chinesische Typen zeichnen sich die verschiedenen Dreifüße ab: *ting*, ein runder Topf auf drei runden, stämmigen Füßen; *li*, ein Gefäß mit drei sackförmigen, hohlen Füßen, das wie ein Ziegeneuter aussieht; *hsien*, ein kombiniertes Gerät, bei dem ein Li einen Topf mit durchlöchertem Boden trägt, also eine Art Dampfkocher. Die rußgeschwärzten Füße deuten darauf hin, daß diese Kochtöpfe nicht auf einen Herd, sondern direkt ins Feuer gestellt wurden. Die Bronzegefäße, wesentlich eine Fortsetzung der keramischen Behälter, zeichnen sich durch herbe Formen und vor allem durch Verzierungen mit einer bunten Fülle bewegter Motive aus; darunter sind Tiermasken mit glotzenden Augen und zum Teil freistehenden Hörnern besonders eindrucksvoll. Aus den neuesten Funden (seit 1950) kann man ersehen, daß sich die Kunst des Bronzegusses ganz oder zum allergrößten Teil auf chinesischem Boden entwickelt hat: denn in den älteren Schichten finden sich Bronzegeräte in viel primitiverer, technisch unvollkommener Gestalt. Auch Brennöfen für irdenes Geschirr und Schmelztiegel für Bronze gibt es in der Hinterlassenschaft der Shang-Kultur; dazu viele Gußformen: die Shang-Handwerker kannten doppelte Spiegelbildformen, in denen flache Gegenstände wie

Messer serienweise hergestellt wurden, ebenso auch überaus komplizierte, mehrteilige Formen für Dreifüße, Vasen und ähnliche Gefäße.

Ihr Obdach fanden die Menschen der Shang-Gesellschaft teils über, teils unter der Erde. In der Jungsteinzeit hausten die Bewohner Chinas allem Anschein nach in offenen Gruben, in denen ein einfaches Pfahlgerüst ein Stroh- oder Schilfdach trug; zum Teil lebten auch die Shang-Ackerbauern noch in Behausungen dieser Art. Wahrscheinlich hat diese Wohnart die Shang überdauert: die früheste Literatur spricht noch davon, daß die Menschen in alten Zeiten in Erdlöchern gelebt hätten. Größere Bauten (Kultstätten, Paläste?) standen auf Terrassen aus gestampfter Erde; das ist auch der Hauptbaustoff für Hausmauern, die wohl zwischen Tragsäulen aus Holz, auf denen das Dach ruhte, mit Blöcken gestampften

Lehms aufgezogen wurden. Ebenfalls aus gestampftem Lehm wurden Stadtmauern errichtet. In einem von zusammengebundenen Brettern gebildeten Rechteck wurde die Erde in Schichten von zehn bis zwanzig Zentimetern mit Schlegel oder Stampfer festgestampft; war die Schicht hart genug gepreßt, so konnten die Bretter für die nächste Schicht hinaufgeschoben werden. Kleinere Wohnhäuser in den Städten standen zu ebener Erde, mit ebenfalls gestampftem Boden.

## *Shang-Gesellschaft*

An der Spitze des Shang-Reichs stand der Großkönig, *wang*. Seine Domäne, die offenbar den Kern des Reiches bildete, war von Gebieten anderer Fürsten umgeben, von denen man annehmen muß, daß sie zum Großkönig in einem Abhängigkeitsverhältnis mehr oder minder feudaler Natur standen. Im späteren Chou-Reich hatte der Großkönig zu Anfang eine führende Stellung inne und vergab Ländereien als Lehen; ob seine Macht politisch überragend war oder sich nur von seiner Kultfunktion als oberster Priester herleitete, läßt sich nicht mehr feststellen. Erst recht gelten analoge Zweifel der Machtposition des Shang-Großkönigs, auch wenn wir wissen, daß die Herrscher der seine Domäne umgebenden Gebiete auch bei den Chou später wiederkehrende Titel trugen, die auf ein Abhängigkeits- und Lehnsverhältnis hinweisen: da gab es *tzu*, wörtlich »Söhne«, als Nachkommen der Shang-Herrscher, *po*, die man mit »Markgrafen« übersetzen könnte, und ähnliches. Am plausibelsten scheint die Annahme, daß der Großkönig über beides verfügte: politische Macht und priesterliche Autorität. Jedenfalls brachten ihm die anderen Herrscher Tribut dar, beispielsweise Vieh, und stellten Truppen für seine Feldzüge, wie etwa gegen die Chiang; seinerseits stellte aber auch der Großkönig den Fürsten, wenn sie Hilfe brauchten, sein Heer zur Verfügung. Wie das Verhältnis zwischen dem Großkönig und den anderen Herrschern jeweils zustande kam, ist bis jetzt ungeklärt geblieben; später bei den Chou gab es eine förmliche Investitur, aber das besagt nicht, daß es auch schon bei den Shang so war. Welche Form das Verhältnis zwischen Großkönig und »Vasallen« auch gehabt haben mag, ihre gegenseitigen Beziehungen – wie auch die Beziehungen der Vasallen untereinander – waren nicht immer friedlich. Auf der anderen Seite wurde aber auch gegen die »Barbaren« nicht immer Krieg geführt. Die Inschriften bezeugen, daß manchen »Barbaren«, so zum Beispiel den Chou, von den Shang-Herrschern Adelstitel verliehen wurden.

Die Verwaltung des Reiches – oder genauer: seiner einzelnen Teile – war bereits so kompliziert, daß es sowohl in der Domäne des Großkönigs als auch in den Fürstengebieten eine ständige Beamtenschaft gab; überliefert sind etwa zwanzig Amtsbezeichnungen von Beamtenpositionen. Die oberste Führung der Verwaltung war dem *yin*, »Leiter«, anvertraut, dem *shih*, »Schreiber« (nach dem Schriftzeichen zu urteilen, »Bewahrer« oder »Hüter der Dokumentenkassette«), *tso-ts'ê*, »Anfertiger der Schriftstücke«, und verschiedene *ch'ên*, »Diener«, zur Seite standen. Besondere Erwähnung verdienen die *pu* oder *chên*, »Orakeldeuter«. Da es neben dem »Großen Diener«, *yüan ch'ên*, und dem »Kleinen Diener«, *hsiao ch'ên*, auch »ernannte Diener«, *p'i ch'en*, gab, kann man vermuten, daß die

Streitwagenbestattung
Skelette in einem Grab bei An-yang, Shang-Zeit

Innere Gruft der Grabanlage eines Shang-Königs
Modell mit den Skeletten der Gefolgsmänner

höheren Ämter erblich waren. Obwohl die »Diener« gelegentlich auch Heere anführten, verzeichnen die Inschriften auch noch besondere militärische Amtsträger, deren Funktionen sich bisweilen aus ihren Titeln erraten lassen: *ma*, »(Offizier der) Rosse«, also wohl der Streitwagen, oder *shê*, »(Offizier der) Bogenschützen«.

Ein Bataillon des Shang-Heeres scheint aus fünf Kompanien bestanden zu haben, von denen jede eine Vorhut von fünfundzwanzig Mann, fünf Streitwagen (mit je einem Lenker, einem Bogenschützen und einem Dolchaxtträger) und einen Nachschub von hundertfünfundzwanzig Mann umfaßte. Der zweirädrige Streitwagen wurde von zwei Pferden im Joch gezogen; die Räder waren fast anderthalb Meter hoch mit einem Nabenabstand von über zwei Metern. In den Orakelinschriften werden öfter Heere von drei- bis fünftausend Mann erwähnt, aber gelegentlich, im Falle einer *levée en masse*, zu der die Vasallen beizusteuern hatten, ist auch von einem dreißigtausendköpfigen Heer die Rede; ein andermal wird die Zahl der getöteten Gegner mit zweitausendsechshundertsechsundfünfzig angegeben oder von einem Feldzug, der zweihundertsechzig Tage dauerte, gesprochen. Die Waffen waren in der Regel Pfeil und Bogen, Dolchaxt, Messer und Wetzstein, Schild; bekannt waren den Shang Bronzehelme, Helme und Panzer aus aufgenähten Knochen- und Muschelplatten. Den Shang kam die größere Spannkraft des zusammengesetzten Bogens zugute, dessen Einzelteile (Holz, Horn, Sehnen) aneinandergeleimt waren. Von besonderer Bedeutung war die Dolchaxt, *ko*, ursprünglich ein leicht gekrümmter Dolch, dessen flacher Griff in einen Stiel geklemmt war; nach der Shang-Zeit erfuhr diese Waffe weitere Verbesserungen: die Klinge wurde weiter nach unten gekrümmt und ihr unterer Teil in der Richtung des Griffes verbreitert, wobei die Länge des Stiels bis zu anderthalb Meter erreichte.

Die große Vorliebe der Shang-Herrscher für ständige Orakelbefragung zeigt anschaulich genug, wie eng sich Diesseits und Jenseits im Denken der Shang verflochten. Die Orakelinschriften weisen auch darauf hin, wie oft die Shang ihren Gottheiten und ihren näheren und entfernteren Vorfahren Opfer darbrachten: Schafe, Hunde, Schweine, Rinder, ja auch Menschen (meistens wohl in kriegerischen Aktionen gegen Nachbarländer, vor allem gegen die Chiang, erbeutete Gefangene). Dazu gab es verschiedene Formen des Opfers: roh oder gekocht, ganz oder in Teilen, zum Verbrennen oder zum Vergraben bestimmt. Die Ahnen, denen geopfert wurde, waren Himmelsbewohner gleich den Himmelsgöttern, den Göttern des Windes, der Wolken, der Sonne, des Mondes, der Gestirne. Über allen Gottheiten thronte Shang-ti, der »oberste Herrscher«, Herr über die übrigen Götter und über die Menschen; nur wissen wir nicht, ob er selbst ein Urahn war – denn *ti* hießen nach ihrem Tod auch alle Großkönige – oder ein Gott eigener Art. Opfer erhielt er regelmäßig, weil er über Regen oder Dürre gebot und über die Menschen Heil oder Unheil verhängen konnte; die Ahnen wurden um Vermittlung und Fürsprache gebeten, wie sie sich auch bei den übrigen Himmelsgöttern für ihre Nachkommen einzusetzen hatten. Neben den Himmelsgöttern kannten die Shang auch Gottheiten der Erde: den Erdgott T'u oder Shê, zahlreiche Fluß- und Berggötter und die Götter der vier Himmelsrichtungen. Auch ihnen wurde geopfert.

Eine große Rolle spielten die auch aus anderen Weltteilen bekannten Weihopfer bei der Errichtung von Bauwerken: je ein Blutopfer für jedes Stadium der Bauarbeit; ein größeres

Bauvorhaben in der Hauptstadt bedeutete die Opferung eines Hundes oder eines Kindes, bevor der gestampfte Boden gelegt wurde, dann ein dreifaches Opfer – Hund, Schaf und Ochse, gelegentlich auch Mensch – unter jedem Tragpfeiler, kniende Menschen hinter der Türschwelle und auf dem Gesicht mit dem Kopf zum Eingang liegende Menschen vor der Türschwelle vergraben; zu guter Letzt wurde bei der Vollendung des Baus eine ganze Kompanie – fünf Wagen und hundertfünfzig Mann – im Vorhof verscharrt. Bei einem anderen Bau kostete die Konsekration fünfunddreißig Menschenleben. Bis in geschichtliche Zeiten hinein forderte die Verehrung der Flußgottheiten, so etwa des Herrn des Gelben Flusses oder des Herrn des Huan (an dessen Ufer die letzte Hauptstadt lag), die Darbietung nicht nur wertvoller Jadestücke, sondern auch unbescholtener Jungfrauen.

Wichtige religiöse Funktionen wurden bei den Shang – wie auch im späteren China – von Schamanen, *wu*, verrichtet. Sie traten bei rituellen Musik- und Tanzzeremonien auf, bei denen die Götter um Regen angefleht wurden; bei großer Dürre wurde der Schamane (oder die Schamanin) der heißen Sonne ausgesetzt oder verbrannt. Einige der Shang-Musikinstrumente werden in den Orakelinschriften genannt: Bronze- oder Tonglocken mit hölzernem Griff, Trommeln, eine Art Okarina mit drei oder fünf Grifflöchern, Klingsteine (meistens drei Stück in einem Spiel); vermuten lassen sich auch Flöten und Saiteninstrumente. Neben den Schamanen kannte das China der Shang, wie schon gesagt, auch Orakeldeuter. Waren diese Träger ritueller Funktionen auch »Priester«? Daß sie eine besondere Gruppe gebildet oder eigene Macht ausgeübt hätten, ist nicht belegt. Angesichts der späteren schriftlich bezeugten Zustände unter den Chou und des betont persönlichen Charakters der Ahnenverehrung möchte man eher annehmen, daß der Herrscher selbst die Opfer darbrachte, wie wir ja auch aus den Inschriften wissen, daß er die Orakel persönlich befragte, daß also die technisch mit Opfer, Gebet und Deutung Betrauten bloße Helfer und ihre Vorrichtungen zweitrangiger, untergeordneter Natur gewesen sein mögen. Auf die spätere Kaiserzeit haben deutsche Sinologen den Ausdruck »Cäsaropapismus« angewandt; in gewissem Sinne mag der Ausdruck auch auf die ältere Zeit zutreffen, wenn es auch zweifellos weniger mißverständlich wäre, hier von »König-Priestertum« zu sprechen. Ist aber jeder Herrscher – ob Großkönig, ob minderer Landesherr – zugleich auch ein Priester, dem die wichtigeren religiösen Handlungen, wie die Verehrung der eigenen Ahnen oder des regionalen Erdgottes, vorbehalten sind, so bleibt kaum Raum für eine selbständige Gruppe, Kaste oder Klasse von Priestern.

Bisher sind die Großkönige das einzige Geschlecht der Shang-Zeit, dessen Ahnentafel uns bekannt ist; sie umfaßt vierzehn Altvordere des Stifters der Dynastie und einunddreißig Großkönige, von denen der letzte im 11. Jahrhundert von den Chou besiegt und getötet wurde. Die einunddreißig Großkönige verteilen sich indes auf nur siebzehn Generationen: in vierzehn Fällen sind den toten Herrschern Brüder gefolgt; beispielsweise regierten in der zehnten Generation nicht weniger als vier Brüder nacheinander. Erst seit der dreizehnten löste den Vater der Sohn ab, eine Erbfolge, die dann auch von den Chou beibehalten wurde. Gewisse Spuren der Bruderherrschaft blieben jedoch bei den Chou ebenso wie in den Teilstaaten bestehen: sowohl in der Domäne des Großkönigs als auch in den Lehnsbezirken wurden den nicht erbberechtigten Brüdern hohe Funktionen zugewiesen. Sogar die Einteilung der Lehen in neueroberten Gebieten erscheint einigen neueren Forschern als Überbleibsel einer früheren Bruderherrschaft: die großen Lehen fielen an die Brüder des Eroberers; die königliche oder fürstliche Machtposition erbte allerdings in der Regel der älteste Sohn der Hauptfrau des Herrschers.

Den Ahnen brachte jede Adelsfamilie Opfer dar, und zwar opferte der Haupterbe der Hauptlinie dem ersten Ahnherrn des Geschlechts und den Ahnengenerationen, die in direkter Linie dazwischenlagen, die Haupterben der verschiedenen Seitenlinien wiederum den Stiftern dieser Linien und ihren eigenen direkten Vorfahren. In der Shang-Zeit kam es jedoch vor, daß der Großkönig allen früheren Königen und Thronanwärtern und auch ihren Frauen opferte, während sich andere Großkönige damit begnügten, nur je einen Vertreter jeder Generation mit einem Opfer zu ehren.

## *Von den Chou bis zum geeinten Reich*

Schriftlich weitergegebene frühe Quellen und auch einige Bronzeinschriften aus der frühen Chou-Zeit schildern den letzten Herrscher der Shang als grausamen Lüstling. Da die spätere Geschichtsschreibung dies Bild übernommen hat, wird in grellen Farben ausgemalt, wie seine Greueltaten überall Empörung auslösten, bis sich schließlich der tugendhafte Chou-König Wu an der Spitze vieler gleichgesinnter Gebietsherren aufmachte, den Unhold zu bestrafen. Die Shang wurden geschlagen, und mit Jade und Perlen geschmückt, stürzte sich ihr letzter Gebieter in die Flammen. Um den Sieg zu besiegeln, hieb König Wu der Leiche des Bezwungenen »mit der gelben Streitaxt« das Haupt ab und hängte es an »die große weiße Fahne«. So geschehen zu einer nicht genau bestimmten Zeit: es kann 1122 oder auch 1028 v. Chr. gewesen sein.

Jedenfalls wurden die Shang, die am Westrand der großen Tiefebene residierten, von den Chou aus dem Wei-Tal abgelöst. Über die Chou ist viel gefabelt worden. Da sie aus dem Westen kamen, hieß es, ihre ursprünglichen Wohnsitze hätten noch viel weiter westlich gelegen, sie seien Nomaden, ja überhaupt keine Chinesen gewesen. Die Archäologie hat diesen Theorien den Boden entzogen. Die Chou waren in Wirklichkeit eine der vielen Völkerschaften des westchinesischen Hügellands, die unter den kulturellen und offenbar auch den politischen Einfluß der Shang geraten waren. Noch Jahrhunderte später meldeten die Quellen, daß die Chou-Fürsten den Shang botmäßig gewesen waren und sich von ihnen den Titel »Führer des Westens« hatten verleihen lassen. Wenn berichtet wird, einer der früheren Chou-Fürsten sei ein »Barbar« gewesen, so kommt darin nicht mehr zum Ausdruck, als daß die Stämme des fernen Westens den Shang schlechterdings als Barbaren galten. Die Chou hatten den Sieg nicht allein davongetragen: nach den schriftlichen Quellen waren sie mit zahlreichen Verbündeten, unter denen wiederum »Barbaren« waren, **gegen die Shang gezogen**; der Feldzug soll lange gedauert haben, **das Gebiet der Shang wurde mit anderen Worten allmählich, abschnittsweise erobert.**

Belohnt wurden die Eroberer mit Lehen im Osten, im früheren Land der Shang: ein Bruder des siegreichen Chou-Königs erhielt den neuen Staat Wei zwischen den Bergen im Westen und dem Gelben Fluß, ein anderer den ebenfalls neuen Staat Lu in der heutigen Provinz Shantung, zwischen Huang-ho und T'ai-shan-Gebirge. Fast unberührt schien nördlich von diesen neuen Staatsgebilden das mächtige Land Ch'i geblieben zu sein, das zur Shang-Zeit als mehr oder minder selbständiger Staat bestanden hatte. Den Nachkommen der Shang-Herrscher wurde weiter südlich ein eigenes Gebiet zuteil, die Herrschaft Sung. Daneben wurden im alten Kulturgebiet der Shang zahlreiche Lehnsmänner eingesetzt. Möglicherweise haben die ersten Chou-Könige, obgleich ihr Hauptsitz weit entfernt im Westen lag, über ihre Lehnsmänner eine echte Oberhoheit ausgeübt: nicht als Priesterkönige, sondern als führende Kraft im steten Kampf gegen die noch nicht assimilierten oder »sinisierten« Völkerschaften, die rings um das chinesische Kulturgebiet siedelten oder Enklaven darin bewohnten. Die Überlieferung berichtet von großen Feldzügen dieser frühen Könige gegen die Barbaren; einer dieser Herrscher soll bei einer Expedition jenseits der Ch'in-ling-Bergkette, die das chinesische Gebiet am Gelben Fluß vom Yang-tzu-Becken abriegelte, im Han-Fluß ertrunken sein. Das kanonische Buch der Lieder und die Chroniken sprechen von kriegerischen Aktionen gegen die Yi-Barbaren von Hsü und Huai in den wasserreichen Südbezirken der großen Ebene, gegen die Jung und Ti im Norden und Westen und gegen die Hsien-yün im oberen Tal des Gelben Flusses.

Aber schon im 9. Jahrhundert – die Chronologie wird da zuverlässiger – schienen die Könige zu bloßen Werkzeugen der mächtigen Herren herabgesunken zu sein, die erbliche Posten am Hofe bekleideten. Nach einem kurzen Aufschwung um die Jahrhundertwende zerfiel ihre politische Vormachtstellung endgültig, und im Jahre 771 wurde der regierende Fürst von seinen allzu mächtigen Hofadligen ermordet. Eine der revoltierenden Cliquen hob einen seiner Söhne in Lo-i (dem späteren Lo-yang) auf den Thron, Hunderte von Kilometern östlich der an der Peripherie des Reiches gelegenen alten Hauptstadt. Nun residierte der König im Schatten der mächtigen Herren, die seine Lehnsleute waren. Mit der königlichen Macht ging es trotz einigen Konsolidierungsansätzen im 8. Jahrhundert schnell bergab, unwiderruflich. Die königliche Domäne der Chou war zu einem Kleinstaat bar jeder wirklichen Macht geworden.

Gleichfalls im 8. Jahrhundert begann der Machtzuwachs des Kleinstaates Cheng am Eingangstor zur großen Ebene, dessen Herrscher seit Generationen als hohe Würdenträger am Chou-Hof amtiert hatten. Cheng wuchs durch Annexion kleinerer Nachbarländer, stieß aber auf Schranken, die ihm die größeren Nachbarn Wei und Sung im Norden und Osten setzten. Eine Zeitlang hielten Cheng, Wei und Sung einander die Waage, aber am Ende fielen auch sie – gleich den unzähligen Kleinstaaten, die ursprünglich den größten Teil des chinesischen Raums eingenommen hatten – größeren Mächten an der Peripherie des chinesischen Kulturgebiets zum Opfer. In den Vordergrund rückten Ch'i im Norden der großen Ebene, Chin auf einem Territorium, das im Westen und Süden auf den Gelben Fluß, im Osten auf das Gebirge stieß, Ch'in im Stromgebiet des Wei-Flusses im Westen und – außerhalb des eigentlich chinesischen Gebietes – Ch'u im mittleren Yang-tzu-Becken.

Sitzender Mann
Marmorkleinskulptur aus An-yang, Shang-Zeit. Hongkong, Sammlung J. D. Chen

Sichelförmige Axt vom Typ Ko
Bronzewaffe aus dem Gebiet des Flusses Huang-ho, 500–450 v. Chr.
Leiden, Rijksmuseum voor Volkenkunde

Ob die Bewohner von Ch'u Chinesen oder »Barbaren« waren, ist eine müßige Spekulation: ohne Zweifel galten sie den Chinesen im Norden als barbarisch. Im Laufe des 8. Jahrhunderts begann nun – in einer für die chinesischen Staaten der großen Ebene bedrohlichen Weise – die Machtausbreitung dieses sehr ausgedehnten Reiches nach dem Nordosten, und gleichzeitig machte sich Ch'u im Westen die Volksstämme tributpflichtig, die den östlichen Teil der heutigen Provinz Ssu-ch'uan bewohnten. Die zunehmende Bedrohung durch Ch'u zwang die älteren chinesischen Staaten zu einer neuen politischen Organisationsform: sie schlossen sich zu einer Liga zusammen, die sich bei all ihrer Schwäche zwei Jahrhunderte lang behaupten sollte.

Von den bedrohten Staaten war zu Beginn des 7. Jahrhunderts Ch'i der weitaus stärkste, und so war es 681 der Fürst von Ch'i, der, von den südöstlichen Kleinstaaten um Hilfe gebeten, das erste Treffen der Liga leitete. Sie stand vor der Aufgabe, nicht nur die Expansion Ch'us militärisch im Zaum zu halten, sondern auch in den endlosen Zwistigkeiten der Kleinstaaten zu vermitteln. Zu Lebzeiten des Fürsten von Ch'i wurde wenigstens die militärische Aufgabe bewältigt. Nach seinem Tod (643) brachen jedoch in Ch'i Thronfolgekämpfe aus, die die Position des Landes schwächten und zum Auseinanderfallen der Liga führten. Ch'u griff zu und erreichte 636 die Unterwerfung aller Länder südlich des T'ai-shan-Gebirges. Jetzt appellierten die Kleinstaaten an den Fürsten von Chin, der gerade an die Regierung gekommen war. Die neue Abwehrreaktion begann 634, und schon 632 war Ch'u besiegt und um seinen Einfluß in der großen Ebene gebracht. Der Chin-Staat war nicht so alt wie Ch'i; er war erst wenige Jahrzehnte zuvor aus der Eroberung vieler Kleinstaaten hervorgegangen; das Land war innerlich zerrissen, und sein Verhältnis zum westlichen Nachbarn Ch'in ließ zu wünschen übrig. Auf die Dauer war Chin dem expandierenden Ch'u nicht gewachsen; daß es die Liga beleben und Ch'u auf den ersten Anhieb in die Knie zwingen konnte, verdankt es schweren inneren Kämpfen im langgestreckten Ch'u und dem schweren Druck, den ein neuer »barbarischer« Emporkömmling auf Ch'u ausübte: das Reich Wu, das sich über die wasserreichen Gegenden in den Mündungsgebieten des Huai und des Yang-tzu erstreckte. Schon 583 brachte es Wu fertig, dem Staat Ch'u das ganze Gebiet der heutigen Provinz Kiangsu und die nördliche Hälfte des heutigen Anhuei zu entreißen.

Die Kriege, von denen zunächst das junge Wu profitierte, gingen weiter. Die Macht der Chin schrumpfte im 6. Jahrhundert noch mehr zusammen: trotz gelegentlicher Machtentfaltung war Chin nie wirklich geeint worden, und der innere Streit untergrub seine Kampfkraft. Aber auch Wu hatte sich auf dem Gipfel der Erfolge nicht lange halten können: ein anderer »Barbarenstaat«, das südlich des Yang-tzu gelegene Yüe, das Wu 494 unter seine Botmäßigkeit gebracht hatte, erhob sich 473 und vernichtete Wu. Das war das Ende der Liga und der einzelstaatlichen Hegemonie. Zwei Jahrzehnte später ging Chin an inneren Kämpfen zugrunde; sein Gebiet teilten sich drei neue Kleinstaaten: Chao im Norden der heutigen Provinz Shansi, Wei im Westen (Ch'in gegenüber) und Han im Südosten, zum Teil im Süden des Gelben Flusses.

Traditionell heißt die Zeit des Zerfalls und der Neubildung von Staaten bis zur Mitte des 5. Jahrhunderts Ch'un-ch'iu, »Frühlings- und Herbstperiode«, nach der schon erwähnten

Chronik des Staates Lu, die gerade die Jahre 722 bis 450 umfaßt; als Zeit der »kämpfenden Staaten« gelten die folgenden dreiundzwanzig Jahrzehnte bis zur Einigung Chinas unter dem ersten Ch'in-Kaiser. Die etwas willkürlich anmutende Zäsur hat ihre guten Gründe: seit dem Ende Chins verschwinden die kleinen Staaten aus der großen Politik; kein Cheng, kein Sung kann künftighin auf die großen Randstaaten durch Bündnisangebote oder Bündnisverweigerung Einfluß nehmen. Anfang des 4. Jahrhunderts nimmt Ch'i wieder an Macht zu. Als Nachfolger von Wu hat sich Yüe in nördlicher Richtung ausgedehnt, aber 379 verlegt es seine Hauptstadt von Süd-Shantung ins heutige Kiangsu zurück. In ständige Kriege mit Ch'u und Ch'i verwickelt, wird Yüe 333 endgültig von Ch'u geschlagen und annektiert. Ch'u im Süden kann seine Herrschaft wieder nach dem Westen ausdehnen, aber dabei prallt es mit Ch'in zusammen, und Ch'in bestimmt die künftige Entwicklung.

Ch'in lag im Westen, hinter dem Gelben Fluß mit unbezwungenen Barbaren im Westen und Norden, doch durch den Wall des Ch'in-ling-Gebirges abgeschirmt. Jahrhundertelang hatte der 770 im verlassenen Stammland der Chou ins Leben gerufene Staat abseits von den Stürmen im Osten des chinesischen Kulturgebietes gelegen. Wie die anderen Randstaaten hatte Ch'in seine Macht auf die Ländereien der umwohnenden »Barbaren« und die kleinen benachbarten Lehnsbezirke ausgedehnt. Gegen Ende des 7. Jahrhunderts war das östliche Wei-Becken so gut wie vollständig erobert; das Gebiet »westlich des Stromes« kam allerdings erst nach der Aufteilung Chins hinzu. Auch jenseits des Ch'in-ling-Gebirges ging die Expansion im Tal des Han-Flusses vor sich, wo Ch'in bald auf das ebenfalls vom Süden her vordringende Ch'u stieß. Praktisch erschöpft sich die Geschichte Ch'ins in fortwährenden Kämpfen mit den angrenzenden Barbaren, mit Chin im Osten und mit Ch'u im Süden. Eine beträchtliche Stärkung Ch'ins wird der Wirkung der Reformen des Shang Yang (356 bis 338) zugeschrieben. Innerlich gefestigt, unternahm der militante Staat neue Eroberungen: 316 annektierte er den Westen des heutigen Ssu-ch'uan mit dem fruchtbaren Becken um Ch'eng-tu, 312 das Gebiet von Ho-hsi und das nördlich davon gelegene Land westlich des Gelben Flusses, 311 den Mittellauf des Han-Flusses.

Gegen das aus dem Süden vorstoßende Ch'u hatten die Kleinstaaten in früheren Zeiten bei Großstaaten Schutz gesucht. Inzwischen waren die Kleinstaaten verschwunden oder fristeten ein Schattendasein unter dem Protektorat von Ch'i oder Ch'u; seit anderthalb Jahrhunderten war Chin als Großmacht ausgeschaltet; seine Nachfolgestaaten, die einer nach dem anderen mit Ch'in Krieg führten, waren selbst hilfsbedürftig.

Den alten Rivalen Ch'i und Ch'u blieb kaum etwas übrig, als sich zusammenzutun, um Ch'in in Schach zu halten. Dauererfolge blieben ihnen versagt. Im Lauf der Jahrzehnte erweiterte Ch'in sein Herrschaftsgebiet diesseits und jenseits des Gelben Flusses und drang immer weiter ins Yang-tzu-Tal ein. Ab Mitte des 3. Jahrhunderts überstürzten sich die Ereignisse: zwischen 231 und 221 besiegten die Heerführer der Ch'in einen Staat nach dem anderen, bis schließlich alle früheren Teilstaaten von Ch'in erobert und zu einem Staat zusammengefügt worden waren. Bei dieser Gelegenheit legte sich der Fürst der Ch'in (259 geboren) einen neuen Titel zu: er nannte sich *huang-ti*, was etwa dem lateinischen *augustus imperator* entspricht und gewöhnlich mit »Kaiser« übersetzt wird; bis 1912 sollte das der Titel der Herrscher Chinas bleiben.

## Chou-Gesellschaft und Feudalismus

Den wesensbestimmenden Zug der Chou-Zeit und ihrer Verlängerung in den Staatenkriegsperioden haben chinesische Gelehrte seit zwei Jahrtausenden in der Feng-chien genannten Gesellschaftsordnung gesehen. Man übersetzt das mit »Feudalismus«, was auch weitgehend zutrifft, nur daß diesem besonderen chinesischen Feudalismus die Blutsverwandtschaft sein charakteristisches Gepräge gibt: alle feudalen Verhältnisse waren im chinesischen Altertum, namentlich in der frühesten Periode, durch Verwandtschaft, das heißt durch Zugehörigkeit zu einem Adelsclan, vorgezeichnet. Der Clan war eine religiöse Gemeinschaft, die ihre Herkunft von einem gemeinsamen Ahnen herleitete. Ihn verehrte der Clan, genauer: der älteste Zweig des Clans, während jeder jüngere Zweig als Stammvater dem Nachkommen des Urahns huldigte, der das Haus gegründet hatte. Da die Ahnenverehrung den Charakter der Adelsgemeinschaft bestimmte, waren Clane nicht gebietsmäßig gebunden oder organisiert; ein Clan konnte Angehörige haben, deren vom Großkönig der Chou verliehene Lehen in den verschiedensten Gegenden lagen, oder die als Träger von Afterlehen verschiedenen Großlehen angehörten.

Die Clane waren – wenigstens in der Theorie – gehalten, auf strikter Exogamie zu bestehen: kein Clanangehöriger durfte ein Mädchen aus seinem Clan zur Haupt- oder Nebenfrau nehmen. Heiratete ein Edelmann mehrere Frauen (von denen nur eine Hauptfrau sein konnte), so mußten sie nach der ursprünglichen Regelung demselben Clan, der nicht der Clan des Ehemannes sein durfte, angehören; aber auch später, als solche Heiraten der Herstellung oder Festigung politischer Bindungen dienten und es sinnvoller schien, Mädchen aus verschiedenen Clanen zu wählen, war die Ehe mit einer Frau aus dem eigenen Clan ausgeschlossen. Weil die Zahl der Clane begrenzt war, bildete sich mit der Zeit der Brauch heraus, den einzelnen Sippen eigene, von Ortschaften oder Amtsbezeichnungen abgeleitete Namen beizulegen. Aber die Unterscheidung von Clannamen *(hsing)* und Sippennamen *(shih)* verwischte sich in der zweiten Hälfte des ersten vorchristlichen Jahrtausends; Clan- und Sippennamen wurden durcheinander gebraucht. Das Exogamiegebot blieb jedoch bestehen; es hat sich bis in unsere Zeit erhalten: trotz Aufhebung der entsprechenden Verbote legen Chinesen nach wie vor eine gewisse Abneigung an den Tag, einen Ehepartner zu wählen, der denselben Familiennamen trägt.

Nur, wer einem Clan angehörte, also adlig war, galt als befähigt, Land als Lehen zu erhalten oder ein Amt übertragen zu bekommen, das dem Inhaber seinerseits eine Landgabe eintrug, allerdings als Pfründe, nicht als Lehen. Die offizielle Belehnung erfolgte mit der Übergabe eines Erdklumpens vom Altar des Erdgottes des Herrschers; auf diesem Erdklumpen hatte der Neubelehnte seinen Erdaltar zu errichten, der der neuen Domäne neben den Erdaltären der auf ihr angesiedelten Dorfgemeinschaften als religiöses Zentrum dienen sollte. Ein solcher religiöser Kern fehlte den erblichen Pfründen, die Amtsinhabern als »Nahrungsanteile« zustanden. Ahnentempel und herrschaftliche Erdaltäre waren die Mittelpunkte der Adelsreligion, während die Verehrung des Himmels ausschließliches Privileg des Chou-Königs war. Den Ahnen wurden alle wichtigen Familienereignisse, Geburten, Heiraten und Sterbefälle, mitgeteilt; Kriegshandlungen nahmen vom Erdaltar ihren Ausgang und fanden beim Erdaltar ihren Abschluß; am Erdaltar wurden Kriegsgeräte und Musikinstrumente – manchmal mit Blutopfern – geweiht und erbeutete Gegenstände – mitunter auch Kriegsgefangene – geopfert.

Die Angehörigen der Adelsschicht verwalteten das Land; ganz oben der Fürst, darunter die Inhaber der vielen Posten am Hof, in den Lehnsdomänen und im Heer. Adlige stellten die Streitwagenmannschaften, Bauern das Fußvolk. In den Anfängen waren sogar alle staatlichen Posten – nicht nur Leitungs- und Aufsichtspositionen, sondern auch Hofwahrsager- und Küchenmeisterstellungen – dem Adel vorbehalten; auch der Wagenlenker, der Bogenschütze und der Hellebardier der Wagenmannschaft eines Herrn waren Adlige.

Der charakteristische Unterschied zwischen Adel und Nichtadel war *te*, das chinesische Äquivalent von *virtus*, eine mythisch-magische, aber als wirklich empfundene Kraft, die mit »Tugend« nur unvollkommen wiederzugeben ist. Nur der Adlige hatte Te. Zur vollen Entfaltung mußte Te schon beim Jüngling gebracht werden; ihr diente die Erziehung, ihr diente ein langwieriges Einweihungsverfahren, das mit dem Initiationsritus des feierlichen Aufsetzens der Männerkappe abgeschlossen wurde. Vor Jahren schon hat der deutsche Sinologe Quistorp die Züge hervorgehoben, die die Knabenerziehung im alten China als Fortsetzung der ursprünglichen Erziehung der Jünglinge im Männerhaus erscheinen lassen. In geschichtlicher Zeit war von diesen alten Erziehungsformen nicht mehr viel übrig, wenn es auch bezeichnend ist, daß Musik und Tanz obligatorische Erziehungselemente blieben; darüber hinaus wurden den Knaben Bogenschießen und Wagenlenken, Schreiben (anfänglich wohl nur die Zeichen des sechzigtägigen Kalenders) und Rechnen, schließlich die Vorschriften des Brauchtums beigebracht. Mit der Kappenzeremonie erhielt der Jüngling auch einen neuen Rufnamen; nun war er in die Reihen der erwachsenen Männer aufgenommen, war er für tauglich zum Dienst am Hofe des Fürsten oder des Lehnsherrn und für kriegstüchtig befunden.

Auch geübter Jäger mußte der adlige Herr sein; Jagden werden in einem Ritualhandbuch kriegerische Übungen genannt, und auch ältere Texte erwähnen häufige große Treibjagdveranstaltungen. Genug Gelegenheit boten dazu die weiten Wälder und Sümpfe der großen Ebene, deren Flüsse durch Dämme und Deiche noch nicht gebändigt waren. Die Waffen für Krieg und Jagd waren vor allem Bogen und Armbrust (also wiederum Bogen, auf einen Kolben montiert). Mit der Armbrust wurden Bolzen, mit dem Bogen lange Pfeile abgeschossen; bei der Vogeljagd war eine lange, um eine leichte Spindel gewundene Schnur an das Ende des Pfeils geknüpft. Das schwierige technische Problem der Auslösungsvorrichtung bei der Armbrust hatten die Chinesen schon frühzeitig gelöst; der bronzene chinesische Hahn war sehr stark und technisch einfach: ein paar Bronzehebel in einer soliden Fassung. Um die Armbrust zu spannen, stemmte der Schütze die Füße in den Bogen und zog, den Bolzen zwischen den Zähnen, mit beiden Händen die Sehne über den gesicherten Hahn. Mit Hilfe einer besonderen Sehne wurde auch mit kleinen Lehmkugeln geschossen; die Schleuder scheinen die Chinesen nicht gekannt zu haben. Zu den Schlag- und Stichwaffen gehörte die bereits erwähnte Dolchaxt *ko*; aus einer Kombination von Dolchaxt und Lanze entwickelte sich später eine der gefürchteten Waffen des Han-Kriegers, die der Hellebarde ähnliche *chi*, sowohl Hieb- als auch Stichwaffe.

Vornehmer Chinese mit seinem Gefolge auf der Jagd
Bemalte Muschelschale, späte Chou-Zeit
Cleveland/Ohio, Museum of Art, Schenkung von Mr. and Mrs. Harold T. Clark

Gußform für Bronze-Äxte und drei Ackerbaugeräte
Eisenwerkzeuge aus den Provinzen Jehol und Honan, 5. Jahrhundert v. Chr.

Mit der Ausbreitung der größeren Staaten, die das Ende der kleinen Herrschaften bedeutete, wuchs die Zahl der Adelsangehörigen ohne feudale Positionen. Sie fanden Stellungen in den Heeren, die die Großstaaten allenthalben neu organisierten, oder in einer Verwaltung neuer Art, da es zunehmend üblich wurde, neueroberteres Gebiet nicht mehr als Lehen oder Pfründe zu vergeben, sondern Beamten zu übertragen, die direkt dem Fürsten unterstanden. Aus den Reihen des überzähligen Adels kamen auch die meisten »wandernden Redner« des 4. und 3. Jahrhunderts, die den Fürsten untrügliche Rezepte zur Errichtung absoluter Vorherrschaft zu offerieren suchten. Viele einstige Herren beackerten die kleine Parzelle, die ihnen noch geblieben war; manche wurden Kaufleute: im Gegensatz zur späteren kommerzfeindlichen Ch'in-Haltung war der Handel noch nicht verpönt, und noch Ende des 4. Jahrhunderts konnte der Philosoph Mencius einem Fürsten raten, Maßnahmen zu treffen, damit »die Kaufleute alle ihre Waren auf deinen Märkten lagern«.

Die meisten Bewohner des Landes waren Bauern, ein kleiner Teil Handwerker. Schriftliche Quellen und Inschriften lassen fühlbare gesellschaftliche Unterschiede erkennen, ohne ihren Charakter eindeutig zu beschreiben. Da liest man von Schenkungen von Land und Menschen und denkt an Leibeigenschaft und Sklaverei. Indes gehörten die verschenkten Menschen offensichtlich verschiedenen Gruppen an, über deren Stellung man nur Vermutungen anstellen kann. Bestimmt kannte die Chou-Gesellschaft Sklaven: Kriegsgefangene aus anderen chinesischen Staaten und aus den Gebieten der Barbaren, Schuldhäftlinge, zum Sklavendienst verurteilte Missetäter. Sklaven scheinen in ihrer großen Masse die Bauern nicht gewesen zu sein: offenbar waren sie aber den Grundherren hörig und zur Leistung von Zehnten und sonstigen Abgaben wie auch zu Frondienst verpflichtet; überdies mußten sie im Kriegsfall das Fußvolk stellen. Wie sich diese Hörigkeit im einzelnen auswirkte, ist nicht überliefert. Am Ausgang des 4. Jahrhunderts betrachtete Mencius eine Landverteilung als ideal, die acht Familien ein genau rechteckiges Grundstück zuwies und den Bodenertrag zu acht Neunteln den Bauern selbst und zu einem Neuntel dem Grundherrn übergab. Man kann aber mit ziemlicher Sicherheit sagen, daß eine solche von Zahlenmystik bestimmte Landverteilung niemals existiert hat, und bestimmt nicht zu Mencius' Zeiten.

Wie und wann das Stück Land, das der Bauer bearbeitete, in seinen Besitz übergegangen ist, ist unklar; fest steht, daß das bäuerliche Ackerland bereits Ende des 3. vorchristlichen Jahrhunderts den Bauern selbst gehörte. Dazu dürften verschiedene Faktoren beigetragen haben. Allgemein machte sich die Tendenz bemerkbar, daß Lehnsland und namentlich Pfründenland (der »Nahrungsanteil« der Amtspersonen) in persönliches Eigentum überging; damit wurde der Grund und Boden, was auch dem Vordringen der Geldwirtschaft in den letzten vier oder fünf Jahrhunderten der vorchristlichen Ära entsprach, veräußerlich. Die Ertragslage der Landwirtschaft verbesserte sich mit der Einführung eiserner Geräte (Hacke, Spaten) oder eiserner Schneidevorrichtungen für Holzgeräte (Pflugscharmesser) und mit der Verwendung tierischer Zugkraft. Die Möglichkeit, Mehrerträge zu erzielen, mag den Bodenkauf erleichtert haben. Freilich gehen solche Überlegungen von Vermutungen aus, die sich nicht eindeutig beweisen lassen. Einiges wissen wir aus Berichten über die von dem politischen Reformator Shang Yang im 4. Jahrhundert in Ch'in verwirklichten

Maßnahmen, doch erlauben auch diese Berichte wegen ihrer aphoristischen Kürze verschiedenerlei Auslegungen. Sicher ist immerhin, daß die Reformen Shang Yangs den Kauf und Verkauf von Land möglich gemacht haben.

Das Leben der Bauern spielte sich in kleinen Dorfsiedlungen in der Nähe des lokalen Heiligtums, des Erdaltars, ab, der ursprünglich in einem heiligen Hain untergebracht war. Sitten und Gebräuche der Bauern unterschieden sich, wenn man den späteren konfuzianischen Ritualhandbüchern Glauben schenken darf, recht erheblich von denen des Adels. Sehr verschieden waren jedenfalls die Heiratssitten. Beim Adel war die Heirat eine Familienangelegenheit, bei der das Familienoberhaupt den Ausschlag gab und ein Heiratsvermittler entscheidend mitwirkte; damit hing ein kompliziertes Heiratsritual zusammen. Auf dem Lande waren die Dinge einfacher. Um den heiligen Hain herum wurden im Frühjahr Feste gefeiert, bei denen Gruppen von Jünglingen und Mädchen einander Liebeslieder zusangen und die Paare sich fanden; war das Mädchen im Herbst schwanger, so wurde die Ehe geschlossen. Aufs innigste war das Leben der Landbevölkerung mit dem Werden und Wachsen der Natur verbunden; einen etwas schematisierten Einblick vermitteln einige Gesänge aus dem kanonischen Buch der Lieder. Wahrscheinlich war der Unterschied nicht grundsätzlicher Art, denn auch für das Leben des Adels hatte der Rhythmus der Natur seine Bedeutung: so wurden in der Adelsschule Bogenschießen und Wagenlenken im Frühjahr gelehrt, Rechnen dagegen im Herbst und Winter; Feldzüge sollten grundsätzlich im Herbst stattfinden.

Im Gegensatz zu den Bauern lebte der Adel in ummauerten Siedlungen, auf Burgen und in Städten. Die vielen Hunderte von Lehnsgebieten, die es gab (die Texte allein führen fast hundertfünfzig namentlich an), muß man sich wahrscheinlich als Stadtstaaten vorstellen. Zu Ebenbildern der griechischen Polis mit ihrer demokratischen Regierungsform haben sie sich allerdings nie entwickelt. Im Laufe der Jahrtausende blieb die chinesische Stadt wesentlich das Zentrum der Verwaltung für den Landbezirk, ohne selbständige Bürger, ohne Bürgerrechte.

In den rund acht Jahrhunderten der Chou-Epoche hatte sich eine gesellschaftliche Entwicklung angebahnt, die zwar die seit eh und je tiefe Kluft zwischen Adel und höriger Bauernschaft nicht beseitigte, die aber mit dem Absinken zahlreicher Edelleute auf ein niedrigeres Niveau und mit dem Aufstieg der Hörigen zu freien Landsassen gleichwohl gewisse Gegensätze verschwinden ließ. Die Denker der Übergangszeit sollten die alten Adelsideale in einer Richtung entwickeln und ummodeln, die es späteren Geschlechtern ermöglichte, sie als verbindlich und allgemeingültig zu akzeptieren.

## Denker für eine Gesellschaft im Umbruch

Seinen gedanklichen Niederschlag findet der vom 7. Jahrhundert an fühlbare gesellschaftliche Wandel bei den Autoren des späten 6. und des 5. Jahrhunderts. Als den bedeutendsten von ihnen ehrt die Tradition Kuan Chung, den gewandten Staatsminister von Ch'i aus dem 7. Jahrhundert, aber die Textkritik hat endgültig bewiesen, daß die ihm zugeschriebenen

Schriften mehrere hundert Jahre später entstanden sein müssen; dasselbe gilt auch von Lao-tzu, in dem die Überlieferung den Verfasser des weltberühmten Tao-te-ching sieht. Der früheste Denker, von dem wir einiges mit Sicherheit zu sagen vermögen, ist zugleich auch der bekannteste und einflußreichste: Konfuzius. Man kann das Eigenartige seiner Denkweise wie auch der Denkweise späterer Denker dieser für die chinesische Geistesentwicklung überaus wichtigen Periode nicht verstehen, wenn man sich nicht Funktion und Bedeutung des »Philosophierens« in China vergegenwärtigt. Die Denker, die wir vor uns haben, sind keine Philosophen im westlichen Sinn. Die meisten Grundprobleme der Philosophie, namentlich ontologische und metaphysische Probleme, interessieren sie nicht; die im Abendland und auch in Indien immer wieder aufgeworfenen Fragen nach dem Sinn des Lebens, nach dem Warum, Woher und Wohin, werden von ihnen nicht berührt. Die irdische Welt und der Kosmos, der Mensch und die Gesellschaft sind für die Chinesen von damals – und auch in späteren Zeiten – etwas schlechthin Gegebenes, das entweder ohne weiteres Reflektieren oder mit einer rational anmutenden Ursprungserklärung hingenommen wird; spekuliert wird darüber nicht. Was für die chinesischen Denker im Vordergrund steht, sind immer wieder die menschliche Gesellschaft und die Probleme ihrer idealen Ordnung in der Ebene menschlichen Geschehens. Eingriffen übermenschlicher, insbesondere göttlicher Kräfte wird dabei, wenn überhaupt, nur eine geringe Bedeutung beigemessen.

Ein ausgearbeitetes System von Beziehungen zwischen Kosmos und menschlicher Gesellschaft kennen wir in der chinesischen Philosophie erst seit dem Ende des 3. Jahrhunderts. Viele Gründe sprechen aber dafür, daß ein Zusammenhang zwischen kosmischem und menschlichem Geschehen, wenn auch vielleicht ohne die späteren Verfeinerungen, schon sehr viel früher unterstellt wurde. Daraus ergab sich die Vorstellung, daß »Mensch« und »Himmel«, Gesellschaft und Kosmos einander beeinflußten; »richtiges« Verhalten der Menschen mußte sich demnach günstig auswirken, »falsches« dagegen den Ablauf der kosmischen Prozesse stören. Daß an eine Rückwirkung menschlichen Handelns auf Naturprozesse schon in frühen Zeiten geglaubt wurde, kann man aus der ständigen Registrierung als bedeutsam empfundener Naturereignisse in den frühen Chroniken schließen. Zum Teil wurden kosmische Reaktionen auf menschliches Tun als automatisch gesehen, aber zugleich schwingt im Begriff des Himmels auch die Vorstellung von einer aktiv eingreifenden Gottheit. Freilich ist es eine Gottheit ohne scharf ausgeprägte Züge und Attribute; die vage Umrißlosigkeit der Gottheit der Philosophen bildet einen eigenartigen Gegensatz zur bunten Schar der Götter der Volksreligion, die sich gelegentlich in der Literatur kundtut. Es fehlt zunächst auch die Verknüpfung mit dem in der Religion seit jeher überaus wichtigen Ahnenkult. Das mag damit zusammenhängen, daß die chinesische Philosophie über das Verhältnis Gott und Mensch eben überhaupt nicht spekuliert. Da richtiges Verhalten auch den richtigen Lauf der Dinge bewirken muß, richtet sich das Interesse auf die zweckmäßigste Ordnung der Gesellschaft; nur so kann der gewünschte Erfolg, der reibungslose Ablauf der Naturprozesse, verbürgt werden.

Die Annahme, daß menschliches Verhalten auf das Naturgeschehen entscheidend einwirke, ist allen chinesischen Denkern gemeinsam. Der bedeutsame Vorstoß der frühen

Philosophen bestand darin, daß sie das menschliche Tun als fragwürdig ansahen und nach einer Ideallösung suchten: die ideale Ordnung der Gesellschaft sollte das richtige Verhalten der Menschen gewährleisten oder überhaupt erst ermöglichen. Die vorgefundene Struktur der Gesellschaft erschien den frühen Denkern als unzureichend und unbefriedigend und wurde von ihnen implizite und explizite verurteilt.

Tatsächlich traten diese Denker in einer Zeit auf, in der das hergebrachte Gefüge der Gesellschaft ernsthaft erschüttert war. Das altbewährte Lehnssystem mit Großkönig und verzweigten Lehnsbeziehungen war seit dem 7. Jahrhundert durch ständige Kriege wesentlich geschwächt; viele Kleinstaaten waren untergegangen, ihre früheren Herren gestürzt worden; traditionelle Bindungen und Treueverhältnisse waren zerbrochen. Zur selben Zeit vollzog sich der Wandel in den Lebensumständen der Bauernbevölkerung: allmählich wurden aus den Hörigen »freie« Bauern. Das Wort »frei« ist zwar in den Texten nicht zu finden, aber bezeichnenderweise heißt es in der Chronik des Jahres 594, im Staate Lu, also in der nordchinesischen Tiefebene, sei »erstmalig die Grundsteuer erhoben« worden. Das kann nur heißen, daß sich die Bauern nunmehr vom Frondienst mit Abgaben loskaufen konnten: die Lockerung der feudalen Bande begründete ein freieres Verhältnis zwischen Landesherrn und Untertan. Das archaische China war in Auflösung, die alten Werte waren wertlos geworden. Die mühsame Geburt eines neuen Chinas förderten die Philosophen, indem sie sich um die Prägung neuer Werte bemühten oder die alten Werte umzuwerten, ihnen einen neuen, lebenskräftigen, den neuen Verhältnissen angemessenen Inhalt zu geben suchten.

In allen archaischen Gesellschaften, in denen der religiöse Glaube keine Sonderstellung einnimmt und selbständig nur an Festtagen hervortritt, dafür aber, eher unbewußt als bewußt erlebt, den Alltag durchdringt, kommt dem Brauchtum die größte Bedeutung zu. Es ist die sakrosankte Richtschnur für das Leben, es verkörpert Gesetz und religiöse Sanktion: wer es kennt und befolgt, hat es gut; wer es mißachtet oder übertritt, wird bestraft. Sich an Sitte und Brauch halten heißt den Einklang mit der Natur wahren; gegen Sitte und Brauch verstoßen heißt den Rhythmus der Natur stören und Störungen heraufbeschwören. Störungen des kosmischen Ablaufs ziehen aber die Gesellschaft in Mitleidenschaft; so wird der Sünder im Sinne des Brauchtums gleichzeitig als Missetäter gegen die Gesellschaft angesehen.

Das chinesische Wort für Brauchtum in diesem erweiterten Sinne ist *Li* (zumeist mit »Sitte« übersetzt); grundsätzlich umfaßt Li auch das Gesetz. Aus etwa derselben Zeit, in die die Einführung von Grundsteuern fällt, wird nun aber auch die Ausarbeitung von Gesetzen, namentlich der Erlaß von Strafgesetzen gemeldet (für 620 [?], 513 und 501). Dies sind deutliche Anzeichen, daß die Bräuche, die einer wesentlich statischen Gesellschaft entsprechen, den Bedürfnissen einer Welt im Umbruch nicht mehr gerecht wurden. Die Vormachtstellung des archaischen Priesterkönigs war dahin, und das auf die Magie der »Tugend« hergeleitete Prestige des Adels war erschüttert; ein Säkularisierungsprozeß war in Gang gekommen. Nun traten die Denker hervor, die neue Werte zu begründen oder verschüttete alte Werte zu neuem Leben zu erwecken unternahmen. Vor allem zwei, Konfuzius und Mo Ti, haben tiefe Spuren hinterlassen.

Als K'ung fu-tzu, Meister K'ung, was die Jesuiten am Pekinger Hof zu Konfuzius latinisierten, ist der Mann K'ung Chung-ni oder K'ung Ch'iu in die Geschichte eingegangen. Nach einer alten Überlieferung soll er von 551 bis 479 v. Chr. gelebt haben. Die Jahreszahlen sind ungewiß; sicher ist nur, daß der Meister zu Beginn des 5. Jahrhunderts in seiner Heimat Lu und an benachbarten Höfen gelehrt hat. Er war nicht, wie die spätere Tradition behauptet, Justizminister von Lu, aber es ist möglich, daß er als Angehöriger eines verarmten Adelsgeschlechts eine untergeordnete Stellung im Staatsdienst bekleidete. Er lehrte an einer der traditionellen Adelsschulen, wo jungen Leuten die Künste, das heißt Schreiben und Rechnen, Zeremoniell und Musik, Bogenschießen und Wagenlenken beigebracht wurden. Falls er je ein Buch geschrieben hat, hat es sich nicht erhalten. Sieht man von seiner zweifelhaften Beschäftigung mit der Lokalchronik von Lu ab, so bleibt uns nur die Jahrzehnte nach seinem Tode zusammengestellte Sammlung seiner Sinnsprüche, Lun-yü (oft als »Vermischte Gespräche« oder als »Analekten« zitiert), wovon die Kapitel 3 bis 9 das älteste Material enthalten. Außer in den späteren Teilen der Lun-yü finden sich Konfuzius zugeschriebene Sprüche auch in anderen Texten ebenfalls späteren Datums; als Beiträge zur Darstellung seiner Lehre sind sie weniger wichtig, als sie es für die konfuzianische Heiligenlehre sein mögen.

Für Konfuzius gibt es nur einen Ausweg aus der um sich greifenden Verwirrung und Verwilderung: Erhaltung des Li, der Gesamtheit der heiligen alten Bräuche und Riten. Aber nicht darin liegt Meister K'ungs geschichtliche Bedeutung, nicht das allein hat ihn zum »Lehrer von zehntausend Generationen« gemacht. Entscheidend war, daß er dem Li eine neue Wendung, wenn nicht gar einen neuen Inhalt gab. Li war für ihn nicht ein Beieinander von Formvorschriften, die man befolgen mußte, um auf einer mythisch-magischen Grundlage die Harmonie von Mensch und Kosmos zu erhalten und damit das Wohlergehen der Gesellschaft zu sichern; Li war mehr als »nur Gaben nach dem Ritual«, wie auch wahre Musik mehr sein sollte als »nur Glocken und Trommeln«. Die Wendung, das Mehr war moralischer, ethischer Natur. Ohne den Menschen – und bestimmt nicht das »Individuum« – aus seiner archaischen Bindung an den Kosmos zu lösen, stellte Konfuzius den Menschen und die menschlichen Beziehungen in den Mittelpunkt: der Mensch sollte aus moralischer Überzeugung richtig handeln; er sollte *te*, die Tugend, die mehr zu sein hatte als magische Kraft, erstreben; er sollte sich bemühen, *jen*, wahrhaft gut, zu sein. (So verlockend es ist, *jen* im Hinblick auf die Struktur des dafür benutzten Schriftzeichens mit Menschlichkeit oder *humanitas* zu übersetzen, läßt es sich sinngemäß nur mit »Güte« wiedergeben.)

Da er als Abkömmling eines Adelsgeschlechts in einer feudalen Gesellschaft lebte und an einer Adelsschule unterrichtete, konnte Konfuzius kaum umhin, seiner Lehre ein gewisses aristokratisches Gepräge zu geben; er war kein Neuerer, kein Revolutionär, er sagte selbst: »Ich wiederhole, ich schaffe nicht.« Ideal wäre eine Gesellschaft, in der der Fürst wirklich Fürst, der Untertan Untertan, der Vater Vater und der Sohn Sohn wäre; Konfuzius' Idealgestalt ist der *chün-tzu*, der Fürstensohn, der »Edelmann«, der zum »edlen Manne« geworden ist. Was aber den Adel des Edelmanns ausmacht, ist nicht die Herkunft allein; es muß Gesinnung hinzukommen: daß der einfarbige Stier, den sein untadeliges Fell zum geeigneten Opfertier macht, von einem scheckigen Rind gezeugt worden ist, tut seiner Eignung keinen Abbruch. Der ärmste Schüler war Konfuzius willkommen, wenn er nur lernen wollte. Nicht zufällig sprach Konfuzius so oft vom *shih*, dem Ritter, dem Adligen, der im Gegensatz zum gemeinen Fußvolk im Streitwagen kämpfte: gerade dieser Ritterstand hatte, wiewohl er zum Adel gehörte, die politischen und wirtschaftlichen Privilegien der Mächtigen eingebüßt und war zur neuen Zwischenschicht geworden. Seine Angehörigen hatten nicht wenig Ämter im neuen Beamtenapparat der Zentralregierung inne. Und gerade von diesem Ritter, als »ritterlichem Menschen«, erwartete Konfuzius die Bereitschaft, um der Tugend des Jen, um der höchsten Güte willen im Notfall auch ihr Leben zu opfern.

Nicht nur sollte Li erhalten oder wiederhergestellt werden, sondern es kam im Rahmen des Li auch darauf an, daß die richtigen Handlungen von den richtigen Personen vorgenommen werden. Es war Konfuzius ein Greuel, daß zu seiner Zeit Riten, die nur dem König als »Himmelssohn« zukamen, von Lehnsmännern oder noch niedriger gestellten Angehörigen des Kleinadels verrichtet wurden. Insofern war Konfuzius durchaus ein Kind seiner Zeit, als er sich von der vorschriftsmäßigen Befolgung der Riten eine große Heilswirkung zum Nutzen der Menschheit, einen magischen Erfolg also, versprach.

Im übrigen ging es ihm um die Pflege der Persönlichkeit – nicht um der Vervollkommnung des Individuums, sondern um der Gesellschaft willen. Deshalb legte er so großes Gewicht auf das Studium, das zum Vrständnis der Tradition und zu richtigem Handeln anleiten sollte; in der Rettung der Kultur *(wen)* der alten Chou-Könige sah er eine seiner vornehmsten Aufgaben. Bei allen chinesischen Denkern begegnet man dieser Neigung zur Idealisierung des Altertums. Für Konfuzius waren die vorbildlichen Herrscher nicht nur die Gründer des Hauses Chou, die Könige Wen und Wu und der Herzog von Chou, sondern auch die mythischen Kaiser der Urzeit, Yao und sein Nachfolger Shun. Die Taoisten verlegen die Idealzeit in eine noch fernere Vergangenheit: in die Zeit, da einfache, unverdorbene Naturkinder unter der Herrschaft des Gelben Kaisers leben.

Im Grunde bestand die Gesellschaft für Konfuzius nur aus zwei Schichten: dem Adel und dem gemeinen Volk; im besten Fall konnte das Volk dazu angehalten werden, dem richtigen Weg zu folgen, denn das Volk ist wie Gras, das sich zur Erde neigt, wenn der Wind darüber hinweht. Aber auch wenn sich Konfuzius nur an den Adel wandte, auch wenn seine Ideale der Sphäre der Aristokratie entstammten, bezeigte er dem Volk mindestens indirekt – bisweilen aber auch direkt – Interesse und Mitgefühl. Der Herrscher müsse, sagt er einmal, dafür sorgen, daß seine wachsende Bevölkerung zu Wohlstand komme, und sie, sobald sie wohlhabend geworden sei, unterrichten. Gewiß war mit diesem Bildungsideal nicht die Vermehrung der Schulkenntnisse gemeint, sondern immer wieder das Erlernen und Beherrschen der Regeln des geheiligten Brauchtums, auf daß ein jeder bewußt und freudig die ihm aus seiner gesellschaftlichen Stellung erwachsenden Pflichten erfülle. Damit rückten zwei Begriffe in den Vordergrund, die bei späteren Denkern der konfuzianischen Schule eine zentrale Bedeutung erlangen sollten und die der orthodoxen konfuzianischen Staatslehre als Tragpfeiler dienten: *Hsiao* und *I*.

Ursprünglich war *Hsiao* die Verehrung der Ahnen; bald jedoch wurde daraus die unabweisliche Pflicht, den Eltern zu dienen, sie nicht nur materiell zu versorgen, sondern auch jeden ihrer Befehle mit absolutem Gehorsam zu befolgen. Schließlich wurde aus der kindlichen Liebe zu den leiblichen Eltern die Gehorsamspflicht gegenüber einer weitaus breiteren Schicht: allen Höhergestellten. Diese Entwicklung wurde dadurch begünstigt, daß der chinesische Staat in der Kaiserzeit als eine große Familie galt, in der der Herrscher am ganzen Volk, der Kreisbeamte an der Bevölkerung seines Kreises Vater- und Mutterstelle vertrat. Aus dem 3. vorchristlichen Jahrhundert stammt eine kurze Schrift, die von der Überlieferung dem Konfuzius-Schüler Tseng-tzu zugeschrieben wird und die ganz der Verherrlichung der Kindesliebe in fast mystischen Worten gewidmet ist. In der Han-Periode war sie eins der ersten Lese- und Lehrbücher, mit denen sich junge Schüler zu beschäftigen hatten, und am Hofe bestand ein besonderer Lehrstuhl für ihre Interpretation, neben Professuren für die Deutung anderer Werke des konfuzianischen Kanons.

Nicht mindere Bedeutung kommt dem Begriff *i* zu, oft in vereinfachender und verdunkelnder Übersetzung mit »Recht« wiedergegeben. Hier geht es in Wirklichkeit um das richtige Gefühl für die gesellschaftlichen Verhältnisse, die Erfüllung der Pflichten, die jedem Einzelnen aus seiner sozialen Stellung erwachsen, die Pflicht, einem jeden, vor allem den Höhergestellten, die Rechte einzuräumen, die ihnen gebühren. Auch dieser Begriff sollte bei den späteren Konfuzianern eine Ausweitung und Vervollständigung erfahren; besonders hat sich um ihn im 3. Jahrhundert Hsün-tzu bemüht, ein im Vergleich zu anderen Konfuzianern viel starrerer und dogmatischerer Interpret der Lehre.

## *Autoritäres Regiment und allumfassende Liebe*

Zeitlich schließt sich an Konfuzius mehr oder minder unmittelbar Mo Ti an, der etwa in der Zeit von 480 bis 405 v. Chr. gelebt haben dürfte. Originalschriften haben sich auch von Mo Ti nicht erhalten: auch von ihm kennen wir nur von Schülern notierte und zusammengestellte Äußerungen. Doch während wir von Konfuzius nur knappe, fast aphoristische Sprüche kennen, sind von Meister Mo neben Einzelsätzen auch ganze Reden oder Predigten überliefert. Im Gegensatz zu Konfuzius, dessen archaische Religiosität in seinen Sinnsprüchen so wenig hervortritt, daß man ihn sogar einen Agnostiker genannt hat, bringt Mo Ti seine Frömmigkeit deutlich zum Ausdruck. Predigend verkündet er den Gottesglauben, aus dem die für ihn entscheidende Idee der »allumfassenden Liebe« *(ch'ien-ai)* fließt; ein wesentliches Element dieser Liebe ist die Verdammung des Angriffskrieges. Wie Konfuzius interessiert sich auch Mo Ti primär für die menschliche Gesellschaft, aber wenn er auch gewiß kein Demokrat ist, fehlt bei ihm die für Konfuzius typische Betonung der aristokratischen Gesellschaftsform; nicht der Adel, sondern die Beamtenschaft wird als die zum Regieren berufene Schicht gesehen. An eine Mitbestimmung des Volkes, dessen durch Unterdrückung und Krieg bedingtes Leid ihn beschäftigt und dem er bessere Lebensumstände wünscht, denkt Mo Ti nicht; wonach er strebt, ist eine auf Gleichschaltung der Meinungen gegründete Diktatur. Besondere Erwähnung verdient, daß Mo Ti (und seine Schule) sich mit dem Problem der Dialektik beschäftigt und darin an Fragestellungen der abendländischen Philosophie erinnert; bei späteren Denkern haben diese Ansätze allerdings keine Beachtung gefunden.

Mo Tis religiöse Vorstellungen finden vor allem in Predigten »Der Wille des Himmels« und »Klarheit über die Geister« ihren Niederschlag. Der Himmel (von Gott wird nicht gesprochen) ist rein und edel und will das Gute; er belohnt die, die Gutes tun, und bestraft die Bösen; alle Menschen – darunter auch der Herrscher, der Sohn des Himmels – sind dem Himmel Gehorsam schuldig, und vom Himmel empfangen sie die Qualitäten der Güte und Rechtschaffenheit (auch Mo Ti bedient sich der bei Konfuzius und seinen Nachfolgern beliebten Begriffe Jen und I). Den gesellschaftlichen Verfall der neueren Zeitläufe sieht Mo Ti im Dahinschwinden der frommen Gesinnung: man verwerfe zwar Fehler und Missetaten, aber nur in der menschlichen Ebene, ohne zu sehen, daß es um Verstöße gegen den Willen des Himmels gehe. Angesichts des schrumpfenden Glaubens an die Welt der Geister ist Mo Ti um den Nachweis bemüht, daß Geister wirklich sind und daß auch sie das Gute belohnen und das Böse ahnden; die Wirksamkeit der Geister ist ihm wichtig, weil durch sie gute Regierung und Ruhe und Ordnung gefördert würden. Vor allem werde die anzustrebende gesellschaftliche Harmonie durch die von Mo Ti geforderte »allumfassende Liebe« geschaffen, die jedes Individuum allen anderen gegenüber zu betätigen habe; nicht nur seine eigene Familie, nicht nur die Mitbürger im näheren Umkreis solle man lieben, sondern auch – und mit derselben Intensität – alle anderen Menschen. Scharf wendet sich Mo Ti gegen alle, die einer »differenzierenden Liebe« *(pieh ai)* das Wort reden: Konfuzianer, die die Liebe auf den Familienkreis beschränken und deren Auffassungen über die Verschiedenheit der Gesellschaftsschichten sich schwerlich damit vertragen, daß Angehörige der verschiedenen, hierarchisch geordneten Gruppen einander vorbehaltlos lieben, oder übereifrige Patrioten, die blutige Kämpfe zwischen den einzelnen Staaten gutheißen.

Ein direkter Weg führt von hier zur Verurteilung des Angriffskrieges. Diebe und Mörder, sagt Mo Ti, werden schwer bestraft, aber wenn Staaten einander bekämpfen und dabei unzählige Menschen umbringen und Beute zusammenraffen, werden die erfolgreichen Täter nicht hingerichtet, sondern mit Lob und Ehrungen überhäuft. Eigenartigerweise gilt Mo Tis Interesse in diesem Zusammenhang nicht ethischen Überlegungen, sondern dem Motiv der Nützlichkeit: weil der Krieg niemandem nutze, solle man keine Kriege führen. Späteren Konfuzianern, namentlich Mencius, diente die Betonung des Nutzens bei Mo Ti als Argument gegen ihn; im ersten Abschnitt seiner Reden antwortet Mencius auf die Frage eines Herrschers, ob er nicht auch Nützliches für den Staat zu bieten habe: »Weshalb mußt du, o König, sogleich von Nutzen reden? Es gibt doch Güte und Rechtschaffenheit, und das genügt!«

Auch wenn sich Mo Ti nicht ausdrücklich mit der Vormachtstellung des Adels beschäftigt, vernachlässigt er nicht den grundsätzlichen Unterschied zwischen Regierenden und Regierten. Er ist radikaler als Konfuzius, wenn er verlangt, daß die Verwaltung dem Fähigsten und Tugendhaftesten ohne Rücksicht auf gesellschaftliche Herkunft anvertraut werde; er ist aber viel autoritärer als Konfuzius, wenn er dafür eintritt, daß alle Menschen im ganzen Reich dieselben Meinungen haben sollten und die Bestrafung derer fordert, die die Ansichten der »Oberen« nicht teilen. Von den drei Schulen, in denen später Mo Tis Weisheit gelehrt wurde, berichtet die Überlieferung, daß sie einem allgewaltigen Vorsteher unterstanden und mit unnachsichtiger Disziplin regiert wurden. Hier zeigen Mo Ti und seine Nachfolger eine gewisse Verwandtschaft mit der späteren »Rechtsschule« und ihren Vorstellungen vom autokratischen Staat, in dem es nur gleichgeschaltete Denker geben dürfe. Wegen ihrer Kunst der Städteverteidigung im Altertum berühmt, waren Mo Ti und seine Schüler Anhänger einer strengen militärischen Disziplin und hatten insofern viel Gemeinsames mit der Rechtsschule, die ein »Volk in Waffen« wollte, um ihrem Herrscher die Macht im Reich zu sichern.

Philosophisch ist der Beitrag Mo Tis und seiner Schule eine einzigartige Erscheinung in der chinesischen Geistesgeschichte: hier gibt es Ansätze zu echter philosophischer Spekulation; es bleibt allerdings bei der Dialektik, ohne daß ein geschlossenes System der Logik entwickelt wurde. Mo Ti ringt um begriffliche Klärung, ja er schneidet erkenntnistheoretische und ontologische Fragen an, bleibt aber bei den Anfängen stehen. Über Ansätze sind auch die chinesischen Sophisten Huei Shih und Kung-sun Lung, die den Faden weitergesponnen haben, nicht hinausgekommen. Bei späteren Denkern finden sich solche Fragestellungen überhaupt nicht mehr.

Im 4. und 3. Jahrhundert muß, wenn spätere Philosophen wie Mencius und Han Fei in ihrer Beurteilung recht haben, die autoritär gefärbte Sozialethik des Mo Ti beträchtliche Erfolge erzielt haben. Nach der frühen Han-Zeit ist freilich von dieser Schule nie mehr die Rede. Was sie – in weitgehender Übereinstimmung mit den Konfuzianern und den Anhängern der Rechtsschule – angestrebt hatte: uneingeschränkte Herrschaft eines autokratischen Fürsten an der Spitze einer aus »tugendhaften« Männern bestehenden Beamtenschaft, war zu einem erheblichen Teil Wirklichkeit geworden. Ihre Ritualfeindlichkeit dagegen stieß auf heftigen Widerstand, und ihre egalitären Tendenzen konnten sich gegen die tiefverwurzelten Vorstellungen vom pyramidenartigen Aufbau der Gesellschaft nicht durchsetzen. Was man als den »Sieg des Konfuzianismus« zur Han-Zeit bezeichnet, war in mancher Hinsicht nichts anderes als die siegreiche Wiederkehr eben dieser Vorstellungen. Daß mit Mo Tis Sozialphilosophie auch die Dialektik seiner Schule und der Sophisten untergegangen ist, ohne Spuren zu hinterlassen, mag daran gelegen haben, daß ihre erkenntnistheoretische Spekulation noch sehr abstrakt war; größeren Anklang fanden bei einer Gesellschaft, die auf Konkretes und Greifbares eingestellt war, die eher auf Naturerkenntnis als auf Metaphysik abzielenden Spekulationen über die kosmischen Grundprinzipien *Yin* und *Yang* und die fünf Elemente des Naturgeschehens. Den meisten Denkern dieser Zeit erschien die Dialektik als eitel Spiel mit Worten, während die Yin-Yang-Theorien nicht als müßige Spekulation, sondern als Erklärung der kosmischen – und gesellschaftlichen – Prozesse empfunden wurden.

## Der mystische Weg: Taoismus

Konfuzius und Mo Ti sind der Welt zugewandt; sie wollen die Gesellschaft mit bestimmten Maßnahmen und Regeln ordnen, lenken und in Schranken halten. Etwas ganz anderes wollen die als Taoisten gekennzeichneten Denker und Mystiker. Ihre Lebenseinstellung ist weder positiv noch aktiv; wenn sie nicht offen negativ ist, ist sie zum mindesten passiv. Die menschliche Gesellschaft kann nach ihrer Ansicht nur gedeihen, wenn man in sie nicht von außen eingreift, sondern es dem Gang der Dinge überläßt, sie in Einklang mit dem Naturprozeß zu halten; auch das Individuum soll nicht durch Sitten, Riten oder Gesetze in eine bestimmte Bahn gezwängt werden: das menschliche Tun soll dem Kosmos angepaßt sein und nicht durch »künstliche« Vorschriften von seiner wirklichen Bestimmung abgelenkt werden. Auf die Frage nach der besten Regierung kann die richtige Antwort nur besagen, daß der vollkommene Fürst nicht regiert; seine Devise muß sein: »Handle nicht« *(wu wei)*. Das Regieren, sagt Lao-tzu, ist wie das Braten kleiner Fische: der Fürst muß mit der größten Umsicht vorgehen, damit die Harmonie nicht gestört werde. In diesem Sinne behandeln die taoistischen Texte den vollkommenen Herrscher, den »wahren Menschen« *(Chen-jen)* und das Individuum mit seinem inneren Erlebnis und seiner Selbsterfüllung in der mystischen Vereinigung mit dem All.

Die führenden Denker der Taoisten sind die Männer, von denen die Schriften Tao-te-ching und Chuang-tzu stammen. Der Verfasser des größten Teils des Chuang-tzu ist Chuang Chou, der Ende des 4. Jahrhunderts gewirkt hat. Weniger klar ist die Autorschaft des Tao-te-ching. Die alte Tradition schrieb diesen Text einem Weisen namens Lao-tzu, was aber nur »alter Meister« bedeutet, oder Lao Tan (»alter Tan«) zu, der um 600 v. Chr. geboren sein sollte. Die Schrift muß indes wesentlich jüngeren Datums sein, denn sie polemisiert in manchen Kapiteln gegen die Konfuzianer und die Anhänger der Rechtsschule. Neuerdings wird allgemein angenommen, daß das Tao-te-ching um 300 entstanden sein muß, wobei offenbar viele Sinnsprüche eines weit älteren Mystikers, eben des »alten Meisters«, aufgenommen worden sein dürften, von dem die spätere Tradition wie üblich viel Unbewiesenes zu berichten wußte. So hieß es zum Beispiel, Lao-tzus Heimat sei Ch'u gewesen, und sowohl chinesische wie abendländische Autoren wollten in Lao-tzu aus diesem Grund den Vertreter einer »südchinesischen« Geisteshaltung sehen. Aber der Heimatort des Denkers liegt in einem Bezirk, der seit jeher zum ursprünglichen Kulturgebiet der großen chinesischen Tiefebene gehörte. Und der große Mystiker Chuang Chou stammte einwandfrei aus dem Norden. Dem scharfen Kontrast zwischen einem nördlichen Realismus und einem südlichen Mystizismus ist damit der Boden entzogen. Dennoch darf man festhalten, daß vor allem die Äußerungen Chuang-tzus manche Gemeinsamkeit mit Gedichten schamanistischer Inspiration aus dem Süden aufweisen, in denen der befreite Geist wie im Rausch den Weltenraum durchschweift.

Das Streben aller Mystiker richtet sich auf die *unio mystica*, das Einswerden mit der Gottheit oder mit dem letzten Urgrund aller Dinge. Bei den chinesischen Mystikern heißt dieser Urgrund *Tao*; daher auch Taoismus und Taoisten *(Tao chia)* herstammen. Den Begriff des Tao – »Weg« – haben die Taoisten mit anderen chinesischen Denkern gemein; im Grunde bezeichnet er die ständige Bewegung, den nie abreißenden Prozeß des Weltalls und der Geschöpfe, die im Weltall existieren, die wachsen, blühen und vergehen: Tag und Nacht, Leben und Sterben. Die alten chinesischen Denker sahen, wie schon gesagt, alle Teile der Schöpfung in durchgängigem Zusammenhang und wollten den ungestörten Ablauf der kosmischen Prozesse durch harmonische Ordnung der menschlichen Gesellschaft sichern. Für die Taoisten ist das Tao mehr als die Summierung all dieser Prozesse; es ist der Urgrund alles Seins und Nicht-Seins. Das Tao ist kein personifizierter Gott – wie etwa der Himmel bei den Konfuzianern und bei Mo Ti – und hat weder einen Willen noch eine bestimmte Zielstrebigkeit. Es ist, aber es handelt nicht; es ist »von sich aus so«. So ist das Tao »immer tatenlos, und doch gibt es nichts, was nicht geschähe«.

Um die Vereinigung mit dem Tao zu erreichen, muß der Mensch wie das Tao selbst sein: er muß spontan da-sein, er soll nicht versuchen, durch Streben oder aktives Tun einzugreifen, er soll nichts erreichen wollen. Er soll leer werden, offen sein für alles, was an ihn herantritt. Er soll schwach und biegsam sein, nicht stark und hart; nicht hoch und hervorragend, sondern niedrig und bescheiden. Nur wenn er sich passiv verhält, wächst, da es alle Möglichkeiten in sich einschließt, sein *Te*, seine magische Potenz im archaischen, nicht im konfuzianischen Sinne. Sinnbild dafür ist das neugeborene Kind, das schwach und passiv, zugleich aber auch Inbegriff ist aller Weiterentwicklung. Die Lobpreisung der Schwäche bestimmt den hohen Rang, der dem Begriff der Leere eingeräumt wird; für die Taoisten ist Leere eine überaus wertvolle Eigenschaft: wären Gefäß und Radnabe nicht leer, so wären sie nutz- und sinnlos. Seinen Sinn erhält das Leben erst, wenn sich der Mensch leer macht und den Wirkungen des Tao Einlaß gewährt.

Die Rückkehr zum natürlichen Urzustand ist ernst gemeint: als Endziel schwebt den Taoisten eine Gesellschaft allereinfachster Art vor, eine Gesellschaft ohne bewußt geförderte Kultur. Das Volk, findet Lao-tzu, solle man dumm halten: »In seiner Regierung leert der Weise ihre Herzen und füllt ihre Bäuche, schwächt ihren Willen und stärkt ihre Knochen. Er sorgt fortwährend dafür, daß das Volk weder Wissen noch Begierde habe und daß die Wissenden nicht zu handeln wagen.« Die »große Einfachheit« soll wiederkehren, wobei das mit »Einfachheit« wiedergegebene P'u wörtlich »unbearbeitetes, ungehobeltes, rohes Holz« bedeutet. Künstlich, unecht *(wei)* ist alles andere: Weisheit und Kenntnisse, sogar Güte und Rechtschaffenheit; denn von solchen Dingen ist erst die Rede, wenn sie selten geworden sind, genau wie man von ehrerbietigen Kindern und treuen Dienern erst redet, wenn in der Familie Unfrieden und im Staat Unordnung herrscht. Angestrebt wird zweierlei: in der politischen Ebene soll der weise oder erleuchtete *(ming)* Fürst das Volk zur Einfachheit bringen, und die innere Einfachheit des Individuums soll das Verschmelzen mit dem Tao ermöglichen. Diesem Zweck dient auch die Vorschrift, daß der Mensch alle Begierde auslösche, um geistig leer zu werden.

Auf diese Weise konnte der Tao-Bekenner die mystische Vereinigung vollziehen, mit dem Tao eins werden. Allerdings führten auch andere Wege zur mystischen Verzückung, ältere Wege, die aus Schamanenkulten stammten. Diese Wege brachten normierte, zum Teil mit dem indischen Yoga vergleichbare Lebensregeln verschiedener Art, darunter Ernährungsvorschriften (Kornfruchtverbot), Atmungstechniken, Sexualvorschriften. In das Streben nach religiöser Ekstase spielten hier noch Elemente des Volksglaubens hinein, vor allem die Vorstellung von der Erwünschtheit und auch Erreichbarkeit eines langen Lebens. Kennzeichen des taoistischen Meisters ist hohes Alter und jugendliches Aussehen; schon von Lao-tzu wurde recht früh behauptet, er habe das Alter von über zweihundert Jahren erreicht. Da der Weise seine Kräfte nicht im Begehren und Streben vergeudet, sondern weich und geschmeidig bleibt »wie das Wasser«, so ist er auch gegen alle Gefahr gefeit: weder Waffen noch wilde Tiere können ihm etwas anhaben, im Wasser ertrinkt er nicht, das Feuer verbrennt ihn nicht.

Diese taoistischen Gedankengänge entwickeln sowohl der unbekannte Lao-tzu als auch Chuang Chou. Im Tao-te-ching sind sie aphoristisch knapp, wobei auch die Angriffe auf die Schulen des Konfuzius und des Mo Ti (die selbst nicht genannt werden) nur angedeutet sind; im Chuang-tzu erscheinen sie in ausführlichen Essays, die ihre Veranschaulichung in einer Fülle von Parabeln finden. Philosophisch anregend und literarisch schön ist Chuangs Darstellung der Relativität aller Dinge; meisterhaft ist die Attacke auf die Starrheit und Heuchelei des konfuzianischen Ritualismus in der Erzählung vom »Räuber Chih«. Gedankenreichtum und vollendete literarische Form haben beiden taoistischen Texten jahrhundertelang Prestige und Anerkennung gesichert. Ihre intime Beziehung zum Schamanismus der Volksreligion ließ sie später zu heiligen Büchern dieser Volksreligion werden, die daher auch den Namen Taoismus erhalten hat.

## *Philosophische Vorbereitung der Staatsallmacht*

Chronologische Folge und logischer Zusammenhang rufen nun zwei Koryphäen der konfuzianischen Schule, Meng-tzu und Hsün-tzu, auf den Plan, die beide – wenn auch auf verschiedene Weise – eine nachhaltige Wirkung auf die weitere Entwicklung ausgeübt haben. Meng-tzu, Meister Meng, eigentlich Meng K'o und von den Jesuiten wiederum als Mencius latinisiert, wirkte in der zweiten Hälfte des 4. Jahrhunderts, mehr als ein halbes Jahrhundert vor Meister Hsün. Beide waren Konfuzianer; beide griffen auf Konfuzius und die von ihm geschaffenen Kategorien zurück; beide – wie alle Denker der Epoche – suchten nach einer idealen Gesellschaftsordnung, wandten aber verschiedene Methoden an und gelangten zu verschiedenen Konsequenzen. Für beide ist indes bei allen Differenzen der grundlegende Unterschied zwischen den Herrschenden und Beherrschten gleichermaßen axiomatisch.

Mencius war um 370 v. Chr. in Lu, der Heimat des Konfuzius, zur Welt gekommen. Mit vierzig Jahren gab er seine Tätigkeit als Lehrer auf und machte sich, von einem Fürstenhof zum anderen reisend, daran, die Herrscher der Teilstaaten für seine Ansichten über das ideale Regierungssystem zu gewinnen. Nachdem ihm das ebensowenig gelungen war wie vor ihm dem großen Konfuzius, kehrte er als Sechzigjähriger nach Lu zurück und wurde wieder Lehrer. Mencius hielt es für seine Mission, das große Werk des Konfuzius fortzuführen. Inzwischen waren aber zwei Jahrhunderte vergangen, und in entscheidenden

Punkten bezog der Fortsetzer andere Positionen als der Schöpfer der Lehre; es ist dabei jedoch zu beachten, daß von Konfuzius nur aphorismenhaft kurze Aussagen vorliegen, während Mencius ausführliche und systematische Auseinandersetzungen hinterlassen hat.

Wie seine über den Staat philosophierenden Vorgänger wandte sich Mencius an die herrschende Schicht und im besonderen an den Herrscher. Das Moment der Legitimität war ihm aber gleichgültig: das alte Herrscherhaus der Chou war bereits so tief gesunken, daß man es achtlos beiseite schieben konnte; tatsächlich war Mencius bereit, die oberste Herrschaft im Lande jedem Fürsten in Aussicht zu stellen, der sich zu seinen Lehren über die »königliche Methode« *(wang tao)* zu bekehren gewillt war. Der gute Herrscher empfängt seinen Auftrag vom Himmel; ob ihm das Mandat wirklich zugefallen ist, ersieht man aus dem Beifall oder der Ablehnung des Volkes. Das Volk ist zwar auch bei Mencius politisch unmündig, aber in seiner Treue oder seinem Abfall kommt der Wille des Himmels zum Ausdruck. Mencius geht sogar so weit, das Volk für das wichtigste Element im Staate zu erklären, die Altäre der Erde und des Korns für das zweitwichtigste und den Fürsten für das unwichtigste. Das macht ihn nicht zum Demokraten: zwar lehrt er, daß schlechte Herrscher abgesetzt werden müssen, aber predigt damit noch lange nicht eine revolutionäre Erhebung des Volkes, sondern überläßt es den adligen Ministern, den untauglichen Fürsten zu entfernen und einen guten auf den Thron zu setzen. Freilich muß der Fürst – das ist der Sinn des himmlischen Auftrags – für die Untertanen sorgen; er muß darauf achten, daß das Volk nicht darbt, und eben deshalb sicherstellen, daß es der landwirtschaftlichen Arbeit nachgeht und nicht zu der Zeit, da die Früchte des Feldes der menschlichen Arbeit bedürfen, zu Kriegs- oder Frondienst aufgerufen wird. Damit der Ackerbau gedeihe, will Mencius ein nach seiner Meinung schon früher angewandtes System einführen, wonach jede Bauernfamilie ein Grundstück von hundert Mu erhält und acht Familien ein neuntes Grundstück von derselben Größe bearbeiten, dessen Ertrag dem Grundherrn zufließt; zusätzlich soll jede Familie einen eigenen Gemüse- und Maulbeergarten bewirtschaften. Damit würden alle genug zu essen haben, die alten Leute warme Seidengewänder tragen und stärkende Fleischspeisen zu sich nehmen können und Grauhaarige keine schweren Lasten zu schleppen brauchen.

Auch noch in einer anderen Beziehung ist Mencius moderner, weniger konservativ als Konfuzius. Das Te, das nach Konfuzius den Fürsten als Adligen auszeichnet und das er mit Selbstzucht pflegt und entwickelt, um so seine magischen Kräfte auf das Volk wirken lassen zu können, ist bei Mencius zu einer rein moralischen Tugend geworden; der Einfluß, der vom Herrscher ausgeht, ist nunmehr die zwingende Kraft des guten Beispiels. Dieser Machttheorie liegt bei Mencius die Überzeugung zugrunde, daß der Mensch von Natur gut und vervollkommnungsfähig ist. Da er das ist, ist es ihm möglich, die höchste Tugend, Jen, Güte, zu erreichen. Jeder kann, meint Mencius, ein Yao oder ein Shun werden und ebenso vollkommen und tugendhaft sein wie diese legendären Herrscher der Vorzeit. Darauf beruht auch die Chance des gesellschaftlichen Aufstiegs für Angehörige der beherrschten Schicht, eine symptomatische These in einer Zeit der schrumpfenden Adelsübermacht.

Die Ideen des Mencius, namentlich die optimistische Vorstellung von der menschlichen Natur, konnten sich erst viele Jahrhunderte später Geltung verschaffen. Zur Han-Zeit, da der Konfuzianismus als alleinige Staatslehre Anerkennung fand, siegte nicht seine Abwandlung der konfuzianischen Lehre, sondern die des Hsün-tzu mit seinem Grundbild vom schlechten Menschen. Gerade ihre Lehren vom Menschen haben beide Denker ausführlich dargelegt und mit psychologischen Beweisen zu erhärten versucht.

Hsün K'uang, als Hsün-tzu, Meister Hsün, bekannt, kam näher an aktive Politik heran und konnte – er starb 235 – den endgültigen Verfall der Kleinstaaten erleben. Auch er führte ein Wanderleben, aber er durfte sich wirksamerer fürstlicher Gunst erfreuen als Meister Meng: eine Zeitlang bekleidete er sogar besoldete Hofposten. Aus der von ihm geleiteten Schule sind gewichtige Denker und Staatsmänner, wie Han Fei, der bedeutendste Philosoph der Rechtsschule, und Li Ssu, Kanzler des Gründers des geeinten Reiches, hervorgegangen; überdies sind seine Schriften größtenteils erhalten geblieben.

Für Hsün-tzus Konzeption ist die Annahme grundlegend, daß der Mensch von Natur nicht gut und nicht in seiner Anlage neutral (wie es manchen Mencius-Gegnern erschien), sondern eindeutig schlecht sei. Von der Wiege an folgt der Mensch seinen Begierden und Gelüsten, kennt als Motive nur Mißgunst und Haß. Er gleicht in seiner Art einem gekrümmten Ast, den der Zimmermann nur geraderichten kann, indem er ihn der Hitze aussetzt, biegt und festklemmt. Ähnlich läßt sich der Mensch nur durch Erziehung und strenge Vorschriften zur rechten Lebensauffassung bringen. Die Natur hat seinem Herzen keine Ansätze zur Güte und zu richtigem Handeln eingepflanzt: das sind künstliche Erzeugnisse der Weisen, die er erst erlernen muß. Künstlich haben die heiligen Herrscher des Altertums *Li* und *I* – Sitten und Riten und das rechte Gefühl für gesellschaftliche Pflichten – geschaffen. Nur indem man den Menschen der Regierung eines weisen Herrschers unterwirft und ihn mit Hilfe der Vorschriften von Bräuchen und Pflichten umformt, kann man eine gefestigte Ordnung begründen und den Menschen dazu bringen, tugendhaft zu handeln. Gewiß unterscheidet sich der Mensch von den Tieren, weil er in Gemeinschaft mit anderen Menschen lebt, aber die Gemeinschaft kann nur funktionieren, wenn ihre Angehörigen aus Brauchtum und Einsicht ihren Anteil *(fen)*, das, was ihnen gesellschaftlich obliegt, erkennen lernen. Das vermag man aber erst, wenn man die Regeln des Brauchtums erlernt hat. Ungeachtet seiner schlechten Grundanlage ist der Mensch vervollkommnungsfähig. Die Erziehung nimmt daher in Hsün-tzus System eine überragende Stellung ein, Hauptthema des Unterrichts sind bei Hsün-tzu, obgleich er das kanonische Buch der Lieder häufig selbst zum Beweis heranzieht, nicht die klassischen Texte, sondern die Vorschriften des Li, Brauchtum und Ritual.

Die Wahrung der guten gesellschaftlichen Ordnung liegt in den Händen des weisen Fürsten, der sich die Vorschriften der früheren Heiligen auf dem Thron zum Vorbild nimmt. Diese idealen Herrscher hatten die richtige Einsicht gewonnen, indem sie ihre ursprüngliche Natur überwanden; das war ihnen nicht kraft reinen Studiums oder Nachdenkens gelungen, sondern dank einer Erleuchtung, die Meditieren – im Sinne taoistischer Praktiken – voraussetzt. Ein wichtiges Mittel zur Erhaltung der guten Ordnung ist für Hsün-tzu neben dem Vorbild der Urherrscher die schon von Konfuzius gewünschte »Richtigstellung der Bezeichnungen« *(cheng ming)*; im Gegensatz zu den Sophisten, die er verurteilt, denkt Hsün-tzu dabei weniger an den Aufbau eines logischen Systems als an gesellschaftliche und politische Ziele. Stehen die Bezeichnungen fest, so weiß jeder, woran er sich zu halten hat, und kann seine gesellschaftlichen Pflichten um so besser erfüllen. In dieser Beziehung zeigen Meister Hsüns Absichten einige Ähnlichkeit mit der Vorstellung Mo Tis, daß die richtige Pflege einer autokratischen Ordnung die Gleichrichtung der Meinungen und Ansichten im ganzen Reich erfordere.

Eine noch größere Ähnlichkeit zeigen Hsün-tzus Ideen mit den tragenden Gedanken der schon erwähnten Rechtsschule *(fa-chia)*. Treffend bemerkt Feng Yu-lan, der neuere Historiker der chinesischen Philosophie, daß während sich die anderen sozialethischen Schulen um die richtige Gesellschaftsordnung zum Besten der Gesamtgesellschaft bemühen, den Anhängern der Rechtsschule nur die Interessen des Herrschers am Herzen liegen. Sie wollen einen starken und reichen Staat, aber seiner Bevölkerung haben sie nur eine untergeordnete, dienende Funktion zugedacht. Nicht zu Unrecht hat man die Fa-chia-Denker Realpolitiker genannt. Was sie sich vorgenommen hatten, war, dem Fürsten, der auf sie zu hören bereit war, dazu zu verhelfen, im Kampf der Teilstaaten den Sieg zu erringen und schließlich die Herrschaft über das ganze chinesische Kulturgebiet an sich zu reißen. Ein starker Staat mußte nach ihrer Meinung über technische Mittel *(shu)* verfügen, und als das Wichtigste erschien ihnen das Gesetz oder das Recht *(fa)*. Dem Wort Fa, das ursprünglich Modell, Norm, Vorbild bedeutete, verliehen sie einen neuen Inhalt: sie meinten das geschriebene Gesetz, die allgemeinverbindliche Vorschrift. Gerade die Allgemeinverbindlichkeit des Gesetzes war für sie entscheidend, denn in der Ausnahmeposition besonderer privilegierter Gruppen sahen sie eine Behinderung der vollen Machtentfaltung des Herrschers; eben darum forderten sie mit Nachdruck die Abschaffung des Feudaladels mit seinen traditionellen Vorrechten. Als Instrument des Herrschers wurde aber das Recht vornehmlich zum Strafrecht, das Übertretungen aller anderen Vorschriften mit schweren Strafen bedrohte.

Obschon sich frühere Ansätze des Systems nachweisen lassen, darf man als seinen eigentlichen Begründer Kung-sun Yang aus Wei ansehen, dem im Staate Ch'in die Gelegenheit geboten wurde, seine Ideen erstmalig zu verwirklichen; seiner großen Erfolge wegen wurde er mit der Landschaft Shang belehnt, weshalb er in der Literatur auch Shang Yang oder Shang-chün, Fürst von Shang, genannt wird. Ihren Niederschlag haben seine Ideen in Shang-chün-shu, dem »Buch des Fürsten von Shang«, gefunden, das bestimmt nicht von ihm selbst stammt, aber als im großen und ganzen richtige Wiedergabe dieser Gedanken gelten mag. Eine Ausweitung und gewissermaßen philosophische Vertiefung dieses Denkgebildes nahm dann Han Fei, der vorhin schon erwähnte Schüler Hsün-tzus, vor.

Im Kampf der Staaten muß, so lehrt die Rechtsschule, das Land siegen, das ihre Ideen verwirklicht, denn dank diesen Ideen wird es stark und reich geworden sein. Dazu muß es all seine Kräfte auf zwei Gebiete, Ackerbau und Heereswesen, konzentrieren; vom Handel soll man keinen Nutzen erwarten, denn Geld kann man nicht essen. Alle Ernteüberschüsse müssen als Vorräte für Kriegs- und Notzeiten gespeichert werden; unter keinen Umständen dürfen sie exportiert werden: das hieße den Feind ernähren. Trotz aller Wertschätzung der Landwirtschaft drückt den Bauern eine doppelte Last, da er nicht nur die Felder bestellt, sondern auch im Krieg kämpfen muß. Dazu schwebt über allen das Gesetz, das alle

Verfehlungen streng bestraft. Das Gegenstück zu den Strafen müssen die Belohnungen sein. Zusammen sind Strafen und Belohnungen die »zwei Handgriffe des Fürsten«. Sie brauchen einander nicht die Waage zu halten: es genügt, wenn auf je zehn Strafen eine Belohnung kommt. Ein politisch wohlausgewerteter, wenn auch archaischer Zug des Strafsystems ist die Bestrafung nicht nur des Missetäters, sondern auch seiner Angehörigen, Nachbarn oder Dorfgenossen. Dem entspricht die Vorschrift, daß wer für sich selbst Straffreiheit erlangen will, die Missetaten seiner Angehörigen ohne Verzug den Behörden zu melden hat. Die allseitige Überwachung und Aufpasserei wird durch die Einteilung der Bevölkerung in Zehnergruppen erleichtert.

In diesem wohldurchdachten Herrschaftssystem galten die gepriesenen Belohnungen allerdings fast nur für den Kriegsfall. Wer mit abgehauenen Köpfen belegen konnte, daß er eine gewisse Zahl von Feinden erschlagen hatte, erhielt eine der Kopfzahl entsprechende Ackerlandzuweisung, in gewissen Fällen zuzüglich der auf dem zugeteilten Boden angesiedelten Menschen, die für den Belohnten fronen mußten. An die Stelle des alten Adels trat eine neue, streng gestaffelte Hierarchie aristokratischer Ränge, die sich ausschließlich auf Kriegsleistungen gründeten. Nicht das versinkende Feudalsystem der Chou, sondern die neue in Ch'in ausprobierte Ordnung wurde nach der Errichtung der Han-Dynastie mit nur geringen Änderungen von den Han-Herrschern übernommen.

Als Endziel schwebte der Rechtsschule ein Zustand vor, in dem es wegen der Strenge der grausamen Strafen keine Missetaten mehr gibt; nach Shang Yang besteht der Zweck der Strafen darin, daß sie sich selbst aufheben. Wenn das erreicht ist, kann sich der Gewaltherrscher dem taoistischen Ideal des *wu wei*, der Tatenlosigkeit, hingeben, weil dann alles wie von selbst zustande kommt. Für die alten Tugenden war in diesem System kein Platz mehr; die strengen Strafen sollten nicht durch mißverstandene Güte gemildert werden, und die Forderungen des alten Brauchtums widersprachen denen der neuen Gesetze. Auch die Methoden der heiligen Herrscher des Altertums hatten ihren Anspruch auf Allgemeingültigkeit eingebüßt: die Realpolitiker der Rechtsschule rechneten nur noch mit Gegenwartskräften und Augenblicksfaktoren und kümmerten sich um das Vermächtnis der einstigen Fürsten um so weniger, als ja auch die verschiedenen Philosophenschulen dieses Vermächtnis vieldeutig und widerspruchsvoll interpretiert hatten.

Von den wiedergegebenen philosophischen und staatstheoretischen Systemen ist nur das der Rechtsschule in vollem Umfang verwirklicht worden, und zwar im Staat Ch'in: dort hatte Shang Yang um die Mitte des 4. Jahrhunderts seine Theorien in die Praxis umsetzen können; dort lehrte ein Jahrhundert später Han Fei; dort hatte gleichzeitig Li Ssu, der mit ihm zusammen bei Hsün-tzu in die Schule gegangen war, als Kanzler die einflußreichste Stelle im Staate inne. Seiner von keinem Adelszwist gestörten Uniformität verdankte Ch'in die Möglichkeit, alle anderen Staaten zu unterwerfen und das chinesische Kulturgebiet unter einen Herrscher zu bringen. Auch noch in der frühen Han-Zeit konnten die Ideen der Rechtsschule einen mächtigen Einfluß ausüben: Ch'ao Ts'o, der führende Staatsmann unter den Kaisern Wen und Ching, war ein überzeugter und tatkräftiger Fa-chia-Anhänger. Später, gegen Ende des 2. Jahrhunderts, sollten die Han den Konfuzianismus als offizielle Staatslehre übernehmen und die Verbreitung und Erörterung der Gedanken

# CHINA UM 300 v. Chr.

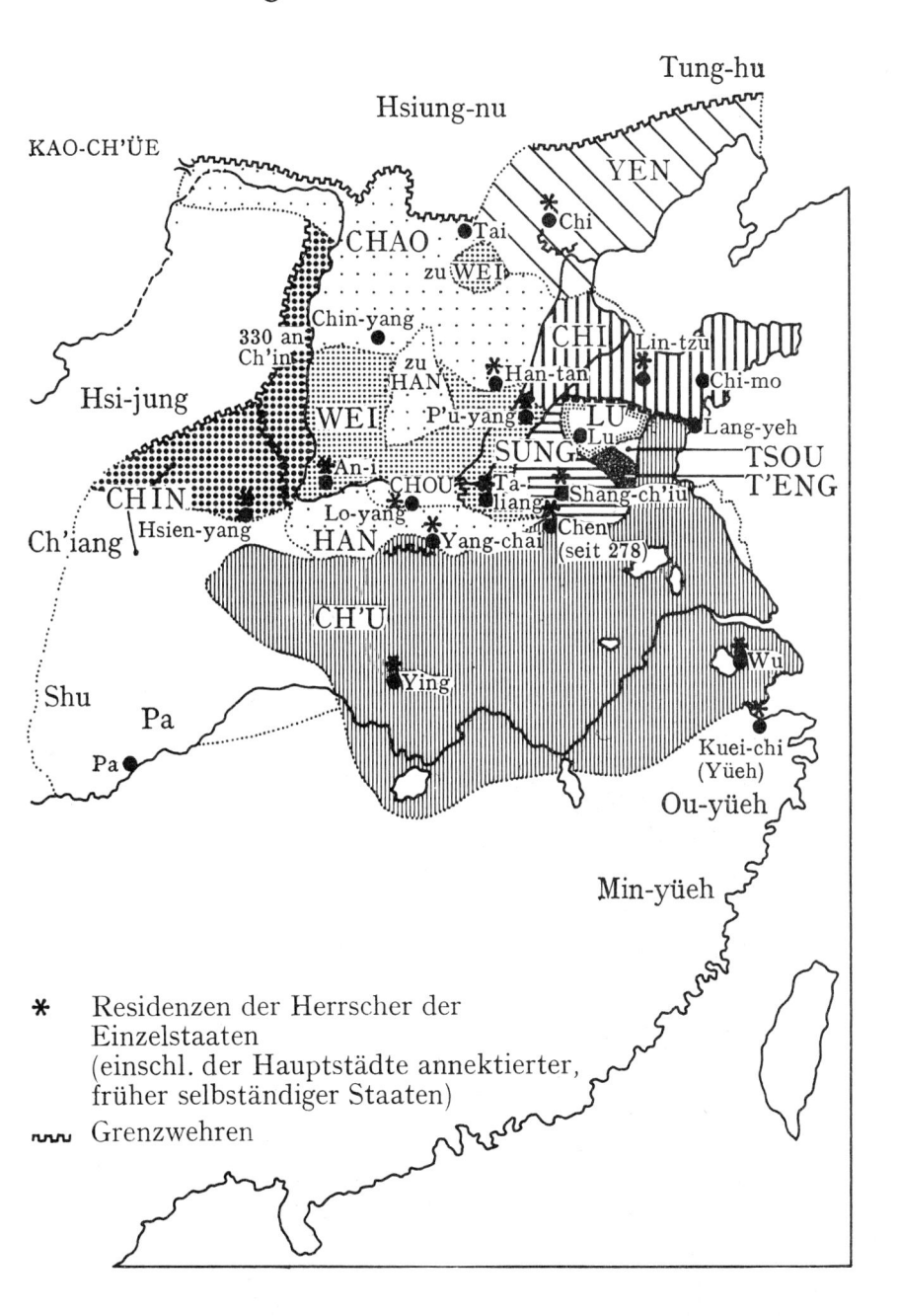

* Residenzen der Herrscher der Einzelstaaten (einschl. der Hauptstädte annektierter, früher selbständiger Staaten)

∿∿ Grenzwehren

aller anderen Philosophenschulen im Unterricht unterbinden; dennoch erhielten sich viele Ideen der Rechtsschule in der Praxis, namentlich in der Staatsverwaltung, zumal die Konfuzianisierung des Rechts nur langsam und mühselig vor sich ging. Die Schule des Mo Ti war als unabhängiges System verschwunden, auch wenn einige ihrer Ideen in den späten, völlig entfeudalisierten Konfuzianismus eingingen. Von der Dialektik des Mo Ti und von den rein philosophischen Spekulationen der Sophisten war nichts übriggeblieben. Erst in der Neuzeit sollten sie unter dem Einfluß der abendländischen Philosophie erneut einiges Interesse beanspruchen.

## Der Ch'in-Kaiser einigt das Reich

Von langem Bestand sind die Ch'in als in ganz China herrschende Dynastie nicht gewesen. Ihre Herrschaft begann 221 v. Chr., nachdem der König von Ch'in alle Teile des Landes erobert hatte. Er regierte nun unter dem Titel Ch'in Shih Huang-ti, was wörtlich etwa »Ch'ins anhebender Augustus Imperator« und sinngemäß »Erster Kaiser der Ch'in« besagt. Aber schon im Jahre 206, als der dritte und letzte Ch'in-Herrscher vor dem Gründer der Han-Dynastie kapitulierte, war die Ch'in-Ära zu Ende. Das ergibt alles in allem fünfzehn oder, wenn man den Beginn der Ära mit dem Regierungsantritt Shih Huang-tis als König von Ch'in im Jahre 247 ansetzt, bestenfalls einundvierzig Jahre.

Nachdem die schon längst ohnmächtigen Chou-Könige 256 entthront worden waren, wurden ein Vierteljahrhundert später die letzten selbständigen Staaten in rascher Folge erobert: 230 fiel Han, 228 Chao, 226 Yen, 225 Wei, 222 Ch'u, 221 Ch'i. Über die für das geeinte Reich zu wählende Verwaltungsorganisation wurde ernsthaft diskutiert; trotz Protesten der Hofbeamten setzte sich das in Ch'in seit geraumer Zeit praktizierte System der Kommanderien *(chün)* als Hauptgliederungen und Präfekturen *(hsien)* als Untergliederungen der zentralen Staatsverwaltung durch: das neue Reich wurde in sechsunddreißig Kommanderien eingeteilt. Bald nach der Reichsgründung setzte in allen Richtungen der Expansionsprozeß ein, der viele Jahrhunderte anhalten sollte. Vermutlich wurde der Name der Ch'in auch außerhalb der Landesgrenzen um diese Zeit bekannt, in Indien als Cīna, bei den Griechen als Thinai; es mag dahingestellt bleiben, ob die Griechen erst auf dem Umweg über Indien von dem neuen Großreich Kenntnis erhielten.

Die neugewonnene Einheit mußte nun konsolidiert und geschützt werden. Zu den ersten Schutzmaßnahmen gehörte die Einziehung aller im Lande vorhandenen Waffen; die Überlieferung sagt, daß aus der beschlagnahmten Bronze außer großen Glocken zwölf Riesenstatuen gegossen wurden, die der Kaiser vor seinem Palast aufstellen ließ. Zwangsweise wurden die führenden und einflußreichen Familien aus allen Provinzen des Reiches – insgesamt nach Ssu-ma Ch'ien hundertzwanzigtausend – in der Hauptstadt Hsien-yang (dem späteren Ch'ang-an der Han und der T'ang, dem heutigen Hsi-an oder Sian) angesiedelt. Vervollständigt wurden die Sicherheitsmaßnahmen mit dem Bau der großen Heeresstraßen, die das Land von Norden nach Süden und von Osten nach Westen durchzogen: sie beschleunigten die Beförderung der kaiserlichen Post und die Fortbewegung des Heeres. Das

Konsolidierungsprogramm brachte die Vereinheitlichung der Gesetze, der Maße und Gewichte, der Schriftzeichen und der Spurbreite der für den Straßentransport bestimmten Karren.

Mit der Einheit der Gesetze ging auch die Gleichheit vor dem Gesetz einher. Weder Adel oder adlige Abstammung (die feudalen Lebensgrundlagen wurden ohnehin zerschlagen) noch hoher Rang sollten künftighin eine günstigere Behandlung sichern, als sie dem gemeinen Mann widerfuhr. Ähnliches hatte der Reformator Shang Yang schon über ein Jahrhundert zuvor empfohlen. Nach einer Inschrift, die 219 am heiligen Berg T'ai-shan angebracht wurde, sollten die Unterschiede zwischen Hohen und Niedrigen erhalten bleiben, dafür aber alle Menschen vor dem Gesetz gleich sein. Auch unter der Han-Dynastie blieb es noch lange so; der archaischen Tendenz zur Verankerung der gesellschaftlichen Unterschiede auch im rechtlichen Status des Individuums wurde nur insofern Rechnung getragen, als hohe Beamte und Angehörige des – neuen – Adels nicht verurteilt werden durften, ohne daß in jedem einzelnen Fall die Genehmigung des Kaisers eingeholt wurde. Mit der Wiederkehr immer stärkerer feudaler Züge im 2. Jahrhundert n. Chr. verfiel allmählich auch die Gleichheit vor dem Gesetz; zugleich erfolgte die offizielle Einführung mancher konfuzianischen Bräuche, zum Beispiel der dreijährigen Pflichttrauer für verstorbene Eltern. Allerdings stimmten das geschriebene Gesetz und das von frommen Konfuzianern schriftlich fixierte Brauchtum mit den verschiedenartigen tatsächlichen Sitten und Gebräuchen vieler heterogener Volksgruppen des großen Reiches durchaus nicht immer überein; so behauptete sich in manchen Landesteilen die bei Konfuzianern verpönte Leviratsehe, ohne von den Behörden bekämpft zu werden.

Die Vorteile einer Vereinheitlichung der Maße und Gewichte liegen auf der Hand. Die früheren Teilstaaten, deren Gebiete zum Teil durch große Entfernungen voneinander getrennt waren, folgten verschiedenen Richtnormen, an deren Stelle nun einheitliche Vorschriften für das ganze Reich traten. Erhalten haben sich Gewichte mit Beschriftungen aus der Ch'in-Zeit und Hohlmaße aus der Han-Zeit. In späteren Jahrhunderten wurden wiederholt neue Eichmaße festgelegt, doch blieben bis in die Neuzeit nicht unwesentliche lokale Abweichungen bestehen.

Von entscheidender Bedeutung war die Schaffung einer einheitlichen Schrift. Aus Inschriften auf Bronzegefäßen läßt sich ersehen, daß sich die Schriftzeichen in verschiedenen Teilen des ausgedehnten chinesischen Kulturgebiets verschieden entwickelt hatten; recht absonderliche Formen hatten sich zum Beispiel im Süden von Ch'u (heutige Provinz Hunan) herausgebildet, das von den Kerngebieten des Reiches weit entfernt war und wo die chinesische Schrift relativ spät eingeführt worden sein dürfte. Die Schriftreform brachte einerseits eine gewisse Vereinfachung der Zeichen, anderseits eine Vereinheitlichung der Formen; Inschriften aus der Zeit des Ersten Kaisers zeigen Formen, die denen der modernen Schriftzeichen bereits ziemlich ähnlich sind. Zur Han-Zeit entwickelte sich aus diesen Formen die sogenannte Kanzleischrift *(li-shu)*, an die sich die heutige Schrift eng anschließt. Während in der Kanzleischrift jede einzelne Linie im Schriftzeichen höchst exakt gemacht wurde, entstand aus ihr im Laufe der Zeit eine handlichere Konzeptschrift *(ts'ao-shu)*, die die einzelnen Striche zusammenzieht und komplizierte Figuren vereinfacht, aber auch verstümmelt. Nicht nur weil sie Zeit spart, hat sich die Konzeptschrift bis in die Gegenwart erhalten: mit ihren grazilen, fließenden Formen, die nicht mühselig gezeichnet, sondern in bewegtem Schwung auf die Schreibfläche geworfen werden, ist sie ein künstlerisches Ausdrucksmittel, das der Malerei nahekommt.

Die Reorganisationsmaßnahmen der kaiserlichen Regierung, die in vielem einen radikalen Bruch mit der Tradition darstellten, müssen schon frühzeitig heftigen Widerstand ausgelöst haben. »Man pries das Altertum, um auf diese Weise die Gegenwart zu kritisieren.« Darauf erfolgten weitreichende Eingriffe der Regierungsgewalt. Auf Vorschlag des Kanzlers Li Ssu, eines der stärksten Initiatoren der Vereinheitlichungspolitik, verfügte 213 ein kaiserlicher Erlaß die Einziehung aller das Altertum behandelnden Schriften und stellte Besitz und Studium solcher Schriften unter Strafe. »Alle geschichtlichen Aufzeichnungen außer der Chronik von Ch'in«, ordnete der Erlaß an, »sind zu verbrennen. Mit Ausnahme der [am Hof beschäftigten] Gelehrten des umfassenden Wissens hat jeder, der das Buch der Oden, den Kanon der Schriften oder die Reden der hundert Schulen [der Philosophie] besitzt, diese Bücher bei Amtspersonen abzuliefern, auf daß sie verbrannt werden. Wer sich herausnimmt, über diese kanonischen Texte zu diskutieren, wird auf dem Marktplatz geköpft; wer unter Berufung auf das Altertum die Gegenwart kritisiert, ist mit seinen Angehörigen zu töten... Von dem vorliegenden Erlaß ausgenommen sind Schriften über Heil- und Arzneikunde, Orakelbefragung und Land- und Forstwirtschaft.«

Inwieweit der Erlaß befolgt worden ist, wissen wir nicht. Im Jahre 212 wurden zwar auf kaiserlichen Befehl etwa vierhundertsechzig »Meister« umgebracht, aber größtenteils waren die Opfer offenbar nicht Schriftgelehrte, sondern Alchimisten und Zauberer, die ein Unsterblichkeitselixier für den gewalttätigen und abergläubischen Herrscher hatten fertigstellen sollen. In jedem Fall waren die Altertumstexte, nach denen unter den Han fünfzig Jahre später gefahndet wurde, als das Interesse für die Vergangenheit von neuem erwacht war, selten und lückenhaft geworden.

Die konfuzianische Geschichtsschreibung verurteilte den Ersten Kaiser der Ch'in als wüsten Unmenschen; dagegen preist die allerneueste chinesische Geschichtsschreibung, die vieles anders deutet, seine Verdienste um die Einigung der kämpfenden Staaten und die Gründung des chinesischen Reiches; sie lobt ihn überdies, was sich schon fast konfuzianisch anhört, weil er die rückständigen Barbaren der Segnungen der höheren Kultur habe teilhaftig werden lassen.

Der Erste Kaiser starb im Sommer 210 auf einer der großen Inspektionsreisen, die er regelmäßig unternahm. Sein Nachfolger war ein Schwächling, der sich von seinem Kanzler, Minister Chao Kao, beherrschen und gängeln ließ. Im Herbst 207 ließ ihn Chao Kao ermorden. Als nun der Neffe des Zweiten Kaisers auf den Thron gehoben werden sollte, war bereits Liu Pang, der künftige Begründer der Han-Dynastie, ins Kernland der Ch'in eingedrungen; »nachdem er sechsundvierzig Tage Fürst gewesen«, entschloß sich der Dritte Kaiser zur Kapitulation.

## Aufstieg und Niedergang der Han-Dynastie

Im Herbst 209 begann eine allgemeine Erhebung gegen die Herrschaft der Ch'in. Nach herkömmlicher Auffassung machen chinesische Historiker dafür den Zweiten Kaiser als degenerierten Nachfahren eines großen Herrschergeschlechtes und seinen Kanzler als bösen Ratgeber verantwortlich. Das ist ein beliebtes Klischee, das wenig erklärt. Die Wurzeln der Rebellion wird man eher in dem zähen Widerstand suchen müssen, den die Ch'in-Eroberung und die ihr folgende durchgängige Reglementierung in den früheren Teilstaaten ausgelöst hatten. »Ein Mann schrie auf, und das All, das unter dem Himmel ist, antwortete«, heißt es in Ssu-ma Ch'iens Geschichte. Es fing damit an, daß ein Mann namens Ch'en She, Anführer eines meuternden Trupps von Dienstpflichtigen aus Ostchina, die an die Nordgrenze zum Garnisondienst abkommandiert waren, die Befehlshaber umbrachte und mit seiner zerlumpten Bande, »die sich Knüppel schnitt als Waffen«, eine Anzahl Städte eroberte. Die Kunde vom Gelingen dieser Anschläge verbreitete sich wie ein Lauffeuer, und »wie ein Bienenschwarm« standen in ganz Ostchina Rebellenführer auf. Sie bemächtigten sich großer Bezirke und nannten sich Generale und Könige. Der Begabteste von ihnen, Hsiang Yü, Abkömmling einer adligen Militärfamilie aus dem früheren Reich Ch'u, hatte bald nach siegreichen Kämpfen mit Ch'in-Truppen und feindlichen Rebellenformationen die Führung des Aufstandes an sich gerissen. Im Mai 208 schloß sich ihm der Mann an, der die Han-Dynastie ins Leben rufen sollte: Liu Pang, Bauernsohn, Tunichtgut, Landgendarm, Räuberhauptmann und zuletzt – seit Beginn der Erhebung – oberster Herr über seine Heimatpräfektur.

Im Spätherbst 208 wurde Liu Pang der schwierige Auftrag zuteil, das Kerngebiet der Ch'in (heutige Provinz Shensi) zu erobern. Während die Ch'in-Heerführer und Hsiang Yü im Osten gegeneinander kämpften, zog Liu Pang gen Westen. Da er mit verstärkter Verteidigung der Zugänge im engen Tal des Gelben Flusses rechnete, bog er zunächst nach Süden ab, um über das südöstliche Berg- und Hügelland die von den Ch'in nur schwach besetzten Südpässe anzugreifen.

Ein Jahr später war das Kernland der Ch'in in seinen Händen. Er ließ Paläste und Schatzkammern versiegeln und wartete auf die Ankunft Hsiang Yüs. Sein Vorteil war, daß ein Zivilberater, ein Kanzlist aus seinem Heimatort, die kaiserlichen Archive mit Jahresberichten und Karten hatte beschlagnahmen lassen, so daß Liu Pang über das seit Jahren aufgespeicherte amtliche Informationsmaterial verfügte. Inzwischen hatte Hsiang Yü seinen Soldaten die Hauptstadt zum Brandschatzen und Morden überlassen und ging nun an die Aufteilung des Ch'in-Reichs. Dabei fand sich Liu Pang schwer benachteiligt: statt des versprochenen Ch'in-Gebietes bekam er als Lehnskönigreich nur die Gegenden am Oberlauf des Han-Flusses (daher der Name Han-Dynastie). Hsiang Yü zog sich wieder nach dem Osten zurück; er hatte sich ein eigenes Reich in der großen Ebene ausgesucht. Kaum war er weg, als auch schon Liu Pang sich gegen ihn erhob. Im Sommer 206 fiel Liu Pang von seiner Han-Domäne aus ins benachbarte Ch'in-Territorium ein. Nach dem langen Krieg gegen Ch'in folgten nun Jahre blutiger Machtstreits zwischen Liu Pang und Hsiang Yü, die erst mit Hsiang Yüs Tod im Neujahr 202 ein Ende nahmen.

Am 28. Februar 202 wurde Liu Pang von seinen Mitkönigen die Kaiserwürde verliehen, und nach seinem Tod erhielt er sogar noch den Ehrennamen Kao (»der Erhabene«). Einer der Hauptzüge seines Regiments war die Ersetzung der Lehnskönige durch Mitglieder seines eigenen Geschlechtes der Liu; als er 195 starb, hatte er dies Ziel praktisch erreicht. Seine übrige Tätigkeit galt der – nicht sehr erfolgreichen – Zurückdrängung der nomadischen Hsiung-nu (Hunnen) in den Regionen, aus denen sie mit den Eroberungen des Ersten Ch'in-Kaisers vertrieben worden waren, die sie aber nach dem Zusammenbruch des Ch'in-Reichs erneut besetzt hatten. Von den fortgesetzten Raubzügen der Hsiung-nu an den nördlichen und nordwestlichen Grenzen abgesehen, waren die ersten vier Jahrzehnte nach Kaos Tod eine im großen und ganzen ruhige Wiederaufbauzeit: wenig ereignisreich war die Regierung des Kaisers Huei (196–191), seiner Mutter Lü, der Witwe Kaos (191–180) und des Kaisers Wen (180–157). Kurz nach dem Regierungsantritt seines Nachfolgers Ching (157–141) rebellierten im Frühjahr 154 nicht weniger als sieben Lehnskönige, die sich mit der schon unter Wen begonnenen systematischen Einengung ihrer Machtposition nicht abfinden wollten.

Entscheidend für die weitere Entwicklung des chinesischen Reichs war die lange Regierungszeit Kaiser Wus (141–87). Im Innern gelangen ihm die endgültige Ausschaltung der politischen Macht der neuen Feudalherren, der Aufbau eines durch Prüfungen ausgesuchten Beamtenstandes und die Erweiterung der Zentralverwaltung; auch manchen seiner Bemühungen um die Unterdrückung der lokalen Magnaten blieb der Erfolg nicht versagt. Nicht minder bemerkenswert waren Wus Triumphe nach außen. Seine offensive Politik gegen die Hsiung-nu führte zur Eroberung Nordwestchinas (129–120) und zur Einbeziehung Mittelasiens in den chinesischen Machtbereich (120–100). Das damals noch unabhängige Südchina wurde zum direkten Objekt der chinesischen Durchdringungspolitik: dem Reich einverleibt wurden (112–109) große Teile der heutigen Provinzen Kiangsi, Kuangtung und Kuangsi und das nördliche Indochina einerseits, Kueichou und Yünnan anderseits. Die chinesische Vorherrschaft in der südlichen Manchurei und in Nordwestkorea wurde konsolidiert (109–108).

Nachdem Kaiser Wus Verfolgungswahn den Thronfolger zu einem Aufstand und schließlich in den Selbstmord getrieben hatte (Herbst 91), kam 87 ein unmündiger Knabe auf den Thron. So wurde dessen Regierungszeit (87–72) die Epoche des Huo Kuang, der als Regent bis ans Ende seiner Tage (68) die Zügel in der Hand behielt. Er setzte den Nachfolger des kinderlosen Kaisers Chao nach siebzehn Tagen wegen Unfähigkeit ab und brachte an seine Stelle einen Urenkel Wus namens Hsüan (72–48). Hsüan gelang es zwar, sich von der Vormundschaft des Huo-Clans zu befreien (66), er vermochte aber nicht die Herrschaft der führenden großen Familien zu brechen. In der Regierungszeit Hsüans unterwarfen sich (51) die südlichen Hsiung-nu.

Unter den Kaisern Yüan (48–33) und Ch'eng (33–7) erreichte die Herrschaft der Verwandten der Kaiserinnen ihren Höhepunkt. Seit dem Regierungsantritt Ch'engs lag die wirkliche Macht in den Händen der Familie Wang, aus der die Hauptfrau des Kaisers Yüan stammte. Im Jahre 6 n. Chr. wurde einer ihrer Angehörigen, Wang Mang, zum Regenten für den unmündigen Knaben, der als Han-Erbe auf den Thron gekommen war, und drei

Jahre später war Wang Mang selbst Kaiser. Der Dynastiewechsel war fast reibungslos vor sich gegangen. Zwar rebellierten schon bei der Berufung Wang Mangs zum Regenten einige der vielen Mitglieder des kaiserlichen Geschlechts der Liu, zu dem mehrere Lehnskönige und Dutzende von Markgrafen zählten, aber die Aufständischen, die weder im Volk noch unter den prominenten Geschlechtern Widerhall fanden, wurden schnell niedergeworfen.

Wang Mang war ein extremer Verfechter des Han-Konfuzianismus, ein ehrfürchtiger Verehrer des Altertums und ein Bewunderer der in den kanonischen Büchern beschriebenen Institutionen der Herrscher der Frühzeit; er war aber auch voller Aberglauben und verließ sich immer wieder auf Wahrsagerei und Omendeutung. Unter Berufung auf klassische Lehren und Vorbilder unternahm er wirtschaftliche und soziale Eingriffe, die jedoch fehlschlugen. Die Erlasse, die Grundbesitz und Sklavenhaltung beschneiden sollten, wurden nicht verwirklicht; die neuerrichteten Staatsmonopole und die staatliche Kontrolle und Regulierung der Getreidepreise versagten. Die große Masse durfte die Wirkung der großen Wirtschaftsreformen kaum verspürt haben; dagegen litt sie schwer unter den enormen Soldatenaushebungen und der Lebensmittelrequisition, die den grandiosen, aber nie ausgeführten Expansionsplänen Wang Mangs dienen sollten. Besonders hart wurde das Volk von Naturkatastrophen großen Ausmaßes getroffen; namentlich die Bevölkerung der großen nordchinesischen Tiefebene wurde von Überschwemmungen des Gelben Flusses mit gefährlichen Deichbrüchen heimgesucht. Die Not führte zu Massenwanderungen, die ihrerseits große Aufstände im Gefolge hatten und am Ende den Sturz Wang Mangs nach sich ziehen mußten.

In dieser Wanderungsbewegung zogen unorganisierte Gruppen durchs Land und ernährten sich von dem, was sie jeweils vorfanden, und plünderten die noch seßhafte Bevölkerung aus. Überall herrschte Unruhe. Räuberbanden bildeten sich und vollbrachten noch größere Verwüstungen. Was Wang Mang gegen Anarchie und Bandenunwesen unternahm, blieb wirkungslos. Die Gefahr aber griff um sich. Als die Kommanderie Nan-yang im Süden von einer Anzahl von Banden und im Norden von den herannahenden Trupps der sich »Rote Augenbrauen« nennenden aufständischen Bauern bedroht wurde, schlossen sich Gutsbesitzer der reichen Kommanderie zur Verteidigung von Leben und Besitz zusammen (22 n. Chr.); um die eigenen Kräfte nicht zu verzetteln, verbündeten sie sich anschließend mit den Banden im Süden, was ein gemeinsames Vorgehen der politisch und militärisch erfahrenen Elemente der Begüterten und der notleidenden Volksmasse ermöglichte. Nun mußten sich die neuen Verbündeten auch zum entscheidenden folgenschweren Schritt entschließen: sie sagten Wang Mang die Treue auf, indem sie einen Sproß des Hauses Liu zum Kaiser ausriefen.

Wang Mangs Heere wurden geschlagen, der Usurpator (am 6. Oktober 23) getötet. Die Ruhe war damit freilich noch lange nicht eingekehrt. Die Situation war ähnlich wie zwei Jahrhunderte früher beim Sturz der Ch'in; es gab zu viele widerstreitende Faktoren und Kräfte: die Magnaten aus Nan-yang mit ihrem neuen Kaiser, die große Masse der »Roten Augenbrauen« und viele verschiedene Gruppen und Führer, die nach lokaler Unabhängigkeit, wenn nicht gar nach der Herrschaft im Reich strebten; es gab nicht weniger als zehn

Thronerben, die den Kaisertitel für sich beanspruchten und von denen sich einige auf wirtschaftliche Schlüsselgebiete stützen konnten. Der Mann, der aus diesem wirren Kampf siegreich hervorging, hieß Liu Hsiu und war ein Bruder des zuerst in der Kommanderie Nan-yang proklamierten Thronprätendenten. Im Jahr 25 n. Chr. wurde er Kaiser unter dem Namen Kuang-wu und wählte als Hauptstadt Lo-yang. (Weil Lo-yang östlicher liegt als die entthronte Hauptstadt Ch'ang-an, wird die von Kuang-wu gestiftete spätere Han-Dynastie auch die östliche genannt.)

Ruhe und Einheit kamen erst elf Jahre später. Unterdes hatte sich die Struktur der chinesischen Gesellschaft gewandelt. Der am Anfang der frühen Han-Dynastie stark beschnittene Einfluß der vornehmen und begüterten Familien war beträchtlich gewachsen; unter Kuang-wus Nachfolgern sollte er noch weiter zunehmen. Bedeutende Gestalten kamen nach dem »starken Mann« Kuang-wu nicht mehr auf den Kaiserthron. Am Hof vermehrte sich im 2. Jahrhundert unserer Zeitrechnung die Macht der Eunuchen; im Jahre 150 wurde der letzte der mächtigen Regenten, die jahrzehntelang die Claninteressen der wechselnden Kaiserinnenfamilien wahrgenommen hatten, gestürzt, und zwischen 159 und 184 wurden zwischen den Eunuchen als Repräsentanten der Zentralregierung und den beamteten Sachwaltern der lokalen Magnaten erbitterte Kämpfe ausgefochten. Außer den Hsiung-nu machten der Zentralregierung unter der späten Han-Dynastie auch die im Westen hausenden Chiang schwer zu schaffen; neben dem inneren Machtkampf mußte das Reich auch häufige und ausgedehnte Feldzüge zur Sicherung der äußeren Grenzen bewältigen.

Im Jahre 220 dankte der letzte Kaiser ab und trat den Thron an Ts'ao P'ei ab; die späte Han-Dynastie war damit offiziell zu Ende gegangen. In Wirklichkeit hatte sie die Macht schon viele Jahre vorher eingebüßt. Den Todesstoß hatten ihr die als Bewegung der »Gelben Turbane« um sich greifenden Bauernaufstände des Jahres 184 versetzt, in denen taoistische Heilslehren eine nicht geringe Rolle spielten; im Osten hatte die Bewegung ihre Hauptzentren in der heutigen Provinz Shantung, im Westen in der Provinz Ssu-ch'uan. Die Bande, die die Provinzen an Reich, Zentralregierung und Hauptstadt knüpften, waren bereits weitgehend zerrissen; da nun zur Unterdrückung der Aufstände Heere aufgeboten werden mußten, bekamen die Machthaber oder Machtanwärter in den Provinzen physische Machtmittel an die Hand, die sie durchaus zu gebrauchen wußten. Im Jahr 192 setzte der Kampf ein, der an die Stelle des zerfallenden Reiches drei unabhängige Staaten setzen sollte: Wei im Stromgebiet des Gelben Flusses, Wu im unteren Yang-tzu-Tal und Shu (oder, weil hier ein Sproß der Liu an der Spitze stand, Shu-Han) im oberen Yang-tzu-Gebiet mit der heutigen Provinz Ssu-ch'uan.

## *Aufbau und Gliederung des Han-Staates*

Das Han-Reich, das dem zweitausendjährigen chinesischen Kaiserreich als Ausgangsmodell gedient hat, war nicht über Nacht in vollendeter Gestalt entstanden; eine langwierige Entwicklung bestimmte seinen Aufbau. Nachdem die Ch'in endgültig vernichtet, ihr letzter Herrscher getötet, ihre Truppen geschlagen waren, mußte sich Liu Pang, der Stifter der Han-Dynastie, erst gegen seinen militärisch zunächst stärkeren Verbündeten Hsiang Yü durchsetzen, der sich als Nachfolger der Ch'in-Kaiser etabliert hatte. Nach vielen Feldzügen und Schlachten kam Hsiang Yü an der Schwelle des Jahres 202 v. Chr. mit seinen letzten Getreuen in einem entlegenen Sumpf um. Wie der Sturz der Ch'in waren auch Niederlage und Tod Hsiang Yüs die Frucht der Zusammenarbeit vieler praktisch unabhängiger Heerführer. Wie Hsiang Yü vor ihm mußte auch Liu Pang mit der Macht und der lokalen Vorherrschaft der Mitstreiter, die ihm zum Thron verholfen hatten, rechnen: fürs erste blieb ihm nichts anderes übrig, als sie auf den Posten zu belassen, die sie in jahrelangen militärischen Aktionen erkämpft hatten. Er machte sie entweder zu Lehnskönigen *(chu-hou wang)* oder fand sich mit den Königstiteln ab, die sie sich selbst verliehen hatten. Der Einsetzung der Könige folgte im Jahr 200 die Ernennung von etwa hundert Markgrafen *(hou)*; von außergewöhnlichen individuellen Bestallungen abgesehen, sollte das der einzige Adelsrang im Han-Reich bleiben.

Fast ausnahmslos waren die neuen adligen Herren verdienstvolle Mitkämpfer, die ihren Lohn in Gestalt von Gutsbezirken verschiedener Größe erhielten: mit einer Einwohnerschaft, die von wenigen Hundert bis zu über zwanzigtausend Familien reichte. Als der Zentralverwaltung unmittelbar unterstelltes Gebiet behielt der neue Kaiser nur etwa ein Drittel des Reiches. Über den größten Teil des Landes herrschten fast unumschränkt die neuen Feudalherren, vor allem die Lehnskönige; sie hatten eine eigene Verwaltung, die der zentralen nachgebildet war, und ernannten ihre eignen Beamten; die einzige Ausnahme bildeten die Kanzler der Lehnsdomänen, die theoretisch kaiserliche Beamte waren, in der Praxis aber oft ebenfalls von den Königen berufen wurden.

Die Wiedereinführung der Feudalorganisation bedeutete indes nicht die Wiederkehr der Zustände der frühen Chou-Zeit. Einmal war nun die Verwaltung des gesamten chinesischen Gebietes in den Händen von Beamten: kein Posten war erblich, kein Amt eine Pfründe, und Unterlehen durften die neuen Lehnskönige nicht vergeben; zum anderen war sich die neue Zentralregierung – und erst recht der Kaiser – der im Lehnswesen schlummernden Gefahren vollauf bewußt. Nicht umsonst hatte Li Ssu, der Kanzler des Ersten Ch'in-Kaisers, schon 221 seinem Herrn warnend gesagt: »Die ersten Chou-Könige hatten recht viele ihrer Brüder und Söhne und Clangefährten belehnt, aber die Familienbande lockerten sich mit der Zeit immer mehr, und sie alle bekämpften einander, als seien sie Feinde. Und als die Lehnsfürsten einander immer mehr bekriegten, vermochte der Chou-Himmelssohn ihnen nicht Einhalt zu gebieten. Jetzt ist alles, was zwischen den vier Weltmeeren liegt, vereinigt und in Kommanderien und Präfekturen eingeteilt. Verwandte und verdienstvolle Diener werden mit öffentlichen Steuereinkünften reichlich belohnt, und das ist mehr als genug.« Shih Huang-ti zögerte nicht, seinem Kanzler beizupflichten: »Daß alle im Reich litten und daß die Kriege kein Ende nahmen, lag daran, daß es Lehnsfürsten gab. Jetzt, da das Reich gerade erst befriedet ist, wieder Lehnsländer zu errichten, hieße Krieg zu säen. Wie sollte es da nicht schwer sein, Ruhe und Wachstum möglich werden zu lassen?«

Zwei Jahrzehnte später mußte Liu Pang, der von der Nachwelt als Kao Verherrlichte, das gefährliche Lehnssystem akzeptieren, aber von Anfang an arbeitete er nach

Kräften auf einen Umbau hin. Er versäumte keine Gelegenheit, Lehnskönige zu stürzen, die nicht zu seiner Verwandtschaft gehörten, und Mitglieder der Liu-Sippe an ihre Stelle zu setzen; wirkliche oder vorgebliche Aufsässigkeit gab den willkommenen Vorwand ab. Als Liu Pang starb, waren mit Ausnahme des noch unwichtigen, fast im Barbarengebiet gelegenen Königreichs Ch'ang-sha südlich des Tung-t'ing-Sees sämtliche Königslehen bereits in die Hände von Liu-Angehörigen übergegangen.

Die Macht der Lehnskönige war groß. Das Land lebte von der Landwirtschaft, Verkehrs- und Handelsverbindungen waren spärlich, und jede Dorfgemeinschaft bildete eine gleichsam autarke Zelle. Unter diesen Umständen genossen die Lehnsstaaten in vielen Dingen eine unabhängige Position, und da die verwandtschaftlichen Beziehungen zum Kaiserhaus mit der Zeit lockerer wurden, machten sich gelegentlich radikalere Unabhängigkeitsbestrebungen geltend. Angesichts der nahezu unumstrittenen Vorherrschaft des Einheitsgedankens mußten sie allerdings den Charakter von Angriffen auf das Kaiserhaus annehmen: den rebellischen Feudalherren ging es dann um die Ersetzung der regierenden Familie durch die eigene. Ein erstes Unternehmen dieser Art wurde 174 im Keime erstickt; ein zweites, gefährlicheres, gipfelte 154 in der offenen Rebellion von sieben Lehnskönigen, wurde jedoch auch erstaunlich schnell niedergeschlagen. Die Folge war – in zwei Etappen: 145 und 127 v. Chr. – eine grundlegende Beschränkung der Machtbefugnisse aller Lehnsleute. Ein dritter Aufstand wurde 123 vorbereitet, aber beizeiten entdeckt und vereitelt. Dann verstrichen zweihundert Jahre, bis ein Han-Kaiser – um 68 bis 70 n. Chr. – wieder, aber nun zum letztenmal, gegen einen Lehnskönig die Anklage erhob, einen Aufstand vorbereitet zu haben. In den fast vier Jahrhunderten, die das Haus Han an der Macht blieb, ist nach dem Aufstand der sieben Könige kein Komplott der Lehnskönige über das Vorbereitungsstadium hinausgekommen: die Macht der Feudalherren brauchte die Zentralregierung, der Volkserhebungen und Bauernkriege weitaus schwerere Sorgen machten, nicht mehr zu fürchten.

Die Aushöhlung der Machtposition des neuen Adels, der Lehnskönige und Markgrafen, war nur ein Sonderfall des übergreifenden Kampfes der Zentralgewalt um unmittelbare Machtausübung im gesamten chinesischen Reich. Ihrem Zentralismus standen viele andere zentrifugale Kräfte entgegen, deren Bedeutung aus dem spärlichen historischen Material nicht immer eindeutig hervorgeht. Auf jeden Fall steht fest, daß ein wesentlicher antizentralistischer Faktor die Grundbesitzer waren, deren Interessen eine stark regionale Färbung aufwiesen. Betrachtet man die Geschichte des Han-Reiches unter dem Aspekt des Konflikts zentrifugaler und zentripetaler Tendenzen, so lassen sich in ihr folgende Phasen unterscheiden: eine Periode des gesellschaftlichen Wachstums, in dessen Rahmen die regionalen Kräfte 154 v. Chr. einen Durchbruch versuchen; die Phase aktiver und zunehmender Zentralisierung, die bis nach Wu anhielt; eine Ära des Gleichgewichts bis zum Ende des Interregnums Wang Mangs gegen 23 n. Chr.; die Zwischenphase des nur mühsam eingedämmten Regionalismus bis um die Mitte des 2. Jahrhunderts und schließlich die Phase des Sieges des Regionalismus, der etwa von 180 an zur faktischen und ab 220 auch zur offiziellen Dreiteilung des Han-Reiches führt. Vor allem im letzten Drittel des 2. Jahrhunderts v. Chr. wurde die innere Entwicklung von dem Verhältnis Chinas zu seinen

Nachbarn beeinflußt; die verschiedenen Tendenzen im Han-Reich sind immer wieder von außen durchkreuzt oder doch entscheidend mitbestimmt worden.

Als Liu Pang, früherer Dorfschulze, Bandenführer und König von Han, ungehobelt und ungeschliffen, aber politisch klug und mit großer Menschenkenntnis, im Februar 202 v. Chr. den Thron bestieg, hatten sich die schweren, kaum lösbaren Aufgaben gehäuft: ein von Bürgerkriegen und Hunnenraubzügen verwüstetes Land mußte zur Ruhe gebracht werden und wirtschaftlich wieder auf die Beine kommen. Das nur äußerlich geeinte Reich wurde von den Selbständigkeitsgelüsten der zahlreichen lokalen Machthaber bedroht. In seinem Aufruf von 196, der als erster Schritt zur Schaffung eines ständigen Beamtenkörpers gilt, appellierte Liu Pang an alle tüchtigen Männer, die »mit mir verkehren wollen«. Zugleich begann der listenreiche Herrscher Pläne zur Ersetzung der Lehnskönige durch Mitglieder der eigenen Familie zu schmieden. Schließlich nahm er sich vor, das an die Hsiung-nu verlorene Gebiet zurückzugewinnen. Die Verwaltung des Reiches war unterdes den Männern anvertraut, die Liu Pang schon vor der Thronbesteigung als Ratgeber zur Seite gestanden hatten: dem Kanzler Hsiao Ho und dem Groß-Sekretär Ts'ao Shen, der später (193) Hsiao Ho als Kanzler ablösen sollte. Ihnen wird nachgerühmt, daß sie dem taoistischen Prinzip des Wu-wei gehuldigt, sich also dem »laissez faire« hingegeben hätten. Vermutlich überließen sie die Verwaltung der reichsunmittelbaren Gebiete ihrem eigenen Gang und griffen nicht in das Geschehen außerhalb der Hauptstadt ein. Hsiao Ho gilt als Urheber des Gesetzbuchs der Han, des »Kodex in neun Abschnitten«, des auf den strengen Gesetzen der grausamen Ch'in fußenden Han-Gesetzbuchs. Darüber hinaus hat seine Tätigkeit keine sichtbaren Spuren hinterlassen.

*Königslehen*

Von den sieben Heerführern, die Liu Pang 202 v. Chr. auf den Thron gehoben hatten und die ihre Macht entweder sich selbst oder – wie Liu Pang – dem geschlagenen Hsiang Yü verdankten, war keiner mit dem neuen Kaiser Liu verwandt. Bald wußte der Kaiser, daß sie ihn haßten oder fürchteten und immer wieder gegen ihn rebellieren würden. Der König von Yen erhob sich schon 202 und wurde noch durch einen Würdenträger ersetzt, der mit den Liu nicht verwandt war. Die Domänen aber, deren Könige 201, 196 und 195 rebellierten, gingen bereits an Brüder oder Söhne des Kaisers. Dazu schuf Liu Pang noch weitere Königreiche, die er gleich Verwandten gab. Die Neigung, die kaiserliche Macht nach alten Vorbildern durch Verleihung von Königslehen zu festigen, zeigte sich, als im Jahre 188 von der Kaiserinwitwe vier Mitglieder ihres Clans, der Lü, als Könige eingesetzt wurden. So stark war diese Neigung, daß trotz aller schlechten Erfahrungen das Lehnssystem beibehalten wurde; doch trat darin insofern ein Wandel ein, als die Könige endgültig aus der Verwaltung ausgeschaltet und in reine *rois fainéants* verwandelt wurden: die Erhebung zu den höchsten Adelsrängen bedeutete nur noch eine Ehrung und materielle Besserstellung. (Den Feudalherren flossen in ihren Domänen die Steuern der Einwohner zu, obgleich die Steuererhebung von kaiserlichen Beamten besorgt wurde.)

# CHINA IM ALTERTUM

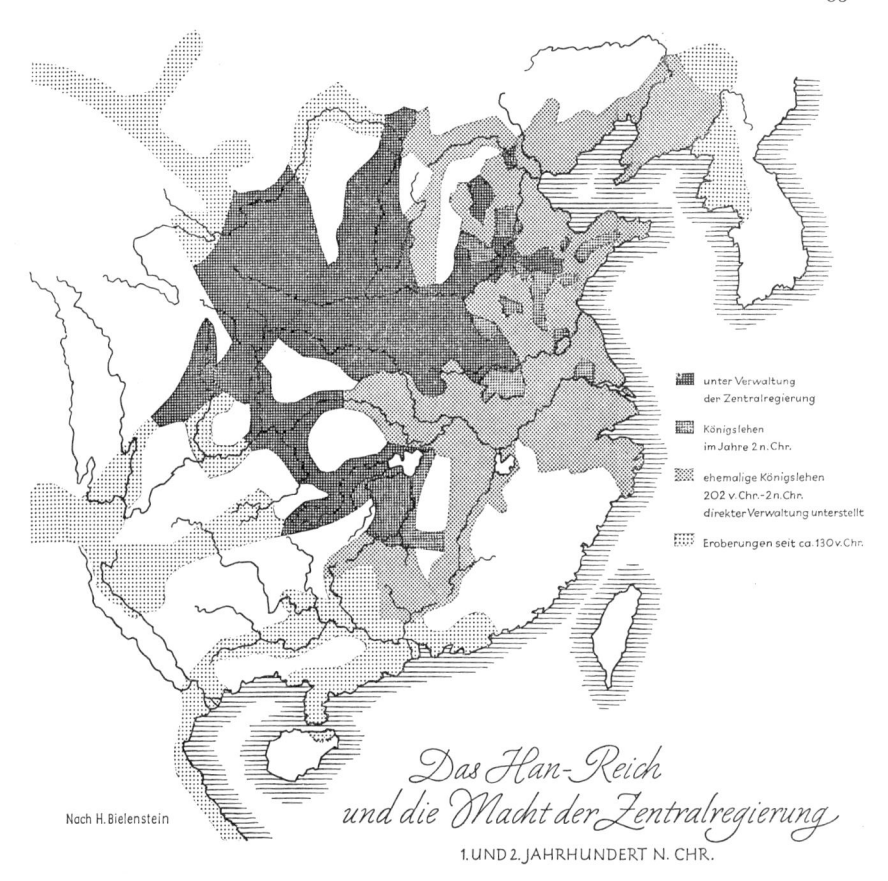

*Das Han-Reich und die Macht der Zentralregierung*

1. UND 2. JAHRHUNDERT N. CHR.

Nach H. Bielenstein

Legende:
- unter Verwaltung der Zentralregierung
- Königslehen im Jahre 2 n. Chr.
- ehemalige Königslehen 202 v. Chr.–2 n. Chr. direkter Verwaltung unterstellt
- Eroberungen seit ca. 130 v. Chr.

Die ersten grundsätzlichen Angriffe auf das Lehnssystem gingen von Chia I und Ch'ao Ts'o aus. Der Gefahren bewußt, die dem geeinten Reich von den großen Vasallenstaaten drohten, empfahlen sie ihren kaiserlichen Herren (Wen und Ching) die Zerschlagung und Aufteilung der Königreiche. Die Ratschläge wurden befolgt. Kaiser Wen verteilte 164 die Erblehen zweier Könige auf insgesamt neun Erben, wodurch namentlich das übergroße Königreich Ch'i in der nordchinesischen Tiefebene betroffen wurde. Kaiser Ching seinerseits wurde von Ch'ao Ts'o dazu gedrängt, das wirtschaftlich mächtige Königreich Wu an der Yang-tzu-Mündung zu schwächen; er ging aber auch gegen andere Königsdomänen vor. Von den bedrohten Königen schlossen sich zehn zusammen, um die Zentralregierung zu stürzen: drei Verschwörer wurden zwar an der Teilnahme behindert, aber die übrigen sieben zogen im Januar 154, von verschiedenen Markgrafen unterstützt, gegen die kaiserliche Regierung ins Feld. Obgleich am Hof Panik ausgebrochen war und zur Besänftigung der Rebellen Kanzler Ch'ao Ts'o enthauptet wurde, trugen die großen Entfernungen zwischen den rebellierenden Reichen und ihre Unfähigkeit, sich auf ein gemeinsames

Vorgehen zu einigen, zu einer vernichtenden Niederlage der Aufständischen bei. Den schwersten Schlag versetzte den Lehnskönigen die kaiserliche Regierung 146 (oder 144?): Regierungs- und Verwaltungsbefugnisse wurden ihnen formal entzogen, und ihr Beamtenapparat wurde reduziert und der Zentralregierung unterstellt, die fortan auch die Beamten der Lehnsbezirke ernennen sollte. Der Brauch, Söhne des Kaisers zu erblichen Lehnskönigen zu ernennen, blieb bestehen, aber 127 wurde verfügt, daß diese Mitglieder der kaiserlichen Familie ihre Nachkommen mit Markgrafenschaften aus den eigenen Lehen zu versehen hätten: mit der Zeit mußte die Zerstückelung dieser Großlehen im Erbgang zu ihrer völligen Entmachtung führen.

Gering war die politische Macht der Markgrafen. Ihre Stellung war infolge einer besonderen Erbfolgeregelung von Anfang an unsicherer als die der Lehnskönige: während im Kaiserhaus und bei der übrigen Bevölkerung auch Söhne von Nebenfrauen erben durften, konnte die Markgrafschaft nur an Söhne der Hauptfrauen vererbt werden. Deswegen, aber auch wegen der schweren Bestrafung aller Vergehen – mit häufiger Entziehung des Lehens – hatten die meisten Markgrafenschaften kein langes Leben: in der Regel erlosch das Lehen – unter Verwandlung in reichsunmittelbares Gebiet – vier bis fünf Generationen nach der Verleihung. Wie schwach dieser Hochadel war, ersieht man daraus, daß der absolutistische Kaiser Wu 112 über hundert Markgrafenschaften mit einem Schlag einziehen konnte, und dies mit der Begründung, viele Markgrafen hätten eine bestimmte für den Hof bestimmte Abgabe in unreinem Gold entrichtet; das bedeutete nicht nur Enteignung, sondern – wie auch sonst bei Strafen – zugleich den Verlust aller Adelsvorrechte, mithin volle Degradierung. Mit der politisch führenden Rolle des Adels war es seit der Mitte des 2. Jahrhunderts v. Chr. vorbei.

Ihren territorialen Besitz erweiterte die Zentralregierung ständig auf Kosten der Lehnskönige, besonders seit den Unruhen von 154. Im Westen, größtenteils oberhalb des Yang-tzu-Flusses, unterstand das Land faktisch schon seit der Gründung des Han-Staates der unmittelbaren Verwaltung der kaiserlichen Regierung; dagegen lagen im Osten fast alle Lehnsdomänen der Lehnskönige. Aber nachdem diesen seit 145 die Verwaltung der Lehnsbezirke genommen war, mußten sie in den folgenden Jahrzehnten einer nach dem anderen auch ihr Land überhaupt abgeben. Beschaut man sich die Landverteilung im Jahr 2 n. Chr., so ist die rapide Zunahme der unmittelbar staatlich verwalteten Bezirke unverkennbar. Fast der gesamte Osten war binnen fünfzig Jahren in die Verfügungsgewalt der kaiserlichen Beamten übergegangen, und von den Königslehen war nicht mehr viel übrig. Auch in der späten Han-Zeit sollten die Ausmaße der Königslehen recht bescheiden bleiben.

*Grundbesitzer*

Ganz anders entwickelte sich die Grundbesitzerschicht. Mit dem der Kaiserzeit voraufgehenden Dahinschmelzen der Hörigkeit, mit der Konsolidierung des Grundeigentumsrechts und mit der Möglichkeit, Grund und Boden käuflich zu erwerben, war eine Schicht von Grundeigentümern entstanden, die ihre Felder nicht selbst bestellten, sondern von den ebenfalls neuen Schichten der Pächter und der völlig landlosen Landarbeiter bestellen ließen. An die Stelle der feudalen war eine neue Ordnung der Landwirtschaft getreten, die auf käuflichem Landbesitz und freien Beziehungen zwischen landwirtschaftlichen Arbeitgebern und Arbeitnehmern beruhte. Die neue Grundbesitzerschicht stand in dem Maße auf seiten der zentralen Staatsgewalt, wie der Staat Ruhe und Ordnung sicherte; sie wehrte sich aber gegen jede Macht, die sie an dem ungestörten Genuß ihrer Eigentumsrechte hindern wollte. Die Grundbesitzer bildeten den Kern der eigentlich regionalen Kräfte; sie tendierten vom Zentrum weg, und diese zentrifugalen Bestrebungen mußte die Regierung des Reiches bei ihren von den Umständen geforderten zentralistischen Bestrebungen in Rechnung stellen.

Nicht nur in den ersten Jahren, sondern auch noch während des ersten halben Jahrhunderts der Han-Herrschaft war die Hauptsorge der Zentralregierung die Sicherung der Ruhe, in der sich das Land von den Kriegen erholen konnte. Die Grundsteuer, in Naturalien zu entrichten, wurde von einem Zehntel des Ernteertrags auf ein Fünfzehntel herabgesetzt, dann, nachdem zwischen 167 und 157 überhaupt keine Grundsteuer erhoben worden war, 156 auf ein Dreißigstel; bei diesem Satz blieb es bis ans Ende der Han-Dynastie. Natürlich kamen die Steuersenkungen den Eigentümern des Bodens zugute. Die ihnen zinspflichtigen Pächter hatten dagegen nach wie vor die herkömmliche Pacht zu entrichten, im Durchschnitt nicht weniger als die Hälfte des Ernteertrags; sogar in den Grenzkolonien belief sich die Pacht auf staatseigenem Boden auf vierzig Prozent des Ernteertrags. Über die Größenrelationen der Grundeigentümer- und Pächterschichten haben sich keine Zahlen erhalten; daß die Zahl der Pächter im Verhältnis recht hoch gewesen sein muß, kann man den frühen Warnungen der kaiserlichen Berater (Ch'ao Ts'o um 170, Tung-chung Shu um 130) entnehmen.

Um dem wachsenden Reichtum und der mit ihm erstarkenden lokalen Macht der Großgrundbesitzer entgegenzuwirken, griffen die Han-Kaiser zu einem politischen Mittel, das sich schon unter der kurzlebigen Ch'in-Dynastie bewährt hatte: Grundbesitzer wurden in Massen zwangsweise umgesiedelt. Das ermöglichte einmal die Schwächung der regionalen Machtzentren, zum andern die Besiedlung von Ödland, vor allem in Nordwestchina, womit wiederum die Abwehr der Hunneneinfälle erleichtert wurde. Ein zweites Druckmittel war die 119 unter Kaiser Wu eingeführte Kapitalsteuer, die das Kapital der Kaufleute mit 6 bis 9,5 Prozent, das Kapital der anderen Begüterten mit dem halben Satz besteuerte. Auch damit hielt sich der Han-Staat im Rahmen der Ch'in-Tradition, die sich auf Unterdrückung des Handels und der Händler gerichtet hatte. Im Jahre 114 wurden verschärfte Bestimmungen erlassen, wonach Anzeigen über der Besteuerung vorenthaltenes Vermögen mit der Hälfte der beschlagnahmten unversteuerten Werte belohnt wurden. Auf diese Weise fiel dem Staat erheblicher Grund- und Sklavenbesitz zu; die nicht unwesentliche Besitzverlagerung beschnitt drastisch die Macht der Grundbesitzer. Um 85 scheint diese Regelung aufgehoben worden zu sein.

Eine gesetzliche Beschränkung der Besitzgröße wurde wiederholt erörtert, aber nicht verwirklicht. Einen solchen Vorschlag hatte Tung-chung Shu schon 135 Kaiser Wu unterbreitet; ein ernsthafter Versuch in dieser Richtung, 7 v. Chr. unternommen, schlug fehl.

Dann setzte 9 n. Chr. der »Usurpator« Wang Mang die Höchstgrenze des Grundbesitzes für eine Familie mit neun und mehr erwachsenen Söhnen auf etwas über vierzig Hektar fest und verbot zugleich allgemein den Kauf und Verkauf von Land. Obgleich Verstöße drakonische Strafen nach sich zogen, leisteten die Grundbesitzer so heftigen Widerstand, daß Wang Mang sein Gesetz – ebenso wie die Bestimmungen gegen den Sklavenhandel – schon zwei Jahre später wieder aufheben mußte.

Damit endeten die Versuche des Han-Staates, die Entstehung regionaler Machtzentren mit einengenden Bestimmungen gegen die wirtschaftliche Betätigung des großen Grundbesitzes zu bekämpfen. Die Niederwerfung der bäuerlichen Aufstandsbewegung, die 23 n. Chr. Wang Mang gestürzt hatte, aber auch noch nach seinem Sturz weitergegangen war, gelang erst, als sich die Grundbesitzer zusammengeschlossen und Truppen gegen die Volkserhebung aufgeboten hatten. Dieser agrarischen Allianz verdankte Liu Hsiu, der mit dem postumen Ehrennamen Kuang-Wu (»der das Kriegerische erglänzen läßt«) ausgezeichnete Stifter der späten Han-Dynastie, seinen zwischen 25 und 36 n. Chr. errungenen Sieg über die Volksheere und die vielen konkurrierenden Thronprätendenten.

*Staatsmonopole*

Schon Jahrhunderte vor der Entstehung des Kaiserreichs hatten einige Staaten die Gewinnung und den Vertrieb bestimmter Naturprodukte in eigene Regie genommen. Vor allem war das der Fall in Ch'i, wo die Tradition die Errichtung des Monopolsystems dem Minister Kuan Chung zuschrieb, und in Ch'in. Unter der Han-Dynastie wurde das Monopolsystem besonders gefördert, weil es einerseits die Beschneidung des Reichtums und der Macht lokaler Magnaten ermöglichte, anderseits eine wesentliche Vermehrung der Staatseinnahmen mit sich brachte. Die wichtigsten Monopolprodukte waren Salz und Eisen; gelegentlich wurde auch der Vertrieb anderer Waren – so der Verkauf von Spirituosen – vom Staat monopolisiert. Die Staatsmonopole machten es den Kaufleuten unmöglich, mit den monopolisierten Massenbedarfswaren Handel zu treiben. Errichtet wurden die Monopole hauptsächlich in der Regierungszeit des Kaisers Wu; sie gehörten zum Komplex der wirtschaftlichen und politischen Maßnahmen, mit denen das zentralistische Regierungsprinzip verwirklicht werden sollte und die mit einer machtvollen aktiven Außenpolitik Hand in Hand gingen. Da der Vorstoß nach außen – gegen die Hsiung-nu – kurz nach 130 einsetzte, überrascht es nicht, daß das Salz- und das Eisenmonopol wenige Jahre später – 119 – geschaffen wurden. Obgleich Vertreter der »kultivierten Herren«, das heißt der begüterten Schicht, bei einer Besprechung am Hofe im Jahre 81 gegen die Beibehaltung der Monopole heftig protestierten, blieben sie – mit einer nur kurzen Unterbrechung zwischen 44 und 41 v. Chr. – bis 88 n. Chr. weiterbestehen. Daß sie dann doch abgeschafft wurden, war ein Symptom des Machtzuwachses der begüterten Schicht mit ihren regionalen Interessen und einer entsprechenden Machteinbuße der Zentralregierung.

Die staatliche Monopolpolitik war unter Kaiser Wu von weitreichenden Regierungsmaßnahmen zur Bekämpfung der Preistreiberei begleitet, die den Großhändlern Sondergewinne auf Kosten der Bauern sicherte. Das kombinierte System, das aus »Transportausgleich« und »Preisgleichmaß« bestand, sollte allerdings nicht nur den Bauern helfen, sondern auch die Einkünfte der Staatskasse erhöhen. Bis dahin waren die festen Naturalabgaben der Provinzen in die Hauptstadt gebracht worden, was nicht nur hohe Transportkosten verursachte, sondern auch auf die Preise drückte. Der »Transportausgleich« bestand nun darin, daß die abgelieferten Waren auf dem kürzesten Weg zum günstigsten Markt gebracht und dort veräußert werden sollten, und nur der Gelderlös war dem Schatzamt zuzuleiten. Der Staat trat also im Wettbewerb mit dem Privathandel als Warenverkäufer auf und ging durchaus darauf aus, Gewinne zu machen. Umfassende Handelsfunktionen wurden auch den Ämtern für das »Preisgleichmaß« zugewiesen: ihre Aufgabe war es, bei niedrigen Preisen Ware aufzukaufen und sie bei steigenden Preisen wieder zu verkaufen; damit sollte spekulativer Handel unterbunden und eine gewisse Stabilität des Preisniveaus verbürgt werden, die hauptsächlich den Bauern zugute kommen mußte. Ähnliche Versuche gab es nicht nur in späteren Abschnitten der Han-Ära, sondern auch danach; sie scheiterten freilich immer wieder am Widerstand der Reichen und an der Schwerfälligkeit und Korruption des bürokratischen Apparates.

Als weiteres Instrument der staatlichen Wirtschaftskontrolle diente dem Han-Reich die Münzpolitik. Wie alle Herrscher, denen es an Geld mangelt, griff Kaiser Wu zunächst (119–112 v. Chr.) zu primitiver Münzspekulation, wobei nicht nur die leere Staatskasse gefüllt, sondern wiederum auch dem Handel Schaden zugefügt werden sollte. Im Umlauf waren Kupfermünzen mit Gewichtsschwankungen von drei bis acht Shu (1 Shu = 0,64 Gramm), die auch von Privatpersonen geprägt werden durften. Im Jahre 112 v. Chr. entschloß sich die kaiserliche Regierung zur Ausschaltung der privaten Münzprägung. Die staatliche Münze erhielt das ausschließliche Monopol der Prägung von Münzen, Falschmünzerei wurde mit schweren Strafen bedroht und zugleich eine Einheitsmünze von fünf Shu eingeführt, die auch – trotz Umstellungsversuchen unter Wang Mang um 7 bis 14 n. Chr. – bis zum Ende der Han-Zeit beibehalten werden sollte. Die runden Han-Geldstücke mit viereckigem Loch, die links das Schriftzeichen für »fünf« und rechts das für Shu tragen, sind heute noch in manchen Sammlungen zu finden.

Von großer wirtschaftlicher Bedeutung war die große Ausdehnung des Münzumlaufs: so mußte unter der frühen Han-Dynastie sogar der kleine Bauer seine Kopfsteuer in bar entrichten. Auch China liefert indes den Beweis für die These vom Zusammenhang zwischen Feudalismus und Naturalwirtschaft: vom Beginn der späten Han-Dynastie an war die Geldwirtschaft in stetigem Rückgang, während Zahlungen in Naturalien, vor allem in Seidenrollen im amtlichen Verkehr, zum Beispiel bei der Entrichtung von Steuern und Bußen, beträchtlich zunahmen; das war die Kehrseite der auf Kosten der Zentralregierung wachsenden politischen Macht der Großgrundbesitzer und Magnaten.

### *Kaiserliche Regierungsspitze*

In den Anfängen der Han-Zeit hatte der Ausbau des Regierungsapparates mit der Machtsteigerung der Zentralregierung Schritt gehalten. Berühmt ist das Wort des Ratgebers des ersten Han-Kaisers: »Du hast das Reich zu Pferde erobert. Glaubst du, du könntest es nun auch zu Pferde verwalten?« So unwissend und ungehobelt waren auch die Gefährten Liu Pangs nicht, daß sie nicht das Verwaltungssystem der Ch'in übernommen hätten, auch wenn sie unter dem Druck feudaler Kräfte und politischer Augenblickserwägungen Konzessionen an das System der Königslehen machen mußten. Im Prinzip blieb die Verwaltung dennoch zentralistisch, obschon es angesichts des riesigen Gebietsumfangs des Reiches unvermeidlich war, daß die lokalen Beauftragten der Zentralregierung vieles selbständig zu entscheiden hatten und ein beträchtliches Maß an Autonomie eingeräumt bekamen. Die Spitze der Regierung bildete der Kaiser. Theoretisch mag seine Macht unbegrenzt gewesen sein; praktisch waren ihr gewisse Schranken gesetzt: der Kaiser mußte sich einerseits an das Brauchtum halten und war anderseits darauf angewiesen, sich ständig der Unterstützung der herrschenden Schicht zu versichern. In Denkschriften von Staatsmännern heißt es, die Gesetze Chinas, alte und neue, seien der Ausdruck des kaiserlichen Willens gewesen, und tatsächlich konnte es geschehen, daß beispielsweise in Strafsachen nicht das Gesetz, sondern der Kaiser das Strafmaß bestimmte. Indes kennen wir auch genug Dokumente, in denen Staatsdiener ihre kaiserlichen Gebieter daran erinnern, daß die Gesetze nicht persönliche Willenskundgebungen des Kaisers, sondern Staatsakte seien, die auch der Kaiser zu befolgen habe. Wie sollte aber der Kaiser die Meinungen der führenden Gruppen erfahren und ihre Unterstützung erlangen?

Diesem Zweck diente, auch wenn es im Regierungsbau ein solches Gebilde formal gar nicht gab, der Palastrat: die Praxis – namentlich unter der frühen Han-Dynastie – sah so aus, daß der Kaiser einer größeren oder kleineren Gruppe von Ministern, Hofbeamten und Gelehrten wichtige Fragen vorlegte, zu denen sie sich äußern mußten; ohne daß von Abstimmung die Rede gewesen wäre, erwähnen die Quellen häufig die Zahl der Befürworter und der Widersprechenden. Solche Beratungen fanden allerdings nicht regelmäßig, sondern nur dann statt, wenn der Kaiser oder – im Falle seiner Minderjährigkeit – der Hauptregent bestimmte Amtsträger aufforderte, zu einer konkreten Frage Stellung zu nehmen, etwa zur Hunnenpolitik, zu Wirtschaftsmaßnahmen, zur Ernennung eines Thronfolgers, zur Errichtung oder Abschaffung eines Heiligtums und dergleichen mehr.

Es war das Privileg des Kaisers, Adelstitel zu verleihen. Er ernannte die einzelnen Lehnskönige und Markgrafen, bestimmte den Lehnsbezirk, verkleinerte oder vergrößerte ihn – zur Strafe oder zur Belohnung. Er setzte die Erbfolge in den Vasallenkönigreichen und Markgrafschaften fest und genehmigte in Ausnahmefällen die Erbfähigkeit von Anwärtern, die nicht Söhne der Hauptfrau des Erblassers waren. Es war Sache des Kaisers, dem Volke Zugang zu niederen Adelsrängen zu gewähren. Ebenso war dem Kaiser das Recht der Begnadigung und des Strafnachlasses vorbehalten; es gab allgemeine Amnestien, aber auch Amnestien für bestimmte Deliktkategorien oder für Sträflinge in einzelnen durch kaiserlichen Besuch ausgezeichneten Bezirken.

War der Kaiser minderjährig, so wurde die Regentschaft von der Kaiserinwitwe oder in selteneren Fällen von einem durch Verfügung des verstorbenen Kaisers eingesetzten Regentschaftsrat ausgeübt. Berühmte, ja berüchtigte Regentinnen waren die aus dem Geschlecht Lü stammende Witwe Kaiser Kaos, die für seinen kurzlebigen Nachfolger Huei und nach dessen Tod regierte (195–180 v. Chr.), und die Kaiserinwitwe aus dem Geschlecht Teng, die von 97 bis 121 n. Chr. die Geschicke des Reiches nominell lenkte; beide Frauen stützten sich auf die aktive Mitwirkung von männlichen Clanangehörigen. Ein großer Regent (87-68 v. Chr.) war Huo Kuang, der während der Minderjährigkeit zweier Kaiser alle Macht in seiner Hand hielt. Daß eine Kaiserin an die Macht kommen und regieren konnte verdankte sie nicht unbedingt der Größe ihrer Persönlichkeit; den Ausschlag mochte die vorher schon etablierte Vormachtstellung ihrer Verwandten geben. Mit beißendem Sarkasmus äußern sich chinesische Staatsmänner über »die Henne, die den Anbruch des Tages verkündet«, und chinesische Historiker schildern die meisten Herrscherinnen als verabscheuenswürdige Gestalten.

Schwerlich kann man in diesem Frauenregiment die Nachwirkungen eines vermeintlichen frühen Matriarchats erkennen, wenn es auch richtig ist, daß die ungewöhnlich privilegierte Stellung der ältesten Schwester des Kaisers – besonders unter der frühen Han-Dynastie – aus machtpolitischen Gründen allein nicht zu erklären ist. In der überragenden Macht der einen oder anderen Kaiserinwitwe sollte man eher das Ergebnis einer Machtzusammenhaltung in den Händen ihrer Familie, ihrer männlichen Verwandten sehen.

Dynastische Ehen nach europäischer Art waren im chinesischen Reich nicht möglich, da es ebenbürtige Dynastien nicht gab und für den Himmelssohn, den Herrn über das »All, das unter dem Himmel« ist, alle Familien gleich waren. Des Kaisers Harem war groß, aber nur eine Frau konnte Hauptfrau, konnte Kaiserin sein; sie mochte aus einer ohnehin höchst einflußreichen Familie stammen, die natürlich an Macht und Einfluß gewann, wenn eine Stammestochter Kaiserin wurde. Und ebenso natürlich war die Familie der Kaiserin darauf bedacht, die Vorteile der Nähe zum Thron gründlich auszunutzen, denn es war möglich, ja wahrscheinlich, daß der nächste Kaiser unter dem Druck wechselnder Konstellationen im Machtkampf der Clane und Cliquen eine Frau aus einem anderen Geschlecht zur Hauptfrau nehmen würde. Die Geschichte der Han kennt verschiedene Kaiserinnenfamilien, die den Thron zeitweilig zu beherrschen wußten; die Historiker nennen sie »Anverwandte von außen« *(wai-ch'i)*. In diesem Sinne an der Macht waren zu verschiedenen Zeiten die Lü (195-180 v. Chr.), die Tou (150-135), die Huo (87-66), die Wang (33 v. Chr. bis 23 n. Chr.), wieder die Tou (80-92 n. Chr.), die Teng (100-121), die Liang (140-150). Manche Kaiserin, die keine Söhne zur Welt brachte, wurde abgesetzt und mußte einer anderen Haremsinsassin den Platz räumen.

Gewöhnlich ernannte der Kaiser einen Thronfolger *(t'ai-tzu,* »Großer Sohn«), der zwar keine politischen Befugnisse hatte, aber gelegentlich in den Kampf der Hofcliquen hineingezogen werden mochte. Als der abergläubische Wu den Verdacht schöpfte, sein Sohn, der Erbprinz Liu Chü, wollte ihn mit schwarzer Magie ums Leben bringen, kam es 91 v. Chr. sogar zu einer Rebellion des »Großen Sohnes«. In anderen Fällen haben Haremsintrigen und Cliquenstreit das Ergebnis gezeigt, daß die kaiserliche Hauptfrau mitsamt ihrem Sohn, dem Thronfolger, vom Thron entfernt und aller Vorrechte entkleidet wurde.

## Minister

Unter den Dienern des Kaisers stand der Kanzler *(ch'eng-hsiang,* »Stütze und Helfer«) an erster Stelle. Ihm oblag die Führung sämtlicher Regierungsgeschäfte, er war das Haupt der Beamtenschaft und hatte im Auftrag des Kaisers geeignete Kandidaten zu empfehlen; in den niederen Rangstufen konnte er ohne kaiserliches Plazet Ernennungen vornehmen, und er allein war für die Amtstätigkeit der unteren Beamten verantwortlich. Einer seiner Untergebenen, der »Hüter der Rechtschaffenheit« *(ssu-chih),* war mit der Untersuchung von Verfehlungen höherer Amtsträger betraut. Indirekt unterstand dem Kanzler das Heer, direkt das Finanzwesen; er nahm die Jahresberichte entgegen, die von den Verwesern der einzelnen Kommanderien am Jahresende (»im zehnten Monat«) in die Hauptstadt geschickt wurden.

Gleich nach dem Kanzler kam der kaiserliche Groß-Sekretär, »Groß-Herr über die kaiserlichen Sekretäre« *(yü-shih ta-fu),* in vielen Fällen ein zweiter Kanzler, der in kaiserlichen Erlassen oft neben dem Kanzler als Befehlsempfänger genannt wird und dem die Weitergabe der Weisungen an die lokale Verwaltung oblag. Seine eigentliche Aufgabe war indes weniger Ausführung als Aufsicht und Überwachung: er war vornehmlich eine Kontrollinstanz zur Prüfung der Verwaltung – bis zum Kanzler hinauf; er war »großer Minister zum Hüten der Gesetze« *(tien-fa ta-ch'en)*; zur Beaufsichtigung der Palastbeamten stand ihm der »Palastgehilfe des kaiserlichen Sekretärs« *(yü-shih chung-ch'eng)* zur Seite. Durch seine Hände gingen die kaiserlichen Erlasse an die Kommanderieverweser. In späteren Jahrhunderten sollte aus diesem Amt als selbständiger Zweig der Regierungstätigkeit das Zensorat hervorgehen; die fortwährende Beaufsichtigung, die Überwachung von Beamten durch Beamte ist ein Wesensmerkmal der chinesischen Verwaltung.

Den beiden obersten Amtsträgern, dem Kanzler und dem Groß-Sekretär, wurde vor 139 v. Chr. von Zeit zu Zeit ein dritter beigesellt, der »große Befehlshaber« *(t'ai-wei).* Zusammen heißen die drei höchsten Würdenträger oft »die drei Herren« *(san-kung).* Generale gab es mit verschiedenen Titeln auch unter dem Haus Han. Dem Truppenbefehl haftete historisches Prestige an: kaiserliche Regenten wurden mit dem antiken Oberbefehlshabertitel »großer Minister der Reiterei« *(ta ssu-ma)* geehrt. Nach dem Interregnum des Usurpators Wang Mang wurde der Titel T'ai-wei wieder hervorgeholt und seinem Inhaber, jetzt dem bedeutendsten der »drei Herren«, dem eine Fülle von Ämtern unterstellt waren, verliehen. Doch waren alle drei bei weitem nicht mehr so mächtig wie in der früheren Han-Zeit. Das Schwergewicht hatte sich zu den »ehrenwerten Schreibern« *(shang-shu)* verlagert. Aus dem ursprünglich kleinen Personal des persönlichen Sekretariats des Kaisers war – namentlich seit den Zeiten des autokratischen Kaisers Wu – eine Art »inneres Kabinett« mit verschiedenen Abteilungen geworden, aus denen sich in späteren Jahrhunderten Ministerien entwickeln sollten. In der Zeit der Regentschaft des Huo Kuang, der nach Wu regierte, war die faktische Macht von Kanzler und Groß-Sekretär auf den Regenten übergegangen, so daß die kaiserliche Schreibstube zum Brennpunkt des Verwaltungsbetriebes wurde; dem Kanzler und dem Groß-Sekretär verblieben praktisch nur ausführende Funktionen, nachdem sie ursprünglich die ganzen Staatsgeschäfte geführt hatten.

Dem Kanzler und dem Groß-Sekretär unterstanden im ursprünglichen Aufbau des Regierungsapparates die neun Minister, von denen jeder häufig mehrere Hauptabteilungen unter sich hatte. Die wichtigsten waren: der Befehlshaber der Garde *(wei-wei)*, der die zur Verteidigung der Hauptstadt bestimmten Truppen befehligte; der Großzeremonienmeister *(t'ai-ch'ang)*, zu dessen Ressort die Hofastrologen und Chronisten *(t'ai-shih ling)* und die Hochschule *(t'ai hsüeh)* gehörten; das Haupt des kaiserlichen Palasthaushaltes mit dem unübersetzbaren Titel Kuang-lu-hsün, zugleich Chef der am Hof tätigen Räte und Ratgeber; der Marschall *(t'ai-p'u)*, der dem Marstall und den vielen Gestüten vorstand; schließlich der »Hofbefehlshaber« *(t'ing-wei)*, ein oberster Appellationsrichter, der in schwierigen Fällen, in denen lokale Instanzen keine Entscheidung hatten treffen können, in letzter Instanz zu urteilen hatte, aber in außergewöhnlichen Rechtsstreitigkeiten auch mit der Prozeßführung selbst betraut war. Große Bedeutung beanspruchten die Ämter des »großen Ministers für Ackerbau« *(ta ssu-nung)*, des eigentlichen Finanzministers, und des »kleinen Schatzmeisters« *(shao-fu)*, der die kaiserliche Zivilliste und Privatschatulle verwaltete.

Trotz mancher Unvollkommenheiten waren im Han-Reich Einnahmen und Ausgaben des Staates von denen des Herrschers geschieden. Die Einkünfte des Staates flossen aus der Grundsteuer, dem von allen Einwohnern erhobenen Kopfgeld, den Erträgen der Staatsmonopole und Staatsgüter; daraus waren in der Hauptsache die Personalausgaben der Zivilverwaltung und die Ausgaben für das Heer zu decken. Dagegen stand dem »kleinen Schatzmeister« das Steueraufkommen aus »Bergen und Seen«, also aus Jagd, Holzschlag und Fischerei, zur Verfügung; mit diesen Mitteln mußte er den kaiserlichen Haushalt versorgen und den Betrieb der kaiserlichen Manufaktur *(shang-fang)* aufrechterhalten, deren Bronzearbeiten (Lampen, Hohlmaße und Armbrusthähne), Lackschalen und Dosen datiert und gestempelt auf uns gekommen sind. Ursprünglich war der »kleine Schatzmeister« der Chef der »ehrenwerten Schreiber«, die später, wie gesagt, nicht nur ihm, sondern auch seinen Chefs über den Kopf wachsen sollten.

Der große Aufstieg der »ehrenwerten Schreiber« hing eng mit der Vormachtstellung bestimmter Familien am Hofe zusammen, die schon unter den letzten Kaisern der frühen Han-Dynastie im 1. vorchristlichen Jahrhundert sichtbar wurde und sich nach dem Tode des Stifters der späten Han-Dynastie (56 n. Chr.) definitiv konsolidierte. Aus dieser Sicht ist auch der nach dem Sturz eines der letzten Regenten einsetzende Kampf zwischen den »Konfuzianern« und den Eunuchen (etwa 159–184 n. Chr.) zu verstehen: hier standen verschiedene Cliquen der bis dahin herrschenden Schicht einem Hof gegenüber, der sein Übergewicht mit allen Mitteln durchzusetzen suchte und sich dabei auch des Ehrgeizes der sonst verachteten Eunuchen bediente. Diesem Kampf bereitete der Aufstand der »Gelben Turbane« (184) ein Ende. Zwar wurden die Aufständischen schließlich besiegt, aber die Sieger waren nicht die treuen Diener des Kaisers, sondern einander befehdende regionale Machthaber, von denen einer »den Sohn des Himmels unter den Arm klemmte« und so die Fiktion des geeinten Han-Reiches noch dreißig Jahre aufrechzuerhalten vermochte. Er, der große Ts'ao Ts'ao, Herzog von Wei und Gründer der Wei-Dynastie, sollte noch einmal den Versuch unternehmen, die gesamte Staatsmacht in den Händen des Kaisers zusammenzufassen und nach dem Vorbild der Han, wenn auch mit anderen Methoden, die regionale Verwaltung des ihm zufallenden Erbes wieder unter die Gewalt der Zentralregierung zu bringen.

*Lokalverwaltung, Kommanderien, Präfekturen*

Seit jeher wurde die Han-Dynastie für ihre großen Leistungen beim Aufbau des Zivilverwaltungssystems gepriesen. Das Lob ist nicht ganz berechtigt. Als die spezifische Leistung der Han bezeichnen chinesische Autoren den Aufbau der Chün und Hsien, der Kommanderien und Präfekturen (die aus der neueren Geschichte bekannte größere Provinz ist eine spätere Entwicklung), aber in Wirklichkeit gab es solche Verwaltungseinheiten schon seit dem 7. Jahrhundert. Schon aus dem Jahr 626 v. Chr. wird berichtet, das Lehnsgebiet der besiegten Gegner des Chin-Herrschers sei in Präfekturen aufgeteilt worden, deren Verwaltung künftighin Beamten anvertraut werde. Auch im Staat Ch'u wurde 597 neueroberetes Gebiet königlichen Beamten unterstellt, die die neuen Präfekturen verwalten sollten. Älteren Datums sind auch die Kommanderien, anfänglich meistens militärisch wichtige Grenzgebiete unter dem unmittelbaren Befehl des Herrschers, oft in Regionen, die gerade den »barbarischen« Nachbarvölkern abgenommen worden waren.

Im Altertum unterschieden sich Präfekturen von Kommanderien durch Lage und Charakter ihres Bereichs; ein Unterordnungsverhältnis bestand nicht, und aus der Literatur wissen wir, daß manche Präfekturen im Gegensatz zu späteren Zeiten stärker bevölkert und von größerer Bedeutung waren als Kommanderien. Seit dem 4. Jahrhundert gibt es in manchen Staaten beide Einheiten auf demselben Territorium, und mehrere Präfekturen scheinen in einer Kommanderie zusammengefaßt. Das Neue bei der Beseitigung des Feudalismus im Reiche Ch'in war die Zerlegung des gesamten Staatsgebiets in Kommanderien und aller Kommanderien in Präfekturen. Mit der Gründung des geeinten Reiches ging die Einteilung des Staatsgebiets in sechsunddreißig Kommanderien einher; die Eroberung neuen Gebiets im Nordwesten und im Süden ließ ihre Zahl auf über vierzig ansteigen.

Grundsätzlich behielt das Han-Reich die Reichseinteilung der Ch'in bei; sogar die Königslehen waren in Kommanderien und Präfekturen eingeteilt. Einige Zahlenangaben finden sich in den geographischen Kapiteln der beiden Han-Geschichten. Danach bestanden im Jahre 2 unserer Zeitrechnung 1346 Präfekturen und 241 ihnen gleichgestellte Markgrafschaften, zusammen also 1587 untere Einheiten, die sich auf 83 Kommanderien und 20 ihnen gleichgestellte Königslehen, also 103 höhere Einheiten, verteilten; für das Jahr 140 n. Chr. wird die Zahl der Präfekturen mit 1180, die der Kommanderien mit 105 angegeben.

Der weitaus größte Teil der Bevölkerung lebte nördlich des Yang-tzu; im Süden waren von alters her nur das Yang-tzu-Delta und das fruchtbare Tung-t'ing-Becken der Provinz Hunan, also die früheren Staaten Wu und Ch'u, die unter den Han-Herrschern als die Königslehen Wu (nach 154 v. Chr. Kommanderie K'uai-chi) und Ch'ang-sha weiterbestanden, mit dem chinesischen Kulturgebiet verbunden. Die Expansion nach dem Süden hatte schon unter dem ersten Ch'in-Kaiser eingesetzt, und er hatte dort sogar einige

Kommanderien eingerichtet, die aber beim Zusammenbruch des Ch'in-Reiches wieder unabhängig wurden, wenngleich sich ihre Herrscher zum Teil als Nachkommen der Ch'in-Verwaltungsbeamten bezeichneten. Erst gegen Ende des 2. Jahrhunderts v. Chr. wurden Teile Südchinas zurückerobert und dem Reich als Kommanderie einverleibt. Von dort ging die Expansion in allen Richtungen weiter. Freilich bildeten diese Expansionsgebiete im Süden kein geschlossenes Ganzes, sondern griffen eher wie Polypenarme ins »Barbarenland« hinein, und weite Strecken zwischen ihnen wurden zunächst nicht annektiert. Die Grenzziehung auf Landkarten wird man daher nur als Schema deuten dürfen, was auch die Bevölkerungsdichte in den Siedlungsgebieten der steuerpflichtigen Chinesen unterstreicht. Eine auffallende Lücke blieb an der Südostküste (heutige Provinz Fukien mit ihren Randgebieten): hier setzte die chinesische Durchdringung erst spät im 2. Jahrhundert ein; die steilen, wenn auch nicht sehr hohen Berge, die dies Gebiet umschließen, und das Fehlen von Wasserwegen zum Innern machten diese heute volkreichen Gegenden im Anfang für die Hauptströmungen der chinesischen Volkswanderung unzugänglich. Der »Drang nach Süden« bemächtigte sich zunächst der Flußtäler und Niederungen im Süden des Landesinnern und erreichte auf dem Landweg das Delta des Kanton-Flusses und die Küste des benachbarten Indochinas.

Im Durchschnitt umfaßte eine Kommanderie ein rundes Dutzend Präfekturen; nur in wenigen Fällen stieg die Zahl auf dreißig oder sogar fünfzig. An der Spitze der Kommanderie stand der Verweser oder Großverweser *(shou* oder *t'ai-shou)* mit einem Hilfsverweser *(shou-ch'eng)* und einem Gesamtbefehlshaber *(tu-wei)*; der Vrweser war Haupt der Zivil- und der Militärverwaltung und dem Gesamtbefehlshaber übergeordnet. Die Verwaltung der Präfektur unterstand dem Präfekten *(ling,* wörtlich »dem Befehlenden«), dem wiederum ein Hilfspräfekt *(ling-ch'eng)* und ein Präfekturbefehlshaber *(hsien-wei)* mit polizeilichen, aber ohne militärische Befugnisse zur Seite standen. Sowohl der Kommanderieverweser als auch der Präfekt hatten zahlreiche Amtsstellen unter sich, aber wer dort Dienst tun wollte, mußte – im Gegensatz zu den höheren kaiserlichen Beamten – aus dem Amtsbezirk stammen. Vom Kommanderieverweser wurden die Vorsteher der kleineren Verwaltungseinheiten, der Gemeinden, bestellt; in den größeren Gemeinden waren es »Rangträger« *(yu chih)*, in kleineren – mit weniger als fünftausend Familien – Schulzen *(se-fu)*, jeder mit seinem Gemeindegehilfen und seinem Yu-chiao, »der umhergeht und nachschaut«, also dem Landgendarmen. Die allerkleinsten Einheiten waren Dörfer und Posten zum Schutz der Poststraßen und Posthäuser; auch die Dorfvorsteher und Postenältesten wurden von den kaiserlichen Leitern der großen Verwaltungsbezirke ernannt. Daneben gab es auf den verschiedenen Stufen unbesoldete Ehrenämter, deren Inhaber, »dreifach Ehrwürdige«, wiederum von kaiserlichen Verwaltungsbeamten aus den Reihen der lokalen Prominenz ausgewählt wurden und als Berater und in gewissem Sinne auch als Vertreter der Bevölkerung fungierten.

Von lokaler Autonomie konnte angesichts des Ernennungssystems und der staatlichen Besoldung der gesamten Beamtenschaft keine Rede sein; theoretisch mußten alle Teile des Reiches die Befehle aus der Hauptstadt befolgen. Praktisch jedoch waren die Kommanderieverweser und Präfekten infolge der großen Entfernungen und der unvermeidlichen wirtschaftlichen Autarkie der Bezirke in hohem Maße selbständig. Das Prinzip, daß die hohen Verwaltungsbeamten nicht aus dem von ihnen verwalteten Gebiet stammen durften (wovon nur in der nächsten Umgebung der Hauptstadt abgewichen wurde), verfolgte das Ziel, engere Beziehungen zwischen den Vertretern der Zentralregierung und der lokalen Oberschicht zu erschweren; solchen Bindungen wirkte auch die Gepflogenheit entgegen, die kaiserlichen Administratoren nach Möglichkeit alle drei Jahre zu versetzen. In der späteren Han-Zeit wurden diese Bestimmungen weiter verschärft: nun durfte der Beamte nicht nur im eigenen Heimatbezirk keinen Dienst leisten, sondern auch weder in dem Bezirk, in dem seine Mutter (und ihre Sippe!), noch in dem Bezirk, in dem seine Ehefrau zu Hause war.

## *Behördeninspektion*

Vorbeugungsmaßnahmen dieser Art scheinen nicht ausgereicht zu haben: schon vor der Gründung des Kaiserreiches waren für die Zentralbehörde Inspektionsbeamte tätig; unter den Ch'in war jedem Kommanderieverweser eine solche Aufsichtsperson beigegeben. Unter den Han blieb es zunächst bei gelegentlichen Revisionen: nur unregelmäßig wurden kaiserliche Sekretäre zur Inspektion in der Lokalverwaltung auf Reisen geschickt. Die Errichtung einer ständigen Inspektionsbehörde war wiederum eine der Maßnahmen des autokratischen Kaisers Wu; das Reich wurde 106 v. Chr. in dreizehn Inspektionskreise mit je einem Kreisinspektor eingeteilt. Die Inspektoren mit ihren Gehilfen mußten die riesigen Gebiete in ihrem Inspektionsbereich bereisen und die Verwaltungsarbeit der Kommanderieverweser kontrollieren; über Unregelmäßigkeiten, die sie feststellten, mußten sie der Zentralbehörde Meldung erstatten, eigene Eingriffe in die Verwaltung waren ihnen untersagt. Unterstellt waren ihnen besondere »Sachverwalter«, von denen jeder eine Anzahl von Kommanderien zu revidieren hatte; im Gegensatz zum Kreisinspektor mußten die Sachverwalter in ihrem Inspektionskreis beheimatet sein, durften aber wiederum ihre Heimatkommanderie nicht inspizieren. Zum Jahresende unterbreiteten die Inspektoren ihre Berichte dem Thron. Besonders mußten sie darauf achten, daß sich die Kommanderieverweser und die ihnen gleichgestellten Kanzler der Königslehen an die kaiserlichen Erlasse und Befehle hielten, die Untertanen nicht unterdrückten und aussaugten, den Apparat der Justiz gerecht handhabten, keine Bündnisse mit den reichen und mächtigen ortsansässigen Familien eingingen und ihnen keine Gelegenheit gaben, sich auf Kosten der Bevölkerung zu bereichern.

Allmählich entwickelten sich die Inspektionskreise zu eigenen Verwaltungseinheiten; schon Ende des 1. Jahrhunderts v. Chr. wurde darüber geklagt, daß sich die Inspektoren in die Verwaltung der Kommanderien, ja auch der Präfekturen einmischten. Dieser Tendenz gab die Zentralregierung zunächst nach, indem sie die Inspektoren 8 n. Chr. zu Kreisgouverneuren machte. Das wurde zwar 42 n. Chr. wieder rückgängig gemacht, aber inzwischen war die Macht der Inspektoren viel größer geworden als unter der frühen Han-Dynastie; mit dem zunehmenden Druck der »Barbarenvölker« draußen, der eine Erweiterung ihrer militärischen Befugnisse erzwang, wurde ihre Position immer bedeutender, und der Aufstand der »Gelben Turbane« 184 bewog die Regierung endgültig, die

Jeder Punkt entspricht 25.000 Menschen

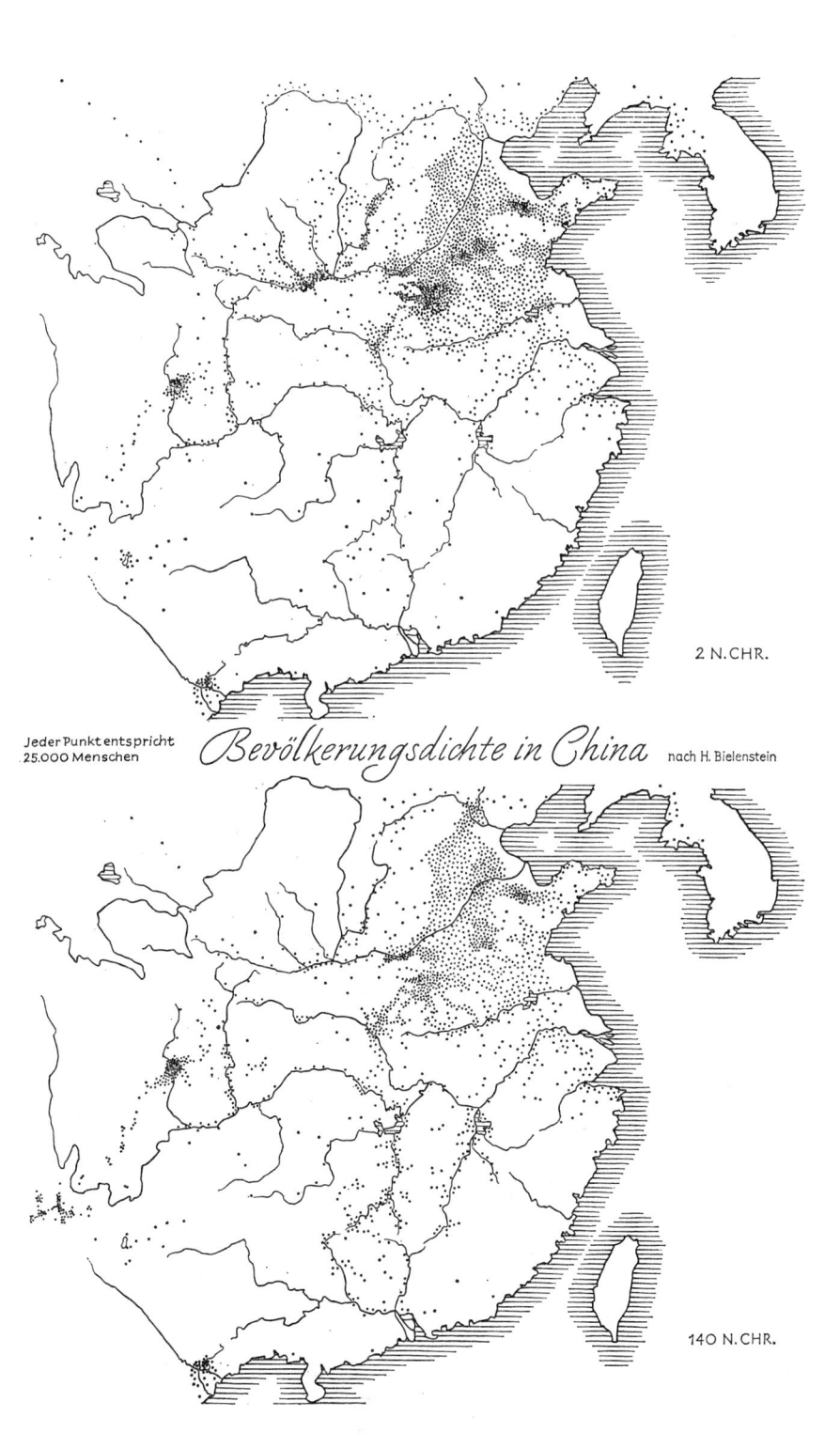

*Bevölkerungsdichte in China* nach H. Bielenstein

2 N.CHR.

140 N.CHR.

Inspektionsposten in Gouverneursämter zu verwandeln. Um diese Zeit war allerdings der Zusammenbruch des großen Reiches nicht mehr aufzuhalten.

Im Kommanderiebereich wurden die einzelnen Präfekturen regelmäßig von besonderen Kommanderiebeamten, den Tu-yu, eigentlich »Postaufsehern«, inspiziert; jeder von ihnen betreute eine aus mehreren Präfekturen bestehende Revisionsgruppe. Alle Vergehen waren dem Kommanderieverweser zu melden; oft wurden die Tu-yu mit der Untersuchung besonderer Mißstände beauftragt und hatten dann auch die des Amtsmißbrauchs Schuldigen festzunehmen. Sie wurden offenbar so sehr gehaßt, daß ein bitteres Abführmittel mit dem Namen »Postaufseher des Teufels« versehen wurde.

## *Beamtenauslese*

Allein schon die Zahl der kaiserlichen Beamten in den über hundert Kommanderien und über fünfzehnhundert Präfekturen muß an fünftausend betragen haben, und wahrscheinlich arbeiteten weitere tausend Beamte in den Amtsstellen in der Hauptstadt. Wo holte die Han-Regierung diese Männer her? Wie kamen sie zu ihren Ämtern?

Mit Recht betonen chinesische Autoren manche feudalen Traditionen, die sich nach der Generaloffensive der kurzlebigen Ch'in-Dynastie gegen die feudale Ordnung erhalten hatten. Die Namen der Personen und Gebiete, die bei der Erhebung gegen die Ch'in eine Rolle spielten, erinnern häufig an das vordynastische China: da treten – manchmal in führender Position – Nachkommen der alten Adels- und Herrscherfamilien auf, und da werden Staaten wiedererrichtet, die untergegangen zu sein schienen. Solche Staaten waren nicht von langer Dauer, aber trotz der plebejischen Herkunft der neuen Potentaten waren die feudalen Züge noch so stark, daß sie sich auch in der neuen Gesellschaft behaupten konnten. Die höchsten Stellen und führenden Posten gehörten den Siegern, aus welchen Kreisen sie auch stammen mochten; die Verwaltung kam in die Hände ihrer Anhänger und vor allem ihrer Verwandten. Daneben hatten die Neureichen, die Grundbesitzer, die in der voraufgehenden Zeit emporgestiegen waren, eine Chance, von der Postenverteilung berücksichtigt zu werden.

Der formale Weg ins Amt führte in der Ch'in-Periode und fast während der ganzen Dauer der Han-Dynastie über die Berufung aus den Reihen der akzeptierten Dienstanwärter, der Lang-chung, »derer auf der Veranda«: außerhalb des Palastgebäudes warteten unter einem weitausladenden Dach, bis man sie zur Übernahme irgendwelcher Dienstobliegenheiten hineinrief, die ernennungswürdigen Kandidaten, die Palastjunker. (Das Wort *lang*, das »Veranda« bedeutet, wurde mit der Zeit im engeren technischen Sinne gleichbedeutend mit »Junker« und im weiteren Sinne mit »Jüngling«.) Im Anfang konnte man nur auf zweierlei Weise Junker werden, überhaupt in die Reihen der Dienstanwärter Eingang finden: entweder man war der Sohn oder jüngere Bruder eines hohen Beamten – oder man wies sich mit einer hohen Kapitalsteuerzahlung als vermögend aus.

Jeder hohe Beamte, dessen Gehalt nicht weniger als zweitausend Scheffel Korn betrug, durfte einen – manchmal auch mehrere – seiner Söhne oder jüngeren Brüder als Palastjunker anmelden. Das Gesetz, das die »Ernennung von Söhnen« vorsah, wurde zwar 7 vor

Christus aufgehoben, aber die Praxis wurde insofern beibehalten, als der Tod verdienstvoller hoher Hof-, Provinzial- oder Heeresbeamter die Ernennung ihrer Söhne oder Brüder zu Junkern nach sich zog; in jedem Fall wurden Söhne oder Brüder als Anwärter berufen, wenn der Beamte – das galt für alle Ränge – bei der Erfüllung seiner Dienstpflichten ums Leben gekommen war. Außerdem bestand unter der Han-Dynastie die Gepflogenheit, daß jüngere Verwandte der Kaiserin bei ihrer Thronerhebung in den Kreis der Dienstanwärter aufgenommen wurden.

Ein anderer Weg zur Anwartschaft führte über den Besitz. Zur Sicherung der Unbestechlichkeit der Beamten hatte ursprünglich die Bestimmung bestanden, daß jeder Bewerber um ein staatliches Amt einen Kapitalbesitz von mindestens hunderttausend Kupfermünzen zu versteuern hatte; um den Zugang zu den niederen Beamtenrängen zu erleichtern, setzte Kaiser Ching 142 v. Chr. das nachzuweisende steuerpflichtige Vermögen auf vierzigtausend Kupfermünzen herab. Damit sich jedoch ein Junker standesgemäß kleiden und mit Waffen, Pferd und Zaumzeug versehen konnte, wurde ein Kapital von nicht weniger als fünf Millionen gefordert. So konnte nur ein reicher Mann Junker werden und auf einen Posten im Staatsdienst rechnen.

Wiederum war es der autokratische Reorganisator Wu, der im Interesse der wriksamen Zentralisierung des Dienstes das Monopol der »Vornehmen und Reichen« mit seinem Erlaß vom Jahre 134 brach. Allen Kommanderieverwesern, den Kanzlern der Königslehen und bestimmten hohen Beamten der Zentralregierung wurde zur Pflicht gemacht, alljährlich zwei als Dienstanwärter geeignete ehrenwerte Männer zu benennen, und zwar einen »elternliebenden« und einen »unbescholtenen«; später wurde die Unterscheidung beseitigt und die Benennung zweier »elternliebender und unbescholtener« Kandidaten *(hsiao-lien)* verlangt. Der geringe Erfolg des Erlasses von 134 führte 128 zu einer erneuten Verkündung; diesmal wurden Amtsträgern, die nicht eifrig genug nach empfehlenswerten Kandidaten suchten, empfindliche Strafen angedroht.

Die empfohlenen Dienstanwärter mußten zunächst eine allgemeine Kenntnis der Amtsgeschäfte erlangen; als Junker wurden sie in der Hauptstadt beschäftigt: in der frühen Han-Zeit im Palast, einschließlich Leibgarde und Torwache, oder in den Ämtern der Zentralverwaltung, später nur noch in den Regierungsbüros. Nach einigen Jahren Dienst in der Hauptstadt wurden viele Anwärter auf Positionen in der Provinzialverwaltung berufen, oft als Präfekten, Hilfsverweser, Hilfskanzler in einem Königslehen oder – bei geringer Eignung – als Hilfspräfekten. Andere blieben in der Zentralverwaltung. Mit diesem System rekrutierte die Regierung rund zweihundert Amtsanwärter jährlich; im Jahr 100 nach Christus kam eine Neuregelung: nun waren von den Kommanderien nicht je zwei Personen jährlich zu benennen, sondern ein Anwärter auf je zweihunderttausend Einwohner.

Hinsichtlich des Alters der Dienstanwärter gab es anfänglich keinerlei Bestimmungen; da indes der Empfohlene den Empfehlenden lebenslänglich als Gönner ansah, dem er sich zu Dank und Gegendiensten verpflichtet fühlte, überwog mit der Zeit die Neigung, recht junge Leute zu empfehlen, die sich ihren Wohltätern noch lange als nützlich würden erweisen können. Diese Tendenz verbreitete sich immer mehr in der späten Han-Zeit, in der die Beamten der Zentralregierung in zunehmendem Maße den Einfluß lokaler Kräfte zu spüren bekamen; um dem entgegenzuwirken, ordnete die Regierung 132 n. Chr. an, daß fortan nur Männer über vierzig Jahre als empfehlenswerte Dienstanwärter benannt werden durften; die allgemeine Zerrüttung der Verwaltung ließ sich damit jedoch kaum eindämmen.

Eine ältere – und zweckdienlichere – Bestimmung sah Strafen für ungerechtfertigte Empfehlung vor; stellte sich heraus, daß der Empfohlene untauglich war, so haftete dafür der Kommanderieverweser, der ihn in Vorschlag gebracht hatte. Umgekehrt waren – im Sinne der chinesischen Idee der kollektiven Verantwortung – auch die Protegés für ihre Gönner haftbar; hatte sich ein hoher Beamter einer Verfehlung schuldig gemacht, die eine schwere Strafe nach sich zog, so wurden nicht nur seine Verwandten mitbestraft – genauer: hingerichtet oder verbannt –, sondern es wurden auch alle die, die er je als Dienstanwärter empfohlen hatte, aus ihren Ämtern entlassen.

Ein dritter wichtiger Weg zur Dienstanwartschaft und damit zu Amt und Würden führte über die Hochschule, T'ai-hsüeh, genaugenommen eine Akademie für die höhere Beamtenlaufbahn. Im Jahre 123 v. Chr. hatte Kaiser Wu – wieder derselbe Wu! – verfügt, daß die »Gelehrten des umfassenden Wissens«, die in der Hauptstadt als Kommentatoren der Klassiker oder als kaiserliche Berater tätig waren, in Zukunft Schüler ausbilden sollten, die nach Abschluß des Studiums zu Junkern ernannt würden, dann in den Staatsdienst übernommen werden und – den anderen Dienstanwärtern gleich – zu den führenden Staatsstellen aufsteigen könnten. Zunächst wurde die Zahl der Schüler auf fünfzig beschränkt, im Laufe der Zeit jedoch beträchtlich erhöht. Sie mußten eine Prüfung ablegen, in der sie zu beweisen hatten, daß sie einen klassischen Text (oder auch mehr) gründlich studiert hatten. Die Gründung der Hochschule stand in engem Zusammenhang mit der Erhebung der konfuzianischen Philosophie zur offiziellen Staatslehre bei gleichzeitiger Ächtung anderer Denkgebilde, namentlich der Lehren der Rechtsschule.

Die Schaffung der Hochschule war der erste Schritt zur Verpflichtung der Beamtenschaft auf den Konfuzianismus mit besonderer Betonung der Treue und Ergebenheit dem Staat gegenüber, des hierarchischen Aufbaus der Gesellschaft und der daraus erwachsenden gesellschaftlichen Pflichten; die systematische und lückenlose »Schulung« der Beamten im konfuzianischen Sinn sollte allerdings erst Jahrhunderte später kommen.

Über die erwähnten normalen Verfahren hinaus gab es – seltener – die Möglichkeit, in Anerkennung besonderer Fähigkeiten oder militärischer Verdienste zum Junker ernannt zu werden; namentlich zu Beginn der Han-Zeit kam die Auszeichnung bewährter Krieger mit der zivilen Dienstanwartschaft wiederholt vor.

Während die jährlichen Empfehlungen durch die Kommanderieverweser ausnahmslos dazu führten, daß vielversprechende untere Beamte aus der Provinz in die Hauptstadt kamen, wurden Dienstanwärter auch an höherer Stelle benannt: von den Vorgesetzten der Kommanderiebeamten, den Kreisinspektoren und noch höher oben von Regierungschefs, den Ministern in der Hauptstadt. Das war eine geringere Zahl: die dreizehn Inspektoren durften nur je einen Anwärter und die Minister nur drei oder vier vorschlagen. Diese sogenannten »blühenden Talente« *(mao-ts'ai)* waren in der Regel erfahrene Beamte, die keinen Junkerdienst mehr zu tun brauchten und gleich zu Präfekten ernannt wurden.

Solche zentralen Empfehlungen erfolgten zunächst nur unregelmäßig, ab 36 n. Chr. aber alljährlich. Schließlich nahm die Regierung mitunter außergewöhnliche Vorkommnisse, wie Sonnenfinsternisse und Naturkatastrophen, zum Anlaß, die »Weisen und Guten, Aufrichtigen und Rechtschaffenen« aufzurufen, vorbehaltlose Kritik am Kaiser zu üben, auf daß er seine Regierungspraxis verbessere; auch an »literarische Gelehrte« wurde bisweilen auf ähnliche Weise appelliert. Aus den so aufgerufenen Kategorien rekrutierten sich oft die Experten, die am kaiserlichen Hof als Räte beschäftigt wurden. Dies zusätzliche Verfahren vervollständigte die Auslese des Personals für die Zentralregierung in der Hauptstadt Ch'ang-an.

## Gesellschaftliche Schichtung

In groben Umrissen ließen sich in der Bevölkerung der Han-Zeit drei Gruppen unterscheiden: Adel, Volk und Sklaven. Es war nicht mehr der Adel der vordynastischen Periode; ihn hatte schon der erste Ch'in-Kaiser seiner Rechte beraubt, und seine Nachkommen vermochten eine kurze Scheinblüte nach dem Zusammenbruch des Ch'in-Reiches nicht zu überleben. An seine Stelle war eine Neuschöpfung der Han-Kaiser getreten.

Schon Liu Pang hatte viele seiner verdienten Mitkämpfer zu Markgrafen gemacht, und das Han-Reich hatte diese Praxis beibehalten: verdienstvolle Männer wurden mit der Erhebung in den Adelsstand und der Verleihung von Apanagen belohnt. Außerdem wurden regelmäßig zu Markgrafen sämtliche Söhne von Lehnskönigen und die Angehörigen jeder neuen Kaiserin. Die Markgrafen bildeten die Spitze eines Systems von Rängen, die sich allerdings nicht ohne weiteres mit Adelstiteln des Abendlandes vergleichen lassen. Mit Ländereien wurden, abgesehen von den regulären Markgrafen, nur noch die Markgrafen der Grenzpässe, die neunzehnte Rangstufe, belohnt, aber auch nicht immer: manche von ihnen mußten sich mit dem bloßen Titel begnügen, der – anders als bei den eigentlichen Lehnsmarkgrafen – nie von einer Ortschaft abgeleitet war. Alle anderen Adelsränge stellten lediglich Ehrentitel ohne Anspruch auf Grundbesitz dar. Von der neunten Stufe aufwärts brachten sie die Befreiung von Wehrpflicht und Arbeitsdienst. (Die Arbeitsdienstpflicht dem Staat gegenüber ist nicht mit Frondiensten zu verwechseln, die Bauern auf dem Land der feudalen Grundherren zu verrichten hatten.) Aus Anlaß von freudigen Staatsereignissen (Thronbesteigung, Thronfolgerernennung) wurden solche Titel häufig der gesamten männlichen Bevölkerung oder den ältesten Söhnen aller Familien verliehen. In dem archäologischen Material finden sich einfache Soldaten erwähnt, die diese Art Adelstitel (der unteren Rangstufen) tragen. Gelegentlich waren Adelsränge, wenn auch nicht die höchsten, käuflich zu erwerben: auf diese Weise verbesserte die Regierung in schlechten Zeiten ihre finanzielle Lage. Ein besonderer Vorteil der Adelsränge war, daß man sich mit ihrem Erwerb von Strafen und Bußen loskaufen konnte. Eine besondere Rangordnung militärischer Verdienste – wiederum mit käuflich zu erwerbenden Rängen – wurde 123 v. Chr. von Kaiser Wu geschaffen; es ging nicht um Belohnung der Tapferkeit vor dem Feind, sondern zugegebenermaßen um die Auffüllung der Staatskasse, der die Hunnenfeldzüge alle Reserven entzogen hatten.

Das nicht zur oberen Adelsschicht gehörende Volk zerfiel natürlich in Arme und Reiche. Der übergroße Teil der Bevölkerung bestand aus Bauern. Über die Verteilung des Eigentums unter diesen Millionen ist kein Material überliefert. Zweierlei spricht dafür, daß die Lage der großen Masse der landwirtschaftlichen Bevölkerung wenn nicht miserabel, so doch jedenfalls sehr labil war: einmal wurde immer wieder darüber Klage geführt, daß die Reichen den Grundbesitz der Ärmeren aufkauften; zum andern brachte jede Naturkatastrophe eine gewaltige Abwanderung vom Lande mit sich: im Jahre 107 v. Chr. erfaßte die Landflucht zwei Millionen, im Jahre 153 n. Chr. drei- bis vierhunderttausend Menschen. Mehr als ein knappes Existenzminimum schienen die Bauern dem Boden nicht entlocken zu können. Im Jahre 178 v. Chr., in einer Zeit ruhigen Wiederaufbaus, hieß es über das Los der Bauern in einer Throneingabe des Ch'ao Ts'o:

> In einer Bauernfamilie von fünf Personen müssen nicht weniger als zwei Arbeitsdienst verrichten; das Land, das sie pflügen können, ist nicht mehr als hundert Mu (weniger als zwei Hektar), und es trägt nicht mehr als hundert Scheffel (etwa dreißig Doppelzentner). Im Frühjahr pflügen sie, im Sommer jäten sie, im Herbst ernten sie, und im Winter bringen sie die Ernte in die Scheune. Sonst sammeln sie Brennholz, reparieren Amtsgebäude und verrichten Arbeitsdienst. Im Frühling sind sie Stürmen und Staubwolken ausgesetzt, im Sommer der Hitze, im Herbst dem Nebel und Regen, im Winter der Kälte und dem Frost. Keine der vier Jahreszeiten bringt ihnen einen Ruhetag. Und sie müssen den Toten das Geleit geben, die Braut einholen, Hinterbliebene und Kranke besuchen, und auch das Großziehen der Kleinen und die Erziehung der Kinder gehören dazu. Und wo die Arbeit so schwer ist, trifft sie noch das Unheil der Überschwemmungen und Dürren, treffen sie drückende und grausame Maßnahmen des Staates und Steuern, die nicht der Zeit gerecht werden und bei denen der Befehl vom Morgen am Abend schon wieder anders lautet. Solange sie noch etwas haben, müssen sie es zum halben Preis verkaufen, und wenn nichts mehr da ist, müssen sie leihen und dafür Zinsen zahlen, die so hoch sind wie der geliehene Betrag. So gibt es denn Menschen, die ihre Felder und Gehöfte verkaufen und ihre Kinder und Enkel in Pfand geben, um ihre Schulden zu bezahlen.

Der Verfasser der Han-Geschichte, der um 80 n. Chr. schrieb, illustrierte die Lage der Bauern um 400 v. Chr. mit einer Haushaltsrechnung, die mit geringen Abwandlungen auch für die Han-Zeit gelten könnte (wie überhaupt der einem Wirtschaftskundigen aus dem 4. Jahrhundert zugeschriebene Passus möglicherweise viel späteren Datums ist, vielleicht sogar aus der frühen Han-Zeit stammt). Es geht wieder um eine fünfköpfige Bauernfamilie, die ein Ackergrundstück von nicht ganz zwei Hektar bearbeitet, das aber nicht hundert, sondern hundertfünfzig Scheffel erbringt (es ist vielleicht denkbar, daß im ersten Fall von gedroschenem Korn, nicht von Getreide, die Rede war, daß also kein Ertragsunterschied berücksichtigt zu werden braucht). Davon geht ein Zehntel für Steuern ab, die Ernährung der Familie beansprucht neunzig Scheffel (durchschnittlich anderthalb Scheffel je Person und Monat), und für alle anderen Ausgaben bleibt ein Rest von fünfundvierzig Scheffel an Geldwert von dreizehnhundertfünfzig Kupfermünzen. Davon wiederum wird der erstaunlich hohe Betrag von dreihundert Münzen für religiöse Zwecke (Opfer und Gemeinschaftsfeste) abgesetzt. Nimmt man an, daß Bekleidungskosten je Person jährlich dreihundert Münzen ausmachen, so schließt das Budget der Bauernfamilie – ohne

Ausfahrt
Malerei auf einer Vase vom Typ Hu, Han-Zeit. Prag, National-Galerie

Vogeljagd und Ernte
Abklatsch von einem Flachrelief aus einem Grab in der Provinz Ssu-ch'uan, Han-Zeit

Berücksichtigung der Ausgaben für Krankheit, Begräbnisse und etwaige zusätzliche Steuern – mit einem Fehlbetrag von vierhundertfünfzig Kupfermünzen ab. Auch wenn man zweckbestimmte Schwarzmalerei unterstellt, kann man nicht vermuten, daß sich der Durchschnitt der Bauernbevölkerung Ausgaben erlauben konnte, die über das nackte Existenzminimum hinausgingen. Zahlreiche Angaben in den Quellen lassen darauf schließen, daß ein Familienvermögen von hunderttausend Münzen allgemein als »mittlerer« Besitz galt. So weigerte sich der sparsame Kaiser Wen voller Entrüstung, für den Bau eines Ahnentempels eine Million Kupfermünzen auszugeben. »Das«, meinte er, »ist ja das Gesamtvermögen zehn mittlerer Familien!« Oft wurden im Fall von Naturkatastrophen Familien mit einem Vermögen von weniger als zehntausend oder sogar zwanzigtausend Kupfermünzen die Steuern erlassen.

Im Vergleich zu Familien mit dem »mittleren« Vermögen von hunderttausend Münzen galten Menschen, deren jährliches Einkommen das Doppelte betrug, als reich. Als Reiche nannte der Historiker Ssu-ma Ch'ien nicht nur den Markgrafen, dessen Einkommen aus einem Gutsbezirk mit tausend Familien floß, sondern auch den Grundbesitzer und den Kaufmann mit einem Kapital von einer Million, das sich normalerweise mit zwanzig Prozent verzinste. Aus dieser begüterten Schicht gingen die Amtsanwärter hervor; Abkömmlingen von Kaufleuten war diese Möglichkeit versagt: noch dem Urenkel des Inhabers einer »Marktbescheinigung« blieb der Staatsdienst verschlossen. Wie streng diese Bestimmung gehandhabt wurde, ist nicht ganz klar; Kaiser Wu fand es jedenfalls 120 v. Chr. ganz praktisch, die Leitung der neuen Staatsmonopole mit früheren Großkaufleuten zu besetzen. Aber noch in der Spätzeit der Dynastie, als sich zentrifugale Tendenzen bereits kräftig durchsetzten und viele Gesetze durchlöchert waren, wurde die Zulassung von Kaufmannssöhnen zum Staatsdienst als Novum empfunden.

Eine fühlbare Machtsteigerung der reichen und angesehenen, aber nicht notwendigerweise adligen Familien machte sich erst seit dem Tod Kaiser Wus (87 v. Chr.), namentlich aber nach Kaiser Hsüan (72–49 v. Chr.) bemerkbar. Nach dem Sturz des Usurpators Wang Mang hatten sie bereits sichtbarlich die Macht in den Händen. Ebenso wie der erste Kaiser der späten Han-Dynastie (25–56 n. Chr.) stützten sich auch seine bedeutendsten Gegner auf regionale Gruppen von reichen Familien. Kaiser Wus Wirtschaftspolitik, die neben anderem auf die Beschränkung oder Zerschlagung der Macht dieser Familien zielte, scheint sie paradoxerweise gestärkt zu haben. Seine Staatsmonopole und vor allem das Spitzelsystem zur Eintreibung der den Kaufleuten 120 v. Chr. auferlegten Kapitalsteuern führten zur Enteignung beträchtlichen Boden- und Sklavenbesitzes. Der Handel wurde ein riskantes Unternehmen. Die Folge war, daß sich immer mehr Kapital in den Händen der großen Grundbesitzer ansammelte, die nun aber auch, da ein Vakuum entstanden war, den Handel mit landwirtschaftlichen Erzeugnissen übernehmen mußten. In der Literatur der späten Han-Zeit zeichnet sich diese neuartige Verschmelzung von Großgrundbesitz und Handel recht deutlich ab. In zunehmendem Maße rissen aber die Großgrundbesitzer auch das Land der armen Bauern an sich, die ihre Pächter oder Landarbeiter wurden. Da es ihnen an Kapital nicht mangelte, konnten sie auch Bewässerungsanlagen instand setzen oder neu bauen und zum Anbau verschiedener neuer Getreide- und Nutzpflanzen übergehen; sogar von der Mechanisierung ist die Rede: Wassermühlen zum Betrieb mechanischer Dreschanlagen wurden errichtet und nutzbar gemacht.

Besondere Privilegien standen dieser begüterten Schicht nicht zu, außer daß ihr Rangtitel der neunten oder einer höheren Stufe ihnen die Möglichkeit gab, der Dienstpflicht zu entgehen, oder der Verzicht auf einen Rang die Aussicht bot, im Falle von Bestrafungen eine Strafermäßigung zu erlangen. Wer wollte, konnte sich außerdem einen Ersatzmann besorgen, der für ihn Arbeits- und Militärdienstpflichten übernahm. Wirkliche Vorrechte genoß, wer Beamter geworden war: schon seit Anfang des 2. Jahrhunderts v. Chr. durfte kein Staatsbeamter, der sechshundert Scheffel Korn oder mehr verdiente, ohne Genehmigung des Kaisers verurteilt werden. Das ändert nichts daran, daß die Regierung gegen adlige Delinquenten mit großer Schärfe vorging. Und in den Geschichtswerken werden den »harten Beamten«, die sich mit der Ausrottung von Machtzentren der regionalen Prominenz um den zentralistischen Staat verdient gemacht hatten, lobende biographische Darstellungen gewidmet. Wahrscheinlich hatte das von Ssu-ma Ch'ien um 100 v. Chr. zitierte Sprichwort »Kein Millionärssohn stirbt auf dem Schafott« dennoch einiges für sich.

Weder der Adel noch die hohen Beamten genossen das Privileg der Steuerfreiheit. Jeder Grundeigentümer mußte dem Staat einen festgesetzten Teil seiner Ernte – seit 156 vor Christus eben ein Dreißigstel – als T'ien-tsu, als »Ackersteuer«, abliefern. Und jeder Untertan überhaupt zahlte eine Kopfsteuer: Männer und Frauen vom fünfzehnten Lebensjahr an hundertzwanzig Kupfermünzen jährlich, Kinder vom siebenten bis zum fünfzehnten Lebensjahr zwanzig Kupfermünzen. Zur Zeit der großen Hunnenkriege wurde zusätzlich eine Sondersteuer zur Förderung der Pferdezucht erhoben, die sich je Person auf drei Kupfermünzen belief. Die Kapitalsteuer, die ursprünglich 1,2 Prozent betrug, wurde, wie schon erwähnt, 119 v. Chr. stark erhöht: für Kaufleute, Geldleiher und verwandte Berufe auf sechs Prozent, für Handwerker mit eigenem Warenvertrieb auf drei Prozent; Kaufleuten wurde außerdem eine Wagen- und Bootssteuer auferlegt, die je Fahrzeug hundertzwanzig Kupfermünzen ausmachte. Außer der Grundsteuer wurden alle Steuern in bar entrichtet.

Außer Adligen von der neunten Rangstufe aufwärts waren alle Männer dienstpflichtig. Jeder Mann im Alter von dreiundzwanzig bis sechsundfünfzig Jahren war wehrpflichtig – mit zweijähriger Dienstzeit – und konnte außerdem jedes Jahr zum Arbeitsdienst für die Dauer eines Monats einberufen werden. Man durfte sich von der Dienstpflicht loskaufen, wenn man einen Ersatzmann bezahlen konnte. Über die Höhe des Loskaufgeldes schwanken die Angaben zwischen dreihundert und zweitausend Kupfermünzen monatlich. Diese beträchtlichen Summen kassierte der Staat. Der Arbeitsdienst wurde in der Kommanderie des Dienstpflichtigen geleistet; beschäftigt wurden die zum Arbeitsdienst Eingezogenen zumeist bei Bau- oder Instandsetzungsarbeiten an Gebäuden, Straßen, Deichen, Kanälen und Brücken, bisweilen aber auch bei der Errichtung von Monumentalgräbern der Kaiser oder hoher Würdenträger. Von der zweijährigen Wehrdienstzeit verbrachte der Rekrut das erste Jahr in seiner Heimatprovinz, wo er ausgebildet wurde: im nordwestlichen Teil des Reiches als Reiter, im Südosten als Seemann, in den übrigen Teilen des Reiches als Fußsoldat und Bogenschütze; im »achten Monat« (der etwa dem September entspricht) wurden die Rekruten vom Kommanderieverweser und von seinem Befehlshaber geprüft, unter anderem im Bogenschießen; von zwölf Pfeilschüssen mußten sechs das Ziel treffen, Scharfschützen erhielten eine Sonderbelohnung. Das zweite Dienstjahr bestand in Garnisondienst, entweder in der Nähe der Hauptstadt Ch'ang-an – für Untertanen der Königslehen in der entsprechenden königlichen Residenz – oder an der Grenze, zur Verteidigung gegen die Fremdvölker.

Archäologische Funde in zwei Zonen an der äußersten Nordwestgrenze zeigen, daß die in den Grenzgebieten stationierten Fußsoldaten und Acker-Dienstpflichtigen aus allen Teilen Chinas stammten, also Tausende von Meilen hatten zurücklegen müssen, um an den Garnisonort zu gelangen, daß die Reiterei dagegen aus den benachbarten Provinzen kam. Der Heeresdienst wurde als schwere Belastung empfunden. Welcher Prozentsatz der wehrpflichtigen Männer wirklich ausgehoben wurde, läßt sich nicht feststellen: die Gardetruppen in der Hauptstadt und die Grenzheere waren bei weitem nicht so zahlreich, daß sie die wehrpflichtigen Männer auch nur eines Jahrgangs hätten aufnehmen können.

Neben dem Adel und dem Volk hatte das China der Han auch seine Sklaven. Der Herkunft nach waren sie entweder gefangene oder verschleppte Fremde, namentlich aus den »barbarischen« Ländern im Süden, oder Chinesen, die von ihren Eltern in Notzeiten verkauft worden waren oder wegen nicht bezahlter Schulden in Sklaverei geraten oder als mithaftende Angehörige von Straffälligen zum Sklavendienst für den Staat verurteilt worden waren. Viele Staatssklaven fanden Beschäftigung in staatlichen Bergwerken, Eisenhütten und Salzwerken und in der Münze, wo die Geldstücke aus Bronze, die »Kupfermünzen«, geprägt wurden; sie arbeiteten Schulter an Schulter mit den zu Zwangsarbeit verurteilten Verbrechern. Andere Staatssklaven taten Dienst in Verwaltungsämtern oder auch bei den zahlreichen Gestüten, die dem Heer die im Kampf gegen die Hunnen unentbehrlichen Pferde zu liefern hatten. Sklaven in Privatbesitz wurden in der Mehrzahl offenbar in häuslichen Diensten verwendet; zwar ist bekannt, daß sie in manchen Fällen auch Landarbeit verrichteten, aber nicht entfernt in dem Umfang wie auf den Latifundien im Römischen Reich.

Zahlenmäßige Angaben über den Umfang der Sklavenarbeit liegen nicht vor; nach den Schätzungen von Wilbur dürfte die Sklavenbevölkerung ein Prozent der Gesamtbevölkerung Chinas nicht überschritten haben. Nach Berechnungen japanischer Gelehrter war es für den Großgrundbesitzer zur Han-Zeit wesentlich vorteilhafter, sein Land von Pächtern bestellen zu lassen, als zu hohen Preisen Sklaven zu kaufen und ihren Lebensunterhalt zu bezahlen. In gewissem Umfang genossen Sklaven einen Schutz vor Willkürakten der Besitzer; kein Sklavenhalter durfte zum Beispiel einen Sklaven töten. Besitz von Sklaven scheint übrigens als Luxus gegolten zu haben: als Vermögensbestandteil wurden Sklaven zu doppelt so hohen Sätzen besteuert wie alle anderen Kapitalgüter.

In der späten Han-Zeit bildeten sich in der Sphäre der Landwirtschaft neue Abhängigkeitsverhältnisse heraus, die der alten Form der Hörigkeit nahekamen: Bauernfamilien unterstellten sich formal einem Grundherrn, für den sie mit der Zeit mehr und mehr Dienste verrichteten und von dem sie in zunehmendem Maße Anordnungen entgegennahmen. Früher schon hatte es die Aufnahme von »Gästen« *(k'o)* in den Haushalt von

Reichen gegeben; sie bildeten eine Art Hofgesinde oder eine Gefolgschaft, wurden jedoch nie als Landarbeiter beschäftigt. Allerdings setzte mit den K'o der späten Han-Zeit eine Entwicklung ein, die im Zusammenwirken mit anderen Tendenzen zu einer Wiederbelebung mancher Elemente des Feudalismus in späteren Jahrhunderten führen sollte.

## *Denker der Han-Zeit*

Ziemlich spät setzt im chinesischen Denken kosmologische Spekulation ein. Nur geringe Ansätze davon sind im 5. oder 4. Jahrhundert zu verspüren. Der Kosmologie wendet sich das Interesse erst an der Schwelle des 3. Jahrhunderts zu. Wichtig ist sie dann bereits sowohl für Denker wie Tsou Yen oder sogar den vermeintlichen »Lao-Tzu« als auch für die aus der konfuzianischen Schule stammenden unbekannten Verfasser der Anhänge zum kanonischen »Buch der Wandlungen«. Gerade bei diesen Konfuzianern zeigt sich schon die für spätere Zeiten so typische Verflechtung kosmologischer und ethischer Gedanken.

Die größte Bedeutung gewinnt diese Strömung in der frühen Han-Zeit. Jetzt wird bewußt der Versuch unternommen, eine in den Lehren des Konfuzius unübersehbare Lücke auszufüllen. Konfuzius hatte in seinen kurzen Sinnsprüchen über den Kosmos gar nichts ausgesagt, seinen Schülern kein Weltbild gegeben. Das tut nun Tung Chung-shu (179 bis 104?): er stellt den Menschen mit seinem Fühlen und Streben und auch in seinem gesellschaftlichen Sein in das schon von den Kosmogonisten entworfene System von Korrelationen hinein, in dem die beiden Urkräfte Yin und Yang, die fünf Elemente, die vier Jahreszeiten und die vier Himmelsrichtungen einen durchgängigen Wirkungszusammenhang bilden.

Die Urkräfte Yin und Yang sind das Bewegende der kosmischen Prozesse; das Yang verkörpert das Starke, Strahlende, Feste, Trockene, Männliche, das Yin das Schwache, Dunkle, Weiche, Feuchte, Weibliche. Sie arbeiten zusammen, wirken in stetig wechselndem Kräfteverhältnis zusammen. Yang wächst im Frühling, gelangt im Sommer zur vollen Stärke, nimmt im Herbst ab und verschwindet fast im Winter. Yin herrscht im Herbst und Winter vor, tritt im Frühling und Sommer immer weniger in Erscheinung. Zusammen bestimmen die beiden Kräfte die Jahreszeiten, das Wachsen, Blühen und Vergehen. Das Zusammenwirken ist wesentlich: der Dualismus von Yin und Yang ist kein Gegensatz wie zwischen Gott und Satan, Gut und Böse; Yin und Yang sind komplementär und keins für sich selbständig.

Wie sich die Kosmogonisten bemüht hatten, den Grundkorrelationen von Frühling und Osten, Sommer und Süden und dergleichen auch die Farben (Grün für Osten, Rot für Süden), die Geschmacksempfindungen, die musikalischen Töne, bestimmte Tiere und Götter, ja sogar Körperorgane, wie Leber, Milz und Herz, zuzuordnen, so versuchte Tung Chung-shu, auch die Eigenschaften der Menschen in den kosmischen Gesamtzusammenhang einzugliedern. Der Körper war Yang und stimmte mit dem Himmel überein, seine dreihundertsechsundsechzig Knochen entsprachen den Tagen des Jahres, seine fünf inneren

Flußboot und Wohnhaus
Tonmodelle aus Gräbern in der Provinz Kuang-tung, Han-Zeit
Peking, Historisches Museum, und Paris, Musée Cernuschi

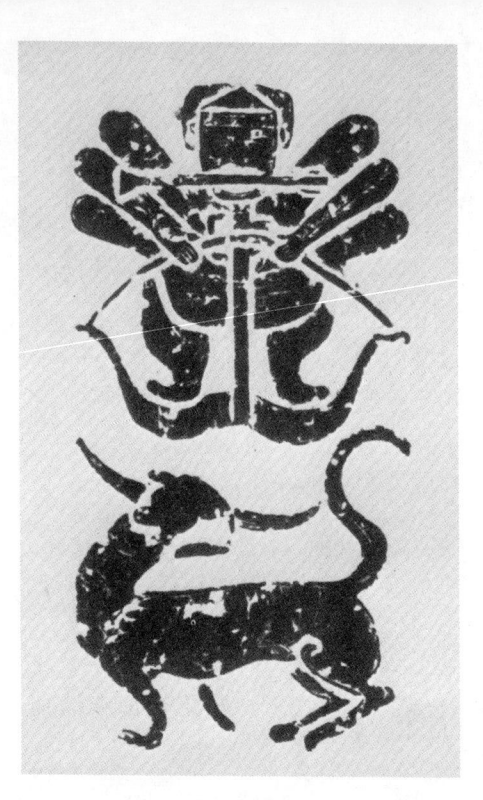

Armbrustschütze und Spannvorrichtung einer Armbrust
Abklatsch von einem Flachrelief am Eingang eines Han-Grabes in der Provinz Shantung
Unten: Stockholm, Östasiatiska Museet

Organe den fünf Elementen, seine vier Gliedmaßen den vier Jahreszeiten. Der Wechsel von Freude und Leid ging mit der gegenseitigen Ablösung von Yin und Yang einher, ließ sich mit den vom Himmel erzeugten Übergängen von Wärme und Kälte vergleichen. Die dem Menschen verliehene Natur oder Lebenskraft war Yang und äußerte sich als Güte *(jen)*, seine Gefühle waren Yin, das sich als Gier offenbarte.

Dies Ordnungssystem, das auf der Annahme wirklicher und wirksamer Beziehungen der Elemente beruht, projizierte Tung Chung-shu auch auf die Gesellschaft. Er sah im gesellschaftlichen Dasein drei Hauptverbindungen *(san kang)*: zwischen Fürst und Untertan, Vater und Sohn, Ehemann und Ehefrau, und stellte fest, daß jeweils das erste Glied Yang und übergeordnet, das zweite Yin und untergeordnet sei. Der als Yang betrachtete Fürst steht seinen Untertanen gegenüber wie der Himmel der Erde; er muß sich aber auch in Gefühlen und Verhaltensweisen nach dem Himmel richten: seine Gefühle sollen wie die des Himmels sein, seine tödliche Wut beispielsweise sollte sich nur im Herbst auswirken dürfen, wenn die Natur selbst abstirbt; die Zahl seiner Minister soll mit den Zahlenkategorien des Himmels übereinstimmen. In all diesen Identifizierungen ist immer von Güte *(jen)*, vom Gefühl für richtiges Verhalten *(yi)*, von Weisheit *(chih)* und Zuverlässigkeit *(hsin)* die Rede, die ins System der Beziehungen als wirkende Kräfte eingeordnet sind.

Tung Chung-shus Werk »Ch'un-ch'iu fan-lu« war außerordentlich einflußreich; nicht nur hatte Tung Chung-shu viele Schüler, sondern er war auch der Berater Kaiser Wus, und es ist auf ihn zurückzuführen, daß der Konfuzianismus als Staatslehre Anerkennung fand. Wie weit sein Einfluß reichte, zeigen die Dokumente des 79 n. Chr. abgehaltenen Palastkonzils zur Festlegung der gültigen Interpretation der kanonischen Bücher: was dort formuliert wurde, stimmte in vielem mit den fast zwei Jahrhunderte älteren Äußerungen Tung Chung-shus fast wörtlich überein. Eine These, die Tung Chung-shu mit großem Erfolg propagierte, war die Theorie der »drei Perioden«; aus der Überlegung, daß die fünf Elemente in einer bestimmten Reihenfolge auftreten, wurde gefolgert, daß sich diese Reihenfolge auch in den Herrscherhäusern manifestieren müsse: sei die Kraft eines Elements erloschen, so müsse ein anderes zur Geltung kommen. Diese These gab den Geschichtsschreibern Anlaß zu vielen Spekulationen und lieferte den Stiftern neuer Dynastien eine Legitimierungsgrundlage.

In einer anderen Beziehung waren Tung Chung-shus Ideen, ohne Neuheit zu beanspruchen, charakteristisch für seine Zeit; wie viele seiner Zeitgenossen glaubte er unerschütterlich an Vorzeichen und Mahnungen des Himmels. Durch die gesamte Han-Zeit hielt sich dieser Glaube in den weitesten Kreisen; man findet seine Spuren in manchen kaiserlichen Erlassen, in denen ungewöhnliche Naturereignisse als Mahnmale gedeutet werden. Erscheint Kaiser Wen noch als Mann von echter Frömmigkeit, so hat man bei Wang Mang, dem Usurpator, und Kuang-wu, dem Stifter der zweiten Han-Dynastie, nur noch den Eindruck eines starken Aberglaubens. Aus solchen Haltungen war im 1. vorchristlichen Jahrhundert eine besondere Gattung von Wahrsagetexten entstanden, die von erheblicher Wirkung gewesen sein müssen. Erhalten haben sich nur Bruchstücke dieser Texte, denn sie wurden später für staatsgefährdend gehalten und wiederholt verboten. Eine ihnen verwandte Literaturgattung sind die apokryphen kanonischen Bücher, die demselben Bedürfnis entgegenkamen wie das Werk Tung Chung-shus: auch sie trachteten danach, den ethisch-moralischen Lehren Konfuzius ein metaphysisches – oder vielleicht physisch-kosmisches – Fundament zu geben. Neu waren in ihnen kosmologische Berechnungen über Weltanfang (nicht als göttliche Schöpfung gedacht!), über den Abstand zwischen dem runden Himmelszelt und der viereckigen Erdscheibe und ähnliche kosmische Faktoren im menschlichen Dasein.

Gemeinsam war all diesen Texten die Glorifizierung, wenn nicht gar Vergottung des Konfuzius. Der eifrig lehrende, mahnende, fruchtlos umherziehende Schulmeister paßt nicht ganz zu der Vorstellung, die man sich vom Schöpfer der kanonischen Werke machen wollte. Wer den Willen des Himmels kannte und die Herrschaft des Hauses Han geweissagt hatte, mußte ein anderes Aussehen bekommen. Freilich gab es auch schon zur Han-Zeit Gelehrte, die sich gegen diesen Kult wandten; sie setzten sich sogar im Laufe der Zeit durch, und der große Meister wurde wieder menschlicher aufgefaßt. Zu ihnen gehörten Yang Hsiung (53 v. Chr.–18 n. Chr.) und Wang Ch'ung (27 bis etwa 100 n. Chr.). Sie waren aber durchaus noch Kinder ihrer Zeit: Yang Hsiung schuf eine eigene Fassung des Buches der Wandlungen, und Wang Ch'ung, der in geistreichen Aufsätzen gegen verschiedenerlei Aberglauben polemisierte, proklamierte nichtsdestoweniger seinen Glauben an Vorzeichen.

Im 2. Jahrhundert n. Chr. hatten sich die Denker von Konfuzius abgewandt, und ihre Schriften, von denen uns ein Teil zugänglich ist, deuten eine gewisse Renaissance der Gedanken der Rechtsschule an. Die konfuzianische Moral schien angesichts des wirtschaftlichen Niedergangs, wie ihn die Cliquenkämpfe unter der herrschenden Schicht ausgelöst hatten, und der dadurch bedingten gesellschaftlichen Zerrüttung nicht mehr auszureichen. Von einem strengeren politischen Regiment versprach man sich bessere Resultate. Ts'ao Ts'ao, der zukünftige Herrscher des Nordens, sollte zu einer späteren Zeit praktische Schlüsse aus diesen Lehren ziehen.

Unter der geistigen Aktivität, die das Han-Zeitalter kennzeichnete, nahm das Studium der alten Texte, besonders der kanonischen, einen hervorragenden Platz ein. Der 213 v. Chr. verkündete Bannfluch gegen die literarischen Urkunden war 191 gefallen, aber danach hatte man die größte Mühe, die vom Verbot befreiten Schriften wieder zusammenzubringen. Nach den alten Texten wurde eifrig gesucht, und wiederholt wird über die Auffindung von Fragmenten berichtet. Nach dem Vorbild des ersten Ch'in-Kaisers beschäftigten auch die Han-Kaiser an ihrem Hof »Gelehrte des umfassenden Wissens«, die sich zunächst einige Jahrzehnte mit den Lehrsystemen aller Philosophenschulen befaßten.

Dann konsolidierte sich eine neue Orthodoxie: im Jahre 141 v. Chr. wurde von Kaiser Wu – oder wohl, da er noch sehr jung war, von seinen Ministern – verfügt, daß nur noch Konfuzianer Hofgelehrte sein durften. Mit der Errichtung der Hochschule für Beamtenanwärter erfuhr das Studium der konfuzianischen Texte erst recht einen Auftrieb. Da die archaische Sprache der kanonischen Bücher ohne gelehrte Auslegung kaum zu verstehen war, gab das den Anstoß zur Entwicklung einer umfassenden Kommentarwissenschaft. Die Historiker der Han-Zeit haben uns die Namen der Männer überliefert, die seit dem Anfang der Dynastie die verschiedenen Klassiker weiter tradierten; bewahrt geblieben sind in der Hauptsache allerdings nur Arbeiten der Kommentatoren aus dem 1. Jahrhundert unserer

Zeitrechnung. Ihnen kann man entnehmen, daß es verschiedene Traditionen und verschiedene Auslegungsschulen für die einzelnen Texte gab, die mitunter heftige Fehden miteinander ausfochten. Schließlich waren die Texte viel mehr als gewöhnliche Bücher, und ihre Auslegung war eher religiöse Exegese als Resultat einer philologisch-historischen Erklärung, auch wenn sich hinter dem Interpretationsstreit soziale und politische Gegensätze verbargen, die gelegentlich auch deutlicher hervortraten.

Angesichts des zentralistischen Aufbaus des Han-Staates ist es nicht verwunderlich, daß auch die Wissenschaft Gegenstand des Staatsinteresses war; das bezeugt schon die Errichtung der Hochschule mit ihren besonderen Funktionen für den Staatsdienst. Ähnlich wurde – namentlich in den letzten Jahrzehnten des 1.Jahrhunderts v.Chr. – die Palastbibliothek zur Sammelstelle für alle alten und zeitgenössischen Texte. Hier amtierten die berühmten Bibliothekare Liu Hsiang und Liu Hsin mit ihren Mitarbeitern; die von ihnen verfaßten Kataloge der Sammlung haben sich zwar in ihrer ursprünglichen Form nicht erhalten, aber ein Kapitel der Geschichte der frühen Han-Dynastie von Pan Ku ist faktisch ein Auszug aus dem Katalog von Liu Hsin, der einen Eindruck von den um die Jahrtausendwende vorhandenen, später größtenteils verlorengegangenen antiken und zeitgenössischen Werken vermittelt.

Untergegangen ist vor allem die schöne Literatur: überliefert sind uns in der Hauptsache Gedichte, unter denen die Fu, gereimte Prosastücke in einer überschwenglichen Sprache, und einige melancholische Nachdichtungen der Volkspoesie die bedeutendsten sind. Dafür haben uns die Historiker unvergängliche Dokumente der Han-Literatur hinterlassen; namentlich Ssu-ma Ch'iens »Aufzeichnungen des Hofastrologen« sind ein großes Prosakunstwerk mit vielen unvergeßlichen Beschreibungen und Charakterisierungen.

## *Chinesische Expansion*

Die Anfänge der Ausbreitung des chinesischen Kulturgebietes liegen im dunkeln. Ziemlich klar ist es noch für die Frühgeschichte, unter welchen Umständen die Träger der chinesischen Kultur im Stromgebiet des Gelben Flusses nach und nach in die von »Barbaren« bewohnten Gebiete eindrangen und sie den damaligen chinesischen Kleinstaaten einverleibten. Für die späteren Perioden kann man eine ähnliche Durchdringung nur vermuten, bis ihre massierte Wirkung plötzlich zutage tritt, als ein Staat wie Ch'in große Landstriche außerhalb der von Chinesen bewohnten Welt annektiert; so wird man wohl im Falle der »Barbarenländer« Pa und Shu, des östlichen und des westlichen Teils der heutigen Provinz Ssu-ch'uan, die Ch'in nach einem kriegerischen Konflikt 316 v.Chr. an sich riß, ein langes stilles Eindringen annehmen müssen, das der Annexion vorauf ging. Bald nach der Annexion ist eine beträchtliche – zum Teil vom Staat erzwungene – Auswanderung ins neuerworbene Gebiet zu beobachten, und man möchte meinen, daß die gewaltsame Einverleibung lediglich einen Migrationsprozeß von langer Dauer besiegelte.

In anderen Gegenden, von denen Genaues auch nicht bekannt ist, mag die Entwicklung anders verlaufen sein. So war beispielsweise Ch'u, das nicht nur an das chinesische Kulturgebiet angrenzte, sondern auch Teile davon jahrhundertelang beherrscht hatte, schon lange vor aller Annexion weitgehend chinesisch, zum mindesten in seiner Oberschicht. In wahrscheinlich etwas geringerem Maße galt das auch von den »Barbaren« des Yang-tzu-Deltas und des weiter südlich angrenzenden Küstengebiets, den Wu und Yüe, die ebenfalls während längerer Perioden über rein chinesische Bezirke geherrscht hatten.

Mit der Zusammenlegung des gesamten chinesischen Kulturgebietes unter den Ch'in nahm die Expansion festere Formen an, und das neue Reich vergrößerte sich rapid: im Norden und Nordwesten drangen die Heere in die Steppen vor, im Süden wurden südlich von Ch'u neue Kommanderien errichtet, drei zum Beispiel 214 v. Chr. im südchinesischen Binnenland – mit Teilen der heutigen Provinz Hunan, Kuangtung und Kuangsi und wohl auch einschließlich des Nordens des neuzeitlichen Viet-Minh-Staates. Von der Dichte der ursprünglichen Bevölkerung können wir uns kein exaktes Bild machen: noch über zwei Jahrhunderte später waren hier jedenfalls die chinesischen Siedlungen recht spärlich; sie wuchsen erst in späterer Zeit. Militärisch und politisch hatte sich der chinesische Machtapparat offenbar viel zu weit vorgewagt; sobald der Aufstand gegen die Ch'in 209 v. Chr. einsetzte, fielen diese Gebiete sofort wieder von China ab.

Die große und nunmehr bleibende Expansion in allen Himmelsrichtungen begann unter dem Han-Kaiser Wu. Was das Ch'in-Reich vorher versucht hatte und was mit seinem Sturz zerfallen war, wurde von neuem angepackt: wo sich früher abenteuerliche Siedler und wagemutige Handelsleute einsam vorgetastet hatten, marschierte jetzt das Reich. Eindeutig lassen sich die Expansionsmotive nicht erkennen: daß sie – vor allem im Nordwesten – weitgehend militärischer Natur waren, steht fest; aber auch Handel und Massenwanderungen dürften die Expansionsfreudigkeit der Staatsspitze beeinflußt haben.

*Die Mauer im Nordwesten*

Am auffälligsten war die Ausbreitung des Reiches im Nordwesten. Die Große Mauer ist ein landläufiger Begriff, und schon die griechischen und lateinischen Klassiker haben von den »Seres« und ihren »serischen« Geweben, von den Chinesen und ihrer Seide vernommen. So plötzlich die Erweiterung des chinesischen Gebietes nach dem Westen zu seit 129 v. Chr. anmuten mag, sie setzte nur Entwicklungen eines ganzen Jahrhunderts fort. Erst im 5. Jahrhundert v. Chr. scheinen die Einwohner Chaos, des nördlichsten der chinesischen Kleinstaaten, mit den berittenen Steppenvölkern in Berührung gekommen zu sein. Etwa um 316 eroberte der Staat Ch'in die Lung-hsi genannte Gegend im Osten der heutigen Provinz Kansu. Aber erst nachdem der erste Ch'in-Kaiser ganz China erobert hatte, richtete er sein Augenmerk auch auf Gebiete außerhalb des damaligen Reiches. So wurde zur Eroberung der Steppe innerhalb der großen nördlichen Schleife des Gelben Flusses, des Ordos-Gebiets, der Feldherr Meng Tien 214 v. Chr. gegen das nomadische Hirtenvolk Hsiung-nu ausgeschickt, das wahrscheinlich mit den dem Abendland besser bekannten Hunnen identisch ist. Gleichzeitig wurden strategische Straßen angelegt, die Große Mauer erbaut und bei

Wachtturm der Grenzstation Boro-tsonch in der Han-Befestigung am Edsen-gol in der Gobi

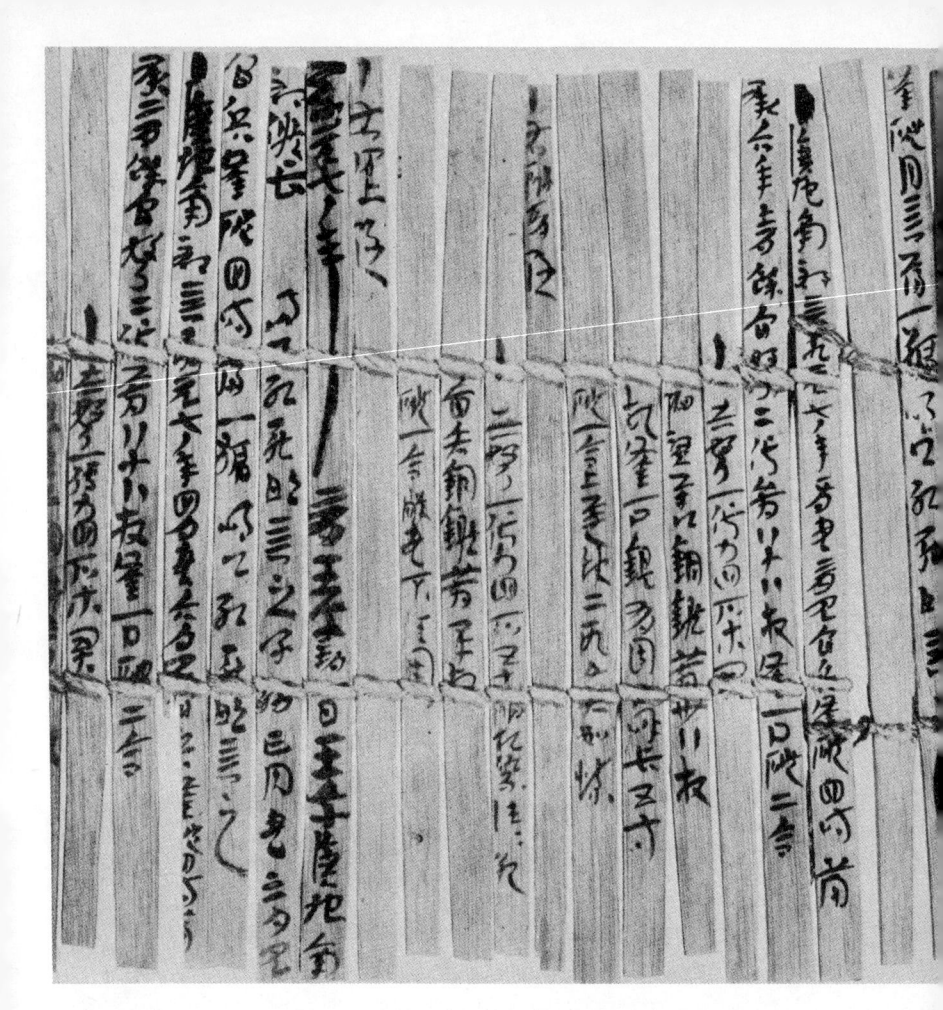

Inventar eines Wachturmes in der Grenzbefestigung am Edsen-gol
Aus einer Schriftrolle mit Jahresberichten über den Bestand an Waffen und Geräten, Han-Zeit

dieser Gelegenheit auch im Norden neues Gebiet annektiert. Bei den Befestigungsarbeiten sollen dreihunderttausend Menschen, meist zu Zwangsarbeit verurteilte Sträflinge, Hand angelegt haben.

Die »zehntausend Meilen lange Mauer«, »Wan-li Ch'ang-ch'eng«, imponierte als Riesenwerk schon den Zeitgenossen, war indes nichts grundsätzlich Neuartiges. »Lange Mauern« nach der Art der Hadrian-Mauer in Nordengland hatten verschiedene Teilstaaten zum Schutz vor feindlichen Angriffen bereits Jahrhunderte zuvor gebaut, auch wenn die Feinde nur andere chinesische Staaten waren. Der früheste bekannte Fall ist der Grenzwall des Staates Ch'u, Anfang des 6. Jahrhunderts zur Abwehr der Staaten des Nordens erbaut. Ähnliche Befestigungen errichtete Ch'i um 500 gegen Ch'in und um 450 gegen Ch'u und Yüe. Ende des 4. Jahrhunderts ist zum erstenmal von Grenzverteidigungswerken gegen die Fremdvölker die Rede: die vom Staat Wei um 360 zum Schutz seines westlich des Gelben Flusses gelegenen Gebietes erbaute Mauer galt zwar auch den Ch'in, aber auf jeden Fall sollte ihr nördlicher Sektor den Hunnen des Ordos-Gebiets einen Riegel vorschieben. Die Ch'in bauten um 320 ihrerseits einen noch weiter westlich und nördlich verlaufenden Grenzwall, der sich an die Nordspitze der Wei-Mauer anlehnte; in den folgenden Jahrzehnten folgten Chao und Yen dem Beispiel der Ch'in.

Zwischen 215 und 209 ließ der erste Ch'in-Kaiser um die von Meng Tien eroberten Gebiete einen neuen Befestigungswall legen, eben die Große Mauer. Teilweise wurden dabei an der Nordgrenze die etwa hundert Jahre alten Grenzwälle von Chao und Yen benutzt, größtenteils war jedoch die Mauer ein neues Werk, namentlich im Westen, wo der Ch'in-Wall von 330 verlassen und die Grenzverteidigung Hunderte von Kilometern weiter westlich an den Gelben Fluß vorgeschoben wurde. Die Verteidigungswerke der Ch'in und der Han waren nun etwas ganz anderes als die sechzehnhundert Jahre spätere Ming-Mauer, die tatsächlich durchgängig eine Steinmauer ist, auch wenn zwischen den Steinwänden Erdschichten liegen. Im Gegensatz dazu bestanden die frühen Grenzbefestigungen hauptsächlich aus Wachttürmen, die durch einen Erdwall verbunden waren; die Türme standen auf Anhöhen und waren so angeordnet, daß von jedem Turm aus die beiden Nachbartürme links und rechts sichtbar waren; zum Teil waren die Türme hinter den Wall zurückverlegt und von eigenem Mauerwerk umschlossen. Hinter dieser ersten Verteidigungslinie lagen Festungen und befestigte Garnisonlager. Die Außenverkleidung der Wachttürme bestand aus riesigen Ziegelsteinen von 48 mal 48 mal 18 Zentimetern; der massive Kern war aus gestampfter Erde, die, weil ihr die Festigkeit des Lehms fehlte, mit Tamariskenzweigen und Kies verstärkt war. Der Wall selbst war ebenfalls gestampfte Erde, mit Zweigen und Kies befestigt; das Stampfverfahren war so wirkungsvoll, daß die Mauer an geschützten Stellen heute noch drei Meter hoch und zweieinhalb Meter stark ist.

Die etwa zehn Meter hohen und sechseinhalb Meter breiten Türme dienten als Ausguckposten: sichtete man nomadische Reiterhorden, so wurde sofort das nächste Garnisonkommando benachrichtigt. Als Signalvorrichtungen dienten nachts Metallkörbe mit lodernden Fackeln, die an einer Art Brunnenstange auf und nieder bewegt wurden; tagsüber wurden rot-weiß gestreifte Segel gehißt oder aus eigens zu diesem Zweck gebauten Schornsteinen Rauchsignale gegeben; im äußersten Notfall zündete man in der Nähe des Turmes aufgeschichtete Stapel Brennholz an. Die Besatzung der einsamen Wachttürme bestand aus je fünf oder sechs Mann, die vom Turm aus Ausschau hielten, an der Mauer entlang patrouillierten und dann auch Arbeiten verrichteten; zum Beispiel mußten Sandstreifen außerhalb der Mauer immer wieder aufgelockert und geglättet werden, damit fremde Spuren sofort entdeckt und gemeldet werden konnten. Neben den Fahnenstangen standen auf jedem Turm ein Schießpult für schwere Armbrüste, ein »Fernauge« genanntes primitives Richtgerät und unverwandt auf die Nachbartürme gerichtete »Guckröhren«, die das Sichten der Signale erleichtern sollten. In mancherlei Hinsicht glich der chinesische Vorstoß nach Mittelasien der militärischen Expansion des Römischen Reiches in Nordwesteuropa.

Die Mauern allein konnten, wie sich mehrfach zeigen sollte, den nomadischen Feind nicht jenseits der Grenze halten; sie schützten nur, wenn sie gut bemannt waren. Sie waren ein Nebenprodukt der chinesischen Expansion; erschlaffte der Expansionstrieb und zogen sich die chinesischen Streitkräfte aus den umstrittenen Grenzgebieten zurück, so war die unbemannte und unverteidigte Mauer keine Barriere gegen den Einfall der Nomadenvölker aus der mongolischen Steppe. Das zeigte sich sogleich bei der Erhebung gegen die Ch'in im Jahre 209: Truppen, Zwangsarbeiter und Dienstleistungspflichtige verließen in Scharen die unwirtlichen Grenzbezirke und ließen die Grenze praktisch unverteidigt. Unbehelligt konnten die Hunnen die ihnen entrissenen und von der Großen Mauer umzingelten Gebiete zurückerobern.

## Kampf gegen die Hunnen

Das Verschwinden der chinesischen Grenzgarnisonen fiel zeitlich mit einer gewaltigen Machtentfaltung der Hunnen zusammen. Will man das Nomadentum gleichsam für eine Randerscheinung der großen Ackerbaukulturen halten, so kann man hypothetisch annehmen, die Zusammenlegung der chinesischen Teilstaaten zum Einheitsreich der Ch'in habe auch bei den Hunnenstämmen analoge Bestrebungen ausgelöst. Ohnehin waren die nomadischen Hunnen kein kulturloses Volk: sie hatten eine bestimmte Zivilisationsstufe erreicht, die in einer charakteristischen politischen Organisation ihren Niederschlag fand. Nicht unwesentlich waren auch direkte chinesische Einflüsse, zum Teil dank chinesischen »Überläufern«, die sich bei den Hunnen eingelebt hatten; manche von ihnen – gerade in der Han-Zeit – waren Adlige und Heerführer, die am Hunnenhof hohe Posten erhielten. Beispiele dafür bieten die Lehnskönige Han Hsin (200) und Lu Wan (195) und die Heerführer Li Ling (99) und Li Kuang-li (90). Ob mit, ob ohne direkte Einwirkung des chinesischen Vorbildes, jedenfalls gelang es dem Stammeshäuptling T'ou-man in den letzten Jahrzehnten des 3. Jahrhunderts, die einander ständig bekämpfenden Stämme der Hsiung-nu zu einigen und ein lockeres föderatives Staatsgebilde zu errichten. T'ou-man selbst mußte sich zwar vor den vordringenden Truppen der Ch'in weit nach dem Norden zurückziehen, aber sein Sohn und Nachfolger (und Mörder?) Mao-tun konnte die Wirren im chinesischen Reich und die Entblößung der Grenzen dazu benutzen, den Hunnen die Herrschaft über das von den Chinesen kurz vorher eroberte Gebiet wiederzugeben. Wieder gehörte ihnen das Ordos-Gebiet, damit aber auch der Oberlauf des Gelben Flusses und das Gelände am östlichen Teil der Großen Mauer. Mit ihrer konsolidierten Macht konnten nun die Hunnen weitere Streifzüge in China unternehmen; nach den ersten kriegerischen Auseinandersetzungen, bei denen Kaiser Kao selbst ins Feld gezogen war, fanden bis zum Beginn der aktiven Abwehr unter Kaiser Wu trotz allen Verträgen und allen Zahlungen der Chinesen immer wieder Raubzüge der Hunnen an den Nordwest- und Nordgrenzen statt.

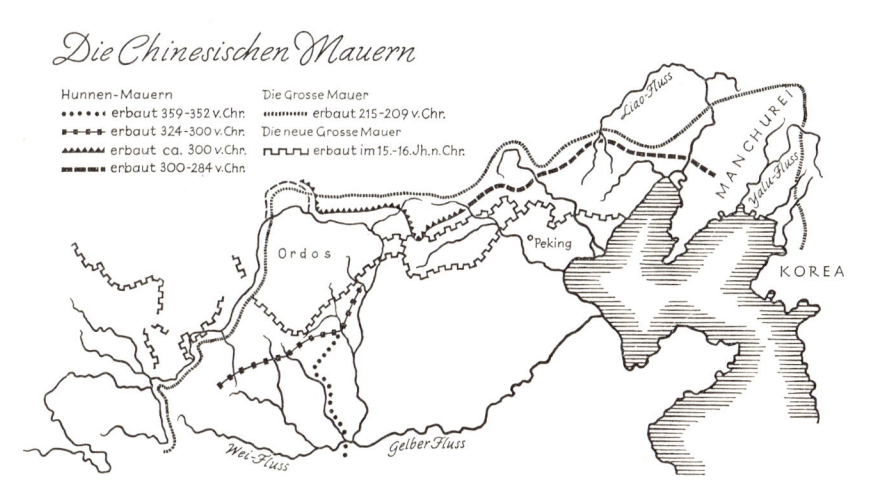

### Die Chinesischen Mauern

Hunnen-Mauern
•••••• erbaut 359-352 v.Chr.
▪-▪-▪-▪ erbaut 324-300 v.Chr.
▴▴▴▴▴ erbaut ca. 300 v.Chr.
▬ ▬ ▬ erbaut 300-284 v.Chr.

Die Grosse Mauer
▬▬▬▬ erbaut 215-209 v.Chr.
Die neue Grosse Mauer
⊓⊔⊓⊔ erbaut im 15.-16.Jh.n.Chr.

Im Jahre 200 v. Chr. hatte Kaiser Kao persönlich den Kampf gegen Han Hsin, König von Han, der sich den Hunnen unterworfen hatte, aufgenommen, wurde aber geschlagen und kam kaum mit dem Leben davon. Später wurde dem Hunnenfürsten eine chinesische Frau angeboten, die angeblich eine Tochter des Kaisers gewesen ist; dann warb Mao-tun um die Hand der Witwe Kaos – vielleicht dem Hunnenbrauch zuliebe, der die Ehe mit der verwitweten Schwägerin gebot. Aber weder solche verwandtschaftlichen Beziehungen noch chinesische Geschenke vermochten die Hunnen davon abzubringen, chinesisches Gebiet zu überfallen und zu plündern. Inzwischen hatten die Hunnen ihre Macht auch über die Oasenstädte Mittelasiens ausgebreitet, und um 176 v. Chr. vertrieben sie das Volk der Yüe-chih aus der heutigen Provinz Kansu. (Die Yüe-chih zogen nach Afghanistan und gründeten dort das Kushan-Reich.)

Friedensversuche wurden nach den großen Hunnenfeldzügen von 177 angebahnt. Man wechselte Briefe; Kaiser Wen schickte Geschenke, vor allem gemusterte und bunte Seide; dem Nachfolger des großen Mao-tun wurde wiederum eine chinesische Prinzessin als Braut zugeführt. Trotzdem hörten die Raubzüge nicht auf, und im Winter 167/166 stießen die Hunnen – mit angeblich hundertvierzigtausend Reitern – bis in die Nähe der Hauptstadt Ch'ang-an vor. Weitere Friedensbemühungen erbrachten 162 einen Vertrag, in dem den Hunnen Seide- und Lebensmittellieferungen zugesichert wurden. Die Einfälle der Hunnen galten vor allem der Nahrungsbeschaffung; eine gewisse Rolle spielte die chinesische Seide: die anfänglich bescheidenen vertraglichen Lieferungen nahmen später beträchtliche Ausmaße an, die möglicherweise den transasiatischen Seidenhandel beeinflußt haben.

Lange hielt der Frieden von 162 nicht vor: im Winter 159/158 brachen die Hunnen an zwei Stellen mit je dreißigtausend Reitern von neuem ein; darauf folgte 156 ein neuer Vertrag und 152 der Brautzug einer weiteren chinesischen Prinzessin. Wenn 148 wieder Raubzüge stattfanden, so unterwarfen sich auf der anderen Seite 147 einige untergeordnete Hunnenfürsten der Oberhoheit des Han-Reiches. Aus einer Bemerkung in den chinesischen Annalen, wonach 146 die Ausfuhr junger Pferde verboten worden sei, läßt sich schließen, daß mit den Grenzvölkern trotz allen kriegerischen Aktionen Handel getrieben wurde. Aber 144 und 142 ist wieder von Einfällen der Hunnen und schweren Verlusten der chinesischen Truppen die Rede.

Das Han-Reich begnügte sich im wesentlichen mit Verteidigungsmaßnahmen. Zum erstenmal faßte ein kaiserlicher Erlaß 133 Vorbereitungen für ein offensives militärisches Vorgehen gegen die Hunnen ins Auge. Die Tonart des Erlasses war allerdings defensiv: man habe die Hunnen mit Geschenken versehen und ihnen Gattinnen aus der kaiserlichen Familie gegeben, und dennoch hörten ihre Angriffe nicht auf; auch diesmal wurde keine offene Attacke, sondern eine Falle geplant: die Hunnen sollten in einen Hinterhalt gelockt werden. Obgleich ein Heer von dreihunderttausend Mann aufgeboten wurde, mißlang der Plan, weil die Hunnen von den Absichten der Chinesen rechtzeitig Wind bekommen hatten. Danach hätten die Hunnen, berichtet der Han-Historiker, die friedlichen Beziehungen abgebrochen und wiederholt neue Einfälle unternommen, aber »wegen ihrer Habsucht schätzten sie die Märkte an der Grenze, da sie die Waren der Han mochten«. Auch die Chinesen hätten den Handel auf den Grenzmärkten fortgesetzt, den Warenaustausch nicht unterbunden. Sie hätten damit, meint der Chronist der Han, den Hunnen »gefallen wollen«. Vielleicht sollte man das wichtigere Motiv darin suchen, daß der Grenzhandel auch für die Chinesen seine Bedeutung hatte.

## China geht zum Angriff über

Aktive Maßnahmen gab es dann 130: zur Verteidigung der Bergpässe wurden zehntausend Dienstpflichtige in die nördliche Grenzkommanderie von Yen-men abkommandiert. Das hielt die Hunnen nicht davon ab, im Frühjahr 129 den Nachbarbezirk zu überfallen. Das veranlaßte die Chinesen endlich, zum Angriff überzugehen: von verschiedenen Punkten aus wurden vier Generale mit je zehntausend Mann Reiterei gegen die Hunnen »an den Grenzmärkten« ausgeschickt. Ins Feindesland bis zum Hauptlager der Hunnen, dem »ummauerten Lung« (am Ongin-Fluß?), stieß von den vier Feldherren nur einer vor, der später berühmte Wei Ch'ing. China wurde weiterhin von wilden Hunneneinfällen heimgesucht; namentlich im Osten, in den nördlich des heutigen Peking gelegenen Bezirken. Wei Ch'ing mußte wieder gegen die Hunnen ziehen, 128 im Norden, 127 im Westen, wo er das Ordos-Gebiet nach fast achtzig Jahren wieder unter chinesische Herrschaft brachte; am Gelben Fluß wurden hier die Kommanderien Shuo-fang und Wu-yüan geschaffen. Shuo-fang diente 124 als Ausfalltor für einen großangelegten nordwestlichen Kriegszug, bei dem die Han-Truppen fünfzehntausend Gefangene und fast eine Million Stück Vieh erbeuteten. Im Jahre darauf wurden zwei Nordfeldzüge geführt.

Besonders wichtig war für den Ausbau des chinesischen Einflusses in Mittelasien der Feldzug des jungen Huo Ch'ü-ping, der 121 vom Wei-Tal gen Nordwesten vorstieß: dank seinen Siegen konnten die Chinesen im Korridor der heutigen Provinz Kansu, der zu den abgelegenen Oasenstädten des Tarim-Beckens führte, festen Fuß fassen. Im selben Jahr fand weiter nördlich eine zweite Aktion statt, bei der die Chinesen bis zu den Seen von Chü-yen vordrangen; ein Hunnenfürst mit über vierzigtausend Kriegern unterwarf sich den Han. Die Feldzüge Huo Ch'ü-pings bewirkten, daß Nordwestchina längere Zeit von Hunneneinfällen verschont blieb. Eine große kombinierte Operation drängte die Hunnen 119 über die Gobi-Wüste bis in die Äußere Mongolei zurück. Freilich waren die Verluste auf beiden Seiten so groß, daß weitere Kriegshandlungen einstweilen unterbleiben mußten.

Neue militärische Aktionen im fernen Westen richteten sich dann gegen die Chiang, die westlich des schmalen Kansu-Korridors siedelten. Nachdem sie Beziehungen mit den Hunnen aufgenommen hatten, gerieten sie im Spätherbst 112 in Bewegung; gleichzeitig griffen die Hunnen vom Norden her an. Es gelang den Chinesen jedoch, die Chiang niederzuwerfen und die Hunnen zurückzutreiben. Das brachte noch keine Beruhigung: der wachsende Handelsverkehr mit den mittelasiatischen Oasenstaaten verlangte militärischen Schutz, und größere und kleinere Konflikte mit den Hunnen entbrannten immer wieder von neuem. Erwähnenswert sind die Feldzüge des Li Kuang, zwischen 104 und 100 v. Chr., die dem Zweck dienten, aus dem hinter Mittelasien liegenden Ta-yüan (dem heutigen Ferghana) zur Verbesserung des chinesischen Gestüts »blutschwitzende« Pferde zu holen.

Um diese Zeit hatten die Chinesen das Tarim-Becken zum Teil schon unter ihre Oberhoheit gebracht, wohl um den aufblühenden Karawanenhandel besser schützen zu können: chinesische Truppen waren 109 ausgezogen, die Oasenstädte Lou-lan (am Lob-nor) und Chü-shih (das heutige Turfan) zu unterwerfen. In den folgenden Jahren mußte jedoch der Kampf mit den Hunnen weitergeführt werden: große Feldzüge gab es wieder 103 und 99; die Kampagne von 99 war sogar darauf angelegt, die Hunnen endgültig aus Mittelasien zu vertreiben.

Das Ziel wurde nicht erreicht, auch nicht in der Aktion von 97, bei der drei Heere mit insgesamt zweihunderttausend Soldaten (davon mindestens achtzigtausend Reitern) vergebens nach dem Norden geworfen worden waren, und auch nicht im Feldzug von 90, der mit einem Debakel endete. Erst allmählich begann danach der Druck der Hunnen nachzulassen: einmal litt ihre Stoßkraft unter schweren inneren Streitigkeiten, zum anderen waren sie vollauf damit beschäftigt, die Stämme der Wu-sun im Westen und der Hsien-pi im Osten abzuwehren. Schließlich führten wachsende innere Spannungen zur Teilung des Hunnenreiches in zwei Staatsgebilde, eins südlich und eins nördlich der Wüste Gobi. Nach wiederholten chinesischen Expeditionen unterwarf sich der Herrscher der südlichen Hunnen 53 v. Chr. dem Chinesischen Reich, und 36 wurde der König der nördlichen Hunnen, der nach Westen ausgewichen war und sich gerade anschickte, einen für die chinesische Position in Mittelasien gefährlichen Großstaat ins Leben zu rufen, bei dem schwungvollen chinesischen Siegeszug in die entlegene Sogdiane am Talas-Fluß geschlagen; sein Kopf wurde eingepökelt nach Ch'ang-an gebracht und öffentlich zur Schau gestellt.

## Vorstoß und Rückzug

Seit Mitte des 1. Jahrhunderts v. Chr. waren die Oasenstädte des mittelasiatischen Tarim-Beckens ganz in chinesischer Gewalt und seit 67 einem »Schirmherrn der Westlande« unterstellt; so blieb es, bis die Wirren, die zum Sturz Wang Mangs 23 n. Chr. führten, den chinesischen Einfluß in Mittelasien zunichte machten; dann kümmerte sich fünfzig Jahre lang niemand mehr um die fernen Gebiete. Durch den Kampf mit seinen Rivalen, von denen sich einer sogar mit den Hunnen verbündet hatte, völlig in Anspruch genommen, zog es Kaiser Kuang-wu, der Stifter der zweiten Han-Dynastie, vor, die Grenzen des Reiches zurückzunehmen und manche Präfektur aufzugeben. Den unterworfenen und danach von weiteren Schlägen heimgesuchten südlichen Hunnen gestattete er, sich auf chinesischem Gebiet innerhalb der Grenzmauern niederzulassen. Auf dies Fundament sollte sich die Herrschaft der Fremdvölker über Nordchina im 4. Jahrhundert stützen.

Nach einer langen Zeit des Niedergangs waren die nördlichen Hunnen um die Mitte des 1. Jahrhunderts n. Chr. wieder auf die Beine gekommen. Sie behaupteten sich erfolgreich in Mittelasien und unternahmen wieder Streifzüge in Nordchina. Ein Versuch Chinas, sie mit Handelsprivilegien zu besänftigen, war mißglückt. Trotz starken inneren Widerständen entschloß sich die chinesische Regierung, die längst aufgegebene Offensivpolitik von neuem aufzunehmen. Wieder gab es 73 und 74 militärische Aktionen im Norden und Nordwesten. Die Hunnenheere wurden geschlagen und mehrere Orte in Ostturkestan besetzt. Trotzdem war die kaiserliche Regierung unter dem Druck der »Isolationisten« geneigt, die Politik des militärischen Vorstoßes wieder aufzugeben. Heftig protestierte dagegen der Befehlshaber Pan Ch'ao, ein Bruder des Han-Historikers Pan Ku. Er warnte vor der großen Bedeutung der Tarim-Oasen als möglicher Vorratskammern für die Hunnen; er betonte zugleich, daß chinesische Garnisonen im Tarim-Becken dem chinesischen Staatsschatz nichts zu kosten brauchten, weil sie sich selbst verproviantieren könnten. Er setzte durch, daß die Besatzungen blieben.

Aber zu energischem Vorgehen gegen die immer aktiveren Hunnen war die Regierung nach wie vor nicht bereit. Dazu bedurfte es erst eines Kaiserwechsels und der Beeinflussung des neuen Kaisers durch seine Schwäger. Die von Tou Hsien 89 bis 91 geführten Feldzüge zeitigten beachtliche Erfolge: die nördlichen Hunnen wurden geschlagen, Pan Ch'ao eroberte mehrere weitere Oasenstädte und brachte damit (94 n. Chr.) das gesamte Tarim-Becken in chinesischen Besitz, und die Gefahr neuer Raubzüge der Hunnen war gebannt. Der Triumph war kurzlebig: nach dem Rücktritt Pan Ch'aos (102) und dem Tod des Kaisers (105) brach die chinesische Macht auseinander: es wurde beschlossen (107), die »Westlande« ganz aufzugeben; die Regierung fand, sie seien »zu kostspielig«. Noch einmal wurde 119 bis 127 gegen die wiedererwachende Macht der Hunnen und die Aufstände der Chiang energisch durchgegriffen, aber das war schon das letzte Aufflackern einer »zu kostspieligen« Politik, denn der endgültige Niedergang des politischen Einflusses Chinas in Mittelasien folgte, obgleich sich Verbindungen zwischen China und dem fernen Westen noch mehrere Jahrzehnte erhielten.

CHINA IM ALTERTUM 563

*Militärische und wirtschaftliche Expansion*

Ob die »pazifistischen« Konfuzianer oder ihre kriegsbereiten Gegner recht hatten, ist ebenso schwer zu entscheiden wie, ob Politik und Strategie oder Handelsinteressen für Chinas Drang nach Norden und Westen bestimmend waren. Ob es einer konsequent konfuzianischen Politik der Besänftigung der »Barbaren« und der erzieherischen Wirkung des guten Beispiels je gelungen wäre, den Aggressionen der plündernden Hunnen Einhalt zu gebieten, ist zum mindesten zweifelhaft. Die aktive Abwehroffensive unter Kaiser Wu hatte ihren guten Sinn: mit den großen militärischen Aktionen wurden jedenfalls die Hunnen aus rein chinesischem Gebiet vertrieben und ein aktiver Grenzschutz aufgebaut. Die Kehrseite der Medaille war eine anhaltend schwere Belastung der Staatskasse und natürlich auch der Bevölkerung. Erbittert schreibt der Historiker Pan Ku um 80 n. Chr., der Nachfolger Wus auf dem Thron habe »die von Kaiser Wu und seinen Feldzügen hinterlassenen Übel der Verschwendung und Extravaganz geerbt, weswegen denn auch das Reich gleichsam entleert und verödet und die Bevölkerung um die Hälfte verringert war«. Man mag zwar diesem Urteil eines überzeugten Konfuzianers einige Vorbehalte entgegenbringen, aber die zwischen 120 und 110 v. Chr. getroffenen Wirtschaftsmaßnahmen lassen kaum einen Zweifel daran, daß der chinesische Staat unter Wu schwere finanzielle Bedrängnisse durchmachte.

Nur auf wirtschaftliche, nur auf kommerzielle Motive läßt sich die chinesische Expansionspolitik darum nicht zurückführen. Gewiß blühte, wie es so schön heißt, der Seidenhandel. Aber wo kam die Seide her, die Zwischenhändler vieler Völker schließlich bis nach Rom brachten? Waren die Seidenballen freie Ware in den Händen freier Händler? Oder stammten sie nicht vielmehr aus erzwungenen Steuerabgaben, deren Erlös in Naturalien von Gesandten des Chinesischen Reiches nach Mittelasien mitgenommen wurde? Oder gar aus Lieferungen an die Hunnen, die sich im Zuge der Befriedungspolitik vermehrten? Wie dem auch sei: was der Seidenhandel einbrachte, konnte unmöglich auch nur die Kosten decken, die die Verteidigung der Grenzen, namentlich in Gegenden, wo sich die Garnisonen nicht aus Eigenem verproviantieren konnten, verursachen mußte.

Schon in einer Denkschrift des klugen Staatsmanns Ch'ao Ts'o aus dem Jahr 178 v. Chr. wurde die Notwendigkeit betont, die Verproviantierung der Truppen von der Zufuhr aus dem Innern Chinas unabhängig zu machen. Die eigentliche Stärke der Grenzverteidigung sollte, fand er, in der Beteiligung der in Grenznähe lebenden Bevölkerung liegen; deswegen befürwortete er die Ansiedlung geeigneter Menschen, die die Grenze mit der Waffe in der Hand verteidigen könnten, in den Randgebieten des Reiches. Tatsächlich kamen, wie dann später die Praxis gezeigt hat, die Kavalleristen der Grenztruppen aus den Grenzbezirken. Ch'ao Ts'os Rat wurde auch insofern befolgt, als überall, wo es die Verhältnisse erlaubten, neben der Kampftruppe militärische Formationen von Bauern und Bewässerungsarbeitern in Garnison gelegt wurden, die das Land urbar machten und an Ort und Stelle Getreide, Gemüse, Hanf und anderes mehr für den Heeresbedarf anbauten; bisweilen wurden sogar Getreideüberschüsse erzielt, die ins Binnenland gebracht wurden. Indes blieb in unwirtlichen Gegenden die Zufuhr von Lebensmitteln unerläßlich; auf sie deuten zum Beispiel die Ruinen eines gewaltigen Kornspeichers in der Gegend von Tunhuang hin: der Bau aus gestampftem Lehm hatte eine Länge von hundertvierzig und eine Breite von siebzehn

Metern. Die gesamte Versorgung der Grenztruppen in den entlegensten Grenzstationen unterstand übrigens, wie aus aufgefundenem Archivmaterial aus der Zeit zwischen etwa 100 v.Chr. und 100 n.Chr. hervorgeht, einer komplexen Verwaltungsorganisation mit umständlicher Buchführung, Monats- und Jahresberichten, Rückfragen der Zentrale und dienstlichen Rügen. Fragmente aus Jahresberichten eines einsamen Wachtturms zeigen anschaulich die minuziöse Gewissenhaftigkeit der bürokratischen Rechnungslegung: Jahr für Jahr werden treuherzig zwei Eisenkessel und ein untauglicher Kochherd aufgeführt.

Am Rande mag festgehalten werden, daß die Selbstversorgungsorganisation der chinesischen Heere in Mittelasien Jahrhunderte hindurch beibehalten wurde. Die Wiedereroberung der mittelasiatischen Besitzungen nach dem großen Mohammedaneraufstand der sechziger und siebziger Jahre des 19. Jahrhunderts und auch die Machtkonsolidierung des chinesischen Regimes in diesen Gegenden nach 1950 verdankte China zum größten Teil dieser Politik der T'un-t'ien, der »Garnisonsfelder«.

Kurz nach dem Beginn der großen Feldzüge gegen die Hunnen (129 v.Chr.) wurden Kaiser Wu und seinen Ratgebern überaus wichtige Auskünfte über ein Gebiet vorgelegt, das für sie erst später zum Gegenstand aktuellen Interesses werden sollte: die Oasenstädte des Tarim-Beckens und Zentralasiens überhaupt. Die Angaben stammten von einem Mann namens Chang Ch'ien, der 126 nach jahrelangen Wanderungen durch Asien nach China zurückgekommen war; im Auftrag des Kaisers hatte er auf der Suche nach möglichen Bundesgenossen ganz Mittelasien durchstreift; eine Zeitlang, heißt es, sei er Gefangener der Hunnen gewesen. Er berichtete ausführlich über seine Erfahrungen und durchleuchtete die politische Lage im fernen Westen; neben den militärischen Vorteilen einer näheren Fühlungnahme mit Zentralasien wurden in seinem Bericht, von dem sich Teile erhalten haben, auch die günstigen wirtschaftlichen Perspektiven betont. Unbekannt ist, welchen Eindruck der Bericht am Hof gemacht hat; jedenfalls wurden, sobald der Kansu-Korridor fest in chinesischen Händen war (120), viele Gesandtschaften in die Oasenstädte entsandt. Ssu-ma Ch'ien, der die Anfänge der Expansion miterlebt hat, wetterte 100 v.Chr. über die Verschwendung, die mit diesen diplomatischen Missionen betrieben worden sei: unehrliche, korrupte Geschäftemacher hätten sich für die Gesandtschaften anwerben lassen, man habe ihnen viele Gaben für die Mittelasiaten mitgegeben, und mit diesen Gaben hätten sie zum eigenen Vorteil einen schwunghaften Handel getrieben.

Mit Hilfe der Gesandtschaften scheint der Seidenhandel in Gang gekommen zu sein. Unklar ist, ob sich daran chinesische Händler als private Geschäftsleute beteiligen durften. Noch 81 v.Chr. verteidigte der Kanzler den Seidenexport mit Argumenten, die darauf schließen lassen, daß das Ausfuhrgeschäft von Regierungsstellen betrieben wurde. Da heißt es:

> Für ein Stück chinesischer Seide bekommt man Erzeugnisse der Hunnen, die mehrere Unzen Gold wert sind, und zugleich wird der Staatskasse der Feinde Schaden zugefügt. So betreten schwerbeladene Karawanen Kopf an Schwanz unsere Grenzbefestigungen, und auf diese Weise bevölkern vielerlei Pferderassen unsere Gestüte, und Pelze, Filzteppiche und bunte Decken füllen unsere Lagerhäuser, und Jade, Korall und Glas (ursprünglich als Halbedelstein betrachtet) werden zu Schätzen unseres Landes. So strömen die Erzeugnisse der fremden Länder zu uns, aber kein Tropfen Gewinn strömt hinaus, so daß unsere Staatskasse überfließt und das Volk sein Auskommen hat.

War Seide schon im diplomatischen Verkehr der chinesischen Regierung mit den zentralasiatischen Machthabern der wichtigste Geschenkartikel, so war sie es erst recht im Auf und Ab der Beziehungen mit den Hunnen. Seide war der Hauptbestandteil der Freundschaftsgaben, die die chinesische Besänftigungspolitik den Hunnen zukommen ließ, und auch im Tauschverkehr auf den Grenzmärkten spielte sie neben Eisengerät und – man staune! – Armbrusten (deren Ausfuhr allerdings verboten war) eine beträchtliche Rolle. Im Laufe der Jahre wuchs der Umfang der Seidengeschenke an die Hunnen ins Unermeßliche. Anläßlich der Friedensverhandlungen von 174 beschenkte Kaiser Wen die Hunnen mit zehn Rollen Brokat und je vierzig Rollen dunkelroter, hellroter und grüner Seide, also insgesamt mit hundertsiebzig Rollen. Zweihundert Jahre später waren es gleich Tausende von Rollen, und 50 n. Chr. wurden die regelmäßigen Neujahrsschenkungen an den Hunnenhof mit zehntausend Rollen ungemusterter Seide nebst zuzüglich einer unbestimmten Anzahl Rollen Brokat angegeben. Daneben behielt der Grenzhandel seine große Bedeutung; bei allen Verhandlungen mit den Hunnen waren Aufrechterhaltung und Betrieb der Grenzmärkte ein Punkt, auf den nicht verzichtet wurde.

Aus griechischen und römischen Quellen wissen wir, daß der große Aufschwung der römischen Seideneinfuhr in der letzten Hälfte des 1. Jahrhunderts v. Chr. einsetzte. Etwa 30 v. Chr. sprachen Virgil und Horaz von den »serischen Stoffen«, und schon fünfzig Jahre später sah sich Kaiser Tiberius veranlaßt, ihren Gebrauch zu verbieten. Damit wurden jedoch Import und Handel nicht unterbunden, und um die Mitte des 1. Jahrhunderts stöhnten Seneca und Plinius über die ungeheuren Kosten, die der Verbrauch an ausländischen Luxusartikeln jedes Jahr verursache; nach Plinius' Berechnungen wandte das Römische Reich für den Handel mit Indien, Arabien und den »Seres« jahraus, jahrein hundert Millionen Sesterzen auf.

Aus klassischen Quellen erfährt man auch, daß die importierten chinesischen Seidengewebe sowohl einfache weiße Stoffe als auch bunte und gemusterte waren; über ihre Herstellung sind in den chinesischen Werken manche Einzelheiten zu finden. Auch in dieser Hinsicht hat die Archäologie in den letzten fünfzig Jahren unsere Kenntnisse vermehrt: sowohl an den Grenzen Chinas als an der Peripherie des Römischen Reiches sind Seidenreste aus der Han-Zeit gefunden worden. Grabfunde in Lou-lan (dem alten Kroirana) am Lob-nor und in der berühmten Handelsoase von Palmyra in Nordsyrien haben wunderbare Stoffe mit Blumen- und Tiermotiven zutage gefördert. Aus der Han-Zeit berichtet von solchen Stoffen das Lehrbuch Chi-chiu pien, »Rasch erreicht« (um 40 v. Chr.), und im 2. Jahrhundert n. Chr. besingt sie Dionysios aus Alexandreia in seiner »Periegesis«, wo es von den Chinesen heißt, daß sie »die bunten Blumen ihrer öden Landschaft weben und kunstgerecht köstliche Gewänder anfertigen, die den Glanz der Blüten ihrer Weiden haben«.

Bekannt ist, daß Angestellte oder Vertreter syrischer Kaufleute bis tief in Gebiete unter chinesischer Botmäßigkeit vordrangen, und ein in der Nähe von Tunhuang (dem Throana der klassischen Geographen) gefundener Seidenfetzen mit indischen Schriftzeichen bestätigt, daß sich Handelsleute aus dem westlichen Teil Mittelasiens schon früh auf rein chinesischem Gebiet bewegten. Von ähnlichen Abenteuern chinesischer Händler ist nichts überliefert. Wir wissen nur von Heerführern, die Streifzüge in die Weite unternehmen; so kommt Kan Ying 97 n. Chr. bis an die Ostküste des Persischen Meerbusens, läßt sich aber eine weitere Seereise, die ihn in Kontakt mit den Syrern gebracht hätte, durch vorgetäuschte Gefahren ausreden. Ob Römer und Chinesen einander je begegnet sind, steht dahin; zu einer Berührung der beiden Großstaaten ist es jedenfalls nie gekommen. Aus chinesischen und aus klassischen Quellen gewinnt man den Eindruck, daß die Perser, die Bewohner des Parthischen Reiches der Arsakiden, am Zwischenhandel zu gut verdienten, als daß ihnen an der Herstellung direkter Kontakte gelegen gewesen wäre. Bezeichnenderweise erwähnt ein klassischer Autor den Seidenhandel über Indien: »serische Stoffe« und sogar Flockseide kamen über die Pässe des Hochgebirges bis an den Hafen Barygaza und wurden von dort – unter Umgehung des Partherreichs! – auf dem Seeweg ins Römische Reich gebracht.

Was die Eroberung Mittelasiens China direkt eintrug, waren materielle Dinge: dort lernte China die Weintraube und die Luzerne nebst einigen anderen Nutzpflanzen kennen; eine chinesische Liste der Erzeugnisse des fernen Westens nennt verschiedenfarbiges – zweifellos syrisch-römisches – Glas und namentlich Blutkorall (als Geschmeide geschätzt). Natürlich stehen im Warenaustausch Luxusartikel an erster Stelle, aber das ist ein Wesensmerkmal des antiken Außenhandels überhaupt, zumal im Verkehr zwischen so entfernten Gebieten wie dem Römischen Reich (oder dem römischen Orient) und China. Dieser Handel lief über viele Zwischenhändler, und fast nie wurden große Mengen umgeschlagen. Von dieser Regel gibt es eine Ausnahme, die aber vielleicht auch nur relativ ist: Seide.

## Ausbreitung des Buddhismus

Eine der wichtigsten Folgen der Erschließung des Tarim-Beckens, wenn nicht die wichtigste, war die Einführung des Buddhismus in China, von wo er einige Jahrhunderte später nach Korea – und von dort nach Japan – gelangen sollte. Auf diesem Weg verbreitete sich nicht nur der buddhistische Glaube, sondern auch seine im Nachfolgestaat des Diadochenreichs Baktrien, im Indoskythischen Reich der Kushan, geprägte Kunst, die einige typische hellenistische Züge – wie das enganliegende Gewand im Faltenwurf – bis in den fernsten Osten brachte. Fast zwei Jahrhunderte nach Chinas erster Berührung mit Mittelasien, also bis ins 1. nachchristliche Jahrhundert, sind Spuren des Buddhismus in China nicht zu entdecken. Dann plötzlich spricht ein kaiserlicher Erlaß aus dem Jahre 65 n. Chr. ganz nebenher von der Frömmigkeit eines Lehnskönigs und Bruders des Kaisers, der den Buddha verehrt und von dem Upāsaka (Laien) und Shrāmana (Mönche) Geschenke empfangen. Und um 100 n. Chr. schreibt ein Dichter von den schönen Frauen im kaiserlichen Harem, »die einen Shramana verführen könnten«. Diese beiläufigen Äußerungen lassen erkennen, daß Buddhaverehrung, gläubige Laien und buddhistische Mönche um diese Zeit nichts Neues mehr waren – weder in der damaligen Hauptstadt Lo-yang noch in Ostchina, dessen Lehnskönig in P'eng-ch'eng (im Süden der heutigen Provinz Shantung) residierte.

Die ersten buddhistischen Gläubigen in China scheinen fremde Händler aus Sogdiane und Baktrien gewesen zu sein. Unbekannt ist, wie sich der Buddhismus verbreitet hat. In der zweiten Hälfte des 1. Jahrhunderts hatte er offensichtlich schon Anhänger in den höchsten

Kreisen gefunden. Über die Ausbreitung des neuen Glaubens im Volk fehlen die Berichte; nur einmal ist ziemlich spät von einem um 193 errichteten Tempel mit einer vergoldeten Buddhastatue die Rede, wo viele Menschen buddhistische Texte studiert und fünftausend Personen aus den Nachbarorten, eigens zu diesem Zweck vom Frondienst befreit, den Predigten beigewohnt hätten.

Einiges mehr wissen wir aus den letzten Jahrzehnten des 2. Jahrhunderts: da wurden zum erstenmal buddhistische Werke ins Chinesische übersetzt; unter den fremden Missionaren, die diese Arbeit in Lo-yang machten, waren zwei Parther, drei Yüe-chih aus dem Kushan-Reich, zwei Sogdianer und sogar drei Inder. Der Meister las oder rezitierte den Text, ein Dolmetscher übertrug ihn mündlich, und chinesische Helfer, Mönche oder Laien, »empfingen es mit dem Pinsel«, schrieben, was sie hörten, auf; danach wurde der Text noch stilistisch überarbeitet. Es gab einige Klöster – vermutlich bescheidenen Ausmaßes – in Lo-yang, und es gab sie, ohne daß wir Details darüber wüßten, in Städten an den großen Handelsstraßen nach Mittelasien und wohl auch im Innern Chinas.

Inhaltlich glich sich der Buddhismus – bewußt oder unbewußt – dem einheimischen Taoismus an: nicht die Erlösungslehre, sondern der sogenannte buddhistische Yoga stand im Vordergrund. Erst Ende des 2. Jahrhunderts zog die Weisheitsliteratur der Prajñāpāramitā mit ihrer These von der »Leere« alles Erscheinenden größere Aufmerksamkeit auf sich: gerade die Gnostik fand Anklang bei gebildeten, mit ähnlichen taoistischen Spekulationen vertrauten Chinesen. Aus derselben Zeit datierten die ersten ausführlichen Lebensbeschreibungen des Gautama Buddha; man kann aus ihrem volkstümlichen Stil schließen, daß sie zur Erbauung der Masse, nicht zum Studium der gebildeten Schichten bestimmt waren.

### *Expansion nach Osten und Süden*

Wie die ersten Vorstöße nach dem Westen, begann auch die Ausbreitung chinesischer Macht in östlicher Richtung Ende des 2. Jahrhunderts v. Chr. Zum Teil galt auch die Ostexpansion dem Ziel der Abwehr und Unterbindung von Raubzügen der Hunnen. Wenn die Feldzüge im Nordwesten, heißt es in zeitgenössischen Dokumenten, den Hunnen den rechten Arm abschneiden sollten, so die Expeditionen im Nordosten den linken. In der Praxis sah es wesentlich anders aus. Die südliche Manchurei, die Tiefebene, durch die der Liao fließt, war von Chinesen schon seit langem besiedelt und ursprünglich Teil des Feudalstaates Yen, dann in den ersten Jahrzehnten der Han-Zeit Teil des gleichnamigen Königslehens. Um 145 v. Chr. wurde sie – wie auch mehrere Kommanderien an der Nordgrenze – der Zentralregierung unmittelbar unterstellt. Ergebnislose Verhandlungen mit dem Herrscher des koreanischen Staates führten 109 v. Chr. zu einem Krieg, in dem Truppen aus der Südmanchurei mit Flotten aus Shantung zusammenarbeiteten; nach vielen Schwierigkeiten wurde der Norden Koreas 108 unterworfen und in vier Kommanderien eingeteilt, von denen zwei 82 v. Chr. wieder aufgelöst wurden. Japanische Archäologen haben Gräber aus der Han-Zeit im alten Lo-lang, der wichtigsten Kommanderie in der Nähe des heutigen Pyöng-yang, ausgegraben; dabei sind Lackarbeiten aus den kaiserlichen Manufakturen zum Vorschein gekommen, deren Jahresdaten in die Zeit von 85 v. Chr. bis 69 n. Chr. fallen.

Die Eroberung Nordkoreas war definitiv. Dennoch ist es wahrscheinlich, daß der größte Teil der einheimischen Bevölkerung dieses großen Gebietes mit der chinesischen Besatzungsorganisation nur wenig zu tun hatte und auch weiterhin, wie es auch in anderen neueroberten Gebieten der Fall war, unter der Autorität der traditionellen eigenen Obrigkeit lebte.

Die anderen neueroberten Gebiete lagen im Süden; mit dem Kampf gegen die Hunnen hatte ihre Eroberung nichts zu tun: hier hatte schon längst die chinesische Kolonisation begonnen und das Eindringen des chinesischen Handels Erfolge erzielt. Jahrhunderte vorher waren die »barbarischen« Küstenstaaten Wu und Yüe mit ihren plötzlichen Eroberungen tief in chinesisches Gebiet vorgestoßen und hatten sich ebenso plötzlich wieder zurückziehen müssen. Wu im Yang-tzu-Delta wurde 473 v. Chr. von Yüe erobert, das die südlichen Küstenstriche, also faktisch die ganze heutige Provinz Fukien, umfaßte. Seinerseits wurde Yüe 333 von Ch'u geschlagen, wobei es die im Norden erkämpften Gebiete mitsamt Wu einbüßte. Das Yüe-Reich zerfiel, einige seiner Herrscher unterstellten sich dem Thron Ch'us; Ch'u aber wurde 223 von Ch'in verschluckt. Als dann die Ch'in das Reich vereinten, gehörten die Yüe eigentlich nicht dazu, obgleich auf ihrem Territorium eine Kommanderie errichtet wurde. Beim Sturz des Ch'in-Reiches sollen die Yüe den Aufständischen geholfen haben, und der Stifter des Hauses Han verlieh einem ihrer Herrscher den Königstitel.

Unter der Han-Dynastie blieben die von Bergen umgebenen Kleinstaaten in der heutigen Provinz Fukien im wesentlichen unbehelligt; sie boten keine unmittelbaren wirtschaftlichen oder strategischen Vorteile, und chinesische Bauern begannen erst am Ende der Han-Periode einzuwandern. In einem Krieg zwischen Tung-ou im Süden der heutigen Provinz Chekiang und Min-Yüe in Fukien intervenierten die Chinesen (138 v. Chr.); sie annektierten Tung-ou, drangen aber nicht weiter nach Süden vor. Als Min-Yüe 135 in den großen Yüe-Staat bei Kanton einfiel, genügte die Ankündigung eines chinesischen Eingriffs: der Krieg wurde abgebrochen. Auch ließen die Chinesen Min-Yüe unangetastet. Obgleich der Historiker behauptet, daß alle Einwohner nach dem Norden gebracht worden seien und das Land zur Einöde gemacht worden sei, wurde Min-Yüe auch 111 nicht besetzt, als es für einen erneuten Angriff auf südliche Gebiete immerhin erheblich gezüchtigt wurde. Nur an der Küste wurde in den achtziger Jahren des 1. Jahrhunderts v. Chr. eine Hafenstadt gegründet – offenbar ohne militärische Aktionen; hier konnten Schiffe, die Tribute aus den neueroberten Provinzen im Süden beförderten, Station machen und sich mit Lebensmitteln und Wasser versorgen. Die Übernahme des Küstengebietes durch das Reich scheint trotz den kriegerischen Eingriffen der voraufgehenden Zeit ziemlich friedlich vor sich gegangen zu sein.

Weiter westlich hatte das geeinte Reich des ersten Ch'in-Kaisers einen besseren Zugang zum Süden über Ch'ang-sha in der heutigen Provinz Hunan, südlich des Tung-t'ing-Sees. Im Zuge seiner fast explosiven Expansionspolitik überschritt denn auch der Kaiser gerade dort die südlichen Grenzpässe und errichtete zwischen 221 und 210 drei ausgedehnte Kommanderien in den heutigen Provinzen Kuangtung und Kuangsi; hier wurden sogar chinesische Sträflingskolonien gegründet. Als es mit den Ch'in aus war, fielen diese Gebiete aber wieder ab, und es gelang einem der ehemaligen Ch'in-Verwaltungsbeamten Chao Ts'o,

Opferfest vor einem Pfahlhaus
Bronzetrommel aus einem Tien-Grab am See K'un-ming in der Provinz Yün-nan, 2. Jahrhundert
K'un-ming, Museum der Provinz Yün-nan

Kurier zu Pferd
Steinskulptur aus einem Grab in der Provinz Ho-pei, um 180

sich mit Hilfe der chinesischen Siedler zum König der Südlichen Yüe zu machen. Der erste Han-Kaiser ließ ihm diese Würde, obwohl die drei früheren Kommanderien 202 zum Königslehen von Ch'ang-sha geschlagen worden waren. Dagegen wollte die Witwe des Kaisers mit dem Reich des Chao Ts'o aufräumen, hatte aber mit ihrem Feldzug kein Glück. Nun nannte sich Chao Ts'o selbst Kaiser (181); in einem äußerst diplomatischen Schreiben wußte ihn dann Kaiser Wen dazu zu bewegen, den Titel nicht zu benutzen, wenigstens nicht im Schriftverkehr mit China.

Jahrelang blieb das Verhältnis zu China gut, auch wenn man einander an den Grenzen überfiel und ausplünderte; im Jahre 135 rettete sogar chinesische Hilfe den Staat vor dem Angriff von Min-Yüe. Aber der Versuch einer chinesischen Königinwitwe, das Südliche Yüe (Nan-Yüe) mit Hilfe einiger Hofbeamter und einer chinesischen Hilfsarmee zu einem Vasallenstaat Chinas zu machen, löste 112 einen Aufstand aus, bei dem nicht nur die Königin und der unmündige König, sondern auch die chinesischen Gesandten ermordet und die chinesischen Truppen geschlagen wurden. Das veranlaßte Kaiser Wu zu einem großangelegten Feldzug: sechs Heere drangen aus verschiedenen Richtungen an den Flüssen entlang in Nan-Yüe ein; im Jahre 111 fiel Kanton. Bezeichnenderweise wurde den Chinesen von manchen Adligen der Nan-Yüe geholfen. Das besetzte Gebiet wurde in neue große Kommanderien zerlegt, zwischen denen aber ausgedehnte Landstriche im ungestörten Besitz der ursprünglichen Einwohner blieben.

Das Reich erstreckte sich nun bis zur Küste Indochinas, wo das heutige Hanoi eine wichtige chinesische Siedlung bildete. Trotzdem blieb die Verwaltung zum größten Teil in den Händen der lokalen Oberschicht; ein Versuch, die direkte chinesische Bevormundung zu verstärken, führte 40 n. Chr. zu einer Erhebung dieser südlichsten Bezirke unter der Führung einer Frau, die im annamitischen Volksglauben heute noch verehrt wird. Die Wiedereroberung erfolgte 42 unter General Ma Yüan, und ab 44 konnte die Gegend wieder ins Chinesische Reich eingegliedert werden. Möglicherweise hat hier die bei antiken Schriftstellern Cattigara genannte Hafenstadt gelegen, die mit dem Westen und indirekt mit dem Römischen Reich Handel trieb. Auch aus chinesischen Quellen geht hervor, daß dieser südlichste Teil des Kaiserreiches in ziemlich regem Handelsverkehr mit dem Ausland stand. Nähere Feststellungen haben sich bis jetzt nicht treffen lassen.

*Eroberungen im Südwesten*

Kolonisation und Handel hatten ihren Anteil auch bei der Eroberung der weiter westlich gelegenen Gebiete Südchinas, der heutigen Provinzen Kueichou und Yünnan. Ein chinesischer Gesandter am Nan-Yüe-Hof in Kanton war auf Produkte aus dem westchinesischen Reichsgebiet gestoßen und hatte sich von Handelsleuten sagen lassen, daß sie diese Waren aus ihrem Heimatland Shu (im heutigen Ssu-ch'uan) ins unabhängige Reich Yehlang und von dort auf dem Flußweg nach Kanton beförderten. Da die Chinesen auf lange Sicht eine Aktion gegen Yüe planten, schien es zweckmäßig, zunächst einmal in Yeh-lang festen Fuß zu fassen. Yeh-lang wurde 130 v. Chr. mit der Zustimmung seines Fürsten zu einer chinesischen Kommanderie. Aber obgleich das traditionelle Häuptlingssystem beibehalten wurde, brach ein Aufstand gegen diese stille Annexion aus (126). Da alle Energien des Han-Reichs inzwischen durch den Kampf mit den Hunnen beansprucht wurden, unterblieben weitere Vorstöße in diesem südlichen Sektor.

Der nächste Versuch ging 122 noch weiter westlich: gegen das starke Reich der Tien. Doch fanden die chinesischen Gesandten keine freundliche Aufnahme. Ausgegangen war dieses Unternehmen wiederum vom Handel: der große Reisende Chang Ch'ien hatte in Mittelasien festgestellt, daß bestimmte Produkte aus Westchina über das Gebiet des heutigen Yünnan das entlegene Indien erreichten und von dort sogar noch weiter transportiert wurden. Das schien verlockend. Wichtiger war allerdings der recht lebhafte Handel in Pferden, Sklaven und Yakwolle, den die Kaufleute in Shu mit diesen Gegenden unterhielten. Was 122 nicht gelang, wurde 112 erneut in Angriff genommen, diesmal mit Erfolg: ein ursprünglich für den Angriff auf Kanton bestimmtes Heer wurde vom heutigen Ssuch'uan aus nach dem Süden geworfen; die Reiche Yeh-lang und Tien wurden 111 botmäßig, dazu eine größere Zahl kleiner Häuptlinge; die beiden Könige erhielten ein goldenes Siegel und wurden trotz dem Aufbau einer bescheidenen chinesischen Verwaltung weiterhin mit der Aufgabe betraut, ihre Völker zu regieren.

Wie in den anderen von den Han eroberten Gebieten mit nichtchinesischer Bevölkerung war die chinesische Herrschaft auch hier nicht eitel Freude: immer wieder gab es Aufstände, und hin und wieder war die Zentralregierung fast entschlossen, die neuen südwestlichen Territorien aufzugeben. Dieselben Han-Quellen bezeugen, daß solche Aufstände oft auf Erpressungen der chinesischen Provinzialbeamten, wenn nicht gar auf willkürliche Tributerhöhungen durch die Zentralregierung zurückgingen. Ruhig blieben diese Gebiete auch in späteren Zeiten nicht – bis in die allerjüngste Vergangenheit; zwischen 649 und 1253 bildete die heutige Provinz Yünnan sogar ein von China unabhängiges Reich unter der Herrschaft eingeborener Fürsten.

Über diese Landstriche und ihre Einwohner bringen chinesische Quellen nur ganz summarische Angaben: »Sie tragen das Haar in einem Knoten; sie treiben Ackerbau und wohnen in Siedlungen« (womit Wohnstätten ohne Stadtmauern gemeint waren); fast allen Personennamen wurde die Bezeichnung »Barbar« angehängt. Nach dem französischen Sinologen Henri Maspero gehörte die Bevölkerung der verschiedenen Yüe-Reiche im Südosten und Süden zu den Thai, die bis heute den größten Teil des südostasiatischen Raumes einnehmen; in den Einwohnern von Yeh-lang sah er Vorläufer der heutigen Miao, und die von Tien erschienen ihm als Lolo, die auch heute noch große Enklaven in Südchina bilden. Unterdes haben Ausgrabungen der letzten Jahre auf das Reich der Tien in Yünnan am Ufer des K'un-ming-Sees helle Schlaglichter geworfen.

Dort haben sich große Bronzetrommeln, als Grabbeigaben mit Kaurimuscheln gefüllt, gefunden, auf denen Szenen aus dem religiösen Leben angebracht sind: in Bronze gegossene Figürchen von Menschen und Tieren. Da gibt es eine Opferzeremonie um ein geradezu indonesisch anmutendes Pfahlhaus; da gibt es Kämpfe zwischen Reitern und Fußvolk, Bauern mit Kiepen und Vieh, breitgehörnte Stiere. Das Ganze vermittelt eine Fülle von Nachrichten über die materielle, zum Teil auch über die religiöse Kultur eines Volkes, von dem die schriftlichen – also die chinesischen – Quellen so gut wie nichts berichten. Daß diese Funde vom Volk der Tien stammen, beweisen das vom Han-Kaiser verliehene goldene Siegel und chinesische Münzen aus der frühen Han-Zeit. Der Stil verrät Verwandtschaft einerseits mit der aus Annam bekannten vorchinesischen Dongson-Kultur, anderseits mit der Kultur des südlichsten Staates des alten Chinas, Ch'u, mit dem der Staat der Tien nach den Quellen schon im 4. vorchristlichen Jahrhundert Verbindungen unterhielt. Überraschend weisen einige Züge auf Gemeinsamkeiten mit der Bronzekunst der Steppenvölker Innerasiens mit ihren lebhaften Tierplastiken hin. Weitere Funde mögen nähere Aufklärung bringen; auf schriftliche Zeugnisse dürfen wir allerdings kaum hoffen: in den Zeiten, auf die es ankommt, hatten diese Völker keine Schrift.

\*

Politisch und geistig war die Expansion des Chinesischen Reiches zur Han-Zeit von weittragender Bedeutung. Die Öffnung der fruchtbaren Landbaugebiete südlich des Yang-tzu ist den Bewohnern Nordchinas ein für lange Zeit unausschöpfbares Auswanderungsziel. Und die Inbesitznahme dieser Gebiete ermöglichte weitere Expansion in Chinas Nachbarländer. Hielt aber China den neuen Süden mehr oder weniger fest in Händen, so waren die westlichen Eroberungen viel unstabiler; jede Schwächung des chinesischen Machtapparats bedeutete den Abfall der Neuerwerbungen, die jedoch zurückerobert wurden, sobald der Machtapparat wieder stärker wurde. Größer und dauerhafter waren die Folgen auf geistigem Gebiet; entlegene Gebiete, auch solche, die politisch nicht unter Chinas Botmäßigkeit kamen, unterlagen dem überwältigenden Einfluß der chinesischen Kultur. Nach und nach wurde Korea »sinisiert«, und von Korea aus erreichten chinesische Einflüsse direkt und indirekt Japan. Um die Zeitenwende ermöglichte es die Übernahme der chinesischen Eisenkultur einigen Stämmen auf der Insel Kyūshū, eine Vormachtstellung unter ihren Steinzeitnachbarn zu erringen, und im Jahre 57 n. Chr. brachten Vertreter dieser Gegenden – »das Land der Königin«, wie die chinesischen Quellen sagen – dem Kaiser von China ihren bescheidenen Tribut.

Für China selbst war vor allem die Berührung mit dem Westen bedeutsam. Sie brachte einen kulturellen Umbruch: aus dem Westen kam der Buddhismus nach China, und aus dem Westen kamen entscheidende künstlerische Einflüsse.

*Herbert Jankuhn*

DER URSPRUNG DER HOCHKULTUREN

## Vorstufen städtischer Hochkultur im Vorderen Orient

Die Geschichte der Menschheit ist in dem weiten Zeitraum zwischen dem »Tier-Mensch-Übergangsfeld« und der Entstehung der modernen Zivilisation – wenigstens auf ökonomisch-technischem Gebiet und im Bereich der Sozialstruktur – nicht in gleichmäßig aufsteigender Linie vom primitiven Hersteller einfachster Geräte zum Mitglied der modernen Industriegesellschaft verlaufen. Sie ist im Gegenteil gekennzeichnet durch sprunghafte Entwicklungen, die tief einschneidend die Lebensbedingungen der Menschheit gewandelt und auf eine neue Grundlage gestellt haben. Ausgehend von Erfindungen und Entdeckungen, die nicht vereinzelt gemacht wurden, sondern gewissermaßen »gebündelt« auftraten, veränderten sich im Lauf verhältnismäßig kurzer Zeiträume alte Daseinsformen und wurden von neuen abgelöst.

Unter diesen sprunghaften Veränderungen der menschlichen Existenzbasis steht diejenige dem Verständnis des heutigen Menschen am nächsten, in der er sich selbst befindet: die industrielle Revolution. An ihr kann man auch am leichtesten die Komplexität eines solchen Vorganges ermessen, der sich nicht auf eine Veränderung der Gütererzeugung und der Eigentumsverteilung beschränkt, sondern sogleich das überkommene soziale Gefüge grundlegend wandelt und nicht zuletzt einen tiefen Einfluß auch auf die Richtung des menschlichen Denkens gewinnt.

Zugleich aber wird demjenigen, der sich als Historiker diesem Phänomen nähert, deutlich, wie schwierig es ist, selbst bei diesem, sich in vollem Licht historischer Überlieferung abspielenden Vorgang Klarheit in das enge Geflecht von Ursachen und Wirkungen zu bringen, und wie sehr jeder Versuch monokausaler Deutung eine ungerechtfertigte Simplifizierung dieser komplexen Erscheinung darstellen würde.

Überblickt man unter diesem Gesichtswinkel den langen Verlauf der Menschheitsgeschichte, so zeichnen sich, wenn man von der im einzelnen noch unbekannten Dienstbarmachung des Feuers absieht, zwei die menschliche Lebenshaltung ähnlich revolutionierend verändernde Vorgänge älterer Zeit ab: der Übergang von der aneignenden Lebensweise eiszeitlicher Jäger und Sammler zu der produzierenden Wirtschaftsweise nacheiszeitlicher Bauern und die Entstehung der städtischen Hochkultur; beides Vorgänge, die sich vor dem Eintritt der Menschheit in ihre eigentlich »geschichtliche« Phase abspielten, beides zugleich aber auch Neuerungen, die bis heute die Grundlagen menschlicher Existenz entscheidend mitbestimmen. In der geistigen Entwicklung der Menschheit werden noch andere Zäsuren zu beachten bleiben.

Durch den Übergang von der aneignenden zur produzierenden Lebensweise am Ende des Eiszeitalters wurde das menschliche Leben, als es sich auf die größere Sicherheit versprechende neue Wirtschaftsform einstellte, von der großen Unsicherheit befreit, die Jagd, Fang und Sammeln mit sich brachten. In diesem Zusammenhang veränderte sich auch eine Reihe anderer Bedingungen grundsätzlich. Die neue Lebensform begründete eine engere Verbindung mit dem Boden, und diese stärkere Tendenz zur Seßhaftigkeit, deren Anfänge allerdings schon in die ausgehende Eiszeit zurückreichen, führte zu beständigerem Zusammenschluß größerer Menschengruppen in bestimmten, abgegrenzten Arealen. Mit der in der neuen Lebenshaltung gegebenen Voraussetzung für eine weit stärkere Vermehrung der Menschheit ging eine Verdichtung der Besiedlung Hand in Hand, die wieder zu verstärktem Verkehr und Ausgleich der Menschen innerhalb solcher Siedlungsgebiete führte.

Erst mit dieser Entwicklung war die Voraussetzung für eine stärkere Angleichung der Menschen eines geschlossenen Gebietes aneinander und damit die Vorbedingung für die Herausbildung einheitlicher, regional unterscheidbarer Menschengruppen gegeben. Die Schwierigkeit für seßhafte Bevölkerungsteile, sich drohender Gefahr schnell durch weiträumige Flucht zu entziehen, führte auf sozialem Gebiet zu engeren und größeren Zusammenschlüssen, als sie bei Jäger- und Sammlergruppen möglich und zumeist auch tunlich waren.

Im geistig-religiösen Bereich endlich rückten Vorgänge, die mit der Fruchtbarkeit des Bodens und der Herden zusammenhingen, in den Mittelpunkt menschlichen Denkens, wie auch der gegenüber dem Jägertum stark veränderte Jahresablauf im bäuerlichen Milieu, mit seinem Zwang zu sorgfältiger Beachtung der richtigen Saat- und Erntezeiten, größere Beachtung fand.

In vielen Bereichen des Lebens veränderte sich mit dem Übergang zur produzierenden Wirtschaftsweise die Grundlage, und dieser Wandel war so tiefgreifend, daß Gordon Childe dafür in Anlehnung an den Begriff der »industriellen Revolution« die Bezeichnung »neolithische Revolution« geprägt hat, um damit die Größenordnung der Veränderung treffend zu kennzeichnen. Mag man an dem Begriff der neolithischen Revolution auch manches auszusetzen haben, als signifikante Bezeichnung eines tief in die Lebensverhältnisse der Menschheit einschneidenden Wandels behält er seine Berechtigung.

Die Entwicklung der Hochkultur steht diesem Vorgang an historischer Bedeutung und an Ausstrahlungskraft bis in die Gegenwart nicht nach. Eine terminologisch einheitliche Definition des Begriffes Hochkultur gibt es nicht, und es stellen sich die einzelnen Disziplinen, die sich mit ihr zu beschäftigen haben, wesentlich verschiedene Erscheinungen darunter vor. Hier wird die historische Begriffsbestimmung übernommen, nach der Hochkultur ihrem Wesen nach mit zwei Faktoren eng verknüpft ist: mit Stadt und mit Herrschaft.

Dabei wird unter »Stadt« nicht in erster Linie die konzentrierende Siedlung oder der politisch-ökonomische und auch religiöse Mittelpunkt eines Landgebietes begriffen, obwohl auch diese Funktionen bedeutsam sind, sondern die Stadt wird als Ausdruck einer gegenüber der bäuerlichen Dorfgemeinde stark veränderten Sozialstruktur aufgefaßt. Entscheidend für die Stadt sind Bevölkerungsschichten, die durch ihre Zugehörigkeit zu arbeitsteiligem Gewerbe, wie Handwerker und Händler, gekennzeichnet sind. Neben diesen vom Zwang der Lebenserhaltung durch Produktion von Nahrungsmitteln befreiten Schichten kann es auch in der Stadt bäuerlich wirtschaftende Bevölkerungsgruppen geben, aber sie bestimmen nicht allein, wie auf dem Dorf, das Bild. Die Stadt kann nicht als groß gewordenes Dorf aufgefaßt werden, sondern verdankt ihre Entstehung und ihre Existenz einer tiefgründigen Strukturwandlung der Gesellschaft, die durch die Emanzipation arbeitsteiliger Gewerbe aus dem Verband einer bäuerlichen Gesellschaft gekennzeichnet ist. Wirtschaftlich führte dieser Vorgang zu gesteigerter Gütererzeugung und entwickelten Produktionstechniken und zu vermehrtem Güteraustausch sowohl über weitere Entfernungen in Form eines echten Handels wie über kürzere Strecken in der Art eines Marktverkehrs.

Bei Herrschaft ist nicht an die zufällige und zeitlich begrenzte Machtentfaltung einzelner Menschen oder kleinerer Gruppen gedacht, wie es sie gelegentlich sicher auch schon in der primitiven bäuerlichen Dorfgemeinde gegeben hat, sondern an eine institutionalisierte Machtausübung, die an eine differenzierte Gesellschaft gebunden ist. Diese erhält ihr Gepräge von schärfer gegeneinander abgegrenzten Schichten, die nicht allein in ihren Tätigkeitsmerkmalen voneinander zu scheiden sind, sondern die sich auch in ihrer Wertung durch die Allgemeinheit, in ihrer sozialen und meist auch rechtlichen Qualität voneinander unterscheiden. In dieser Gesellschaft spielen Priester, Krieger, Beamte, Handwerker, Händler und Bauern eine Rolle, die nicht gleichwertig nebeneinanderstehen, sondern eine breite Skala von stärker bevorrechteten Gruppen bis hin zu unfreien Sklaven umspannen. Dabei ist es für diese frühe Herrschaft unwesentlich, ob ein König oder ein Gott beziehungsweise sein irdischer Repräsentant als Priester an der Spitze steht oder eine kleine sozial stark herausgehobene Menschengruppe die Herrschaft ausübt. Eine Folge dieser Herrschaft ist die früher oder später eintretende Ablösung des Gewohnheitsrechtes durch gesetztes Recht.

Schon in der frühen Zeit stadtartiger Bildungen scheint Herrschaft mit der Gewährung von Schutz gekoppelt zu sein, was seinen Ausdruck in bedeutenden, nur als Gemeinschaftsleistung größerer Gruppen möglichen Verteidigungsbauten findet, die eben darum eine entsprechende soziale Organisation voraussetzen. In diesen Bereich gehören auch die einem gekoppelten Repräsentations- und Schutzbedürfnis entspringenden Burg- und Palastbauten des Herrschers oder der herrschenden Schicht.

Eine Folge, die zwar vielleicht nicht wesentlich zu dieser Entwicklung gehört, die aber nach aller Erfahrung mit ihr eng verbunden ist, ist die Herausbildung differenzierter religiöser Vorstellungen und ihre Einbeziehung in die Begründung der Herrschaft. Einen Ausdruck findet diese über die individuelle Religionsübung des Einzelnen hinausgehende Religiosität der Gemeinschaft in repräsentativen Kultbauten, die ersichtlich nicht den Zweck haben, der Erbauung des Einzelnen zu dienen, sondern auf größere Gemeinschaften als Teilnehmer an öffentlichen Kulten abgestellt sind.

Endlich ist mit den meisten primären Hochkulturen die Existenz der Schrift verbunden, obwohl es auch voll ausgebildete Hochkulturen wie etwa amerikanische gibt, die ohne echte Schrift bleiben.

Alle diese Indizien zusammengenommen vermitteln ein Bild städtischer Hochkultur, die man nicht als organische Weiterentwicklung bäuerlicher Gemeinschaften betrachten kann, sondern die etwas grundsätzlich Neues darstellt, das sich in wirtschaftlicher Hinsicht durch die Ausbildung eines arbeitsteiligen Gewerbes mit komplizierten Produktionsverfahren und eines teilweise schon weite Entfernungen überspannenden Fernhandels, auf sozialem Gebiet durch eine differenzierte Gesellschaft und auf politischem Gebiet durch Entwicklung von Herrschaft von den bäuerlichen Dorfgemeinden älterer Zeit unterscheidet. Die Bezeichnung einer *urban revolution* für diesen Entstehungsprozeß wird man im Hinblick auf seine Größenordnung wohl für berechtigt halten dürfen.

Von den drei genannten sprunghaften Veränderungen des wirtschaftlichen und sozialen Gefüges der Menschheit: der neolithischen Revolution, der Ausbildung städtischer Hochkulturen und der industriellen Revolution der Neuzeit steht hier die Frage nach den Vorformen städtischer Hochkultur im Mittelpunkt der Betrachtung.

Ihr plötzliches Erscheinen im ausgehenden vierten Jahrtausend am Unterlauf von Euphrat und Tigris wird gewöhnlich mit der Einwanderung eines neuen Volkes, der Sumerer, erklärt, ohne daß dadurch dieses Phänomen befriedigend gedeutet werden kann.

Überblickt man die primären Hochkulturen in ihrer Verbreitung, so zeigt sich, daß sie sich als breiter Gürtel in den tropischen und subtropischen Zonen um die Erde ziehen. Verhältnismäßig eng benachbart sind die Stadtkulturen in Mesopotamien, Ägypten und in Indien; weiter entfernt müssen im Altweltblock die ostasiatische Gruppe und in der neuen Welt die mittelamerikanische und die andine Hochkultur genannt werden.

Eine eindeutige Entscheidung der Frage, ob es sich überall um echte Neubildungen handelt oder ob die Diffusion der Idee von einem Ursprungszentrum aus den Anstoß zur Entstehung sekundärer Zentren dieser neuen Lebensform gegeben hat, ist vorerst nicht mit voller Sicherheit zu treffen. Die Beeinflussung der ägyptischen Hochkultur durch die ältere mesopotamische erscheint einigermaßen gesichert, wenn auch die ägyptische Ausprägung selbständige Züge aufweist. Als wahrscheinlich können auch Verbindungen der Induskultur zur sumerischen betrachtet werden. Unklar bleibt vorerst die Stellung der frühen ostasiatischen Stadt und umstritten die Frage eines eventuellen Einflusses der alten Welt auf die amerikanischen Hochkulturen.

In den großen Grundzügen gesichert dagegen scheint das Altersverhältnis der verschiedenen Gruppen zueinander zu sein. Die Anwendung der auf der Zersetzung radioaktiven Kohlenstoffes der Formel C 14 beruhenden Methode zur Altersbestimmung in der Archäologie hat eine neue Möglichkeit der Erkenntnis synchroner Horizonte über weite Entfernungen geschaffen. So viel scheint heute als gesichert gelten zu können, daß die Herausbildung der mesopotamischen Hochkultur in der zweiten Hälfte des vierten Jahrtausends am Anfang der ganzen Entwicklung steht, daß in geringem zeitlichem Abstand Ägypten und das Indusgebiet folgen und daß sowohl die frühe ostasiatische Stadtkultur wie auch die amerikanischen Stadtkulturen wesentlich jünger sind.

Die Tatsache allerdings, daß beispielsweise die höchst eindrucksvolle Induskultur überhaupt erst vor einem Menschenalter entdeckt worden ist, gibt die Möglichkeit zu bedenken, ob nicht in den weniger erforschten Teilen der Erde noch weitere, vielleicht sogar ältere Beispiele früher Stadtkultur bisher noch unerkannt im Boden schlummern.

Nach unserem heutigen Wissensstand wird die Frage nach älteren Vorformen städtischer Wirtschaft und Gesellschaft an die bisher älteste, die mesopotamische Gruppe anknüpfen müssen.

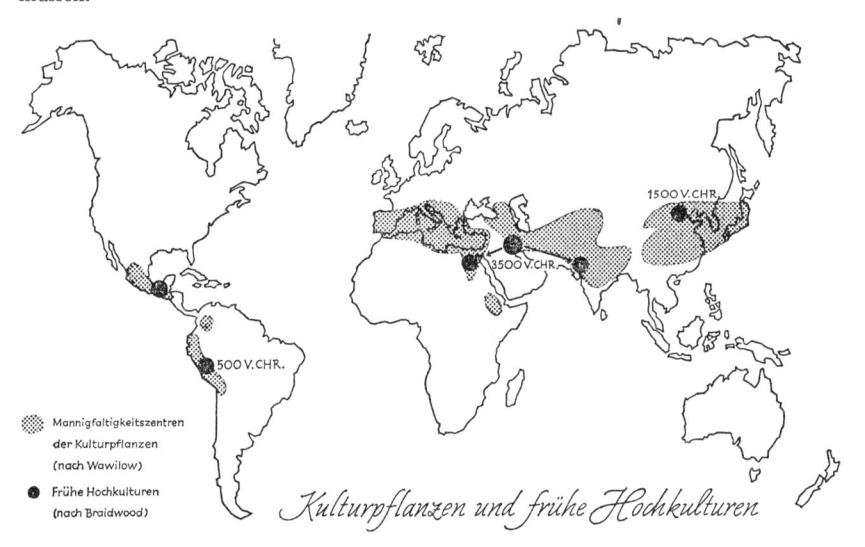

*Kulturpflanzen und frühe Hochkulturen*

- Mannigfaltigkeitszentren der Kulturpflanzen (nach Wawilow)
- Frühe Hochkulturen (nach Braidwood)

## Die Voraussetzungen

Die oben gegebene kurze Charakteristik städtischer Hochkultur zeigt deutlich, daß ihre Entstehung von gewissen Voraussetzungen abhängig ist, so vor allem von der Existenz einer leistungsfähigen nahrungsproduzierenden Wirtschaft.

Die für die Hochkultur typische Befreiung breiter Bevölkerungsschichten vom Zwang zur Urproduktion und ihre damit gegebene Freistellung für andere Aufgaben der Wirtschaft, der Verteidigung, des Kultus und der Verwaltung setzen voraus, daß Technik und Organisation der Lebensmittelerzeugung bereits einen hohen Stand erreicht hatten, der es ermöglichte, nicht nur für den Eigenbedarf zu produzieren, sondern einen Überschuß zur Unterhaltung nichtagrarisch lebender städtischer Bevölkerungsschichten zu erzeugen. Aus diesem Grund ist die Existenz früher städtischer Zentren innerhalb einer von Jagd, Fang und Sammeln lebenden Bevölkerung mit nur aneignender Wirtschaftsweise sehr wenig wahrscheinlich. Vergleicht man die Verbreitung der frühen Zentren städtischer Hochkultur mit den Ursprungszentren unserer Kulturpflanzen, wie sie der russische Forscher Wawilow festgestellt hat, so zeigt sich eine erstaunliche Koinzidenz, die auch dann bemerkenswert bleibt, wenn man berücksichtigt, daß nicht alle der von Wawilow dargestellten Zentren wirklich Entstehungszentren der von ihm angenommenen Arten waren. Vorausgesetzt werden muß aber weiterhin eine entwickelte Organisationsform, die die städtische Bevölkerung in den sicheren Genuß agrarischer Überschußproduktion gelangen ließ. Das war ganz sicher als Regel nicht durch Raub möglich, sondern setzt entweder – und das ist das wahrscheinlichste – Herrschaft über eine ausreichende Nahrung produzierende Bevölkerung voraus oder erfordert eine Anziehungskraft der Stadt für den Güteraustausch mit einer ländlichen Umgebung, was aber wohl nie die primäre Entwicklung einleiten konnte.

Neben einer solchen zur Überschußproduktion fähigen Landwirtschaft ist auch der Ansatz zu sozialer Differenzierung oder wenigstens eine Disposition dafür eine wesentliche Voraussetzung für die Entstehung städtischer Hochkultur mit ihrer stark geschichteten Bevölkerung.

Damit schiebt sich vor die Frage nach den Frühformen städtischer Siedlungen das Problem der Entstehung der produzierenden Wirtschaftsform und ihrer frühesten Verbreitung. Zwei grundsätzlich verschiedene Wege stehen heute für die Klärung dieser Frage zur Verfügung: der Rückschluß aus heutigen Primitivkulturen, wie sie Geographie und Ethnologie erforschen, und der Versuch, den archäologischen Nachweis tatsächlich feststellbarer früher Beispiele zu erbringen.

Der erste Weg wird nur selten zu gesicherten Ergebnissen führen. Sein Wert liegt in der Beschreibung von Modellfällen am Beispiel heutiger Primitiver, die dem Forscher nur den Umfang der Möglichkeiten, mit denen er zu rechnen hat, vor Augen führen können. Der zweite Weg verspricht gesichertere Ergebnisse, ist aber von einem entwickelten Forschungsstand abhängig, wie er heute nur ausnahmsweise und für einzelne Gebiete gegeben ist. Aus der großen Zahl heute noch vorhandener Beispiele primitiver Anbauwirtschaft können nur wenige den Anspruch auf wahrscheinlich hohes Alter erheben.

Zwei grundsätzlich verschiedene Arten der Nahrungsproduktion stehen hier seit langem im Mittelpunkt des Forschungsinteresses: ein Pflanzertum mit der Zucht von Knollengewächsen oder der pfleglichen Nutzung von Fruchtbäumen, mit Fischfang und Schweinezucht zur Deckung des Bedarfs an tierischem Eiweiß und Fett in den südasiatischen Küstengebieten und ein Bauerntum mit Anbau von Getreide und mit Domestikation kleiner und großer Wiederkäuer, wie Schaf, Ziege und Rind, im Vorderen Orient.

Daneben bleiben Hinweise auf ein frühes Kultivationszentrum im Nigergebiet Westafrikas, auf ein an die Hirse gebundenes frühes Zentrum in Ostasien und auf das vom Maisanbau bestimmte Gebiet Amerikas bemerkenswert.

Die weitverbreitete Ansicht vom Ursprung der nahrungsproduzierenden Wirtschaftsform überhaupt im Bereich des südasiatischen Pflanzertums fand bisher keine Bestätigung in zeitgenössischen archäologischen Quellen. Sie bleibt ein Rückschluß aus neuzeitlichen Verhältnissen, der nichts über das tatsächliche Alter dieser Wirtschaftsform aussagt, der aber gleichwohl in der Forschung weitere Beachtung erfordert.

Das absolute Alter des chinesischen Hirseanbaus liegt noch nicht fest; indessen darf aus mancherlei Anzeichen geschlossen werden, daß Hirse in Ostasien eine sehr alte Kulturpflanze darstellt, während sie in Europa und den Vorderen Orient erst relativ spät, seit etwa 3000 v. Chr., eindrang. Der Maisanbau in Amerika, die Nutzung von Knollengewächsen, wie Kartoffeln, Oca und Quinoa, und der Anbau von Bohnen sollen hier übergangen werden.

Für eine besonders frühe Bedeutung des Nigergebietes als altes Anbauzentrum fehlen heute noch wirklich überzeugende Belege. Damit soll keineswegs gesagt werden, daß dieses Gebiet als selbständiges Ursprungszentrum früher produzierender Wirtschaftsform ausscheidet, sondern es soll nur ausgedrückt werden, daß wirkliche Belege für ein so hohes Alter vorerst noch fehlen.

Etwas gesicherteren Boden betritt man bei der Frage nach dem Alter des von Getreideanbau, Schaf-, Ziegen- und Rinderzucht lebenden Bauerntums im Vorderen Orient. Hier hat sich die Forschung auch weitgehend von rekonstruktiven Denkschemata frei gemacht und ist in der Lage, stärker von Beobachtungen an archäologisch überprüfbaren Fundkomplexen auszugehen.

## *Der Fruchtbare Halbmond*

Alle Versuche, Alter, Entstehung und früheste Ausbreitung dieses neolithischen Bauerntums zu ergründen, führen in den Vorderen Orient. Die fruchtbaren Gebiete, die sich in großem Bogen von den Tälern des Euphrats und Tigris über die syrisch-palästinensische Küstenebene bis in das Niltal erstrecken, hat Breastedt unter der Bezeichnung des *fertile crescent*, des »Fruchtbaren Halbmondes«, in die Forschung eingeführt.

In der Mitte des Bogens liegt die syrisch-mesopotamische Wüste, die nach der Austrocknung dieses in den Pluvialzeiten offenbar tierreichen und Jägergruppen anlockenden Gebietes keinerlei Voraussetzung mehr für nahrungsproduzierende Wirtschaft bot. Die fruchtbaren Flußoasen des Euphrats und Tigris und die üppige syrisch-palästinensische Küstenebene werden im Osten von einem Gebirgsbogen begleitet, der sich von der Zagroskette im iranischen Gebiet über den Taurus zum Libanon spannt. Ihre von den winterlichen, regenspendenden Westwinden des Etesienklimas bestrichenen Hänge liegen im Bereich von Niederschlägen, die einen Regenfeldbau gestatten. Aber in den Flußoasen, die beide in einer Zone semiariden Steppenklimas liegen, ist großräumiger Anbau nur auf der Grundlage künstlicher Bewässerung möglich.

Weit schwieriger ist die Rekonstruktion der Klima- und Vegetationsgeschichte dieses Raumes, die beide für die Frage nach der Entstehung früher Anbaukulturen und Kultivationsmethoden von großer Bedeutung sind. In Mittel-, Nord- und Nordwesteuropa ist es in den letzten Jahrzehnten gelungen, aus mancherlei gesicherten Indizien geomorphologischer, botanischer und zoologischer Art, vor allem mit Hilfe der die Blütenstaubschichten in Mooren und Seeablagerungen untersuchenden Pollenanalyse, ein verhältnismäßig gesichertes Bild der Klimaentwicklung und Vegetationsgeschichte seit der Eiszeit zu gewinnen. Dagegen fehlen gesicherte Erkenntnisse für den Vorderen Orient heute noch weitgehend.

Zwar haben im Iran sorgfältige geomorphologische Beobachtungen eine Rekonstruktion der Klimaentwicklung wenigstens in groben Zügen gestattet. Aber die für die Verfeinerung des Bildes und die Sicherung der Zeitbestimmung notwendigen botanischen Untersuchungen fehlen, weil es hier entweder gar keine oder nur sehr wenige dafür geeignete See- und Moorablagerungen gibt. Lediglich die auf ausgegrabenen Siedlungen beobachteten tierischen Reste erlauben über die geomorphologische Beobachtung hinaus eine ungefähre Rekonstruktion des Klimas in der hier vornehmlich interessierenden Zeit zwischen 10000 und 5000 v. Chr.

Grundsätzlich zu bedenken bleibt vor allem die Tatsache, daß neben dem Klima und dem Boden die Lebensbedingungen für Mensch, Tier und Pflanze auch im Bereich des Fruchtbaren Halbmondes stark von der Höhenlage mitbestimmt werden, reichen doch die heutigen Klima- und Vegetationszonen von der Wüste über die Steppe und den Wald bis zu alpinen Regionen. So bleiben ähnlich wie in Mitteleuropa Baum- und Schneegrenze in ihren klimabedingten Schwankungen zu berücksichtigen.

Von einigen Fundplätzen im Irak, so vor allem von Palegawra, Zarzi und Shanidar und in Palästina von Eynan am Hule-See wurden Reste einer mittelsteinzeitlichen Kultur, des »Zarzien« und des »Natufian«, ausgegraben, die eine einfache, durch kleine Flintgeräte repräsentierte Steinindustrie aufweisen. Sie können der Zeit zwischen 9000 und 7000 v. Chr. zugerechnet werden. Auf ihre Bedeutung für die Frage nach Ort und Zeit des Überganges zur produzierenden Wirtschaft wird noch zurückzukommen sein. Zunächst sind vor allem die dort gefundenen Tierreste als Indikatoren für das Klima der Zeit wichtig. Rotwild, Reh, Gazelle, eine Equidenart (wahrscheinlich Onager, ein Halbesel), Wildrind, Wildziege, Wildschaf, Schwein, Fuchs, Wolf, eine Wildkatzenart in der Größe eines Luchses, Igel und Landschildkröten sprechen für ein Klima, das dem heutigen sehr ähnlich ist. Alle diese Tiere würden, hätte der Mensch sie nicht ausgerottet oder ihre Lebensbedingungen zerstört, noch heute in diesem Gebiet leben können. Vor allem die zahlreich gefundenen Schnecken deuten als empfindliche Anzeichen für feinere Nuancierung ein Klima mit heißen, trockenen Sommern und grasbewachsene offene Flächen an. Für Grasflächen sprechen auch die zahlreichen Gazellenreste. Dagegen weisen andere Arten, wie etwa Rotwild, Reh und Wildschwein, auf stärkere Bewaldung hin, die sich auch aus anderen Indizien für die Hänge der Zagroskette erschließen läßt; man wird sich diese Hänge mit einem vornehmlich von Eichen bestimmten, aber auch immergrüne Bäume enthaltenden Wald bedeckt vorstellen dürfen. Eingestreut darin oder als Zone in niedrigeren Lagen an ihn angrenzend sind offene große Steppenflächen anzunehmen.

Das dem heutigen ähnelnde Klima dieser frühen Zeit besagt also nicht, daß das heutige Landschaftsbild auch im ausgehenden Eiszeitalter und in der frühen Nacheiszeit vorherrschte. Abholzung des Waldes, Beweidung der offenen Flächen und eine als Folge davon auftretende Bodenerosion haben in der Zwischenzeit den Charakter der Landschaft weitgehend verändert.

Unklar bleibt vorläufig noch die Frage, ob ähnlich wie in Mittel- und Westeuropa auch im Vorderen Orient die Nacheiszeit kleinere Klimaschwankungen erlebt hat, die die Situation für den Menschen merklich beeinflussen konnten.

MESOLITHIKUM UND
FRÜHES NEOLITHIKUM

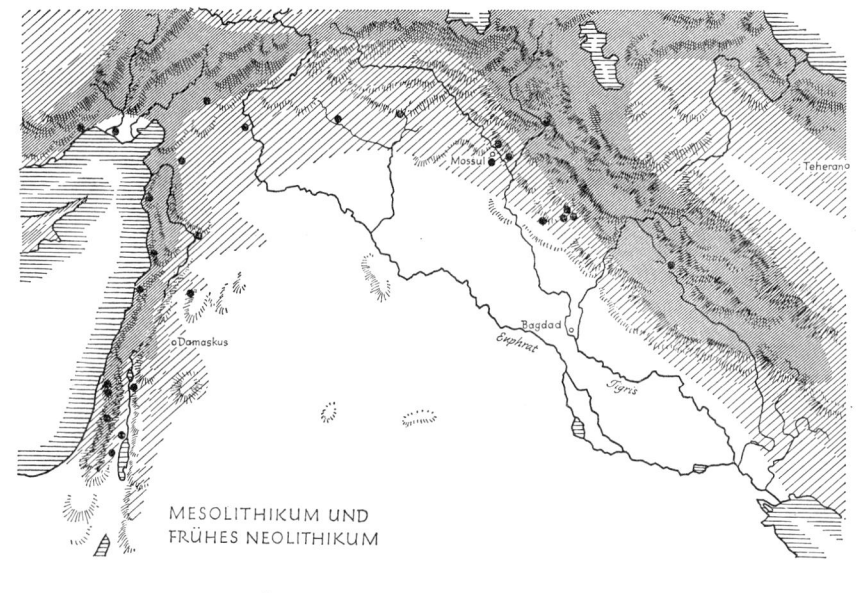

*Frühe Siedlungen*
IM VORDEREN ORIENT

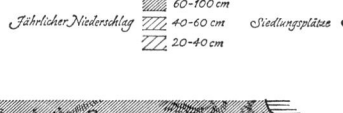

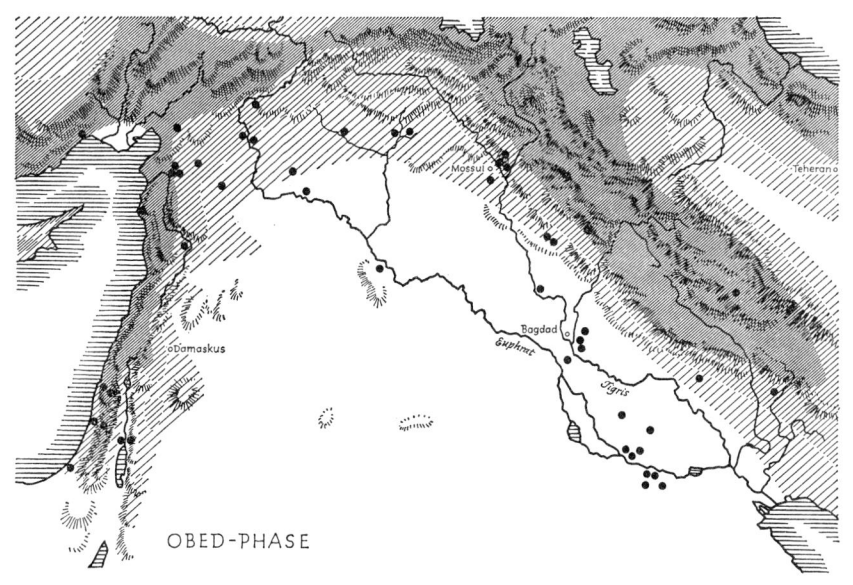

Jährlicher Niederschlag  
60-100 cm  
40-60 cm  
20-40 cm  

Siedlungsplätze ●

OBED-PHASE

Für das iranische Hochland, das klimatisch ein Teil der asiatischen Landmasse ist und stärker kontinental getöntes Klima als das syrisch-palästinensisch-irakische Gebiet besitzt, konnte Bobek aus geomorphologischen Indizien auf ein trockenes Klima für die Mitte der Nacheiszeit schließen, wenn auch die Zeitbestimmung ungenau bleibt. Dieser Trockenheit folgte später eine feuchtere Klimaphase. Anhaltspunkte für solche kleinen, im Zusammenhang mit der menschlichen Lebensweise gleichwohl bedeutsamen Schwankungen scheinen auch die jüngsten Ausgrabungen in Jericho erbracht zu haben. Ob eine Austrocknung etwa im achten Jahrtausend, die übrigens den besser bekannten Verhältnissen in Mittel- und Nordeuropa entsprechen würde, wirklich als großräumige Veränderung aufzufassen ist oder ob nur eine kleinklimatische Wandlung vorliegt, werden weitere Beobachtungen klären müssen.

Maßgebend für das Problem der Entstehungsgebiete eines durch Weizen- und Gersteanbau und die Inzuchtnahme von Wiederkäuern gekennzeichneten frühneolithischen Bauerntums bleibt die Frage nach den Verbreitungsgebieten der Wildformen, die damals gezüchtet wurden. Der russische Forscher Wawilow hat, wie schon angedeutet, auf Grund sehr umfangreichen Materials die mutmaßlichen Ursprungsgebiete unserer heutigen Kulturpflanzen umrissen. Er ging dabei von der Annahme aus, daß die heute feststellbaren Gebiete größten Formenreichtums auch die Heimatgebiete der betreffenden Pflanzen sein müßten. Wenn das in der Regel auch zuzutreffen scheint, so gibt es doch erkennbare Ausnahmen, die darauf beruhen, daß Kulturpflanzen, aus ihrer ursprünglichen Heimat vom Menschen in ein anderes Zentrum reicher Variationen übertragen, dort zu neuen Variationen kamen und so zur Entstehung eines sekundären Mannigfaltigkeitszentrums führten, das nicht mit ihrem eigentlichen Ursprungsgebiet identisch zu sein braucht. Ein solcher Fall scheint bei der Weizenart des Emmer in Abessinien vorzuliegen, wo die Hochfläche offenbar zu einem sekundären Zentrum auffallenden Variationsreichtums geworden ist.

Immerhin ist das angedeutete Zusammenfallen der Ursprungsgebiete heutiger Kulturpflanzen mit den Zentren früher städtischer Hochkultur zunächst bemerkenswert. Die Wildformen von Emmer sind auf Syrien und Palästina, die von Einkorn auf Kleinasien und kleine Gebiete des Balkans beschränkt. Die Wildformen der zweizeiligen Gerste kommen in Kleinasien, Iran und dem nordöstlichen Irak vor, während die sechszeilige Gerste etwa das gleiche Verbreitungsgebiet in Syrien und Palästina einnimmt wie die Wildformen von Emmer, außerdem aber noch im zentralasiatischen Gebirgsgebiet auftritt. Ähnlich eng begrenzt sind auch die Verbreitungsgebiete der kleinen Wiederkäuer Ziege und Schaf, die von Kleinasien bis in die indischen Grenzgebirge und bis nach Zentralasien hinein vorkommen.

Unter der Voraussetzung, daß diese heute noch feststellbaren Verbreitungsgebiete der Wildformen auch die ursprünglichen sind, begrenzt sich das Gebiet ihrer Inzuchtnahme auf den Vorderen Orient und Zentralasien.

Flußoase im Jordan-Graben

Reste einer dörflichen Siedlung bei Qalat Jarmo im Osten Mesopotamiens, Anfang 7. Jahrtausend

## Spuren früher bäuerlicher Wirtschaftsweise

Lange Zeit hindurch herrschte in der Forschung die Vorstellung, daß der für die weitere Entwicklung der Menschheit so wichtige Schritt zur bäuerlichen Wirtschaftsweise sich in den Flußoasen von Euphrat, Tigris und Nil vollzogen haben müsse. Erst neuere amerikanische Untersuchungen haben die Aufmerksamkeit der Forschung auf die hügelige Ostflanke Mesopotamiens, die Westhänge der Zagroskette, gelenkt. Dort gelang es Braidwood, bei Qalat Jarmo in einem Schutthügel Spuren einer sehr alten dörflichen Ansiedlung bäuerlichen Gepräges zu entdecken und in zwei Grabungskampagnen in den Jahren 1950/51 und 1954/55 zu untersuchen.

Der Platz liegt etwa achthundert Meter hoch, also nahe der unteren Grenze der zwischen sechshundertfünfzig und siebzehnhundert Meter angenommenen Zone lichten oder dichteren Laubwaldes und damit wohl in der Nähe offenen Graslandes. Die heutigen Niederschläge in Höhe von vierzig bis fünfundsechzig Zentimeter pro Jahr gestatten einen einfachen Regenfeldbau, was man wohl auch für die frühe Zeit annehmen darf. Das gerade an dieser Stelle sehr häufige Auftreten der Schnecke Helix Salomonica setzt trockene, heiße Sommer und Grasflächen voraus.

Die alte Ansiedlung, die Braidwood entdeckte und untersuchte, erstreckte sich über ein Gebiet von 1,3 Hektar, ein Teil ist durch Erosion zerstört. Das Dorf hat etwa zwanzig bis fünfundzwanzig Anwesen umfaßt und schätzungsweise einhundertfünfzig Einwohner beherbergt. Es hat nur wenige Jahrhunderte bestanden und ist von späteren Ansiedlungen nicht überlagert oder gestört worden. Bei den Ausgrabungen konnten sechzehn übereinanderliegende Siedlungsschichten beobachtet werden, die dadurch entstanden, daß die wenig widerstandsfähigen Hausbauten häufig erneuert werden mußten, so daß keine größeren Zerstörungen als Ursache dieser Hauserneuerungen in Frage kommen.

Es handelt sich also um ein wirkliches Dorf mit ansässiger Bevölkerung und nicht um einen periodisch immer wieder aufgesuchten und nur vorübergehend bewohnten Platz. Seßhaftigkeit der Ansiedler muß aus den ergrabenen Befunden gefolgert werden.

Die Häuser selbst sind in einer einfachen Technik mit Wänden aus Schlammlagen noch ohne Verwendung vorgeformter Ziegel errichtet. Sie setzen sich jeweils aus mehreren rechteckigen Räumen und Gängen zusammen, enthalten kunstvoll gebaute Öfen mit Schornsteinen in den Lehmwänden, Vorratsräume und offene Höfe, auf denen gekocht wurde. Die Fußböden bestehen aus dünnen über Schilflagen verstrichenen Schlammschichten und waren mit Schilfmatten belegt. Für die nicht erhaltene Dachkonstruktion wird man Schilfbedeckung annehmen dürfen. Vereinzelte Beobachtungen lassen auf das Vorhandensein von Fenstern schließen, und Türangelsteine deuten die Existenz von Holztüren an.

Diese komplizierten und entwickelten Hausanlagen finden sich schon in der ältesten Schicht an der Basis der Ansiedlung. In die Fußböden eingelassen sind große bassinartige Vertiefungen, die entweder als Feuerstellen oder als Vorratsbehälter gedient haben werden.

Die Kenntnis der Töpferei ließ sich nur für die jüngsten Schichten nachweisen, in denen Reste zum Teil fein bemalter Tongefäße gefunden wurden. Die Bewohner der älteren Schichten kannten das Töpferhandwerk nicht. Ihnen dienten als Behälter kunstvoll hergestellte Steingefäße, meist aus Marmor gearbeitet und oft unter geschmackvoller Ausnutzung seiner natürlichen Bänderung hergestellt.

Die schneidenden Steingeräte sind aus Flint oder Obsidian, einem Glas vulkanischer Herkunft. Bestimmend sind kleine Geräte, also »Mikrolithen«, und einfache Klingen, die teilweise, wie Spuren von Erdpech lehren, in Schäftungen aus organischer Substanz befestigt gewesen sein müssen. Auffallend sind Sichelklingen, die offenbar zum Schneiden von Getreidehalmen oder Schilf gedient haben, wie der feine politurartige Glanz ihrer Schneiden lehrt.

Daneben treten zum Teil sorgfältig bearbeitete Geräte aus Felsgestein auf, wie etwa Äxte, durchbohrte Steinkugeln, deren Zweck unbekannt ist, Quetschmühlen, Mörser, Stößel und ähnliche Geräte. Der Anfall von Tierknochen wurde zur Herstellung von Geräten, wie Nadeln und Pfriemen, benutzt. Auch Flechtmatten und Körbe, teilweise mit Spuren einer Dichtung aus Bitumen, haben sich erhalten.

Auffallend sind die zahlreichen Funde fein gearbeiteter Steingefäße, die ein entwickeltes Gewerbe voraussetzen, bemerkenswert auch der sehr hohe Anteil von Obsidian an den schneidenden Geräten. Dieses Material muß über weite Entfernungen herantransportiert worden sein, da es sich in der näheren Umgebung nicht findet. Das nächste Vorkommen liegt etwa vierhundert Kilometer von Jarmo entfernt am Wan-See, erforderte also einen schon sehr weitreichenden Güteraustausch.

Am bemerkenswertesten sind bei dieser frühneolithischen Ansiedlung die Zeugnisse für die Wirtschaftsform. Die Bewohner Jarmos bauten zwei Weizenarten, Einkorn und Emmer, und eine sechszeilige Gerste an. Die Getreidearten stehen morphologisch ihren Wildformen noch sehr nahe, schließen also eine lange betriebene Zucht wohl aus. Ob Erbsen und Linsen, die gelegentlich in den Siedlungsschichten gefunden wurden, schon kultivierten Pflanzen oder noch Wildformen zuzurechnen sind, steht nicht fest. Daß auch Wildfrüchte gesammelt wurden, zeigen Eicheln und Pistazien.

Die zahlreichen in der Siedlung gefundenen Holzkohlenreste bieten nicht nur eine willkommene Unterlage für eine Altersbestimmung durch die Radio-Karbon-Methode, sondern gestatten auch eine Rekonstruktion der Waldvegetation in der näheren Umgebung der Ansiedlung. Die Tatsache, daß neunzig Prozent der Holzkohle von Eichen, und zwar teilweise von alten, dicken Stämmen, stammen, bestätigt die Annahme eines Eichenwaldes in der Nähe.

Bezeichnend für die Art der Ansiedlung sind auch die Tierknochen. Ursprünglich hatten die Ausgräber in einem Vorbericht mitgeteilt, daß nur fünf Prozent des Knochenmaterials zu Wildtieren, fünfundneunzig Prozent dagegen zu Haustieren gehören, doch hat sich dieses Bild bei eingehenderen Untersuchungen gewandelt. Gefunden wurden Knochen von Onager, Gazelle, Wildziege, Hausziege, Schaf, einer Rinderart, Hirsch, Reh, Schwein, Bär, Wolf, Fuchs, Leopard, Katze, Dachs, Marder und Schildkröte, dazu Fischgräten, Süßwasserkrebse und Reste kleiner Nagetiere.

Mit Sicherheit als gezähmt kann nur die Ziege nachgewiesen werden; es wird aber stets zu bedenken sein, daß frühe Domestikationsstadien noch keine auffälligen Veränderungen im Knochenbau der Tiere zu bewirken brauchen, daß also ein Teil der wildtierartigen Reste sehr wohl schon zu Tieren in frühen Stadien der Inzuchtnahme gehören können.

≡ Einkorn
∷∷ Emmer
||||| Gerste

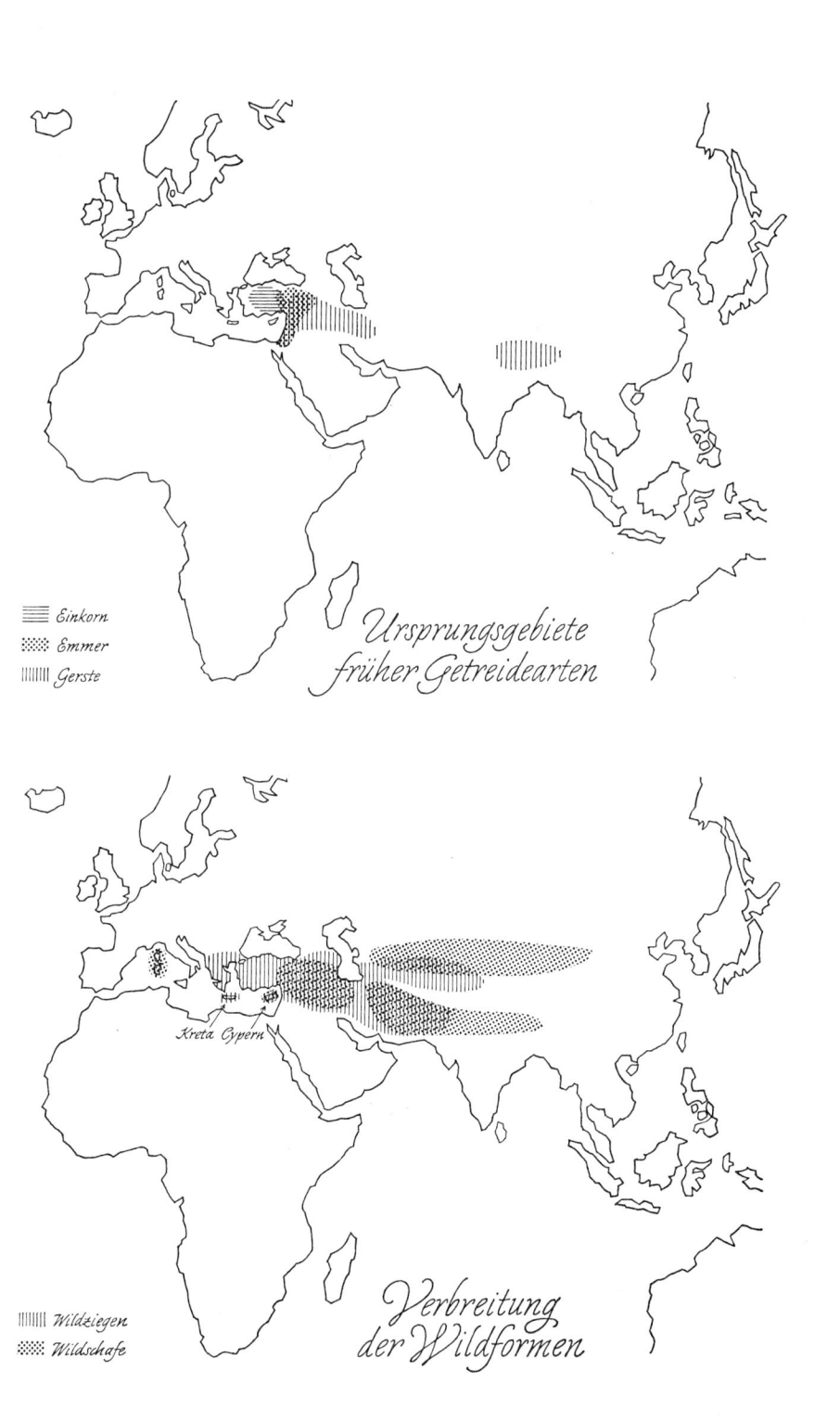

*Ursprungsgebiete früher Getreidearten*

||||| Wildziegen
∷∷ Wildschafe

*Verbreitung der Wildformen*

Trotzdem bleibt in Jarmo die Jagd für die Deckung des Bedarfs an tierischem Eiweiß noch bedeutsam. Für die Wichtigkeit der Ergänzung der produzierten Nahrung durch Sammeln von Wildfrüchten und Kleintieren sprechen Eicheln, Pistazien und die sehr zahlreichen Schnecken, die offenbar einen wesentlichen Anteil der Kost ausmachten.

Bemerkenswert ist das Auftreten kleiner Tonfiguren von Frauen und Tieren, darunter Hund und Rind. Damit tritt offenbar zum erstenmal die Figur der später im Orient so beliebten Muttergottheit auf, die dann als Erbe der orientalischen Frühkulturen auch Eingang in die Götterwelt der klassischen Zeit fand.

Die vielfach gefundenen Holzkohlenreste bilden die Grundlage für die Zeitbestimmung auf dem Wege über die Radio-Karbon-Methode. Die so ermittelten Zeitangaben reichen von 9300 bis 4750 v. Chr., eine größere Anzahl von Proben konzentriert sich auf die Zeit um 6750. Diese Proben umspannen einen wesentlich größeren Zeitraum, als man ihn für die Existenz der Ansiedlung annehmen darf. Hatten die Ausgräber zunächst die Zeit um 4750, also die der jüngsten Probe, für die wahrscheinliche Besiedlungszeit gehalten, so haben sie in letzter Zeit unter dem Eindruck ähnlicher Untersuchungen in Jericho die sich um 6750 v. Chr. konzentrierenden Proben als Hinweis auf das wirkliche Alter genommen. Mit diesem Grad von Unsicherheit im Blick wird man also diese frühe bäuerliche Ansiedlung zu Beginn des siebenten vorchristlichen Jahrtausends ansetzen dürfen.

Als Gesamtbild ergibt sich für Jarmo die Existenz eines Dorfes mit ansässiger, über mehrere Jahrhunderte am Ort siedelnder Bevölkerung, die von Getreidebau und der Zucht kleiner Wiederkäuer lebte, zur Ergänzung dieser Nahrungsbasis ausgedehnte Jagd betrieb und Eicheln, Pistazien und Schnecken sammelte.

Die komplizierten Hausgrundrisse stehen nicht am Anfang der Entwicklung einer Wohnarchitektur, sondern setzen längere Erfahrung voraus. Bemerkenswert sind die hohe Entwicklung des Handwerks, das Steingefäße herstellte, und die weitgespannten Handelsbeziehungen, die sich in dem Gebrauch von Obsidian widerspiegeln. Überraschend ist in jedem Falle das hohe Alter der Ansiedlung.

Für die hier interessierende Frage nach der Entstehung produzierender Wirtschaftsweise als Grundlage früher Stadtentwicklung im Vorderen Orient vermitteln diese Forschungsergebnisse in Jarmo wichtige neue Erkenntnisse. Sie lassen in verhältnismäßig früher Zeit ein komplexes Bauerntum mit Getreidebau und Hornviehzucht erkennen und bieten keinerlei Hinweise auf eine Überlagerung älteren Pflanzentums durch jüngere Herdenviehzüchter. Weiterhin wird der Blick von dem früher vermuteten Ursprungsherd des Anbaues in den Flußoasen von Euphrat, Tigris und Nil auf die hügligen Flanken der mesopotamischen Flußgebiete gelenkt. Hier hat sich lange vor den ältesten bäuerlichen Ansiedlungen in den Flußoasen, die erst um 5000 beginnen, eine bäuerliche Wirtschaftsweise herausgebildet, die weit urtümlichere Züge aufweist als die frühen Anbaukulturen in den Tälern des Euphrats, des Tigris und des Nils. Etwa dreitausend bis viertausend Jahre vor der Herausbildung echter städtischer Hochkultur hat sich in diesen Gebieten eine produzierende Wirtschaftsform entwickelt, die also in der Zeit früher Hochkultur schon auf eine lange Tradition zurückblicken konnte. Sie ist auch nicht an jene Areale gebunden, in denen sich die frühen Stadtkulturen herausgebildet haben, sondern ist offenbar in den angrenzenden

Randgebieten des Fruchtbaren Halbmondes entstanden; erst etwa zwei Jahrtausende später sind dann die Flußtäler von Bauern aufgesucht worden.

Hier stellen sich allerdings zwei wichtige Fragen, die beantwortet werden müssen, bevor das Problem der Herausbildung stadtartiger Siedlungen gelöst werden kann: die Frage nämlich, ob die Funde von Jarmo wirklich an den Anfang anbauender Wirtschaftsweise gehören oder nicht vielmehr lang dauernde Vorstufen anzunehmen sind, und die Frage, ob der in Jarmo und in einigen wenigen ähnlichen Siedlungen des gleichen Areals nachgewiesene Getreideanbau und die Haustierzucht ausreichen würden, um die für die Herausbildung stadtartiger Siedlungen notwendige Überschußproduktion von Nahrungsmitteln zu gewährleisten. Die erste Frage steht nicht unmittelbar im Zusammenhang mit dem hier verfolgten Problem früher stadtartiger Siedlungen. Sie kann verhältnismäßig kurz mit einigen Hinweisen beantwortet werden.

Die komplexe Wirtschaftsweise der Bauern von Jarmo macht nicht den Eindruck unmittelbaren Anfangs. Dieser Fundstelle zeitlich voraus gehen einige Fundplätze im Irak, wie Karim Shahir, M'lefaat und Shanidar, und in Palästina einige ältere Fundplätze des Natufian. Sie gehören zeitlich wohl dem neunten oder achten Jahrtausend an. Die klimatischen Verhältnisse ihrer Zeit müssen denen von Jarmo ungefähr entsprochen haben, die Tierwelt, soweit sie bei einigen Fundplätzen des Natufian näher bekanntgeworden ist, wird durch die gleichen Arten vertreten wie in Jarmo, wenn auch noch ohne erkennbare Anzeichen von Domestikation. Unter den Steingeräten fallen einzelne Mörser und Stößel auf; Sichelklingen könnten auf das Schneiden von Getreidehalmen hinweisen, wenn man nicht damit rechnen müßte, daß vielleicht auch Schilf damit geerntet wurde. Auf Jagd und Fang deuten Harpunen, Pfeilspitzen und Angelhaken hin.

Als erste Menschengruppe der Nacheiszeit im Nahen Osten haben die Bewohner dieser Fundplätze das Leben in Höhlen aufgegeben und auf Freilandstationen gesiedelt. Daß sie nicht über längere Zeit seßhaft waren, lehrt das Fehlen von Schutthügeln, wie sie als natürliche Folge lang dauernder Besiedlung des gleichen Platzes in Jarmo entstanden. Die Bewohner dieser Freilandstationen scheinen noch eine fluktuierende Lebensweise geführt zu haben, wenn auch runde, zum Teil in den Boden eingetiefte Hüttenreste von M'lefaat und Shanidar und sorgfältig gebaute Rundhäuser mit teilweise innen bemalten Lehmwänden, wie sie auf der Siedlung des älteren Natufian von Eynan am Hule-See ausgegraben wurden, einen gewissen Hang zu stetiger Siedlungsweise erkennen lassen. Als erstes Haustier dieser Gruppe wird gemeinhin der Hund angenommen, obwohl vollgültige Beweise für seine Existenz in dieser Zeit noch nicht erbracht worden sind.

In der letzten Zeit mehren sich die Anzeichen dafür, daß diese frühe Menschengruppe schon mit dem Anbau begonnen hat, wenngleich Jagd und Sammeln nach wie vor die Hauptgrundlage ihrer Lebenshaltung bildeten. Das Zusammenwachsen des Getreideanbaus und der Tierzucht in Jarmo zu einer komplexen Wirtschaftsweise setzt wohl doch lange Versuche und Erfahrungen auf dem Gebiet von Zucht und Pflanzenanbau voraus. Sie brauchen nicht unbedingt von vornherein gekoppelt gewesen zu sein, sondern können lange Zeit nebeneinander gestanden haben oder auch in verschiedenen Arealen, unabhängig voneinander, betrieben worden sein.

In einem Punkte haben die Untersuchungen von Ansiedlungen dieser Gruppe unmittelbar vor dem Beginn stadtartiger Siedlungen unsere Kenntnis wesentlich gefördert. Auf dem schon oben erwähnten Fundplatz von Eynan am Hule-See wurden Gräber gefunden, die in runden Gruben – vielleicht aufgegebenen Rundhäusern oder Speicherbauten – angelegt waren. Meist lagen mehrere Tote in derselben Gruft, gelegentlich sind einzelne Schädel bestattet worden; damit deutet sich ein eigentümlicher Grabbrauch an, der später bei der Ansiedlung von Jericho wieder begegnen wird.

Eines der intakten Gräber, das einen Mann beherbergte, ließ eine aufwendige, die anderen Bestattungen an Sorgfalt und Ausstattung weit überragende Grablegung erkennen. Der hier so sorgsam bestattete Tote war durch den Grabbrauch auch noch nach seinem Tode aus der Masse der übrigen Bestatteten herausgehoben. Hier deuten sich erste Anzeichen einer sozialen Differenzierung schon in dieser frühen Zeit an, die wohl als Ausgangspunkt einer späteren, zu einer schärferen Schichtung der Bevölkerung führenden Entwicklung gelten könnte.

Noch schwieriger zu beantworten ist die zweite der gestellten Fragen, nämlich, ob eine Wirtschaftsweise, wie sie in Qalat Jarmo beobachtet werden konnte, eine über den Bedarf des einzelnen Bauern wesentlich hinausgehende Überschußproduktion ermöglichte. Die Tatsache, daß die Bewohner von Jarmo die Ergebnisse ihrer Anbauwirtschaft durch Jagd und Sammeln von Früchten und Schnecken ergänzten, scheint nicht unbedingt dafür zu sprechen. Die auch für die frühe Zeit anzunehmenden geringen Niederschlagsmengen lassen die Erzielung eines regelmäßigen und gesicherten Überschusses als wenig wahrscheinlich erscheinen.

Ein solcher wird in den ariden und semiariden Zonen des Vorderen Orients wohl nur auf dem Wege künstlicher Bewässerung zu erzielen gewesen sein. Die Frage, seit wann, in welcher Form und in welchem Umfange Bewässerung betrieben worden ist, gehört zu den vieldiskutierten, zugleich aber auch schwierigsten Problemen, die sich der Forschung stellen. Zeugnisse alter Bewässerung sind in der Regel mit späteren Anlagen überbaut und dadurch gestört worden, und nur ganz ausnahmsweise können Spuren solcher, in ganz frühe Zeit zurückreichenden Anlagen entdeckt werden, und auch dann bietet die Frage einer genauen Zeitbestimmung meist große Schwierigkeiten.

Hier werden in starkem Maße Beobachtungen an primitiven Verhältnissen heutiger Stämme weiterhelfen müssen. Zwei in ihren Ansprüchen an die Gesellschaft, aber auch in ihren Rückwirkungen auf sie verschiedenartige Systeme wird man wohl unterscheiden müssen: Bewässerungsanlagen in Stromtälern und Ausnutzung von Quellen.

Bei den Stromtälern geht es darum, jahreszeitlich begrenztes Hochwasser zu stauen und zu horten, um damit in den langen trockenen Wachstums- und Reifezeiten über verzweigte Kanäle und Schleusen die Felder zu bewässern. Solche Systeme müssen sich fast immer gegen beträchtliche Naturgewalten behaupten und sind eng mit großen Damm- und Kanalbauten wie auch mit Schleusenanlagen und ihrem geregelten Betrieb verbunden.

Anders ist die Situation in Quelloasen. Dort fällt der Zwang zu komplizierter Bändigung von Hochwasserfluten und deren schwierige Hortung fort. Ganzjährig laufendes Quellwasser braucht nur in einem System von Rinnen unter Ausnutzung des natürlichen Gefälles über das Land verteilt zu werden.

Die oft behandelte Frage, ob der Zwang zu großräumiger Bewässerung in den Flußtälern mit jahreszeitlich bedingtem Hochwasser im Vorderen Orient den Anstoß zur Entstehung von Staaten gebildet hat, wird man vermutlich negativ beantworten müssen. Die bei solchen Vorhaben notwendigen großen Bauten setzen zweierlei voraus: Verfügungsgewalt über eine große Zahl von Menschen zur Durchführung der Bauarbeiten selbst und eine gesicherte Herrschaft über das Landgebiet zum Zwecke des Schutzes der empfindlichen Bewässerungseinrichtung. Großräumige Bewässerungsanlagen in Flußoasen haben staatliche Gewalt eher zur Voraussetzung als zur Folge.

Daß auch in Flußtälern kleinräumige Bewässerungsanlagen im Rahmen isolierter Dorfgemeinden möglich sind, lehren Beobachtungen an rezenten Verhältnissen. Sie tragen vielleicht zur Stärkung örtlicher Autoritäten bei, haben aber nicht notwendig größere politische Zusammenschlüsse zur Folge. In Quelloasen stellt die Bewässerung nur geringe Ansprüche an die Sozialorganisation, es sei denn, die des Schutzes gegen Bedrohung von außen.

Treffen diese zum Teil hypothetischen Darlegungen im wesentlichen das Richtige, dann ergibt sich für die Frage der ersten Herausbildung stadtartiger Ansiedlungen, daß im Vorderen Orient die Areale, in denen nach unserer Kenntnis die ersten anbautreibenden Menschengruppen nachgewiesen sind, keine wirklichen Voraussetzungen für stadtartige Siedlungen bieten. Erst eine an künstliche Bewässerung gebundene und darum nur in Fluß- oder Quelloasen mögliche Landwirtschaft mit Überschußproduktion gäbe die für eine solche Entwicklung wesentlichen Grundlagen ab.

## *Die ältesten Spuren stadtartiger Siedlungen in Jericho*

Im letzten Jahrzehnt haben nun große Grabungen in Palästina neue Erkenntnisse vermittelt. Sie wurden auf dem Telles-Sultan bei Jericho vorgenommen und gehören zu den bedeutsamsten Ausgrabungen unseres an archäologischen Entdeckungen reichen Jahrhunderts. Wie selten nur ist durch sie unsere Kenntnis der frühen Menschheitsgeschichte um neue wichtige und überraschende Züge bereichert worden.

Der Tell bildet einen ovalen oder ovoiden Schutthügel von über vier Hektar Flächeninhalt und fast dreißig Meter Höhe. Er liegt auf der Westseite des hier ungefähr dreihundert Meter unter dem Meeresspiegel eingebrochenen Jordangrabens. Der Fluß durchströmt ein enges, beiderseits von Gebirgen eingeschlossenes Tal, in dem sich heute eine Flußoase ausbreitet.

Am Fuß des Tells fließt eine ganzjährig austretende Quelle, die eine üppige Oase bewässert; in ihr leben heute etwa neunzigtausend Menschen. Der Platz liegt an einem alten Jordanübergang, der aus den Wüsten- und Steppengebieten des Ostens in das Gelobte Land westlich des Jordans führt, und hat als Eingang nach Palästina immer wieder eine große Rolle gespielt. Als Josua die Israeliten in das Gelobte Land führen sollte, schickte er

Kundschafter aus mit dem Auftrag »Gehet hin und besehet das Land und Jericho«. Darin spiegelt sich die verkehrsgeographische Lage des Platzes in späterer Zeit wider.

Die Bedeutung des Ortes in biblischer Zeit hat schon 1867 Anlaß zu ersten Ausgrabungen gegeben, ihnen folgten 1908 bis 1911 österreichisch-deutsche Untersuchungen unter Sellin und Watzinger, die vornehmlich dem biblischen Jericho galten. Zwischen 1930 und 1936 arbeitete John Garstang von der Universität Liverpool dort, und 1951 nahm Miss Kathleen Kenyon, die Direktorin der British School of Archaeology in Jerusalem, die Untersuchungen erneut auf. Sie führte sie bis 1959 mit aufsehenerregendem Erfolg fort.

Eine erschöpfende Veröffentlichung liegt, wie das bei einer so großzügigen Untersuchung nicht anders der Fall sein kann, noch nicht vor. Die Leiterin der Grabung und verschiedene ihrer Mitarbeiter, namentlich auf naturwissenschaftlichen Gebieten, haben sorgfältige Vorberichte publiziert, so kann man wenigstens in großen Umrissen ein Bild von den hauptsächlichsten Ergebnissen gewinnen.

Von dem fast dreißig Meter hohen Tell ist etwa die Hälfte neolithischen Bewohnern zuzuschreiben, und zwar aus einer frühen Stufe der jüngeren Steinzeit, die den Gebrauch der Keramik noch nicht kannte, so daß man hier wie auch bei den älteren Schichten von Jarmo von einem »präkeramischen Neolithikum« spricht, wie es jetzt auch an einzelnen anderen Fundplätzen nachgewiesen werden konnte. Fast fünfzehn Meter hoch sind die Schuttablagerungen dieser frühen Epoche in den unteren Partien des Tells.

Nachdem die letzten Grabungen der Jahre 1958 und 1959 bis in die tiefsten Schichten des Tells vorgedrungen sind, läßt sich in groben Umrissen ein Bild von seiner Entstehung entwerfen, wobei allerdings bemerkt werden muß, daß sich dieses Bild bei einer großräumigen Untersuchung des Platzes erweitern und vielleicht auch noch ändern würde.

Als älteste Anlage an der Quelle fanden die Ausgräber einen eigentümlichen rechteckigen Bau von drei Meter Breite und mindestens sechs Meter Länge, dessen Wände aus Steinlagen und dessen Boden aus einer Lehmschicht bestanden; Zeugnisse einer Benutzung dieser Anlage für Wohnzwecke, wie Herdstellen oder Abfallgruben, fanden sich nicht, so daß die Ausgräber geneigt sind, einen Kultbau darin zu sehen. Bestätigt werden sie in ihrer Annahme durch die Auffindung mehrerer großer Steinblöcke in den Wandsetzungen, die offenbar zur Aufnahme dicker Pfosten durchbohrt sind. Vermutlich haben sie zur Aufnahme von Kultpfählen einer mesolithischen, dem älteren Natufian zuzuschreibenden Anlage gedient. Die Bevölkerung dieser Zeit hat in der Umgebung des Baues zahlreiche Geräte zurückgelassen. Die Radio-Karbon-Datierung ergibt für dieses anscheinend abgebrannte Bauwerk die Zeit von 7800 v. Chr. Vermutlich haben hier mesolithische Jäger und Sammler des achten Jahrtausends neben der für sie bedeutsamen Quelle ein Heiligtum errichtet, das periodisch besucht wurde.

Aus einer etwas jüngeren, aber noch im achten Jahrtausend anzusetzenden Periode stammt in der Nähe dieses Baues eine Schuttschicht von vier Meter Mächtigkeit, die allerdings nicht die ganze Grundfläche des Tells einnimmt, sondern ganz wesentlich kleiner ist. Sie enthält zahlreiche Böden von leichten, offenbar nur kurzfristig benutzten Hütten, die von einer anscheinend noch fluktuierenden, aber immer wieder an diesen Platz zurückkehrenden Bevölkerung errichtet waren. In den oberen Schichten dieses kleinen Tells zeigen

Reste vom großen Turm an der Steinmauer der neolithischen Siedlung in Jericho, um 7000

Kopf einer bemalten Figur
Tonplastik aus Jericho, 6. Jahrtausend. Jerusalem, Palestine Archaeological Museum

solide gebaute Rundhäuser eines aus dieser Zeit auch von andern Stellen her bekannten Types an, daß die Menschen hier seßhaft geworden sind. Die Zeit beginnender Seßhaftigkeit an der Quelle brachte eine starke Ausweitung der Siedlung über fast die ganze Grundfläche des Tells mit sich. Die Bevölkerung ist also an dieser Stelle stark angewachsen und offenbar um diese Zeit auch zum Anbau übergegangen; die Einzelheiten des Vorgangs bleiben jedoch vorerst noch dunkel.

Das Geräteinventar dieser ersten ständigen Ansiedler des achten Jahrtausends entspricht völlig dem ihrer mesolithischen Vorgänger aus dem Natufian und deutet an, daß es Menschen der gleichen Gruppe waren, die an dieser Stelle den Übergang zur seßhaften Lebensweise vollzogen und zu einer produzierenden Wirtschaftsform übergingen. Das ist deshalb wichtig, weil dadurch mit großer Wahrscheinlichkeit ausgeschlossen werden kann, daß etwa eine bereits vollentwickelte neue Wirtschaftsweise von Neuankömmlingen auf diesen Platz übertragen wurde.

Um oder kurz nach 7000 trat an dieser Stelle ein Wandel ein. Die ganze Anlage wurde mit einer großen Steinmauer umgeben, der ein mächtiger Steinturm von etwa neun Meter Durchmesser und ungefähr gleicher Höhe angefügt wurde. Ein Eingang führte zu ebener Erde in den Turm, dort zu einer kleinen Kammer und über eine Treppe im Inneren auf die Plattform des Turmes empor. Diese eindrucksvolle Befestigung umspannt ein Gebiet von über vier Hektar, dessen Innenraum dicht mit gutgebauten Rundhäusern bedeckt war. Das Steingeräteinventar knüpft in seinen Formen und im Bestand an Werkzeugen an die vorhergehende Stufe an, läßt also eine grundsätzliche Kontinuität der Besiedlung vermuten. Mühlsteine, Mörser und Stößel sprechen für das Vorhandensein von Körnernahrung, wenn auch die aus diesen Schichten stammenden organischen Reste noch nicht daraufhin untersucht worden sind, welche Arten in dieser Zeit angebaut wurden.

An gezähmten Tieren gab es Hund, Katze und Ziege, die Ziege aber so spärlich, daß sie nicht den Fleischbedarf gedeckt haben kann. Dieser erfolgte vielmehr überwiegend durch Jagd, und zwar vornehmlich auf Gazellen, Wildrinder und Schweine. Entweder haben die Bewohner dieser Ansiedlung selbst in großem Umfange noch Jagd betrieben, oder sie haben erlegte Jagdtiere von umwohnenden Jägerstämmen eingetauscht. Keramik war unbekannt, an ihrer Stelle wurden sorgfältig hergestellte Steingefäße benutzt, deren Verfertigung eine beträchtliche handwerkliche Geschicklichkeit anzeigt. Das Auftreten von Geräten aus Obsidian läßt einen weitreichenden Handel mit diesem Material vermuten.

Die Toten wurden in der Siedlung bestattet. Beisetzungen abgetrennter Schädel, wie sie auch in Eynan begegnet waren, kommen verschiedentlich vor. In den Bereich der Religion führen offenbar kleine weibliche Figuren und solche von Tieren, die ähnlich wie in Jarmo von Vorstellungen zeugen, wie sie später im Vorderen Orient in der Verehrung einer Muttergottheit wieder auftauchen.

Mit dieser ersten vollentwickelten neolithischen Schicht noch ohne Keramik vollzog sich aber ein grundlegender Wandel. Eine schon vorher neben der Quelle seßhaft gewordene Bevölkerung nahm sprunghaft zu, ihre Zahl stieg nach Annahme der Ausgräber auf etwa zweitausend Menschen an. Der großartige Befestigungsbau mit seiner hohen Steinmauer, dem tiefen, in den Fels gesprengten Graben und dem mächtigen Rundturm zeigt ein erhöhtes Schutzbedürfnis und das Vorhandensein einer sozialen Organisationsform an, die es gestattete, große Teile der Bevölkerung zu einer Gemeinschaftsarbeit einzusetzen, wie sie der Bau dieser Befestigungsanlage erforderte.

Das Überraschendste der letzten Grabungen aber war die Aufdeckung großer Wassertanks für eine künstliche Bewässerung in der ältesten Phase des Festungsbaues. Angebaut an den großen Rundturm und die an ihn angelehnte Befestigungsmauer wurden große rundliche Behälter mit dünnen, sauber verputzten Wänden gefunden. Die Höhe der Wände beträgt in einem Falle mehr als drei Meter. Die abweichenden Formen, die verschiedenartige Größe und Technik der Bauten und das Fehlen von Eingängen schließen die Annahme von Häusern aus. Dagegen spricht die Freilegung dünner, vom Wasser abgelagerter Schlammschichten in einem Kanal, der zwei solcher Behälter verbindet, überzeugend für große Wassertanks.

Für die Wasserversorgung der befestigten Ansiedlung waren sie unnötig, da die Quelle selbst dafür zur Verfügung stand. Einen Sinn haben sie nur als Anlagen zur Landbewässerung. Wie sie gefüllt wurden, bleibt unklar, entweder handelte es sich um Zisternen, in die das Regenwasser geleitet wurde, oder sie wurden im Handbetrieb von der Quelle her aufgefüllt.

Nach kurzer Zeit wurden sie mit Schutt angefüllt und neue Tanks in einem höheren Niveau in gleicher Technik und Größe gebaut. Nachdem auch diese verschüttet und durch neue, noch höher liegende Behälter ersetzt wurden, lagen die Tanks fast neun Meter über dem Austritt der Quelle.

Der Sinn dieser Maßnahmen ist leicht einzusehen. Unter Ausnutzung des natürlichen Gefälles konnten von der Quelle aus nur verhältnismäßig kleine Areale im Osten und Südosten bewässert werden. Von den hochstehenden Wasserbehältern aus aber erreichte die künstliche Bewässerung auch weiter entfernt liegende Flächen im Westen und Süden der Quelle, wodurch sich das für den Anbau in Betracht kommende Gelände beträchtlich vergrößerte. Zugleich war der einzig empfindliche Teil der Bewässerungsanlage innerhalb der mächtigen Befestigung gut geschützt.

Und um noch einen wesentlichen Zug bereicherten die Ausgrabungen das Bild. Schon in der untersten Schicht der Behälter befand sich einer, der von den andern getrennt lag und als Speicher für Körner gedeutet werden mußte. Bei der Größe dieser Anlage kann es sich schwerlich um den Speicher eines Einzelnen gehandelt haben, sondern wohl nur um eine öffentliche Anlage. Auch in den höheren Schichten wurden außer den Wassertanks solche Speicher festgestellt. Über ihren Inhalt ist noch nichts bekannt.

Faßt man alle diese Einzelheiten zusammen, so rundet sich das Bild trotz aller Lückenhaftigkeit der Ergebnisse gut ab. Um oder kurz nach 7000 entstand an der Quelle von Jericho auf dem Platz einer kleineren älteren Ansiedlung dörflichen Charakters eine bedeutende, von etwa zweitausend Menschen bewohnte Siedlung. Der Bau einer großangelegten Befestigung mit tiefem Graben, hoher Steinmauer und mächtigem Rundturm läßt die Existenz einer entwickelten sozialen Ordnung erkennen, wofür auch die in diesem frühen Zustand überraschend großartige Bewässerungsanlage spricht.

Hier entstand an einer Quelloase zur selben Zeit, als sich am Westhang der Zagroskette im Gebiet des Regenfeldbaus das Bauerndorf in Jarmo entwickelte, eine Ansiedlung ganz andern Charakters. Sie wurde aufgegeben, ein Bachlauf fraß sich an einer Stelle in den Tell ein und spülte Teile alter Bauten fort, auf der Oberfläche trat durch Niederschläge und Wind eine Erosion ein. Das alles deutet darauf hin, daß die Ruinenstätte eine Zeitlang verlassen liegenblieb, bis am Ende des siebenten oder zu Beginn des sechsten Jahrtausends neue Ansiedler den Platz besetzten.

Wieder entstand auf dem Schutthügel eine befestigte stadtartige Besiedlung, wieder wurde der von einer Mauer umschlossene Innenraum dicht bebaut, diesmal in anderer Form als früher, nämlich mit mehrräumigen rechteckigen Bauten, zu denen auch Hofanlagen gehörten. Nicht nur die Form der Grundrisse, sondern auch die Art des Baues und die Form der verwendeten Ziegel unterschieden sich von der Ansiedlung der älteren Zeit. Wände und Fußböden wurden sorgfältig verputzt.

Wie ihre Vorgänger, so kannten auch die neuen Ansiedler auf dem Tell noch keine Keramik. Auch sie bedienten sich der Steingefäße. Das mit ihnen neu auftretende Inventar an Steingeräten läßt sich mit dem ihrer Vorgänger auf dem Tell nicht vergleichen. Darin deutet sich ähnlich wie in der ganz anderen Architektur der Häuser ein tiefer Bruch der Bevölkerung an. Konnte man die Bewohner der unteren präkeramischen Schicht von Jericho noch mit ihren Vorläufern an diesem Orte oder in der näheren Umgebung in Verbindung bringen, so scheint hier ein Bevölkerungsbruch deutlich zu werden. Woher die neuen Ansiedler kamen, ist noch unklar, aus einer örtlichen Wurzel sind sie jedenfalls mit großer Wahrscheinlichkeit nicht herzuleiten. Sorgfältig hergestellte Steingefäße lassen ein Handwerk, Obsidiangeräte einen Handel erkennen.

Die Tierhaltung entspricht, soweit der derzeitige Stand der Fundbearbeitung einen Schluß zuläßt, dem der alten Siedlung mit Rundbauten. Die Frage des Anbaus von Getreide und Hülsenfrüchten ist noch nicht geklärt. Jedenfalls wird man neben Getreide auch andere pflanzliche Nahrung, besonders Hülsenfrüchte, anzunehmen haben.

Unter den bisher freigelegten Häusern fällt ein Gebäude auf, in dem in einer Nische ein Steinsockel gefunden wurde. Darauf hatte offenbar eine in der Nähe gefundene sechsundvierzig Zentimeter hohe Säule aus vulkanischem Gestein gestanden. Dies deutet offenbar auf einen Kultbau hin, wofür auch der andersartige Grundriß des Baues mit First, Steinsockel und Säule spricht. Auch an einer anderen Stelle fand sich ein rechteckiger Bau, der vermutlich als Tempel oder öffentliches Gebäude anderer Art gedeutet werden darf, da er in seinem Grundplan so vollständig von den sonst üblichen Wohnbauten abwich.

Wohl das bemerkenswerteste Phänomen dieser Siedlungsschicht waren die Bestattungen. Sie lagen wie in der älteren Ansiedlung in oder unter den Häusern. Neben vollständig bestatteten Toten fielen Skelette auf, denen der Schädel fehlte, während die Unterkiefer meist noch beim Skelett lagen. Die Schädel fanden sich an anderer Stelle einzeln oder in größerer Zahl zusammengelegt, die Gesichtsteile mit Stuck übermodelliert, die teilweise sorgfältig geformte individuelle Züge erkennen ließen, die Augen waren mit Muscheln nachgebildet.

Diese offenbar Porträtähnlichkeit anstrebende Plastik stellt etwas völlig Neues dar. Sie ist kaum als »Kunst« aufzufassen, denn die Schädel wurden offenbar wieder beigesetzt. Daß hier aber eine religiöse Vorstellung waltete, nach der der Schädel als Sitz besonderer

Kräfte einer eigenen Behandlung unterzogen wurde, ist sicher. In diesem Kult der Schädel muß auch das Streben nach Wiederherstellung des individuellen Aussehens der Toten eine Rolle gespielt haben. Ob es sich bei den so behandelten Toten um getötete Feinde oder um eigene Ahnen gehandelt hat, ist viel diskutiert worden. Nimmt man alle für die Entscheidung dieser Frage zur Verfügung stehenden Indizien zusammen, so ist die auch von der Ausgräberin gegebene Deutung dieser Totenbehandlung als Ahnenkult wahrscheinlicher als die andere Erklärung. Kultbauten und Totenbehandlung lassen jedenfalls ausgeprägte und fest umrissene religiöse Vorstellungen erkennen, die sich auch in einem anderen Fund ausdrücken.

Garstang hatte 1935 Trümmer dreier fast lebensgroßer Figuren mit rotbrauner Bemalung gefunden, die als Augen eingesetzte Muscheln aufwiesen. Aus der Fundlage konnte damals ein genaues Alter nicht erkannt werden. Es handelte sich um die plastische Darstellung eines Mannes, einer Frau und eines Kindes. Nur von der Frauenfigur ließen sich große Teile zusammensetzen, so daß man einen Eindruck von dieser Plastik gewinnen konnte.

In der letzten großen Grabung des Jahres 1958 gelang es, ähnliche, nur stärker stilisierte, fast lebensgroße Figuren zu finden, und zwar diesmal in gesichertem Zusammenhang mit den oberen präkeramischen Schichten, die durch ein Radio-Karbon-Datum in der ersten Hälfte des sechsten Jahrtausends angesetzt werden. Damit ergibt sich auch für die aus der älteren Grabung Garstangs stammende Figurengruppe eine Datierung in die obere präkeramische Schicht, und das heißt in den Beginn des sechsten Jahrtausends. Beim Fehlen des erläuternden geschriebenen Wortes wird es wohl immer unmöglich bleiben, diese Figuren wirklich zu deuten. Daß sie aber der sakralen Sphäre angehören, ist sehr wahrscheinlich. Mag es sich bei ihnen um Ahnendarstellungen oder personifiziert gedachte und verehrte Gottheiten handeln, in jedem Falle zeigen sie entwickelte religiöse Vorstellungen an. Neben den kleineren Figürchen einer Frau und verschiedener Tiere, wie sie schon in Jarmo und im ältesten Jericho begegneten, treten hier die ältesten Beispiele statuarischer Kunst auf.

Das schon für die ältere Ansiedlung gewonnene überraschende Bild einer stadtartigen Ansiedlung wird in dieser jüngeren Schicht des präkeramischen Jerichos aus dem Anfang des sechsten Jahrtausends um einige wesentliche Züge bereichert, die in den Kultbauten und den fast lebensgroßen Statuen entwickelte geistig-religiöse Vorstellungen erkennen lassen.

Um 5000 etwa fand auch diese Siedlung ihr Ende. Ihr folgte nach einiger Zeit, in der der Tell als Ruine dalag, eine neue Ansiedlung neolithischer Siedler, die Keramik mitbrachten. Im Unterschied zu den beiden älteren Stadien der Besiedlung handelte es sich um nomadenhaft lebende Bewohner, die die Tradition der älteren stadtartigen Ansiedlung nicht weiterführten. Dieser Charakter der Ansiedlung erlosch für fast zwei Jahrtausende; erst gegen Ende des vierten Jahrtausends gewann der Platz wieder als stadtartige Ansiedlung neue Bedeutung.

Das hier entwickelte Bild einer unerwartet frühen stadtartigen Siedlung des siebenten und sechsten Jahrtausends schließt sich eng an die vorläufigen Berichte der Ausgräber an. Es gründet sich auf Ergebnisse von Ausgrabungen, die nach ihrem Umfang, gemessen an dem

Areal der ganzen Ruinenstätte, nur als Voruntersuchungen gewertet werden können. Eine völlige oder doch weit umfangreichere Abdeckung dieses wichtigen Platzes lag nicht in den Absichten der Ausgräber, ginge auch mit ihren riesigen Erdbewegungen über die der Forschung heute noch gesetzten Grenzen hinaus. Das, was sich aus den bisherigen Untersuchungen an neuen Erkenntnissen ergibt, ist aber auch so schon höchst eindrucksvoll.

Die ältesten Funde beleuchten das allmähliche Seßhaftwerden einer von Jagd und Sammelwirtschaft lebenden »mesolithischen« Bevölkerung an einer von der Natur bevorzugten Quelle und lassen damit einen Vorgang erkennen, wie er sich ungefähr gleichzeitig auch an den Westhängen der Zagroskette abspielte.

Ein entscheidend neuer Schritt aber vollzog sich um 7000, als an der die Oase speisenden Quelle eine stadtartige, fest ummauerte Ansiedlung mit einer großen Bevölkerung erwuchs. Der Zwang, für die steigende Menschenzahl zu sorgen, spiegelt sich in dem Beginn einer der Tendenz nach immer großräumiger werdenden Bewässerung. Eine Gefährdung dieser Lebensgemeinschaft zeigt der Festungsbau an, der, wie auch die Schaffung der Bewässerungsanlagen, eine über die Sozialordnung einer frühen bäuerlichen Dorfgemeinde weit hinausgehende organisatorische Zusammenfassung der Menschen zur Voraussetzung hat.

Das bei einem solchen Beispiel sicherlich sehr komplizierte Zusammenwirken zahlreicher Faktoren, wie klimatische Änderungen, wirtschaftliche Umstellungen und soziale Neuordnungen, in ihrer Kausalität zu erfassen geht leider über die Möglichkeit des Archäologen hinaus. Hier sind ihm enge Grenzen gesetzt, die er nicht zu überschreiten vermag und bei denen er das Fehlen des deutenden, geschriebenen Wortes ebenso bedauert wie der Historiker. Rückschlüsse aus späten Kulturen enthalten die Gefahr unzulässiger Typisierung historischer Vorgänge, die doch in der Einmaligkeit der individuellen Situation historisch wichtig sind. Man wird sich, so unbefriedigend das sein mag, mit der deskriptiven Analyse des Befundes begnügen müssen; doch auch sie schon ist im höchsten Maße interessant.

## *Jericho als Vorstufe städtischer Hochkultur*

Unternimmt man den Versuch, die in Jericho sichtbar gewordene Entwicklung in den eingangs skizzenhaft umrissenen Ablauf der frühen Menschheitsgeschichte einzuordnen, so muß man sich kurz die beiden markanten, in die Zeit Jerichos fallenden Zäsuren in das Gedächtnis zurückrufen. Die »neolithische Revolution« und die »städtische Revolution« stellen beide tief eingreifende Wandlungen dar. In ihrem Charakter allerdings weisen sie grundsätzliche Unterschiede auf.

Der Übergang zur produzierenden Wirtschaftsform am Beginn des Neolithikums stellt primär eine Änderung im Verhältnis des Menschen zur Natur dar, wodurch er sich wirtschaftlich neue und große Möglichkeiten erschloß. Infolgedessen ist es kein Zufall, daß bei der Erforschung dieses Schrittes naturwissenschaftliche Disziplinen gleichberechtigt neben die Archäologie treten. In diesem Übergang änderte sich nicht nur die ökonomische Basis des Menschen grundlegend, sondern mit der Inzuchtnahme von Pflanze und Tier wandelte sich auch der natürliche Lebensraum des Menschen.

Wenn im Zusammenhang mit dieser Umwälzung auch soziale Veränderungen eintraten, wie etwa die Entstehung bäuerlich-seßhafter Dorfgemeinschaften, so sind sie nur als Folgeerscheinung der sich zunächst ökonomisch auswirkenden Veränderung im Verhältnis des Menschen zu seiner natürlichen Umwelt aufzufassen.

Im Gegensatz dazu bedeutet die Entstehung der städtischen Hochkultur primär eine Änderung im Verhältnis der Menschen untereinander. Sie bringt grundsätzlich keine neuen natürlichen Hilfskräfte, sondern macht vor allem die menschlichen Potenzen nutzbar. Dieser Vorgang gehört also überwiegend in die soziologisch-historische Sphäre, für deren Durchdringung naturwissenschaftliche Forschungsmethoden von geringerer Bedeutung sind. Hier muß sich die Forschung vornehmlich auf archäologisch-historische Beobachtungen und Methoden stützen.

Wenn sich im Gefolge dieses großen Wandels auch Neuerungen wirtschaftlicher Art einstellten, so sind sie als Folgen einer Veränderung der sozialen Struktur, also des Verhältnisses der Menschen und Menschengruppen zueinander, zu verstehen.

Hier stellt sich dem Forscher die Frage, wie sich die neuen Erkenntnisse in Jericho in diese Vorstellung einfügen und in welcher Richtung sie sie bereichern. Das sich allmählich vollziehende Seßhaftwerden nomadisierender Jäger an einer von der Natur besonders begünstigten Quelloase fügt sich einem großen Vorgang ein, der sich etwa zur selben Zeit auch an andern Stellen des »Fruchtbaren Halbmondes« vollzieht.

Ungewöhnlich und aus dem allgemeinen Rahmen der Entwicklung herausfallend ist eine starke Bevölkerungszunahme schon vor dem Beginn des Festungsbaus in Jericho. Ob ihre Ursachen in der Veränderung natürlicher Gegebenheiten, etwa einer stärkeren Austrocknung, liegen oder ganz anderer Art sind, läßt sich noch nicht mit Sicherheit sagen. Der Festungsbau selbst stellt mit der hinter ihm erkennbar werdenden Mobilisierung sozialer Kräfte etwas Neues dar und bleibt noch lange im Bereich der einfachen, bäuerlich organisierten Dorfgemeinden ohne echte Parallele.

In die gleiche Richtung weisen die großzügigen Bewässerungseinrichtungen der frühen Zeit, die nicht nur – wie vielleicht der Festungsbau – eine unter dem Druck momentaner Bedrohung erfolgte Zusammenfassung menschlicher Leistungskraft zur Voraussetzung haben, sondern eine dauernd wirkende und an feste Regeln gebundene soziale Organisation erfordern, bei der sich der Einzelne den Bedürfnissen der Allgemeinheit auf die Dauer unter- oder doch einordnen muß.

Die große Zahl von schätzungsweise zweitausend Bewohnern, der großartige Mauerbau und die überlegt angebrachten Bewässerungseinrichtungen sind primär in Veränderungen der sozialen Sphäre begründet. Den großen Steinturm als ein Zeichen der Herausbildung herrschaftlicher Kräfte oder Instanzen – nach Art etwa der späteren Zitadellen – zu deuten ginge über die Aussagekraft der bisher ergrabenen Quellen hinaus. Die Entwicklung von Kultbauten fügt sich aber dem Bild stärkerer sozialer Zusammenfassung gut ein. Zusammen mit dem Schädelkult und den ersten Versuchen einer statuarischen Kunst bezeugt sie eine

Religiosität mit dem Bedürfnis für differenziertere Kulte und den Beginn einer neuen Kunstübung. Das Auftreten der sorgfältig gearbeiteten Steingefäße könnte auf eine Ausbildung spezieller handwerklicher Fähigkeiten, das Vorhandensein von Obsidian auf einen organisierten Handel hinweisen; beides sind aber doch Erscheinungen, die sich auch in Jarmo, also im Bereich bäuerlicher Siedlungen derselben Zeit, finden.

Ob und in welchem Umfange eine Gliederung der verschiedenen sozialen Schichten oder Berufsstände in Jericho vorlag, läßt sich den bisherigen Grabungsergebnissen noch nicht entnehmen.

Vergleicht man Jarmo und Jericho miteinander, so wird, gerade bei ihrer Gleichzeitigkeit, der große Unterschied beider Ansiedlungen klar. Die im wirtschaftlichen Bereich vollzogenen Neuerungen, die in Jarmo sichtbar wurden, bilden die Voraussetzung für eine Ansiedlung wie Jericho. Von jener unterscheidet sich diese durch Wandlungen im sozialen Bereich. Sie mögen im einzelnen noch unklar sein, als allgemeine Tatsache muß man sie aus den ergrabenen Befunden folgern.

Kann man so Jericho deutlich von der Gruppe der dörflichen Ansiedlungen bäuerlichen Charakters abgrenzen, so bleibt die Frage zu beantworten, wie es sich zu den Städten späterer Hochkultur verhält. Ähnlich wie die bäuerliche Wirtschaftsweise mit ihren kleinen Bauerndörfern erfaßt diese stadtartige Siedlungs- und Gesellschaftsform die Flußoasen erst später. Der Übergang ist noch unklar, der dazwischenliegende Zeitraum nicht leicht zu überbrücken. Erst zu Beginn des vierten Jahrtausends sind ähnliche Erscheinungen in den stadtartigen Plätzen der Phase von el-Obed wieder deutlich zu erkennen.

Hier nun besteht zunächst ein klarer quantitativer Unterschied. Die größte der bisher bekannten stadtartigen Ansiedlungen der Obed-Periode, der Tell Uqair, umfaßt etwa sieben Hektar, eine frühdynastische Stadt wie Uruk-Warka aber ungefähr vierhundertfünfunddreißig Hektar mit einer entsprechend größeren Bewohnerzahl.

In welchem Umfang diesen quantitativen auch qualitative Verschiedenheiten entsprochen haben, läßt sich nur schwer sagen. Das hat seinen Grund nicht nur in den Interpretationsschwierigkeiten der archäologischen Befunde, sondern auch in dem unzureichenden Forschungsstand. Aus der vorgeschichtlichen Zeit sind stadtartige Anlagen bisher nur angeschnitten, aber niemals ganz untersucht worden; bei den ältesten frühdynastischen Städten hat das Forschungsinteresse bisher vornehmlich den Sakralbauten gegolten. Bei den Sakralbauten zeigen sich nun deutlich formale Unterschiede und auch solche der Größenordnung, hinter denen die Entwicklung einer institutionellen Hierarchie sichtbar wird. Im Prinzip aber ist der Kultbau als integrierender Bestandteil schon in der stadtartigen Ansiedlung von Jericho vorhanden.

Daß sich etwa Jericho von Uruk-Warka nicht nur in der Größe, sondern auch qualitativ in den Institutionen unterscheidet, wird man annehmen dürfen. Manches auf sozialem Gebiet aber, was in der frühdynastischen städtischen Hochkultur neu gegenüber den vorhergehenden bäuerlichen Gemeinschaften auftritt, ist in Jericho bereits vorgebildet. Die Herausbildung städtischer Hochkultur aus einem bäuerlichen Milieu, die lange Zeit in ihrer scheinbar ohne jede Voraussetzung erfolgenden Plötzlichkeit überraschte, wird durch die neuen Entdeckungen in Jericho ihres Charakters eruptiver Unmittelbarkeit entkleidet. Hier lassen sich schon drei bis vier Jahrtausende vorher Ansätze zur Entwicklung »städtischer« Erscheinungen erkennen.

Die deutsche wissenschaftliche Terminologie gibt ohne gewagte Wortneuschöpfungen keine Möglichkeit, die Stellung einer Siedlung von der Art Jerichos zu den Bauerndörfern einerseits und zu den Städten auf der anderen Seite zu kennzeichnen, wie das im wissenschaftlichen angelsächsischen Sprachgebrauch durch die Reihe *village—town—city* üblich geworden ist. Wenn hier von »stadtartigen Siedlungen« gesprochen wird, so soll damit der Unterschied zum Bauerndorf und zur vollentwickelten Stadt der frühdynastischen Zeit angedeutet werden. Zugleich soll aber auch mit diesem Ausdruck ohne klar umschriebenen Begriffsinhalt deutlich werden, daß dieses Zwischenstadium in seinen Einzelheiten noch nicht näher definierbar ist.

So viel aber läßt sich doch den bisherigen Befunden mit Sicherheit entnehmen. Die frühdynastischen Städte Mesopotamiens traten nicht als etwas völlig Neues am Ausgang des vierten Jahrtausends auf, sondern hatten in diesem Gebiet bereits Vorformen, die außerhalb der Stromoasen in Jericho ein sehr frühes Stadium erkennen lassen. In ihnen sind verschiedene »städtische« Faktoren schon deutlich vorgebildet. In welchem Umfange aber dem quantitativen Unterschied zwischen diesen Vorformen und den frühesten Städten der sumerischen Hochkultur auch qualitative Verschiedenheiten entsprechen, ist ein der Forschung gestelltes noch ungelöstes Problem.

*Franz Altheim*

ERSTE BEZIEHUNGEN

ZWISCHEN WEST UND OST

Weltgeschichtliche Betrachtung verlangt, daß die Gesamtheit der antiken Ökumene in ihren Zusammenhängen gesehen werde. Bei den Beziehungen, die in der Überschrift genannt sind, bildet China die äußerste Begrenzung der Alten Welt nach Osten. Hellas hingegen kann die gleiche Stellung im Westen nicht beanspruchen, zumindest nicht im geographischen Sinn. Will man in ihm gleichwohl den westlichen Grenzpfeiler des hier gemeinten Raumes erblicken, so hätte man den weiter ausgreifenden Wirkungsbereich griechischer Kolonisation und griechischer Kultur einzubeziehen, der sich über ganz Italien und Südgallien, über Sizilien und in geringerem Maß auch über Karthago, Sardinien und die spanische Ost- und Südküste erstreckt. Damit wäre man in der Tat zu den Säulen des Herakles, dem westlichen Ende der damaligen Welt, gelangt.

Hellas und China sind indessen nicht nur Grenzbezirke. Sie dürfen gleichzeitig als die beiden Hochkulturen gelten, die sich völlig ausgeprägt haben; beiden war beschieden, ganz sie selbst zu sein und alle ihre geschichtlichen Möglichkeiten zu durchleben. Sie haben jedoch Kulturen geschaffen, die allenfalls nach Höhe und Umfang den Vergleich miteinander aushalten. Hier wie dort hat man zwar von außen vieles und vielerlei übernommen. Doch alles wurde restlos der eigenen Form eingeschmolzen, zuweilen in solchem Maß, daß den fremden Ursprung zu ermitteln nur dem Zufall gelingt.

Die Kulturen zwischen Hellas im Westen und China im Osten, soweit sie ebenfalls als Hochkulturen gelten können – die der semitischen Völker, Irans und Indiens –, lassen sich nicht im gleichen Atemzug nennen. Sie sind entweder nach dem Auftreten des Hellenentums in ihrem Ablauf gestört, zumindest beeinträchtigt worden. Oder sie haben, wie die Kulturen des indischen Subkontinents, im behandelten Zeitraum sich auf den eigenen Bereich zurückgezogen und zunehmend darauf verzichtet, auf die Gesamtheit der antiken Welt zu wirken. Daneben gibt es solche Kulturen, die Höhe im Sinn einer vollen Entfaltung zu jener Zeit noch nicht erreicht haben. Das gilt etwa von Kelten und Germanen, deren große Zeit noch bevorsteht. Eine ähnliche Stellung nehmen die Nomaden des nördlichen Eurasiens ein, jenes Gürtels von Ebenen und Steppen, der sich nördlich der Wüstenzone und der Ausläufer des zentralen Gebirgsmassivs von der Gobi bis zur Donau, Weichsel und Oder hinzieht. Diesem Gürtel wird sich die Betrachtung zunächst zuwenden. Denn auf ihn gehen die umfassenden Bewegungen zurück, die sich in den frühen Jahrhunderten des Altertums abzeichnen.

Ausgegangen sei von der Erfindung, die noch dem zweiten vorchristlichen Jahrtausend angehört: dem zweirädrigen Streitwagen. Er ist bis zur Wende zum ersten Jahrtausend und teilweise in dessen erster Hälfte das Gefährt des vornehmen Kämpfers. Man begegnet dem Streitwagen in China unter den Shang (1523–1028) und den Chou (1027–256), bei den vedischen Indern, bei Babyloniern und Hethitern, in Ägypten unter dem Neuen Reich und bei den mykenischen Griechen. Im indischen und iranischen Raum hat er sich bei den Göttern und Helden des Mahābhārata, den Hymnen des jüngeren Avesta und als königliches Gefährt bei den Achaimeniden, alsdann bei Assyrern und homerischen Griechen, im alten Italien (bei Etruskern und in Picenum, innerhalb der frühesten Kultordnung Roms) und schließlich bei den ältesten Germanengöttern gehalten. Noch der letzte Achaimenide tritt in den Schlachten bei Issos (333) und Gaugamela (331) auf dem Streitwagen dem zu Pferde anstürmenden Alexander entgegen. Wo immer die Heimat des Streitwagens zu suchen ist, er kann nur auf weiten Ebenen, die allein seine Verwendung gestatteten, erfunden und gebraucht worden sein. Ob er von den indogermanischen Streitaxtleuten verbreitet wurde, bleibe unentschieden. Denn im folgenden geht es um eine Kampfesweise, die den Wagenkämpfer zusehends verdrängte. Sie bediente sich des gerittenen Pferdes.

Das Reiten ist nicht nur eine späte Entwicklung, es ist auch nicht auf wenige beschränkt und niemals so vornehm wie das Fahren gewesen. Gewiß stand es Gott, Herrscher und adligem Herrn ebenso zu wie der Besitz eines Streitwagens. Da aber das Reitpferd weit weniger kostete als der Wagen mit seinen zwei, gelegentlich vier Zugpferden, war von vornherein dem Reiten die größere Verbreitung gewährleistet. Während das Gefährt immer nur wenigen Auserwählten vorbehalten blieb, gab es von Anfang an Reiterhorden und Reiterheere, Reiterstämme und -völker. Reiten und reiterliches Kämpfen vermochten ein ganzes Volk zu prägen, und man hat sich daran gewöhnt, von den Reiternomaden Mittelasiens oder des nordeurasischen Raumes zu sprechen. Mag es sich um Skythen oder Saken, um Sarmaten oder Massageten (Angehörige also nordiranischer Stämme) oder mag es sich um die gleich zu nennenden Hsiung-nu gehandelt haben, sie alle sind in ihrer Lebensform vom Reiten her bestimmt gewesen und haben als Reiterkrieger Geschichte gemacht.

Dem Reiten begegnet man erstmals bei jenen in ihre nachmalige Heimat einwandernden Iraniern, die von Südrußland aus über den Kaukasus, also von Nordwesten, kamen. Auf Bronzeblechen der Nekropole von Sialk in Medien sind Reiterkrieger dargestellt (Beginn des ersten Jahrtausends). Und in der Folge sollten Reiterei und reiterliche Fechtweise den Heeren des Kyaxares (625–585) und des Kyros (559–530), überhaupt denen der Achaimeniden einen Kampfeswert verleihen, den das persische Fußvolk gegenüber dem griechischen Hopliten nicht zu erreichen vermochte. Der persische und medische Adel zu Pferd, die Reiterscharen des iranischen Nordens und Ostens, Hyrkanier und Baktrer, die Skythen in persischen Diensten haben bis zuletzt ihren Mann gestanden.

Die umwälzende Wirkung, die vom Reiten des Pferdes ausgeht, zeigt sich zunächst an Kampfesweise und Bewaffnung. An die Stelle der Einzelkämpfer, die von ihrem Gefährt herab fochten oder, nachdem sie abgestiegen waren, sich im Zweikampf bewährten, tritt jetzt der reiterliche Masseneinsatz. Dazu gehören das Ausschwärmen der berittenen Bogenschützen, deren Pfeilhagel dazu bestimmt ist, die gegnerischen Reihen zu verwirren und zu erschüttern, der Angriff in geschlossenem Geschwader oder die »verstellte Flucht«, in der sich plötzliches Weichen mit nicht minder plötzlichem Standhalten und Vorprellen verbindet. Zu den Waffen des Wagenkämpfers, Lanze und Bogen, treten nun das lange, breite Hiebschwert und der Lasso; der große, den Mann deckende Rundschild wird von einem kleineren Durchmessers ersetzt, der sich zu Pferd handhaben läßt. Alsdann beginnt die typische Reitertracht – Hose als Schenkelschutz und hoher Lederstiefel, Ärmelrock und Gürtel, zuweilen noch der kurze Radmantel – sich neben dem langen, ungegürteten Gewand, der Sandale oder dem weichen Schuh Daseinsrecht zu erobern. Das Ausmaß der Umwälzung verdeutlichen die spätassyrischen Reliefs, die die von den Medern übernommene, neugeschaffene Reitertruppe darstellen.

Obwohl das homerische Epos das Reiten nicht kennt oder nicht kennen will, hat es sich im gleichzeitigen Griechenland bereits durchgesetzt. Spätgeometrische Bronzen und bemalte Terrakotten derselben Zeit stellen den Reiter dar. Boioter, Thessaler und Makedonen – Stämme also mit illyrischen oder thrakischen Bestandteilen – durften sich von Anfang an ihrer Reiterei rühmen. Vor allem die Thraker waren ein Reitervolk und kannten gleich den Skythen, die jenseits der Donau bis zum Don und im nördlichen Mittelasien nomadisierten, den berittenen, mit dem weittragenden Reflexbogen bewaffneten Bogenschützen. In Italien wußte die aus Mitteleuropa einwandernde Italikergruppe, die die Felszeichnungen (ab 800 v. Chr.) und Felsinschriften (ab 350) der Valcamonica (nördlich des Iseo-Sees) geschaffen hat, vom Streitwagen nichts mehr. Man stellt allein den Reiterkrieger mit Schild, Schwert und Lanze dar. Auch bei Kelten und Germanen drang das Reiten ein, und unter den Göttern war Wodan der erste, der zu Pferd vorgestellt wurde.

Schon diese Hinweise zeigen, daß die Heimat des Neuen nicht im mittelmeerischen Süden zu suchen ist. Im Gegenteil: wenn irgendwo, so hat sich hier die ältere Form, der Wagenkampf, am zähesten behauptet. Als Ausdruck des gesellschaftlichen und herrscherlichen Anspruchs, in Kult und Dichtung ist sie bis zur Mitte des ersten Jahrtausends geblieben. Umgekehrt wird das Reiten von solchen gebracht, die mit den Nomaden der eurasischen Tiefebene und deren Ausläufern an Theiß und Donau, an Oxos und Iaxartes in Berührung stehen oder ihnen geradezu entstammen. Die Wahrscheinlichkeit spricht dafür, daß das Reiten und seine kriegerische Verwendung dort erstmals aufgekommen sind. Dies bestätigt sich an China, wo der Übergang vom Fahren zum Reiten und die damit verbundene Revolutionierung der Kampfesweise sich nicht in der Frühzeit, sondern im vollen Licht der Geschichte vollzog.

Bis zum Jahr 300 v. Chr. hielt China an dem fest, was man von den Shang empfangen hatte. Noch immer bildete eine Macht von angeblich tausend Streitwagen den Rückhalt des Heeres. Aus dieser Stellung wurden sie verdrängt, als sich die Erkenntnis durchgesetzt hatte, daß sie nicht mehr genügten, den Kampf gegen die nördlich angrenzenden Nomaden zu bestehen. Die Kriegskunst Chinas sah sich genötigt, um mit Erfolg dem gefährlichen Feind zu begegnen, von diesem zu lernen. Als erster bewirkte König Wu-ling von Chao (325–298) den Umschwung. Sein Heer nahm die Kleidung der Hsiung-nu, Gürtelrock und

Hose, an und übte das Bogenschießen vom Pferde aus. Danach vernichtete es den Gegner im 26. Jahr von Wu-lings Regierung.

Diese Hsiung-nu, möglicherweise altaischen Ursprungs, aber schwerlich von einheitlichem Stamm, waren Nomaden. Ihr Bereich erstreckte sich vom Ordosgebiet (im Bogen des Huang-ho) und dessen Nachbarschaft bis in die Äußere Mongolei. Sie hatten von den nordiranischen Stämmen, den Massageten und Saken, deren Waffen und Tracht, vielleicht sogar das Reiten selbst übernommen. Gründer eines Großreichs der Hiung-nu, das sich bald von Korea bis zum Balkasch-See erstreckte, war Mao-tun (um 209-174). Unter ihm beobachtet man erstmals an Stelle der regellos angreifenden Schwärme eine geordnete und gegliederte Reiterei. Neben den berittenen Schützen begegnen Reiter, die mit Lanzen und Hellebarden bewaffnet und zuweilen von Panzern geschützt sind; auch diese Neuerungen mußten die Chinesen übernehmen, wie sie es zuvor mit den Bogenschützen getan hatten. Die Aufstellung dieser Reiterwaffe war der Tatkraft des Kaisers Wu-ti (141-87) und seiner Generäle zu verdanken. Man führte das Hiebschwert ein; an die Stelle des Speers trat die Reiterlanze. Auch Holzsattel und Steigbügel entlehnte man den Nomaden. Von Anfang an war der neuen Truppe Erfolg beschieden. Ihr Organisator Hokü-ping schlug die Hiung-nu nacheinander in sechs Feldschlachten. Doch erst im Jahre 58 v. Chr. gelang die Bezwingung des Feindes.

Die Reichsgründung Mao-tuns, die Auseinandersetzung Chinas unter den kämpfenden Staaten (480-221) und der älteren Han-Dynastie (206-9) mit den Hiung-nu werden nochmals begegnen. Waren sie im vorangegangenen Endpunkt einer Entwicklung, die anderswo früher und rascher durcheilt worden war, so werden sie später den Ausgangspunkt einer Kette von Ereignissen bilden, die ganz Asien und Osteuropa in sich begreifen. Zuvor gilt es, die Summe dessen zu ziehen, was bisher betrachtet wurde.

Die führende Rolle der Nomaden hat sich, was das Reiten angeht, bestätigt. Sie ist die gleiche im Osten wie im Westen. Damit ist die eingangs aufgeworfene Frage einer Antwort nähergebracht. Nordeurasien mit seiner nomadischen Lebensform verdient zweifellos nicht den Namen einer Hochkultur in dem Sinn, wie ihn Hellas und China, dann Indien, Iran und die semitischen Völker verdienen. Gleichwohl spielt die nomadische Welt eine Rolle, deren Bedeutung sich schwerlich überschätzen läßt. Man ist dort in der Lage, Formen zu liefern, die anderswo und aus freiem Antrieb niemals entwickelt worden wären, die sich aber im Siegeszug durchsetzen. Ein zweites tritt hinzu. Ohne wesentliche Grenzen spannt sich von Altai und Wüste Gobi bis zu Donau und Oder der nordeurasische Gürtel. Seine Südgrenze berührt das Gebiet fast aller Hochkulturen. Damit wird das nördliche Eurasien – nicht unmittelbar, aber durch eine überall sich äußernde Beeinflussung – zu einem Band, das die Hochkulturen miteinander verknüpft. Die Ebenen und Steppen nördlich des Schwarzen Meeres, des Kaspischen Meeres und des Aralsees, von Pamir, Tienschan und Altai schaffen eine Einheit, der sich weiter südlich vorerst nichts Ähnliches zur Seite stellen läßt. Es war keine Straße, die dort hindurchführte und Verbindungen schlug, sondern ein breites Bett für alle Strömungen, Bewegungen und Völkerstürme, die nach Osten oder Westen strebten.

Das Gesagte bestätigt sich, sobald man die Anfänge des Tierstils ins Auge faßt. Die Reliefkunst des östlichen Kleinasiens und des nördlichen Syriens (Aladscha Hüyük,

Karkemisch, Sendschirli), dem engeren oder weiteren Bereich der hethitischen Kunst angehörig, zeigen erstmals Reihen gehender und stehender Tiere. Diese Tierfriese werden von da ab ein bevorzugtes Motiv jenes Stiles bilden. Daneben erscheint ein zweites, das ihn kennzeichnet: der Tierkampf, vor allem im Tell Halaf. Manches mag noch dem 11. Jahrhundert angehören, doch die Masse der Darstellungen fällt bereits ins erste Jahrtausend. Es drängt sich auf, daß der Hirsch zunehmend von der Antilope ersetzt wird, überhaupt, daß die südliche Fauna das Übergewicht bekommt, obwohl daneben zuweilen noch eine solche nördlicher Herkunft erscheint. Der Antilope, die vom Luchs oder einer Raubkatze gerissen wird, geht eine Darstellung voran, darauf statt der Antilope der Elch, statt des Luchses der Vielfraß begegnet. Elch und Vielfraß sind in Vorderasien unbekannt: sie verweisen auf den nordeurasischen Waldgürtel als ihre Heimat. Mitgebracht wurden sie von den Mitanni, Angehörigen indischer Stämme, die von Südrußland aus über den Kaukasus nach Süden drangen und im nördlichen Syrien und Mesopotamien über einer churritischen Untertanenbevölkerung eine kurzlebige Herrschaft gründeten (um 1600–1400). In den Sprachen der ugrischen Stämme, die in Südrußland einstmals in Nachbarschaft der Indo-Iranier lebten, hat sich neben zahlreichen anderen Lehnwörtern der indische Name des Elches erhalten. Und von dessen Erlegung durch den Vielfraß oder den »Vielfraßmenschen« künden die Gesänge der gleichen Stämme, vornehmlich der Wogulen und Ostjaken.

Erneut ist man auf den nordeurasischen Bereich verwiesen, dem auch der Tierstil entstammt. Hier hat dieser Stil bei den Skythen Meisterwerke geschaffen, deren älteste noch ins 6. Jahrhundert gehören. Wieder begegnet der gejagte oder erlegte Elch als bevorzugter, wenn auch keineswegs als einziger Gegenstand. Daneben erblickt man weitere Cerviden sowie Pferd, Wolf und Adler, Wasservögel und Fische. Vorstöße der Kimmerier und Skythen haben diese Kunst nach dem östlichen Mitteleuropa und ins Donaugebiet, dann, im Gefolge der Meder und Perser, nach Iran gebracht. Die Bronzen Luristans (im Zagros: 7.–6. Jahrhundert), die Schätze von Sakiz (7. Jahrhundert) und von Achalgori im Kaukasus, Funde vom Oxos im Britischen Museum, die beiden letzten aus achaimenidischer Zeit, verdeutlichen den Rang des iranischen Tierstils. Eine weitere Provinz dieses Stils bilden die Werke der orientalisierenden Periode in Griechenland (ab 750). Die Tierfriese der protokorinthischen und korinthischen Keramik oder der rhodischen Kannen sind ohne Einwirkung des Tierstiles nicht denkbar.

Freilich muß noch ein anderes beachtet werden. Diese Schöpfungen der griechischen Archaik sind nicht nur einer fremden Welt verpflichtet. Sie sind darüber hinaus ausgesprochen griechisch und nur als Werke griechischer Gestaltungskraft verständlich. Wie immer, so wird auch hier die Frage nach der Originalität einer Schöpfung nicht mit der Feststellung beantwortet, daß ihre Motive übernommen seien. Sie entzieht sich überhaupt einem allein auf Gegenstände und Inhalte gerichteten Blick. Entscheidend ist, ob es gelang, Übernommenes und Überkommenes derart der eigenen Form einzuverleiben, daß es zu deren wesentlichem Bestandteil wurde. Dies gilt vor allem von dem, was die Archaik dem Tierstil verdankt. Auch daran mag erinnert werden, daß die vollendetsten Stücke des skythischen Stils nicht von dem Volk geschaffen wurden, nach dem es heißt. Griechische Werkstätten in den Kolonien am Schwarzen Meer haben sie hergestellt, und indem sie für die Bedürfnisse ihrer nomadischen Auftraggeber arbeiteten, haben sie dem, was den Fremden vorschweben mochte, erst die überzeugende Formung verliehen.

Auch nach China ist der Tierstil in früher Zeit gelangt. Er begegnet auf dem bronzenen Gerät und den gleichfalls bronzenen Waffen, die unter den Shang und den frühen Chou angefertigt wurden. Ihr hauptsächlicher Fundort ist An-yang und seine Umgebung im nördlichen Honan, jenseits des Huang-ho. Keine der Funde mögen früher als ins 12. Jahrhundert zu datieren sein. Diese nie wieder erreichten Meisterwerke wurden unter den Bauern und Städtern angefertigt, denen die Shang geboten. Indes enthält die Ornamentik Hinweise auf eine davon verschiedene Welt, denen manche der Motive und Formen entstammen. Und diese Hinweise, so überraschend und teilweise verwirrend sie sein mögen, müssen in Kürze verhört werden.

Unter den Waffen gibt es Stücke, deren Verwandtschaft mit Klingen aus den vorgeschichtlichen Fundstätten Rußlands und Sibiriens ins Auge fällt. Diese »nördlichen« Typen weisen somit auf den Bereich, daraus der Tierstil hergeleitet wurde. Doch gerade auf ihnen fehlt dieser Stil, den man doch erwartet hätte. Auch die Tiere, die auf den sakralen Bronzegefäßen als die machtvollsten entgegentreten – Tiger, Wasserbüffel, Elefant, Nashorn, vielleicht der Alligator –, kommen nördlich von An-yang kaum vor. Auf der anderen Seite sind die ebenfalls dargestellten Hirsche und Rentiere Bestandteile der nördlichen Welt, ihrer Jäger und Nomaden, ihres Tierstils. Ihnen zur Seite erscheint das Argali, Wildschaf der Berghalden Mittelasiens und des Altai. Hund und Hausschaf hingegen, Rind und Schwein, alles Haustiere des Bauern, fehlen in der Fauna der Sakralbronzen gänzlich.

Der Tierstil der Shang ist demnach dem Zusammenwirken einer nomadischen mit einer städtischen Bevölkerung erwachsen, vielleicht dort, wo beide Bereiche sich berührten. Er läßt den Zusammenhang mit den Nomaden noch erkennen, ist aber als Ganzes bereits eine Schöpfung der chinesischen Kunst. Er ist ihre »Antwort« auf die »Aufforderung«, die vom Nomadentum ausging, vergleichbar dem, was zuvor im nördlichen Syrien und Mesopotamien, mehr noch bei den Griechen festgestellt wurde.

Bedeutung und Leistung der nomadischen Welt stehen außer Zweifel. Überall zeigen sich Verbindungen, die nach Süden verlaufen; sie reichen von der Einwanderung bis zur Übernahme bestimmter Lebens- und Stilformen. Und neben einer Bewegung in nord-südlicher Richtung steht eine solche, die man als Ost-West-Linie bezeichnen könnte. Nördlich der mittelmeerischen Kulturen verlaufend und dem, was sich nach Osten in Iran, Indien und China anschließt, umgreift sie gleich einer gewaltigen Klammer die Gesamtheit der Alten Welt. Es war deutlich geworden, daß man im Süden Anregungen vom eurasischen Nordgürtel zwar aufnahm, jedoch durchaus imstande war, sie dem eignen Wesen einzuverleiben. Erhaltenes und Übernommenes wurden Bestandteil einer inneren Form, die der Gegenwelt zugehörte. So nimmt es nicht wunder, daß zu Ende des Zeitraumes, der bisher betrachtet wurde, die Hochkulturen sich ihrerseits in einer Bewegung zusammenfinden, die sie alle erfaßt – und erstmals auch Indien einschließt, das sich zuvor weitgehend außerhalb gehalten hatte. Von Reiten und reiterlicher Kampfesweise, vom Tierstil wendet sich der Blick den Propheten und Denkern zu, darunter an erster Stelle dem, der gleichsam den Vorposten gegenüber der eurasischen Welt bildet: Zarathustra.

Die Hinterlassenschaft dieses Mannes kündet von dem, was gegen die Grenzen seiner ostiranischen Heimat anbrandete. In Baktrien wußte man vom räuberischen, gesetzlosen Nomaden, vom blutigen Tieropfer und vom Rauschtrank, den man dabei genoß. Man kannte die Raub- und Wildtiere, in deren Darstellung sich der nomadische Tierstil gefiel. Zarathustra hat dem die Pflege des Rindes als Ausdruck einer friedlichen und gottgefälligen Gesinnung entgegengesetzt. Er hat das nährende, spendende und ganz für den Menschen lebende Haustier zur Verkörperung des »Guten Sinnes« werden lassen. Auch dies enthielt eine Antwort auf das, was auf der anderen Seite als Aufforderung, mehr noch: als Herausforderung auftrat. Und es geht noch um ein anderes: um die zeitliche Einordnung Zarathustras und die Folgerungen, die man aus ihr zu ziehen hat.

Zarathustras Lebenszeit liegt heute fest. Statt vager Ansetzungen, die sich zwischen der Jahrtausendwende und dem 7. Jahrhundert bewegten, weiß man heute, daß er 599/8 geboren wurde, seine erste Offenbarung 569/8 erhielt und 522/1 starb. Er war demnach jüngerer Zeitgenosse Jeremias und älterer des Deuterojesaia; zeitlich steht er zwischen den Männern, die den Höhepunkt jüdischen Prophetentums verkörpern. Prophetie in Ostiran und Prophetie in Juda bilden zwei Aspekte derselben geschichtlichen Erscheinung.

Es sei hinzugefügt: im benachbarten Indien war Buddha jüngerer Zeitgenosse Zarathustras, und in China fallen Konfuzius' Wirken und die Niederschrift von Lao-tzus tiefsinnigem Buch in dieselben Jahre. Für Griechenland bietet sich als gleichzeitiges Ereignis das Auftreten der älteren Vorsokratiker an. Zeitlicher Zusammenfall ist selten bedeutungslos. Häufung von Gleichzeitigkeit, große Namen in sich begreifend, bezeugt eine Epoche schöpferischer Entscheidungen. Unzureichende Kenntnis des Geschichtlichen und rasche Verallgemeinerung haben dazu geführt, daß man solch »geistige Achsenzeit« über Jahrhunderte sich erstrecken ließ. Man darf die Begründung, soweit sie versucht wurde, beiseite lassen. Die unmittelbare zeitliche Zusammengehörigkeit ergänzt die wesensmäßige. Sie ist nicht mehr und nicht weniger als die Geburt der moralischen Forderung.

Vorab darf nicht übersehen werden, daß zwischen den Genannten beträchtliche Unterschiede bestehen. Schon von Konfuzius zu Lao-tzu läßt sich schwer eine Brücke schlagen. Während dieser sich von bloßer Macht abwendet und in der Anschauung des Weltganzen und dessen innerer Gesetzmäßigkeit sein Genüge findet, sucht sein Zeitgenosse Macht mit sittlicher Haltung, Ausübung der Herrschaft mit brüderlicher Gesinnung zu verbinden. Buddhas Selbstläuterung und Verzicht auf individuelles Dasein hat wenig gemein mit dem unablässigen Kampf wider das Böse, dem aktiven Eintreten für das Gute, denen Zarathustras Forderungen gelten. Oder mit dem mahnenden und richtenden Ruf der jüdischen Propheten, deren Gottesglaube ständig ins öffentliche Leben eingreift, um es zu reinigen und zu durchdringen. Auch die griechischen Denker waren weit entfernt, sich von einer Welt abzuwenden, die sie vielmehr zu verstehen und zu gestalten bemüht waren. Gleichwohl dürfen sie alle in einem genannt und zusammengesehen werden.

Ihnen war gemeinsam, daß sie in einem Gegensatz zu den vorausgegangenen Jahrhunderten großer Religionsschöpfungen standen. Nach der Jahrtausendwende, nach dem Abschluß umfassender Völkerverschiebungen erwuchsen Götterwelten, die in Epos und Hymnik ihren gestalteten Ausdruck fanden. Die Götter des homerischen Epos und der Veden;

das Pandämonium der Shang- und frühen Chou-Zeit, ihre Schamanen und Orakel; die Jahve-Religion Davids und Salomons; die üppig wuchernde Mythologie Ras Schamras – sie alle sollten für die Folge ihre Bedeutung nicht einbüßen. Und doch ist der Gegensatz da. Weder Buddha, Konfuzius, Lao-tzu, die Vorsokratiker noch Zarathustra und die jüdischen Propheten leugnen die ihnen überkommenen Mächte. Aber sie suchen die Vorstellungen, die sich damit verbanden, zu vertiefen und zu reinigen. Sie wünschen den Ernst an die Stelle göttlichen Spiels, des Genusses himmlischen Daseins und der Opfer, die man bereitwillig entgegennahm, zu setzen. War es bisher so, daß jene Welt durch Glanz und Glückseligkeit sich auszeichnete, sich als Gleichnis irdischen Königtums gebärdete, so wünscht man jetzt eine Rechtfertigung; und dieses Verlangen macht vor dem Göttlichen nicht halt.

Kennzeichen der neuen Haltung waren Entmythisierung der göttlichen Fabelwelt, gereinigte Gottesvorstellung, Gründung im Sittlichen, begriffliche Klarheit an Stelle der Bilder und vor allem prophetische Verantwortung. Diese Merkmale traten nicht immer in gleichem Umfang und in gleicher Dichte hervor. Aber im Grundsätzlichen ist die Einheitlichkeit überall zu greifen. Genug: in jener Zeit hatte eine Bewegung die Länder zwischen Mittelmeer und China vereint. Sittliche Forderung wurde ergänzt durch begriffliche Einfachheit und Absehen vom Mythos; und wer solche Forderung erhob, wagte es, weil sich als Künder und Sprachrohr Gottes fühlte. »Innerhalb weniger Menschenalter traten fast gleichzeitig in Ost und West die neuen Formen der Besinnung des Menschen auf sich selber hervor, die seither das geistige Leben der Menschheit bestimmen« (Hans Heinrich Schaeder). Gegenüber dieser Großtat verblaßt alles, was die Folgezeit gebracht hat.

Immerhin stand man auch in anderem Bereich vor umfassenden Schöpfungen. Im 7. Jahrhundert war die assyrische Macht zur Entfaltung gelangt und zusammengebrochen (Zerstörung Ninives 612). Das Zeitalter der Weltreiche war damit eingeleitet worden, und dem, was die Assyrer geschaffen und verloren hatten, war nach drei Menschenaltern die Herrschaft der Achaimeniden gefolgt (Abschluß: 525 Eroberung Ägyptens); ihr wiederum nach weniger als zwei Jahrhunderten der Eroberungszug Alexanders, der erst am Hyphasis sein Ende fand (326). Beiden Weltreichen war gemeinsam, daß sie im Nordosten Irans nicht über den Iaxartes, in Indien nicht über Punjab und Indus hinauskamen. Innerhalb dieser Grenzen hat sowohl die persische wie die griechische Kultur gewirkt, aber im Gegensatz zu dem Halt, das die politische und militärische Macht traf, hat die kulturelle Wirkung weiter ausgegriffen.

Unter Dareios I. (521–485) hat in königlichem Auftrag der Grieche Skylax von Karyanda das Industal vom Oberlauf an erforscht. Er hat damit eine Schiffsverbindung ermöglicht, die von der Mündung des Flusses bis ins Rote Meer reichte. Von dort ab führte ein Verbindungskanal zum Nil, von Pharao Necho (609–594) angelegt, aber inzwischen verfallen. In einer Inschrift, die Dareios unfern des heutigen Suez hat setzen lassen, rühmt er sich der Herstellung des Kanals, durch den Schiffe nach »Persien«, also bis in den Indischen Ozean, gefahren seien. Unterwerfung des indischen Nordwestens, See- und Landverkehr dorthin haben bewirkt, daß sichtbare Spuren der persischen Herrschaft und ihrer Kultur sich dem ganzen Norden des Landes eingeprägt haben.

Noch ein Jahrhundert nach dem Tod des letzten Achaimeniden (330) zeichnete man im indisch-iranischen Grenzland Inschriften in der aramäischen Verwaltungs- und Kanzleisprache des Reiches auf (Taxila-Sirkap, Pul-i Daruntah). In Indien selbst wurde eines der nationalen Alphabete, die Kharoshthi, aus dem Aramäischen abgeleitet und zur Vokalschrift weitergebildet. Alsdann wurde der persische Palastbau, der in Susa, Ekbatana und Persepolis seine großartigen Denkmäler hinterlassen hat, für ähnliche Anlagen im nordindischen Reich der Maurya (321 bis um 185) maßgebend. Die Pfeilerhalle des Königspalastes von Pātaliputra (heute Patna am Ganges) ahmt das achaimenidische Vorbild nach. Auch das berühmte Kapitell von Sārnāth steht in solcher Nachfolge, sowohl in der Gesamtform wie in den Tierdarstellungen, die es schmücken.

Ob die persische Kultur der Achaimenidenzeit auch über die Iaxartesgrenze gewirkt hat, werden die Ergebnisse der sowjetischen Ausgrabungen lehren. Heute schon steht der Teppich achaimenidischer Zeit und Fertigung vor Augen, einzigartiges Werk aus dem Besitz eines Nomadenfürsten, das der zweite Kurgan von Pazyryk im Altai enthalten hat.

Alexanders Eroberungszug hat sich in Indien und Mittelasien weniger ausgewirkt als die über zwei Jahrhunderte währende Herrschaft eines Nachfolgestaates, des griechischen Königtums in Baktrien. Es sei daran erinnert, daß Seleukos I. 304 die indischen Provinzen aufgegeben hatte und seine Nachfolger keinen Anlaß sahen, diesen Verzicht rückgängig zu machen. Man ließ sogar geschehen, daß der zweite Herrscher der Maurya-Dynastie, Ashoka (etwa 355-325), auch Arachosien, jenseits des Hindukush, besetzt hielt. Erst das ab 250 v. Chr. selbständig gewordene griechisch-baktrische Königtum nahm die Eroberung des nordwestlichen Indiens wieder auf (etwa 185) und behauptete dort größere Gebietsteile bis zuletzt. Zwar hat sich bisher keine griechische Inschrift gefunden. Aber griechische Münzen mit griechischer Legende kamen in Umlauf und behaupteten sich über den Untergang der Fremdherrschaft hinaus. Griechische Lehnwörter drangen ein, und an Erwähnung der Griechen in der Sanskrit-Literatur fehlt es nicht. Wie im nordöstlichen Ostiran (Kunduz am Oxos) und Muntschak-Tepe sich Reste korinthischer Tempel gefunden haben, so im nordwestindischen Taxila die ungleich größeren eines ionischen. Und von einem der Griechenkönige, dessen Herrschaftsbereich sich zwischen Indus und der Gangesebene erstreckte, glaubte man zu wissen, daß er sich zu Buddhas Lehre bekannt habe. Das in der Sprache des südlichen Kanon, in Pāli, abgefaßte Buch von König Milinda (Menandros, um 160-142/1) wußte zu berichten, wie er in Taxila sich mit buddhistischen Weisen besprach. Nicht anders, als es einst Alexander mit den indischen Gymnosophisten getan haben soll. Oder wie es König Ptolemaios II. (285-247), dem Aristeas-Brief zufolge, mit den jüdischen Schriftgelehrten hielt, die er zur Übersetzung der Thora nach Alexandreia hatte kommen lassen.

Sowenig wie in Ostiran hat im nordwestlichen Indien griechische Plastik zu dieser Zeit Spuren hinterlassen. Die Werke des Gandhāra-Stils beginnen erst unter den Kushan, vereinzelt auch früher, also in den Jahrhunderten der frühen Kaiserzeit. Dementsprechend bildete auch kein Werk aus hellenistischer Zeit das Vorbild; erst die Schöpfungen der kaiserzeitlichen Kunst, originale und Kopien, wie man sie damals liebte, übten ihren Einfluß aus. Griechische Münzprägung sodann konnte sich auf indischem Boden nicht behaupten, geschweige denn, daß sie das einheimische Schaffen berührte. Darstellung und Schrift begannen gleich üppigem Pflanzenwuchs die Münzfläche zu überziehen. Organischer Aufbau wurde ersetzt durch ein Wuchern, das die plastische Form in Ranken und Blüten auflöste. Selbst der so klaren und disziplinierten griechischen Schrift scheint sich die Formlosigkeit der einheimischen Kharoshthi mitzuteilen. Die Reliefs auf dem Stupa von Bharhut, die dem 2. Jahrhundert v. Chr. angehören, nehmen der griechischen wie der indischen Plastik gegenüber eine Sonderstellung ein. Kultische Starrheit, durchgeführte Frontalität und die Isolierung der Einzelfigur in der Fläche sind am ehesten Kennzeichen dessen, was man als parthische Kunst zu bezeichnen pflegt. Manche Wandgemälde aus dem parthischen Dura-Europos lassen sich vergleichen.

Neben der Festsetzung im nordwestlichen Indien wird von einem zweiten Vorstoß der baktrischen Griechen berichtet. Er brachte sie, wenn auch nicht in unmittelbare Berührung, so doch in den weiteren Bereich des aufstrebenden und allseitig ausgreifenden Chinas, der frühen Han. Worauf die Griechen stießen, war das »Seidenvolk« der Serer, und diese Verbindung sollte sich folgenreich auswirken. Roshan im Pamir (Rhoxanake), Endpunkt der späteren »Seidenstraße«, war in ihrer Hand. Wie weit man von dort nach Osten gekommen ist, bleibt vorerst eine ungelöste Frage. Indes sollte die Zeit nicht ferne sein, da man von chinesischer Seite einen Vorstoß unternahm, der Baktrien erreichte.

Immerhin mag eine erste Berührung vermerkt werden. Um 300 beginnen Tauschierarbeiten im China des »Streitenden Reiches« aufzutreten, Gold und Silber sind in die dunkle Bronze der Gefäße eingelegt. Auch die Kleinkunst bedient sich – auf Spiegeln, Agraffen und an Stangenaufsätzen – der gleichen Technik. Unter den Han setzt sich diese Kunstübung fort und erreicht ihren Höhepunkt. Schon immer hat man mit dieser Schöpfung die Nachricht in Verbindung gebracht, wonach es in einem Tempel des nordwestindischen Taxila eine Darstellung der Schlacht zwischen Poros und Alexander gegeben habe. Wieder war Gold in Bronze eingelegt: die malerische Ausführung, die Verkürzungen der Körper und die Verschmelzung der Farben wurden gerühmt. Die sowjetischen Ausgrabungen haben die Zwischenglieder erbracht. Man kennt ein griechisch-baktrisches Silberblech, mit Gold tauschiert: ein Brustbild der Göttin Artemis aus den Anfängen des 2. Jahrhunderts. Daneben stehen einheimische Arbeiten, vor allem aus Chwarezm am unteren Oxos. Noch in späteren Jahrhunderten waren die dortigen Tauschierarbeiten hochgeschätzt; man glaubte gar zu wissen, der Sagenkönig Yima habe sich bereits seinen Thron mit Gold und Silber einlegen lassen.

Das griechische Baktrien bildete einen äußersten Vorposten in Mittelasien. Der Wagemut seiner Herrscher blieb eine Ausnahme, und dasselbe darf vom Willen seiner Untertanen gelten, sich in einer fremden Welt zu behaupten. Seit der Mitte des 3. Jahrhunderts befand sich, weiter im Westen, das seleukidische Reich im Abstieg. Baktrien war allein gelassen, und wie immer wirkte sich der Bruderkampf in den eignen Reihen nachteilig aus. Die Entscheidung kam indessen von Norden. Von Chinas Nordgrenze bis zur Donaumündung zeichnete sich eine neue und umfassende Bewegung der Nomaden ab.

Hier muß nochmals der Aufrichtung des Großreichs der Hsiung-nu und seines Gründers Mao-tun gedacht werden. Unter den Stämmen, die er noch unterwarf, begegnen die

Yüe-chih. Sie waren eins mit den von den griechischen Autoren so genannten Tocharern. Unter Mao-tuns Sohn Lao-shang wurden diese nochmals von den Hsiung-nu besiegt (kurz nach 174) und begannen nach Westen zu wandern. Dabei verdrängten sie die Saken, die in Ferghana zusammen mit anderen nordiranischen Nomaden gewohnt hatten. Das Land wurde den Ankömmlingen überlassen.

Doch auch die Yüe-chih hielt es nicht lange in den neugewonnenen Sitzen. Von einem weiteren Nomadenstamm, den Wu-sun geschlagen, zogen sie weiter nach Westen. Sie wohnten jetzt nördlich des Oxos, und (so wird hinzugefügt) das weiter südlich gelegene Baktrien war ihnen untertan. Anders ausgedrückt: die Yüe-chih hatten zunächst den Iaxartes überschritten, hatten sich dann im Gebiet zwischen diesem und dem Oxos niedergelassen und bei dieser Gelegenheit nicht verabsäumt, sich auch das weiter südlich gelegene Land untertan zu machen. Betroffen war das griechisch-baktrische Reich, dessen Kernlande, die Sogdiane und Baktrien, ihm entrissen wurden. Apollodoros, Geschichtsschreiber dieses Reichs, berichtet als einziger von diesem ins Jahr 129/8 fallenden Vorgang. Auch er weiß vom Einbruch der Nomaden, und unter diesen werden neben anderen skythischen Stämmen »aus dem Sakenland jenseits des Iaxartes, welches den Saken und Sogdianern gegenüberliegt«, auch die Tocharer genannt.

Bereits in Ferghana waren diese Eroberer mit Parnern und Dahern, also mit Vettern der nachmaligen Parther, zusammengestoßen. Diese hatten hundert Jahre zuvor am Nordrand Irans sich festgesetzt und waren trotz wiederholter Versuche der Seleukiden, sich ihrer zu entledigen, nicht wieder vertrieben worden. Unter Mithridates I. vermochten die Parther ihrerseits die Seleukiden aus Medien und Babylonien zu vertreiben und eine ganz Iran umfassende Herrschaft zu errichten (141–139). Schon damals hatte sich die Gefahr in ihrem Rücken gezeigt, die das Nachdrängen der nomadischen Vettern hervorrief. Mithridates I. hatte diese Gefahr so ernst genommen, daß er persönlich zur Abwehr an die Nordgrenze geeilt war. Nach seinem Tod sollte man die Bewegung, die bis jetzt von Chinas Nordwesten bis nach Hyrkanien ausgriff, stärker zu spüren bekommen.

Die Erschütterung, der das neuerstandene Partherreich nach Mithridates' Tod (139/8) infolge eines neuen seleukidischen Angriffs ausgesetzt war, ließ einen Hilferuf des Nachfolgers, Phraates' II. (138–128), zu den Skythen, will sagen: den Tocharern und ihren nomadischen Genossen, gelangen. Diese folgten dem Ruf, aber noch ehe sie ankamen, war Phraates des Gegners Herr geworden. Er verweigerte den zu spät Gekommenen den ausbedungenen Lohn, und diese begannen nun, plündernd das parthische Gebiet zu durchstreifen. Phraates, der ihnen entgegentrat, wurde geschlagen und fiel in der Schlacht. Für viele Jahre sah es so aus, als sei das Fortbestehen des Partherreiches in Frage gestellt.

Die weitere Geschichte der Tocharer, Saken und Parther kann hier außer acht bleiben. Es genügt, daß diese Ereignisse sich als Bestandteile einer einzigen Welle verstehen lassen, die im Osten ihren Anstoß erhalten hatte. Da ist nun bemerkenswert, daß, noch vor dem Einbruch in Iran, auch weiter westlich die Nomaden in Bewegung gerieten.

Herodot kennt östlich der südrussischen Skythen und ihrer Grenze, des Don, die Sauromaten. Ein mächtiger Nomadenstamm, hauste er nördlich des Kaukasus. Im Jahr 179 war er, nunmehr als Sarmaten bezeichnet, weit nach Westen vorgedrungen und stand im

Begriff, sich über ganz Südrußland auszubreiten. Der Vorstoß machte der dortigen Skythenherrschaft ein Ende, und nur Reste von ihr behaupteten sich auf der Krim und jenseits der unteren Donau, in der Dobrudscha.

Die Verbindung zwischen dieser und der zuvor genannten Bewegung bilden die Alanen oder die Ass, die unter den Namen Asier am Überschreiten des Iaxartes 129/8 beteiligt waren. Kurz danach schoben auch sie sich weiter und setzten sich in den ehemaligen Gebieten der Sarmaten nördlich des Kaukasus fest, die diese bei ihrem Vorstoß gegen Westen verlassen hatten. Eine Zeitlang wurden sie dort als Aorser bezeichnet, als »Weiße« oder Westliche, und bekundeten dadurch, daß sie äußerste Vorhut einer von Osten ausgehenden Bewegung waren.

Daß es sich um eine zusammenhängende Wanderung handelte, bestätigt zunächst das Fundinventar der sarmatischen und alanischen Gräber. Die Kurgane (nomadische Grabhügel) des Kubangebietes enthalten schon in hellenistischer Zeit chinesische Spiegel der Han-Zeit und ihre Nachahmungen. Daneben begegnen in Gräbern der Wolgagegend zweirädrige Karren, die den Nomadenwagen Mittelasiens, bekannt von chinesischen Terrakotten und den Münzen ostiranischer Herrscher, gleichen. Auch die Schwertbügel aus Jade, die an der Wolga gefunden werden, sind in China und Korea beheimatet, dasselbe gilt für die Steigbügel aus den sarmatischen Gräbern. Diese Erfindung hatte die Kampfesweise zu Pferde wesentlich verbessert, da sie erstmals festen Sitz und damit die sichere Verwendung der langen Reiterlanze gestattete. Eben dieser Steigbügel war zuvor bei den Hsiung-nu und, von diesen entlehnt, in den Heeren der Han-Kaiser begegnet.

Eine weitere Bestätigung bedeutet das Auftreten eines neuen Tierstils bei den genannten Nomadenstämmen. Mit dem Ende des 4. Jahrhunderts zeigt er eine neue Bewegtheit. Sie äußert sich weniger auf den Sakralgefäßen als in anderen Kunstgattungen, die jetzt in China hervortreten: in der Steinplastik und auf den eingelegten Bronzen, auf den Reliefbändern der großen Tongefäße und in den durchbrochenen Metallarbeiten. Überall beginnen sich die Tierkörper gleichsam aus der Erstarrung zu lösen. Sie werden erregt, leidenschaftlich, energisch bewegt; in pathetischen Kampfszenen zeigt sich eine bisher unbekannte Bereitschaft, sich von dieser Seite des tierischen Wesens ergreifen zu lassen.

Neben der überkommenen Tierwelt tritt jetzt das Pferd auf. Ledig oder geritten, liegend oder in Bewegung – in immer neuen Bildern sucht man seiner habhaft zu werden. Es ist, als sei man staunend innegeworden, was es mit diesem Tier auf sich habe. Das Pferd ist nicht allein geblieben. Ihm zur Seite begegnen das Kamel, der Bär und, aus Iran übernommen, der Löwe. Damit ist die Frage nach der Heimat dieses »jüngeren« Tierstils berührt. Vor allem der Bär, dessen Kult zu den ältesten der mittel- und nordasiatischen Stämme gehört, führt wieder in jenen Bereich, aus dem der frühere Tierstil erwachsen war. Aber auch hinter dem Pferd und dem Kamel stand die nordeurasische Welt. Man stößt auf die große Bewegung der Nomaden im 2. Jahrhundert, die zuvor besprochen worden war.

Dem entspricht die Verbreitung des neuen Stils. Aus Westsibirien brachten ihn die Sarmaten nach Südrußland; man findet ihn im Gebiet von Minussinsk und im Altai, in Transbaikalien und in der westlichen Mongolei. Hier spricht er sich in erster Linie in den Metallarbeiten aus, und als Verfertiger dieser »Ordosbronzen« (wie man sie nach ihrem ersten Fundort bezeichnet) kommen vornehmlich die Hsiung-nu in Frage.

Prachtstücke dieser Art bilden die durchbrochenen und mit Reliefs verzierten Bronzeplatten, die als Gürtelschließen dienten. Phantastische Geschöpfe, aus Wolf und Adler zusammengesetzt, Drachen und Greifen bekämpfen einander oder reißen ein Pferd, eine Hinde. Tiger haben einen Yak erlegt und schicken sich an, ihm den Garaus zu machen. Daneben werden Eber und Rentier dargestellt. Entsprechende Motive begegnen in der Sagenwelt dieser Nomaden bis in neuere Zeit. Tierverfolgung und Tierverwandlung spielen eine große Rolle, und überall entsprechen einander Krieg und Jagd. Die verstellte Flucht war nicht nur den Hsiung-nu, sondern allen Reiternomaden geläufig. Wie für die Parther die Schlacht eine Jagd bedeutete, wie sie den umzingelten Feind gleich einem Wild zu Tode hetzten, sich in ekstatischer Erregung, entrückt und besessen, auf den Gegner warfen, so trug solche »schamanistischen« Züge auch die Kampfesweise der Hsiung-nu.

Als künstlerische Form fand der jüngere Tierstil in China Eingang. Die Handwerker gingen daran, was sie auf den nomadischen Gürtelplatten und anderem Metallwerk sahen, nachzubilden. In die erste Hälfte des 3. Jahrhunderts gehören die berühmten Lackgeräte aus Chang-sha, mit ihrer in verschlungene Bänder sich auflösenden Tierornamentik. In der Han-Zeit erhielten die Motive, vermehrt durch überkommene Bestandteile der Chou-Kunst, eine verfeinerte Gestaltung. Mit der veränderten Tracht des Heeres fanden neben den Gürtelplatten auch die hakenförmigen Schließen aus Bronze und Jade Beachtung; auch sie brachten Darstellungen im neuen Stil. Dasselbe galt für alles Gerät, das man sonst den Reiterstämmen entlehnt hatte: Hiebschwert, Zepter, Sattel und Standarte. Nur vollzog sich überall und stetig eine Umformung. Nicht nur wurden die Darstellungen technisch und künstlerisch verfeinert, auch die leidenschaftlichen Kampfszenen verschwanden, und es blieb die Bewegtheit geschmeidiger Tierleiber, die sich zu kunstvoll geordneten Gruppen zusammenschlossen. Was einst Ausdruck kriegerischer Haltung gewesen war, hatte sich ins Gefällig-Ornamentale gewandelt. In dieser denaturierten Form hat der Tierstil über die Han-Zeit hinaus fortbestanden.

Auch sonst wahrte China seine Form, wenn es Fremdes übernahm. Seine Geschichte spielte sich zu der Zeit, um die es hier geht, im Norden, im Tal des Huang-ho, ab. Im Gegensatz zu dem leichtlebenden, phantasiebegabten und intelligenten Südmenschen ist der Nordchinese schwerfälliger, aber auch zäher und zuverlässiger. Er zeichnet sich gegenüber dem Südchinesen durch seinen schweren und straffen Körperbau aus; er erkämpft seinen Lebensunterhalt durch Genügsamkeit, Standhaftigkeit und Fleiß. Bauer, der er ist, steht er einer Natur gegenüber, die groß ist im Schenken, aber unbarmherzig in ihren Launen. Furchtbar sind die Wirkungen der Naturkatastrophen auf das menschliche Leben. Nur durch Zusammenhalten und Genügsamkeit, durch Standhaftigkeit und Fleiß kann ihnen begegnet werden. Einer Naturkatastrophe vergleichbar waren auch die Einbrüche der Hsiung-nu und die Verheerungen in ihrem Gefolge. Man beschloß, ihnen mit der gleichen Zähigkeit zu begegnen, und, wie sich gezeigt hat, man verschmähte nicht, vom Feind zu lernen.

Doch Reitertaktik, von den Nomaden bezogen, bedeutete von vornherein etwas anderes. Sie war nicht auf chinesischem Boden gewachsen: durch bewußten Entscheid war sie zwar in ihrer fertigen Form übernommen. Sie wurde dann aber weiter ausgestaltet. Ererbte Formen wie die Kriegswagen bestanden fort, nur verstand man sie besser zu nutzen. Man wußte sie jetzt zur Wagenburg zu vereinigen, wie man auch Karrees und Igelstellungen zu bilden verstand. In der Armbrust schuf man sich eine Waffe, die nach mancher Richtung den Reflexbogen der Nomaden übertraf. Bisher hatten flüchtige Reiterschützen den schlanken, gefiederten Pfeil auf weite Entfernung hin ausgesandt. Der Armbrust aber bediente man sich zu Fuß. Ihre kurzen, gedrungenen Bolzen wurden auf nahe Entfernung, aber mit größter Durchschlagskraft abgeschossen. War der Bogen die Waffe des Verfolgers und Jägers gewesen, so galt die Armbrust dem Nahkampf und der Vernichtung. Sie wurde zum Symbol des seßhaften, bäuerlichen und städtischen Menschen, der nicht als geborener Krieger, wohl aber als disziplinierter Soldat gegen die Räuber antrat, die die Fluren und Siedlungen seiner Heimat mit Verwüstung und Brand bedrohten.

Das Gegeneinander von Herausforderung und Antwort, das zuvor zwischen den Nomaden im Norden und den Hochkulturen im Süden festgestellt wurde, setzte sich also in den letzten Jahrhunderten vor der Zeitwende fort. Allenthalben grenzte man an unruhig wogende, im Werden begriffene Nachbarstämme; den hochgezüchteten Kulturen und ihren Reichsbildungen trat eine noch gestaltlose, aber zukunftsträchtige Welt barbarischer Völker gegenüber. Deren bedrohliche Kraft zwang die Angegriffenen, neue Abwehrmittel zu ersinnen. Sie nahmen sie von ihren Gegnern, aber beschränkten sich nicht darauf, sondern bildeten das Übernommene um. Mehr noch: es gelang ihnen, indem sie auf ihr innerstes Wesen zurückgriffen, Formen zu schaffen, zu denen der Feind niemals fähig gewesen wäre. Man ging dazu über, das eigne Gebiet durch ein System großartiger Sperren zu schützen.

Vom Kansu im Innern bis zur Mündung des Yalu ins Gelbe Meer verlief die »Große Mauer«, die seit ihrer Erbauung durch Shih-Huang-ti (259-210) das Land der Mitte von den nördlichen Nomaden abriegelte. Als gegen Ende des 1. Jahrhunderts v. Chr. die Chinesen ihre Herrschaft weiter nach Westen erweiterten, wurde zunächst die dorthin führende Handelsstraße ausgebaut. Dann legte man Ackerbaukolonien und, zu deren Schutz, durchgehende Befestigungen an. Lou-lan, nördlich des Lob-nor an der hier vorüberführenden Handelsstraße erbaut, bildete den westlichen Abschluß der ganzen Anlage. Die Wallanlage selbst mit ihren eingebauten Wachttürmen, ihren Forts und Magazinen hat sich auf weite Strecken hin erhalten. Ein Wachdienst war eingerichtet: Signale und entzündete Feuer meldeten das Herannahen des Feindes. Begnadigte Strafgefangene, an die öde Nordwestgrenze des Reichs verbannt, oder barbarische Söldner bildeten die Besatzung.

Lou-lan selbst, an den Ufern des Salzsees gelegen, wurde gleichsam aus dem Nichts geschaffen. Die Umgebung war menschenleer, das umgebende Land trug sparsamste Frucht. Die meisten Lebensmittel und sonstiger Bedarf mußten aus dem Innern Chinas herangeschafft werden. In Lagerhäusern speicherte man auf, was man benötigte: Getreide zur Nahrung, die Waffenvorräte der Besatzung, Filztuch und Pelze, um den mittelasiatischen Winter zu bestehen. Kolonnen von mongolischen Kamelen, von Eseln und Pferden standen als Tragtiere zur Verfügung. Über dem Ganzen waltete ein Beamtenstab, der nach chinesischer Weise alles dem Papier anvertraute: Art und Preis der durchgehenden Waren, den Einlauf der Post und ihren Abgang, das angelangte und verbrauchte Material; über jeden Halfterstrick wurde Abrechnung verlangt.

Auch weiter westlich sind vom Ende des 3. Jahrhunderts ab solche Anlagen geschaffen worden. An erster Stelle ist der Aufbau einer Grenzverteidigung zu erwähnen, mit der sich das griechische Baktrien und die nördlich angrenzende Sogdiane gegen die nomadischen Sakenstämme schützten. Ihre Anfänge fallen in die Jahre der Eroberung durch Alexander (329/8). Das Land wurde mit befestigten Posten überzogen; den wichtigsten Stützpunkt bildete Alexandreia am Iaxartes, von vornherein als Sperrfeste gegen Einfälle jener Stämme gedacht. Die Stadt wurde an der Stelle von Alexanders Lager in kaum zwanzig Tagen erbaut; griechische Söldner, kampfunfähig gewordene Makedonen, Kriegsgefangene und Einheimische aus der Nachbarschaft bildeten die Bevölkerung. Die Oase Merv wurde von sechs Festungen geschützt.

Die Tätigkeit der Seleukiden wirkte sich auch für Baktrien aus. Als Antiochos I. (281 bis 261) das von den Nomaden eroberte Merv wieder aufbaute, umgab er die Oase jetzt auch mit einer Mauer. Außer Merv trug noch eine zweite Stadt Antiochos' Namen, wenn man auch ihre genaue Lage nicht kennt. Die selbständig gewordenen Könige des griechischen Baktriens setzten fort, was ihre Vorgänger begonnen hatten. Sie sind die Zeitgenossen derer, die in China die entsprechenden Anlagen ausgebaut haben. Gemeinsamer Kampf gegen die Nomaden führte hüben und drüben zur Ausbildung von Formen, die eine gewisse Ähnlichkeit aufweisen.

Eine Besonderheit freilich bedeutete die dichte Besiedlung mit Griechen und Makedonen. Sie lagen nicht als landfremde Besatzung an der Nomadengrenze, sondern hatten dort eine neue Heimat gefunden. Sie haben denn auch nicht gezögert, das ihnen anvertraute Gebiet in ihrem Sinn zu formen. Noch in die letzten Jahrzehnte des 2. nachchristlichen Jahrhunderts mag die griechische Inschrift von Surch Kotal im nordwestlichen Afghanistan gehören. Sie ist fehlerfrei geschrieben und nennt den griechischen Namen Palamedes. Erst zwischen 200 und 219 n. Chr. hat die griechische Beschriftung und die Darstellung griechischer Götter auf den Münzen der Kushan aufgehört. In Merv gab es, ausdrücklichem Zeugnis zufolge, im 3. oder 4. Jahrhundert noch Griechen, die ihre Götter verehrten. Dieselbe Stadt ist in spätsasanidischer Zeit zu einem Übersetzungszentrum geworden, wo nestorianische Missionare eine Auswahl aus Schriften griechischer Philosophen ins Syrische übertrugen.

Die Namen Surch Kotal und Merv zeigen, daß die Besiedlung vor allem die nördlichen Grenzlande erfaßt hat, wo die Bedrohung am unmittelbarsten sich auswirkte. Dabei gewannen unter Alexanders Nachfolgern die Militärkolonien vor den Städten den Vorrang. Weder Samarkand noch Baktra (Balch) sind zu Stätten griechischer Besiedlung und Kultur geworden. Wohl aber Merv, ein eigner Bezirk im Kleinen, der immer eine Vielfalt von Siedlungen und Festungen mit eingestreuten Feldern und Wiesen umfaßt hat. Solche und andere Militärkolonien, die »Katoikien«, waren die Stützen der griechischen Herrschaft und besaßen vor den Städten, auch der Zahl nach, den Vorrang. Diese neue, von den griechisch-baktrischen Königen geschaffene oder doch nach Kräften geförderte Einrichtung gab den Herrschern ein kriegsgeübtes Heer, und sie sicherte ihnen den nötigen Ersatz, indem die Kinder der Soldaten bei Erreichung des dienstfähigen Alters sogleich ins Heer eintraten.

Vorerst ein Schatten bleibt die Grenzwehr, die die makedonischen Könige seit dem Kelteneinbruch 279 aufzubauen begannen. Wo sie verlief, ist noch unbekannt. Weder Bodenfunde noch literarische Zeugnisse künden von ihr. Man weiß nur, daß die Abwehr der nördlichen Barbaren einen Großteil der Kraft Makedoniens unter den Antigoniden (276 bis 168) beansprucht hat. Dagegen besitzt man genauere Kunde vom bosporanischen Königtum auf der Krim. Dort waren die Reste der von den Sarmaten vertriebenen Skythen eingedrungen und hatten zeitweilig einen eigenen Staat gegründet. Zu ihrer Abwehr baute Asandros (47–16) eine Sperrmauer quer über die Halbinsel Kertsch, die alle zweihundert Meter mit zehn Türmen verstärkt war. Dahinter und auf der Halbinsel Taman, beiderseits des Ausgangs des Asowschen Meeres, lagen wieder die Militärkolonien.

Zu den Grenzwehren trat die Anbahnung durchgehender Handelsstraßen hinzu. Unter dem Kaiser Wu-ti (141–87) begannen die Chinesen die Eroberung der »Westländer«, vor allem des Tarimbeckens. Man machte sich daran, die dorthin führenden Straßen auszubauen. »Es wurden Rasthäuser in festen Zwischenräumen errichtet, von Tunhuang (in Kansu) westwärts bis zum Lob-nor«, berichten die Jahrbücher der älteren Han. Die beiden Handelswege, die das Tarimbecken durchzogen, mußten gegen die Überfälle der Hsiung-nu gesichert werden. Rastlos waren die Heerführer und Beamten des Reiches tätig. »Die Ausdehnung des Landes, die Berge und Flüsse, die Könige und ihre Statthalter, die Zahl der Bewohner, die Entfernungen auf den Straßen wurden genau geprüft und aufgezeichnet.« Dazu richtete man Herbergen, Relaisstationen und einen Kurierdienst ein.

Weiter nach Westen und Nordwesten drang der kaiserliche Gesandte Chang-kien vor. Auf zwei Zügen gelangte er nach dem bis dahin unbekannten Mittelasien und sammelte Kunde von dem Bestehen großer Reiche, hochentwickelter Kulturen und Länder. Seine Nachrichten umfassen Ferghana, Samarkand, Baktrien und die angrenzenden Teile Ostirans. Chang-kien brachte die Weintraube, die schwere Pferderasse iranischer Züchtung und den Alfalfa-Klee, den man zu ihrer Fütterung benötigte, nach China. Dort erkannte man die Bedeutung, die eine wirtschaftliche Berührung mit dem Westen gewinnen mußte.

Zunächst freilich verlegte man sich aufs Kriegführen. Um sich die wertvolle Pferderasse, die Chang-kien bekannt gemacht hatte, zu verschaffen, führte man zwei äußerst verlustreiche Feldzüge in Ferghana. Als man sich weiterer Exemplare dieser »blutschwitzenden Rosse«, der »Himmelsrosse des westlichen Weltendes« versichert hatte, begrüßte sie der Kaiser mit selbstverfaßtem Gedicht. Doch bald folgte den Kriegszügen der friedliche Handelsverkehr. Im Jahr 106 ging die erste Karawane von Osten nach Westen. Die Silberprägungen der Münze von Seleukeia am Tigris zeigen, daß der Chinahandel seit 70 v. Chr. in vollem Gang war. Der Geschichtsschreiber Apollodoros von Artemita, der eben sein Geschichtswerk über Baktrer und Parther abgeschlossen hatte, kannte das Seidenvolk der Serer. Jene Beziehungen, die einst die griechisch-baktrischen Könige eröffnet hatten, waren erneut geknüpft, nur reichten diesmal die Handelsverbindungen vom Huang-ho bis nach

Babylonien. Apollodoros, der mit den Banken und Handelsgesellschaften Seleukeias in enger Verbindung stand, ist selbst weit nach Osten gereist.

Damit war denn die Verbindung zwischen dem Griechentum im Westen und dem Reiche der Han im Fernen Osten hergestellt. Was bisher nur den Nomadenstämmen des nördlichen Eurasiens und auch ihnen nur als Folge der Gunst ihrer geographischen Lage möglich war, hatten sich schließlich auch die Hochkulturen des Südens erkämpft. Der Handelsweg, der von Seleukeia ausgehend über Ekbatana und Rhagai in Medien bis nach Baktrien verlief, dann über den Pamir hinweg ins Tarimbecken führte und durch Kansu nach Chang-an und Lo-yang, Hauptstädten und Handelsmetropolen der Han, gelangte, war eine Vorwegnahme der späteren »Seidenstraße«. Trotz der Entfernung und ungewöhnlichen Geländeschwierigkeiten, die man zu überwinden hatte, knüpfte sich erstmals das Band zwischen dem Zweistromland, Iran und China, und dieses Band sollte sich in den nächsten Jahrhunderten als haltbar erweisen.

Unter den Waren stand vermutlich von Anfang an die Seide an erster Stelle. Sie kam aus dem Innern Chinas und war eigens für die Ausfuhr in Rollen von bestimmter Größe gewebt; Preis und Herkunft waren daran verzeichnet. Die an der Straße liegenden Länder, der griechische Westen, und, schon frühzeitig, die Kaufleute Indiens stellten sich als Abnehmer ein. Sie alle brachten die Erzeugnisse ihrer Länder zum Austausch heran. Holztäfelchen mit mannigfacher Beschriftung künden von der Anwesenheit der Inder in den Städten des Tarimbeckens, Glaswaren aus dem syrischen Antiocheia nahmen ihren Weg bis nach Korea. Die Ornamentik der aus den griechischen Städten eingeführten Wollstoffe wurde von chinesischen Seidenwebern übernommen und umgebildet. Umgekehrt versuchte man in den Städten Phönikiens und in Alexandreia die seltenen und kostbaren Seiden des Ostens nachzuahmen.

Doch nicht nur wirtschaftlich war die Handelsstraße von Bedeutung. Wie der Krieger den Weg für den Kaufmann geebnet hatte, so ebnete dieser ihn für die Sendboten der großen Weltreligionen. Auf dem Weg über Baktrien erhielt China erstmals Kunde vom Buddhismus. Angeblich schon im Jahre 2 v. Chr. »erhielt ein Schüler der Hofgelehrten namens King-lu von einem Gesandten des Königs der Yüe-chih (der Tocharer) mündlich überlieferte Sutren des Buddha«. Später sollte sich die Religion des Erleuchteten anschicken, auf gleichem Wege China, dann die Mongolei, Korea und Japan zu erobern. Christen und Manichäer sollten ihr folgen, und selbst den Anhängern Mohammeds ist diese Straße nicht verschlossen geblieben.

*Arnold J. Toynbee*

DIE HÖHEREN RELIGIONEN

In dem vorliegenden Band erhielt der Leser Gelegenheit, sich mit verschiedenen, den Rahmen ihrer geschichtlichen Herkunft überdauernden Weltpotenzen bekannt zu machen: dem Judentum und der Lehre Zarathustras, dem Hinduismus und dem Buddhismus. Die Rolle, die diese vier Religionen im Leben ihrer Bekenner spielten, war nicht mehr dieselbe wie die der traditionellen griechischen Religion im griechischen Leben. Der Buddhismus der Theravādin- (oder Hīnayāna-) Schule (die spätere Mahāyāna-Schule erhielt feste Umrisse erst im 2. Jahrhundert n. Chr.) hatte zwar manche Berührungspunkte mit den beiden wichtigsten nachalexandrinischen Philosophien der Griechen, dem Stoizismus und dem Epikureertum, aber auch schon in diesem frühen Buddhismus verband sich die Philosophie mit der Religion, und mit der Zeit trat das Religiöse immer mehr in den Vordergrund. Ganz und gar irreführend wäre es, sich Hinduismus, Zarathustra-Glauben und Judentum als Philosophien vorzustellen. Eher wird man den Dingen gerecht, wenn man diese vier Lebensanschauungen (mit beiden Schulen des Buddhismus) als Religionen nimmt, freilich als Religionen einer besonderen neuen Art, die eine höhere Entwicklungsstufe anzeigte als die überlieferte griechische oder überhaupt eine bis dahin bekannte Religion.

Herauszuarbeiten wäre zunächst das, worin sich diese Religionen höherer Art von der herkömmlichen – griechischen und sonstigen – Religion, aber auch von der griechischen Philosophie unterschieden. Mit Hilfe einer provisorischen Begriffsbestimmung ließe sich dann eine Liste der entsprechenden Religionen entwerfen. Da ist zuallererst festzuhalten, daß die neuen Religionen nicht mehr an bestimmte gebietlich begrenzte Gemeinwesen gebunden waren. In Israel und Juda hatte vor dem Zeitalter der Propheten ebenso wie in der voralexandrinischen Periode in Athen und Sparta jede staatliche Betätigung und jede staatliche Einrichtung auch einen religiösen Aspekt, und umgekehrt gab es keine religiöse Betätigung und keine religiöse Einrichtung, die nicht mit den nichtreligiösen Seiten des nationalen Daseins unzertrennlich verknüpft gewesen wäre. Nicht nur waren auf dieser Religions- und Kulturstufe die Unterscheidungen zwischen »Kirche« und »Staat«, »geistlich« und »weltlich«, »geistig« und »irdisch« unbekannt; sie wären auch gar nicht verstanden worden. Die höheren Religionen bringen ein neues Element, indem sie ihre

Angehörigen in unmittelbare Berührung mit der Realität des Geistes hineinführen wollen, statt diese Beziehung indirekt, durch Vermittlung des organisierten menschlichen Gemeinwesens herzustellen. Mehr noch: diese Realität des Geistes ist in der Blickweise der höheren Religionen keine ortsgebundene nationale Gottheit, sondern etwas Universales und Absolutes. In der indischen Religionsfamilie wird sie noch nicht einmal persönlich gefaßt: weder das Brāhman der Hindus noch das Nirvāna der Buddhisten ist eine Gottheit. Gewiß unterscheiden sich bei den einzelnen höheren Religionen die Vorstellungen von der absoluten Realität des Geistes nicht unerheblich; aber das den höheren Religionen Gemeinsame liegt darin, daß sie sich weder an einzelne Völker noch kollektiv an alle Völker der Welt wenden. Sie wenden sich an die Einzelmenschen, alle Einzelmenschen, Männer und Frauen, in der ganzen Welt; das Menschengeschlecht selbst wird nicht als Vielzahl von Nationen, sondern als *eine* Familie begriffen, die alle jeweils lebenden und später noch zur Welt kommenden Einzelwesen umschließt. Die höheren Religionen befassen sich nicht mit dem Menschen als Stammesangehörigem, nicht mit der menschlichen Ameise, die nur um des Ameisenhaufens willen da ist, sondern mit dem Menschen als Person; für sie ist der Mensch ein Wesen, das in einer direkten Beziehung zur absoluten Realität des Geistes steht und dessen vornehmstes Daseinsinteresse darauf gerichtet ist und gerichtet sein sollte, mit der Realität in Kommunion zu treten und eine Lebensführung zu wählen, die ihm diese Kommunion möglich macht. Das, worum sich die höheren Religionen kümmern, sind nicht die Kollektivinteressen der menschlichen Gemeinwesen, sondern die persönlichen Interessen der Individuen: ihre Wünsche und Versuchungen, ihre Hoffnungen und Ängste, ihre Schmerzen und Kümmernisse.

Als Angehöriger einer höheren Religion erfährt der Mensch auf diese Weise, daß er nicht mehr der willenlose Sklave des lokal begrenzten Staatswesens ist. Aber diese revolutionäre Loslösung von den Institutionen der ortsgebundenen Gemeinwesen, die die menschlichen Individuen ihrem neuen, höheren religiösen Leben zu verdanken hatten, zwang die höheren Religionen, eigene Institutionen und eigene Zusammenschlußformen zu schaffen. Die neuen gesellschaftlichen Verbände waren in Grundsatz und Absicht nicht mehr politisch, dafür aber sollten sie die ganze Welt umspannen.

Die hier versuchte Beschreibung der besonderen Eigenart der höheren Religionen arbeitet natürlich mit primitiven Mitteln. Immerhin erlaubt sie eine erste Bestandsaufnahme. Demnach müßte die Liste der höheren Religionen die folgenden umfassen: das Judentum mit seinen Abzweigungen Christentum und Islam; den Zarathustrismus mit dem verwandten Mithras-Kult und dem Ableger Manichäertum; den Hinduismus mit seinen beiden Abzweigungen, dem Theravādin- und dem Mahāyāna-Buddhismus; schließlich den Taoismus. Das sind die wichtigsten Vertreter der Art, die sich erhalten haben. Aber natürlich ist die Liste unvollständig und willkürlich zusammengestellt: erstens beschränkt sie sich auf die der Alten Welt entstammenden höheren Religionen, obgleich der Kult des Gottes Viracocha im vorkolumbischen Peru einen nicht unbegründeten Anspruch hätte, in dieselbe Kategorie eingereiht zu werden; zweitens schließt sie weniger bedeutende Religionen aus: einige, die noch bestehen, und einige, die untergegangen sind. Wollte man alle Ansprüche berücksichtigen, so müßte man noch anführen: die orphische Religion in der hellenischen Welt;

den Jainismus, eine höhere Religion Indiens, die mit dem Buddhismus gleichaltrig, aber weniger erfolgreich gewesen ist; die Religion der Sikhs, ein Produkt der Begegnung von Hinduismus und Islam, und die Religion der Drusen, vermutlich ähnlichen Ursprungs; des Großmoguls Akbar hinduistisch-islamisch-zarathustrischen Synkretismus, Dīn Ilāhī (»Göttlicher Glaube«), der mit dem Tod des Stifters zerfallen ist; die Kulte der Isis, der Kybele und des Jupiter Dolichenus, die wie der Mithras-Kult mit dem Christentum um die Bekehrung der griechisch-römischen Welt wetteiferten, wie der Mithras-Kult dem Christentum unterlagen und dafür, ohne daß es eingestanden worden wäre, ins Christentum eingegangen sind; das Mormonentum, Sproß des protestantischen Christentums in Nordamerika; schließlich die Babi- und Baha'i-Religionen, späte Sprößlinge des schiitischen Islams Persiens.

Auch diese erweiterte Liste ist willkürlich verkürzt. Wo soll denn auch wirklich die Grenzlinie gezogen werden zwischen dem, was eine höhere Religion, und dem, was eine Philosophie oder eine Ideologie ist? Ist der Buddhismus eine höhere Religion, warum dann nicht auch Konfuzianismus, Epikureertum und Stoizismus? Gehört der Hinduismus in die Liste, warum dann nicht auch Pythagoreertum, Neuplatonismus und Theosophie? Und wenn wir Judentum und Christentum hineinnehmen, warum nicht auch den Kommunismus, der seinem jüdisch-christlichen Ursprung so charakteristische und wesentliche Züge seiner Ideologie verdankt wie die Mythen vom auserwählten Volk und vom tausendjährigen Reich, die Mission der Bekehrung des gesamten Menschengeschlechts und die fanatische Überzeugung, daß er allein die Wahrheit und die Wege zum Heil zu erkennen vermag?

Noch ein weiterer Mangel haftet unserer Liste der höheren Religionen an: auch wenn wir uns auf die Hauptvertreter der Spezies beschränken, können wir nicht daran vorbeigehen, daß auch von ihnen nicht alle der skizzierten Definition vollauf entsprechen. So sind zwar Judentum, Zarathustrismus und Hinduismus fraglos höhere Religionen: dazu machen sie schon ihre Vorstellungen vom Wesen der absoluten Realität des Geistes und ihre Idealbilder von der Heranführung des Menschen an diese Realität; aber sie sind, auch nachdem sie zu höheren Religionen geworden waren, Religionen der früheren Art geblieben. Ein Jude, ein Parse oder ein Hindu zu sein heißt nicht allein, der entsprechenden Religion anzugehören, sondern auch an einem Gemeinwesen des älteren Typus teilzunehmen, in dem das »Religiöse« nicht aus dem »Weltlichen« herausgelöst worden ist; das religiöse Bekenntnis verbindet sich mit der Zugehörigkeit zu einer ethnischen Gemeinschaft oder einer Kaste, die sich nur auf Leibeserben der Mitglieder überträgt; Erwerb der Zugehörigkeit durch freiwilligen Beitritt ist nicht nur ein Akt der Bekehrung, sondern auch ein Einbürgerungsvorgang, und deswegen ist die Aufnahme erschwert und findet nur selten statt. Im Buddhismus, im Christentum und im Islam, die sich von ethnischen Bindungen frühzeitig frei gemacht haben, ist es anders: schon seit ihren Anfängen gilt der Grundsatz, daß ein Buddhist nicht auch Angehöriger einer Hindu-Kaste, ein Christ nicht auch Jude, ein Mohammedaner nicht auch Araber zu sein brauche; dennoch ist im Islam die Unterscheidung zwischen »Kirche« und »Staat« nie im strengen Sinne durchgeführt worden, und sowohl Buddhismus als auch Christentum sind mancherorts und zu verschiedenen Zeiten in die Existenzformen einer nationalen Staatsreligion zurückverfallen. Im Islam steht zwar der politischen Gewalt (den Kalifen als politischen Erben Mohammeds) keine Entscheidung in Religionsangelegenheiten zu, sie bleibt – wie auch im Judentum – den gelehrten Kennern des Religionsgesetzes (den Ulema) vorbehalten; anderseits gilt aber im Islam – wiederum wie im Judentum – das Religionsgesetz in vielen Lebensbereichen, die Christentum und Buddhismus als weltlich betrachten, und das islamische Gemeinwesen (Ummah) ist wie das Gemeinwesen der Juden, der Zarathustra-Bekenner und der Hindus aus einem Guß: religiös und weltlich in einem. Der Prophet Mohammed selbst hat alle Gewalten unterschiedslos gehandhabt und im Koran zu allen erdenklichen Fragen Orakelsprüche niedergelegt; erst nach dem Tode des Religionsstifters wurde die Machtfülle, die er hinterlassen hatte, zwischen Kalifat und den Ulema geteilt. Ähnliches gibt es auch im Buddhismus und im Christentum: der Buddhismus der Thēravāda- (Hīnayāna-)Schule ist heute Staatsreligion auf Ceylon, in Burma, Thailand und Kamboja (mit daraus erwachsenden Spannungen zwischen der buddhistischen Mehrheit und den nichtbuddhistischen Minderheiten), das anglikanische protestantische Christentum ist, wie schon sein Name andeutet, die Staatskirche Englands, das Presbyterianertum die Staatskirche Schottlands und das Luthertum die Staatskirche der skandinavischen Länder. Nicht viel anders sieht es mit den höheren Religionen von geringerer Bedeutung aus. Die Religionsgemeinschaften der Jainas, Drusen und Sikhs sind faktisch zu ethnischen Gemeinwesen geworden – ähnlich dem jüdischen oder parsischen Gemeinwesen oder einer beliebigen Hindu-Kaste; im Punjab hat sich die Sikh-Gemeinschaft im 17. Jahrhundert unserer Zeitrechnung, also etwa zweihundert Jahre nach ihrer Gründung, einen kämpferischen politischen und militärischen Anstrich gegeben, ohne ihren Charakter als Religionsgemeinschaft aufzugeben; dasselbe haben in Iran die imamitischen Schiiten im 16. und die Zarathustra-Anhänger schon im 3. Jahrhundert der christlichen Ära getan. Bereits im 2. vorchristlichen Jahrhundert hatte das jüdische Gemeinwesen in Palästina eine ähnliche Wandlung durchgemacht.

Die Entstehung der Religionen der höheren Art war ein zähflüssiger und ungleichförmiger Prozeß. Die Religionen, die ihn durchschritten haben, sind nicht alle gleich weit gekommen; in einigen Fällen gab es auch Stillstand und Rückentwicklung. Ordnet man die höheren Religionen aus unserer Liste chronologisch nach dem Zeitpunkt ihres ersten Auftretens, so zeigt sich, daß sich ihre Entstehungsdaten auf eine Zeitspanne von rund zweitausendsechshundert Jahren verteilen: von den Anfängen der Wirksamkeit der Propheten in Israel und Juda im 8. Jahrhundert v. Chr. bis zur Gründung des Babismus, des Baha'ismus und des Mormonentums im 19. Jahrhundert. Im Vergleich zum Alter des Menschengeschlechts, das sich nach Hunderttausenden von Jahren bemißt, ist das eine kurze Zeit; aber sie macht mindestens die Hälfte der fünf Jahrtausende aus, die vom Urbeginn der Zivilisation bis zum heutigen Tag verstrichen sind, und gemessen an der durchschnittlichen Dauer des Menschenlebens oder der noch kürzeren Lebenszeit einer Generation, ist es ein gewaltiger Zeitraum. Innerhalb dieses langgestreckten Zeitraums drängen sich viele bedeutsame und folgenschwere Ereignisse in einer recht kurzen Periode zusammen, die ungefähr mit dem 6. Jahrhundert der vorchristlichen Zeit zusammenfällt. Das war das Jahrhundert der Religionsstifter: in ihm lebten Konfuzius, Laotzu, Siddhārtha Gautama, den wir als den Buddha kennen, der Stifter des Jainismus Mahāvīra, Zarathustra, der namenlose jüdische Prophet, der heute als »Deuterojesajas« gilt, und der griechische Philosoph und Prophet Pythagoras. Die bloße Aufzählung dieser Titanen des 6. Jahrhunderts ist eine hinreichende Begründung dafür, daß dies Jahrhundert als »Achsenzeitalter« in der Geschichte der Religion besonders herausgehoben wird.

Daß das fast gleichzeitige Auftreten mindestens eines halben Dutzends religiöser Genies in verschiedenen Kulturbereichen, die sich vom einen Ende der damals bewohnten Welt bis zum anderen erstreckten, gerade in diese Epoche fällt, ist eine unbestreitbare geschichtliche Tatsache. Was hatte diese Tatsache hervorgebracht? War diese Ansammlung der großen Gestirne ein zufälliges zeitliches Zusammentreffen? Oder haben diese genialen Menschen die ihnen gemäße Gelegenheit – jeder in seiner Heimatsprovinz – deswegen zu gleicher Zeit gefunden, weil gerade im 6. Jahrhundert große weltumspannende Fortschritte dank einer historischen Entwicklung möglich geworden waren, die die gesamte bewohnte Welt umfaßte? Die Analyse der geschichtlichen Situation am Vorabend des »Achsenzeitalters« deutet darauf hin, daß hier nicht bloß Zufall am Werk war.

Betrachtet man die unmittelbar voraufgehende Periode, also das 8. und 7. Jahrhundert v. Chr., so stellt man fest, daß die Menschen in allen Teilen der bewohnten Welt gerade in dieser Zeit immer schwereren Bedrängnissen ausgesetzt waren. In China, Indien, Südwestasien, Ägypten und der hellenischen Welt häuften sich die Kriege zwischen den Staaten und mehrten sich die Verwüstungen, die die Kriege verursachten. In der chinesischen Welt ging der Kampf zwischen den rivalisierenden Staaten seinem Höhepunkt entgegen. Der assyrische Imperialismus peinigte Südwestasien und Ägypten. Auch in Griechenland und Indien forderten die Kriege zwischen den Staaten immer größere Opfer. Im eigentlichen Kern der bewohnten Welt wurde im 7. Jahrhundert der Schaden, den die Staaten einander und jeder sich selbst zufügten, noch verdoppelt durch die verheerenden Folgen des Hordeneinfalls zentralasiatischer Nomaden. Die zerstörungsreiche Völkerwanderung verschonte zwar die chinesische und die hellenische Welt, überflutete aber das Indus-Becken ebenso wie Südwestasien. Bis ins 6. Jahrhundert setzte sich die erbarmungslose Aufeinanderfolge der Heimsuchungen fort. Im Jahre 586 wurde das Königreich Juda vernichtet und die Elite seiner Bevölkerung in die Gefangenschaft geführt; im Jahre 510 (oder ungefähr um diese Zeit) verfiel das griechische Siedlungsgebiet in Italien, der Stadtstaat Sybaris, der schonungslosen Zerstörung. Wenn es stimmt, daß man, wie der athenische Dichter Aischylos im 5. Jahrhundert meinte, durch Leiden lernt, mußten die Menschen ums 6. Jahrhundert schon beträchtlich viel Lernstoff angesammelt haben; das bot aber auch den religiösen Genies dieser Epoche eine ungewöhnlich günstige Gelegenheit, als Lehrer zu wirken.

Auch die größten Genies bedürfen, wenn ihre Arbeit Früchte tragen soll, eines geeigneten Milieus. Negativ läßt sich diese Wahrheit am Beispiel Echnatons illustrieren, der ein hervorragendes religiöses Genie, aber – so sehen wir es heute – »zu früh geboren« war. Für die Annahme, daß die Häufigkeit des Vorkommens von Genies (oder auch der allergrößten Genies) von Epoche zu Epoche und von Land zu Land sehr erheblich variiere, fehlen die Anhaltspunkte. Vor dem 6. vorchristlichen Jahrhundert wie auch danach mag es genausoviel religiöse Genies gegeben haben wie im 6. Jahrhundert selbst – und vielleicht ebenso gigantische. Warum die unauslöschlichen Spuren religiöser Genialität gerade in diesem Jahrhundert so zahlreich und so bedeutend waren, können nur die besonderen geschichtlichen Umstände der Zeit verständlich machen.

Diese Überlegung wird erhärtet, sobald wir die Zeitspanne, der unser geschichtlicher Überblick gilt, ausweiten. Fassen wir noch einmal die charakteristischen Züge des »Achsenzeitalters« und der ihm unmittelbar vorauf gehenden Jahrhunderte zusammen. Da wurden verschiedene Völker aus der Heimat ihrer Väter vertrieben und mit anderen in Berührung gebracht, wobei mehrere kennzeichnende Entwicklungstendenzen im Spiel waren: Verbesserung des Verkehrs, Entfaltung von Handel und Gewerbe, Wachstum der Städte, Häufung und Verschlimmerung der Kriegsübel. Dank besseren Verkehrswegen konnten mehr Handelskarawanen, Heere und Verschlepptentrupps größere Entfernungen zurücklegen. Handel und Gewerbe ließen die Stadtbevölkerung anwachsen und vermehrten ihren Wohlstand – auf Kosten des flachen Landes und der Landwirtschaft. Die Heere ruinierten die kleinen Städte und verschleppten ihre besten Arbeitskräfte in ferne Großstädte. So wuchsen Samaria und Jerusalem auf Kosten der ländlichen Bezirke Israels und Judas, später wiederum Kalach auf Kosten Samarias und Babylon auf Kosten Jerusalems.

Im »Achsenzeitalter« und unmittelbar davor waren diese Tendenzen in großem Ausmaß wirksam; sie blieben aber nicht auf diese Zeit beschränkt und wirken seitdem ununterbrochen fort. Unsere eigene Generation erlebt ihr Wüten mit noch nie dagewesenen Breiten- und Tiefenwirkungen. Wenn wir vom »Achsenzeitalter« aus stromaufwärts statt stromabwärts blicken, können wir die gleichen Prozesse bis zur Entstehung der frühesten Zivilisation im Herzstück der damaligen Welt, im »Fruchtbaren Halbmond«, zurückverfolgen. Verbesserung der Verkehrswege, Spezialisierung in Handel und Gewerbe, Abwanderung aus den ländlichen Bezirken in die Städte, systematische Organisation des Krieges: das alles ist so alt wie die Zivilisation. Der Ausbau des Verkehrs und das damit ermöglichte Zusammenströmen von Techniken und Ideen mögen als die zentralen Hebel des Neuen gewirkt und den Zivilisationsprozeß in Gang gesetzt haben. Gerade der »Fruchtbare Halbmond« war die Gegend, in der die Kulturstufe der Jungsteinzeit zuerst von der höheren Stufe abgelöst wurde, die wir Zivilisation nennen; dasselbe Naturgeschehen – nach dem Zeitalter des ewigen Regenfalls zunehmende Entwässerung – hatte die Nahrungssammler und Jäger dazu genötigt, zu Ackerbauern und Viehzüchtern in den noch nicht verdorrten Oasen am äußeren Rand des »Fruchtbaren Halbmonds« zu werden; jetzt förderte es die Entwicklung des Verkehrs. Die nach der Pluvialzeit einsetzende klimatische Revolution verwandelte den größten Teil des Gebietes in offene Steppe und entschädigte damit die hier seßhaft werdenden Völker für das Austrocknen der Nahrungsquellen: man konnte die Steppe durchqueren, auf andere Völker stoßen, mit ihnen Handel treiben oder gegen sie Krieg führen. Die Steppe ist sozial und kulturell ebenso »leitfähig« wie das Meer. Das »Schrumpfen der Entfernung«, das in unseren Tagen dank dem letzten stürmischen Aufschwung der modernen westlichen Technik die größten Triumphe feiert, hatte bereits zu der Zeit – vor etwa fünf Jahrtausenden – eingesetzt, da die frühesten Zivilisationen im Irak, in Ägypten und im Indus-Tal entstanden.

In dieser Sicht zeichnet sich nun deutlicher einer der Gründe dafür ab, daß es ums 6. Jahrhundert v. Chr. eine erhöhte Nachfrage nach neuen, revolutionären religiösen Ideen und Idealen und auch ein entsprechendes Angebot gegeben hat. Zeitlich liegt das »Achsenzeitalter« ungefähr auf halbem Wege zwischen dem Beginn der frühesten regionalen Zivilisationen und unserer heutigen Zeit, in der die Menschheit infolge ihrer eigenen technischen Höchstleistungen vor der Alternative steht zu lernen, als *eine* Familie zu leben oder sich selbst zu vernichten. Die Kräfte des Zerfalls, die die Menschheit heute ihre geballte Wucht spüren lassen, hatten ums 6. Jahrhundert v. Chr. bereits so viel Macht gespeichert und so viel Chaos gestiftet, daß im weitesten Umkreis Schrecken, Enttäuschung, Unzufriedenheit und Unglück um sich griffen; unbezähmbar wuchs die Sehnsucht nach einer Lebensordnung, die besser sein sollte als alles, was Menschen bis dahin erlebt oder erträumt hatten.

Die Erfindung des Ackerbaus in der Jungsteinzeit hatte einen so beträchtlichen Fortschritt mit sich gebracht und die Lebensweise der früheren Nahrungssammler so sehr verbessert, daß in der darauffolgenden Zeit die biologischen Prozesse des pflanzlichen Wachstums, die der Ackerbauer zum Vorteil für das menschliche Dasein auszunutzen gelernt hatte, zum wichtigsten Vergottungsobjekt für die Menschen wurden. Später traten die technischen Errungenschaften des Neolithikums, unter denen der Ackerbau an erster Stelle stand, hinter einem neuen Gefüge organisatorischer Errungenschaften, die den Zugang zur Zivilisation offenlegten, sichtlich zurück; die Verehrung der Götter, die mit dem Wachstumskreislauf der Vegetation starben und auferstanden, wurde nun weniger wichtig als die Anbetung anderer Götter, die als Symbole der eigenen kollektiven Macht der Menschen Staaten, Völker und Gesellschaften der neuen Kulturstufe verkörperten. Die Zivilisationen, die sich auf dieser höheren Stufe herausbildeten und von denen jede mehrere Staaten und Völker umschloß, waren das Imposanteste, was die Menschen bis dahin für sich selbst vollbracht hatten. Aber sie hatten auch ihre Schattenseiten: die ersten zweieinhalb Jahrtausende des Zivilisationszeitalters hatten allen neuen gesellschaftlichen Gebilden genug Zeit gelassen, den Menschen die Schranken, Gebrechen und Übel der Zivilisation mit all ihren qualvollen Auswirkungen vorzuführen. Diese bittere Erfahrung ebnete den Weg für Propheten, die genug Phantasie und Mut aufzubringen vermochten, der herkömmlichen Zivilisation den Spiegel vorzuhalten und auf der Suche nach neuen Lebensvorbildern über sie hinauszugehen. Ihre Predigt fand Gehör, denn was sie klar und beredt verkündeten, hatten ihre Zuhörer bereits dumpf empfunden.

So sah die geistig-seelische Atmosphäre aus, in der die höheren Religionen ins Leben traten, und das war es, was ihren Stiftern und Organisatoren die moralische Autorität verlieh, die Unabhängigkeit der Religion gegenüber jeder weltlichen Gesellschaft und jeder weltlichen Kultur zu proklamieren. Allerdings waren diese Proklamationen nicht immer gleich zutreffend. Einige der neuen, höheren Religionen gingen so weit, sich von jeder Bindung an ethnische Gemeinwesen oder Gebietszivilisationen loszusagen, und wandten sich dann ausschließlich der Aufgabe zu, allen Menschen der Welt dazu zu verhelfen, ein harmonisches Verhältnis zur absoluten Realität des Geistes zu finden. Andere widmeten sich dieser ihrem Wesen nach universalen Mission nur teilweise und konnten sich nicht dazu aufraffen, auf jede Verankerung in einer besonderen Zivilisation oder in einem besonderen

Volk zu verzichten. Aber auch in den Fällen, in denen das ursprüngliche Treueverhältnis nicht ganz aufgegeben wurde, wirkte die Lockerung des Verhältnisses zum weltlichen Gemeinwesen geistig revolutionierend; institutionell bewirkte der Wandel, daß der Gattung der menschlichen Gesellschaften eine neue Spezies hinzugefügt wurde. Den regionalen Zivilisationen und ihren institutionellen Gebilden waren nun die Gemeinschaften der höheren Religionen – in christlicher Terminologie die Kirchen – übergeordnet, und jede von ihnen war ihrer Anlage und ihren Absichten nach universal.

Natürlich sind mit dem Erscheinen der höheren Religionen die Zivilisationen von der Bühne der menschlichen Geschichte nicht hinweggefegt worden. Sie erhalten sich auf einer niedrigeren Sprosse, so wie die jungsteinzeitliche Bauernkultur unter der Oberfläche der Zivilisation fortbesteht und wie sich sogar die vorneolithische Nahrungssammler- und Jägerphase des menschlichen Daseins heute noch in Schlupfwinkeln behauptet, in die der Ackerbau nicht eingedrungen ist. Da die höheren Religionen also überall auf Zivilisationen stießen, die zwar angeschlagen und in Mißkredit, aber keineswegs ausgestorben waren und das Terrain nicht geräumt hatten, zögerten sie nicht, »die Ägypter zu verderben«. Am gründlichsten haben das die Religionen besorgt, die sich von den alten territorialen Wurzeln ganz losgerissen und ungehemmt in die Missionsarbeit der Bekehrung aller Menschen gestürzt hatten. Eine Missionskampagne, die den ganzen Erdball zum Arbeitsfeld hat, kann es sich aber nicht leisten, verfügbare Kommunikationsmittel nicht zu benutzen oder neuartige Techniken nicht auszuprobieren, von denen sie sich versprechen kann, daß sie ihre Botschaft allenthalben vernehmbar und ihre Organisation weithin sichtbar machen werden. Instrumente dieser Art gibt es nicht erst seit der Neuzeit. Schon zu der Zeit, da die frühesten höheren Religionen Gestalt annahmen, hatten sich – dank der Tätigkeit der Kaufleute und Imperiengründer – einige leichter zugängliche Sprachen und Alphabete internationale Geltung verschafft; so hatte im Perserreich, dem Mittelpunkt der damaligen Welt, das Aramäische, das vorher schon durch Handelsleute und Verschleppte weite Verbreitung gefunden hatte, Anerkennung als Amtssprache erlangt; ähnlich waren im selben Perserreich ausgetretene Pfade der Händler und Räuber zu Verkehrsstraßen ausgebaut worden, die wirksam überwacht und mit Relaisstationen und Herbergen ausgestattet wurden. Eifrig machten sich die Missionsreligionen alle solche Möglichkeiten zunutze. Auch in der Verwertung neuer Erfindungen entwickelten sie nicht wenig Unternehmungsgeist: die chinesische Erfindung des Buchdrucks wurde schon sehr bald vom Mahāyāna-Buddhismus in den Dienst seiner Massenpropaganda in Ostasien gestellt.

Als Kunst des Massenappells ist die Propaganda selbst eine Erfindung der höheren Religionen. Nicht zufällig ist der Name, unter dem diese Kunst in den modernen westlichen Sprachen bekannt ist, von einer Einrichtung der römisch-katholischen Kirche, der *Congregatio de Propaganda Fide*, abgeleitet. Mit der Übernahme des hellenistischen Kunststils entdeckte christliche und buddhistische Propaganda zuerst, wie ein Appell visuell wirksam gemacht werden kann, und das Christentum entwickelte, indem es seine Lehren in Kategorien der hellenischen Philosophie kleidete, auch das Instrumentarium eines intellektuellen Appells. Freilich sind die ursprünglich für die Verbreitung der höheren Religionen ausgearbeiteten Propagandatechniken später auch für die religionsfremden Zwecke der politischen Demagogie und der geschäftlichen Werbung gebraucht und – mißbraucht worden. Dennoch bleibt die Kunst der Propaganda ein Geschenk der höheren Religionen an die Menschheit, ursprünglich als kleinere Nebengabe dargebracht; trotz allem Mißbrauch ist es eine Gabe von unschätzbarem praktischem Wert, und in einer Zeit, in der die gesamte Menschheit, um sich nicht selbst zu vernichten, lernen muß, als Familie zu existieren, wird sie, diesem erhabenen Zweck mit Verantwortungsbewußtsein dienstbar gemacht, zum unentbehrlichen Werkzeug zur Erhaltung des Menschengeschlechts.

Von allen von der Zivilisation geschaffenen Mitteln, die die höheren Religionen für ihre Zwecke zu nutzen wußten, haben sich als die brauchbarsten die auf Weltgeltung zielenden staatlichen Großgebilde erwiesen. Begonnen wurden die Weltreichsgründungen von Angehörigen der zerfallenden Zivilisationen zu einem anderen Zweck: um den Verfall und Niedergang der eigenen Zivilisation aufzuhalten. Und die soziale Leistung, die zur *raison d'être* der Imperien wurde, bestand darin, daß sie den chronischen Kriegen zwischen den Gebietsstaaten in einem Stadium ein Ende bereiteten, in dem bereits sichtbar war, daß die Zivilisation mit den Kriegen, die sie entfesselte, ihre eigene Zerstörung betrieb. Allerdings hat keines der Weltreiche das Ziel der Beseitigung des Krieges auf die Dauer durchsetzen können, und keinem von ihnen ist es gelungen, zu einem weltumspannenden Reich nicht nur im Programm, sondern auch in der Praxis zu werden. Nichtsdestoweniger haben einige dieser Reiche der Geschichte dadurch einen bleibenden Stempel aufgeprägt, daß sie, ohne es zu wollen, die Ziele der einen oder anderen höheren Religion verwirklichen halfen.

Von den jüdischen Propheten der Nachexilzeit stammt die kühne Idee, daß sowohl die babylonischen Imperialisten, die das Königreich Juda vernichteten, als auch die persischen Imperialisten, die den verschleppten Juden später die Heimkehr von Babylonien nach Palästina gestatteten, lediglich die unbewußten Vollstrecker der Absichten des Einen Wahren Gottes gewesen seien: sowohl im Hinblick auf die Juden im besonderen als auch im Hinblick auf die Menschheit im allgemeinen. Diese jüdische Idee haben die christlichen Kirchenväter aufgegriffen und ausgebaut. In ihrer Auslegung war Augustus' *Pax Romana* (ein Menschenalter vor dem traditionsgeweihten Zeitpunkt der Menschwerdung!) nicht, wie sie in oberflächlicher Sicht erschienen sein mag, das Werk menschlicher Staatskunst, sondern der Vollzug der göttlichen Vorsehung: mit der *Pax Romana* für die griechisch-römische Welt habe Gott die politischen und sozialen Voraussetzungen für die Ausbreitung des Christentums über den gesamten Erdball schaffen wollen.

Durch Konfrontierung mit geschichtlichen Tatsachen können diese transzendentalen jüdischen und christlichen Deutungen der in der menschlichen Geschichte wirksamen Kräfte weder bewiesen noch widerlegt werden; aber die Tatsachen selbst sind augenfällig und unbestreitbar. Der Stachel der Entwurzelung und Verbannung trieb die jüdische Diaspora in Babylonien, auch wenn sie noch eine teilweise geschlossene ethnische Gemeinschaft blieb, doch dazu, sich das Gepräge einer teilweise offenen Religionsgemeinschaft zu geben. Die persische Friedenspolitik und der persische Straßenbau gaben sowohl dem Judentum als auch der zarathustrischen Religion die Möglichkeit, sich in einem riesigen Gebiet – vom unteren Niltal im Südwesten bis zum Oxos-Iaxartes-Becken im Nordosten – zu verbreiten. Der römische Friede und die römischen Straßen erwiesen dem Christentum den gleichen Dienst – und übrigens nicht nur dem Christentum, sondern auch seinen erfolglosen Rivalen, den Religionen des Mithras, des Jupiter Dolichenus, der Isis und der Kybele wie auch der stoischen, epikureischen und neuplatonischen Philosophie.

Andere Großreiche haben für andere höhere Religionen dasselbe getan. In den Jahrhunderten, in denen das Römische Reich rund um das Mittelmeer unbeabsichtigt zur Verbreitung des Christentums beitrug, förderte das Kushan-Reich zu beiden Seiten des Hindukush, das in seinem Herrschaftsbereich das Indus-Tal mit dem Oxos-Iaxartes-Becken vereinigte, systematisch die Expansion des Buddhismus in seiner damals neuen Mahāyāna-Version. Es bildete einen Korridor, durch den das Mahāyāna von Indien nach Mittelasien und von dort rund um Tibet nach China, Korea, Japan und Vietnam wanderte. Vorher, im 3. Jahrhundert v. Chr., war der Buddhismus in seiner früheren Variante vom Maurya-Kaiser Ashoka über den ganzen Subkontinent Indien und über dessen Grenzen hinaus nach Ceylon und in die hellenische Welt getragen worden. Das Reich der Maurya-Dynastie, von Ashokas Großvater Candragupta begründet, hatte außer dem äußersten Zipfel der südlichen Halbinsel ganz Indien und dazu auch noch das östliche Iran unter seine Oberhoheit gebracht, und in allen Bezirken des riesigen Reiches diente Ashokas Bekehrung als Sprungbrett für den Buddhismus. Als Indien im 4. Jahrhundert n. Chr. im nicht ganz so gigantischen, aber immer noch weitgestreckten Reich der Gupta-Dynastie seine staatliche Einheit wiederfand, gab das neue politische Gebilde dem Hinduismus in seiner nachbuddhistischen Gestalt die Mittel an die Hand, den Subkontinent dem Buddhismus zu entreißen. Dafür fand der Mahāyāna-Buddhismus, nachdem er von Indien über das Kushan-Reich nach Ostasien vorgedrungen war, im Chinesischen Reich einen festgefügten staatlichen Rahmen, der ihm die Eroberung dieses unermeßlich großen neuen Missionsfeldes wesentlich erleichterte.

Dem Islam verschaffte die Eingliederung des Herzstücks der bewohnten Welt in die Kalifatsherrschaft die erforderliche staatliche Basis: ein Imperium, das ungefähr dieselben Gebiete umfaßte wie einst das Perserreich. Allerdings waren die Kalifen dagegen gefeit, ihre beträchtliche politische Macht zur Zwangsbekehrung ihrer christlichen, zarathustrischen und hinduistischen Untertanen zu benutzen. Der Prophet Mohammed hatte verfügt, daß die nichtmohammedanischen »Völker des Buches« (womit eigentlich nur Christen und Juden gemeint gewesen sein konnten) das Recht haben sollten, bei ihrem Glauben zu bleiben, sofern sie die Moslem-Herrschaft anerkannten und sich verpflichteten, Sondersteuern zu entrichten. Zahler von Extrasteuern waren den mohammedanischen Herrschern lieber als Bekehrte; am Ende bestanden die nichtmohammedanischen Untertanen des Kalifats selbst darauf, die Religion ihrer Väter mit dem Islam zu vertauschen. Das Reich des Islams wurde fürwahr – wie das Himmelreich im christlichen Evangelium – »im Sturm genommen«.

Von allen Weltreichen, die ihr Ziel nie erreichten, war das Mongolenreich das größte und barbarischste, aber auch das kurzlebigste: es entstand im 13. und zerfiel im 14. Jahrhundert n. Chr. Während seiner kurzen Blütezeit vereinigte es in einem Staatsgebilde Rußland mit Burma und China mit Persien und dem Irak. Die Chance, die es der Missionstätigkeit der höheren Religionen bot, sollte sich nur zu bald als vergänglich erweisen, doch war das potentielle Missionsfeld so riesig, daß ein halbes Dutzend Religionen um das große Glück stritten, vom Großen Khan oder von seinen Gebietsstatthaltern erhört zu werden. Am Wettrennen beteiligten sich nestorianisches Christentum, römisch-katholisches Christentum, Mahāyāna-Buddhismus und Islam. Im Anfang schien der Islam die schlechtesten, das nestorianische Christentum die besten Aussichten zu haben: der Islam war im Nachteil, weil manche seiner rituellen Pflichtvorschriften geheiligten mongolischen Bräuchen widersprachen; für den Nestorianismus sprach, daß er die angestammte Religion vieler uigur-türkischer Sekretäre der mongolischen Herrscher war und daß ihm auch einflußreiche Frauen mächtiger mongolischer Fürsten beigetreten waren. Es ist dann überraschenderweise anders gekommen: in die sterblichen Überreste des Mongolenreichs haben sich der Islam und der Mahāyāna-Buddhismus tibetischer Observanz geteilt.

In Wirklichkeit vermochten sich die Imperien, die die höheren Religionen ihren eigenen Zwecken hatten nutzbar machen können, mit diesen Religionen selbst weder in Ausdehnung noch in Lebensdauer zu messen. Institutionell gesehen, haben sich von allen menschlichen Einrichtungen die höheren Religionen bis jetzt als die am weitesten verbreiteten und langlebigsten erwiesen. Die heutigen Verbreitungsgebiete des Buddhismus, des Islams und des Christentums sind größer, als es die Besitzungen des Mongolenreichs in seiner besten Zeit waren. Noch frappierender ist das relativ sehr hohe Alter der höheren Religionen: von den sechs wichtigsten ist am jüngsten der Islam, der etwa sechs Jahrhunderte jünger ist als das Christentum, das seinerseits etwa sechs Jahrhunderte jünger ist als die zarathustrische Religion und das Judentum der Nachexilprägung. Unter den heute bestehenden Staaten gibt es, soweit ich weiß, nur zwei – Schweden und Kamboja –, deren ununterbrochene Existenz weiter in die Vergangenheit zurückreicht als die Anfänge der religiösen Mission des Propheten Mohammed.

Im Geschichtspanorama wirken diese Vergleiche recht eindrucksvoll. Aber Verbreitungsbereich und Alter kennzeichnen nur äußerlich den Lebensweg der höheren Religionen; sie informieren uns nur über die institutionellen Gebilde der Religionen, sagen uns jedoch nichts über deren innere Vorzüge – sei es als Vorstellungen von der absoluten Realität des Geistes, sei es als Wegweiser für die Lebensführung der Menschen. Unterdes lenkt die Krise der Gegenwart unseren Blick auf den großen Beitrag der höheren Religionen zur Selbsterhaltung des Menschengeschlechts. Seit der erste Techniker der Hominiden aus einem Stein das erste Werkzeug zurechtschlug, hat sich die Technik der Menschen in einem immer schnelleren Tempo entwickelt; sie hat uns bis zu dem Punkt gebracht, wo wir über ausreichende technische Möglichkeiten verfügen, die gesamte Menschheit vom Antlitz der Erde wegzuwischen. Diese Macht haben wir erlangt, bevor es uns gelungen ist, die Institution des Krieges abzuschaffen, die so alt wie die Zivilisation und neben der Sklaverei das schlimmste Übel ist, das mit der Zivilisation einhergeht. Angesichts dieser Situation bleibt der Menschheit, wie gesagt, außer der Perspektive der Selbstvernichtung nur die Alternative, die schwere Kunst des solidarischen Zusammenlebens zu erlernen. Wir haben auch nicht mehr viel Zeit, diese revolutionäre Reform unserer traditionellen Denk- und Verhaltensweise durchzuführen; unsere Aussicht, diese Aufgabe zu bewältigen, bevor eine von uns selbst heraufbeschworene Katastrophe mit tödlichem Ausgang über uns hereinbricht, wäre minimal, wenn nicht die höheren Religionen seit über zweieinhalbtausend Jahren daran gearbeitet hätten, das Fühlen und Denken der Menschen auf die große soziale und moralische Umkehr vorzubereiten, von der jetzt die Existenz der Menschheit abhängt. Von allem Anfang an hatten die höheren Religionen die Unabhängigkeit der Religion gegenüber der weltlichen Gesellschaft und Kultur proklamiert und so die Ketten zerbrochen, die die Menschen an die territorialen Gemeinwesen und die Gebietszivilisationen fesselten. Damit hatte die Erziehung der Menschen zu dem großen Entschluß begonnen, ihre Liebe und Treue von diesen Bruchstücken des Menschengeschlechts auf die menschliche Gattung als Ganzes zu übertragen.

Eine heilsamere Erziehung hätte es, wie wir rückblickend feststellen müssen, kaum geben können; den höheren Religionen ist die Menschheit zu großem Dank verpflichtet. Gelingt es uns, der Selbstvernichtung zu entrinnen, so werden wir das vornehmlich der Tatsache zu verdanken haben, daß die höheren Religionen unseren intellektuellen und moralischen Horizont in hohem Maße erweitert haben. Die Dankesschuld ist gewaltig. Aber die höheren Religionen bloß nach ihrem Beitrag zur Selbsterhaltung der menschlichen Gattung zu beurteilen hieße, sie mit der Nützlichkeitselle zu messen. Gewiß wäre die Selbstausrottung der Menschheit zugleich das Ende der irdischen Sendung der höheren Religionen, also auch das Ende dieser Religionen als menschliche Einrichtungen, die ihren Standort auf dem Planeten Erde haben; trotzdem ist die Erhaltung des Menschengeschlechts nicht das Hauptanliegen der höheren Religionen. Was sie zuerst und vor allem anstreben, ist die Chance, jedem menschlichen Wesen, das durchs Leben geht, die Kommunion mit der absoluten Realität des Geistes zu ermöglichen und ihm zu helfen, so zu leben, daß es die Harmonie des Zusammenstimmens mit der absoluten Realität erlangt und behält. Daraus ergibt sich der Maßstab, nach dem die höheren Religionen beurteilt werden wollen: sind ihre Vorstellungen von der absoluten Realität des Geistes wahre Vorstellungen, und ist die Lebensführung, die sie vorschreiben, die richtige Lebensführung?

Die Schwingungsweite dieser Vorstellungen reicht von der buddhistischen Vision von der absoluten Realität des Geistes als dem Zustand des »Erloschenseins« (Nirvāna), in dem »alle Leidenschaften verweht« sind, bis zur jüdischen Idee eines Gottes, der der Eine Wahre Gott und der Herr des Weltalls und dennoch eine Person in dem Sinne ist, in dem es der Einzelmensch ist. Aber eins ist ihnen allen gemeinsam: sie sind unmittelbare Anschauung der absoluten Realität des Geistes; in ihnen wird die Realität nicht vermittelt, nicht durch das verdunkelnde und entstellende Medium eines vergotteten menschlichen Gemeinwesens oder vergotteter Mittel der menschlichen Daseinsfristung, nicht als eine im Staat, in der Zivilisation, in Ernten und Viehherden verkörperte Gottheit gesehen. Die Anbetung menschlicher Nahrungsquellen oder der kollektiven Macht der Menschen ist vom Standpunkt aller höheren Religionen bloßer Götzendienst, irrige und irreführende Identifizierung bloßer Erscheinungen mit einer Realität, die in Wahrheit nicht in den Erscheinungen, sondern nur hinter ihnen und jenseits ihrer zu finden ist.

Zweifellos hat auch die minderwertigste menschliche Gemeinschaft noch ihren sozialen Mindestwert, und der soziale Wert einer echten Weltgemeinschaft, die die ganze Menschenfamilie umfaßte, wäre immens. Aber ein Weltstaat könnte eine Wohltat sein und wäre doch nicht mehr als öffentlicher Dienst am Menschen; die Verkörperung Gottes wäre er nicht. Keine menschliche Einrichtung könnte es je sein, und keine höhere Religion könnte einen noch so universalen Staat als Objekt der Anbetung dulden. Kompromißlos wurde die Vergottung des römischen Weltstaates – der Kult der *Dea Roma* und des *Divus Caesar* – von der christlichen Kirche verworfen. Es war ein fundamentales Prinzip, für das die christlichen Märtyrer ihr Leben hingaben, als sie mit der Weigerung, auch nur ein Gran Weihrauch auf Cäsars Altar zu opfern, in den sicheren Tod gingen. Diesem Konflikt zwischen Christentum und Cäsarenkult kommt überragende Bedeutung in unserer heutigen Situation zu, in der wir hoffen, einen wahren Weltstaat errichten zu können. Was immer das Wesen der absoluten Realität des Geistes sein mag, es kann mit keiner der Erscheinungen identisch sein, denen der Mensch im Laufe seines sterblichen Lebens auf Erden begegnet oder die er selbst hervorbringt. Wie alle anderen menschlichen Einrichtungen sind auch menschliche Gemeinwesen und Gesellschaften Menschenwerk. Staatsbürger zu sein kann weder das gesamte noch das höchste Ziel des Menschen sein; vielleicht ist es das für Ameisen oder Bienen, aber Männer und Frauen sind keine in Gesellschaft lebenden Insekten. Mensch sein heißt, auch wenn das menschliche Gemeinwesen ein Weltstaat ist, etwas Höherem als ihm, etwas darüber Hinausgehendem verpflichtet zu sein. Es heißt, seinem Gewissen zu gehorchen, wenn sich das Gewissen gegen Gebote des Gemeinwesens auflehnt, und diese Entscheidung um den Preis des eigenen Lebens zu treffen, wie es Sokrates und die christlichen Märtyrer getan haben.

Natürlich ist dieser Vorrang des Gewissens vor dem Gemeinwesen nicht unumstritten. Bevor die höheren Religionen aufkamen, wurde er weit und breit – nur eine kleine Minderheit bildete eine Ausnahme – als unmoralisch, ja als anstößig empfunden. Er stand im absoluten Gegensatz zur allgemeinen Meinung nicht nur in Sparta, sondern auch in solchen griechischen Stadtstaaten, die nicht ganz so sehr einem Ameisenhaufen glichen. In der heutigen westlichen Welt wird der Vorrang des Gewissens vor der Gesellschaft von all denen abgelehnt, die zu nachchristlichen oder antichristlichen Ideologien – Faschismus, Nazismus, Kommunismus – bekehrt worden sind. Bis jetzt hat sich allerdings die moderne westliche Welt geweigert, menschliche Gemeinwesen und Gesellschaften von neuem zum Objekt der Anbetung, dem ein totaler Anspruch auf Treue und Gehorsam der Menschen eingeräumt würde, zu erheben; durchgesetzt hat sich diese Weigerung freilich erst nach schweren Kämpfen mit den neuen totalitären Glaubensrichtungen, die den Sieg schon fast in der Hand hielten. Gleichwohl gibt es unter den westlichen Menschen, die heute für die Freiheit des Gewissens eintreten, viele, denen die von den höheren Religionen proklamierte Gleichsetzung des Gewissens mit den Anforderungen einer transzendentalen Realität des Geistes als untragbar erscheint; eher würden sie den Anhängern des Totalitarismus darin zustimmen, daß die höheren Religionen, falls sie überhaupt je ein »Mandat vom Himmel« (wie es bei Chinas dynastischen Historikern heißt) gehabt haben sollten, dies Mandat inzwischen verwirkt oder das ihnen auf Grund des Mandats entgegengebrachte Vertrauen längst vertan haben.

Tatsächlich hat dieser Vertrauensschwund, dem das Christentum als die höhere Religion der westlichen Welt ausgesetzt ist, schon in den letzten Jahrzehnten des 17. Jahrhunderts angefangen. Seitdem ist im Westen das Mißtrauen gegenüber dem Christentum immer mehr gewachsen und hat auch auf die anderen höheren Religionen übergegriffen, die in den nichtwestlichen Teilen der Welt dominierten, denn gerade in dem Zeitalter, in dem das Christentum im Westen abbröckelte, errichtete der Westen seine Vorherrschaft in der übrigen Welt. Jetzt schwindet diese westliche Vorherrschaft in der militärischen und in der politischen Ebene, vielleicht auch in der Ebene der Technik unaufhaltsam dahin; dagegen gewinnt sie immer noch an Boden in der Ebene der Ideen, und da die Abwertung der Religion zu den markantesten Zügen der modernen westlichen Ideologie, der liberalen wie der totalitären, gehört, trifft der Vertrauensschwund nunmehr nicht bloß das Christentum des Abendlandes, sondern auch alle höheren Religionen überhaupt. Daß sich die ablehnende Haltung gegenüber den höheren Religionen heute in der ganzen Welt geltend macht, ist nicht mehr wegzuleugnen. Umstritten sind aber die Fragen, die sich an diese Feststellung knüpfen. Läßt sich diese ablehnende Haltung mit guten Gründen rechtfertigen oder nicht? Und ist der durch sie bedingte Niedergang der höheren Religionen eine dauerhafte oder eine nur vorübergehende Erscheinung? Wir kommen der Antwort näher, wenn wir auf die Ursachen der beginnenden Ebbe des Christentums in der westlichen Welt des 17. Jahrhunderts eingehen.

Da gab es moralische Ursachen, die auf die Schrecken der europäischen Religionskriege zurückgingen, und intellektuelle, die mit dem Aufstieg der modernen experimentellen Wissenschaft zusammenhingen. Moralisch empfindsame Gemüter entsetzten sich über das grausame Treiben der christlichen Kirchen, die einander mit bluttriefenden weltlichen Waffen bekriegten und ihren Namen dafür hergaben, daß nichtreligiösen weltlichen Interessen ein pseudoreligiöses Mäntelchen umgehängt wurde. Und geistig regsame Köpfe hatten mehr als genug von theologischen Disputen, die – gleich den Kriegen, deren Feuer sie schürten – mit Wut und Haß ausgetragen wurden und kein Ergebnis zeitigten. Sie gingen denn auch entschlossen daran, die Auseinandersetzung vom unfruchtbaren Feld der Theologie zum ergiebigen Feld der Naturwissenschaft hinüberzulenken. Auf diesem Gebiet glaubten sie nützliche Wirkungen erwarten zu können, denn hier konnte ohne Leidenschaft diskutiert werden, und wenn man widerstreitende Ansichten der Prüfung durch das Experiment unterwarf, ließen sich der Diskussion sogar unanfechtbare Ergebnisse abgewinnen. Daneben entsprang die gewollte Verlagerung des intellektuellen Interesses auch der Absicht, durch Abkühlung der affektgeladenen Atmosphäre und durch Ausschaltung von Unduldsamkeit und Gehässigkeit zur Wiederherstellung des Ansehens der Religion beizutragen. Es ereignete sich aber das Unvorhergesehene, daß die Religion, die vordem moralisch in Mißkredit geraten war, nun auch intellektuell diskreditiert wurde: mit dem Fortschritt der wissenschaftlichen Entdeckungen erwiesen sich manche Glaubensvorstellungen, die mit der Welt der Tatsachen zu tun hatten, als unhaltbar, und eben diese Vorstellungen hatten entweder von vornherein zum hergebrachten Lehrgebilde der Religion gehört oder waren ihm später beigesellt worden.

Unlösbar sind die Probleme keineswegs, die der Konflikt zwischen Wissenschaft und Religion aufgeworfen hat. Überlieferte Glaubensvorstellungen, die in den Zuständigkeitsbereich der Wissenschaft gehören, sind in der Ebene der Religion nicht von wesentlicher

Bedeutung. Umgekehrt entziehen sich die Dinge, die für die Religion wesentlich sind, der Entscheidung der Wissenschaft. Die wirklich bewegenden Fragen, von deren Beantwortung die Zukunft der höheren Religionen abhängt, sind auch heute dieselben wie in allen früheren Zeiten. Da geht es um das Wesen der absoluten Realität des Geistes und um die Lebensführung, die der Mensch anstreben sollte, um sich in Übereinstimmung mit dieser Realität zu setzen und daran festhalten zu können.

Obgleich mehr als ein Vierteljahrtausend vergangen ist, seit sich am Horizont des abendländischen Christentums dunkle Wolken zusammenzuziehen begannen, haben die Widersacher der höheren Religionen auf diese Fragen keine neuen Antworten erteilt, die an die Stelle der bisherigen treten könnten. Das sind aber Fragen, die der Mensch weder beiseite schieben noch endlos vertagen kann. Er kann nicht durchs Leben gehen, ohne früher oder später vor diese Fragen gestellt zu werden; sie sind viel wichtiger, aber auch viel schwieriger zu beantworten als alle anderen Fragen, mit denen er sich auseinandersetzen muß. Soll sich der Mensch mit ihnen auseinandersetzen, so braucht er Beistand; diesen Beistand bieten ihm die höheren Religionen, sonst niemand. Das führt zu einer paradoxen Situation. Moralisch und intellektuell diskreditiert, behaupten die höheren Religionen dennoch das Feld, das ihnen auch keiner streitig macht, weil sich gar keine anderen Visionen von der Realität und von der menschlichen Lebensführung darbieten. Keine der nachchristlichen Ideologien hat eine Alternative vorzuschlagen gewußt, denn keine von ihnen hat eine Botschaft für den Einzelmenschen – außer etwa der Aufforderung, er möge sich in das Gefängnis zurückbegeben, aus dem ihn die höheren Religionen vor zweitausendsiebenhundert Jahren zum erstenmal herauszuholen versuchten. In Wirklichkeit sind diese Ideologien nur krampfhafte Versuche, zu der Lebensordnung zurückzukehren, in deren Rahmen die Menschen vor dem Auftreten der höheren Religionen existierten. Seitdem haben aber die Menschen die Freiheit gekostet und die Stimme des Gewissens zu erkennen und zu achten gelernt. Deswegen ist es wenig wahrscheinlich, daß die Ideologien mit ihrem anachronistischen Unterfangen Erfolg haben könnten. Nur auf kurze Sicht stellen sich ihre Chancen günstiger dar als die der höheren Religionen.

So sieht es denn im Jahre des Herrn 1962 so aus, als hätten die höheren Religionen eine Zukunft vor sich. Sollten sich eines Tages die Wolken zerstreuen, die sich über ihrem Haupt zusammengezogen haben, so wird vermutlich festzustellen sein, daß sich die äußere Erscheinung der höheren Religionen bis zur Unkenntlichkeit gewandelt hat. Ebenso darf man aber vermuten, daß der Wandel kaum mehr als oberflächlich sein wird, denn wenn sich diese Religionen am Leben erhalten, wird das nur auf Grund der anhaltenden Bedeutung ihres innersten Wesens für den irdischen Lebenswandel des Menschen geschehen sein können. Was immer die Zukunft der höheren Religionen auch sein mag, darf man unterdes, ohne zu übertreiben, sagen, daß ihr bisheriger Einfluß auf die Geschichte der Menschen das Bedeutsamste ist, was sich in der Geschichte zugetragen hat.

UNIVERSALGESCHICHTE
IN STICHWORTEN

NAMEN- UND SACHREGISTER

QUELLENVERZEICHNIS
DER ABBILDUNGEN

# UNIVERSALGESCHICHTE IN STICHWORTEN

## Der Vordere Orient

### Palästina

#### Um 1500—1000 v. Chr.

Im Zusammenhang mit der aramäischen Wanderung dringen israelitische Stämme aus der nordarabischen Wüste in Palästina ein (bis 13. Jahrhundert). Teile der späteren Israeliten hielten sich im östlichen Nildelta auf; als Führer des Auszugs nach Palästina gilt *Moses* (= ägyptisch Sohn); sie verbinden sich mit den dort schon angesiedelten israelitischen Stämmen. Die Israeliten setzen sich in Palästina fest, kulturell und religiös beeinflußt, aber auch bedroht von der kanaanitischen Umwelt. Die alte Gemeinschaftsform des von »Ältesten« geleiteten Einzelstammes wird überwunden. Der neue Zwölfstämmeverband (um 1200 konstituiert) wird durch gemeinsame Herkunft und vor allem durch das gemeinsame Gottesrecht zusammengehalten. Dessen Wahrer und Ausleger ist der »Richter« in Israel (Richterzeit 1200—1000 v.Chr.). Der »Bund« zwischen Gott und den israelitischen Stämmen ist seit Moses bestimmend für die israelitische Religion. Dieser Gott wird unter dem Namen Jahve verehrt.

Im Zusammenhang mit der Seevölkerbewegung fassen die Philister an der Küste Palästinas Fuß (Gaza, Gath, Asdod, Askalon, Ekron), gründen dort einen Stadtstaatenbund und bedrängen israelitische Stämme (11. Jahrhundert). Im Ostjordanland dringen die Ammoniter vor (Landschaft Gilead). Unter dem Druck der Philister- und Ammonitergefahr Übergang zum Königtum.

#### 1000—550 v. Chr.

*Saul*, der erfolgreiche Anführer gegen die Ammoniter, wird vom Zwölfstämmebund zum König proklamiert; erbitterter Krieg gegen die Philister während seiner — vermutlich nur zweijährigen — Regierungszeit (um 1000). Die Niederlage in der Jesreel-Ebene macht *Sauls* Befreiungswerk zunichte; er nimmt sich das Leben. Die Philister kontrollieren auch das Ostjordanland. Im Norden behauptet sich zwei Jahre lang *Sauls* Sohn *Esbaal* als König. Im Süden, in Juda, wird *David* in Hebron zum König erhoben, nach seinem Dienst am Hofe *Sauls* Lehnsmann eines

### Vorderasien

#### 1000—550 v. Chr.

Assyrien: *Adadnerari II.* (912—891) erneuert die nach dem Tode *Tiglatpilesars I.* (1078) verlorengegangene Machtstellung Assyriens. Unter *Assurnassirpal II.* (884—859) entsteht wieder ein Großreich, das durch straffe Verwaltung und unmenschliche Grausamkeit zusammengehalten wird; Ausbau des Heerwesens. In seinem Riesenpalast in Kalach zeigen monumentale Reliefs den König in Kampf-, Jagdund Kultszenen. *Salmanassar III.* (859—824) führt viele Kriege gegen die syrischen Städte, gegen Kilikien, Urartu und Westiran; neben großen Erfolgen

## Palästina

Philisterfürsten (erste Hälfte des 10. Jahrhunderts). *David* vereinigt Juda und Israel und vertreibt die Philister endgültig; die noch kanaanitisch gebliebenen Stadtstaaten werden Israel einverleibt. Erfolgreiche Kämpfe gegen Moabiter, Ammoniter und Edomiter; Aufbau eines palästinensischen Großstaates.

*David* stützt seinen Staat auf eine schlagkräftige Söldnertruppe, auf eine straffe Verwaltung und auf die neue politische und sakrale Hauptstadt Jerusalem, den Ort der Bundeslade. Er versäumt zunächst, die Erbfolge zu regeln. Aufstände, unterstützt von der Unzufriedenheit der Stämme, die sich von David vernachlässigt fühlen, schon zu seinen Lebzeiten. Schließlich bestimmt er *Salomo*, seinen und seiner zweiten Frau *Bathseba* Sohn, zum Nachfolger.

*Salomo* (gestorben 926) versucht, sein Reich mit diplomatischen Mitteln zusammenzuhalten. Er heiratet eine ägyptische Prinzessin der XXI. Dynastie. Der Handel blüht. Doch die von *David* angegliederten aramäischen Provinzen gehen verloren; Wiederherstellung des edomitischen Königtums. Ausgestaltung Jerusalems durch Palast und Jahvetempel, auf den der israelitische Kult konzentriert wird. Übergang eines großen Teils der Bevölkerung zu städtischer Lebensweise. Frondienstleistungen und Steuern werden eingeführt. Das Land wird in zwölf Provinzen eingeteilt, jede kommt einen Monat lang für die Hofhaltung auf. Unzufriedenheit über die Abgaben.

*Salomos* Sohn und Nachfolger *Rehabeam* (926—910) weigert sich, den Nordstämmen Erleichterung der Dienstleistungen zu gewähren. Diese spalten sich ab und erheben *Jerobeam I.* zum König (926—907). Beginn der Spaltung in das Königreich Juda im Süden, gefestigt in der davidischen Tradition, und Israel im Norden, das nach Umfang größer ist. Die Spannung zwischen beiden Teilreichen dauert in der Folgezeit an (Kämpfe zwischen ihnen um 890). Beide sind bedroht durch neue Vorstöße der Philister und Ägypter und durch das aramäische Damaskos (Beutezug des Pharaos *Scheschonk I.* 925).

Israel: Gründungsstätte ist Sichem. *Jerobeam* erhebt die alten Heiligtümer von Dan und Bethel zu königlichen Kultstätten, um im Kultus von Juda unabhängig zu sein. Nach *Jerobeams* Sohn *Nadab* (906) besteigt der Usurpator *Baesa* den Thron (905—883). Ihm gelingt es nicht, eine Dynastie zu begründen. Sein Sohn *Ela* (882) wird von *Simri* (881) ermordet. Das israelitische Heer erhebt einen seiner Anführer, *Omri* (881—871), zum König, der sich auch durchsetzt. Konsolidierung Israels; Ausbau einer königseigenen politischen und sakralen Hauptstadt Samaria. Die Spannung zu Juda läßt nach, Moab bleibt angegliedert. Höhepunkt der Dynastie der Omriden unter *Ahab* (870—852); Ausbau des Krongutes, Anlage von Befestigungen. Eindringen phönikischer Sitten und der Verehrung tyrischer Gottheiten nach *Ahabs* Heirat mit einer phönikischen Prinzessin;

## Vorderasien

erfährt er einige Rückschläge. Die Witwe des Königs *Schamschiadad V.*, *Sammuramat* (810—806), Regentin für ihren unmündigen Sohn, wird zur *Semiramis* der griechischen Überlieferung, die ihr Feldzüge bis nach Indien zuschreibt.

Nach einer Periode der Schwäche begründet der Usurpator *Tiglatpilesar III.* (746—727) das Assyrische Weltreich: Arpad, Damaskos und Gaza werden erobert; nach jahrhundertelangen Kämpfen wird Babylonien Teil des Assyrerreiches; *Tiglatpilesar III.* wird unter dem Namen *Pulu* König von Babylonien (729). Sein Sohn *Salmanassar V.* (727—722) wird von seinem Bruder (?) gestürzt, der sich unter dem Namen *Sargon II.* (722—705) zum neuen König macht; er beseitigt die letzten Hethiterstaaten, besiegt das Reich von Urartu, bekämpft erfolgreich die Meder und wirft einen babylonischen Aufstand nieder. *Sanherib* (705—681) zieht gegen Jerusalem (701) und zerstört nach wechselvollen Kämpfen auch gegen Elam Babylon (689); er fällt einem Mord zum Opfer (681). Seine technischen Fähigkeiten sind bemerkenswert (Bewässerungsanlagen). *Assarhaddon* (681—669) erobert Ägypten: größte Ausdehnung des assyrischen Reiches. *Assurbanipal* (669—627) kann trotz anfänglicher Erfolge Ägypten nicht halten, da er im Südosten seines Reiches Schwierigkeiten hat: eine Erhebung Babyloniens unter seinem Bruder *Schamaschschumukin* wird niedergeschlagen (648).

Babylonien wird wieder assyrische Provinz; Elam wird durch die Zerstörung seiner Hauptstadt Susa schwer getroffen (640). *Assurbanipal* gründet die große Bibliothek in Ninive. Gegen Ende seiner Regierungszeit brechen innere Unruhen aus; ein Einbruch der Skythen kann zunächst wieder zurückgeworfen werden. Nach *Assurbanipals* Tod erliegt das Reich dem Angriff des medischen Königs *Kyaxares* und des *Nabupolassar* von Babylonien; Assur wird 614, Ninive 612 zerstört.

Babylonien: Der aramäische Stamm der Chaldäer wandert in Südbabylonien ein (um 850) und übernimmt nach und nach die Führung in diesem Raum. *Nabupolassar* (626—605) macht sich zum König von Babylonien; Westmesopotamien, Syrien und Palästina fallen unter seine Herrschaft. Sein Sohn *Nebukadnezar II.* (605—562) führt das Reich zu hoher Blüte. Im Kampf gegen Ägyptens Verbündete wird auch Jerusalem zerstört (587), die Juden werden in die »Babylonische Gefangenschaft« geführt; die »Hängenden Gärten«, Mardukheiligtum Esagila, Tempelturm Etemenanki (der »Turm zu Babel«), Ischtartor, Stadtbefestigungen. Der letzte König Babyloniens wird der Emporkömmling *Nabonid* (556—539), der »Archäologe auf dem Thron«; nach einem Aufstand geht er nach Arabien und erweitert dort sein Reich, ohne seine Hauptstadt Babylon zehn Jahre lang zu betreten; in dieser Zeit ist dort sein Sohn *Belsazar (Belscharussur)* Regent.

## UNIVERSALGESCHICHTE IN STICHWORTEN 643

### Palästina

dagegen Widerstand des Propheten *Elia*. Wechselvolle Kämpfe gegen Damaskos. Zusammenstoß mit der neuassyrischen Großmacht; Niederlage durch *Salmanassar III*. Ahab mit König *Josaphat* von Juda verbündet. Er fällt im Kampf um Ramot in Gilead (852). Auf *Ahab* folgen seine Söhne *Ahasja* (851) und *Joram* (850—845). Moab fällt ab. Landabtretung und Tributzahlung an das siegreiche Damaskos. Eine jahvistische Bewegung stürzt *Joram* und erhebt den von einem Abgesandten des Propheten *Elisa* gesalbten Offizier *Jhu* (844—818) auf den Thron. Dieser rottet die Familie *Omri* aus, tötet auch den in Israel weilenden verbündeten König *Ahasja* von Juda. Er unterdrückt den Baalskult und zahlt Tribute an die Assyrer. Unter *Jehus* Sohn *Joahas* (817—802) erneute aramäische Bedrohung. *Jehus* Enkel *Joas* (801 bis 787) erobert die an Damaskos verlorenen Gebiete zurück. Er kommt einer judäischen Kriegserklärung zuvor, fällt in Juda ein und plündert Jerusalem. Unter *Joas'* Sohn *Jerobeam II.* (786—747) Rückgewinnung ostjordanischer Gebiete, Ausbau des Handels. Propheten wie *Amos* und *Hosea* sagen den Untergang voraus, begründet in dem Abfall von der reinen Jahve-Religion (um 770/760). Nach *Jerobeams* Tod Thronwirren. Schließlich ist *Menahem* erfolgreich (745—737); er stützt sein Königtum durch Tribute an *Tiglatpilesar III*. von Assyrien. Nach seinem Tod erneut Wirren. *Pekach* (734—733) macht sich selbst zum König; Aufbau einer Koalition, zusammen mit Damaskos, gegen Assyrien; Juda weigert sich beizutreten und wird deshalb von Israel und Damaskos überfallen: syrisch-ephraimitischer Krieg (734/733); Jerusalem wird belagert. Assyrische Strafexpedition gegen Israel, das auf das Gebiet von Samaria beschränkt wird (733/732); Deportation der Oberschicht aus dem annektierten Gebiet, das dem assyrischen Verwaltungssystem eingegliedert wird. *Pekach* wird von *Hosea* (732—724) ermordet. *Hosea* verweigert *Salmanassar V.* die Tribute und wird deshalb gefangengenommen (724). Nach fast dreijähriger Belagerung wird Samaria von *Sargon II.* zerstört (722); Umsiedlung zahlreicher Israeliten nach Medien und Mesopotamien; Israel assyrische Provinz, fremde Zwangsumsiedler nach Samaria aus Hama und Babylonien.

Juda: Unter König *Asa* (907—868) Festigung gegenüber Israel, friedliche Regelung im Grenzraum Benjamin. *Josaphats* (König von 867—851) Sohn *Joram* (852—845) heiratet *Athalja*, *Ahabs* Tochter. *Athalja*, von phönikischer Herkunft, verbreitet den Baalskult. *Joram* verliert Edom. Nach dem Umsturz in Israel reißt *Athalja* die Herrschaft an sich (845 bis 839) und regiert tyrannisch. Die Nachkommen der Davidsdynastie werden ausgerottet. Die Jerusalemer Priesterschaft läßt die Königin töten und erhebt den heimlich aufgezogenen Daviden *Joas* zum König (838—800), der Tribute an Damaskos zahlt, um Angriffe auf Jerusalem abzuwenden (um 830). Nach

### Vorderasien

Urartu: Die urartäischen Königreiche werden von *Arame* oder (wahrscheinlicher) von *Sardur I.* (um 835—825) vereinigt; Hauptstadt wird Tuschpa (jetzt Wan). In der Folgezeit ständige Kämpfe gegen Assyrien. Unter *Menua* (815—790) erstreckt sich das Reich vom Euphrat bis zum Wan-See und Urmia-See. Sein Sohn *Argischti I.* (790—760) und sein Enkel *Sardur II.* (760—734) stoßen bis zum Araxes und nach Halab (Aleppo) vor (zwischen 800 und 750). *Sardur II.* wird jedoch gegen Ende seiner Regierungszeit von *Tiglatpilesar III.* ins urartäische Gebirgsland zurückgeworfen. In der Folgezeit ständige Kämpfe mit den eingebrochenen indogermanischen Kimmeriern und Skythen und mit Assyrien. Untergang des Reiches (um 600). Die indogermanischen Armenier besetzen das urartäische Bergland (nach 600 v. Chr.), geraten jedoch bald unter persische Herrschaft.

Hethiter: Siehe auch Universalgeschichte in Stichworten Band I. Nach dem Zusammenbruch des hethitischen Großreiches (um 1200) bestehen nur noch einzelne Fürstentümer im Südosten: Karkemisch, Malatia, Marqasi und andere, die jedoch nach wechselvollen Kämpfen im assyrischen Reich aufgehen (Ende des 8. Jahrhunderts); als letztes wird Karkemisch erobert (717).

Lydien: Der Lyderkönig *Gyges* (680—652) unterwirft sich Westkleinasien mit Ausnahme der griechischen Küstenstädte. *Alyattes* (605—560) begründet Lydiens Großmachtstellung, er dehnt das Reich bis zum Halys aus und erwirbt einige Griechenstädte; Smyrna leistet Widerstand und wird zerstört (um 575). Unter König *Kroisos* (560—546) erreicht die lydische Macht ihren Höhepunkt; alle Griechenstädte mit Ausnahme von Milet werden unterworfen. Ein Präventivkrieg gegen die Perser scheitert jedoch und führt zur Einverleibung Lydiens in das persische Reich. Eine der bedeutendsten zivilisatorischen Leistungen der Lyder ist die Erfindung des gemünzten Geldes (7. Jahrhundert).

Phönikien: Unter den phönikischen Stadtstaaten entwickelt sich Tyros zur führenden Macht (1000 bis 774); dessen König *Hiram I.* (969—936) erwirbt großen Reichtum durch Handel im Mittelmeer und im Roten Meer. Unter dem Astartepriester und Usurpator *Itoba'al I.* (887—856) blüht die Stadt auf. In der Folgezeit geraten die phönikischen Stadtstaaten immer wieder unter assyrische Abhängigkeit. Nach dem Sieg *Nebukadnezars II.* über Ägypten (605) gewinnt das neubabylonische Reich die Oberherrschaft über diesen Raum. Ein Versuch Ägyptens, die syrisch-palästinensischen Kleinstaaten gegen Babylon auszuspielen, mißlingt; einzig Tyros unter *Itoba'al II.* widersteht der dreizehnjährigen babylonischen Belagerung (585—573?).

Die Phöniker gründen im ganzen Mittelmeerraum Kolonien, sie gelangen bis nach Spanien (älteste phönikische Faktorei in Gades nahe der Mündung

## Palästina

*Joas'* Ermordung wird sein Sohn *Amazja* König (799 bis 785). Dieser erobert edomitische Gebiete; er wird aber von Israel vernichtend geschlagen und gefangengenommen. Er kommt wieder frei, doch der Palast- und Tempelschatz geht an Israel verloren. *Amazja* wird in einer judäischen Verschwörung getötet. *Usia* (784 bis etwa 755) geht tatkräftig gegen Philister und Edomiter an; er stößt bis zum Golf von El Akaba vor, um für Juda Zugang zum Meer zu gewinnen. Festigung des Reiches nach außen und innen. Aufstellung einer großen Söldnertruppe, Ausbau eines Festungsgürtels. *Usias* Sohn *Jotham* (gestorben 741) setzt den Aufbau fort. Gegen den Druck Israels im syrisch-ephraimitischen Krieg ruft *Ahas* (742–725) Assyrien zur Hilfe (733) — entgegen dem Rat des Propheten *Jesaja*. Faktische Abhängigkeit von Assyrien, Aufnahme seines Staatskultes in Jerusalem. *Ahabs* Sohn *Hiskia* (um 724–697) versucht unabhängig zu werden, er stützt sich dabei auf ein Bündnis mit Ägypten (südpalästinische Koalition). Tributleistungen eingestellt (705). Eine assyrische Expedition führt nach dem Sieg über Ägypten und die Philister zur Unterwerfung Judas; Bedrohung Jerusalems durch *Sanherib* (701).

Unter *Manasse* (696–642) volle Abhängigkeit Judas von Assyrien. König *Amon* nach kurzer Regierung ermordet; der legitime Erbe, der achtjährige *Josia*, wird König (639–608). Nach einer Zeit der Minderjährigkeitsregierung wird *Josia* selbständig. Sein Ziel ist die Wiederherstellung des davidischen Gesamtstaates und die Lösung von Assyrien. Beseitigung der assyrischen Kultinsignien; Neugestaltung der Lebensordnung im Geiste der Tradition, getragen von der deuteronomischen Erneuerungsbewegung. Volk und König verpflichten sich auf ein altes, im Tempel aufgefundenes Gesetzbuch, auf die Grundsätze des alten Gottesrechts. Neuaufbau des Heeres. *Josia* erobert Gebiete des ehemaligen Israels. Nach dem Zusammenbruch des Assyrerreichs wehrt *Josia* die ägyptischen Forderungen auf Palästina ab, er fällt im Kampf gegen Pharao *Necho* (608). Auf *Nechos* Befehl wird *Jojakim* König (608–599). Der Pharao ist für kurze Zeit Herr in Syrien und Palästina. Nach seinem Sieg über *Necho* wird der spätere König *Nebukadnezar II.* Oberherr von Juda (605). *Jojakim* versucht zweimal, die babylonische Oberhoheit abzuschütteln (zwischen 605 und 599); *Nebukadnezar* schreitet gegen die Aufstandsbewegung ein. *Jojakims* Sohn *Jojachin* (598) kapituliert; Jerusalem wird geplündert, die judäische Oberschicht nach Babylonien weggeführt (598). *Nebukadnezar* läßt Juda von einem jüngeren Sohn *Josias*, *Zedekia* (597–587), verwalten. Dieser strebt nach der Unabhängigkeit (589) und verbündet sich mit Ägypten. Nach einer Belagerung zerstört *Nebukadnezar* Jerusalem (587); vor allem die Stadtbevölkerung wird in die »Babylonische Gefangenschaft« geführt (586–538); Juda wird babylonische Provinz und bleibt von babylonischen Truppen

## Vorderasien

des Guadalquivir; um 1100?) und durchfahren die Straße von Gibraltar. Die bedeutendste Gründung wird die »Neustadt« (phönikisch: Qart-hadascht, Karthago) von Tyros aus (814); schon seit dem 12. Jahrhundert bestand dort eine Kolonie von Sidon. Karthago wird früh selbständig und unterwirft sich die anderen nordafrikanischen Kolonien.

Die syrischen Kleinstaaten: Unter den aramäischen Kleinstaaten im syrischen Raum wird Damaskos (seit etwa 950) zur Vormacht; es kann zwei Jahrhunderte lang auf Israel und Juda politischen und militärischen Druck ausüben. Unter seiner Führung wehren sich mehrere syrische Stadtstaaten erfolgreich gegen die Unterwerfung durch Assyrien; schließlich erliegt Damaskos aber doch den Assyrern unter *Adadnerari III.* (um 800).

Neben Damaskos spielt Hama, das noch zum Bereich der späthethitischen Kultur gehört, zeitweise eine größere Rolle. Aber unter *Tiglatpilesar III.* wird der größte Teil Hamas assyrische Provinz (738). Versuche, zum Teil im Bund mit Ägypten, das assyrische Joch wieder abzuschütteln, scheitern. Hama wird Provinz Assyriens (720).

In Nordsyrien hatte zumeist Karkemisch am Euphrat eine Vormachtstellung und war ein wichtiges Zentrum der späthethitischen Kultur. Dann wurde es zur assyrischen Provinzstadt (717).

Iran: Der medische Fürst *Daiaukku* in assyrischen Annalen erwähnt (715). Die Perser werden in ihrer späteren Heimat bezeugt; von den Elamitern übernehmen sie Verwaltungssprache und Keilschrift. Das Königtum der Achaimeniden (Hachamanisch) beginnt (um 700), gerät aber später unter medische Oberherrschaft. *Phraortes* (675–653) König über Medien; in seine Regierungszeit fallen die Einbrüche der Kimmerier und Skythen. Dem Mederkönig *Kyaxares* (625–585) gelingen die Abwehr und Vertreibung der Skythen und der Ausgleich mit Alyattes von Lydien (Schlacht am Halys, 585); er beteiligt sich auch an der Vernichtung des assyrischen Reiches. Gegen *Astyages* (585–550) erhebt sich der Achaimenide *Kyros II.* von Anschan, der Medien zur persischen Provinz macht.

## Palästina

besetzt. Schleifung aller Befestigungswerke. Ein Judäer als Statthalter eingesetzt. Ismael-Aufstand: Ermordung des Statthalters (586).

### 550—330 v. Chr.

Nach Unterwerfung des neubabylonischen Reiches durch den Perser *Kyros II.* wird Palästina in die persische Satrapienordnung einbezogen (539). *Kyros* ordnet in einem Edikt die Wiederherstellung des Tempels zu Jerusalem an (538); Tempelbau um 515 vollendet. Teile der Deportierten kehren schubweise zurück. Jerusalem wird kultisches Zentrum aller, die sich zum alten Zwölfstämmeverband Israel zugehörig fühlen; keine politische Eigenordnung, Hohepriester Oberhaupt der Kultgemeinde. Unter *Artaxerxes* (465 bis 424) politische und religiöse Neuordnung durch *Nehemia* und *Esra*, beide in persischer Verwaltung tätig. *Nehemia* (445—433) baut die Stadtmauern Jerusalems wieder auf; Schuldenerlaß zur Linderung wirtschaftlicher Not; Landleute in der Stadt angesiedelt; strenge Einhaltung der Sabbatruhe gefordert; Ehe zwischen Judäern und Angehörigen fremder Völker untersagt; das Abgabewesen geregelt. Ein neuer Stadtbezirk Jerusalem löst sich aus dem Amtsbereich des Statthalters von Samaria heraus. *Esra* gibt dem Volk ein sakrales Gesetz (um 430) — vermutlich den Pentateuch in der uns erhaltenen Form; Neukonstituierung der Jahve-Gemeinde nach dem Gesetz. Gegensatz der Kultgemeinde in Jerusalem und Juda zur Provinz Samaria verschärft. In Zusammenhang mit *Esras* Reformation Kanonisierung der überkommenen heiligen Schriften. Nach dem Zusammenbruch des Achaimenidenreiches (332) gerät Palästina unter die Herrschaft *Alexanders des Großen* und der Diadochen.

## Vorderasien

### 550—330 v. Chr.

Iran: *Kyros II.* (559—530) begründet das Reich der Achaimeniden; er unterwirft Medien (550), Lydien (546), die Griechenstädte an der kleinasiatischen Küste und Ostiran (Iaxartesgrenze); nach der Eroberung Babylons (539) wird Babylonien persische Provinz, der letzte König *Nabonid* unterwirft sich und erhält ein Lehen in Ostiran. *Zarathustra* (599/8 bis 522/1) begründet eine neue persische Religion. *Kyros*' Sohn *Kambyses II.* (530—522) erobert Ägypten (525), seine Vorstöße gegen Nubien und Libyen mißlingen. Während seiner Abwesenheit erhebt sich der Magier *Gaumata*; er gibt sich als *Bardija* aus, den jüngeren Bruder des *Kambyses*, der von diesem nach seinem Regierungsantritt getötet worden war. *Kambyses* stirbt auf dem Rückweg nach Persien. *Gaumata* wird jedoch von persischen Adligen unter der Führung des Achaimeniden *Dareios* (521—486) gestürzt. *Dareios I.* gründet das persische Großreich: nach der Niederwerfung zahlreicher Aufstände ordnet er die Verwaltung (Einteilung des Reiches in zwanzig Satrapien) und die Finanzen, baut das Straßennetz und eine Post aus und führt das Aramäische als einheitliche Reichssprache ein. In der großen dreisprachigen Inschrift von Bisutun berichtet er über die Niederschlagung der Aufstände. 519 oder 518 zieht er nach Ägypten und ordnet das Land neu. Sein Feldzug gegen die Skythen mißlingt (512). Der zunächst erfolgreiche Aufstand der Griechenstädte (500; Eroberung von Sardes, 497) wird niedergeschlagen (Zerstörung von Milet, 494); die Strafexpedition gegen die griechischen Mutterstädte mißlingt (Schlacht bei Marathon, 490). *Xerxes I.* (485—465) muß zunächst Aufstände in Ägypten und Babylonien überwinden; sein Feldzug gegen Griechenland scheitert (Seeschlacht bei Salamis, 480, Schlacht bei Plataiai, 479), Thrakien und die kleinasiatischen Griechenstädte gehen verloren. *Xerxes* fällt einer Palastverschwörung zum Opfer. Sein jüngerer Sohn *Artaxerxes I.* (465—424) muß einen Aufstand in Baktrien unterdrücken; ein Aufstand des ägyptischen Fürsten *Inaros* wird nach mehreren Jahren von *Megabysos*, dem Satrapen Syriens, niedergeschlagen (456). Mit den Griechen schließt *Artaxerxes* den »Kallias-Frieden« (449): Westkleinasien bleibt unter athenischer Führung selbständig. Der rechtmäßige Thronfolger *Xerxes II.* wird von seinem jüngeren Bruder *Sogdianos* ermordet, dieser von seinem Halbbruder *Ochos*, der als *Dareios II. Nothos* (Bastard) den Thron besteigt (424—405). Unter seiner Regierung macht sich Ägypten unter *Amyrtaios* selbständig (412). Die Perser greifen in den Peloponnesischen Krieg ein (ab 411). *Artaxerxes II. Mnemon* (405—359) muß einen

## Palästina

## Vorderasien

Aufstand seines Bruders *Kyros* niederwerfen (Tod *Kyros'* in der Schlacht bei Kunaxa, 401). Im Antalkidas-Frieden (auch »Königsfriede« genannt) vermittelt er zwischen Sparta und Athen, Westkleinasien und Cypern fallen ans Reich zurück (386). Ein Versuch zur Unterwerfung Ägyptens mißlingt (374). *Artaxerxes III. Ochos* (359—338) wirft Aufstände im Reich nieder und erobert erneut Ägypten (341). Er wird von dem Eunuchen *Bagoas* vergiftet, der auch seinen Sohn *Arses* (336) beseitigt und einen Großneffen des *Artaxerxes* auf den Thron setzt; dieser herrscht als *Dareios III. Kodomannos* (336—330). Er beseitigt *Bagoas*, erliegt jedoch selbst dem Angriff *Alexanders des Großen* (Schlachten bei Issos, 333, und Gaugamela, 331); auf der Flucht nach Ostiran wird er von dem aufsässigen Satrapen Baktriens, *Bessos*, ermordet.

Babylonien: *Kidinnu* (griechisch *Kidenas*), dem bedeutendsten babylonischen Astronomen, gelingt die Entdeckung der Präzession der Tagundnachtgleichen (um 380).

Phönikien: Unter persischer Herrschaft gliedert sich Phönikien in vier Vasallenkönigtümer (Sidon, Tyros, Arados, Byblos), die um 350 unter Führung Sidons von Persien abfallen. Sidon wird jedoch 345 wiedererobert. Die phönikischen Städte unterwerfen sich kampflos *Alexander dem Großen*, nur Tyros fällt erst nach längerer Belagerung (332).

Die syrischen Kleinstaaten: Persien fügt die syrischen Kleinstaaten seiner Satrapienordnung ein, bis es unter die Herrschaft *Alexanders des Großen* gerät (332). Die weite Verbreitung der Aramäer und ihres Handels bedingt die Verbreitung ihrer Sprache, die schließlich zur Verkehrssprache im ganzen Orient wird, im mündlichen und im schriftlichen Verkehr.

### 330 v. Chr. — 135 n. Chr.

Nach Anschluß an das Alexanderreich trennen sich die Samariter vom Judentum (»Samaritisches Schisma«); sie errichten ein eigenes Heiligtum auf dem Berge Garizim. In der Diodochenzeit ist das Land neben Syrien Zentrum der Kämpfe; es wird von *Ptolemaios I. Soter* besetzt (um 320). Die Schriften des Alten Testaments werden in Ägypten ins Griechische übersetzt (»Septuaginta«; um 200); Träger des Judentums in Ägypten ist vor allem die Judengemeinde in Alexandreia. Der Hellenismus dringt in die Städte Palästinas ein, beschleunigt durch die seleukidische Eroberung.
In den Kämpfen des Seleukiden *Antiochos III.* (223 bis 187) gegen die Ptolemäer ergreift Jerusalem Partei für den Angreifer und erreicht Zugeständnisse nach der Eroberung (um 200). Unter dem Hohenpriester *Josua-Jason* werden griechische Gebräuche eingeführt. Die Gemeinde ist gespalten in eine modern-hellenistische und eine gesetzestreue Partei.

### 330 v. Chr. — 650 n. Chr.

Iran: *Alexander* treibt eine Politik der Versöhnung und Verschmelzung zwischen Makedonen und Persern: Anlegen der persischen Königstracht (329), Hochzeit zwischen Makedonen und persischen Frauen (324). Nach *Alexanders* Tod (323) setzt sich in den Kämpfen um die Nachfolge im vorderasiatischen Raum *Seleukos* durch, der die Königswürde annimmt (305) und Babylonien zum Zentrum seines Reiches macht. Er begründet das Reich der Seleukiden. Nach dem Sieg bei Kurupedion steht er kurz davor, die Hauptmasse des Alexanderreiches wieder zu vereinen, wird jedoch ermordet (281). *Antiochos III.*, der Große (223—187), besiegt Parther und Baktrer und gewinnt ganz Iran bis zum Hindukusch zurück, erleidet jedoch eine Niederlage im Kampf gegen die Römer (Friede von Apameia, 188), wodurch seine Macht entscheidend geschwächt wird. Unter *Antiochos IV. Epiphanes* (175—163) bilden sich in der Elymais und in der Persis selbständige Königtümer.

## Palästina

König *Antiochos IV. Epiphanes* (175–164) plündert das Jerusalemer Heiligtum und führt später den Kult des Zeus Olympios in Jerusalem ein. Ein Aufstand der gesetzestreuen Bevölkerung ist der Beginn schwerer Auseinandersetzungen. In der neuen, hellenistisch verwalteten und befestigten Stadtanlage, der Akra, dürfen keine gesetzestreuen Jerusalemer wohnen. In dem nun ausbrechenden erbitterten Glaubenskrieg gegen *Antiochos* und das hellenisierte Bürgertum übernehmen die Hasmonäer *Mattathias* (gestorben 166) und seine Söhne *Judas Makkabäus* (gefallen 160), *Jonathan* und *Simon* die Führung; Ziel der Kämpfe ist die religiöse und später auch die politische Freiheit.

Der Kultus der Jerusalemer Gemeinde wird wiederaufgenommen (164). *Jonathan* einigt sich mit dem Thronanwärter des Seleukidenreiches *Alexander Balas*: als Hoherpriester (seit 152) ist *Jonathan* auch politisch einflußreich. Unter der Herrschaft des *Demetrios II. Nikator* (146–145) ist er weiter um die politische Unabhängigkeit bemüht. Er wird in die seleukidischen Thronwirren verwickelt und getötet (142). Unter nomineller Oberhoheit der Seleukiden regiert *Simon* (142–135) faktisch selbständig. Seine Ermordung durch seinen Schwiegersohn *Ptolemäus* (134) führt zu Wirren in Jerusalem, das von *Antiochos VII. Sidetes* (138–129) belagert wird und nach der Eroberung alle Waffen abliefern und Geiseln stellen muß.

*Johannes Hyrkanus I.* (134–104) herrscht nach *Antiochos' VII*. Tod unabhängig und treibt Eroberungspolitik, begünstigt durch den Niedergang des Seleukidenreiches und gestützt auf das hellenisierte Stadtbürgertum (Samaria und Gaza zerstört, 107). Äußere Machtentfaltung und sittlicher Verfall der Hasmonäerdynastie. Nach *Hyrkanus'* Tod kämpfen die Mitglieder der Familie um die Herrschaft. *Alexander Jannäus* (103–76) nimmt den Königstitel an. *Pompeius* schreitet ein, um die Verhältnisse im Seleukidenreich zu ordnen (65). *Johannes Hyrkanus II.* wird politisch abhängig (kein Recht zur Steuererhebung), bleibt aber Hoherpriester; die Eroberungen gehen den Juden verloren. Samaria erhält die Selbständigkeit zurück.

Innerhalb der römischen Provinz Syria wird ein neuer Bezirk Judäa geschaffen, der den Triumphen des Kults von Jerusalem erfaßt. *Hyrkanus II.* wird Ethnarch und Bundesgenosse Roms (47). Für die Unterstützung *Caesars* im Kampf gegen *Pompeius* erhalten die Juden Zugeständnisse: Erblichkeit des Hohenpriesteramtes, eigene Gerichtsbarkeit der Kultgemeinde (47). Nach der Eroberung Jerusalems durch römische Truppen (37) tritt der von *Marcus Antonius* eingesetzte König *Herodes* (der Große, 39–4) aus Idumäa in Südpalästina seine Herrschaft an; mit römischer Duldung rottet er die Hasmonäer aus, die sich mit den Parthern verbündet hatten (37). Mit diplomatischem Geschick erwirbt *Herodes* ganz

## Vorderasien

*Demetrios II.* (146–140) kann sich im Kampf gegen die Parther nicht behaupten und gerät in Gefangenschaft. *Antiochos VII. Sidetes* (138–129) faßt noch einmal alle Kräfte des seleukidischen Reiches für den Kampf gegen die Parther zusammen; zunächst erfolgreich, fällt er jedoch in diesem Kampf. Unter seinen Nachfolgern verliert das Reich der Seleukiden durch innere Zwistigkeiten immer mehr an Bedeutung und Umfang und wird schließlich eine leichte Beute der Römer (64, Feldzug des Pompeius).

Kleinasien: Das Seleukidenreich muß in Kleinasien einige Gebiete abtreten. *Mithridates I. Utish* begründet das Königreich Pontos (301), das sich auch gegen die Römer noch lange halten kann (bis 63 nach Christus unter *Mithridates VII.*). *Eumenes I.* gründet das Reich von Pergamon (263), das sich gegen die Kelten (Galater) behaupten kann (großer Zeusaltar, um 180), von König *Attalos III. Philometor* jedoch testamentarisch den Römern vermacht wird (133 vor Christus).

Das griechisch-baktrische Reich: Der baktrische Satrap *Diodotos* beginnt sich aus dem Verband des seleukidischen Reiches zu lösen (um 250). *Diodotos II.* verbündet sich mit den Parthern und verhindert so die Unterwerfung der Parther durch *Seleukos II.* (228). Auch *Euthydemos* vermag seine Selbständigkeit gegen die Seleukiden zu wahren, sein Sohn *Demetrios I.* erobert Nordwestindien (um 180); in seinem Rücken erhebt sich *Eukratides* gegen ihn, der nach dem Tode *Demetrios'* die Herrschaft in Baktrien und Teilen Nordwestindiens halten kann; Teile des griechisch-baktrischen Reiches zerfallen in Einzelherrschaften. *Eukratides'* Sohn *Heliokles* ermordet seinen Vater und tritt dessen Nachfolge in Baktrien und den noch verbliebenen Besitzungen in Nordwestindien an (nach 160). Er vermag sein Reich jedoch auf die Dauer nicht gegen die Parther zu verteidigen und verliert es schließlich ganz (um 135).

Die Parther: *Arsakes I.* gründet die arsakidische Dynastie (247). Der eigentliche Gründer des parthischen Reiches ist *Mithridates I.* (171–138); er dehnt seine Herrschaft über ganz Iran und Babylonien aus. Sein Sohn *Phraates II.* erliegt dem Ansturm der Skythen (Saken) und fällt im Kampf (128). In schweren Kämpfen stellt *Mithridates II.* (123–87) die parthische Macht wieder her. Nach seinem Tode folgen innerpolitische Wirren. Das Reich gerät mit den Römern in Konflikt; der vernichtenden Niederlage der Römer bei Karrhai (53) folgen wechselvolle Kämpfe, insbesondere um Armenien, das schließlich von *Antonius* erobert wird (34 v. Chr.). Weiterhin ständige Grenzkämpfe, in deren Verlauf Armenien schließlich römische Provinz und dann Klientelstaat wird (117 n. Chr.). Auch im Innern des Partherreiches gibt es ständige Kämpfe; so wird es schließlich eine Beute der Sasaniden (227).

## Palästina

Palästina. Er baut Samaria zu Ehren des römischen Kaisers neu auf, errichtet einen Augustustempel und erneuert den Jerusalemer Tempelbezirk; rechtzeitiges Umschwenken von *Antonius* zu *Octavianus* (30).

Nach dessen Tod Aufteilung des Reiches unter seine Söhne: Judäa, Samaria und Idumäa an *Archelaos* (6 n. Chr. nach Gallien verbannt); Galiläa und Peräa an *Herodes Antipas* (4 v. Chr.–37 n. Chr., Landesherr von *Jesus*); er stirbt in der Verbannung in Gallien. Seine Gattin *Herodias* läßt *Johannes den Täufer* ermorden. Haß gegen die Herodianer und Römer führt zum Aufleben der national-religiösen Leidenschaften.

*Jesus* von Nazareth verkündet als Wanderprediger die Botschaft vom Anbruch der Herrschaft Gottes. Die offiziellen Vertreter der Jerusalemer Kultgemeinde verurteilen ihn als Gotteslästerer. *Jesus* erleidet den Schandtot der Kreuzigung.

Ein Bruder der *Herodias*, der in Rom erzogene *Herodes Agrippa I.* (41–44), wird von *Claudius* zum König von Judäa gemacht; er tritt zum Judentum über. Im Zusammenhang mit der Ausbreitung des Kaiserkultes in den Provinzen (um 40 n. Chr.) wird eine kaiserliche Kultstätte in Jerusalem errichtet. Die Bewegung der Zeloten zum Sturz der römischen Herrschaft gewinnt an Macht (ernste Konflikte um 50). Protestaktionen gegen römische Übergriffe weiten sich zum Aufstand aus. Jerusalem fällt in die Hände der Aufständischen. Auf seinem Palästinafeldzug besetzt *Flavius Vespasianus* Galiläa (Frühjahr 67); Angriff auf das von Parteigegensätzen zerrissene Jerusalem (69). Nach *Vespasianus'* Ausrufung zum Kaiser erobert *Titus* Jerusalem, das restlos zerstört wird (70); die überlebenden Einwohner fliehen. Mit der Zerstörung des Tempels ist den Juden der politische und religiöse Mittelpunkt genommen.

Unter *Trajanus* Aufstände der Juden der Diaspora (115–117). *Hadrianus'* Beschneidungsverbot (130) löst Aufstand in Palästina selbst aus, erste Erfolge im Süden unter dem Führer *Bar Kochba*; Proklamation der Befreiung Israels. Der Aufstand wird von römischen Truppen unterdrückt (133).

Jerusalem wird die römische Militärkolonie Aelia Capitolina und wird für Juden verboten. Unter Führung der Pharisäer, der Gegner der Zeloten, wird die heilige Überlieferung in den Synagogen (Gesetzesschulen) gepflegt, um die Auflösung des jüdischen Volkstums in der Diaspora zu verhindern; Zentrum des religiösen Lebens wird Jamnia. Dort werden die heiligen Schriften in einem endgültigen Kanon zusammengefaßt.

## Vorderasien

Die Nomaden: Das iranische Hochland wird fortwährend von Nomadenstämmen aus dem innerasiatischen Raum bedroht. *Mao-tuns* Reich der Hsiung-nu (um 200 v. Chr.) bedroht die nordiranischen Gebiete ebenso wie später die Skythen und die Hephtaliten; *Kujula Kadphises* begründet die Herrschaft der Kushāna in Ostiran (150 n. Chr.). Alle diese Stämme beunruhigen immer wieder die Nordostgrenzen der Reiche auf persischem Boden.

Die Sasaniden: *Pabek, Sasans* Sohn, gründet eine örtliche Herrschaft in der Persis (208), er versteht sich als Nachkomme der Achaimeniden. Sein Sohn *Ardascher* besiegt den Partherkönig und besteigt den Thron (227–241). Er erneuert den Zarathustrismus. Unter seinem Sohn *Schapur I.* (239–272) wird um Mesopotamien und Syrien mit den Römern gekämpft; die von dem Babylonier *Mani* (geboren 216)

## Vorderasien

gestiftete Religion kann sich ausbreiten. Erst unter *Bahram II.* (276—293) wird *Mani* auf Betreiben der zarathustrischen Priesterschaft hingerichtet (277) und der Zarathustrismus als Staatsreligion erneut bestätigt. Auch in den folgenden Jahrzehnten wechselvolle Kämpfe mit den Römern um die Grenzgebiete, Armenien wird schließlich geteilt (384), den größeren Teil erhält Persien. Eine neue Gefahr bilden die hunnisch-türkischen Hephtaliten, die in Sogdiane angesiedelt worden waren (um 360). Mit ihrer Hilfe kommt *Peroz* (459—484) auf den Thron, der den aus dem Oströmischen Reich geflüchteten Nestorianern eine Sonderstellung einräumt; später fällt er im Kampf mit den Hephtaliten. Unter *Kawadh I.* (488 bis 531) beginnt die mazdakitische Reform, die sich gegen den grundbesitzenden Adel richtet und vorübergehend eine Güter- und Weibergemeinschaft einführt; *Kawadh* muß zu den Hephtaliten fliehen, setzt aber schließlich Reformen durch. Sein Sohn *Chusro I.* (531—578) wirft zunächst die Mazdakiten nieder und ordnet dann sein Reich neu (Steuerordnung nach römischem Vorbild, feudalistische Gesellschaftsstruktur, Blüte der sasanidischen Kultur, Duldung gegenüber den Christen). Festigung des Reiches im Kampf gegen Ostrom, Zerschlagung der hephtalitischen Machtstellung, Unterwerfung Südarabiens. Unter dem Nachfolger treten Schwierigkeiten mit dem eigenwilligen Militäradel auf. Unter *Chusro II. Parwez* (590—627) reicht die sasanidische Macht wieder bis nach Syrien und Ägypten (Eroberung Jerusalems, Entführung der Kreuzesreliquie, 614); der oströmische Kaiser *Herakleios* kann jedoch die Lage wiederherstellen (Friedensschluß 628, Herausgabe der Kreuzesreliquie). Damit ist die Kraft des Sasanidenreiches gebrochen; der letzte Sasanide *Yazdgard III.* (632—651) wird nach der Niederlage seines Feldherrn *Rustam* gegen die Araber (Qadisiya, 637) und des letzten persischen Aufgebots (Nihawend, 642) nach langem Umherirren in der Nähe der Stadt Merv ermordet.

# Der Ferne Osten

## Indien

### 3000—1500 v. Chr.

Eine bäuerliche Bevölkerung mit jungsteinzeitlicher Kultur in den Tälern Pakistans besitzt gebrannte Keramik, auf der Töpferscheibe gedreht, mit geometrischen Ornamenten. Kupfer und Bronze nur für Schmuckstücke verwendet. Tonfiguren von Zebus und Frauen, stilisierte Tierfiguren zur Dekoration. Fundorte: Amri am unteren Indus, Kechi Beg; ähnliche Kulturen in Nal, Nundara, Zhob und Loralai aufgefunden.

## China

### Vom Ursprung bis 771 v. Chr.

Reste von Steinzeitkulturen finden sich über das ganze heutige China verbreitet; Funde im Huang-ho-Tal zeigen das Typische der chinesischen Kulturen. Es sind dies die »Yang-shao-Kultur« der bemalten Töpferei im Westen (Kansu bis West-Honan), die östliche »Lung-shan-Kultur« der schwarzen Keramik (Ost-Honan und Shantung), die »Mikrolithen-Kultur« der Gobi-Steppen und die spätere »Hsiao-t'un-Kultur« der grauen Töpferei, aus der die geschichtliche Kultur der Shang entsteht.

Während die Herrschaft einer vorangehenden *Hsia*-Dynastie (deren Epoche fast zweitausend Jahre später auf 2033—1562 festgesetzt wird) sich nicht erweisen läßt, muß die *Shang*-Dynastie um 1500 gegründet worden sein. Ihr Gebiet umfaßt den größten Teil der nordchinesischen Tiefebene und erstreckt sich zeitweise über den Mittellauf des Gelben Flusses hinaus; ihre Kultur hatte wahrscheinlich eine größere Ausdehnung als ihre politische Macht. Dem auch mit

## Indien

Diese Bevölkerung breitet sich bis ins Industal aus; Harappa-Kultur (um 2500). Hochentwickelte Städte: Harappa im Punjab und Mohenjo-daro in Sindh mit gleichen kulturellen Zügen, streng geometrischer Grundriß, ausgebildete Kanalisationssysteme, ausgedehnter Handel mit Flußschiffahrt. Siegel mit fast naturalistischen Tierabbildungen (darunter Urbild des Shiva?). Einfache Gebrauchskeramik mit grauem oder rosa Überzug. Nach der Blütezeit dieser Kultur (etwa 2500—1800) wird sie innerhalb kurzer Zeit von Naturkatastrophen und Eroberern zerstört. Ihre Spätformen sind die Jhukar- und die Jhangar-Kultur von nur geringer Höhe.

### 1500—1000 v. Chr.

Die frühvedische Periode. Die Ārya, kriegerische Stämme aus Iran, brechen in Nordwestindien ein (um 1500) und dringen weiter nach Osten und Süden vor. Ihre Überlegenheit beruht auf dem pferdebespannten Streitwagen. Eine rohe Viehzüchter-Kultur tritt an die Stelle der hochentwickelten in den Indusstädten. Anzeichen für Architektur und Städtebau fehlen gänzlich. Der älteste der vier Veden, der Rigveda, eine Sammlung von Opferhymnen, entsteht (um 1000).

Beginn der spätvedischen Periode. Der noch halb sagenhafte König der Kuru, *Parikshit*, beherrscht ein größeres Gebiet nördlich von Delhi, seine Residenz Āsandīvat ist wieder die erste entwickelte Stadt (11. Jahrhundert). Sein berühmter Sohn *Janamejaya* soll Taxila im Punjab erobert haben.

### 1000—550 v. Chr.

Herausbildung gewisser Kristallisationspunkte der politischen Kräfte; es entstehen unter anderem folgende Staaten: Magadha (mittlerer Teil des heutigen Bihar), Kāshi (Benares), Kosala (im östlichen Uttar Pradesh), Anga (West-Bengalen), Staatenbund der Vrijji (nördlich des Ganges), Vatsa im Süden des mittleren Ganges, Pañcāla (zwischen Ganges und Jumna), Avanti-Reich (Malwa), Gandhāra (mittlerer Indus), Kamboja (Ostafghanistan) (6. Jahrhundert).

Die ältesten Upanishaden (Geheimlehren) entstehen (7./6. Jahrhundert). *Vardhamāna Mahāvīra* (um 500) gibt der Lehre eines gewissen *Pārshva* (7. Jahrhundert ?) ihre endgültige Gestalt (Jainismus, nach dem Beinamen *Mahāvīras*, *Jina* = der Sieger). *Gautama Siddhārta* (um 560—480?) durchwandert nach seiner Erleuchtung (seither *Buddha* = der Erleuchtete) Nordostindien und stiftet eine neue Religion. Die Literatur der Dharmasutra (Abriß des religiösen Gesetzes) entsteht (6.—2. Jahrhundert).

## China

Priesterfunktionen ausgestatteten Großkönig unterstanden zahlreiche Lehnsleute. Der Königssitz wird mehrfach verlegt; ständiger Kampf mit den umwohnenden Völkern (Chiang).

Im späten 12. oder im Laufe des 11. Jahrhunderts v. Chr. (1122? 1111? 1065? 1028?) werden die *Shang* von den an der Westgrenze ihrer Einflußsphäre wohnenden *Chou* gestürzt. Die Organisation der *Chou*, deren Hauptsitz im Westen (Wei-Tal) bleibt, ist ebenfalls feudalistisch, hat dabei die Blutsverwandtschaft; über die hörigen Bauern herrscht der erbliche Adel. Erste Ansätze zur Ausdehnung der *Chou*-Macht in das Becken des Yang-tzu, wo die Herrschaft der *Ch'u* im Entstehen begriffen ist. Die *Chou*-Könige geraten in die Abhängigkeit ihrer Würdenträger, die in ihrem Kampf um die Macht sogar die Hilfe von »Barbaren« anrufen. Der König wird von ihnen ermordet, der Königssitz nach Osten, in das heutige Lo-yang, verlegt (771).

### 771—221 v. Chr.

Mit der Verlegung der Hauptstadt und dem Verlust ihres Stammlandes sind die *Chou*-Könige machtlos geworden; die Lehnsleute sind nun praktisch unabhängig. Aus der großen Zahl der Stadt- oder Kleinstaaten bilden sich in ständigen Kriegen allmählich größere Fürstentümer heraus. Zusammenstoß mit der wachsenden Macht der *Ch'u*, die aus dem Yang-tzu-Tal in Ostchina eindringen; Bildung einer Liga, um diesem Vordringen Einhalt zu gebieten und Kriege der chinesischen Staaten untereinander zu verhindern (681). Die Ch'un-ch'iu-Zeit (benannt nach den »Frühlings- und Herbstannalen« des Staates Lu) ist die Periode der Entstehung größerer politischer Einheiten. Sie mündet um 450 in die Zeit der »kämpfenden Staaten«, die ihren Abschluß findet in der Einigung des ganzen chinesischen Kulturgebietes durch den im Westen gelegenen Staat Ch'in.

## Indien

### 550—330 v. Chr.

In Nordostindien, das bis dahin noch zerstückelt ist, setzen sich die Könige von Magadha (Hauptstadt Rājagriha) durch; unter *Bimbisāra* (546—494) beginnt der *Buddha* seine Predigten; sein Sohn *Ajātashatru* unterwirft die Nachbarländer und verlegt die Hauptstadt nach Pātaliputra. Die weiteren Könige dieser *Haryanka*-Dynastie bauen ihr Reich auf Grund ihrer militärisch-technischen Überlegenheit weiter aus, sollen aber alle Vatermörder gewesen sein. Nach einem Aufstand begründet der Minister *Shishunāga* eine neue Dynastie (um 414—346), die wiederum von einem Usurpator gestürzt wird, der die *Nanda*-Dynastie begründet (angeblich neun Könige).

### 330 v. Chr.—250 n. Chr.

Mit *Candragupta*, der den letzten König der *Nanda*-Dynastie beseitigt (313 oder 322), beginnt die *Maurya*-Dynastie. *Candragupta* kann die nordwestindischen Gebiete zurückerobern, die lange Zeit unter persischem und später — nach dem indischen Feldzug *Alexanders des Großen* — unter makedonischem Einfluß gestanden haben; er läßt sich die Länder in seinem Besitz von *Seleukos I. Nikator* in einem Friedensvertrag bestätigen (304 ?).

Sein Enkel *Ashoka Piyadasi* (wahrscheinlich 272—236) errichtet, nach dem Mord an seinem älteren Bruder *Susima*, das erste indische Großreich. Nach der Eroberung von Kalinga, oder der Unterdrückung eines Aufstandes dort, ist er von den Grausamkeiten so erschüttert (100000 Tote und 150000 Deportierte), daß er zum Buddhismus übertritt und zum größten Friedensherrscher wird. Er ist duldsam gegenüber allen Religionen und regiert sein Reich mit Hilfe einer durchgeglierderten Verwaltung. Unter seinen Nachfolgern wird wohl sein Reich geteilt, das nun rasch an Bedeutung und Umfang verliert; der letzte König der *Maurya*, *Brihadratha*, der nur noch Magadha besitzt, wird von seinem Feldherrn *Pushyamitra* ermordet (185); die von diesem begründete *Shunga*-Dynastie regiert noch hundertzwölf Jahre (bis 73). Nach dem Zerfall des Maurya-Reiches dringen die Griechen aus Baktrien in das Industal vor (um 170) und gründen dort verschiedene kleinere Reiche, von denen einzelne sich bis zum Beginn unserer Zeitrechnung halten können. Wenig später werden die Griechen von den *Shaka*, einem Stamm aus Ostiran, in die Berge zurückgedrängt. Die *Shaka* gründen einen feudalen Staatenbund, der später von den Parthern zerschlagen wird; die Parther beherrschen daraufhin das heutige Westpakistan bis etwa zur Mitte des 1. Jahrhunderts n. Chr. Im Süden Indiens bestehen seit der Epoche *Ashokas* drei Königreiche: Cera oder Kerala (im Südwesten, Hauptstadt Vanji, nicht lokalisierbar), Pāndya (Südspitze

## China

In der Zeit des Umbruchs treten die vor allem sozialpolitisch interessierten großen Denker hervor; besonders *Konfuzius* (*K'ung fu-tzu*; 551?—479?) fordert sittliche Erneuerung, die nur aus der frommen Wahrung des überlieferten Brauchtums erstehen kann; aber er fügt der Tradition völlig neue moralische Werte ein. Seine Gedanken werden von *Mencius* (*Meng-tzu*, etwa 370—290) und von *Hsün-tzu* (gestorben 235) ausgearbeitet. *Hsün-tzu* steht auch im Einklang mit den realpolitischen Denkern der »Rechtsschule« (beginnend mit *Shang Yang*, hingerichtet 338). Deren Vertreter, besonders *Han Fei* (gestorben um 230 v. Chr.), betonen die Allmacht des Staates und des Herrschers, die auf strenger Zucht und der Gleichheit aller Schichten vor dem Recht beruhen soll. Konfuzianische und diktatorische Züge zeigt die Schule des *Mo Ti* (um 480—um 410), zu dessen Hauptthemen die »allumfassende Liebe« und die Verurteilung des Angriffskrieges gehören. Am Ende des 4. Jahrhunderts wirkt auch der große taoistische Mystiker *Chuang Chou* (*Chuang-tzu*), zur selben Zeit wird das Tao-te-ching mit den Sinnsprüchen des älteren Mystikers »*Lao-tzu*« (6. Jahrhundert?) schriftlich fixiert. Ein Jahrhundert später schafft *Ch'ü Yüan* seine »Elegien von Ch'u« (Ch'u-tz'u).

### 221 v. Chr.—220 n. Chr.

Der erste Herrscher der *Ch'in*-Dynastie (221—206) nimmt nach der Reichseinigung den Titel »*Ch'in Shih Huang-ti*« (»Erster erhabener Herrscher der *Ch'in*«) an. Das Reich wird in Kommanderien und Präfekturen eingeteilt, die von zentral gelenkten Beamten verwaltet werden; erster Versuch, Maße, Gewichte, Münzen und Schrift zu vereinheitlichen. Eine »Bücherverbrennung« soll die Traditionen der Feudalzeit zerstören helfen. Erste militärische Expansion des geeinten Reiches nach Norden gegen die Hunnen (Bau der »Großen Mauer«) und nach Süden bis nahe Kanton.

Die Zentralisierung fordert Widerstände heraus; nach dem Tode des Ersten Kaisers brechen Aufstände aus. Nach den Wirren tritt schließlich *Liu Pang*, ein Mann aus dem Volk, als neuer Kaiser hervor (202) und gründet die *Han*-Dynastie. Das Verwaltungssystem der *Ch'in* wird im wesentlichen übernommen, trotz der Wiedereinführung der Lehnsorganisation; die Macht der Lehnsleute wird jedoch schon im Laufe

## Indien

der Halbinsel, Hauptstadt Madurai), Cola (Südostküste, Hauptstadt Uraiyur), Schöpfungen des Tamilvolkes.

Die ältesten Teile der Epen Mahābhārata und Rāmayāna werden aufgezeichnet (4./3.Jahrhundert); zu dem Mahābhārata gehört das Meisterwerk der religiösen indischen Poesie, die Bhagavadgītā, die der Verehrung des Gottes *Krishna* gewidmet ist. Die Grammatiker *Pānini* (5. oder 4.Jahrhundert) und *Patañjali* (2.Jahrhundert) legen die grammatische Form des Sanskrit endgültig fest. Die großen juristischsozialen Handbücher (Dharmashastra oder Smriti) entstehen (3.Jahrhundert v.Chr. bis 5.Jahrhundert n.Chr.), die in dichterischer Form Rechte und Pflichten der Kasten niederlegen.

Die ostiranischen, aber von den Yüe-chih beeinflußten Kushāna-Könige machen sich zu Herren Nordindiens (1.Jahrhundert n.Chr.); größte Ausdehnung des Reiches unter *Kanishka* (144—168), der es zu großer Blüte führt (Eindringen von griechischen und iranischen Kultureinflüssen, Förderung des Buddhismus, Ausdehnung des Handels). Der letzte König der Kushāna, *Vasudeva*, wird von dem Sasanidenkönig *Schapur I.* besiegt und verliert mit dem Sindh-Gebiet Macht und Einfluß (zwischen 241 und 251); eine spätere Wiederherstellung des Reiches ist nicht sicher überliefert.

### 250—450

Im nordwestlichen Dekhan herrscht die Dynastie der *Shātavāhana* (etwa seit der Mitte des 1.Jahrhunderts v.Chr. bis um 220 n.Chr.) über das Andhrareich; arische wie auch westliche (mittelmeerische) Einflüsse wirken sich in dieser Zeit besonders aus. Daneben gewinnt der *Kshatrapa*-Staat an Bedeutung, der von Shaka-Adligen begründet wurde, die vor dem Druck der *Kushāna*-Könige nach Süden ausgewichen waren. Dieses Reich besteht mit wechselnder Bedeutung bis etwa 405. Gleichzeitig herrscht die *Vākāṭaka*-Dynastie, im Zentrum der indischen Halbinsel bis ins 5.Jahrhundert.

Mit *Candragupta I.* (etwa 310—335) beginnt das Guptareich, eine Vormachtstellung zu erringen (Hauptstadt Pātaliputra). *Samudragupta* (etwa 335 bis 375) erobert große Teile Nordindiens und dehnt seinen Einfluß auch in den Süden aus. Unter *Candragupta II.* (um 375—414) erlebt dieses Reich in politischer wie kultureller Hinsicht seine größte Blüte. Unter der Regierung seines Sohnes *Kumāragupta* (414—455) tauchen zum erstenmal die Hūna (Kidariten oder Chioniten) an den indischen Grenzen auf, die *Kumāragupta* jedoch noch aufzuhalten vermag. Aber in der Folgezeit beginnt der Abstieg des Guptareiches (Eroberung, Teilung und Zersplitterung).

Indische Kultur durchdringt Südostasien in einer weitläufigen Bewegung, die ihre größte Intensität in der Gupta-Periode erreicht; sie führt in der folgenden

## China

des 2.Jahrhunderts ausgehöhlt und endgültig gebrochen. Von außen wird der Staat von den Hsiungnu, den Hunnen, bedroht, deren Stämme sich am Ende des 3.Jahrhunderts vereinigt haben; sie vertreiben unter anderem das Volk der Yüe-chih aus Kansu.

Den Höhepunkt ihrer Macht erreicht die *Han*-Dynastie unter Kaiser *Wu-ti* (141—87), der die Macht des Feudaladels bricht und den wachsenden Einfluß der örtlichen Magnaten einzuschränken sucht. Er schreitet gegen die Hunnen ein, erobert Nordwestchina und dringt in das Tarimbecken vor; im Nordosten werden die östliche Manchurei und Nordkorea erobert. Im Südosten erreichen seine Eroberungszüge die Küste Indochinas, doch bleibt die heutige Küstenprovinz Fukien unberührt. Im Südwesten werden Teile der heutigen Provinzen Yünnan und Kueichou in das Reich aufgenommen.

Im 1.Jahrhundert v.Chr. scheint die Kraft der Hunnen gebrochen; im chinesischen Reich gelingt es den Magnaten-Familien, die Macht allmählich an sich zu ziehen. Schließlich erhebt sich *Wang Mang* (9—23 n.Chr.) selbst zum Kaiser und begründet eine neue Dynastie. Seine innenpolitischen Reformen bleiben erfolglos; Heeresaufgebote und Naturkatastrophen führen zu Aufständen (unter anderem der »Roten Augenbrauen«), in deren Verlauf er gestürzt wird. In der Zwischenzeit sind die Eroberungen in Zentralasien zum größten Teil verlorengegangen.

In den Wirren und dem gegenseitigen Kampf zahlreicher Thronprätendenten (36 n.Chr. beendet) setzt sich ein Abkömmling der *Han*-Kaiser, *Liu Hsiu* (*Kuang-wu*, 25—57), durch und gründet die Spätere *Han*-Dynastie. Innenpolitisch bleiben dem Reich weitere ernste Erschütterungen erspart. Im Süden geht die Kolonisation weiter (Überseehandel von Kanton und den indochinesischen Häfen aus); im Norden zwingt der erneute Druck der Hunnen zu aktiven Gegenmaßnahmen, die zur Wiedereroberung von Teilen Zentralasiens führen (73—127); der Überlandhandel bringt chinesische Seide bis ins Römische Reich.

Die Macht der örtlichen Magnaten nimmt weiter zu; ihre Versuche, Einfluß auf die Zentralregierung zu nehmen, führen am Kaiserhof zu Cliquenstreit und Auseinandersetzungen um die Erbfolge; hierbei treten im 2.Jahrhundert der Palasteunuchen besonders hervor.

Mit dem Volksaufstand der »Gelben Turbane« (184 in Ssu-ch'uan und Shantung) beginnt die Herrschaft der Militärbefehlshaber, die bei der Niederwerfung des Aufstandes die Generale um die Macht, die dem Kaiser im Streit der Cliquen seit langem entglitten war. Einer von ihnen, *Ts'ao Ts'ao*, gründet die Hausmacht der zukünftigen *Wei*-Dynastie; sein Sohn, *Ts'ao Pei*, zwingt den letzten *Han*-Herrscher zur Abdankung (220) und nimmt, wie übrigens auch seine Gegner, den Kaisertitel an.

## Indien

Zeit zur Entstehung zahlreicher indischer Staatengebilde in diesem Raum.

Einer der größten indischen Philosophen *Vasubandhu* (etwa 400—480) formuliert seine Lehre in dem Abhidharmakosha; *Ishvarakrishna* (4./5. Jahrhundert) schreibt die Sānkhyakārikā; *Patanjali* (5. oder 6.Jahrhundert) ist der Verfasser der Yogasutra. *Ashvaghosha* (2.Jahrhundert) wird als Dramatiker und Epiker (Dichtung in achtundzwanzig Gesängen über das Leben des *Buddha*) berühmt; als größter indischer Dichter wird *Kalidāsa* angesehen, der die Epen Raghuvamsha (Heldentaten von dreißig Königen der Sonnenrasse), Kumārasambhava (Geburt von *Kārttikeya* oder *Kumāra*) und Abhijnāna-Shakuntalā verfaßt.

## China

*Ssu-ma Ch'ien* (145?—85?) schreibt erstmals die Geschichte des chinesischen Kulturgebietes in seinen »Aufzeichnungen des Geschichtsschreibers«.

*Liu Hsiang* (77—8 v. Chr.) beschreibt in dem Katalog der Palastbibliothek die dort gesammelten Schriften; ausgenommen ist die zeitgenössische Literatur.

*Pan Ku* (32—92 n. Chr.) verfaßt, nach dem Vorbild Ssu-ma Ch'iens, seine »Geschichte der (früheren) Han« (Han-shu).

In einer Throneingabe des Jahres 105 n. Chr. beschreibt *Ts'ai Lun* sein Verfahren zur Herstellung von Papier aus Lumpen.

*Tung Chung-shu* (179?—104? v. Chr.) verbindet die konfuzianische Ethik mit der seit dem 3. Jahrhundert v. Chr. aufgekommenen Kosmologie (in seinem Werk Ch'un-ch'iu fan-lu). Er ist Berater des Kaisers *Wu*; auf seinen Einfluß geht die Einführung des Konfuzianismus als Staatslehre zurück.

# NAMEN- UND SACHREGISTER

## A

Aaron, Bruder Mose 326
Aaroniden, Priester in Israel 326
Abarim, Gebirge am Toten Meer, *Kartenskizze 255*
Abbasiden, islamische Dynastie (750—1258 in Bagdad) 235
Abdagases, Partherkönig 426
Abdaschirta, Fürst von Amurru 47f.
Abdichepa, Fürst von Jerusalem 48
Abdimilkutti, König von Sidon 110, 114
Aberglauben in China 553f.
Abessinien 85, 226, 228, 589
Abhidharma, die Sūtra behandelnde Texte 417f.
Abhidharmakosha, Dogmatik der Hīnayāna 469, 653
Abhidharmapitaka, buddhistischer Kanon 469
Abhidharmasamuccaya von Asanga 469
Ābhīra, iranisches (?) Geschlecht 445, 460
Abhisāra, siehe Abisares
Abia, König von Juda 281
Abib, Monatsname in Israel 250
Abiba'al, König von Phönikien 75
Abila, Ostjordanland, *Kartenskizze 331*
Abimelech, König in Sichem 241, 263
Abisalamu, Fürst von Guzana 68, 93
Abisares (Abhisāra), altindischer König 398f.
Abjathar, jüdischer Oberpriester 271
Abner, Feldhauptmann Sauls 265, 268
Abraham, Erzvater der Juden 240ff., 277
Absalom, Sohn Davids 270
Absis (Apsis), halbrunde, überwölbte Erweiterung eines Raumes 437
Achabbu (Ahab) von Siral (Israel) 82
Achaia (Ahhijawa), Landschaft an der Westküste Kleinasiens 49, 51
Achaimenes (Hachamanisch), mythischer Ahnherr der Achaimeniden 159

Achaimeniden (Hachamanisch), persische Dynastie 30, 34f., **129** bis **132**, 138f., 144, 146f., 164, 168, 181f., 184, 186f., 203, **210** bis **215**, 219, 221, 231, 233f., 318, 383f., 386, 397, 399, 408, 411, 416, 419f., 425, 430, 604, 607, 610f., 644f., 648, *Abb. 176*
—, Höfische Kunst 178f.
—, Rechts- und Religionspolitik 171 ff.
—, Staatshaushalt 173—178
Achalgori (Kaukasus), Fundstätte 607
Achimiti, Fürst in Palästina 100
Achis von Gath, Philisterfürst 267
Achlamu, siehe Aramäer
»Achsenzeitalter« der Geschichte (Karl Jaspers) 627ff.
Ackerbau 22ff., 26, 580f., 585, 589, 593, 595, 598, 628f., *Abb. 505, Kartenskizze 579*
Ackersteuer (T'ien-tsu) in China 550
Adad, semitischer Gott 54, 66, 70, 83
Adadguppi, Mutter des Nabonid 127
Adadnerari I., König von Assyrien 61f., 68
Adadnerari II., König von Assyrien 68, 78, 93, 641
Adadnerari III., König von Assyrien 68, 85f., 96, 119, 287f., 644
Adadschumursur, König von Babylon 63, 69
Adadschumursur, assyrischer Astrologe 112, 114
Adam (hebräisch), Mensch 277
Adana (Atun), Kilikien 91f., 100, *Kartenskizze 111*
Adapa, Gestalt der babylonischen Mythologie 72
Adasa, Palästina 338, *Kartenskizze 331*
Adel in China 503—506, 508, 510ff., 517, 520, 522, 528ff., 532, 536, 547f., 550f.
Aden, Hafen in Südarabien 447
Adhvaryu, indischer Priester 364
Adhyāya, Kapitel des Brāhmana 377
Adiabene, Landschaft am Tigris zwischen den beiden Zab 200, 207

Āditya, indische Gottheiten 372
Adonia, Sohn Davids 271
Adora, Palästina, *Kartenskizze 331*
Adyton, das Allerheiligste in Tempeln und Kirchen 56, 274
Ägäis, Teil des Mittelmeers zwischen Griechenland und Kleinasien 176, 187
Ägäische Inseln 26, 50, 76, 130
Ägina, griechische Insel im Saronischen Meerbusen, *Abb. 145*
Ägypten 17, 19, 21, 26, 28, 30f., 42, **45—52**, 58, 75f., 84, 95, 97, 99, 103f., 107, 109f., 114ff., 123ff., 130, 132, 146f., 149, 161f., 170, 172f., 179f., 184, 187, 218, 239f., 251, 256, 270' 272, 293f., 297, 300, 305ff., 309, 313, 317f., 322, 326f., 335, 349, 358, 361, 401, 405, 422, 479, 578, 604, 610, 627f., **642** bis **646**, 649, *Abb. 252, Kartenskizze 111, 166*
Ägypter 25, 27, 42, 46f., 58, 74, 171, 176, 244, 630
Aelia Capitolina, römische Militärkolonie Jerusalem 648
Äquinoktium, Zeit der Tag- und Nachtgleiche 132, 474, 646
Äthiopien (Abessinien) 297
Äthiopier 115
Äxte 497, *Abb. 501, 505*
Afalfa-Klee (Medicago sativa), Luzerne 618
Afghanistan 191, 195, 206, 353, 363, 368, 380, 398, 400, 404, 408, 413, 422, 425f., 439, 441, 447, 452, 458f., 559, 617, 650
Afrika 19, 76, 161, 273, 580
Agade, siehe Akkade
Agama, Sūtra einer Schule in Kashmir 417
Agastya, indischer Volksstamm 421
Agastya, Weiser der indischen Mythologie 385
Agathokleia, indo-griechische Königin 423
Agema, persische Garde zu Pferd 186
Agni, indischer Gott 365, 373
Agnihotra, vedischer Ritus 379
Agnimitra, Vizekönig in Zentralindien 420
Agnostizismus, Lehre von der Unerkennbarkeit des übersinnlichen Seins 392, 511

# 656 NAMEN- UND SACHREGISTER

Agrammes, siehe Xandrames
Agum III., König von Babylonien 45, 69
Ahab (Achabbu), König von Sirael (Israel) 82, **283—286**, 299, 642f., *Abb. 281*
Ahas, König von Juda 292, 295f., 644
Ahasja, König von Israel 285f.
Ahasja, König von Juda 285f., 643
Ahhijawa (Achaia), Landschaft an der Westküste Kleinasiens 49, 51
Ahia von Silo, jüdischer Prophet 278ff.
Ahicchatrā, Pañcāla 388, 410, 419, 445, *Kartenskizze 359*
Ahiṃsā, Leben 393, 405, 409
Ahiram, König von Phönikien 75f.
Ahnenkult, China 14, 481, 497ff. 503, 507
—, Palästina 595f.
Ahuramazda (Ormuzd), Herr der Lichtwelt 143, 145, 149, **154** bis **158**, 164f., 168, 172, 178, 197, 211, 214, 233, 441, *Abb. 144, 165, 213*
Ai, Palästina, *Kartenskizze 255*
Airya, Bewohner Irans 364
Aischylos, griechischer Dichter 627
Aitareya, Upanishad in Prosa 389
Aitareya Brāhmaṇa, Teil des Veda 374f., 377
Ajanta, Maharashtra 438, 460, 475, *Abb. 471, Kartenskizze 443*
Ajātashatru, König von Magadha 380f., 651
Ajita Kesekambalī, Zeitgenosse Buddhas 397
Ājīvika, indische Sekte im 6. Jahrhundert v. Chr. 396f., 403, 419
Akaba, siehe El-Akaba
Akademien in Juda 332
Akbar (arabisch »der Große«), eigentlich Dschelal ed Din Mohammed, Großmogul in Indien 625
Akkade (sumerisch Agade), Babylonien 64, 113, 121, 124, 133, 319
Akkader 28, 48, 107f.
Akko (Ptolemais), Phönikien, *Kartenskizze 255, 331*
»Akra«, Befestigungsanlage in Jerusalem 335, **337—340**, 646
Akropolis (griechisch »Oberstadt«), hochgelegene Burg altgriechischer Städte 273
Akshapāda, Verfasser der Nyāya-sūtra 454
Akṣobhya, erleuchteter Buddha 452
Aksum, heilige Stadt der Abessinier 226f.
Aladscha Hüyük (Anatolien), Fundstätte 56, 606
Alalach am Orontes (Syrien) 42ff., 46, 55, 93

Alamgirpur bei Mirath (Uttar Pradesh) 361
Alanen, den Sarmaten nahe verwandtes iranisches Reitervolk 206, 614
Alarodier, griechisch für Urartäer 89
Alasanda (Alexandreia) 423
Alaschia (Cypern), Mittelmeerinsel 47, 51f., 58, 100, 110
Albright, William F., Orientalist 36
Alchimie, Vorform der Chemie, vermeintliche Kunst, unedle Stoffe in Gold zu verwandeln 523
Aleppo (Halman, Halab, Haleb) Syrien 42, 46, 49, 92f., 643, *Kartenskizze 51*
Alexander Balas, Thronprätendent des Seleukidenreiches 338f., 646
Alexander der Große, König von Makedonien 14, 35, 130, 146, 150, 168, 176, 180f., **183—193**, 196, 199, 204, 209, 213, 216, 327, 330, 355, 374, 382, **397** bis **400**, 418, 421, 423, 425, 429, 604, 610ff., 617, 645f., 651
Alexander Jannäus, König in Juda 199, 342, 647
Alexander von Epiros 405
Alexandreia, Ägypten 327, 330, 332, 348, 565, 611, 619, 646
Alexandreia am Kaukasos (Hindukush), nördlich von Kabul 397
Alexandreia-Eschate am Iaxartes 617

Alexandreia-Herat am Ochos 201

Alexandreia-Kandahar, Ostiran 170, 173, 187, 192, 384, 402, 404, *Kartenskizze 167*
Alexandreia-Merv, Margiane 199

Alhambra, Schloß bei Granada (Spanien) 35
Alijan-Baʿal, ugaritischer Gott 58f.
Alikasudara (Alikyasudala), siehe Alexander von Epiros
Alkimus, jüdischer Hoherpriester 338
Allahabad, Uttar Pradesh 380, 388, 461f.
Allitrochates, siehe Bindusāra
Alphabet 47, 90, 109, 170f., 173, 192, 214, 233f., 384, 402, 406, 408, 430, 438
Alpine (Menschenrasse) 358
Alpino-Mongoloide (Menschenrasse) 358
Altai, Gebirge am Nordwestrand Innerasiens 606, 608, 611, 614
Altertum 14, **18—21**, 29, 31, 34

Altes Testament 35, 75, 83, 98, 103f., 125, 127, 242f., 245, 247, **250—254**, 258f., 262, 267, 271, 273f., 278, 283f., 290, 296ff., 301, 306f., **311—315**, 319, 321, 326f., 332f., 646
Alte Welt 603, 608, 624
Alyattes, König von Lydien 159, 643f.
Alzi, Landschaft in Armenien 87
Amalekiter, Nomadenstamm im Norden der Sinaihalbinsel 265, 269
Amanus, syrisch-kleinasiatisches Gebirge 91
Amazja, König von Juda 287f., 644
Āmbhi, siehe Omphis 398
Amarāvatī am Krishna-Delta 445, 459f., 465, 475, *Kartenskizze 443*
Amarna, Tell el- (Mittelägypten) 43, 46f., 109
Amarna-Briefe (Tontafelarchiv) 240
Amarna-Zeit (1375—1350 v. Chr.) **45—48**, 93, 306
Amenophis III., König von Ägypten 43, 45
Amenophis IV. Neferchepruré (Echnaton) 43, 45, 47f., 627
Amerika 32, 580f.
Amiens, Frankreich 459
Amisos am Schwarzen Meer *Kartenskizze 166*
Amitābha, meditierender Buddha 452
Amitrochates (Amitrakhāda), siehe Bindusāra
Ammistamru II., König von Ugarit 57f., 68
Ammon, Landschaft im Ostjordanland 244f., 279, 326, *Kartenskizze 255, 331*
Ammon, Sohn Davids 270
Ammoniter, aramäisches Volk 261f., 264f., 269, 273, 294, 311, 641f.
Amnestie 536
Amoghasiddhi, schützender Buddha 452
Amon, König von Juda 300, 644
Amoriter, vorisraelisches Volk in Palästina 240
Amos, jüdischer Prophet, Buch des Alten Testamentes 289f., 297, 643
Amphiktyonie, kultureller Zusammenschluß von Nachbarstaaten in Altgriechenland 36, 246, 249f., 267
Amri am Indus 137, 359, 649, *Kartenskizze 359*
Amtekina, makedonischer Gesandter in Indien 405
Amtiyaka, siehe Antiochos III.
Amu-Darja (Oxos) 137ff., 141, 144ff., 150, 158f., 162, 184, 188, 190, 195, 199, 226, 364,

# NAMEN- UND SACHREGISTER

Amu-Darja (Oxos) 397, 421, 440, *Kartenskizze 167*

Amul, Nordiran, *Kartenskizze 167*

Amun, ägyptischer Gott, *Abb. 253*

Amun-Oase (Oase Siwa), Libysche Wüste 162

Amurru, Landschaft am mittleren Euphrat (syrische Wüste) 47f.

Amyrtaios II., König von Ägypten 180, 246, 645

Ana am Euphrat 123

»Anabasis« (griechisch), Marsch von der Küste ins Land 147, 200

Anahita (Anaitis), iranische Göttin 165, 206, 209, 213f.

Anakoluth, Satz ohne Satzzusammenhang 365

Ānanda, Lieblingsjünger Buddhas 412

Anat, ugaritische Göttin 58ff.

Anatolien (Kleinasien) 19, 26ff., 41—46, 49f., 52, 54, 56, 62, 76f., 86, 89f., 100, 109, 146f., 149, 159, 161, 163, 180, 183, 187, 196, 201, 218, 240, 270, 318, 332, 584, 606, 643, 645f., 647

Anatoth, Levitenstadt nördlich von Jerusalem 142, 271

Anau, Nordiran 137, *Kartenskizze 167*

Anden, südamerikanisches Faltengebirge 578

Andhau in Cutch auf Kāthiāwār 442

Andher bei Bhilsa in Madhya Pradesh 413

Andhra (Andhrabhritya), Dynastie in Indien 420, 426

Andhra, Landschaft an der Ostküste Indiens 445f., 451, 464, 652

Andragoras, seleukidischer Satrap 200

Androsthenes, makedonischer Feldherr 406

Anga, altes Königreich in Indien 369, 380f., 392, 650, *Kartenskizze 367*

Angareia, persische Reichspost 174

Anguttara Nikāya, buddhistische Schrift 379

Anhuei (Anhui), chinesische Provinz 492, 501 *Kartenskizze 495*

Anilaios, Oberhaupt des jüdischen Staates in Babylonien 205

Anisaios, Oberhaupt des jüdischen Staates in Babylonien 205

Ankyra (Angora), Kleinasien 218, *Kartenskizze 166*

Annam, Staat in Hinterindien 571

Annamiten, paläomongolisches Volk in Hinterindien 569

Anoscharwan, siehe Chusro I.

Anschan (Parsamasch, Parsumasch), Landschaft in Westiran 139, 146, 159, 644, *Kartenskizze 167*

Antalkidas, spartanischer Feldherr und Diplomat 146, 180

Antalkidas-(Königs-)Friede 146, 180, 646

Anthologien, indische 457

Anthropoide, Menschenähnliche 489

Anthropologie, Lehre vom Menschen 22

Antialkidas, indo-griechischer König 423, 431

Antigoniden, makedonische Dynastie 187, 618

Antigonos, Feldherr Alexanders des Großen 176, 196, 400

— II., Sohn des Aristobulos II., König in Juda 346

— Gonatas, König von Makedonien 405

Antilibanon, Gebirgszug in Syrien 239, 348, *Kartenskizze 331*

Antimachos I., baktrischer König 191, 422

— II., baktrischer König 423

Antiocheia (Antiochia) am Orontes, Syrien 97, 148f., 216ff., 220, 224, 328, 330, 339, 447, 619, 

Antiochos I. Philopappus von Kommagene, *Abb. 189*

Antiochos I. Soter, makedonischer König von Syrien 131f., 147, 188, 199, 617

— II. Theos, makedonischer König von Syrien 131, 147, 190

— III. Theos der Große, makedonischer König von Syrien 147, 176, 191, 193, 197, 200, 328, 334, 405f., 422, 646

— IV. Epiphanes, makedonischer König von Syrien 147, 197f., 200, 332, **334—337**, 343, 646

— V., makedonischer König von Syrien 337

— VII. Sidetes, makedonischer König von Syrien 147, 194, 201, 341, 647

Antipas (Antipatros, Antipater), Statthalter von Idumäa 342, 344f.

Antipas (Antipatros, Antipater), der jüngere 342

Antonia, Burg in Jerusalem 348

Antonius, Marcus, römischer Triumvir 147, 202, 204, 345f., 647f.

Anu, altindischer Volksstamm im Punjab 368

—, babylonischer Gott 66, 70f., 83, 131

Anubrāhmana 378

Anu-uballit Kephalon, syrischer Baumeister 131

Anu-uballit Nikarchos, Statthalter in Syrien 131

An-yang (Chang-te), heute chinesische Provinz Honan 493, 608, *Abb. 496, 500, Kartenskizze 495*

Ao, legendäre Stadt in China 493f.

Aornos am Indus 398

Apadana (persisch), Audienzhalle 159, 178, 384

Apameia Kibotos, Phrygien, Friede von 147, 191, 197, 200, 646

Aparantaka, Landschaft an der Westküste Indiens 413

Apartayi (griechisch), indischer Volksstamm 383

Āpastambha, Autor eines Dharmasūtra 386

Apastambhin, Zweig der Taittirīya-Schule 366, 378

Aphaia, griechische Göttin *Abb. 145*

Aphek, nordöstlich von Joppe, Palästina 266

Aphlad, aramäischer Gott 206

Aphorismus, Sinnspruch 506, 511, 516f.

Aphroditenmysterien 206

Apokalypse, biblische Vision vom Weltuntergang 156, 198f., 336, 343

Apokalyptik, Lehre von der Offenbarung über das Weltende 35, 343f.

Apokryphen, unechte, unterschobene Schriften 299, 328, 425, 516, 522

Apollodoros von Artemita, griechischer Gelehrter 189, 191, 194f., 204f., 613, 618f.

Apollodotos I., indo-griechischer König 193, 423

Apollon, griechischer Gott 197, 206, 458f.

Apollonios von Tyana, griechischer Philosoph und Wanderprediger 426

Apollonius, Feldhauptmann der Seleukiden 337

Apologetik, Rechtfertigungslehre (Teil der Theologie) 332, 423,

Appianus aus Alexandreia 400

Apsū, babylonischer Gott 71

Aqhat, mythischer Prinz von Ugarit 59f.

Ara bei Attok, West-Pakistan 440

Araber 82, 97, 99, 104, 110, 115ff., 128, 149, 152, 221, 226, 230, 625, *Abb. 113*

Arabien 58, 61, 63, 77, 82, 128f., 149, 170, 174, 206, 228f., 273, 447, 565, 642, 649

Arabisches Meer (Erythräisches Meer) 462

Arabische Ziffern 449

Arachosien (Harahuvati), Landschaft in Ostiran 138, 158, 190f., 383f., 398ff., 413, 423, 426, 611, *Kartenskizze 167*,

Arachtukanal 104

Aradnanā, assyrischer Arzt 113

# NAMEN- UND SACHREGISTER

Arados, Phönikien 646
Araka, siehe Nebukadnezar IV.
Aralsee (Westturkestan) 41, 138f., 606, *Kartenskizze 167*
Aram, aramäisches Reich, Hauptstadt Damaskos 281—285, 287, 289, 291f., 295f.
Aramäer (Achlamu), semitisches Volk 48, 52, 61f., 65f., 75ff., 79f., 82, 86, 93, 96f., 101, 103f., 109f., 118, 124, 127, 130, 152, 169ff., 206, 241f., 244ff., 253, 261, 269, 273, 279, 283 bis 287, 295, 611, 642ff., 646
Aramäisches Alphabet 173, 192, 214, 233, 384, 402, 408, 611, 632, 645f.
Aramäische Wanderung 241, 641
Aramäisch-israelitischer Einfall in Juda 295, 643
Arame, König von Urartu 643
Āranyaka (Waldtexte), Teil der Brāhmana 379, 388f.
Araras, König von Karkemisch 69, 92, 95
Ararat, biblischer Name für Urartu, heute Bezeichnung für den höchsten Berg Kleinasiens 86
Aras (Araxes), Fluß in Armenien 86, 643, *Kartenskizze 166f.*

Arauna, Jebusiter aus Jerusalem 274
Araxes, siehe Aras
Arba'il (Arbela), Assyrien 184, *Kartenskizze 166*
Arbeitsdienstpflicht in China 547, 550, 560
Arbela siehe Arba'il
Archäologie 28, 450, 480, 491, 499, 547, 551, 565, 580, 597ff.
archaisch, uranfänglich 508, 511, 520, 522, 554, 607
Archelaos, Sohn des Herodes 347, 648
Ardahan nordöstlich des Tschaldyr-Sees, Armenien 88
Ardascher I. (Ardaschir), König von Persien 148, **209—216**, 220, **230—233**, 648
—, »Roman von A.«, Pabeks Sohn« 209f.
Ardascher II., König von Persien, *Abb. 213*
Ardewan (Artabanos) V., Partherkönig 148, **209—214**
Ardhamāgadhī, Prakrit-Dialekt 434
Ardokhsho, iranische Gottheit 441
Ardys, König von Lydien 115
Areia, Landschaft in Ostiran 158, 190, 400, *Kartenskizze 167*

Areios (Ochos) 191, *Kartenskizze 167*
Argischti I., König von Urartu 68, 88, 643
Argischti II., König von Urartu 68, 89

Argischtichinili (Armavir), Armenien 88
Arhat, buddhistischer Mönch, der die Erleuchtung erlangt hat 412
Arichalbu, König von Ugarit 57, 68
Arier (Ārya), Völker des indoiranischen Zweiges der indogermanischen Sprachfamilie 41, 44, 46, 48, 137, 146, 161, 362ff., 368
Arikamedu (Poduke), Madras, Indien 448
Arikdenili, König von Assur 61, 68
Arinna (Ostanatolien), hethitisches Nationalheiligtum, der Sonnengöttin geweiht 54f., 62
Aristeas, Hofbeamter in Alexandreia 611
—, Aristeas-Brief (fälschlich dem A. zugeschrieben) 611
Aristobulos I., Sohn des Johannes Hyrkanus I., König in Juda 342
Aristobulos II., Sohn des Alexander Jannäus, König in Juda 342, 344ff.
Aristobulos, jüdischer Philosoph 332
Aristoteles, griechischer Philosoph 181f., 234
Arjuna, mythischer Prinz, Sohn von Pāndu 431
Ārjunāyana, indischer Volksstamm 421
Armas, luvischer Mondgott 54
Armavir (Argistichinili), Armenien 88
Armenien 61f., 65f., 78, 83, 86, 88, 102, 104, 109, 140, 148, 159, 187, 202f., 216ff., 306, 647, 649, *Kartenskizze 166*

Armenier, indogermanisches Volk 89, 643
Arpad (phönikisch Simyra), Syrien 86, 92f., 96f., 99, 294, 642
Arnuwandas III., König der Hethiter 51, 68
Arnuwandas IV., König der Hethiter 68
Arpatschije am Tigris (nahe Mosul) 137
Arrapcha, siehe Kerkuk
Arretium (Arezzo), Toskana, Italien 448
Arrianus, Flavius, griechischer Schriftsteller 383f., 410
Arsake, Parthien
Arsakes, Partherkönig 199f., 647
Arsakiden, parthische Dynastie 130f., **199—206**, 213, 215f., 226, 233, 440, 566
Arses, persischer König 146, 181, 646
Artabanos II., Partherkönig 424
Artabanos III., Partherkönig 148, 202, 205
Artabanos IV., Partherkönig 204

Artabanos (Ardewan) V., Partherkönig 148, **209—214**
Artabanos, Mörder des Xerxes 180
Artachschassa, siehe Artaxerxes
Artatama, Fürst von Churri 49
Artatama, König von Mitanni 43, 68
Artaxerxes I. (Artaschchassa) Longimanus, König von Persien 130, 146, 165, 172, 177, 180, 322, 645
Artaxerxes II. Mnemon, König von Persien 146, 165, 180, 183, 645f.
Artaxerxes III. Ochos, König von Persien 146, 165, 180, 183, 646
Artefakte (lateinisch: durch Kunst Erzeugtes), vorgeschichtliches Gerät 24
Artemis, griechische Göttin 198, 206, 612
Artemis Azzanatkona 206
Artemita, Ostttigrisland 189, 194, 204, 618
Arthashāstra, siehe Cānakya
Arukku, persischer Prinz 159
Arwad, Syrien 48, 75
Ārya, altindisch für Arier 362f., 368, 388, 390f., 401, 427f., 464, 650
—, Kultur der **369—386**
Āryabhata, indischer Mathematiker 474
Āryadeva, Schüler und Nachfolger von Nāgārjuna
Aryandes, Satrap in Ägypten 146, 173
Āryavarta, Land der Ārya in Nordindien 384
Arzâ, Palästina 110
Arzawa, Landschaft im Südwesten Anatoliens 49, 51f.
Asa, König von Juda 281f., 286, 303, 643
Asaak, Hyrkanien 199
Asandh, Uttar Pradesh 374
Āsandīvat, Hauptstadt der Kuru 374, 650
Asandros, König von Makedonien 618
Asanga, buddhistischer Denker 469
Asarja, siehe Usia
Asarkes I., Partherkönig 147
Asarkiden, parthische Dynastie 31, 147, **199—202**, 207, 209f., 647
Ascharedapalekur, König von Assyrien 66, 68
Aschera, ugaritische Göttin 58ff.
Aschtar, ugaritische Gott 58
Aschtart, ugaritische Göttin 58, 60
Asdod (Asdudimmu), Palästina 100, 260, 297, 326, 641, *Kartenskizze 255, 331*
Asdudimmu, siehe Asdod
Aseka, Palästina 309, *Kartenskizze 255*
Aserbeidschan, Landschaft am Kaspischen Meer südlich des Kaukasus 84, 218, 228

# NAMEN- UND SACHREGISTER

Ashoka Piyadasi, König der Maurya 170, 187, 354, 384, **401** bis **407, 410–413, 418–421**, 425, 429, 435, 438, 440, 442, 461f., 470, 611, 632, 651
—, Fels- und Säulenedikte 402, *Abb. 405*
Ashokāvadāna, Ashoka-Legende 402, 405
Ashvaghosha, indischer Dichter 454f., 471, 653
—, »Buddhacarita«, Biographie des Buddha 455
—, »Saundarānanda«, Epos 455
—, »Shāriputraprakarana«, Drama 454
Ashvamedha, vedisches Opfer 374, 420, 427, 461
Ashvin, Zwillinge des indischen Mythos 372
Asia, römische Provinz im Nordwesten Kleinasiens 51
Asianismus, in Kleinasien aufgekommene, durch schwülstige Fülle und geistreiche Witzelei gekennzeichnete griechische Redekunst 204
Asien (Mittelasien) 14f., 19f., 25, 35, 38, 187, 189, 203, 432, 466, 480, 558f., **561–567**, 570, 584, 604ff., 608, 611f., 614, 618, 627, 632
Asier (Ass, Aorser), skythischer Volksstamm 147, 194f., 614
Asikni (heute Chenab), Fluß im Punjab 398, *Kartenskizze 359, 367, 443*
Askalon, Palästina 48, 103, 125, 260, 641, *Kartenskizze 255, 331*
Askese (indisch *tapas*) 378, 393, 397, 470
Asowsches Meer, Seitenbecken des Schwarzen Meeres 618
Aspadana (Isfahan), Persien, *Kartenskizze 167*
Assaka, Landschaft im Dekhan 385
Assakenoi (Asvaka), indischer Volksstamm im heutigen Bayaur, West-Pakistan 398
Assam, Landschaft im Nordosten Vorderindiens 404, 430, 461
Assarhaddon (Assurachiddin), König von Assyrien 68f., 89, 98, 106, **109–114**, 126, 146, 299f., 642, *Kartenskizze 111*
Assuan, Oberägypten 171
Assur, älteste Hauptstadt Assyriens 21, 29, 43, 62f., 66, 74, 77f., 80, 83, 96, 99, 100 f., 105, 117, 119, 123, 146, 207, 288, 319, 642, *Kartenskizze 85, 111, 166*

Assur, assyrischer Gott 61, 63, 66f., 70, 77f., 80, 98, 100f., 103ff., 115, 119, 291, 294, 296
Assur, Vater des Propheten Hananja 308
Assurachiddin, siehe Assarhaddon
Assurbanipal, König von Assyrien 68, 80f., 89, 107, **112–117**, 122f., 140, 146, 159, 170, 300, 302, 642, *Abb. 112f., 116, 301, Kartenskizze 111*
Assurbelkala, König von Assyrien 66, 68
Assurbelnischēschu, Fürst von Assur 43, 68
Assurdân I., König von Assyrien 63, 68
Assurdân II., König von Assyrien 68, 77f.
Assurdân III., König von Assyrien 68, 86
Assurdanninapla, Sohn Salmanassars III. 84
Assuretelilani, König von Assyrien 68, 122f.
Assurnadinachche II., Fürst von Assur 43, 68
Assurnadinapli, König von Assyrien 63, 68
Assurnadinschum, assyrischer Unterkönig in Babylonien 69, 104
Assurnassirpal I., König von Assyrien 67f., 77
Assurnassirpal II., König von Assyrien 68, 77, **79–82**, 84, 90, 98, 101, 119, 133, 641, *Abb. 76f., 80*
Assurnerāri III., König von Assyrien 63, 68
Assurnerāri V., König von Assyrien 86, 88, 92, 96
Assurrabi II., König von Assyrien 68, 77
Assurreschischi I., König von Assyrien 65, 68
Assurreschischi II., König von Assyrien 68
Assuruballit I., König von Assyrien 60f., 66, 68
Assuruballit II., König von Assyrien 68, 124, 300, 305
Assuwa (Asia), Landschaft im Nordwesten Kleinasiens 51
Assyrer 13, 15, 28, 29, 47f., 53, 60, 65, 75, 81, 87, 91, 100, 102, 107, 127, 139f., 161, 176, 179, 288f., 307, 313, 604, 610
Assyrien 21, 37, 41ff., 45f., 49ff., 58, **60–67**, 70, 72, **75–92**, 94 bis 106, **109–119, 121–124**, 146, 158, 188, 285ff., **289–306**, **641–644**
—, Kultur des neuassyrischen Reiches **118–122**
—, Rechtspflege 66, 118
—, Religion 119ff.
Assyrische Kunst 64, 84, 94, 98, 102, 116, 119, 122, *Abb. 76f., 80f., 96, 112f., 116*
Astādhyāyi, indische Grammatik 385, 414
Astarte, kanaanitische Gottheit 257, 299, 303f., 643
Astralmythen 72

Astrologie 56, 70, 113, 234f., 539
Astronomie 70, 80, 122, 132, 234, 414, 448, 456, 473, 646
Astuwatimais, König von Karkemisch 69, 92
Astyages (Ischtuwegu), König von Medien 128, 140, 146, 159, 318, 644
Asvaka, siehe Assakenoi
Atargatis, syrische Göttin 206
Atarluhas, Gott in Karkemisch 94
Atarneus, an der Westküste Kleinasiens 181
Athalja, Gemahlin Jorams von Juda 286ff., 643
Atharvaveda, Veda des Hauspriesters 366, **374–378**
Athen 146, 174, 179f., 234, 623, 645f.
Athena, griechische Göttin 142, 196f.
Athsho (Atish), iranischer Gott 440
Ātman, das Selbst jedes Einzelwesens 389, 395, 454
Ātman-Brāhman 390, 415
Atrek (Sarnios), Fluß zum Kaspischen Meer in Nordiran 137
Ātreya, indischer Arzt und Haupt einer medizinischen Schule 456
Atropatene, das nördliche Medien 163, 187, 202, *Kartenskizze 166f.*
Attalos III. Philometor, König von Pergamon 647
Attarkittah, König von Elam 69
Attarsijas, König von Ahhijawa 51
Attika, griechische Halbinsel 146, 430
Attischer Seebund 180
Attizismus, rein attischer Sprachgebrauch 204
Atun, siehe Adana
Audumbara, altindisches Königreich 421
Augrasainya, siehe Xandrames
Augustus, Gaius Octavius (nach Adoption durch Cäsar: G. Julius Cäsar O.), römischer Kaiser 148, 202, 346f., 446 472, 476, 631, 648
»Augustusstadt« (Sebaste), Samaria 346
Aureus, römische Goldmünze 468
Autarkie, Selbstgenügsamkeit, wirtschaftliche Unabhängigkeit 529, 542
Autokratie, Staatsform, in der das Oberhaupt die politische Macht unumschränkt ausübt 513, 538, 542, 545
Autonomie 541
Avadāna, indische Sammlung frommer Geschichten 455
Avadānashataka, indische Geschichtensammlung 455
Avanti, Volksstamm und Staat in Zentralindien 380ff., 650

# NAMEN- UND SACHREGISTER

Avesta, heilige Schrift der Anhänger Zarathustras 143 ff., 151, 154 f., 163, 171, 192, 198, 215, 221, 233, 366, 604
Avestisches Alphabet 233 f.
Avicenna, Abu Ali al Husain ibn Abdullah ibn Sina, islamischer Philosoph und Arzt 35
Avidyā, Nichterkenntnis 390
Awan, siehe Elam
Awilmarduk (Evil-Merodach), König von Babylonien 69, 127, 314
Ayodhyā (Sāketa) am Sarayū (Gōgrā, Indien) 416, 421, 423, 440, 445
Azes (Aya) I., König der Shaka 425 f.
Azes II., König der Shaka 425
Azilises (Ayilisha), König der Shaka 425
Aziru, Fürst von Amurru 48
Azitawadda (M/Wattî), König von Adana 68, 92, 100
Azitawaddija (heute Karatepe), Südanatolien 92, 94 f.
Azzi-Hajasa, Landschaft im Nordosten Anatoliens 46, 49

# B

Ba'al, König von Tyros 110, 115
Baal (Mehrzahl: Baalim), kanaanitische Gottheit 257 f., 276, 284 f., 286 f., 295, 299, 312, 642
Ba'alat (»Herrin«) von Gebal, phönikische Göttin 75 f.
Ba'al-Hammon, phönikischer Gott 76
Baal Peor, Heiligtum in Palästina 261
Baal Perazim, nordöstlich von Jerusalem 269
Baal Zaphon, zwischen den Bitterseen und dem Roten Meer 254
Baba'achiddin, König von Babylonien 69, 84
Babel, Turm zu (Etemenanki) 126, 642
Babi-Religion (Babismus), islamische Sekte 625 f.
Babirus (Babylonien) 409
Babu-acha-iddina, assyrischer Kanzler 62
Babylon (Babel) 29, 45, 65, 71, 82, 84 f., 97, 101, 104 f., 114 ff., 122 f., 125 ff., 129 ff., 146 f., 161, 181 f., 184, 310, 318 f., 628, 642, 645, *Abb. 117, 128, Kartenskizze 85, 111, 166*
Babylonien 28, 30, 41 ff., 45 f., 50, 54 f., 58, 60—67, 70—75, 77—82, 84 ff., 95 ff., 99—106, 110, 115 f., 118 f., 121—133, 140, 143, 146 f., 158, 160, 169, 174, 178 f., 187 f., 200 f., 203, 205 ff., 213, 235, 293, 297, 300 f., 307, 312 f., 316, 318,

Babylonien 329, 360, 362, 400, 409, 479, 492, 613, 619, 631, 642—647, *Kartenskizze 166*
—, Kultur 27 f., 67, 70—75, 132
—, Kunst 74 f., 126 f., 131, *Abb. 97, 117*
—, Religion 70—73, 119 ff., 131
—, zweite Dynastie von Isin 64 bis 67, 77
Babylonier 46 f., 58, 60, 74, 99, 103, 107, 130, 132, 170, 176, 300, 306 f., 310, 315, 604, *Abb. 309*
Babylonischer Talmud 215
Babylonisches Exil 37, 198, 312 bis 321, 631, 642, 644
Bacon, Francis, Baron of Verulam, Viscount of St. Albans, englischer Philosoph und Politiker 18
Bādarāyana, indischer Philosoph 454
Baesa, König von Israel 281 f., 642
Bagdad (Mesopotamien) 45, 78, 235, *Kartenskizze 166, 583*
Bagh, Madhya Pradesh 475
Bagoas, persischer Eunuch 146, 181, 183, 646
Baha'i-Religion (Baha'ismus), islamische Sekte 625 f.
Bahal, Fundstätte im Dekhan 388
Bāhlīka (Balkh), Baktrien 369, *Kartenskizze 167*
Bahman Yäscht, mittelpersischer Kommentar 198
Bahram I., König von Persien 234
Bahram II., König von Persien 148, 215, 234, 649
Bahram V. Gor, König von Persien 148, 217, 220, *Abb. 221*
Bahram-Feuer 214
Bahram Tschobin, persischer Usurpator 149, 218, 228 ff.
Bahrein (Dilmun), Inseln im Persischen Golf 63, 360
Bairat (Bhabra), Zentralindien 403
Baithana (Paithan, Pratishthāna), Landschaft in Mahārāshtra 445
Bajaur, Landschaft im Nordwesten des Punjab 398
Baktra (Balch), Baktrien 145, 184, 191 f., 194, 422, 617, *Kartenskizze 167*
Baktrer, indogermanisches Volk 138, 146, 191, 194, 399, 604, 618, 646
Baktrien (Bāhlīka, Balkh), Landschaft in Nordostiran 144, 146 f., 150, 158, 160, 163, 176, 180, 184, 189—196, 199 ff., 369, 383 f., 397, 405, 424, 430, 438, 440, 452, 462 f., 566, 609, 611 f., 617 f., 645 ff., 651, *Abb. 200, Kartenskizze 167*
Bakun, nahe Persepolis, Iran
Bala, buddhistischer Mönch 457
Balawat, siehe Imgur-Ellil

Balch (Baktra), Baktrien 145, 184, 191 f., 214, *Kartenskizze 167*
Balchasch-See (Balkasch-S.), abflußloser See am Rande der Kirgisensteppe 150, 158, 606
Balhika (Baktrer) 399
Bali, Sundainsel 466
Balkanhalbinsel 584
Baltzer, Klaus, evangelischer Theologe 245
»Bambus-Annalen« (Chu-shu chinien), altchinesische Sammlung 480, 482
Bamiyan, Afghanistan 459 f.
Bāna, Sanskrit-Autor 420
—, »Harshacarita«, biographische Dichtung 420
Barābar-Hügel, Gaya Distrikt in Bihar 381, 419
Barak, Richter in Israel 259 f.
Barattarna, König von Mitanni 42, 68
Bardija, Bruder von Kambyses 146, 162, 645
Bareli, Distrikt in Uttar Pradesh 388
Barhadad II., König von Damaskos 82 f.
Barke, Libyen, *Kartenskizze 166*
Bar Kochba, eigentlich Simon, jüdischer Freiheitskämpfer 21, 349, 648
Barrakab, Fürst von Ja'dija 68, 91
Barsauma, nestorianischer Bischof von Nisibis 148, 217
Barsombündel, Stabbündel der Magier 197
Baruch, Freund des Propheten Jeremias 199
Baruch-Apokalypse (1. Jahrhundert n. Chr.) 199
Barygaza (Bharukaccha, Broach), an der Narmadā-Mündung 427, 447, 566, *Kartenskizze 443*
Basan, Landschaft in Palästina 261, *Kartenskizze 255*
Basarh (Vaishālī) 468
Basilika, mehrschiffiger Kirchenbau 437
Batanäa, Landschaft im Ostjordanland, *Kartenskizze 331*
Bathseba, Gemahlin Davids 271, 642
Batnai, nahe Edessa, Mesopotamien 211
Baudhāyana, Autor eines Dharmasūtra 386 f.
Baudhāyana Dharmasūtra 431
Bauernkultur 26, 584 f., 588 ff.
Bāvari, buddhistischer Meister 385
Baveru-Jātaka, altindisches Schriftwerk 409
Bawian, Mesopotamien 105 f.
Beamtenauslese in China 544—547
Beas (Hyphasis), Nebenfluß des Sutlej 398, 421

# NAMEN- UND SACHREGISTER

Bedre, Osttigrisland 84
Bedsa bei Karli, 460
Beduinen, nomadisierende Araberstämme 42, 66, 80, 226, 228
Beerseba, Palästina 242, 250, 263 f., 295, *Kartenskizze 255*
Begram (Capisa, Kāpishi), Ostiran 206, 383, 441, 447, 458, *Abb. 457*
Bel (»Herr«), Name für Marduk 70, 182
Belibni, König von Babylonien 69, 103 f.
Belsazar (Belscharussur), Kronprinz von Babylonien 128, 642
Belscharussur, siehe Belsazar
Belschimanni, Gegenkönig von Babylonien 130
Beluchistan, Landschaft in Vorderindien 137, 353, 356, 400, 447
Belussur, siehe Berossos
Benaja, Söldnerführer Davids 271
Benares, Uttar Pradesh, Indien 380, 382, 394, 433, 439, 475, 650, *Kartenskizze 443*

Bengalen, Landschaft in Nordostindien 354, 369, 376, 404, 460 f., 470
Benhadad, König von Aram 284
Ben Hinnom, Tal bei Jerusalem 299
Benjamin, Stamm Israels 248, 259, 261, 264, 281, 643, *Kartenskizze 255*
Berār, Landschaft in Mahārāshtra 385, 427, 445, 464
Berenike am Roten Meer 447
Berossus (Belussur?), Marduk-Priester und Geschichtsschreiber 132, 306
—, »Babyloniaca« (3 Bde., 279 v. Chr.) 132
Beruta (Berytos, jetzt Beirut), Phönikien 48, 75, *Kartenskizze 331*
Berytos, siehe Beruta
Besarh, Bihar 419
Beschneidung 316, 326, 335, 648
Besnagar, Madhya Pradesh 420, 423, 431, *Kartenskizze 359*
Bessos, Satrap in Baktrien 147, 184, 397, 646
Bestattung, siehe Brand- und Erdbestattung
Bethel, Palästina 242, 250, 280 ff., 289, 303 f., 328, 642, *Kartenskizze 255, 331*
Beth-Horon, Palästina 337, *Kartenskizze 331*
Bethlehem, Palästina, *Kartenskizze 255*
Beth-Sacharje, Palästina, *Kartenskizze 331*
Beth-Schan (Skythopolis), Palästina, *Kartenskizze 255, 331*
Beth-Schemesch, Palästina 288, *Kartenskizze 255*

Beth-Zur, Palästina 323, 338, 340, *Kartenskizze 331*
Bettelmönche (bhikshu) 396
Bewässerung, künstliche 23, 590 f., 594, 598
Bhagabhadra, 5. König der Shunga-Dynastie 420, 431
Bhagavadgītā, altindische philosophische Dichtung 416, 431, 434 f., 453, 652
Bhāgavata, 9. König der Shunga-Dynastie 420
Bhāgavata, indische Sekte 423, 431, 470
Bhagavat Vāsudeva 431 f.
Bhaja, südlich von Bombay 437, 475, *Abb. 413*
Bhārashiva-Nāga, indische Dynastie 463
Bharata, altindisches Volk im Punjab 368 f.
Bharata, indischer Dichter 455 f.
—, »Nātyashāstra«, Lehrbuch der Dramaturgie 455 f.
Bhāravi, indischer Dichter 473
—, »Kirātārjuiya«, Gedicht 473
Bharhut, Bihar, Indien 420, 433, 436, 453, 612, *Abb. 412*
Bharukaccha (griechisch Barygaza, heute Broach) an der Narmadā-Mündung 427, 447, *Kartenskizze 443*
Bhāsa, indischer Dramatiker 455
Bhattiprolu, Andhra Pradesh 406
Bhīmasena, Prinz der Kuru 374
Bhir-Hügel bei Taxila 426
Bhitargāon bei Kanhpur, Uttar Pradesh 476
Bhoja, indisches Herrschergeschlecht 464
Bhubaneshvar, Orissa 438
Bhūmaka, Herrscher von Ksharahārāta 442
Bhutan, Staat am Himalaya, *Kartenskizze 359*
Bia, Eigenname von Urartu 87
Bihar, Bundesstaat Indiens 369, 379 f., 394, 451, 460 f., 469, 650, *Kartenskizze 559*
Bikaner, Rajasthan 361, 370
Bilderschrift 52, 90, 107 f., 360, *Abb. 357*
Bilinguen, zweischriftige oder zweisprachige Inschriften 48, 187, 360
Bimbisāra, siehe Shrenika Bimbisāra
Binarsystem 358
Bindusārā (Allitrochades, Amitrochates, Amitrakhada), König von Indien 401, 405
Biondo, Flavio, italienischer Humanist 18
—, »Historiarum ab inclinatione Romani Imperii ad annum 1440« (1483) 18
Birjawaza, Fürst von Kadesch 48

Birūnī, Abur-Raihān Muhammad ibn Ahmad al-, islamischer Gelehrter 138
Bisutun (Behistan), Fels in Westiran 146, 163, 173, 178, 383, 645, *Abb. 144*, 213, *Kartenskizze 167*
Bit-Adini, Fürstentum in Syrien 82, 92
Bit-Agusi, Fürstentum in Syrien 92
Bithynien, Landschaft in Nordwest-Kleinasien 187
Bitumen, vorwiegend aus Kohlenstoff und Wasserstoff bestehende brennbare Produkte, gasförmig (Erdgas), flüssig (Erdöl), fest (Erdwachs, Erdspeck) 586
Blei 450
Bobek, Hans, Geograph 584
Bocchoris, Wahkarê, König von Ägypten 172
Bodenrecht in Israel 248
Bodh Gayā, Magadha 394, 406, 437, 460 f., *Abb. 404, Kartenskizze 443*
Bodhi, Erleuchtung 452
Bodhisattva, künftiger Buddha 395, 435, 451 f., 457 ff., 475
Bodin, Jean, französischer Staatsrechtslehrer 18
Boghazköi (Hattusas der Hethiter), Kleinasien 364
Boioter (Bötier), griechischer Volksstamm 605
Bombay, Mahārāshtra 437
Borneo, Sundainsel 465
Borobudur, Java 475
Boro-tsonch, Grenzstation am Edsen-gol in der Wüste Gobi, *Abb. 556*
Borsippa, südlich Babylon, Mesopotamien 119, 127, 131
Bosporos, Meeresstraße zwischen Schwarzem Meer und Marmara-Meer 174, 215
Brachmanen (Brāhmanen) 409
Brahmagiri, Nordmysore, Indien 427, *Kartenskizze 443*
Brāhman, letzte Wesenheit des Weltalls 377, 390, 432, 434, 454, 624
Brāhmana, Abhandlungen über die heilige Wissenschaft in den Veden 374 f., 377 ff., 385, 388 f., 391, 454
Brāhmana, Oberste Kaste der Hindu 370, 375, 378, 389, 404
Brāhmana-Literatur 414, 472
Brāhmānda, altes Purāna 472
Brāhmane, Mitglied der obersten Kaste der Hindu 15, 32, 364, 366, 369 f., 373, 386, 401, 404, 409, 411, 414, 426, 428, 450
Brāhmanismus 401, 414 f., 420, 435, 446, 449 f.

Brāhmasūtra, Lehrtext 454
Brāhmavarta, Landschaft am Sarasvati 368
Brahmī, indisches Alphabet 402, 406, 408, 430, 439, 442
Braidwood, R.J., englischer Archäologe 585, *Kartenskizze 579*
Brandbestattung 42, 57, 429
Breasted, James Henry, amerikanischer Historiker und Orientalist 581
Brihadāranyaka Upanishad 389
Brihadratha, König der Maurya 406, 651
Brihaspati, vedischer Gott 397
Broach (Bharukaccha), Hafen an der Narmadā-Mündung 427, *Kartenskizze 443*
Bronze 58, 60, 83, 89f., 111, 139, 152f., 207, 257, 356, 358, 410, 468, 475, 480, 485, 494, 521f., 539, 604f., 607f., 612, 615, 649, *Abb. 81, 88, 220, 256, 392, 480, 501, 568*
Bruderherrschaft 498f.
Buber, Martin, jüdischer Religionsphilosoph 263
Buchara, Sogdiane 195, *Kartenskizze 167*
»Buch der Wandlungen« (I Ging, I Ching), Kanonisches Buch des Konfuzianismus 552
Buchdruck in China 486, 630
Buchstabenschrift 46f., 90, 109
Buddha (Sanskrit »Erleuchteter«), eigentlich Siddhārtha Gautama 195, 207, 379ff., 385f., 388, 391–399, 399, 409, 412f., 417, 419, 432f., 436, 438, 440, 451f., 454f., 457–460, 465, 470, 475, 566f., 609ff., 619, 626f., 650f., *Abb. 470f., 475*
Buddhagosa, nordindischer Brāhmane 469
Buddhismus 20, 33, 148, 195, 207f., 227, 355, 381f., 389, 391f., 394, 396, 402, 405f., 408f., 413, 415, 417f., 423, 427, 429, 432f., 435, 437, 440f., 446, 499ff., 458, 463, 465f., 468ff., 566ff., 571, 619, 623–626, 630, 632ff., 651f.
—, die drei Säulen des 396
—, Konzile 382, 396, 403, 405f., 412f., 418, 440
—, »Vier Heilige Wahrheiten« 394
Budhagupta, König der Gupta 462
Bühler, Georg, Sanskritist 386
Buhaneshwar, Orissa 421
Bulgarien 447
Bulgar-Maden, Tauros 83
Bundelkhand, Landschaft in Zentralindien 462
Buntkeramikzeit 93
Burma, Staat in Hinterindien 353, 413, 416, 465, 626, 632
Burnaburiasch III., König von Babylonien 46f., 69

Burzoë, Arzt Chusros I. Anoscharwan 234
Buschtu, Man 88
Bussagli, Mario, italienischer Kunsthistoriker 458
bustrophedisch, Schreibart, bei der die Zeilen abwechselnd von links nach rechts und von rechts nach links laufen 360
Byblos, siehe Gubla
Byzantinische »Themenverfassung« 225
Byzantion (Byzanz, Konstantinopel) 20, 35, 218, 226, 235, *Kartenskizze 166*

## C

Caesar, Gaius Iulius, römischer Staatsmann 201f., 345, 635, 647
Caesar (Kaisara), Titel 440
Cäsarenkult 635
Cäsaropapismus (Staatsform: Herrscher besitzt höchste Gewalt über Staat und Kirche) 498
Caligula, Gaius Caesar Germanicus, römischer Kaiser 348
Caitya, Saal im Vihāra 437, 460, 475, *Abb. 413, 440*
Calcutta, Westbengalen 436
Cambay, Golf von, Gujarat 361, *Kartenskizze 367*
Campā, Königreich in Vietnam 465, 476
Cānakya (Kautilya), Brāhmane 399ff., 456
—, »Kautalīya Arthashāstra«, indische politische Schrift 401, 410, 456
Candragomin, buddhistischer Grammatiker 473
—, »Candravyākarana« 473
Candragupta I., König der Gupta 460f., 469, 652
Candragupta II., Vikramāditya, König der Gupta 444, 461ff., 472, 652
—, »Athijñāna-Shakuntalā«, Drama 472
Candragupta (Sandrokottos), König der Maurya 187, 193, 401, 405f., 410ff., 442, 632, 651
Capisa, siehe Begram
Caracalla (eigentlich Bassianus, C., genannt nach dem gallischen Mantel), Marcus Aurelius, römischer Kaiser 148, 203
Caraka, indischer Arzt und Schriftsteller 456, 474
—, »Carakasamhitā«, Lehrbuch der Medizin 456
Carus, Marcus Aurelius, römischer Kaiser 148, 216
Carvāka, indischer Philosoph, Begründer einer materialistischen Schule 397

Cashtana (Tiastenes), König der Kārdamaka 442, 445, 457
Cassius Longinus, Gaius, Statthalter in Syria 345
Cattigara (Kanton?), Hafen im alten China 569
Cella, das Allerheiligste eines Tempels 274, 476
Cellarius (eigentlich Keller), Christoph, Philologe, Historiker und Geograph 19
—, »Antibarbarus Latinus« (1677) 19
—, »Breviarum antiquitatum Romanorum« 19
—, »Historia tripartita« 19
—, »Orthographia Latina« (1700) 19
Cera (Kerala), altindisches Königreich 407, 427, 446, 457, 464, 651
Ceylon (Lankā, Simhala) 33, 355, 385, 387, 394, 404, 413, 416f., 446, 461, 468f., 626, 632, *Kartenskizze 443*
Chabur, linker Nebenfluß des Euphrats 42, 78, 79
Chafadschi nahe Bagdad 137
Chaibar, Oase nahe Medina 226
Chakan, türkischer Titel 217
Chaldäa (Kaldu), Südbabylonien 82, 85, 242
Chaldäer, aramäischer Stamm in Südbabylonien 15, 99, 101, 131, 206, 300, 309ff., 642
Chaldäerreich **124—129**
Chaldi, urartäischer Gott 87, 89f.
Chalkis am Libanon 348, *Kartenskizze 331*
Chalkolithikum (Kupfersteinzeit) in Indien 407
Chalule am Tigris 104
Chandoga, Vedensänger 386
Chāndogya Brāhmana, Teil des Sāmaveda 389
Chāndogya Upanishad, Teil des Sāmaveda 389
Ch'ang-an (Hsien-yang, Hsian, Sian) am Wei, Shensi 521, 527, 547, 551, 559, 561, 619
Chang Ch'ien (Chang-kien), chinesischer Gesandter 195, 564, 570, 618
Ch'ang-sha, Königreich in China 529, 540, 568f., 615
Chanhu-daro am Indus 358, 362, *Kartenskizze 367*
Chanigalbat, hethitisch und assyrisch für Mitanni 62
Chan-kuo-Periode 31, 487
Chan-kuo-ts'e, altchinesisches Werk 482, 560, 650
Chao, Kaiser der Han-Dynastie 525
Chao, Staat in China 501, 521, 556f., 605
Chao Kao, chinesischer Kanzler 523

# NAMEN- UND SACHREGISTER 663

Ch'ao Ts'o, Kanzler der Han-Dynastie 520, 531, 533, 548, 563
Chao Ts'o, König der Yüe(h) 568f.
Charbe, kassitischer Gott 70
Charehab, ugaritischer Gott 59
Charisma, übernatürliche Fähigkeit 184, 259, **261—264**, 266, 280, 282, 284, 290
Charsadda (Pushkalāvati) am Kabul 383
Chartres, Frankreich 459
Chatti (assyrisch), Hatti, Hethiterreich 52
Chazaren, Nomadenvolk umstrittener Herkunft 235
Chekiang, chinesische Provinz 568, *Kartenskizze 495*
Chenab (Arikni), Fluß im Punjab 398, *Kartenskizze 359, 367, 443*
Ch'eng, Kaiser der Han-Dynastie 525
Cheng, Staat in China 500, 502
Cheng-chou, chinesische Provinz Honan 493, 494, *Kartenskizze 495*
Ch'eng-tu, chinesische Provinz Ssu-ch'uan 502
Ch'en She, chinesischer Meuterer 524
Chepat, churritische Göttin 54f.
Chersonesos chryse (griechisch), Malakka 413
Chezārlā (Kristna-Distrikt), Südindien 475
Chhota Nagpur, Landschaft in Zentralindien 380
Chi, Fluß in Altchina 492

Ch'i, Staat in China 500ff., 506, 521, 531, 534, 557
Chia I, Kanzler der Han-Dynastie 531
Chiang, chinesischer Volksstamm 496f., 527, 561f., 650

Chi Ch'ao-ting, chinesischer Wissenschaftler 488
Chi-chiu pien (»Rasch erreicht«), chinesisches Lehrbuch 565
Chih (chinesisch), Weisheit 553
Ch'ih-yu, Ungeheuer des chinesischen Mythos 489
Chija, Rabbiner 205
Childe, V. Gordon, englischer Archäologe 576

Ch'in, chinesische Dynastie 486, **521—528**, 530, 533, 540, 542, 544, 547, 554f., 558
—, Shih Huang-ti, Erster Kaiser 33, 521ff., 525, 528, 557, 616
—, Zweiter Kaiser 523f.
—, Dritter Kaiser 523
Ch'in, Staat in China 482, 500ff., 505, **519—524**, 534, 540, 547, 555, 557, 568, 650

Chin, Staat in China 482, 500ff., 540
China 13ff., 17, 19f., 21, 27, **29** bis 33, 107, 201, 228, 235, 354, 358, 368, 379, 411, 424, 430, 432, 441, 446, 452, 458f., 466, 469, 580, 603—606, 608ff., 612, **614** bis **619**, 627, 632, 635, **649—653**, *Kartenskizzen 495, 531, 559*
—, Altertum **427—571**
—, Beamtenauslese **544—547**
—, Bevölkerungsdichte 541, *Kartenskizze 543*
—, Geschichtsperioden 487
—, Seidenhandel 556, 559, **563** bis 566, 652
China, Volksrepublik 484
Chinesen 15, 33, 615
Chinesische Mauern **556—558**, 616, 651, *Kartenskizze 559*
Chinesische Religion 497f., 503f., 506f.
Chinesische Schrift 485, 489, 522f., *Abb. 557*
Chinesische See 465
Chinesische Sprache 485
Chinesisches Reich 632
Ching, Kaiser der Han-Dynastie 520, 525, 531, 545
Ching-tao, Shantung 495, *Kartenskizze 495*
Ch'in-Han-Zeit 486
Ch'in-ling, Bergkette am Südufer des Wei 500, 506
Chinna, Andhra Pradesh 453
Ch'in-Zeit 487
Chioniten (Huna, Kidariten) 462, 652
Chi-pin (Kipin), Grenzzone am Indus 424
Chitang, Fluß in Uttar Pradesh 374
Chitral, Fluß im Punjab 398
Ch'iu-chü-ch'üeh (Kujula Kadphises), Gründer der Kushāna-Dynastie 439
Chorasan, Landschaft in Iran 158, 163, 214, 216, 228f., *Kartenskizze 167*
Chorsabad (Dur Scharrukin, Sargonsburg), Mesopotamien 95, 101f., 293f., 297, *Kartenskizze 167*
Chou, chinesische Dynastie 480, 483, 487, 491, 493, 496, **498** bis **506**, 510, 517, 520f., 528, 604, 608, 610, 615, 650, *Abb. 504*
—, West- 487
—, »Zerstreute Schriften der Ch.« (I Chou shu) 480, 483
Chou-li, altchinesisches Ritualhandbuch 483
Christentum 14f., 34, 36f., 141, 148, 207f., 215—218, 224, 249f., 347, 394, 425, 448f., 480, 619, 624ff., **630—633**, 636f., 649

Christentum, anglikanisches 626
—, protestantisches 625
—, römisch-katholisches 633
Chronik, Bücher des Alten Testaments 329
»Chronik Gadd« 306
Chronologie, chinesische 481, 487, 491, 500
Chschajarcha, siehe Xerxes
Ch'u, Staat in China 500ff., 514, 521f., 524, 540, 556f., 568, 571, 650
Chuang Chou, chinesischer Philosoph 514, 516, 651
—, »Chuang-tzu« 514, 516, 651
—, »Räuber Chih« 516
Chü-shih (Turfan), Chinesisch-Turkestan 561
Ch'ü Yüan, chinesischer Dichter 651
—, »Ch'u-tz'u« (Elegien von Ch'u) 651
Chukiang (Perlfluß), China 488
Chumbaba, babylonischer Dämon 71, 94
Ch'un-ch'iu (»Frühlinge und Herbste«), Annalen des Staates Lu 482, 484, 487, 501, 650
Churha bei Mahallāt Bālā, persische Provinz Kāshān 197
Churri (Churrum, etwa Aserbeidschan) 46, 49
Churriter, Bewohner von Churri (Churrum) 41, 28, 30, 43f., 46, 55, 75, 86, 107f., 607
Churriter-Reich 41
Chu-shu chi-nien (»Bambus-Annalen«) 480, 482
Chusro (Chosrau, Chosroës) I. Anoscharwan, König von Persien, 148f., 215, 217f., 223ff., **228—235**, 649
Chusro II. Parwez, König von Persien 149, 218, 235, **229—232**, 649
Chutu, Herrschergeschlecht im heutigen Mysore 445
Chutuini, urartäische Göttin 90
Chwarezm, Landschaft am Oxos 138f., 145, 226, 228, 612, *Kartenskizze 167*
Chwarezmier, indogermanisches Volk 139
Chwarna (iranisch, göttliche Wesenheit) 214
Cīna (indisch), Ch'in-Dynastie in China 429, 521
Claudius Nero Germanicus, Tiberius, römischer Kaiser 648
Cochin, Landschaft in Madras 449
Cola, altindisches Königreich 385, 404, 407, 427, 446, 464, 652
Comorin, Kap, Südindien 448
Congregatio de Propaganda Fide, Leitung des Missionswesens der römisch-katholischen Kirche 630

## NAMEN- UND SACHREGISTER

Coomaraswamy, Ananda Kentish, indisch-amerikanischer Kunsthistoriker 460
Corbulo, Gnaeus Domitius, römischer Feldherr 202
Coreae, Palästina, *Kartenskizze 331*
Cranganore (Muziris), Westküste Südindiens 447
Crassus, Marcus Livius, römischer Politiker und Feldherr 201
Credo (ich glaube), Glaube, Glaubensbekenntnis 253, 256, 277

Curtius Rufus, Quintus, römischer Geschichtsschreiber 382, 397
Cypern (Alaschia), Mittelmeerinsel 47, 51f., 58, 100, 110, 146, 161, 180, 646, *Kartenskizze 166, 587*

## D

Dadikai (griechisch), indischer Volksstamm 383
Daēva (daiva), dämonische Mächte 154, 157, 163, 165, 172, *Abb. 165*
Dagan (Dagon), altamoritischer Gott 58, 264
Daher, indogermanisches Nomadenvolk 613
Da-hia, Baktrien 195
Daiaukku (Deiokes), medischer Fürst 140, 146, 644
Dajjanassur, assyrischer General 83
Dakien (heute Rumänien) 202
Dakshināpatha, siehe Dekhan
Dalbhum, Chhota-Nagpur-Plateau, Zentralindien 381
Damaskos, Syrien 76, 82f., 85f., 93, 97, 99, 149, 218, 281ff., 287, 289, 291f., 294ff., 642ff., *Kartenskizze 85, 111, 166, 255, 331, 583*
Damma, indisch für Drachme 431
Dan, Stamm Israels 260,263,280ff., 296, 642, *Kartenskizze 255*
Dandin, indischer Novellist 473
—, »Kāvyādarsha« 473
—, »Dashakumāracharita« 473
Danel, mythischer König von Ugarit 59
Daniel, Buch der Bibel 128, 198f., 332, 336
Dara, Iran 199f., 213
Dardanellen (Hellespont) 149, 163
Dareikós, persische Goldmünze 174, 384, 388
Dareios I., König von Persien 109, 129f., 141, 143f., 146, 154, 160, 162—165, 169—174, 178ff., 182, 185f., 192, 197, 211, 383f., 418, 610, 645, *Abb. 144, 176f.*
Dareios II. Nothos (Bastard), König von Persien 130, 146, 180f., 645

Dareios III. Kodomannos, König von Persien 146f., 168, 181, 183f., 327, 384, 397, 646
Dareios, ältester Sohn des Xerxes 180
Dāsa (Dasyu), altindisches Volk 370f., 375
Dāsharājña, Schlacht der Zehn Könige 368
Dasharatha, König von Indien 405f.
Daskyleion am Marmarameer, *Kartenskizze 166*
Dasyu (Dāsa), altindisches Volk 370f., 375
Datengerüst: Geschichte Irans 146 bis 149
Dattas, luvischer Wettergott 54
David, König von Israel 76, 249, 265—273, 276f., 279f., 282, 286f., 295f., 303f., 308, 311, 317, 320, 323, 328f., 341, 610, 641f., 643f.
Dea Roma (Göttin Rom) 635
Debora, Prophetin in Israel 259f.
Dekhan, Hochland in Indien 353, 382, 385, 388, 393, 400, 406f., 411, 413, 425f., 431f., 445f., 453, 459ff., 463, 470, 652, *Kartenskizze 359, 367*
Dēhkān, persische Grundbesitzer mit erblicher Kriegsdienstpflicht 225
Deimachos, griechischer Gesandter in Indien 401
Deiokes, König von Medien 139
Delbrück, Hans, Historiker und Politiker 16f.
Delhi, Hauptstadt der Indischen Union 369, 374, 402, 650
Demetrios I., König von Baktrien 147, 192f., 422f., *Abb. 200*
Demetrios II., König von Baktrien 422, 647
Demetrios I. Soter, makedonischer König von Syrien 339, 647
Demetrios II. Nikator, makedonischer König von Syrien 147, 194, 200, 339f., 647
Demokratie 511, 517
Demotische Schrift, volkstümliche Schrift der Ägypter 171
Deogarh, Zentralindien 476, *Abb. 474*
Dēr (bei Bedre), Osttigrisland 84, 99, 319
Derbend, Baktrien 221
Descht-i Kewir, nördliche Salzwüste in Iran 158
Descht-i Lut, südliche Salzwüste in Iran 158
Designation, Bestimmung, Berufung 266, 280, 282, 290
Determinativ, Deutzeichen 107ff.
Deus otiosus 131
Deuterojesaja, jüdischer Prophet 142f., 160, 318, 320f., 609, 627

Deuteronomium, 5. Buch Mose 241, 243, 247f., 250, 253, 278, 281, 295f., 299, 301ff., 308, 644
Deutschland 16
Deva, siehe Dhana
Devānampiya, Beiname Ashokas 402f., 406
Devakula, dynastischer Tempel 439
Dhamma (Sanskrit dharma), das moralische und religiöse Gesetz 403
Dhammavijaya, Sittengesetz 404
Dhana (Deva), König von Koshala 421
Dharana, altindische Silbermünze 387
Dharma (in Pāli dhamma), das moralische und religiöse Gesetz 375, 386, 396, 402f., 413, 433, 469
Dharmaguptaka, buddhistische Glaubensschule 417
Dharmashāstra (Smriti), juristischsoziale Handbücher in Versen 386, 428f., 450, 463, 468, 652
Dharmasūtra, Aphorismen über das religiös-soziale Recht 33, 385f., 414, 428, 650
Dharmottarīya, buddhistische Sekte 433
Dhauli (Tosali), Kalinga 402, 404, 411
Dhorme, Édouard, französischer Assyriologe 47
Dhu Nuwas (Yusuf), Prinz der Himyar 226
Diadochen (griechisch Nachfolger), die Feldherren Alexanders des Großen 327, 330, 334, 645f.
Dialektik, Methode, durch Aufweisen und Überwinden von Widersprüchen die Wahrheit zu erforschen 511, 513, 521
Diaspora, religiöse Minderheiten 205, 332, 334, 348, 631, 648
Didaskalien (griechisch Unterweisungen) 354
Digambara (Raumbekleidete), jainistische Sekte 434
Dignāga, buddhistischer Logiker 469
Diktatur 511
Dilmun, Bahrein-Inseln 360
Dīnāra (denarius aureus) 468
Dīn Ilāhī (»Göttlicher Glaube«), Akbars synkretistischer Kult 625
Diocletianus (Diokletian), Gaius Valerius Aurelius, römischer Kaiser 148, 216, 224
Diodoros, griechischer Geschichtsschreiber 382
Diodotos I., König von Baktrien 147, 190, 200, 405, 421f., 647
Diodotos II., König von Baktrien 147, 190f., 200, 422, 647
Diodotos Tryphon, Thronprätendent des Seleukidenreiches 339

Dionysios, ägyptischer Gesandter in Indien 401
Dionysios, griechischer Schriftsteller 565
—, »Oikumenes periegesis« (»Beschreibung der bewohnten Welt«) 565
Dionysos, griechischer Gott 193, 413
Dioskuren, Gestalten der griechischen Mythologie 372
Dīpavamsa, ceylonische Chronik 355
Dirigismus, staatliche Lenkung der Wirtschaft 429
Distichon, Verspaar aus Hexameter und Pentameter 432, 473
Divus Caesar (Göttlicher Cäsar) 635
Dobrudscha, Landschaft zwischen Donau und Schwarzem Meer 614
Dolchaxt, sichelförmige Axt vom Typ ko 497, *Abb. 501*
Dolmen, tischförmig gebautes Steingrab der Megalithkultur 427
Domestikation von Wildtieren 24, 580, 586, 589
Dominikaner, Predigerorden 14
Domitian(us), Titus Flavius, römischer Kaiser 199
Don, Fluß in Südrußland 605, 613
Donau 150, 174, 603, 605ff., 614
Dongson-Kultur 571
Dor, Palästina 292, *Kartenskizze 255*
Dothan, Palästina, *Kartenskizze 255*
Drachme, altgriechische Silbermünze 430f., 468, *Abb. 200*
Dramma, indisch für Drachme 431
Drangiane, Landschaft in Ostiran 158, 190f., 398, 425, *Kartenskizze 167*
Drapsaka, Baktrien 184
Dscherwan, Mesopotamien 105
Dscheyhan, Fluß in Kilikien 92
Dschudi-Dagh, Berg in Armenien 104
Dravida, Sprachfamilie in Mittel- und Südindien 360, 385, 402, 427, 429, 456, 464
Druhyu, altindischer Volksstamm im Punjab 368
Druse (nach dem Gründer ad-Darasi), Anhänger einer islamischen Sekte 625f.
Dschamasp, Schüler Zarathustras 169, 171
Dual, eigene Sprachform für zwei Dinge oder Wesen 366
Dualismus, Lehre, die von zwei einander entgegengesetzten Prinzipien ausgeht 35, 343f., 435, 552
Dualität, wechselseitige Zuordnung zweier Dinge 390

Dumézil, Georges, französischer Religionsgeschichtler 372
Dura-Europos am Euphrat 206f., 211, 216, 612
Durgā, Erscheinungsform der Kālī 453, 470
Dur-Kurigalzu (Akarkuf), westlich von Bagdad 45, *Abb. 44*
Dur-Scharrukin (»Sargonsburg«, heute Chorsabad), Mesopotamien 95, 101f., 293f., 297, *Kartenskizze 167*
Dur-Untasch (heute Tschoga-Zembil), Mesopotamien 64, *Abb. 65*
Dusanni, Fürst der Sapardäer 112
Dyaus, indische Gottheit 373
Dynastienübersicht, Vorderasien 68f.

# E

Ea (Nudimmud/Ea), babylonischer Gott 71f.
Eagamil, König von Meerland 45, 69
Eanna, Anu-Tempel in Uruk 131
Ebal, Berg nördlich von Sichem 250, 328, *Abb. 245*
Eberhard, Wolfram, Sinologe und Soziologe 490
Echnaton, siehe Amenophis IV.
Echulchul, Tempel in Harran 128
Edda (Buch von Oddi), altisländische Schriftensammlung 152
Edessa (Mesopotamien) 148, 202, 211, 216
Edom (später Idumäa), Landschaft südwestlich des Toten Meeres 59, 244f., 273, 279, 285, 297, 337, 342, 347, 643f., 647f., *Kartenskizze 255, 331*
Edomiter, aramäisches Volk 246, 262, 269, 288, 296, 308, 323, 642, 644
Edrei, Ostjordanland, *Kartenskizze 255*
Edsen-gol, Fluß im Südwesten der Wüste Gobi, *Abb. 557*
Edublamach, Tempel in Ur 46
Egibi und Söhne, babylonisches Bankhaus 126, 130
Ehe, China 503, 522
—, Indien 370, 375f., 429
—, Juda 326, 645
Ehud, Richter in Israel 261
Einkorn (Triticum monococcum), Weizenart 584, 586, *Kartenskizze 587*
Eisen 54, 62, 89, 370, 381, 388, 427, 505, 534, 565
Eisenkultur in Indien 407
— in China 471, *Abb. 505*
Eiszeit 576, 581f.
Ekallātum am Tigris 65

Ekbatana (Hamadan), Westiran 139, 147, 176, 182, 184, 188, 200, 318, 383, 611, 619, *Kartenskizze 167*
Eklektiker (griechisch Auswähler), Philosophen und Künstler, die das Beste fremder Leistungen für ihre eigenen auswählen 179, 441
Ekliptik, die scheinbare Bahn der Sonne am Himmel, auch Ebene der Erdbahn 474
Ekron, Palästina 260, 297, 304, 641, *Kartenskizze 255, 331*
El, semitischer Gott 58ff., 70
Ela, König von Israel 282, 642
El-Akaba (Ailana) am Roten Meer 226, 239f., 254, 269, 273, 288, 644
Elam (Awan, Elymais), Landschaft in Südwestiran 25f., 45, 61, 64, 66, 73, 101, 103f., 108ff., 115ff., 122, 147, 159, 169, 178, 187f., 197f., 200, 206f., 642, 646, *Abb. 116, Kartenskizze 111, 167*
Elamiter (Elymäer) 103, 110, 137, 200, 300, 644, *Abb. 116, 160*
Elburs, Gebirgszug südlich des Kaspischen Meeres 158
Elephantine, Nilinsel bei Assuan 170f., 317, *Kartenskizze 166*
Elfenbein 95, 98, 273, 275, 458, *Abb. 457*
Eli, jüdischer Oberpriester 263f.
Elia, jüdischer Prophet 284, 643
Elisa, jüdischer Prophet 284f., 642
Eljakim (Jojakim), König von Juda 306ff.
Ellil, sumerischer Gott 70f.
Ellilkudurrusur, König von Assyrien 63, 68
Ellilnadinachche, König von Babylonien 64, 69
Ellilnadinapli, König von Babylonien 69
Ellilnarari, König von Assur 61, 68
Ellipi, Landschaft in Westiran 103
Ellipse, in der Satzlehre: Weglassen leicht ergänzbarer Wörter 365
El-Obed bei Ur, Fundstätte 137, 599, *Kartenskizze 583*
El Schaddaj (»Himmelsgott«), Beiname Jahves 325
Elteke, Palästina 103f.
Elwend, Gebirge in Persien 96
Elymäer (Elamiter) 200
Elymais (Elam) 147, 188, 200, 206f., 646
Email 235
Emmaus, südlich von Beth Horon, Palästina 337
Emmer (Triticum dicoccum), Weizenart 584, 586, *Kartenskizze 587*
Endogamie, Heirat innerhalb einer sozialen Gruppe 375

## NAMEN- UND SACHREGISTER

Engedi am Toten Meer, *Kartenskizze* 331
Engels, Friedrich, sozialistischer Schriftsteller 487
Engländer 14f., 32
England 626
Enkidu, Freund des Gilgamesch 71f., 94
entu- (sumerisch en-) Priesterin 129
Eparchie, Verwaltungsgebiet 430
Ephesos, Westkleinasien 179, 183, *Kartenskizze 166*
Ephraim, Stamm Israels 246, 256, 261, 278, 292f., 295, *Kartenskizze 255*
Epigraphik, Inschriftenkunde 354, 402, 405, 408, 442, 480
Epikureertum, Haltung nach der Lehre des griechischen Philosophen Epikur(os) 623, 625, 632
Epiros, Landschaft im Nordwesten Griechenlands 405
Eponymos (griechisch: den Namen gebend), Bezeichnung für Beamte oder Priester, nach denen das Jahr zum Zweck der Datierung benannt wurde 86, 88, 122
Era, babylonischer Pestgott 121
Eratosthenes, griechischer Mathematiker und Geograph 400
Erbuni (Eriwan), Armenien 87f.

Erdbestattung 57, 159, 494, 590 593, 595f., *Abb. 496*
Eretria, Euboia, Griechenland 179
Eriba'adad I., König von Assyrien 68
Eribamarduk, König von Babylonien 69, 86, 99
Eriwan (früher Erbuni), Armenien 87f.
Erosion, gesteinangreifende, abtragende Tätigkeit geologischer Kräfte 582, 585, 595
Erra'imitti, König von Isin 113
Erythräisches (Arabisches) Meer 355, 427, 448, 450
Erzväter (Patriarchen) 36
Esagila, Marduktempel in Babylon 126, 182, 315
Esbaal, König von Israel 268, 280, 641

Eschatologie, Lehre von den letzten Dingen 156, 165, 371, 373, 432
Eschgal, Tempel in Uruk 131
Esnunak (Tell Asmar), nordöstlich von Bagdad 319
Esoterik, Geheimlehre 389
Esra, jüdischer Schriftgelehrter 37, 170, 172, 199, 319, 324—328, 330, 645
Essener, jüdische Ordensgemeinschaft 128, 343
Esther, Buch des Alten Testaments 198

Etakkama, Fürst von Kadesch 48
Etana, mythischer König von Kisch 72
Etba'al (Ethba'al) König von Sidon 103, 283
Etemenanki, Hochtempel in Babylon 126, 182, 642
Etesien (griechisch Jahreszeitwinde), trockene Nord- und Nordwestwinde 581
Etesienklima, Mittelmeerklima 581
Ethnarch, unter römischer Oberhoheit stehender Fürst in Syrien und Palästina 345, 347, 647
Ethnologie, Völkerkunde 580
Ethos (griechisch Sitte), sittliche Haltung und Denkweise 509
Etiu-Gebiet am Tschaldyr-See 87
Etrusker 56, 604
Ettuttokai, indische Anthologie 457
Etymandros (Hilmend), Fluß in Ostpakistan 187, *Kartenskizze 167*
Etymologie, vergleichende Sprachwissenschaft 74
Etzel (Azzilo, Attila), Hunnenkönig 213
Euboia (Euböa), griechische Insel 146
Eudämonismus, Lehre der Ethik, nach der das Ziel des menschlichen Handelns in der Glückseligkeit liegt 73
Eudamos, makedonischer Feldherr 399f.
Eukratides I., König von Baktrien 147, 193, 422, 424, 647, *Abb. 200*
Eukratides II., König von Baktrien 422
Eulaios (Kercha), Fluß in Elam 199
Eumenes I., König von Pergamon 647
Eumenes von Kardia, Kanzler Alexanders d. Gr., Satrap von Kappadokien 147, 196
Eunuch, Haremswächter 146, 527, 539, 646, 652
Euphrat 13, 52, 61, 78f., 82, 86f., 90, 97f., 123f., 137, 148, 187f., 192, 203, 206, 211f., 245, 269, 287, 296, 300, 305, 578, 581, 585, 588, 643f., *Kartenskizze 51, 85, 111, 166, 583*
Eurasien 16, 38, 151ff., 405, **603 bis 608**, 614
Eurasische Steppe 137
Europa **14—17**, 19, 31, 34, 132, 354, 449, 459, 581f., 584, 605ff.
Eurus, Wind der Morgenröte 448
Euthydemos I., König von Baktrien 147, 191f., 422f., 647, *Abb. 200*
Euthydemos II., König von Baktrien 422
Evil-Merodach, siehe Awilmarduk

Exegese, Auslegung und Erklärung von Texten 365, 379, 435, 453, 555
Exilarch 235
Exodus, 2.Buch Mose 247, 250f., 254, 256, 280
Exogamie, Heirat nur außerhalb einer sozialen Gruppe 375, 429, 503
Eynan, Fundstätte in Palästina 582, 589f., 593
Ezechiel (Hesekiel), jüdischer Prophet, Buch der Bibel **313—317**, 320
Ezida, Nabû-Tempel in Borsippa 119, 127, 131
Ezida, Nabû-Tempel in Kalach 119

## F

Fa (chinesisch), Recht, Gesetz 519
Fa-chia, Rechtsschule 513, 519ff.
Fa-hsien, chinesischer Pilger 419, 462, 467
Fan Yeh, chinesischer Historiker 484
—, »Hou-Han-shu« 484
Farr (Pharro), iranischer Gott 440
Fars, persischer Volksstamm in Südwestiran 138
Faschismus 635
Fatimiden, islamische Dynastie 235
Fayence (nach der Stadt Faenza benannte Tonware besonderer Art), griechisch-parthische, *Abb. 201*
Felsgestein, Werkzeuge aus (Kristalline Gruppe) 586
Fels- und Säulenedikte in Indien 402
Felszeichnungen 605
Feng-chien, chinesische Gesellschaftsordnung **503—506**
Feng Yu-lan, chinesischer Historiker 519
Ferghana (Ta-yüan), Beckenlandschaft in Russisch Turkestan 561, 613, 618
Ferner Osten 27, 34, **649—653**
Feudalismus 31, 232, 479, 483, 487, **503—506**, 508, 520, 522, 528f., 535, 540, 544, 552, **649—652**
Feuergebrauch 57
Filliozat, Jean, französischer Indologe 449
Firdusi (Firdausi), eigentlich Abu'l Kasim Mansur, altpersischer Epiker 35, 211f.
—, »Schahnameh« (Buch der Könige) 211f.
Firuzabad, persische Provinz Farsistan 234
Flint (Feuerstein) 586
Flußoase 23, 599f., *Abb. 584*
Frankreich 14, 19f.
Franziskaner, Bettelorden 14

# NAMEN- UND SACHREGISTER

Fraschauschtra Haugava, König von Baktrien 143, 150
Fratadara, Dynastie in der Persis 147, 197
Freskomalerei, Wandmalerei au frischem Mörtel 44, 207, 211, 438, 460, 475
Fritte, durch Erhitzen von körnigem keramischen Material bis nahe an den Schmelzpunkt zusammengebackene Masse 102
Fron (Fronde), Göttern, Staat oder Herrn zu leistende Dienste 174, 221, 245, 260, 274, 278, 508, 517, 520, 547, 641, *Abb. 252*
Fruchtbarer Halbmond 82, **581** bis **584**, 589, 598, 628, *Kartenskizze 583*
Fruchtbarkeitskult 258, 276, 281, 299
»Frühlinge und Herbste« (Ch'un-ch'iu), altchinesische Annalen 482, 484, 487, 501, 650
Fu, chinesische gereimte Prosastücke 555
Fu-hsi, mythischer Erfinder der Orakel und der Schrift 489
Fukien, chinesische Provinz 541, 568, 652, *Kartenskizze 495*
Fu-nan, Reich im heutigen Kamboja 465

# G

Gabbi-ilāni-eresch, assyrischer Minister 80
Gad, Stamm Israels 261, *Kartenskizze 255*
Gadara, Ostjordanland, *Kartenskizze 331*
Gadara (Gandhāra), Landschaft in Nordwestindien 383
Gadd, Chronik 306
Gades (heute Cádiz), Spanien 76, 643
Galater, keltische Volksstämme 647
Galerius, Gaius, römischer Kaiser 216
Galiläa, Landschaft in Palästina 50, 337, 344, 346f., 349, 647f., *Kartenskizze 331*
Gallien 603, 648
Gallienus, Publius Licinius Egnatius, römischer Kaiser 148, 216
Gamala, Palästina, *Kartenskizze 331*
Gandarioi (griechisch), Bewohner von Gandhāra 383
Gandhāra (Gadara), Landschaft am mittleren Indus, Nordwestindien 176, 369, 380, 383f., 406, 413, 422f., 425f., 461f., 475, 650, *Kartenskizze 167, 359, 367, 443*
—, Kunst **457—460**, 474, 611, *Abb. 456*
Ganesha, indischer Gott 453

Ganga, indisches Herrschergeschlecht 464
Gangariden, Anwohner des Ganges 382, 389
Ganges, Indien, 193, 353, 356, 369, 371, 374, 379f., 382, 388, 404, 407, 413, 415f., 419f., 423, 427f., 440, 448, 461, 463, 475, 611, 650, *Kartenskizze 359, 367, 443*
Garizim, Berg südlich von Sichem 250, 328f., 336, 341, 646, *Abb. 245, Kartenskizze 255, 331*
Garstang, John, englischer Archäologe 592, 596
Garuda von Vāsudeva, Vishnus Adler 431
Gath, Palästina 260, 267, 288, 297, 641, *Kartenskizze 255*
Gathas, religiöse, zum Teil auf Zarathustra zurückreichende Hymnen 142, 144ff., 149, 150ff., 155f., 163, 165, 169, 171, 173, 189
Gaudapada, buddhistischer Kommentator 471
Gaugamela, östlich von Mosul 147, 184, 327, 383, 604, 646, *Kartenskizze 166*
Gaulanitis, Landschaft in Palästina, *Kartenskizze 331*
Gaumata, persischer Usurpator 129, 146, **162—165**, 168, 173, 176, 197, 221, 645
Gautama, siehe Buddha
Gautamiputra Sātakarni, indischer Herrscher 442, 445, 449f.
Gaza, Palästina 48, 85, 97, 99, 184, 260, 292, 294, 641f., 647, *Kartenskizze 166, 255, 331*
Geba, östlich von Rama in Benjamin 281
Gebal (Gubla, Byblos), Phönikien 75f.
Gebetsliteratur, mesopotamische 73
Gedalja, Statthalter von Juda 311, 317
Gedrosien, Landschaft in Südiran 159, 398, 400, *Kartenskizze 167*
Gelber Fluß (Huang-ho), China 482, 488, 490, 492f., 498, 500ff., 524, 526f., **555—558**, 560, 649, *Kartenskizze 495, 559*
Gelber Kaiser, siehe Huang-ti
Gelbes Meer 616
»Gelbe Turbane«, chinesischer Geheimbund 527, 539, 542, 652
Geldwirtschaft, Übergang zur 177, 505, 535
Genesis, 1. Buch Mose **240—243**, 256, 277
Genezareth, See von 347, *Kartenskizze 255, 331*
Geomantie, Wahrsagen aus im Sand gezeichneten Figuren 436

Geomorphologie, Lehre vom Formenschatz der Erdoberfläche 581, 584
Gerar, Palästina, *Kartenskizze 255*
Gerasa, Ostjordanland, *Abb. 341, Kartenskizze 331*
Germanen 19, 152, 603 ff.
Gerichtsbarkeit in Alt-Indien 428
Gerste 494, *Kartenskizze 587*
—, sechszeilige (Hordeum hexastichum) 584, 586
—, zweizeilige (H. distichum) 584
Geser, Palästina 340, *Kartenskizze 255, 331*
Gesetzessammlung, ägyptische 171 ff.
—, zarathustrische 172 f.
Getreideanbau 22 ff., 26, 580 f., 585, 589, 593, 595, 598, 628 f., *Kartenskizze 579, 583*
Ghats, Gebirgsränder, mit denen das Hochland Dekhan gegen die Küsten abfällt 437
Ghazni, östliches Afghanistan 463
Ghirshman, Roman, französischer Archäologe 439
Ghosundi, Rajasthan 431
Gibbon, Edward, englischer Historiker 15
Gibea, Palästina 248, 265f. *Kartenskizze 255*
Gibeon, Kanaan 259, 308, *Kartenskizze 255*
Gibraltar 76, 644
Gideon, Richter in Israel 259, 261 ff.
Gilboa, Gebirge in Palästina, *Kartenskizze 255*
Gilead, Landschaft im Ostjordanland 261, 264, 267, 285, 292, 641, 643, *Kartenskizze 255, 331*
Gilgal, Palästina 250, 256, 265, 302, 310, 328, *Kartenskizze 255*
Gilgamesch, König von Uruk 60, 71f., 94, 101
Gilgameschepos 60, 71 f.
Gilgit, Kashmir 417
Gindibu, arabischer Scheich 82
Girgasiter, vorisraelisches Volk in Palästina 240
Girivraja, Hauptstadt von Magadha 402
Girnar, Berggruppe auf Kāthiāwār 402, 404
Gītā, siehe Bhagavadgītā
Gnome, Sinnspruch 155, 474
Gobi, steppenartige Wüste Mittelasiens 490
Gobi-Kultur 490, 561, 603, 606, 649
Godāvarī, Fluß in Vorderindien 353, 358, 445f., *Kartenskizze 359, 367*
Göktscha-See, siehe Sewan-See
Gohli, Andhra Pradesh 207

# NAMEN- UND SACHREGISTER

Gold 47, 89, 140, 174, 176, 273, 275, 294, 387, 448, 612
Goldwährung 177, 376
Gondophares (griechisch Gundophoros [?], syrisch Gudnaphar [?]) 425
Gopatha Brāhmana 378
Gordianus III., Marcus Antonius, römischer Kaiser 148, 216
Gordion am Sangarios, Nordwestkleinasien 192
Goshāla Maskarīputra, indischer Religionsstifter 396
Goten, ostgermanische Völkerschaft 132, 224
Gottesurteil 247, 375, 428, 450
Grabbauten (Neolithikum) 590
Granikos, Fluß zum Marmarameer 183 f., *Kartenskizze 166*
Griechen 30, 62, 76, 85, 89, 104, 122, 132, 146, 152, 161, **189 bis 194, 204—208**, 213, 330, 399, 404, 420, **422—426**, 432, 448, 480, 604, 608, 611 f., 617, 623, 651 f.
Griechenland 50, 76, 141, 146, 180, 200, 379, 384, 486, 605, 607, 609, 645
Griechisch-baktrisches Königtum **189—196**, 421, 647
Griechisches Alphabet 192, 234, 438, 440
Grihyakarman, Opferzeremonie 364
Große Mauer, China **556—559**, 616, 651, *Kartenskizze 559*
Grotefend, Georg Friedrich, klassischer Philologe 36
Grundsteuer 177, **218—223**, 226, 411, 508, 533
Guadalquivir, Fluß in Spanien 76, 644
Gubla (Gebal, Byblos), Phönikien 47 f., 60, 75, 646
Gublitische Schrift 47
Guggu, siehe Gyges
Gujarat, Bundesstaat Indiens 354, 356, 393, 441 f., 444 f., *Kartenskizze 359*
Gujarra, Zentralindien 402

Gunādhya, indischer Dichter 456
—, »Brihatkathā« 456
Gundischapur, Elymais 220
Gupta, indische Dynastie 31, 444, 459, 632, 652
—, Kunst 474 ff., *Abb. 475*
—, Literatur 472 ff.
—, Periode **460—476, 652**
—, Philosophie **468—472**
—, Verwaltung 467 f.
—, Zeitrechnung (von 320/321 n. Chr.) 461
Gurgan (Asterabad) am Kaspischen Meer 137
Gurgum, Fürstentum in Ostanatolien 91, 93, 100

Gutäer (Qutäer, Quti), Volksstamm 28, 62, 65, 319
Guzana (Tell Halaf), Mesopotamien 78, 85, 90, 93 f., 137, 139, 356, 607
Gyges (Guggu), König von Lydien 115, 643
Gymnosophisten, brāhmanische Yogis 448, 611

# H

Habiru (hapiru), Hebräer 252
Hachamanisch, siehe Achaimenes
Hadad, akkadisch-aramäischer Gott, *Abb. 292*
Hadda, Afghanistan 459
Hadrian(us), Publius Aelius, römischer Kaiser 148, 202, 349, 439, 648
Hadrian-Mauer in Nordengland 557
Hadrumetum, Tunesien 76
Häresie, Irrlehre 412, 448
Hafiz, eigentlich Schems al Din Muhammed, persischer Dichter 35
Haggai, jüdischer Prophet, Buch der Bibel 320 f.
Haimavata, buddhistische Sekte 433
Hāla, indischer Dichter 427, 456
—, »Sattasāī«, Sammlung erotischer Verse 427, 456
Hāla, Shātavāhāna-Dynastie 427
Halab (Haleb), siehe Aleppo
Halikarnassos, Westkleinasien 183, *Kartenskizze 166*
Halkis, Korngöttin aus Kanesch 55
Hallutusch, König von Elam 69, 104
Hallutuschinschuschinak, König von Elam 69
Halman, siehe Aleppo
Halys (Kisil Irmak), größter Fluß Anatoliens 159, 643 f., *Kartenskizze 51, 111, 166*
Hama am Orontes (biblisch Hamath, später Epiphania) 75, 82, 90 f., 93, 97, 99, 125, 291, 293 f., 643 f.
Hamadan, siehe Ekbatana
Hammurabi, König von Babylon 28, 64, 66, 124, 133, 247
Hamun-See, Ostiran 158, 188, 190, *Kartenskizze 167*
Han, chinesische Dynastie 20, 31, 195, 201, 439, **483—486**, 489, 491, **520—552**, 557, 560, 562, 568 f., 606, 612, 614, 618 f., 651 f.
—, Aufstieg und Niedergang **524 bis 527**
—, der Staat **527—530**
—, Gesellschaftliche Schichtung **547—552**
—, Lehnswesen 530 ff., *Kartenskizze 531*

Han, Regierung **535—540**
—, Verwaltung **540—547**, *Kartenskizze 531*
—, Wirtschaft **532—535**, 539, 548 f.
Han, linker Nebenfluß des Yangtzu 493, 500, 502, 524
Han, Staat in China 501, 521

Hananja, jüdischer Prophet 308
Han-chi (»Aufzeichnungen über die Han«) von Hsün Yüeh 484, 540
Han Fei, chinesischer Philosoph 513, 518 ff., 651
Han Hsin, Lehnskönig von Han 558 f.
Han K'uan, chinesischer Schriftsteller 484
Hanoi, Nordvietnam 569
Han-shu, Schriften über die Han-Dynastie von Pan Ku 355, 430, 483 f.
Hanun, König von Gaza 97, 99, 292, 294
Han-Zeit (206 v. Chr.—220 n. Chr.) 31, 33, 483, 485, 511, 553, 558, 565, 614, *Abb. 548f., 552f., 556f.*
—, Denker der **552—555**
—, Frühe (206 v. Chr.—23 n. Chr.) 484, 487, 513, 517, 520, 522, 536 ff., 545, 548, 552, 567, 571, 615
—, Späte (23—220 n. Chr.) 484, 487, 527, 532, 534 f., 539, 542, 545, 549, 551 f.
Haoma, Rauschtrank 144, 149, 151, 153, 157
Hapiru, Volksstamm in Syrien 42, 48
Hara, indische Gottheit 372
Harahuvati, siehe Arachosien
Harappa, Ruinenstadt im Punjab 27, 32, 356 ff., 361 f., 371, 388, 418, 650, *Kartenskizze 359, 367*
Harappa-Kultur 354, **360—363**, 370 f., 414, 650, *Abb. 357*
Harappa-Schrift 408
Harishena, Herrscher der Vātākata 464
Harishena, indischer Dichter 461
Hariyūpīya (Harappa?) 362
Harodquelle, Palästina 266
Harran (Haran, Karrhai) Mesopotamien 96, 122 ff., 127 ff., 140, 147, 160, 242, 300
Harshacarita, biographische Dichtung über König Harsha von Thanesvar 420
Haryanka-Dynastie in Magadha 380 ff., 651
Hasmon, jüdischer Priester 336
Hasmonäer (Makkabäer), jüdische Dynastie 199, **336—342**, 646
Hastināpura, Uttar Pradesh 370 f., 374, 410

## NAMEN- UND SACHREGISTER

Hathigumpha, Orissa 427
Hathor, ägyptische Göttin 44
Hatra, Mesopotamien 119, 148, 202
Hatti, siehe Hethiterreich
Hattusas, Hauptstadt des Hethiterreichs 48, 51, 56ff., 117, *Kartenskizze 51, Abb. 56*
Hattusilis III., König der Hethiter 50, 52, 57, 62, 68
Haustiere 580, 584, 586, 589, 593, 595
Haza'el, König von Aram 83, 287
Hazor, Palästina 273, *Abb. 281, Kartenskizze 255, 331*
Hebräer 48, 152, 253f., 313
Hebräische Sprache 257
Hebron, Palästina 241f., 245, 259, 267f., 270, 323, 337, 641, *Kartenskizze 255, 331*
Hegel, Georg Friedrich Wilhelm, Philosoph 15f.
Heiliger Krieg in Israel 249, **259** bis **262**, 264, 275, 295
Heiliges Zelt 249, 263, 270
Hekataios, griechischer Schriftsteller 139, 174
Heliodoros, Gesandter des Antialkidas 423, 431
Heliokles, König von Baktrien 147, 193ff., 422f., 430, 647
Heliopolis, Syrien, *Kartenskizze 331*
Helios, griechischer Gott 197, 440
Helix Salomonica, Schnirkelschnecke 585
Hellas (Griechenland) 603, 606, *Kartenskizze 166*
Hellenismus 35, 37, 181, 205, 330, 333f., 419, **421–424**, 458, 460, 630, 646
Hellespont (Dardanellen) 149, 163
Henoch, apokryphes Buch aus der Makkabäerzeit 199
Hephaistion, Reitergeneral und Jugendfreund Alexanders des Großen 186, 397
Hephaistos, griechischer Gott 58
Hephthaliten (Kidariten, Hūna, Weiße Hunnen), zentralasiatisches Nomadenvolk, vermutlich aus dem Völkerverband der Hunnen 148f., 196, 217, 221f., 227f., 234, 463, 648f.
Herakilo (Herakles) 441
Herakleios, oströmischer Kaiser 149, 218, 649
Herakles, griechischer Heros 195, 414, 603
—, Säulen des (Straße von Gibraltar) 161, 603
Heras, Henry (Enrique), Jesuit, spanisch-indischer Indologe 360
Herat (Alexandreia) am Ochos 201
Hermaios, König der Paropamisadae 423f.
Hermeias, Tyrann von Atarneus 181

Hermeneutik, Auslegung von überlieferten Schriften und Kunstwerken 633
Hermes, griechischer Gott 131
Hermodoros, Schüler Platons 168
Hermon, Gebirge in Syrien 82, *Kartenskizze 255, 331*
Herodeion (Herodium), südöstlich von Bethlehem 349
Herodes, König von Judäa **345** bis 349, 647f., *Abb. 348*
Herodes Agrippa I., König von Judäa 348, 648
Herodes Agrippa II., König von Chalkis 348
Herodes Antipas, Ethnarch über Galiäa und Peräa 347, 648
Herodias, zweite Gemahlin des Herodes Antipas 648
Herodot, griechischer Geschichtsschreiber 103f., 123, 126, 128, 138f., 141, 144, 150, 163f., 174f., 355, 383, 613
Heschbon, Ostjordanland, *Kartenskizze 255, 331*
Hesekiel, siehe Ezechiel
Hethiter, indogermanisches Volk 28, 41f., 46ff., 52, 54, 57f., 62, 81, 86, 94, 107, 109, 179, 240, 244, 364, 604, 642f.
Hethiterreich (Hatti, Chatti), jüngeres 28, 31, **42–57**, 60, 62, 72, 117, 244, 643, *Kartenskizze 51*
—, Kultur, Kunst und Religion der Großreichszeit **53–57** 607, 644
—, Kunst der Spätzeit 90, 93f., *Abb. 89*
Hevesy, Wilhelm von, ungarischer Philologe 488
Hidschaz, arabische Landschaft am Roten Meer 226
Hidu (Hindu), iranisch für Sindhu (Indus) 383
Hierarchie (griechisch göttliche Herrschaft), Rangordnung 33, 512, 520
Hieroglyphenschrift 48f., 87, 90, 171, 173, 360
Hilāni-Haus 93f., 98
Hilkia, jüdischer Oberpriester 302f.
Hillel, Rabbiner 205
Hilmend (Etymandros), Fluß in Ostiran 187, *Kartenskizze 167*
Himalaya, Gebirge in Zentralasien 353, 380
Himyar, Volksstamm in Südarabien 226f.
Hinājāti, soziale Schichten außerhalb der Kasten 409
Hīnayāna (kleines Fahrzeug), ursprüngliche Form des Buddhismus mit drei großen Schulen: Theravādin (Shtavira), Sarvāstivādin und Sautrāntika 433, 437, 450, 456, 468, 470, 623, 626
Hinduismus 32, 360, 408, 431, 449, 461, 463, 465, 474, **623** bis **626**, 632

Hindukush, Gebirge Inneasiens 138, 147, 158, 187f., 191, 194, 200, 353, 397, 404, 406, 421ff., 426, 441, 611, 632, 646, *Kartenskizze 167*
Hinduliteratur 435
Hinterindien 33
Hiob, Buch der Bibel 120
Hippalus-Wind, indischer Monsun 447
Hipparch (griechisch), Befehlshaber der Reiterei 196
Hippo, Tunesien 76
Hippolytos, Kirchenvater 449
Hira am Euphrat 217, 226ff.
Hiram I, König von Tyros 68, 76, 274, 643
Hirse 494, 580
Hiskia, König von Juda 103f., 296, 298, 303, 644, *Abb. 293*
Hiung-nu, siehe Hsiung-nu
Hochkulturen, Ursprung 23, 25, 29, 32, 34, **573–600**, *Kartenskizze 579*
Hörigkeit, dingliche im Gegensatz zu persönlicher Unfreiheit (Leibeigenschaft), in China 532, 551f., 650
Hokü-ping, chinesischer Feldherr 606
Holländer 15
Homer, griechischer Dichter 57, 141f., 144, 604f., 609
Hominiden, Menschenartige 633
Homo pekinensis 490
Honan, chinesische Provinz 608, 649, *Abb. 505, Kartenskizze 495*
Ho-pei, chinesische Provinz, *Abb. 569*
Horaz (Quintus Horatius Flaccus), römischer Dichter 565
Horeb, Berg der Gesetzgebung 252, 284
Horiter, vorisraelitisches Volk Palästinas 340
Hormizd II., König von Persien 148, 195
Hormizd IV., König von Persien 149, 218, 228f., 232
Horus (Oron), ägyptischer Gott 441
Hosea, jüdischer Prophet, Buch der Bibel 282, 289f., 643
Hosea, König von Israel 292f.
Hoti Mardan bei Peshawar, West-Pakistan 459
Hotri, indischer Priester 364f.
Hou-Han-chi (»Aufzeichnungen über die späten Han«) von Yüang Hung 484
Hou Han-shu, Schriften über die spätere Han-Dynastie von Fan-Yeh 355, 439, 484, 540
Hrozný, Bedřich (Friedrich), tschechischer Keilschriftforscher 360
Hsia, chinesische Dynastie 487, 491, 649

## NAMEN- UND SACHREGISTER

Hsi-an (Hsien yang, Changan Sian) am Wei, Shensi 521, *Abb. 492*, *Kartenskizze 495*
Hsiang Yü, chinesischer Rebellenführer 524, 528, 530
Hsiao, Ahnenverehrung in China 510f.,
Hsiao Ho, Kanzler der Han-Dynastie 530
Hsiao t'un, nordchinesische Tiefebene 490, 649
Hsien-pi, innerasiatisches Nomadenvolk 561
Hsien-yang (Ch'ang-an, Hsi-an, Sian) am Wei, Shensi 521
Hsien-yün, Volksstamm in China 500
Hsin (chinesisch), Zuverlässigkeit 553
Hsiung-nu (Hiung-nu, Hunnen), zentralasiatisches Nomaden- und Reitervolk 147, 194, 424, 525, 527, 530, 533f., 536, 548, 550f., 556—565, 567f., 570, 604ff., 612—615, 618, 651f.

Hsüan, Kaiser der Han-Dynastie 525, 549
Hsüan-tsang, chinesischer Reisender 467
Hsün-tzu (Meister Hsün, Hsün K'uang), chinesischer Philosoph 511, 516, 518ff., 651
Hsün Yüeh, chinesischer Historiker 484
—, »Han-chi« 484
Huai ho, Fluß in der nordchinesischen Tiefebene 493, 500f.

Huan, Fluß in Nordchina 498
Huang-chih, Königreich von unbekannter Lage 430
Huang-ho (Hoang-ho, Gelber Fluß), China 26, 482, 488, 490, 492f., 498, 500ff., 524, 526f., 555—558, 560, 606, 608, 615, 618, 649, *Abb. 501*, *Kartenskizze 495, 559, Karte 520*
Huang-ti, mythischer Kaiser in China 489, 490, 502, 510
Hue, Vietnam 465
Huei, Kaiser der Han-Dynastie 525, 535
Huei Shih, chinesischer Philosoph 513
Hukkanas, Fürst von Azzi 49
Hule-See (Galiläa) 582, 589f.
Humanismus, geistige Bewegung im 15. und 16. Jahrhundert 18
Humanitas, Menschlichkeit 509
Humbanhaltasch I., König von Elam 69
Humbanhaltasch II., König von Elam 69, 110
Humbanhaltasch III., König von Elam 69
Humbanigasch I., König von Elam 69, 99

Humbanmenanu, König von Elam 69, 104
Humboldt, Heinrich Alexander Freiherr von, Naturforscher 14
Hūna (Kidariten, Chioniten) 462f., 652
Hunan, chinesische Provinz 522, 540, 556, *Kartenskizze 495*
Hunnen, siehe Hsiung-nu
Hunnen, Weiße, siehe Hephtaliten, Kidariten
Huo, chinesisches Adelsgeschlecht 537
Huo Ch'ü-ping, chinesischer Feldherr 561
Huo Kuang, Regent der Han-Dynastie 525, 537f.
Hupannumena, König von Elam 64, 69
Hupasijas, mythischer churritischer Mann 55
Hurpatilla, König von Elam 61, 69
Hutelutuschinschuschinak, König von Elam 65, 69
Huvakhschatra, siehe Kyaxares
Huvishka, König der Kushāna 440
Huvishka II., König der Kushāna 440
Huwasche, Landschaft um Susa 159
Hydaspes (Vitasta, Jlehum), Nebenfluß des Indus 398f., *Kartenskizze 167, 359, 367, 443*
Hyksos 46, 240, 257
Hymnen 59, 73f., 119, 142, 153, 171, 254, 260, 364f., 368, 370f., 373f., 376f., 604, 609, 650
Hypanis (Kuban), Fluß im Nordkaukasus 614
Hyphasis (Wipasa, Beas), Nebenfluß des Sutlej 193, 398, 421, 610
Hypostase, aus religiösen Vorstellungen personifiziertes göttliches Wesen 432, 451f.
Hyrkanien, Landschaft am Kaspischen Meer 200f., 206, 613
Hyrkanier, iranischer Volksstamm 604
Hystaspes (Vischtaspa), König von Persien 164
Hystaspes-Apokalypse 198

## I

I (chinesisch), Recht 511ff., 518
Iamblichos, griechischer Romanschriftsteller syrischer Abstammung 205f.
—, »Babyloniaka« (um 165 n. Chr.) 205f.
Iamnia (Jabne), Philistäa 288, 349, 648, *Kartenskizze 331*
Iaxartes (Sir-Darja) 137f., 141, 144, 146, 150, 159f., 176, 184, 188, 190f., 194, 199, 201, 424, 605, 607, 611, 613f., 617, 631f., 645, *Kartenskizze 167*

Ibiranu, König von Ugarit 58, 68
I Chou shu (»Zerstreute Schriften der Chou«), altchinesisches Werk 483
Ideogramm, Bildzeichen 233
Ideographie, Bilderschrift 234
Idrimi, Fürst von Mukisch 42
Idumäa (Edom), Landschaft südwestlich des Toten Meeres 59, 244f., 273, 279, 285, 297, 337, 342, 347, 643f., 647f., *Kartenskizze 255, 331*
I Ging (I Ching), Buch der Wandlungen, kanonisches Buch des Konfuzianismus 552
Ijon, Nordpalästina, *Kartenskizze 255*
Ikonographie, Beschreibung und Deutung von (alten) Bildwerken 470, 474
Ikshvāku, indische Dynastie 442, 445f., 450, 464, 468
Iksvākū, Sohn des Manu 368
I-li, altchinesisches Ritualhandbuch 483, 485
Ili, Fluß zum Balchasch-See, Russisch-Turkestan 424
Ilias, Heldenepos von Homer 57
Illujankas, mythischer Drache 55
Illyrer, indogermanische Volksgruppe 192
Ilubi'di, König von Hama 99
Iluchadda, Regent von Assyrien 63
Imamiten, Sekte der Schiiten 626
Imgur-Ellil (Balawat) am Großen Zab 84, 89, *Abb. 81*
Imperium Romanum 210
Inanna, Muttergöttin von Uruk, *Abb. 45*
Inaras, churritische Göttin 55
Inaros, libyscher Fürst in Unterägypten 146, 180, 645
Indar, Gott in Mitanni 364
Inder (Indoi) 13, 15, 32, 41, 138, 152, 383f., 400, 411, 567, 604, 619
Indien (India) 14f., 17, 19ff., 26f., 29—33, 85, 107, 142f., 148, 153, 173f., 187, 189, 192—196, 200, 207, 215, 351—476, 507, 565f., 569, 578, 584, 603, 606, 608 bis 612, 619, 625, 627, 632, 642, 647, 650—653, *Kartenskizze 167, 359, 367, 443*
—, Epoche der religiösen Bewegung 379—397
—, Frühgeschichte 356—363
—, Kushāna-Periode 438—460
—, Maurya-Periode 397—419
—, Spätvedische Periode 373—379, 650
—, Vedische Periode 363—373, 650
—, Zeitalter der Invasionen 419 bis 438
Indiktion, römische Steuerauflage 176
Indische Kultur 465, 467, 652

## NAMEN- UND SACHREGISTER 671

Indische Kunst 435—438, 457 bis 460, 477ff., *Abb. 357, 392f., 404f., 412f., 440f., 456f., 470f., 474f.*
Indischer Ozean 137, 158, 273, 447, 610, *Kartenskizze 167*
Individualismus 231
Indochina 353, 465, 525, 541, 569, 652
Indogermanen 137, 364
Indo-Iranier 607
Indonesien 33, 353f., 465
Indo-Parther 425
Indra, indischer Gott 44, 151, 363ff., 372, 376, 437, 453, 475
Indrānī, indische Göttin 372
Indus (Sindhu) 138, 174, 176, 193, 205, 216, 353, 356, 363, 368ff., 374f., 379f., 383f., 398ff., 402, 404, 408, 423, 425, 429, 441f., 447, 458, 578, 610f., 627f., 649ff., *Kartenskizze 167, 359, 367, 443*
Induskulturen 25, 137, 356, 363, 578f.
Industrielle Revolution 575f.
Inhärenz, Verhältnis der Eigenschaften zu den Dingen als ihren Trägern 472
Initeschup, König von Karkemisch 58
Initiation, Einweihung 504
Inkarnation (Fleischwerdung), Erscheinungsform eines Gottes 470
Interregnum 528
Ionier, griechischer Volksstamm 146, 176, 179, 405
Iovianus, Flavius, römischer Kaiser 148
Ipsos, Phrygien 400
Irak, Staat in Mesopotamien 137, 421, 582, 584, 589, 628, 632
Iran (Persien) 19, 21, 26, 34ff., 41, 46, 64, 83, 100, 102f., 111f., 128f., 132, 189, 293, 306, 318, 356, 363f., 398, 405, 415, 418f., 421f., 425, 432f., 438, 440, 444, 447, 459, 466, 470, 582, 584, 603, 606—611, 614, 618f., 625f., 632, 644—650, 652
—, das alte 135—236
—, Datengerüst 146—149
Iranier 83, 138, 146, 150, 192, 196f., 214, 412, 604
Irchuleni, Fürst von Hama 68, 82, 93
Isaak, Erzvater der Juden 241f.
Isai, Vater Davids 270, 279
Ischpuini, König von Urartu 68, 87
Ischtar (babylonisch; griechisch Astarte), semitische Göttin 50, 54f., **70—73**, 80, 112, 115, 119, 131
Ischtartor zu Babylon 127, 179, 642, *Abb. 117*
Ischtuwegu, siehe Astyages
Ischum, babylonischer Gott 121

Isebel, Gemahlin Ahabs 283f., 286
Iseo-See (Sebino-S.), Oglio-Tal, italienische Alpen 605
Isfahan (Aspadana), 209, *Kartenskizze 167*
Īshā, Upanishad in Versen 389
Ishvarakrishna, buddhistischer Denker 471, 653
Isin, Babylonien 64, 67, 113
Isis, ägyptische Göttin 625, 632
Islam 19ff., 29, 34f., 37, 141, 225, 447, 458, 468, 475f., 624ff., 632f.
Ismael, Führer eines Aufstandes in Juda 311, 645
Ismaeliten, arabische Volksstämme 246
Ispanz, Göttin in Kanesch 55
Israel 13, 15, 21, **34—37**, 44, 76, 82ff., 97ff., 132, 161, 268ff., 272f., **278—296**, 299, **301—304**, 313, 316f., 326, 328f., 333, 338, 341, 343, 347, 349, 623, 626, 628, **641—644**, 648, *Abb. 257, 288*
—, Auszug aus Ägypten 252ff., 256
—, Ende des Reiches **287—293**
—, Königstum **262—266**
—, Hellenisierung, Anpassung und Widerstand 330, **332—336**
—, Richter und charismatische Helden **258—262**
—, Sakrale Lebensordnung **246** bis **250**, 270
—, Schisma 328f., 646
—, Sinai-Offenbarung 250ff.
Israeliten 36, 48, 73, 75, 132, 253, 257, 264, 267, 274, 276, 326, 337, 591, 641
Issachar (Isaschar), Stamm Israels 243, 245, *Kartenskizze 255*
Issos, Kilikien 147, 183, 327, 604, 646, *Kartenskizze 166*
Istachr (Stachr, Stakhr) bei Persepolis, 197, 209, 213f.
Istanus, Sonnengott der Hethiter 55
Italien 20, 203, 603ff., 627
Italiker, indogermanische Volksgruppe 605
It'amara, König von Saba 292
Itoba'al (Ittobal) I., König von Tyros 75, 283, 643
Itoba'al (Ittobal) II., König von Tyros 125, 643
Ittimardukbalatu, babylonischer Minister 62
Ituräer, aramäischer Volksstamm 86
Iulian(us), Flavius Claudius (Apostata), römischer Kaiser 148, 216
Iustinian I., oströmischer Kaiser 149, 224
Ivriz, Kleinasien 92
Iwan, rechteckige, nach vorn offene Halle mit Tonnengewölbe 178

## J

Jabbok, Nebenfluß des Jordans, *Kartenskizze 255*
Jabes, Gilead 264f., 267, *Kartenskizze 255*
Jabne (später Iamnia), Philistäa 288, 349, 648, *Kartenskizze 331*
Jade (Jadeït; Nephrit), der Kornblende verwandtes Mineral 498f., 565, 614
Ja'dija, Fürstentum in Südostanatolien 91
Jäger- und Sammler-Kultur 23, 576, 579, 589f., 592f., 597f., 628ff.
Jaeser, Ostjordanland, *Kartenskizze 331*
Jaffa, siehe Joppe
Jagayyapeta am Fluß Krishna 436
Jahu, siehe Jahve
Jahve, Eigenname Gottes im Alten Testament 36f., **246—250**, 253f., **258—263**, 266, 268, **274—278**, 281, 284, 286, 289f., **294—299**, 302ff., 308f., 313, **316—320**, 325, 329f., 333, 610, 641ff., 645
—, Das Gesetz des Himmelsgottes **324—327**, 644f.
Jahve Zebaoth (Herr der Heerscharen) 208, 249, 275, 294, 299
»Jahvist«, Geschichtsschreiber der davidisch-salomonischen Epoche 277f., 325, 643
Jaimini, Verfasser der Mīmāmsāsūtra 454
Jaimiṇīya, Fassung des Samaveda 366
Jaimiṇīya Brāhmaṇa, Teil der Veden 378
Jaina (Jainismus), indische Sekte 355, 380ff., 391ff., 396f., 400, 406, 409, 421, 429, 433, 437, 450, 454, 525ff., 650, *Abb. 393*
Jaina-Kanon 418
Jaina-Literatur 456
Jakob, Erzvater der Juden 241ff., 294
Jakob Baradäus, syrischer Mönch 449
Jakobitischer Monophysismus 449
Jālandhara, Punjab 440
Jalauka, siehe Shalishuka
Jam, ugaritische Gottheit 75
Jamani, Fürst von Asdod 297
Janaka, König von Videha 380
Janamejaya, König der Kuru 374, 650
Jandial bei Taxila 192
Japan 441, 566, 571, 619, 632
Japho, siehe Joppe
Jarch, ugaritischer Gott 58f.
Jarmuk, Nebenfluß des Jordans, *Kartenskizze 255*
Jason (Josua-Jason), jüdischer Hoherpriester 334f., 646

# NAMEN- UND SACHREGISTER

Jātaka, Erzählungen aus dem früheren Leben des Buddha 436, 438, 455, 465
Jatrib (Medina), Arabien 128, *Kartenskizze 111*
Jaubi'di, Usurpator von Hama 294
Jaugada, Orissa 402, 404
Java, Sundainsel 465, 476
Jayadeva, indischer Dichter 456
—, »Jayavadevachandas«, Lehrbuch der Metrik 456
Jazilikaja, Felsheiligtum 56, *Abb. 57*
Jebusiter, vorisraelitisches Volk in Palästina 240, 269, 273f., 276
Jechonja, siehe Jojachin
Jehol, chinesische Provinz, *Abb. 505*
Jehu, jüdischer Prophet 282
Jehu, König in Israel 83f., 283, 285f., 288f., 643, *Abb. 289*
Jen (chinesisch), Güte 509, 512, 517, 553
Jephta, Richter in Israel 261
Jeremia von Amatoth, jüdischer Prophet, Buch des Alten Testaments 123, 142, 304–311, 313ff., 609
Jericho, Palästina 22ff., 26, 265, 310, 323, 584, 588, 590–600, *Abb. 592f, Kartenskizze 255, 331*
Jerobeam I., König in Israel 278 bis 281, 303, 642
Jerobeam II., König in Israel 289f., 643
Jerusalem (Urusalim), Palästina 21, 48, 97, 104f., 110, 125, 149, 160, 198, 205, 218, 249, 296f., **273–276**, 280f., **286–289**, 293 bis 299, 302ff., **307–311**, 313 bis 316, 319–330, 322, 335 bis 342, **344–349**, 592, 628, **642** bis 649, *Abb. 272, 293 Kartenskizze 111, 166, 255, 331*

—, Klagemauer 346
—, Palast und Tempel **273–276**, *Abb. 275, 349*
Jesaja, jüdischer Prophet, Buch des Alten Testaments 109, 262, 289, 294f., 296ff., 299, 318f., 321, 644, *Abb. 340*
Jesreel in Issachar, Palästina 282f., 285f., 289, 641, *Kartenskizze 255*
Jesreel-Ebene, Palästina 260f., 266f., *Kartenskizze 331*
Jesus von Nazareth 37, 208, 328, 347, 648
Jhangar am Indus 363, 650
Jhelum (Vitasta, Hydaspes), Nebenfluß des Indus 398f., *Kartenskizze 167, 359, 367, 443*
Jhukar am Indus, nahe Mohenjodaro 363, 650
Jīna, Gründer der Jaina-Bewegung 391
Jīva, Seele 392f.
Jñanamārga, »Weg der Erkenntnis« 379

Joab, Feldhauptmann Davids 268, 270f.
Joahas, König. n Israel 286, 643
Joahas, König in Juda 305f.
Joas, König in Israel **286–289**, 643
Joas, König in Juda 286ff., 296, 303, 643f.
Johannes, Evangelist 199, 328, 347
Johannes der Täufer 648
Johannes Hyrkanus I., König in Juda 199, 341, 647
Johannes Hyrkanus II., Hoherpriester und König in Juda 342, 344ff., 647
Jojachin (Jechonja), König in Juda 125, 127, 307f., 313f., 644
Jojada, Oberpriester in Jerusalem 286f.
Jojakim (Eljakim), König in Juda 306ff., 644
Jonathan, Hoherpriester und König in Juda **338–341**, 647
Jonathan, Sohn Sauls 265f., 268
Joppe (Jaffa, Japho), Palästina 48, 304, 340, *Kartenskizze 331*
Joram, König in Israel 285f., 643
Joram, König in Juda 286, 643
Jordan, Fluß in Palästina 239, 244, 265, 310, 337, 346, 591, *Abb. 257, 584, Kartenskizze 255, 331*
Josaphat, König in Juda 285f., 643
Joseph, Sohn Jakobs 242, 245f.
Josia, König in Juda 124, **301–306**, 323, 325, 329, 341, 644
Josua, jüdischer Hoherpriester 320f.
Josua, Nachfolger Mose 245f., 249, 591
Josua, Buch 245, 254, 256, 259, 278, 295, 304
Josua-Jason, siehe Jason
Jotham, jüngster Sohn Gideons 263
Jotham, König in Juda 289, 294ff., 644
Juda, Stamm Israels 37, 245, 259, 267ff., 270, 272, 274, **278–283**, **285–289**, **293–320**, 322f., **326** bis 330, 332, 337, 339, 341, 344, 623, 626f., 631, **641–645**, *Kartenskizze 255*
—, Babylonisches Exil **312–321**
—, Ende des Reiches **305–312**
Juda, Landschaft in Palästina 97, 99, 103f., 106, 124f., 142f., 161, 609, 628, 645
Judäa, römische Provinz in Palästina 198, 344f., 346f., 647f., *Kartenskizze 331*
Judäer 305, 307, 310f., 313ff., 317ff., 321, 323, 330, 332, 339f., 645
Judas Makkabäus, Feldherr und König in Juda 337f., 646
Juden 14, 21, 35, 37, 125, 128, 130, 132, 160f., 170, 198, 202, 205, 215, 226, 235, 336, 347, 449, 481, 625f., 631f., 642

Judentum 35, 37, 205, 207f., 215, 226f., 235, 316f., 326, 332, 347, **623–626**, 631, 633, 646
Jüdische Propheten 37, 98, 103, 123, 128, 142, 153, 161
Jumna (früher Yamuna), Nebenfluß des Ganges 369, 380, 415, *Kartenskizze 359, 367, 443*

Junagadh auf Kāthiāwār 411, 442, 455
Jung, Volksstamm in China 500
Jungsteinzeit (Neolithikum) 356, 490, 494f., 586, 592f., 597, 628ff., 649, *Abb. 492, 592*
—, Kultbauten 595f., 598
—, Kunst 588, 593, 596, 598
Jupiter, römischer Gott 373
—, Dolichenus, nach der antiken Stadt Doliche (Tell Dülük) in Nordsyrien 625, 632
Jurisdiktion, Gerichtsbarkeit 332, 345
Justinus, Marcus Iunianus, römischer Historiker 399f.
Jyotisha Vedānga, altindisches Handbuch der Astronomie 414

# K

Kabtilānimarduk, babylonischer Dichter 120
Kabul (Kabura, Kabulo), Ostiran 383, 397, 439, 441, 447, *Kartenskizze 167*
Kabul (Kubha, Kophes), Nebenfluß des Indus 397, 399, *Kartenskizze 359, 367, 443*
Kāca, Rivale Samudraguptas 461
Kadamba, indisches Herrschergeschlecht 464
Kadaschmanellil I., König von Babylonien 46, 69
Kadaschmanellil II., König von Babylonien 50, 62, 68
Kadaschmanturgu, König von Babylonien 62, 69
Kadesch am Orontes, Syrien 48ff., 53
Kadmoniter, vorisraelitisches Volk in Palästina 240
»Kämpfende Staaten«, Chan-kuo-Periode in China 31, 487, 650
Kairo, Ägypten 235
Kalabhra, indisches Herrschergeschlecht 464
Kalach (Kalchu, heute Nimrud) am Tigris 62, 80, 83f., 90, 94ff., 98f., 101, 113f., 119, 123, 290, 628, 641, *Kartenskizze 85, 111, Abb. 76f., 80, 96, 289*
Kālashoka, König von Magadha 382
Kalchedon am Bosporus, *Kartenskizze 166*
Kalchu, siehe Kalach

# NAMEN- UND SACHREGISTER

Kaldu (Chaldäa), Südbabylonien 82
Kalenderwissenschaft 122, 481, 504
Kalewala, finnisches Nationalepos 140
Kalhana, indischer Historiker 355
Kālī (Durgā), indische Göttin 453, 470
Kalibiter, Volksgruppe in Juda 259
Kālidāsa, größter indischer Dichter 455f., 462, 472f., 653
—, »Abhijnāna-Shakuntalā«, Drama 472, 653
—, »Kumārasambhava«, Epos 473, 653
—, »Meghadūta«, lyrische Dichtung 473
—, »Raghuvamsha«, Epos 473, 653
—, »Ritusamhara« (?) 473
Kalif (arabisch, Stellvertreter), Nachfolger Mohameds als Führer des Islams 626
Kalifat, Herrschaft des Kalifen 632
»Kalila und Dimna«, indisches Werk in Sanskrit 234
Kalinga (Orissa), Landschaft in Indien 402 ff., 411, 421, 427, 651, *Kartenskizze 443*
Kallias, athenischer Politiker 146
Kallias-Friede 146, 180, 645
Kālsī am Ganges 404
Kamanas, Kronprinz von Karkemisch 95
Kāmarūpa, Staat in Assam 461
Kamboja, Königreich in Indochina 416, 465, 475, 626, 633
Kamboja, Landschaft im Osten Afghanistans 380, 404, 650
Kambyses II., König von Persien 129f., 146, 162f., 172, 318, 645
Kamnaskires I. Nikephoros, König von Elymais 147, 197f.
Kanaan (Kinachchi, Kinachna), Küstentiefland von Palästina 36f., 48, 243, 260, 263, 277, *Abb. 256*
Kanaanäer, vorisraelitisches Volk in Palästina 42, 46, 48, 240, 243, 245, 257ff., 287, 641f.
Kanāda, Verfasser der Vaisheshikasūtra 454
Kanauj (Kannauj) am Ganges, Uttar Pradesh 467
Kāñchī, Südindien 430, 461, 464
Kanda, Abschnitt eines Brāhmana 378
Kandahar (Alexandreia), Ostiran 170, 173, 187, 192, 384, 402, 404, *Kartenskizze 167*
Kandalānu, Unterkönig in Babylon 69, 116, 122f.

Kanesch, heute Kültepe bei Kayseri, Anatolien 54, *Kartenskizze 51*
Kānheri bei Bombay 460
Kanhpur, Uttar Pradesh 476
Kanishka, König der Kushāna 195, 438—441, 444, 454, 456f., 460, 652, *Abb. 441*
Kanishka II., König der Kushāna 440
»Kanon der Oden« (Shih-ching) 483
»Kanon der Schriften« (Shu-ching), altchinesische Sammlung 483f., 494
Kansu, Provinz in China 424, 479, 556, 561, 564, 616, 618f., 649, *Kartenskizze 495*
Kāntipuri, Staat am mittleren Ganges 444
Kanton, Kuangtung (China) 488, 568ff., 651f.
Kanton-Fluß, siehe Perl-Fluß
Kānva, Fassung des Shatapatha Brāhmana 378
Kānva, Fassung des Vājasaneyi 366
Kānva, indische Dynastie 420
Kanyākubja am Ganges 380
Kan Ying, chinesischer Feldherr 566
Kanzleischrift, chinesische 522
Kao (chinesisch) »der Erhabene«, siehe Liu Pang
Kapara, Fürst von Guzana 68, 93
Kapilavastu (Nepal), Geburtsort des Buddha 380, 394
Kāpishi (Begram) 206, 383, 441, 447, *Kartenskizze 443*
Kapishthala, Fassung des Yajurveda (Katha-Schule) 366
Kapitalsteuer 533, 544, 549 ff.
Kapitell (Kopf der Säule) 419, *Abb. 405*
Kappadokien, Landschaft in Anatolien 149, 196, 218, *Kartenskizze 166*
Karaïndasch, König von Babylonien 45, 69, 74
Karakindasch, König von Babylonien 61, 69
Karatepe (früher Azitawaddija) am Dscheyhan, Südanatolien 48, 92
Kārdamaka, Dynastie der Shaka 442
Kardia im thrakischen Chersones (Gallipoli) 196
Karen, parthisches Geschlecht 211 f.
Karien, Landschaft in Südwestkleinasien 181
Karier, Volk im südwestlichen Kleinasien 146, 160, 174, 176
Karikāla, Herrscher in Cola 446
Karim Shahir, Fundstätte im Irak 589
Karkaschschi, Iran 112

Karkemisch am Euphrat 49, 52, 57f., 62, 79, 81, 83, 92, 94f. 100, 125f., 139, 306, 607, 643f., *Abb. 89, 292, Kartenskizze 51, 166*
Karkota, Dynastie aus Kashmir 463
Karl I., der Große, König der Franken, deutscher Kaiser 18
Karlgren, Bernhard, schwedischer Sinologe 490
—, »Legends and Cults of Ancient China« 490
Karli (Karle), Westküste Indiens 433, 437, 460, 475, *Abb. 440*
Karmamārga, »Weg der Tat« 379
Karman (die Tat), Gesetz des 33, 390ff., 394—397, 472
Karmana, siehe Kirman
Karmayoga, Heilsweg des Yoga 435
Karmel, Gebirge, Palästina, *Kartenskizze 331*
Karmir Blur (früher Teschebaini) am Aras 87f., 89f.
Karnaim, Palästina, *Kartenskizze 331*
Karnak, Oberägypten 281, *Abb. 253*
Karrhai (Harran), Mesopotamien 147f., 201f., 204, 211, 647
Kars, Armenien 89
Kārsāpana, altindische Kupfermünze 387
Kart, mythischer König von Ugarit 59
Karthago (Qart-hadascht), Tunesien 76f., 603, 644
Kartripura (Jalandhar), Punjab 461
Kārttikeya (Skanda, Kumāra), indischer Gott 441, 453, 473, 653
Kar-Tukultininurta am Tigris 63
Karyanda in Karien 174, 383, 610
Karyatide, weibliche Figur, die auf dem Kopf das Gebälk trägt 438
Kaschan, Westiran 139
Kaschk (aramäisch Kat[a]k), Landschaft in Pontus 93
Kaschtarit, siehe Phraortes
Kaschtiliasch III., König von Babylonien 45, 69
Kaschtiliasch IV., König von Babylonien 63, 69
Kāshi (heute Benares), indischer Staat 380, 650, *Kartenskizze 443*
Kashmir, ehemaliges indisches Fürstentum 355, 406, 413, 417, 440, 463
Kāshyāpīya, buddhistische Sekte 433
Kaskäer, Volk im Pontus 49, 65, 93, *Kartenskizze 51*

Kaspatyros (Gandhāra) 383
Kaspisches Meer 88, 158, 447, 606, *Kartenskizze 167*
Kassiten (Kossäer), turanides Bergvolk 28, 45, 50, 60, 63f., 67, 70, 103, 118, 360, *Abb. 44f., 64*
Kastenwesen in Indien 32f., 370, 375f., 386f., 409, 428f., 434, 450, 455, 465, 625, 652
Kat(a)k (Kaschk) 92f.
Kataphrakt, Schuppenpanzer 211
Katha, Upanishad in Versen 389
Kāthaka, Fassung des Yajurveda (Katha-Schule) 366
Kathenotheismus (Henotheismus), Eingottverehrung 372
Kāthiāwār, Halbinsel Vorderindiens 353, 361, 370, 376, 404, *Kartenskizze 359, 367*
Katholikos, Ehrentitel des Patriarchen der armenischen Kirche 217, 235
Katholizismus 449
Katoikie, militärische Kolonie 192, 197, 617f.
Katuwas, König von Karkemisch 69, 92, *Abb. 89*
Katyāvana, indisches juristisches Werk 468
Kātyāyana, indischer Grammatiker 385, 408
Kaukasien 46
Kaukasos (Hindukush) 406
Kaukasus 88, 138f., 170, 227, 363f., 604, 607, 613f.
Kaundinya, Gründer von Fu-nan 465
Kaurava (Kuru), altindischer Volksstamm 369, 372, 415
Kaushāmbī, Vatsa 380f., 388, 403, 410, 421, 445, *Kartenskizze 359, 367*
Kaushītaki, Upanishad in Prosa 389
Kausia, schirmlose Tellermütze, Kopfbedeckung makedonischer Krieger 191
Kausītaki Brāhmana, Teil der Veden 377
Kauthuma, Fassung des Sāmaveda 366
Kautilīya Anthashāstra, Lehrbuch der Regierungskunst 429, 456
Kautilya, siehe Cāmakya
Kaverī, Fluß in Südindien 407, 446, *Kartenskizze 359, 367, 443*
Kavi Vischtaspa, König von Baktrien 156
Kawa, mythischer Schmied in Baktra 184
Kawadh I., König von Persien 148, 215, 217, 220, 222f., 229f., 649
Kawadh II., König von Persien 149
Kebar, Kanal bei Nippur 313
Kedes, Palästina, *Kartenskizze 331*
Kechi Beg, Fundstätte bei Quetta, Beluchistan 356, 649

Keilschrift 25, 28, 36, 47ff., 52, 57, 87, **107ff.**, 132, 138, 165, 169f., 177, 383, 644
Keilschriftalphabet von Ugarit 47
Kelischin, Paß südwestlich des Urmia-Sees 87
Kelten, indogermanische Völkergruppe 30, 152, 603, 605, 618, 647
Kena, Upanishad in Prosa 389
Kenissiter, vorisraelitisches Volk in Palästina 240
Keniter, vorisraelitisches Volk in Palästina 240, 246
Kenyon, Kathleen, englische Archäologin 592
Kerala, indischer Bundesstaat 407, 448f., 455, 651, *Kartenskizze 367*
Keralaputra, altindisches Königreich 385, 404
Keramik 23, 26, 607
—, China 490, 494, 649, *Abb. 548, 552*
—, Indien 356, 358, 361, 370, 376, 388, 407f., 410, 418, 427, 446, 448, 649f.
—, Iran 137, 152, 585, 591f., *Abb. 144, 160, 201*
—, Israel 309, 592f., 595f., *Abb. 309, 593*
—, Naher Osten 44, 93, *Abb. 300*
Kerényi, Karoly, ungarischer Altphilologe und Mythenforscher 154
Kerkuk (früher Arrapcha), Mesopotamien 42, 64, 123, *Kartenskizze 166*
Kerub Addan, Babylonien 313
Kertsch, östliche Landzunge der Krim 618
Khaibarpaß, nördlich von Peshawar, Nordwestindien 397
Khaipur, Landschaft am unteren Indus 356
Khalatse in Ladakh 439
Khandagiri bei Bhubaneshvar, Orissa 438
Kharavela, König von Kalinga 421, 427
Kharoshthī-Schrift, Indien 384, 402, 408, 422, 425, 430, 439ff., 611f.
Khasha, Kashmir 401
Khila, Hymnengruppe des Rigveda 365
Khmer, Volk aus der austro-asiatischen Sprachgruppe in Kamboja und Nieder-Cochinchina 476
Kiangsi, chinesische Provinz 525, *Kartenskizze 495*
Kiangsu, chinesische Provinz 492, 501f., *Kartenskizze 495*
Kidāra, König von Gandhāra und Tokharestan 462f.
Kidariten (Hephtaliten) 196, 217, 462f., 652
Kidenas, siehe Kidinnu

Kidinhutran, König von Elam 64, 69
Kidinnu (Kidenas), babylonischer Astronom 132, 646
Kidron, Bachbett bei Jerusalem 260, 273
Kikkuli, Verfasser eines hethitischen Lehrbuches über Pferdezucht 53
Kilamuwa, Fürst von Ja'dija 68, 91
Kilikien (Kizwatna), Landschaft im Südosten Anatoliens 49, 50, 83, **90—93**, 104, 115, 127, 147, 641
Kilikische Pforte 189
Kilman, Iran 112
Kimmerier, thrakischer Volksstamm 88f., 100, 111f., 115, 140, 146, 607, 643f.
Kimon, athenischer Feldherr 180
Kimonischer Friede 180
Kinachchi, siehe Kanaan
Kinachna, siehe Kanaan
Kinda, südarabisches Volk und Dynastie 226f.
King-lu, chinesischer Gelehrter 619
Kingu, mythischer General 71
Ki-pin (Chi-pin), Grenzzone am Indus 195, 424
Kirāta, indischer Volksstamm 399
Kirchenväter, anerkannte Theologen der alten Kirche 631
Kirche und Staat 623
Kirjath-Jearim, westlich von Jerusalem 269
Kirman (Karmana), Ostiran 176, 209, *Kartenskizze 167*
Kir Moab, Palästina, *Kartenskizze 255*
Kisch, Mesopotamien 72
Kison, Bach in der Jesreel-Ebene 260, *Kartenskizze 255*
Kizwatna, siehe Kilikien
Kleinasien (Anatolien) 19, 26ff., 41, 46, 49f., 52, 54, 56, 62, 76f., 86, 89f., 100, 109, 146f., 149, 159ff., 163, 180, 183, 187, 196, 201, 218, 240, 270, 318, 332, 584, 606, 643, 645f., 647
Klibanarier, persische Reiter 211
Knochengeräte, jungsteinzeitliche 586
Kodomannos, König von Persien 181
Könige, Bücher der Könige im Alten Testament 276, 278f., 287, 291, 296, 302f., 305f., 308
Kohlenstoff (C, Element 6) 578
—, C 14-Methode der Altersbestimmung geologischer Schichten 578, 586, 588, 592, 596
Koine (griechisch, die Gemeinsame), griechische Umgangssprache der hellenistischen Welt 205ff.
Kolhapur, Mahārāshtra 448

# NAMEN- UND SACHREGISTER

Kolonisation 31
—, phönikische 75, 161
Kolophon, Schlußformel alter Handschriften und Drucke mit Angabe über Verfasser, Druckart und Druckjahr 117
Kolumbus (Columbus), Christoph 14, 624
Kommagene (früher Kummuch), Landschaft im Osten Anatoliens 34, *Abb. 189*
Kommunion (Gemeinschaft) 624, 634
Kommunismus 32, 625, 635
Konfuzianismus 21, 33, 510f., **512 bis 516**, 518, **520–523**, 526, 539, 546, 552ff., 563, 625, 651, 653
Konfuzius (K'ung fu-tzu, Meister K'ung, K'ung Chung-ni, K'ung Ch'iu) 14, 33f., 482, 491, **507 bis 512**, 514, 516ff., 552, 554, 609f., 626, 651
—, »Lun-yü« 509
Konkan, Landschaft an der Westküste Indiens 413
Konow, Sten, norwegischer Indologe 439
Konsekration, liturgische Weihe 498
Konsonantenalphabet, phönikisches 47
Konstantinopel (Byzanz, Byzantion) 218
Kontemplation, in sich gekehrte, auf das Übersinnliche gerichtete Beschaulichkeit 434f.
Konzeptschrift, chinesische 522f.
Kopfsteuer 177, 223f., 332, 535, 539, 550
Kophes (Kubhā, Kabul), Nebenfluß des Indus 383, *Kartenskizze 359, 367, 443*
Koran, das heilige Buch des Islams 626
Korea 441, 525, 566ff., 571, 606, 614, 619, 632, 652, *Kartenskizze 495*
Korinth, griechische Hafenstadt 191, 607
Korinthischer Stil 191, 607
Koromandelküste, Südostküste Indiens 448
Kosambi, Damodar Dharmanand, indischer Historiker 362, 409, 467
Koschar-wa-Chasis, ugaritischer Gott 58f.
Koshala (Kosala), altes Reich im Gangesbecken 369, 380f., 385, 421, 440, 650
Kōshar, altindischer Volksstamm 407
Kosmogonie, mythische Lehre von der Entstehung der Welt 365, 371, 373, 376ff., 389, 552
Kosmologie, Lehre vom Weltall 33, 373, 552f., 653
Kosmos 507, 509, 514f., 552

Kossäer, siehe Kassiten
Kot Diji, Fundstätte in Pakistan 356, *Kartenskizze 367*
Krateros, Feldherr Alexanders des Großen 398
Kreta, Insel im Mittelmeer 26, 46, 58, 75, *Kartenskizze 166, 587*
Kreter 46
Kriegsepen, mesopotamische 72f.
Krim, Halbinsel im Schwarzen Meer 614, 618
Krishna, indischer Gott 414, 416, 431, 455, 652
Krishnā, Fluß in Südindien 427, 436, 445f., 459, 463, *Kartenskizze 359, 367, 443*
Krishna-Vāsudeva, indischer Gott 434
Kritizismus, Bewußtsein der Grenzen des menschlichen Erkennens und Wachhaltens dieses Bewußtseins 452
Krösus, siehe Kroisos
Kroirana, siehe Lou-lan
Kroisos (Krösus), König von Lydien 128, 146, 159f., 318, 643
Kronos-Mythos 55
Kschatarit (Kaschtarit, Phraortes), König der Meder 112, 140
Kshaharāta, Shaka-Dynastie in Indien 442, 445
Kshatrapa (indisch), Satrap 354, 425
Kshatrapa-Reich 442, 444f., 449, 461, 468, 652, *Kartenskizze 443*
Kshatriya, Kriegerkaste der Hindus 375, 382, 389, 401, 414ff., 429, 450
Kshudraka (Oxydrakai) Volksstamm im Punjab 398
Ktesias, griechischer Arzt und Geschichtsschreiber 183, 355
Ktesiphon, am Tigris 148f., 202f., 205, 207, 209, 211, 216, 218, 230, 235, *Abb. 233, Kartenskizze 165*
K'uai-chi, Name von Wu nach 154 v. Chr. 540
Kuan Chung, chinesischer Philosoph 506f.
Kuan Chung, Minister in Ch'i 534
Kuangsi, chinesische Provinz 525, 556, 568
Kuangtung, chinesische Provinz 525, 556, 568, *Abb. 552*
Kuang-wu (Liu Hsiu), Kaiser der späten östlichen Han-Dynastie 527, 534, 553, 562, 652
Kubaba, churritische Göttin 55
Kuban (Hypanis), Fluß im Nordkaukasus 614
Kubhā (Kophes, Kabul), Nebenfluß des Indus 383, *Kartenskizze 359, 367, 443*
Kudurellil, König von Babylonien 69

Kueichou, chinesische Provinz 525, 569, 652
Kuei-shuang, Kushāna 438f.
Kuh-i Chwadscha, Palast auf einer Insel im Hamun-See 207
Kujula (Kudshula) Kadphises, Gründer der Kushāna-Dynastie 195, 424, 439, 444, 468
Kuli, ostasiatischer Lastträger und Tagelöhner 360
Ku-liang chuan, altchinesisches Geschichtswerk 482
Kulli, südwestlich von Nal, Beluchistan 356
Kulturpflanzen, Ursprungsgebiete 579f., 584, *Kartenskizze 579, 587*
Kumāra (Skanda, Kārttikeya), indischer Gott 441, 453, 473, 653
Kūmāradevī, Prinzessin der Licchavi 460
Kumāragupta I., König der Gupta 462, 652
Kumāralāta, indischer Dichter 455
—, »Kalpanāmanditikā« (»Sūtrālamkāra«), buddhistische Legenden 455
Kumarpi, churritischer Göttervater 55
Kummuch (Kommagene), Landschaft im Osten Kleinasiens 88, 91, *Abb. 189*
Kunāla, indischer Prinz 405
Kunaxa am Euphrat 146, 180, 183, 646
Kunduz am Oxos, Nordostiran 611
K'ung Ch'iu (Konfuzius) 509
K'ung Chung-ni (Konfuzius) 509
K'ung fu-tzu (Konfuzius) 509, 651
Kung-sun Lung, chinesischer Philosoph 513
Kung-sun Yang (Shang Yang) 519
Kung-yang chuan, altchinesisches Geschichtswerk 482
Kuninda, altindisches Königreich 421
K'un-ming, Hauptstadt von Yünnan, China 570, *Abb. 568*
Kuntala, Nord-Mysore 425
Kuo-yü (»Diskussionen des Staates«) 482
Kupfer 47, 54, 76, 83, 89, 356, 358, 370f., 381, 450, 535, 649
Kupfersteinzeit (Chalkolithikum) 407
Kura (Kyros), Fluß in Transkaukasien 88, *Kartenskizze 166f.*
Kural, Meisterwerk der Tamil-Literatur 474
Kurasch, siehe Kyros
Kurdistan, Landschaft in Vorderasien 42
Kurgan (türkisch-slawisch), Hügelgrab 611, 614
Kurigalzu I., König von Babylonien 45, 69

# 676 NAMEN- UND SACHREGISTER

Kurigalzu II., König von Babylonien 61, 69
Kurnool-Distrikt, Mysore 404
Kuru (Kaurava), altindischer Volksstamm 369, 372, 374, 650
Kurukshetra, Landschaft an der oberen Jumna 369, 371, 415
Kurupedion, nahe Magnesia, Lydien 646
Kuruschkat, siehe Kyreschata
Kushāna (Kushan), indoskythische Dynastie 30, 148, 192, 195f., 424, 426, 452, 461ff., 468, 559, 566f., 617, 632, 652, *Kartenskizze 443*
Kushāna, Kunst **457–460**, 611
—, Literatur **454–457**
—, -Periode **438–460**
—, Philosophie **451–454**
—, Verwaltung 449f.
—, Wirtschaftsleben 450f.
Kushinagara, Mönchsgemeinde 394
Kutei, Staat auf Borneo 465
Kuternahhunte I., König von Elam 64, 69
Kuternahhunte II., König von Elam 69, 104
Kutmuch, Landschaft in Armenien 61
Kyaxares (Huvakhschatra, Uwachschatra), König von Medien 123, 140, 146, 159, 604, 642, 644
Kybele, phrygische Muttergöttin 625, 632
Kyrene, Libyen 405, *Kartenskizze 166*
Kyreschata (Kuruschkat, Kyropolis) am Iaxartes 144, 146, 160, *Kartenskizze 167*
Kyros (Kurasch) I., König von Persien 116, 146, 159
Kyros II., König von Persien **128ff.**, 141, 144, 146, **159–163**, 169, 172f., 178, 181f., 186, 189, 213, 215, 317ff., 383, 604, 644f.
Kyros der Jüngere 146, 180ff., 646
Kyros, Fluß, siehe Kura
Kyūshū, japanische Insel 571
Kyzikos am Marmarameer 406

## L

Labaja, Fürst im südlichen Kanaan 48
Laban, Schwiegervater Jakobs 243
Labaschimarduk, König von Babylonien 69, 127
Labienus, Quintus, römischer Offizier 201f.
Labynetos, Königsname bei Herodot 128
Lachisch, Palästina 103, 288, 298, 309f., *Abb. 308f., Kartenskizze 255*
Lachmiden, arabisches Fürstengeschlecht in Hira 226ff.

Lackarbeiten, chinesische 539
Ladakh, Landschaft in Kashmir 439
Lade, ionische Insel bei Milet 146, 179
Lade (Bundeslade), Sanktissimum Israels und Palladium des »Heiligen Krieges« 249f., 256, 263f., 270, 275f., 294, 301, 315
Lahore im Punjab 357
Lakshmi (Shri), indische Göttin 453, 470
Lakulin, indischer Sektengründer 453
Lalitagiri bei Bhubaneshvar, Orissa 438
Lamaschtum, babylonischer Dämon 56, 119
Lamotte, Étienne, belgischer Indologe 433
Lankā (Ceylon) 413, 416, *Kartenskizze 443*
Lankasuka, Staat auf der Malaiischen Halbinsel 465
Laokriten, Richter im Ptolemäerreich 172
Lao-shang, Führer der Hunnen 613
Lao-tzu, chinesischer Philosoph 507, 514ff., 552, 609f., 626, 651
—, »Tao-te-ching« 507, 514, 516, 651
Lapislazuli 47
Laubhüttenfest, Fest der Lese 250, 256, 286, 325
Lauriyā Nandangarh, Champaran-Distrikt in Bihar 419

Lea, Frau Jakobs 243
Leberschau 56, 74, 121
Legitimität, historisch begründete Rechtmäßigkeit 517
Lehnswesen in China 503, 526, 528ff., **530ff.**, 536, 540, 542, 547, 558, 566, 650f.
Leibeigenschaft in China 505
Leiturgie (griechisch), Dienstleistung 174, 176f.
Lekythos, griechisches Ölfläschchen 448
Leninakan, westlich des Tschaldyrsees 87, *Kartenskizze 164*
Leontes, Fluß in Palästina, *Kartenskizze 255*
Leptis Magna, Stadt in Libyen 76
Leptis Parva, Stadt in Libyen 76
Leukaspiden, persische Fußtruppen 186
Leviratsehe (niyoga), Schwagerehe 370, 522
Leviten, Stamm Israels, als Priester und Tempeldiener tätig 247, 250, 301f., 329
Leviticus, das 3. Buch Mose 325
Li (chinesisch), Sitte, Brauchtum 508ff., 518

Liang, chinesisches Adelsgeschlecht 537
Liao, Fluß in der Manchurei 567, *Kartenskizze 495, 559*
Libanon (Labnanum), Gebirge in Syrien 76, 176, 239f., 274, 348, 581, *Abb. 253, Kartenskizze 255, 331*
Libba, Ostjordanland, *Kartenskizze 331*
Libyen 76, 162, 645
Licchavi, indisches Herrschergeschlecht 380f., 460f.
Li-chi, altchinesisches Ritualhandbuch 483
Liljan, Insel im Persischen Golf 64
Li Ling, chinesischer Heerführer 558
Li Kuang, chinesischer Heerführer 561
Li Kuang-li, chinesischer Heerführer 558
Limes, befestigter Grenzwall 192
Linga (indisch), Phallus, Sinnbild der Zeugungskraft 432
Li Ssu, chinesischer Kanzler 518, 520, 523, 528
Li-ting, chinesische Gefäßform 494
Liu, chinesische Dynastie 525ff., 529
Liu, chinesischer Kaiser 530
Liu Chü, chinesischer Erbprinz 537
Liu Hsiang, chinesischer Bibliothekar 555, 653
Liu Hsin, chinesischer Bibliothekar 555
Liu Hsiu (Kuang-wu), Kaiser der späten Han-Dynastie 527, 534, 553, 562, 652
Liu Pang Kao, Begründer der Han-Dynastie 523ff., 528f., 530, 536, 547, 559, 651
Lob-nor (Lop-nor), Seen- und Sumpfgelände im Tarimbecken, Chinesisch-Turkestan 561, 565, 616, 618
Logik, Lehre von den Gesetzen richtigen Denkens 513, 518
Lo-i, alter Name für Lo-yang, China 500
Lokāyata, altindische materialistische Lehre 397
Lo-lang, Nordkorea 567
Lolo, Volksstamm in China 570
Lomas Rishi bei Gaya, Bihar 419
Loralai, südlich von Zhob, Belutschistan 356, 649
Loriyan Tangai, Westpakistan, *Abb. 456*
Lot, Neffe Abrahams 243
Lothal auf Kāthiāwār 358, 361f., 408, *Kartenskizze 359*
Lou-lan (Kroirana) am Lob-nor, Chinesisch-Turkestan 561, 565, 616

## NAMEN- UND SACHREGISTER

Lo-yang (heute Honan), chinesische Provinz Honan 493 f., 500, 527, 566 f., 619, 650,

Lu, Staat in China 482, 487, 500, 502, 508 f., 516, 650,
Luchasch (Luchuti, Nuchaschsche), Syrien 93
Luddu, siehe Lydien
Lü, chinesisches Adelsgeschlecht 530, 537
Lü, Kaiserin der Han-Dynastie 525
Lukas I., König von Karkemisch 69, 92
Lukas II., König von Karkemisch 69, 92
Lukas, Evangelist 347
Lulê, König von Sidon 103
Lulumäer, Volksstamm 65
Lumbini, Hain, legendäre Geburtsstätte des Buddha 419
Lung am Ongin-Fluß (?) 560
Lung-hsi, Landschaft in Kansu 556
Lung shan, westlich von Hankou, China 490
Lungshan-Kultur (chinesische schwarze Keramik) 490, 494, 649
Lun-yü, siehe Konfuzius
Luristan, Landschaft in Südwestiran 61, 83, 607
Luthertum in Skandinavien 626
Luvier, indogermanischer Volksstamm 48, 52, 54, 57, 90, 109
Lu Wan, Lehnskönig von Lu, China 558
Lydda, Palästina, *Kartenskizze 331*
Lydien (Luddi), Landschaft in Westkleinasien 30, 115, 128 f., 140, 146, 159, 643 ff., *Kartenskizze 166*
Lykier, Volk an der Südwestküste Kleinasiens 146, 160
Lysias, syrischer Reichsverweser 337 f.

# M

Machaerus, Ostjordanland 349, *Kartenskizze 331*
Macrinus, Marcus Opellius, römischer Kaiser 148
Madai (Medien) 83
Madānu, assyrischer Gott 70
Madduwattas, König von Zippaslâ 51
Madeba, Ostjordanland, *Kartenskizze 331*
Madhyadesha (Mittelland), Landschaft zwischen Ganges und Jumna 369
Madhyamaka (mittlere Lehre), Glaubensschule des Mahāyāna 469
Madhyamika (Nagar), Rajasthan 423

Madhyamika, Schule des Nāgārjuna 451
Mādhyamsina, Fassung des Vājasaneyi 366
Madhyandina, Fassung des Shatapatha Brāhmana 378
Madhyantika, siehe Majjhantika
Madhya Pradesh, Bundesstaat Indiens 423, 433, 436, 445, 475, *Kartenskizze 367*
Madra, Königreich im alten Indien 380
Mādraka, Volksstamm im Punjab 461
Madras, Stadt und Bundesstaat Indiens 460, 464, *Kartenskizze 367*
Madurai (Madura), Hauptstadt von Pāndya 355, 470, 652, *Kartenskizze 359, 367, 443*
Märtyrer, christliche 635
Magadha, altindisches Reich 369, 380-384, 387 f., 391, 398 ff., 402, 406 ff., 419 ff., 432, 462, 650 f., *Kartenskizze 367, 443*

Magadhi, indischer Dialekt 408
Magas (Maga) von Kyrene 405
Magganubba, nördlich von Ninive 101
Magie 56, 74, 120, 206, 290, 504, 508 ff., 537
Magier, Priesterschaft des Zarathustrismus 159, 163 ff., 168, 186, 197, 215, 222, 227, 234 ff.
Magna India, Großindien 466
Magna Mater (große Mutter) 453, 470
Magnesia am Sipylos in Kleinasien 328
Magyaren, Volk der finnischugrischen Sprachfamilie 235
Mahābhārata, indisches Epos 373 f., 415 ff., 429, 431 f., 462, 470, 604, 652
Mahābhāshya, Großer Kommentar 435
Mahābodhi, Tempel in Bodh Gayā 437, 460, *Abb. 404*
Mahādeva, indische Gottheit 372
Mahādeva, buddhistischer Mönch 412
Mahājanapada, die 16 altindischen großen Staaten 379 f., 382
Mahākāshyapa, Jünger des Buddha 412
Mahākshatrapa, Großsatrap 442, 444
Mahanaim, südlich von Pnuela, indischen 268
Mahānāmni, vedische rituelle Verse 379
Mahānārāyana, Upanishad in Versen 389
Mahāpadma, siehe Nanda
Mahārāshtra (Bombay), Bundesstaat Indiens 354, 413, 427, 438, 448, *Kartenskizze 367*

Mahāsānghika, buddhistische Glaubensschule 412, 417, 433, 451
Mahāsena, indische Gottheit 441
Mahāvamsa, ceylonesische Chronik 355, 405, 413
Mahāvibhāshā, buddhistischer Kommentar 469
Mahāvīra, Vardhamāna, indischer Religionsstifter 379, 385, 391, 396, 418, 627, 650
Mahāyāna, »Großes Fahrzeug«, spätere Form des Buddhismus 432, 451 f., 454, 468 f., 471, 623 f., 630, 632 f.
Mahāyānsūtrālamkāra von Asanga 469
Maheshwar, Madhya Pradesh 388
Mahinda, indischer Prinz 404, 413
Mahishamandalā, Landschaft an der Narbada 413
Mahīshāsaka, buddhistische Glaubensschule 417, 433
Mailapur bei Madras 426
Mainz 447
Mais 580 f.
Maitrāyanī, Fassung des Yajurveda (Maitrāyanīya-Schule) 366
Maitrāyanīya, Upanishad in Prosa 389
Maitreya, zukünftiger Buddha 433, 452, 470
Maitreyanatha, mythischer buddhistischer Denker 469
Maitri Upanishad 449
Majjhantika (Madhyantika), Apostel von Kashmir und Gandhāra 413
Maka, siehe Magas von Kyrene
Makedonen 147, 184, 186, 191 f., 196 f., 204, 605, 617, 646
Makedonien, Landschaft der Balkanhalbinsel 147, 174, 187, 618
Makkabäer (Hasmonäer), jüdische Dynastie 198, 328, 334 f., 337 bis 342
Makkabäerchronik, 2 Bücher der Apokryphen 340
Malabar-Küste, Südwestküste Indiens 447

Malatia (Milid) am oberen Euphrat 52, 65, 77 f., 87 f., 90 f., 93, 100, 104, 111, 643
Mālava, indischer Volksstamm 444, 461
Mālavikāgnimitra, altindisches Drama 420, 423
Malaiische Halbinsel 430, 465
Malayalam-Sprache 471
Maleachi, jüdischer Prophet, Buch der Bibel 321
Malloi (Malla), Volksstamm im Punjab 398
Maltai, Mesopotamien 106

Malwa (Avanti), Landschaft in Zentralindien 380, 388, 427, 444, 461f., 468, 650.
Mamre, Hain bei Hebron 242
Māmūlunār, indischer Dichter 407 —, »Ahanānūru« 407
Man, westiranisches Königreich 83, 87f., 99f., 111
Manaobago (Vohumāna), iranische Gottheit 441
Manasse, König in Juda 298f., 301, 303f., 644
Manasse, Stamm Israels 246, 256, 261, Kartenskizze 255
Mānava-Dharmashastra (Manusmriti), juristisch-soziales Handbuch 384, 428f., 450
Manchu, tungides Volk Ostasiens 30
Manchurei 525, 567, 652, Kartenskizze 495, 559
Mandala, Unterteilung des Rigveda 365, 373, 376
Māndūkya, Upanishad in Prosa 389
Mani (Manes, Manichäus), persischer Religionsstifter 36, 148, 154, 207f., 215, 648f.
Manichäer 215, 227, 519
Manichäische Schriften 204f., 208
Manichäismus 36, 207, 624
Mannäer, westiranischer Volksstamm 85, 100, 112, 115
Mansehra, westlich des Indus 404
Mantik, Wahrsagekunst 299, 316
Manusmriti (Mānava-Dharmashastra), juristisch-soziales Handbuch 384, 428f., 450
Manu Vaivasvata, der indische Adam 368
Manuzzija, Stadt in Hatti 50
Mao-tun (Mao-dun), Stammeshäuptling der Hsiung-nu 147, 194, 558f., 606, 612f., 648
Marakanda, Sogdiane, Kartenskizze 167
Maraphier, Volksstamm in der Persis 138
Mar'asch (Marqasi), Gurgum 91, 95, 643
Marathi, indische Sprache 385
Marathon, Attika 146, 179, 645
Marco Polo, venezianischer Entdeckungsreisender 14, 158
Marcus Aurelius Antoninus, römischer Kaiser 148
Marduk, Gott von Babylon 45, 63, 70f., 73f., 97, 105f., 110, 119, 121, 125ff., 129f., 131, 160, 165, 315, 318f., 642
Mardukapaliddin II. (Merodachbaladan), König von Babylonien 69, 99f., 102ff., Abb. 97
Mardukaplaiddina I., König von Babylonien 64, 69
Mardukbalassuiqbi, König von Babylonien 69, 82
Mardukbelusati, Prinz von Babylonien 82

Mardukkabitachchēschu, König von Babylonien 64, 69
Mardukmudammiq, Fürst von Namri 83
Marduknadinachchi, König von Babylonien 65, 69
Mardukschapikzeri, König von Babylonien 69
Mardukzakirschumi, König von Babylonien 69, 82, 84
Margiane, Landschaft in Ostiran 190, Kartenskizze 167.
Mari am Euphrat 57f., 108, 121, 240, 288
Mar'ib, Ruinenstadt in Jemen 175
Maricq, André, französischer Historiker 440
Marisa, Palästina, Kartenskizze 331
Markandeya, altes Purāna 472
Mark Aurel, siehe Marcus Aurelius
Marokko 76
Marqasi, siehe Mar'asch
Marshall, Sir John, englischer Archäologe 426, 439
Marut, indische Gottheiten 372
Marx, Karl Heinrich, Begründer des materialistischen Sozialismus 487
Masada, Festung am Toten Meer 246, 249, Abb. 348, Kartenskizze 331
Masar-i Scherif, siehe Saozma Kala
Maski, Mysore 402
Maspero, Henri, französischer Sinologe 570
Maspier, Volksstamm in der Persis 138
Massageten, indogermanisches Nomadenvolk 146, 160, 190, 604, 606, Kartenskizze 167.
Maßsystem, China 517, 522, 548, 651
—, Indien 387, 450
Math bei Mathurā, Uttar Pradesh 457
Māthara, buddhistischer Kommentator 471
Mathematik 449, 456, 474
Mathurā am Yamuna 371, 407, 410, 414, 419, 421, 423, 430, 433, 439, 441, 447, Kartenskizze 359, 367, 443
—, Kunst 457f., 460, 474ff.
Mati'ilu, Fürst von Arpad (Bit-Agusi) 68, 86, 92
Matriarchat, Mutterherrschaft, Mutterrecht 450
Mattathias, jüdischer Priester 336f., 647
Matthanja, siehe Zedekia
Mattî (Wattî), siehe Azitawadda
Mattiwaza, König von Mitanni 49, 364
Maues, König der Shaka 425
Maurikios, oströmischer Kaiser 149

Maurya (Moriya), altindische Dynastie 187, 191, 193, 381f., 384, 388, 420ff., 426f., 429, 433, 436f., 442, 446, 457, 470, 611, 632, 651
Maurya-Reich 397—419, Abb. 405
—, Literatur 415ff.
—, Religion 412—415
—, Verwaltung 410ff.
Mausolos (Maussollus), Satrap von Karien 181
Māyā (Zaubermacht, Weltentrug) 434
Ma Yüan, chinesischer General 569
Mayūrasharman, Herrscher der Kadamba 464
Mazdak, persischer Sektengründer 148, 221ff., 224f., 232f.
Mazdakiten 164, 217, 223, 649
Mazdakitische Revolte 221—226, 234, 649
Medaillon, in die Wand eingelassenes Rundrelief 436
Meder 13, 30, 83, 85, 96, 99, 103, 111f., 123, 125f., 128, 138ff., 159, 164, 176, 181, 300, 306, 318, 605, 607, 642, Abb. 161
Medien (Madai) 100, 113, 116, 123f., 128, 139, 144, 146f., 158, 161, 163, 187ff., 201f., 204, 211f., 293, 604, 613, 619, 643ff., Kartenskizze 111
Medina (Jatrib), Arabien 128, 226, Kartenskizze 111
Medische Mauer 126
Meditation, religiöse Versenkung 376, 379, 394, 471, 518
Mediterrane (Menschenrasse) 358
Medium, in bestimmten Sprachen neben Tätigkeits- und Leideform stehende selbständige Form des Zeitworts 366
Medizin 456, 475, 523
Meerland, Mündungsgebiet von Euphrat und Tigris 45, 77, 101

Megabyzos, persischer Feldherr und Satrap 146, 322, 645
Megalithkultur, jungsteinzeitliche Kultur mit Bauten aus großen Steinblöcken 407, 427
Megaronhaus mit viereckigem Grundriß und Giebel 178
Megasthenes, makedonischer Gesandter in Indien 400f., 409ff., 414, 419, 429
—, »Indiká« 410
Meghavarna, König von Ceylon 461
Megiddo am Karmelgebirge, Palästina 61, 124, 259, 273, 285, 292, 305, Abb. 273, Kartenskizze 255
Melischichu, König von Babylonien 64, 69
Meluhha (Nubien?), Landschaft in Ägypten 297

## NAMEN- UND SACHREGISTER 679

Mcmnon, persischer Feldherr aus Rhodos 181, 183
Memphis, Mittelägypten 110, 171, *Kartenskizze 111, 166*
Menahem, König von Israel 97, 290 ff., 643
Menander, phönikischer Geschichtsschreiber 283
Menander (Milinda), indo-griechischer König 193 f., 423 f., 611
Menapia, paionische Katoikie in Baktrien 192
Mencius (Meng-tzu, Meister Meng, Meng K'o), chinesischer Philosoph 505, 512 f., 516 ff., 651
Menelaos, jüdischer Hoherpriester 334 f.
Meng K'o (Mencius) 516
Meng Tien, chinesischer Feldherr 556 f.
Meng-tzu (Mencius) 516, 651
Menhir, aufrechtstehende zwei bis drei Meter hohe Felssteine 427
Menschenopfer, Assyrer 113, 116
—, China 497 f.
—, Hethiter 56
—, Indien 373
—, Israel 295, 299
—, Parther 205
—, Phöniker 76
Mentor, persischer Feldherr aus Rhodos 181
Menua, König von Urartu 68, 87, 643
Merodachbaladan (Mardukapaliddin II.) König von Babylonien 103
Mersin, Kilikien 92
Merv (Alexandreia-M.), Oase in der Margiane 149, 190 f., 199, 201, 214, 228, 230, 616, 649, *Kartenskizze 167*
Mesa (Mescha), König von Moab 283, *Abb. 288*
Mesolithikum, Mittelsteinzeit 23, 582, 592 f., 597
Mesopotamien 15, 19, 21, **26—30**, 34, 41 f., 46, 52, 54, 61 ff., 65 f., 77—80, 84, 90 f., 96, 107, 119, 128 f., 137, 139, 147 f., 159 f., 163, 169 f., 182, 187 f., 206, 216, 239 f., 242, 270, 284, 290, 298 ff., 306 f., 318, 324, 326, 356, 358, 360, 363, 418, 447, 449, 479, 578 f., 585, 588, 600, 607 f., 619, 642 f., 648
Messias (hebräisch Gesalbter), Heilskönig, Erlöser 304, 318, 320, 347
Metaphysik, Lehre von dem, was über das sinnlich Wahrnehmbare hinausgeht 16, 26, 32 f., 35, 507, 513
Metoiken (Beisassen), Einwohner ohne Bürgerrecht 241
Metrik, Verskunst 151 f., 414, 456
Meturnu, Osttigrisland 319
Miao, Volksstamm in China 570

Micha, jüdischer Prophet 289
Michmas, östlich von Jerusalem 265, 338, *Kartenskizze 255, 331*
Midas, König von Phrygien 92, 100
Midianiter, nomadischer Volksstamm im nordwestlichen Arabien 261 f.
Migdal, zwischen Bitterseen und Rotem Meer, Ägypten 254
Mihirakula, Sohn von Toramāna 463
Mihran, parthisches Geschlecht 211 f.
Miiro (Miyro, Mioro, Mithra, Mihr), iranischer Gott 440
Mikrolithe, in der Vorgeschichte sehr kleine Heimwerkzeuge 388, 586
Mikrolithen-Kultur 490, 649
Milet, Westkleinasien 146, 183, 643, 645, *Kartenskizze 166*
Milid, siehe Malatia
Milinda (Menander), indo-griechischer König 193 f., 423, 611
Milindapañha, indische Schrift 423, 432
Mīmāmsā, System der indischen Philosophie 453 f., 472
Mīmāmsāsūtra, Lehrtext 454
Mimus (griechisch), Schauspieler 448
Minerva, römische Göttin 447
Ming-Mauer in China (15. bis 16. Jh.) 557, *Kartenskizze 559*
Minussinsk, Westsibirien 153, 614
Min-Yüe(h), Staat in China 568 f., *Karte 520*
Mirath, Uttar Pradesh 361
Mitanni, indogermanischer Volksstamm 607
Mitanni (Maitani), Königreich in Mesopotamien 28, 31, **41—49**, 53, 55, 57, 60, 62, 364 f.
—, Kultur, Kunst und Religion 43 f.
Mithra(s) (Mitra), arischer Gott 35, 44, 154, 207, 364, 372, 440, *Abb. 213*
Mithras-Kult 624 f., 632
Mithridates I. Utisch, König von Pontos 647
Mithridates VII., König von Pontos 647
Mithridates (Mithradates) I., Partherkönig 147, 193 ff., 200 f., 613, 647, *Abb. 200*
Mithridates (Mithradates) II., Partherkönig 147, 201, 647
Mitra (Mithra), arischer Gott 44, 154, 364, 372
Mittelalter, Analyse des Begriffs 14, **18—21**, 29, 38
Mittelamerika 578
Mittelmeer, Mittelländisches Meer 19, 26, 31, 42, 65, 75 f. 95, 161, 187, 205, 239, 273, 353, 610, 632, 643, *Kartenskizze 166*

Mittelsteinzeit (Mesolithikum) 23, 582, 592 f., 597
Mizpa, nördlich von Rama in Benjamin 282, 311, 323, 336
M'lefaat, Fundstätte im Irak 589
Moab, Landschaft südöstlich des Toten Meeres 244 f., 279, 283, 297, 642 f., *Abb. 288, Kartenskizze 255, 331*
Moabiter, aramäisches Volk 34, 261, 269, 273, 284, 642
Mode, Heinz, Indologe 371
Modein, Palästina 336, *Kartenskizze 331*
Moggaliputta Tissa, buddhistischer Mönch 413
Moghulen, mohamedanische Dynastie in Indien 400
Mohammed, Begründer des Islams 82, 128, 619, 626, 632 f.
Mohammedaneraufstand in China 564
Mohenjo-daro, am Unterlauf des Indus 27, 32, 137, 356 ff., 361, 388, 650, *Abb. 356, Kartenskizze 359, 367*
Möhür, alte Landschaft in Südindien 407
Moloch, kanaanitischer Gott 295, 299
Monaden, letzte Wesen, aus denen die Weltsubstanz besteht (Leibniz) 392
Mondkalender 481
Mongolei 424, 619
—, Äußere 561, 606, 614
—, Innere 561
Mongolreich 14, 30, 632 f.
Mongolische Steppe 558
Monismus, philosophischer Standpunkt, der alle Erscheinungen auf ein einziges Prinzip zurückführt 376, 390, 454
Monokultur, Anbau ein und derselben Pflanzenart auf dem gleichen Boden über längere Zeit 549
Monolatrie, Beschränkung auf eine Gottheit, neben der andere in Geltung bleiben 251
Monophysismus, Lehre, daß Christus nur eine, die göttliche Natur habe (451 zur Irrlehre erklärt) 227 f., 449
Monopole in China 534 f.
Monotheismus, Verehrung eines Gottes 37, 251
Monotheothetismus 73
Monsun, in Richtung und Stärke wechselnder Großwind in der Äquatorialzone 447
Moriya (Maurya) altindisches Geschlecht 399, 410
Mormonen, Kirche Jesu Christi der Heiligen der letzten Tage, religiöse Sekte 625 f.
Morphologie, Gestalt- und Formenlehre 17, 586

Moses, jüdischer Gesetzgeber 36, 172f., 208, 252, 300f., 343, 641
—, fünf Bücher Mose 172f., 245, 249, 277, 325, 329
Mosul am Tigris, *Kartenskizze 166, 583*
Mot (Tod), ugaritischer Gott 58f.
Mo Ti, chinesischer Philosoph 508, 511—516, 519, 521, 651
—, »DerWille des Himmels« 512
—, »Klarheit über die Geister« 512
Mu, chinesisches Flächenmaß 517, 548
Mu, »Geschichte des Himmelssohnes M.«, altchinesischer Text 480
Mudrārākshasa, altindisches Drama 399
Müller, F. Max (eigentlich Friedrich Max), deutsch-englischer Sprachforscher, Sanskritist 372
Münzen, Babylonien 130
—, China 534, 548ff., 571, 651
—, Indien 354, 376, 387, 397, 410, 415, **420—427**, 430f., **439—442**, **444—447**, 450f., 457f., 461ff., 467ff., 611f., 617
—, Iran 174, 176f., **190—194**, 211f., 214f., 614, *Abb. 200*
—, Israel 341
—, Lydien 643
Mukisch, Landschaft in Nordsyrien 42, 57
Mulamadhyamaka, Kārikā, Schrift des Nāgārjuna 451
Mūlasarvāstivādin, buddhistische Glaubensschule 417
Multan im Punjab 357
Munda, Sprachfamilie in Indien 385, 426
Mundaka, Upanishad in Versen 389
Mundigak, Fundstätte in Afghanistan 363
Muntschak-Tepe 611
Murad-Su, Quellfluß des Euphrats 86
Muraschschû und Söhne, Bankhaus in Nippur 130
Mursilis II., König der Hethiter 49f., 55, 57, 68
Muschezib-Marduk, König von Babylonien 69, 104
Muschki, Volksstamm 65
Musikanos, altindischer König 398
Musri (Mizraim), Ägypten 292, 294, 297
Mußaßir, nordwestlich des Passes Kelischin 87f., 90, 100

Muttergöttin 588, 593
Muwatallis, König der Hethiter 50, 68
Muziris (Cranganore), Westküste Südindiens 447f.
M/Wattî, Kurzname für Azitawadda 92

Mykene (Mykenai), antike Stadt auf der Peloponnes 604
Myos Hormos am Roten Meer 447
Mysore, indischer Bundesstaat 404, 427, 445, 464, *Kartenskizze 367*
Mystik, Glaube an die Möglichkeit der inneren Verbindung mit dem Übersinnlichen 514f.
Mystizismus, geheimnisvoll-unwissenschaftliche Denkweise 437, 514
Mythen, babylonische, 70ff., 120f.
—, chinesische **488—491**
—, hethitische 54f.
—, indische 368, 378
—, sumerische 72
—, ugaritische 57, 59
Mythologie 154, 371f., 446, 610
Mythos (Mythus), Götter-, Helden- und Weltschöpfungssage 141f., 149, 152, 154f., 158, 210, 257f., 481, 504, 509

# N

Nabatäer, arabischer Volksstamm 337, 342, 346, *Kartenskizze 331*
Nabonassar, König von Babylonien 69, 96f.
Nabonid, König von Babylonien 69, **127—131**, 160, 174, 226, 315, 317ff., 642, 645, *Kartenskizze 111*
Naboth, Weinbergbesitzer in Jesreel 283
Nabû, assyrischer Gott 117, 119, 127, 131
Nabuapaliddin, König von Babylonien 69, 80, 82
Nabubalassuiqbi, Vater des Nabonid 127
Nabukudurri-ussur, siehe Nebukadnezar
Nabumukinapli, König von Babylonien 69, 77
Nabupolassar, König von Babylonien 123ff., 127, 140, 146, 300, 306, 642
Nabuschumischkun, König von Babylonien 69, 78
Nadab, König von Israel 281, 642
Nad-i Ali in Sistan, Ostiran 138f.
Nāga, Herrschergeschlecht am mittleren Ganges 444, 461f., 468
Nagar, Rajasthan 423
Nāgārjuna, indischer Sektengründer 451f., 460, 469
Nagarjuni-Hügel, südlich von Bodh Gayā 406
Nagarjunikonda, Andhra Pradesh 460, *Abb. 470*
Nāgasena, buddhistischer Mönch 423
Nagda, Fundstätte in Zentralindien 370
Nagpur, Mahārāshtra 463

Nahapāna, Herrscher von Kshaharāta 442
Naharina, ägyptisch für Mitanni 42
Naher Osten 34, 589
Nairi, antike Bezeichnung der etwa Armenien entsprechenden Gebiete 78, 84, 86f.
Nakija, Königin von Assyrien 109, 114
Nal, Fundstätte in Beluchistan 356, 649, *Kartenskizze 359*
Nālandā, Bihar 451, 469
Namar, Iran 65
Namī, Genosse des Indra 363
Namri (Nawar) in Luristan (Zagrosgebiet) 61, 83
Namuci, Zauberer im Rigveda 363
Nanâ, Göttin in Uruk 131
Nānāghāt, Mahārāshtra 431, 453
Nanaia (Nana), elamitische Göttin 198, 440f.
Nanda, Stiefbruder des Buddha 455
Nanda, Dynastie in Indien 381f., 398ff., 401, 406, 412, 420f., 651
Nanda (Mahāpadma oder Ugrasena), König von Magadha 382
Nandin, Shivas Stier 441
Nandsa, Rajasthan 444
Nan-yang, Landschaft in China 526f.
Nan-Yüe(h), das Südliche Yüe(h), Staat in China 569
Naphtali, Stamm Israels 243, 260, *Kartenskizze 255*
Napirasu, Königin von Elam 64
Naqsch-i-Rustam, Begräbnisplatz der Achaimeniden bei Persepolis 170, 178, 383, *Abb. 212*
Nārada, indischer Heiliger 450
Nāradasmoiti 450
Narain, Awadh Kishore, indischer Gelehrter 422ff.
Naramsuēn (später Naramsin), König von Akkade 64
Nārāyana (Vishnu), indischer Gott 431
Narbada (Narmadā), Fluß in Zentralindien 413, 417, 445, *Kartenskizze 359, 367, 443*

Narseh (Narses), König von Persien 148, 416
Nasatjas, indische Gottheiten 44
Nasattiyana, Göttin in Mitanni 364
Nāsatya, vedische Göttin 364
Nasi, Stammesälteste in Alten Testament 246
Nāsik am Godāvarī, Dekhan 388, 445, *Kartenskizze 367*
Nāstika, materialistische Schule 397
Nathan, jüdischer Prophet 270f.
Natuf am Karmel, Fundstätte 582
Natufian, Kulturstufe des Mesolithikums 582, 589, 592f.

Naturkultreligion in Israel 258, 276, 281
Naukratis (Nildelta), *Kartenskizze 166*
Nawar, siehe Namri
Nazareth, Galiläa 347
Nazibugasch, Usurpator von Babylon 61, 69
Nazimaruttasch, König von Babylonien 61 f., 69
Nazismus 635
NBP-Keramik (Northern Black Polished Ware) 388, 407, 410
Nearchos, Admiral und Jugendfreund Alexanders des Großen 398
Nebath, Vater Jerobeams I. 303
Nebo, Berg im Ostjordanland, *Kartenskizze 255*
Nebukadnezar I. (Nabukudurriussur), König von Babylonien 64, 69, 72
Nebukadnezar II. (Nabukudurriussur), König von Babylonien 69, 85, 125—128, 130, 178, 306—312, 314, 319, 642 ff., *Abb. 117, Kartenskizze 111*
Nebukadnezar III. Nidintubel, Gegenkönig von Babylonien 129
Nebukadnezar IV. Araka, Gegenkönig von Babylonien 130, 173
Necho, Uhemibrê, König von Ägypten 124 f., 174, 300, 305 f., 610, 644
Nedschran, südarabisches Fürstentum 227
Nedunalvādai, indische Idylle 457
Negeb, Wüstenland im Süden Palästinas 308
Nehardea, Babylonien 205, 215
Nehemia, Statthalter in Jerusalem, Buch der Bibel 37, 321—324, 328, 645
Nekromantie, Wahrsagen durch Beschwören Verstorbener 205
Nemrud Dagh, Berg in der Kommagene, im Osten Anatoliens, *Abb. 189*
Neolithikum (Jungsteinzeit) 22, 27, 356, 490, 494 f., 586, 592 f., 597, 618 ff., 649, *Abb. 492, 592*
—, Kultbauten 595 f., 598
—, Kunst 588, 593, 596, 598
Neolithische Revolution 23, 576, 578, 597
Nepal, Nepāla, Landschaft im Südteil des mittleren Himalaya 435, 460 f.
Neptun, römischer Gott 448
Nergal, babylonischer Gott 58
Nergalsarezer, siehe Neriglissar
Nergalscharrussur, siehe Neriglissar
Nergaluschezib, Schattenkönig von Babylon 104
Neriglissar (Nergalscharrussur, Nergalsarezer), König von Babylonien 69, 127, 315

Nerik, Churri 55
Nero, Lucius Domitius (nach Adoption durch Claudius: Claudius Drusus Cäsar) 148, 202, 349
Nestorianismus, christliche Kirche des Vorderen Orients 14, 148 f., 217, 228, 235, 449, 617, 633, 649
Nestorius, Patriarch von Konstantinopel 148, 217, 227
Neues Testament 328
Neue Welt 31
Neuplatoniker, letzte griechische Philosophenschule 222, 231 f., 234, 448, 625, 632
Neuzeit 13, 19, 29
Nidintubel, siehe Nebukadnezar III.
Niger, Fluß in Westafrika 580 f.
Nihawend, südlich von Ekbatana, Westiran 149, 230, 649
Nikanor, Feldherr der Seleukiden 338
Nikkal, ugaritische Göttin 58 f.
Nil 169, 174, 176, 180, 292, 581, 585, 588, 610, 631, 641, *Kartenskizze 166*
Nilgiri, Bergmassiv im südwestlichen Indien 457
Ninive, Mesopotamien 55, 66, 78, 80, 96, 101 f., 104 ff., 109, 117, 123 f., 140, 159, 300, 306, 610, 642, *Abb. 112 f., 116, 301, 308, Kartenskizze 85, 111, 166*
—, Bibliothek 116 f., 123, 642
Ninos, griechisch der Tukultininurta I. 62
Ninurta (Nisroch, Nimrod), Kriegsgott der Sumerer 80, 106, 119
Ninurta'apalekur I., König von Assyrien 63, 68
Nippur, Babylonien 46, 70, 121 ff., 130, 313
Niqmaddu II., König von Ugarit 57, 68
Niqmepa, König von Ugarit 57, 68
Nirukta, sprachwissenschaftlicher Kommentar zum Veda 414
Nirvāna 394 f., 402, 412, 436 f., 451, 624, 634
Nisāa, Landschaft im nördlichen Medien 211
Nisaia (Parthaunisa, Nisa), Parthien 199
Nissibin (Nissibis, Nisibis), Mesopotamien 78, 202, 205, 216 f., 221
Nomaden, Völker ohne festen Wohnsitz 23, 30, 36, 150 ff., 194 ff., 199, 201, 203, 241—245, 261, 603, 605 f., 608 f., 613—617, 627, 647
Nordamerika 625
Northern Black Polished Ware (NBP), schwarze polierte Keramik 388, 407, 410

Noth, Martin, evangelischer Theologe 248
Nubien, Landschaft in Mittelägypten 162, 171, 227 f., 645
Nuchaschche, siehe Luchasch
Nudimmud/Ea, babylonischer Gott 71 f.
Numen (Mehrzahl Numina), Gottheit 252, 299
Numeri, 4. Buch Mose 261
Numerianus, römischer Feldherr 216
Numinose, das, das Göttliche in seinem unbegreiflichen Wesen 251
Numismatik, Münzkunde 420
Nundara, südwestlich von Nal, Beluchistan 356, 649
Nuradad, aramäischer Heerführer 78
Nusku, assyrischer Gott 70, 73
Nuzi (Jorghan Tepe), südöstlich Kerkuk 42 ff., 58
Nyāya, System der indischen Philosophie 453 f., 472
Nyāyasūtra, Lehrtext 454

# O

Oado (Vādo), Hindu-Gott 440
Obelisk, hoher, vierkantig pyramidenförmig zugespitzter Stein, *Abb. 289*
Obsidian, tertiäres Ergußgestein (natürliches Glas) 586, 588, 593
Oca (Oxalis crenata oder tuberosa), südamerikanisches Knollengewächs 581
Ochos, Fluß in Ostiran, *Kartenskizze 167*
Ochos, Dareios II. Nothos 645
Odaenath(us) (Septimius), Fürst von Palmyra 148, 216
Oder 603, 606
Ökumene, der bewohnte Teil der Erde 15, 152
Oesho (Shiva) 440
Og, König von Basan 261
Ohind am Indus 398
Oikonomika, ein fälschlich Aristoteles zugeschriebenes Werk über die antike Wirtschaft 181
Oikos (griechisch), Hauswirtschaft 174—178, 181
Oktavian, Augustus, Gaius Octavius 202
Okzident, Abendland 449, 459, 507
Omen, Vorzeichen 74, 526, 553
Omphis (Āmbhi), altindischer König 398 f.
Omri, König in Israel 282 f., 642 f., *Abb. 280*
Omriden, Dynastie in Israel 282 bis 286, 642
Ongin, Fluß in der Mongolei 560
Onias, jüdischer Hoherpriester 334

# NAMEN- UND SACHREGISTER

Ontologie, philosophische Lehre vom Sein 469, 507, 513
Optativ, Wunschform des Zeitworts 366
Orakel, Assyrien 112, 115, 121
—, China 480f., 489, **491—494**, 497f., 523, 526, 610, *Abb. 489*
—, Hethiter 56
—, Islam 626
—, Israel 247, 249
Oratorium, Betsaal 235
Ordal, Gottesurteil 66
Ordos, Steppenlandschaft der Inneren Mongolei 556 ff., 560, 606, 615, *Kartenskizze 559*
Ordosbronzen 615
Orient, Vorderer 16f., 19, **25—31**, 298, 479, **575—600**, *Kartenskizze 583*
Orissa, Bundesstaat Indiens 366, 382, 402, 404, 421, 438, *Kartenskizze 367*
Ormuzd (Ooromozdo, Ahuramazda) 214, *Abb. 213*
Orodes II., Partherkönig 147f., 201f., 425
Oron (Horus), ägyptischer Gott 441
Orontes, Fluß in Syrien 60, 75, 93, 187, 239
Orpheus, mythischer griechischer Sänger 624
Orphizismus, erste geschichtlich greifbare religiöse Bewegung in Griechenland 624
Orthagones, Partherkönig 425
Orthodoxie, Rechtgläubigkeit 215, 396, 415, 510, 554
Orthostaten, aufrecht stehende unterste Quader der Wand eines Tempels 56, 93f., 179
Ostasien 31, 578, 580, 630, 632
Osterinsel im östlichen Stillen Ozean 360
Ostjaken, ugrischer Volksstamm 607
Ostjordanland 264, 266, 268, 270, 280, 286f., 335, 337, 340, 641, 643
Oströmisches Reich 148f., 217f., 221, 223f., 227, 229, 235, 649
Osttigrisland 45, 64, 77, 84, 96, 99
Osttürken 149, 152
Oxos (Amu-Darja) 137ff., 141, 144ff., 150, 158f., 162, 184, 188, 190, 195, 199, 226, 364, 397, 421, 424, 440, 605, 607, 611ff., 631f., *Abb.161, Kartenskizze 167*

Oxydrakai (Kshudraka), Volksstamm im Punjab 398
Ozēnē (Ujjain), Zentralindien 442

## P

Pa, Staat in China 555
Pabek, persischer König 148, 209, 648

Pabhosa bei Kaushāmbī, Uttar Pradesh 421
Padmāvati, Staat am mittleren Ganges 444
Pahlava (indisch), Skytho-Parther 30, 425f., 429f., 432f., 438f., 441, 445, 464
Pahlava Suvishakha, Statthalter in Surashtra 442
Paionen, indogermanischer Volksstamm 192
Paippalāda, Fassung des Atharvaveda 366
Paishācī-Prakrit, indischer Dialekt 456
Paithan im Dekhan 427
Pakistan 356, 383, 404, 461, 649, 651
Pakoros (Pakores), parthischer Prinz 148, 201f., 426
Pāla, indische Dynastie 470
Palaer, indogermanischer Volksstamm 109
Palästina 21, **45—48**, 52, 60, 85, 95, 100, 103, 114, 123, 161, 202, **239—245**, 261, 264, 269, 285, 294, 296ff., 300, 305f., 309, 318f., 322, 327f., 330, **336—339**, 342, **344—349**, 582, 584, 589, 591, 626, 631, **641—648**, *Abb. 300, Kartenskizze 166, 255, 331*
Palamedes, griechische Sagengestalt 617
Palegawra, Fundstätte im Irak 582
Pāli, altindische Sprache 380, 382, 402f., 408, 413, 417f., 423, 451, 611
Pāli-Kanon 417, 611
Palladium, Schutzbild, schützendes Heiligtum 249, 264, 275
Pallava, indische Dynastie 446, 461, 464, 468
Palmyra (Tadmor), Syrien 65, 148, 206f., 216, 565
Pamir, Hochland Innerasiens 205, 424, 606, 612, 619, *Kartenskizze 167*
Panamu I., Fürst von Ja'dija 68, 91
Panamu II., Fürst von Ja'dija 68, 91
Pañcāla, alter indischer Volksstamm und Staat 369, 380, 410, 421, 423, 431, 444, 650
Pañcaratra, buddhistische Glaubensschule 453
Pañca-Tathāgata, fünf Hypostasen des Buddha 452
Pancatranta, indische Sammlung volkstümlicher Erzählungen 473
Pañcavimsha Brāhmaṇa, Teil der Veden 378
Pan Ch'ao, chinesischer Feldherr 562
Pan Chao, chinesische Schriftstellerin 483
Pañcikā, Abschnitte der Brāhmaṇa 377

Pandämonium (Pandaimonion), Gesamtheit aller Geister 610
Pāndava, altindischer Volksstamm 373, 415
Pāṇḍu, mythischer indischer König 431
Pandu Lena bei Nāsik 460
Panduvamsha, indische Dynastie 462
Pāṇḍya, altindisches Königreich 358, 404, 407, 427, 446, 464, 651
Paneas, Syrien, *Kartenskizze 331*
Paneel, in die Wand eingelassenes vertieftes Feld 436f., 460
Pāṇini, indischer Grammatiker 385, 414, 435, 652
P'an-keng, König der Shang 493
Pan Ku, chinesischer Historiker 483, 555, 562f., 652
—, »Han-shu« 483f., 555, 653
Pan Piao, Vater des Pan Ku 483
Pantheismus, philosophische Anschauung, daß Gott und Welt eins seien 434
Papier, Erfindung 486, 653
Papsukal, assyrischer Gott 70
Papyrus, Blätter aus dem Mark der Papyrusstaude 170f., 317
Paraitakene, Landschaft in Westpersien 181
Parallelismus membrorum, strenge formale und inhaltliche Übereinstimmung zweier oder mehrerer aufeinander folgender Sätze eines Textes 59
Parasika (Perser) 399
Parikshit, König der Kuru 374, 650
Parivrājaka, König von Ucchakalpa 462
Parjanya, vedischer Gott 377
Pārkham bei Barodā, Gujarat 419
Parmenio, makedonischer Feldherr 327
Parnadatta, Statthalter der Gupta 462
Parner, skythischer Volksstamm 199, 613
Paropamisadae, Landschaft in Ostiran (westlicher Hindukush) 399f., 422f., 425
Parsagadai, Südwestiran 146f., 159f., 178, 182ff., *Kartenskizze 167*
Parsamasch (Parsumasch), siehe Anschan 139, 159
Parse, Anhänger des Parsismus, der heutigen Form des Zarathustrismus in Indien 625f.
Pārshva, indischer Denker 391, 650
Parsier, indogermanischer Volksstamm 139
Parsua, Perserland 83, 87f., 139, 159
Partatua, Fürst der Skythen 111
Parthaunisa, siehe Nisaia

## NAMEN- UND SACHREGISTER 683

Parther, indogermanisches Nomadenvolk 31, 129, 131, 147f., 189ff., 193f., **198—208**, 210 bis **215**, 336f., 341, 346, 405f., 421, 423f., 439, 447, 452, 459, 464, 566f., 613, 615, 618, 646ff., 651
Partherzeit, Kultur der 203—208, 612, *Abb. 201*
Parthien, Landschaft in Iran 189, **199—202**, *Kartenskizze 167*
Parushnī (Ravi), Fluß im Punjab 368, *Kartenskizze 359*, 367, *443*
Parvan am Ghorbandfluß, nördlich von Kabul, Ostiran 397
Parvataka (Poros?), indischer Fürst 399f.
Pārvatī, Erscheinungsform der Kālī 453, 473
Parysatis, persische Königin 183
Pāshupata, shivaistische Sekte 452
Pashupati, Urbild Shivas 358
Pasianer, indogermanischer Volksstamm 139, 194
Passah-Mazzoth-Fest 256, 303, 329, 347f.
Pātaligrāma am Ganges 381
Pātaliputra (heute Patna), Magadha 193, 381f., 399ff., 404, 410, 419, 423, 440, 460, 462, 467, 611, 651f., *Kartenskizze 443*

—, Drittes Konzil 405f., 413, 418.
Patañjali, indischer Grammatiker 432, 435, 652
Patanjali, indischer Philosoph 471, 653
Patna (Pātaliputra), Bihar 381, 419, 611
Patriarchenerzählungen 241ff.
Patrimonialstaat, Staat, der die Herrschaft wie über privaten Besitz ausübt 232
Pattala am Indus 398
Pattan in Nepal 435
Pattuppāttu, indische Anthologie 457
Paulus von Alexandreia, Astronom 473
Paurava, indischer Volksstamm 374
Pax Romana (Römischer Friede) 631
Pazuzu, assyrischer Gott 120
Pazyryk im Altai, Fundstätte 611
Peithon, makedonischer Gouverneur 399
Pekach (Peqach), König von Israel 97, 292f., 295, 643
Pekachja (Peqachja), König von Israel 292
Peking, China 485, 560, *Kartenskizze 559*
Pella, Ostjordanland, *Kartenskizze 331*
Peloponnesischer Krieg 645
Pelusion, Nildelta, *Kartenskizze 166*

P'eng-ch'eng, Shantung 566
Pentateuch (Thora), die fünf Bücher Mose 172f., 245, 249, 277, 325, 329, 645
Peqach, siehe Pekach
Peqachja, siehe Pekachja
Peräa, Landschaft im Ostjordanland 344, 347, 648, *Kartenskizze 331*
Perdikkas, Feldherr Alexanders des Großen 397
Pergamon, Stadt und Reich in Kleinasien 187, 647
Perikope, zur Verlesung im Gottesdienst bestimmter Bibelabschnitt 55
»Periplus des Erythräischen Meeres«, Küstenbeschreibung 1. Jh. v. Chr. 355, 427, 448, 450
Periyar, Fluß in Kerala 448
Perlfluß (Chukiang, Kantonfluß), China 488, 541
Peroz, König von Persien 148, 215, 217, 221, 227, 234, 649
Persepolis 109, 137ff., 147, 165, 171, 175, 177ff., 181f., 184f., 196f., 211, 213, 383f., 418f., 436, 611, *Abb. 164, 176f.*, *Kartenskizze 167*
Perser, indogermanisches Volk, 13, 30, 83, 100, 109, 116, 124, 126, 138, **146—149**, 159f., 182, 186f., 198, 200, 212f., 216, 354, 384, 566, 607, 644, 646, *Abb. 161*, *164, 188*
Perserreich 30, **158—183**, 630, 632, 643, *Kartenskizze 166f.*
—, Kultkreis und religiöse Kodifikation **168—171**
—, Rechts- und Religionspolitik 177ff.
—, Religion **164—165**, 168
—, Staatshaushalt **173—178**
—, Steuerwesen 176
Persien (Iran) 19, 30, 35, 128f., 293, 610, 625, 632, 646, 649
Persis, Landschaft in Südwestiran 83, 137ff., 141, 146f., 158f., 162f., 169, 178, 181, 186, 188f., 194, 196ff., 200, 209, 213, 234, 646, 648, *Kartenskizze 167*
Persischer Golf 64, 104, 137, 148, 202, 465, 566
Peru, Staat in Südamerika 624
Peshawar, Pakistan 369, 441, 459f., *Kartenskizze 443*
Pest 203
Peterskirche in Rom 447
Petra, südliches Jordanien 342
Petrarca, Francesco, italienischer Dichter 18
Petrus, Apostel 447
Peukestes, Satrap der Persis 147, 196f.
Peutingeriana, Tabula, Nachbildung einer Straßenkarte des Römischen Reiches 447

Pezhetären, persische Fußtruppen 186
Phalanx, geschlossene, mehrere Glieder tiefe Schlachtreihe der Griechen 185, 192
Pharisäer, religiös-politische Partei der Juden 341f., 347, 349, 648
Pharro (Farr), iranischer Gott 440
Phasael, Sohn des Antipas d. J. 345f.
Pheresiter, vorisraelisches Volk in Palästina 240
Philadelphia (Rabba, Rabbat-Ammon), Ostjordanland, *Kartenskizzen 255, 331*
Philippos, makedonischer Gouverneur 399
Philippus Arabs, Marcus Iulius, römischer Kaiser 148, 216
Philistäa, Staat der Philister 282, 287, 289, 304, *Kartenskizze 331*
Philister, zu den Seevölkern gezähltes Volk in Palästina 52, 97, 244f., 260, **264—267**, 269, 281, 288, 296, 641f., 644
Philo, jüdischer Philosoph 332
Philo von Byblos, hellenistischer Schriftsteller 59
Philosophie, abendländische 512, 521
—, chinesische **506—521**
—, griechische 234, 330, 332f., 617, 623, 630
—, indische 378, 390, 408, 431, 434, **451—454**, **468—472**
—, jüdische 332
Philosophoúmena, »Widerlegung aller Häresien« 448f.
Phöniker 47, 58f., 75f., 104, 109, 161, 170, 269, 283, 642ff., *Abb. 76, 253*
Phönikien 83, 103, 146, 180, 183, 206, 259, 291, 300, 328, 619, 646, *Kartenskizze 166, 331*
Phönikische Kolonisation 75ff., 161, 643f.
Phönikisches Alphabet 90, 170
Phönikisches Kunsthandwerk 95
Phraates II., Partherkönig 147, 194, 201, 424, 613, 647
Phraates III., Partherkönig, *Abb. 200*
Phraates IV., Partherkönig 148, 202
Phraortes (Kschatrita, Kaschtarit), König von Medien 112, 140, 146, 644
Phraotes, König von Sirkap 426
Phryger, indogermanischer Volksstamm 53, 65, 91
Phrygien, Landschaft in Westkleinasien 88, 91ff., 100, 196
Phul, siehe Tiglatpilesar III.
Picenum, Landschaft im alten Mittelitalien 604
Piharirot (Tell el-Maskuta), Nildelta 254

Pijassilis, Vizekönig in Karkemisch 49
Pilatus, Pontius, Prokurator in Judäa 347
Pingala, indischer Schriftsteller 414, 456
—, »Chandahsūtra«, Verskunst des Veda 414
Pir'u (= Pharao), König von Musri (Ägypten) 294
Pisidien, Landschaft in Westkleinasien, *Kartenskizze 166*
Pisiris, König von Karkemisch 69, 92
Pistazie (Aleppo-, Pimpernuss), Frucht von Pistacia vera 586, 588
Pithom (Tell el-Retaba), Nildelta 253
Pitussu, Inselfestung in Kilikien 127
Piyadasi (aramäisch Priydrasi, griechisch Piodasses), Beiname Ashokas 402
Plataiai, Boiotien, Griechenland 401, 645
Platon, griechischer Philosoph 168, 172, 234
Plinius d. Ä. (Gaius P. Secundus), römischer Schriftsteller 383, 400, 446
Plinius d. J. (Gaius P. Caecilius Secundus), römischer Schriftsteller 565
Plotin(os), griechischer Philosoph 448
Pluralismus, philosophischer Standpunkt, der alle Erscheinungen auf mehrere Prinzipien zurückführt 26, 37
Plutarch(os), griechischer Philosoph und Historiker 185, 423
Pluvialzeit, mit den Eiszeiten zusammenhängende Regenzeit in tropischen und subtropischen Gebieten 581, 628
Pnuel, Ostjordanland 280, *Kartenskizze 255*
Poduke (heute Arikamedu), südlich von Pondichery, Madras 448
Polis, der griechische Stadtstaat 506
Pollenanalyse, Blütenstaubuntersuchung 581
Polo, Marco, venezianischer Entdeckungsreisender 14, 158
Polybios, griechischer Historiker 189, 335, 406
Polygamie (Vielweiberei) 370
Polytheismus (Vielgötterei) 70, 377
Pompeius (Magnus), Gnaeus, römischer Feldherr und Triumvir 344f., 647
Pompeji, Italien 447
Pondichery, Madras 448
Pontius Pilatus, siehe Pilatus

Pontus (Pontos), Landschaft am Schwarzen Meer 49, 65, 93, 187, 647
Poros (Paurava?, Parvataka?), König der Kuru 374, 398ff., 612
Poros d. J., altindischer Fürst 398
Porphyrios (Malchos), griechischer Philosoph 142, 222
Portikus, Säulenhalle 475f.
Portugal 76
Portugiesen 15
Poseidonios, griechischer Philosoph 204
Po-t'iao, König der Yüe-chih 441
Prabhāvatīgupta, Prinzessin der Gupta 463
Prācya (Prasier) 382, 398
Prähistorie, Vorgeschichte 24
Präzession, Vorrücken des Frühlingspunktes 132, 474, 646
Pragmatismus, philosophische Richtung, die Tun und Handeln über Denken und Theorie stellt 454
Prajāpati, Herr der Geschöpfe in den Veden 375, 378
Prajñāpāramitā, Lehrtexte von der Vollkommenheit der Erkenntnis 451, 567
Prakasha, Fundstätte im Dekhan 388
Prakrit, indische Volkssprachen 385, 402, 404, 408, 417f., 422, 427, 442, 451, 455, 463f., 466
Prakrit-Literatur 456
Prakriti, Urmaterie 434, 471
Prāna, Lebensatem im Veda 377, 379
Prasenajit, König von Koshala 380f.
Prashastapāda, buddhistischer Denker 720
Prashāsti, Lobinschriften 354
Prashna, Upanishad in Versen 389
Prasier (Prācya), Volksstamm im Punjab 382, 398
Prātishakliya, Phonetik des Veda 414
Pravarasena I., Herrscher der Vākātaka 463
Pravarasena II., Herrscher der Vākātaka 463
—, »Setubandha«, Prakrit-Gedicht 463
Presbyterianer, Anhänger protestantischer Kirchen mit calvinistischer Gemeindeordnung 626
Priene, Westküste Kleinasiens 191
Priesterschrift, Teil des Pentateuchs 325
Priscus, byzantinischer Historiker 463
Prophetentum, jüdisches 263f., 278, 343, 623, 626, 631
Prophetie 142f., 199, 263, 278, 343, 609, 629
Proselyt, zum Judentum übergetretener Heide 207, 235, 330

Proskynese, Verehrung durch Kuß oder Niederwerfen, persisches Hofzeremoniell 185f.
Prostitution, sakrale 258
Proto-Australoide 358
Protohattier 28, 54, 109
Przyluski, Jean, französischer Indologe 426
Psalm, geistliches Lied der Bibel 276, 330
Psammetich I., Wahibrê, König von Ägypten 115
Psychologie 518
Pteria, Anatolien 159
Ptolemäer, makedonische Dynastie in Ägypten 187, 204, 328, 330, 332, 338f., 422, 646
Ptolemäischer Kanon babylonischer Könige 96
Ptolemäus, Claudius, Mathematiker und Astronom in Alexandreia (2. Jahrh. n. Chr.) 96, 355, 442, 445, 465
Ptolemäus, Schwiegersohn des Makkabäers Simon 341, 647
Ptolemaios I. Soter, König von Ägypten 327, 646
Ptolemaios II. Philadelphos, König von Ägypten 401, 405, 611
Ptolemaios VI. Philometor, König von Ägypten 339
Ptolemais, siehe Akko
Puduchepa, hethitische Königin 52, 57
Pul-i-Daruntah (Pul-i-Darunteh) bei Kabul, Ostiran 170, 173, 384, 402, 611
Pulu, Name Tiglatpilesars III. in Babylonien 69, 97
Pumpeditha, Babylonien 205
Punjab (Fünfstromland), Landschaft in Vorderindien 137f., 356, 364, 368, 398ff., 421, 423, 425, 444, 461f., 610, 626, 650, *Kartenskizze 359*
Purāna (Dharana), altindische Silbermünze 387
Purāna, 18 alte indische Schriften 355, 368, 373f., 380, 405, 419f., 426f., 445, 472
Purohita königlicher Hausgeistlicher 369, 375
Pūru, altindischer Volksstamm 368f.
Purusha (Urmensch, Urgott, Einzelseele) 376, 379, 435
Pushkalāvati (Charsadda), Gandhāra 383, 398, *Kartenskizze 367, 443*
Pushyagupta, Vizekönig der Maurya 442
Pushyamitra Shunga, indischer General 193, 406, 419ff., 423, 651
Pyöng-yang, Nordkorea 567
Pythagoras, griechischer Philosoph 627
Pythagoreertum, philosophisch-politische Schule 625

# NAMEN- UND SACHREGISTER

## Q

Qadisiya (Kadisija) am Euphrat 149, 230, 649
Qalat Jarmo am Zagrosgebirge 23, 585f., 588ff., 592ff., 596, 599, *Abb. 585*
Qarqar am Orontes 82, 99, 294
Qart-hadascht (Karthago) 76, 603, 644
Quasr-i Schirin, Fundstätte in Persisch-Kurdistan 235
Qatna am Orontes 46f., 60
Qūe, Landschaft in Kilikien 92
Quelloasen 23, 590f., 594, 597f.
Quetta, Beluchistan 356, *Kartenskizze 367*
Quinoa (Chenopodium quinoa), Reismelde, peruanischer Reis, Peruspinat 581
Qumran am Toten Meer 35, 128, *Kartenskizze 331*
Qumran-Schriften 199, 343f., *Abb. 340*
Qutäer (Quti, früher Gutäer), Volksstamm 62, 65, 319

## R

Rabbath-Amon (Rabba, Philadelphia), Ostjordanland 269, *Kartenskizze 255, 331*
Rabbath Moab, *Kartenskizze 255*
Rad, Gerhard von, evangelischer Theologe 301f.
Rādhagupta, indischer Minister 401
Radio-Karbon-Datierung von Fundschichten 22, 578, 586, 588, 592, 596
Radio-Karbon-Methode (C14) 360
Rahel, Frau Jakobs 243
Rājagriha, Magadha 380f., 388, 651, *Kartenskizze 359*
—, Erstes Konzil 381, 396
Rājan, Rāja (indisch König) 369, 467
Rājanya (indisch Adel) 369
Rajas (Leidenschaft, Nebel) 434, 471
Rajasthan, Landschaft in Indien 353, 361, 376, 393, 421, 423, 441, 444, 461, *Kartenskizze 359, 367*
Rājasūya, Weihe des Königs 375
Rājataranginī (Sanskrit »Strom der Könige«), indisches Epos 355, 406
Rama, Palästina, *Kartenskizze 255*
Rāmāyana, indisches Epos 415ff., 432, 455, 652
Ramot in Gilead, Palästina 285, 643, *Kartenskizze 255*
Rampurva, Bihar 419
Ramses (Auaris, Tanis), Nildelta 253

Ramses II., König von Ägypten 50, 254
Rānāyanīya, Fassung des Sāmaveda 366
Rangpur auf Kāthiāwār 361, *Kartenskizze 359*
Ranke, Leopold von, Historiker 16f., 38
Raphia (Rapihu), Palästina 99, 294, *Kartenskizze 331*
Raphon, Palästina, *Kartenskizze 331*
Rapiqum am Euphrat 61
Raschp, ugaritischer Gott 58
Ras Schamra, Vorgebirge an der syrischen Küste 610
Rati (0,118 g), Grundeinheit des indischen Maßsystems 387
Ratnasambhava, freigebiger Buddha 452
Rāvana, Dämonenkönig 416
Ravi (Parushnī), Fluß im Punjab 368, 398f., 421, 423, *Kartenskizze 359, 367, 443*
Rawalpindi, Pakistan 369
Rechmirê, Wesir in Oberägypten, *Abb. 252*
Recht, apoditisches, unbedingtes Recht 247f.
—, kasuistisches, Entscheidung des Einzelfalles nach seiner individuellen Besonderheit 247
Re'e, ägyptischer General 99
Regenfeldbau 585, 594
Rehabeam, König von Juda 279ff., 642
Reis 494
Reiten und Reiterei, Eintritt in die Geschichte 29, 38, 151f., 160, 184, 192, 203f., 210—213, 225, 411, 596, 604ff., 608, 615f.
Relativismus, Anschauung, daß jede Erkenntnis nicht allgemeingültig ist 452
Religionen, höhere 621—637
Religionskriege, europäische 636
Remalja, Vater des Pekach 295f.
Renaissance, Epoche des 14.—16. Jh. in Europa 14, 18
Rephaiter, vorisraelitisches Volk in Palästina 240
Resch, Tempel in Uruk 131
Rezin, König von Aram 97, 291f., 295f.
Rhagai in Medien 188, 619, *Kartenskizze 167*
Rhodos, ionische Insel 181, 607, *Kartenskizze 166*
Rhoxanake (Roshan), Staat im Pamir 612
Ribaddi, Fürst von Gubla 47
Ribla am Orontes, Syrien 305f., 309f., 312
Richter, Buch des Alten Testaments 248, 258f., 261f.
Richter in Israel, Stammeshelden der vorköniglichen Zeit 247f., 258—262, 303, 338, 641

Rigveda, Veda der Verse 142, 153, 155, 362f., 365f., 368f., 371ff., 376f., 379, 389, 415, 650
Rimmon, Palästina, *Kartenskizze 255*
Rimsin, König von Larsam 129
Riom, die Göttin Roma 441
Rishyashringa, altindische Legende 416
Ritualhandbücher (I-li, Li-chi und Chou-li) 483, 504, 506
Ritualismus, Überbetonung des Rituellen 33, 377, 386, 389f., 391, 414, 516
Rodbertus, Johann Karl, Volkswirtschaftler und Politiker 174
Römer 204, 208, 566
Römisches Reich 18ff., 35f., 148, 191, 200—204, 211, 215f., 218, 228, 234, 336, 340, 342—347, 430, 446, 459, 486, 492, 551, 558, 565f., 569, 635, 646ff., 652
Rohita-Hymnen, Zyklus im Rigveda 377
Rollsiegel 25, 75, 107, 131, 319
Rom 18, 35, 346, 348f., 368, 447f., 563, 604
Roshan (Rhoxanake), Staat im Pamir 612
»Rote Augenbrauen«, Bund aufständischer Bauern in China 526, 652
Rotes Meer 76, 174, 254, 273, 353, 465, 610, 643
Rudra, altindischer Gott 372, 415
Rudradāman I., König der Kārdamaka 442, 444, 455, 462
Rudrasena II., Herrscher der Vākātaka 463
Rudrasena III., König der Shaka 444
Rummindēi, Nepal 404, 419
Rundas, luvischer Hirschgott 54
Rupar am oberen Sutlej (Shutudri) 137, 361, 363, 370, *Kartenskizze 359*
Rusa I., König von Urartu 68, 88, 100
Rusa II., König von Urartu 68, 89, *Abb. 88*
Rusa III., König von Urartu 68, 89
Russen 87
Rußland 132, 158, 604, 607f., 614, 632
Rustam, persischer Feldherr 149, 230, 235, 649

## S

Saba, Landschaft Südarabiens 82, 273, 294
Sabäer, südarabischer Volksstamm 97, 99
Sabarmati, Fluß am Golf von Cambay, Indien 361, *Kartenskizze 359*

Sabbat, jüdischer Ruhetag 215, 316, 321, 323f., 326, 335ff., 645
Sabhā, Rat der Brāhmanen und Adligen 369, 375, 382
Sacae (Saken) 424
Sacharja, jüdischer Prophet, Buch der Bibel 320f.
Sacharja, König in Israel 290
Saddhamma, das Gute Gesetz 403
Sadok, jüdischer Priester 271, 325
Sadokiden, Priester in Israel 326, 329, 338
Sagartien, Landschaft in Iran, *Kartenskizze 167*
Sahend, Berg am Urmia-See 100
Saïs, Nildelta 115, *Kartenskizze 166*
Sai-wang (Saken) 195, 424f.
Sakastāna (Sakastane, Sistan) 147, 195, 200f., 398, 425, *Kartenskizze 167*
Sakauraker (Saken) 147, 194f.
Sakaymo Boddo (Buddha) 440
Saken (Sacae, Sai-wang Sakauraker, Shaka, Skythen), indogermanisches Nomadenvolk 88f., 110f., 123, 140, 144, 146f., 150, 160, 174, 179, 194f., 199f., 203, 300, 384, 399, **424—426**, 430, 432, 438f., 441f., 444f., 449, 604, 606, 613f., 617f., **642 bis 645**, 647f., 651f.
Sāketa (Ayodhyā) am Sarayū 440, *Kartenskizze 367*
Sakiz, Kaukasus 607
Saktsche-Gözü, südlich von Mar'asch 91
Salamis, griechische Insel 645
Salihije am mittleren Euphrat 207
Sallum, Usurpator in Israel 290
Salmanassar I. (hebräisch, assyrisch Schulmanaschared), König von Assyrien 50, 62, 68, 80, 86
Salmanassar III., König von Assyrien 68, 82ff., 89, 92f., 98, 139, 146, 283, 285, 641, 643, *Abb. 81, 289, Kartenskizze 85*
Salmanassar IV., König von Assyrien 68, 86
Salmanassar V., König von Assyrien 68, 92, 96, 98f., 293, 642f.
Salome Alexandra, Königin in Juda 342
Salomo, König in Israel 37, 76, 267, **271—279**, 283, 287, 289, 303, 320, 323, 328, 333, 610, 642, *Abb. 273*
Sam'al (heute Sendschirli), Hauptstadt von Ja'dija 91, 93ff., 607

Samaniden, persische Dynastie 235
Samaria, Stadt und Landschaft in Palästina 93, 98f., **282—286**, 292ff., 296f., 300, 303, 311, 321ff., 326ff., 339, 341, 344, 346f., 628, 642f., 645, 647f., *Abb. 280, Kartenskizze 255, 331*

Samariter, Bewohner Samarias 348, 646
Samaritisches Schisma 328ff., 646
Samarkand, Sogdiane 195, 617f.
Samatata, Staat in Ostpakistan 461
Sāmaveda, Veda der Lieder 366, 377f.
Samhitā, vedische Sammlung 365f., 369, 378
Samiti (Volksversammlung?) 369, 375, 382
Sammuramat (Semiramis), Regentin von Assyrien 68, 85, 93, 642
Samosata am Euphrat 97
Samprati (?), König von Indien 406
Samsāra, Wiedergeburt, ständiger Kreislauf 394ff.
Samsija (Samse), Königin der Araber 97, 294
Samudragupta, König der Gupta 461ff., 652
Samuel, Prophet und Richter in Israel 263ff.
Samuel, 2 Bücher des Alten Testaments 247, 252, 263, 267f.
Samuha, Hatti 50
Sanabases, Partherkönig 426
Sanballat, persischer Statthalter 322
Sānchi, Madhya Pradesh 207, 413, 433, 436, 438, 475, *Abb. 432, Kartenskizze 359, 443*
Sanchunjaton, Schriftsteller, vermutlich aus Ugarit 59
Sandrokottos, siehe Candragupta 69, 92
Sangarios, Fluß in Anatolien, *Kartenskizze 51*
Sangela (Singala), Punjab 398
Sangha, die buddhistische Gemeinde 403
Sanherib (Sinachcheriba), König von Assyrien 37, 68, 89, **102 bis 106**, 109, 116f., 119, 298f., 642, 644, *Abb. 116, 300, 308*
Sāṅkhya, System der indischen Philosophie 434f., 453, 471
Sāṅkhyakārikā, Hauptschrift des Sāṅkhya 470, 653
Sanktissimum, Allerheiligstes 249, 264, 275
Sanskrit, klassische Sprache der Inder 15, 144, 355, 365, 368, 380, 385, 408, 416f., 435, 442, 451, 454ff., 464ff., 652
Sanskrit-Literatur 435, 444, 454f., 457, 472ff., 611
Saozma Kala (heute Masar-i Scherif), östlich von Balch, Baktrien 195
Sapardäer, Volksstamm 112
Saptasindhu, Siebenstromland 368
Sara, Frau Abrahams 241
Sarabara, medische Hose 139
Sarapo (Serapis), ägyptischer Gott 441

Sarasvatī (Sarsuti), Fluß im Punjab 368, 374
Sarayū (Gōgrā), linker Nebenfluß des Ganges, *Kartenskizze 359, 367, 443*
Sardes, Westkleinasien 146, 159, 170, 174, 176, 179, 183, 645, *Kartenskizze 167*
Sardinien 76, 161, 603
Sardur I., König von Urartu 68, 87, 643
Sardur II., König von Urartu 68, 88f., 97, 643
Sardur III., König von Urartu 68, 89
Sargon, König von Akkade 133
Sargon II., König von Assyrien 68, 89, 92f., **99—102**, 116, 139f., 292f., 297f., 642f.
Sargoniden, assyrische Dynastie 88, 360
Sarmanes (Shrāmana), buddhistische Mönche 409, 448
Sarmaten (Sauromaten), iranisches Nomadenvolk 199, 203, 458, 604, 613f., 618
Sārnāth bei Benares 419, 457, 475f., 611, *Abb. 405*
Sarsuti (Sarasvatī), Fluß im Punjab 368, 374
Sarvāstivādin, buddhistische Glaubensschule 417f., 433, 469
Sarvistan, südöstlich von Schiras 234
Sasan, Herrscher von Gandhāra 426
Sasan, Priester in Persepolis, Ahnherr der Sasaniden 209, 214
Sasaniden, persische Dynastie 21, 31, 35, 132, 148, 181, 196, 203f., 207, **209—235**, 441, 444, 459f., 617, 647f., 652
—, die letzten 228ff.
—, früh- und spätsasanidisches Herrschertum **230—233**
—, Geschichte **215—218**
—, Kultur 149, 233ff., 649, *Abb. 220f., 232f.*
—, mazdakitische Revolte **221—226**
—, Religion als politische Macht 226ff.
—, Staatshaushalt **218—221**
Sātakarni (Shātavāhana), Dynastie in Indien 426, 442, *Kartenskizze 443*
Satī, Witwenopfer 429
Sātiyaputra, altindisches Königreich 404
Satrapie, Statthalterschaft 319, 429
Sattagydai (griechisch), indischer Volksstamm 383
Sattva (Güte, Klarheit) 434, 471
Satvara I., König von Mitanni 62, 68
Satvara II., König von Mitanni 62, 68
Saubhāgasena, siehe Sophagasenos

## NAMEN- UND SACHREGISTER

Saubhūti, hypothetische Rekonstruktion des Namens Sophytes 397
Saul, König von Juda 264—268, 282, 641
Saurasēnī, Prakrit-Dialekt 434
Sauromaten (Sarmaten) 613
Sauschka, churritische Göttin 55
Sauschschatar, König von Mitann 42f., 68
Sautrāntika, buddhistische Sekte 433
Scaurus, Marcus Aemilius, römischer Feldherr und Staatsmann 342, 344
Schabaka, Neferkarê, König von Ägypten 297
Schaeder, Hans Heinrich, Orientalist 610
Schaeffer, Claude, Archäologe 57
Schaf 582, 584, 586, Kartenskizze 587
Schagaraktischuriasch, König von Babylonien 63, 69
Schahrbaraz, persischer Heerführer 230
Schamane, Zauberpriester 204, 498, 514 ff., 610
Schamasch, semitischer Gott 70—74, 112
Schamascheriba, Gegenkönig von Babylonien 130
Schamaschmudammiq, König von Babylonien 69, 78
Schamaschschumukīn, König von Babylon 69, 112, 114 ff., 642
Schami, Elam 207
Schamschiadad I., König von Assyrien 61, 65, 70
Schamschiadad IV., König von Assyrien 66 ff.
Schamschiadad V., König von Assyrien 68, 84f., 287, 642
Schamschilu, Statthalter in Tilbarsip 86
Schanabuschu, assyrischer General 110, 114
Schapija, Babylonien 97
Schapsch, ugaritische Göttin 58 f.
Schapur (Sapor, Sapores) I., König von Persien 148, 215 f., 220, 234, 648, 652, Abb. 212
Schapur II., König von Persien 148, 196, 215 ff., 233
Schapur, Sohn des Priesters Pabek 209
Scharbaraz, persischer Usurpator 149
Scheba, Heerführer in Israel 270
Schekel (Sekel), althebräische Gewichts- und Münzeinheit 177
Scheschbassar, Statthalter in Jerusalem 319f.
Scheschonk I., Hedjcheperrê, König von Ägypten 75, 278, 281, 642
Schiiten, Anhänger einer islamischen Glaubensrichtung 625 f.

Schilhakinschuschinak, König von Elam 64, 69
Schimalia, kassitische Gottheit 70
Schinuchtu im Tauros 100
Schiras, Südwestiran, Kartenskizze 167
Schiroë, persischer Prinz, später Kawadh II. 218, 230
Schisma, Kirchenspaltung 328f., 403, 433, 454, 646
Schiwini, urartäische Gottheit 90
Schlegel, August Wilhelm von, Dichter und Philologe 16
—, Friedrich von, Philosoph, Historiker und Dichter 16
Schnecken 585, 588, 590
Schrader, F. Otto, Indologe 415
Schrift, Entwicklung 25 f., 28, 31, 36, 578
—, China 485, 489, 522 f., 651
—, Indien 383, 402, 406, 408, 422, 425, 430, 439 ff., 611 f.
—, Iran 169 ff.
—, Naher Osten 46—49, 52, 57, 76, 87, 90, 107 ff., 132, 138, 165, 177, 383, 644
Schottland 626
Schubria, Nordmesopotamien 89, 111
Schulin, Ernst, Historiker 15
Schulmanaschared, siehe Salmanassar
Schuqamuna, kassitische Gottheit 58, 70
Schutruknahhunte I., König von Elam 64, 69
Schutruknahhunte II., König von Elam 69, 101
Schuttarna II., König von Mitanni 43, 68
Schwarzes Meer (Pontos Euxeinos) 88, 161, 447, 606f., Kartenskizze 166
Schweden 633
Sebaste (Augustusstadt), Samaria 346
Sebulon, Stamm Israels 243, 260, Kartenskizze 255
Seccomalerei, Wandmalerei auf trockenem Untergrund 44
Seelenwanderung 379, 391, 394, 397
»Seevölker«, seefahrende Völker aus dem Norden 30, 51 f., 58, 75, 244 f., 260, 641
Seidenhandel, chinesischer 556, 559, 563—566, 619, 652
Seidenstraße, alter Karawanenweg von China nach Syrien 612, 619
Selene, griechische Göttin 440
Seleukeia am Eulaios (Susa) 204
Seleukeia (Machoza) am Tigris 147, 188 f., 204f., 211, 213, 216, 235, 618 f.
Seleukiden, makedonische Dynastie 129—132, 186—194, 197f., 200f., 206, 328, 330, 332, 334, 336, 338—342, 344, 401, 405 f., 418, 422, 613, 617, 646 f.

Seleukos I. Nikator, König von Syrien 147, 176, 187 f., 193, 327, 399 f., 406, 421, 611, 646, 651
Seleukos II. Kallinikos, König von Syrien 131, 147, 190, 200, 647
Seleukos IV. Philopator, König von Syrien 147, 197, 334
Sellin, Ernst, evangelischer Theologe 592
Semiramis, griechisch für Sammuramat 85, 642
Semiten, Sprachfamilie der Völker in Nordafrika und dem Nahen Osten 25, 27, 46, 54, 143, 170, 206, 239, 603, 606, Abb. 252
Sendschirli (früher Sam'al) am Amanusgebirge 91, 139, 607

Seneca, Lucius Annaeus, römischer Philosoph 565
Septuaginta, griechische Übersetzung des Alten Testaments 332, 646
Serapis (Sarapo), ägyptischer Gott 441
Serer (Seres), Chinesen 556, 565, 612, 618
Seron, Feldherr der Seleukiden 337
Serubabel, Statthalter von Jerusalem 320 f.
Sesterz, römische Münze 446, 565
Sethos I., König von Ägypten 50
Severus Alexander, Marcus Aurelius, römischer Kaiser 148, 216
Severus, Lucius Septimius, römischer Kaiser 148, 203
Sewan (Göktscha)-See, Armenien 86 f., Kartenskizze 85, 111

Sexagesimalsystem, Zahlensystem mit 60 als Grundeinheit
Shabarabhāṣhya, Kommentar zur Mīmāṃsā 472
Shabarasvāmin, buddhistischer Kommentator 472
Shad-darshana, die sechs orthodoxen Systeme der indischen Philosophie 434
Shahbazgarhi, westlich des Indus 404
Shahrewar (Shaoreoro), iranischer Gott 441
Shaka (Saken) 30, 399, 423—426, 430, 432, 438 f., 441 f., 444 f., 449, 651 f.
Shaka-Zeitrechnung (von 78 n. Chr.) 439, 447
Shaka-Land (Sakastāna, Sakastane, Sistan) 147, 195, 200 f., 398, 425, 429, Kartenskizze 167

Shākya, Volksstamm und Staat in Indien 379 f., 394
Shālaṅkāyana, indisches Herrschergeschlecht 464, 468
Shālishūka (Jalauka), König von Indien 406
Shang, Landschaft in China 519

Shang (Yin), chinesische Dynastie 27, 31, 483f., 487, 491, 498ff., 604f., 608, 610, 649f.
Shang-Zeit, Kultur der 490, 492—499, 649, *Abb. 493, 496f., 500*
Shangam, literarische Sammlung (Akademie) 355, 456
Shangam-Ära, Periode der alttamilischen Literatur 446f., 474
Shang-ch'iu, chinesische Provinz Honan 494
Shang-chün (Shang Yang) 519
Shang-chün-shu, siehe Shang Yang
Shang shu (»Schriften des Altertums«) 483
Shang-ti, Herr über Götter und Menschen 497
Shang Yang (Kung-sun Yang, Shang-chün), politischer Reformator in China 502, 505f., 519f., 522, 651
Shanidar, Irak 582, 589
Shankara, indische Gottheit 372
Shānkhāyana Āranyika, Teil des Rigveda 379
Shansi, chinesische Provinz 482, 501, *Kartenskizze 495*
Shāntamūla I., Gründer der Ikshvāku-Dynastie 446
Shantung, chinesische Halbinsel und Provinz 482, 492f., 500, 502, 527, 566f., 649, 652, *Abb. 553, Kartenskizze 495*
Shaoreoro (Shahrewar), iranischer Gott 441
Shaosyant, iranische Messiasgestalt 452
Shatapatha Brāhmana, Teil der Veden 374f., 378, 389, 431
Shātavāhana (Sātakarni), Dynastie in Indien 426f., 442, 444ff., 449, 453, 463f., 468, 652, *Kartenskizze 443*
Shaunaka, Fassung des Atharvaveda 366
Shê, chinesischer Gott 497, 503
Shen-nung, mythische Gestalt in China 489
Shensi, chinesische Provinz 493, 524, *Kartenskizze 495*
Shibi, indischer Volksstamm 421
Shiddapura im Kurnool-Distrikt, Mysore 404
Shih-chi (»Aufzeichnungen des Geschichtsschreibers«) von Ssuma Ch'ien 355, 483
Shih-ching (»Kanon der Oden«) 483
Shih Huang-ti, Erster Kaiser der Ch'in-Dynastie 33, 521ff., 525, 528, 557, 616
Shīlā, die fünf Gebote des Buddha 396
Shilappadikaram, indische Ballade 457
Shilapattra, Inschriften auf Stein 354

Shimuka, Begründer der Shātavāhana-Dynastie 427
Shishunāga, König von Magadha 381f., 651
Shishunāga-Dynastie in Magadha 382
Shiva, vedischer Gott 195, 358, 360, 372, 378, 414ff., 430, 432, 440f., 453, 473, 476, 650, *Abb. 392*
Shivabhāgavata, altindische Sekte 432
Shivaismus 432, 439, 453, 463, 470
Shrāmana, buddhistischer Mönch 404, 409, 448, 566
Shrenika Bimsibāra, König von Magadha 380, 651
Shri (Lakshmi), indische Göttin 453
Shrutasena, Prinz der Kuru 374
Shu, chinesisches Gewicht 535
Shu (Shuh-Han), Staat in China 527, 555, 569f.
Shu-ching (»Kanon der Schriften«) 483f., 494
Shūdra, unterste Kaste der Hindu 375, 382, 386, 401, 429
Shūdraka, indischer König 455
—, »Mricchakatika«, Drama 455
Shulvasūtra, Handbuch des Rituals der Veden 414
Shun, legendärer chinesischer Kaiser 489, 491, 510, 517
Shunahshepa, Gestalt aus den Veden 378
Shunga, indische Dynastie 419ff., 427, 432f., 435ff., 651
—, Kunst 457f.
Shuo-fang, Landschaft am Gelben Fluß 560
Shutudri, siehe Sutlej
Shvetāmbara (Weißgekleidete), jainistische Sekte 433f.
Shvetāmbara-Kanon 434
Shvetāshvatara, Upanishad in Versen 389, 415
Sialk (Tepe S.), nördlich von Isfahan, Westiran 139, 604
Siam (Thailand), Königreich in Hinterindien 465
Sian (Hsi-an, Hsien-yang, Changan) am Wei, Shensi 521
Sib'e, Oberbefehlshaber des Landes Musri (Ägypten) 294
Sibirien 158, 203, 608, 614
Sichelklingen 586, 589
Sichem, Palästina 245—250, 252, 263, 279f., 302, 328f., *Abb. 245, Kartenskizze 255, 331*
Siddhārtha Gautama, siehe Buddha
Sidon (Saida), Phönikien 48, 75f., 80, 103, 110, 114, 283, 644, 646, *Kartenskizze 166, 255, 331*
Siebenstromland, Saptasindhu 368
Siegelschneidekunst 25, 44, 48, 60, 75, 102, 122, 131, 211, 354, 358, 360, 362f., 371, 468, 650, *Abb. 357*

Siglos (Sigloi), achaimenidische Silbermünze (vergleiche Schekel) 388, 430
Sikh, Angehöriger einer hinduistischen Religionsgemeinschaft in Nordindien 625f.
Silbenschrift 46ff., 107ff., 408
Silber 47, 60, 76, 83, 89, 175f., 273, 612, *Abb. 161, 221*
Silberwährung 177
Silo, Palästina 250, 263f., 328, *Kartenskizze 255*
Siloah, Wasserlauf in Jerusalem 296, *Abb. 293*
Simmaschschichu, König von Babylonien 77
Simon, Hoherpriester und König in Juda 337, 340f., 647
Simonetta, Alberto, italienischer Gelehrter 422f., 425
Simri, König von Israel 282, 642
Simson, Richter in Israel 260
Simyra (Arpad) 99, 294
Sin, semitischer Mondgott 74, 102, 115, 127ff., 160
Sinachcheriba, siehe Sanherib
Sinai, ägyptische Halbinsel 47, 240, 246, 250
Sinai-Offenbarung 36, 250ff., *Abb. 244*
Sinai-Tradition 255f.
Sindh, Landschaft am Indus 356, 399, 404, 442, 650, 652, *Kartenskizze 359, 367, 443*
Sindhu, siehe Indus
Singala (Sangela), Punjab 398
Singara, Mesopotamien 211
Singhalesen, Volk auf Ceylon 380, 404, 413
Singhbhum, Chhota Nagpur Plateau, Zentralindien 381
Sinleqeunnîni, urukäischer Dichter 71
Sinope am Schwarzen Meer, *Kartenskizze 166*
Sinscharischkun, König von Assyrien 68, 122ff.,
Sinschumlischir, König von Assyrien 68, 123
Sintflut 114, 416, 489, 491
Sippar, Babylonien 65, 78
Sippenhaft in China 520, 523
Sir'al, assyrisch für Israel 82
Sirbonischer See 254
Sir-Darja (Iaxartes) 137, *Kartenskizze 165*
Siri P(t)olemaios, König von Baithana (Paithan, Pratishthāna) 445
Siri Sātakarni (Saraganes d.Ä.?) 427
Sirius, Hauptstern im Sternbild Großer Hund 80
Sirkap, nördlich von Taxila 426, 611
Sirsukh, Talgrund im Punjab 441
Sisak, siehe Scheschonk

# NAMEN- UND SACHREGISTER

Sisera, kanaanitischer Feldherr 259f.
Sistan, Landschaft in Ostiran 137f., 147, 195, 200f., 398, 425, *Kartenskizze 167*
Sizilien 76, 161, 603
Skanda (Kumāra, Kārttikeya), indischer Gott 440f., 453
Skandagupta, König der Gupta 462f., 468
Skandha, 5 Gruppen von Daseinsfaktoren 395
Skandinavien 626
Skepsis 234f.
Sklavenhaltergesellschaft in China 487f.
Sklaverei 118, 120, 130, 163, 174, 201, 274, 279, 313, 335, 357, 361, 387, 409, 468, 505, 526, 533f., 547, 549, 551, 577, 633
Skylax von Karyanda, griechischer Seefahrer 14, 174, 383, 610
Skythen (Saken) 30, 88f., 110f., 123, 140, 144, 146f., 150, 160, 174, 179, 194f., 199f., 203, 300, 384, 424f., 604f., 607, 613f., 618, 642–645, 647f., *Abb. 145, Kartenskizze 167*
Skythopolis (Beth-Schan), *Kartenskizze 331*
Smriti (Dharmashāstra), juristisch-soziale Handbücher in Versen 386, 428f., 450, 463, 468, 652
Smyrna, Westkleinasien 643

Sogder, indogermanisches Volk 138, 146
Sogdiane, Landschaft in Nordostiran 148, 150, 158, **189–192**, 194f., 200, 207, 452, 561, 566f., 613, 617, 649, *Kartenskizze 167*

Sogdianer 567, 613
Sogdianos, Halbbruder Xerxes' II. 180, 645
Sokrates, griechischer Philosoph 635
Sol, Sonne 472
Solipsismus, Lehre von der alleinigen Wirklichkeit des eigenen Ichs 15
Soma, heiliger Trank 363, 365, 372f., 377
Soma, indischer Gott 365
Sonari bei Bhilsa, Madhya Pradesh 413
Sonnenjahr 481
Sopara, Westküste Indiens 447
Sophagasenos (Saubhāgasena), König von Indien 406, 422
Sopheites, indischer König im Punjab 397
Sopherim, Staatsschreiber in Israel 272
Sophismus, durch Scheinbeweise gewonnener Trugschluß 513, 518, 521

Sophytes, Inschrift auf Münzen des Bessos 397
Sorghum (Durra, Negerhirse, Andropogon sorghum) 494
Sozialethik, Lehre von den Pflichten des Menschen gegenüber der Gesellschaft 513, 519
Spahbed, Befehlshaber der persischen Grenzgebiete 228f.
Spalagadama, Häuptling der Shaka 425
Spalahora, Häuptling der Shaka 425
Spalirises, König der Shaka 425
Spalyris, Häuptling der Shaka 425
Spanien 76, 161, 603, 643
Spanier 15
Sparta, Griechenland 180, 339f., 623, 635, 646
Speckstein, dichte Massen von Talk (Talkum) 358
Spengler, Oswald, Geschichtsphilosoph 17, 34
Spitama, persisches Adelsgeschlecht 151
Sprüche Salomos, Buch der Bibel 333
Sravana Belgola, Mysore, *Abb. 393*
Ssidqâ, König von Askalon 103
Ssu-ch'uan, chinesische Provinz 488, 501f., 527, 555, 569f., 652, *Abb. 549, Kartenskizze 495*
Ssu-ma Ch'ien, chinesischer Historiker 482ff., 490f., 493, 521, 524, 549f., 555, 564, 653
—, Shih-chi (»Aufzeichnungen des Geschichtsschreibers«) 483, 653
—, »Aufzeichnungen des Hofastrologen« 555
Ssu-ma Kuang, altchinesischer Historiker 484
—, »Tzu-chih t'ung-chien« 484
Ssu-ma Piao, chinesischer Schriftsteller 484
Ssurru, siehe Tyros
Stabreim (Alliteration), gleicher Anlaut der betonten Silben aufeinanderfolgender Wörter 151ff.
Stachr (Istachr, Stakhr), bei Persepolis 197, 209, 213f.
Stadtentwicklung 26, 580, **588 bis 591**, 596, 600
Stadtkultur 24, 26, 31, **576–579**, 584, 588, 598f.
Städtische Revolution 578, 597
Stater, altgriechische Goldmünze 430, *Abb. 200*
Steingeräte, China 494
—, Indien 371
—, Iran 586, 588f.
—, Palästina 24, 593, 595, 599
Steinigung, Todesstrafe im Altertum 248
Steinzeit 490, 571, 633, 649
—, Jung- (Neolithikum) 356, 490, 494f., 586, 592, 597, 628ff., 649

Stele, freistehende Steinplatte 80f., *Abb. 288, 292*
Stempelsiegel 48, 107, 131
Steuerwesen, China 530, 533, 535, 539, 544, **547–551**, 563
—, Indien 369, 375, 382f., 411
—, Israel 642
—, Juda 332, 645, 647
—, Perserreich 149, 176f., **218–224**, 226, 228, 231, 649
—, spätrömisches 224, 228
Sthavira (Theravādin), buddhistische Glaubensschule 412f., 417, 433, 623, 626
Stiftshütte, siehe Zelt, Heiliges
Stiller Ozean 360
Stoizismus (nach Stoa Poikile, Säulenhalle in Athen), griechische Philosophenschule, gegründet von Zenon d. J. 623, 625, 632
Strabo, griechischer Geograph 397, 400, 410
Strafrecht, altindisches 428
Stratigraphie, Lehre von der senkrechten und damit auch zeitlichen Aufeinanderfolge der Schichtgesteine 357, 360
Strato, indo-griechischer König 423
Streitwagen, zweirädriger mit Pferden bespannter Kriegswagen, zuweilen mit Sicheln an den Rädern 29, 41, 43, 53, 139, 152, 211, 257, 260, 273, 289f., 294, 369, 371, 381, 411, 494, 497, 604f., 650, *Abb. 81, 112*

Streitwagengräber 494, *Abb. 496*
Stukkaturen, Gandhārakunst 459
Stūpa, buddhistischer Kultbau, für Reliquien bestimmt 417, 420, 435ff., 458, 460, 611, *Abb. 412, 440, 470*
Subbarao, Bendapudi, indischer Archäologe 371, 408
Subaräer, vorsemitische Bevölkerung des nördlichen Mesopotamiens 60
Subartu, nördliches Mesopotamien 60, 99
Substrat, Grundschicht, Urbevölkerung 24, 28
Sudārshana, Stausee auf Kāthiāwār 442, 462
Sudās, König der Bharata 368
Südostasien (Suvarnabhūmi) 354, 409, 413, 465
Suez 610
Sukkot, Ostjordanland, *Kartenskizze 255*
Sūkta (indisch Hymne) 365
Sultangani, Bihar 475
Sultantepe, Fundstelle bei Harran 123
Sulumal (Sulumeli), König von Milid (Malatia) 91
Sumatra, Insel im Malaiischen Archipel 430

Sumer (Schumer, Kengi[r]), das südliche Babylonien 25, 319, 600
Sumerer, Volk unbekannter Herkunft 24—27, 32, 95, 107, 578
Sunaschschura, König von Kizwatna (Kilikien) 50
Sung, Staat in China 500, 502
Suppiluliumas I., König der Hethiter 46f., 49, 52, 57, 60, 68, 364
Suppiluliumas II., König der Hethiter 68
Sura am Euphrat 205, 215

Surasenoi (Surasena), altindischer Volksstamm 414
Surāshtra, Landschaft auf Kāthiāwār 411, 442, 444, 462, *Kartenskizze 443*
Surch Kotal (Surkh Khotal), nördlichstes Afghanistan 195, 439, 617
Suren, parthisches Geschlecht 201, 211
Surenas, parthischer Feldherr 147, 201, 425
Sūrya, indischer Gott 373, 437, 470
Susa (Seleukeia, Schuch) 45, 61, 64, 116, 137f., 147, 159, 170, 176, 178, 181f., 184, 186, 198, 207, 211, 213, 300, 319, 323, 418, 611, 642, *Abb.160, Kartenskizze 85, 111, 167*

Sushruta, indischer Arzt und Schriftsteller 456, 475
—, »Sushrutasamhitā«, Lehrbuch der Medizin 456
Susiane, Landschaft in Südwestiran 147, 178, *Kartenskizze 167*

Susīma, indischer Prinz 401, 651
Sūtäer, Volk in Mesopotamien 61
Sutlej (Shutudri), östlichster Strom des Punjab 137, 421, 461, *Kartenskizze 167, 359, 367, 443*
Sūtra, buddhistische Lehrtexte 386, 417, 453, 471
Sūtrapitaka, buddhistischer Kanon 417
Sutû, semitische Nomaden 42, 80
Suvarna, altindische Goldmünze 387, 468
Suvarnabhūmi (Südostasien) 409, 413
Suvarnagiri, Vizekönigreich im Dekhan 406, 411
Swat, Fluß im Punjab 398
Sybaris, antiker Stadtstaat im Golf von Tarent, Italien 627
Symbiose, Zusammenleben zweier verschieden gearteter Organismen 28, 240
Synagoge 253, 316, 348
Synedrium (hebräisch Sanhedrin), der Hohe Rat der Juden 345

Synkretismus, Vereinigung verschiedener philosophischer Lehren, Religionen und Kulte 278 287, 290, 294, 299f., 317, 326, 625
Synopsis, vergleichende Übersicht 30
Syrer, semitisches Volk 170, 566, *Abb. 176*
Syria, römische Provinz 344ff., 348f., 647
Syrien 15, 19, 26f., 41, 47—52, 54f., 58, 65, 75ff., 79—86, 90, 92f., 95, 97, 99f., 109, 114f., 123, 125, 127f., 139, 147ff., 159, 161, 163, 183, 187, 201ff., 205ff., 217f., 224, 239f., 244, 269, 273, 285, 291f., 294, 296, 300, 305f., 318f., 327f., 332, 340f., 344f., 349, 422, 565, 584, 606ff., 641f., 644, 646, 648f., *Kartenskizze 166*
—, Kunst 95, 98
Syrinx, Hyrkomien 200
Syrien-Palästina 41, 45—48, 126, 129, 239, 242, 244, 270, 284, 287, 291ff., 305f., 327, 581, 643
Syrisch-arabische Wüste 239f.
Syrisch-ephraimitischer Krieg 292, 295, 644
Syrisch-hethitische Kunst 95
Syrophönikien 115

# T

Tabal, Fürstentum in Kleinasien 91
Tabarna, Titel der Hethiterkönige 52
Tabu (Maorisprache), Gebote und Verbote bei Naturvölkern 32
Tacht-i Sulaiman, Terrasse in Pasargadai 159
Tacitus, Cornelius, römischer Geschichtsschreiber 482
Tadmor (Palmyra), Syrien 65
Tag- und Nachtgleiche (Äquinoktium), Zeit der 132, 474, 646
Taharka, Chunefertumrê, König von Ägypten 110, 114
T'ai-hang, Gebirgskette in Shensi (China) 492f.
Taima, Oase in Arabien, siehe Tema(n)
T'ai-shan, Gebirgsstock in Shantung, China 500f., 522
Taite, Mitanni 62
Taittirīya, Fassung des Yajurveda (Āpastambhin-Zweig derTaittirīya-Schule) 366, 378, 391
Taittirīya, Upanishad in Prosa 389
Takht-i Bahi bei Peshawar 460
Talas, Fluß in der Sogdiane 561
Talmud (Sammlung der Gesetze und religiösen Überlieferungen des nachbiblischen Judentums), babylonischer 215, 235

Taman, Halbinsel an der Meerenge von Kertsch 618
Tamas (Dunkel, Schwere) 434, 471
Tambraling, Staat auf der Malaiischen Halbinsel 465
Tamil, drawidische Sprache und deren Träger 355, 406f., 427, 446f., 453, 456, 464, 652
Tamil-Literatur 457, 475
Tāmralipti, Gangesdelta 448, *Kartenskizze 367*
Tamrapatra, Inschriften auf Kupfer 354
T'ang, chinesische Dynastie 21, 235, 521
Tanit, punische Göttin 76
Tanutamun, Bakarê, König von Ägypten, 114
Taoismus 510, 514ff., 518, 527, 530, 567, 624
Tao-te-ching, siehe Lao-tzu
Tappuah, südlich von Sichem, Palästina 290
Taq-i Kisra, Palast in Ktesiphon 235, *Abb.233*
Tāranātha, tibetischer Historiker 406
Tarhala, Mahārāshtra 445
Tarhunt, Gott von Tyana 92

Tarimbecken, abflußloses Gebiet in Chinesisch-Turkestan 452, 466, 561f., 564, 566, 618f., 652
Tarn, William Woodthorpe, englischer Historiker 423
Tarschisch (griechisch Tartessos), Spanien 76
Tarsos (Tarsus), Kilikien 92

Tartan, siehe Turtanu
Tartan, höchster Beamter Assyriens 118
Tartar, Nebenfluß des Euphrats 78
Tartessos, siehe Tarschisch
Tartsche, Rundschild der Berittenen 211
Taschkent am Iaxartes 195
Tatta-See, Kleinasien, *Kartenskizze 85*
Taurus, Gebirgszug an der Südküste Anatoliens 83, 91, 100, 581
Tauschierarbeit, Einlegearbeit, Metall in Metall 612
Tawananna, Titel hethitischer Königinnen 52
Taxila (Takshashilā), Punjab 173, 192, 206, 374, 384, 398f., 401f., 410f., 423, 425f., 441, 475, 611f., 650, *Kartenskizze 167, 367, 443*
Ta-yüan (Ferghana), Beckenlandschaft in Russisch-Turkestan 561, 613, 618
Te (chinesisch), männliche Tüchtigkeit, Vollkommenheit, Tugend 504, 509, 515, 517

# NAMEN- UND SACHREGISTER

Techiptilla, Bodenspekulant in Nuzi 43
Teheran, Persien, *Kartenskizze 167*
Telavakāra, Fassung des Sāmaveda, siehe Jaiminiya
Teleologie, Lehre von der Zielgerichtetheit der Geschichte 15f.
Telepinus, hethitischer Fruchtbarkeitsgott 54 f.
Telepinus, König der Hethiter 46, 52
Telepinus, Vizekönig in Karkemisch 49
Tell Abib am Kanal Kebar, Babylonien 313
Tell Achmar, siehe Tilbarsip
Tell el-Muskata (Piharirot), Nildelta 254
Tell el-Obed am Euphrat, Fundstätte 137, 599, *Kartenskizze 583*
Tell es-Sultan bei Jericho 591
Tell Halaf (Guzana), Mesopotamien, Fundstätte 85
Tell Harscha, Babylonien 313
Tell Melach, Babylonien 313
Tell Tainat, Ruine bei Alalach 93
Tell Uqair, Mesopotamien, Fundstätte 599
Telugu, altindischer Volksstamm 407
Telugu (Telinga), drawidische Sprache 407, 464
Telugu-Land im Norden von Madras 464
Tema(n), Oase Taima, Arabien 78, 128, 160, 170, 174, 226 f., *Kartenskizze 166*
Teng, chinesisches Adelsgeschlecht 536f.
Tepe Giyan bei Nihawend, Westiran 356
Ter, Sholapur-Distrikt, Mahārāshtra 475
Terai, Landschaft in Nepal 394
Teri, Sanddünen im äußersten Süden Indiens 388
Terrakotta (italienisch gebrannte Erde), unglasierte keramische Erzeugnisse 44, 131, 358, 427, 448, 605, 614
Tescheba, siehe Teschup
Teschebaini (Karmir Blur) am Aras 87f., 89f.
Teschup (Tescheba), churritischer Gott 54, 90
Te'umnun, König von Elam 69, 116, *Abb. 116*
Thaanach am Karmelgebirge, Palästina 259 f., *Kartenskizze 255*
Thabor (Tabor), Berg in Palästina 243, 250, *Kartenskizze 255*
Thai, südostasiatisches Volk 570
Thailand, Königreich in Hinterindien 416, 626
Thapsakos am Euphrat, *Kartenskizze 166*
Thapsus, Stadt in Libyen 76

Theben, Oberägypten 115, 171, *Abb. 252, Kartenskizze 166*
Theismus, Glaube an ein höchstes überirdisches persönliches Wesen 251, 434, 471
Theiß, Nebenfluß der Donau 605
Thekoa, Palästina, *Kartenskizze 331*
Theokratie (griechisch Gottesherrschaft), Staatslenkung, die als von Gott beauftragt angesehen wird 262, 357
Theologie 636
Theopantismus 377
Theophanie, Erscheinung Gottes 250
Theosophie (Gottesweisheit), mystische Lehre von Gott und Welt 625
Theravādin (Sthavira), buddhistische Glaubensschule 412f., 417f., 433, 468, 623f., 626
Thespias (Tschischpisch), persischer Adliger 196
Thessaler, griechischer Volksstamm 605
Thibni, Thronanwärter in Israel 282
Thimna, Palästina, *Kartenskizze 331*
Thinai (griechisch), Ch'in-Dynastie in China 521
Thirza, Westjordanland 280 ff., *Kartenskizze 255*
Thomas, Judas, Apostel 208, 425f.
Thomaschristen, Selbstbezeichnung der Christen Vorderindiens 449
Thora (Tora, Pentateuch), die fünf Bücher Mose 172f., 611
Thraker, indogermanische Volksgruppe 192, 197, 605
Thrakien, Landschaft der Balkanhalbinsel 51, 174, 179, 645, *Kartenskizze 166*
Threni, Klagegesänge 312
Throana, siehe Tunhuang
Thukydides, griechischer Geschichtsschreiber 482
Thutmosiden, ägyptische Könige 45
Thutmosis I., Aacheperkarê, König von Ägypten 42
Thutmosis III., Mencheperrê, König von Ägypten 42, 46
Thutmosis IV., Mencheperurê, König von Ägypten 43
Ti, Volksstamm in China 500
Tiamat, babylonische Gottheit 71
Tiastenes (Cashtana), König der Kārdamaka 442
Tiberius Claudius Nero, römischer Kaiser 565
Tibet, innerasiatisches Hochland 469, 627f.
Tien, Volksstamm in China 570f., *Abb. 568*
T'ien-chu (Indien) 439
Tienshan, Gebirge in Innerasien 606

Tientsin, chinesische Provinz Hope 492
Tierelement in der Kultur **152—157**
Tier-Mensch-Übergangsfeld 575
Tierstil in der Kunst 152f., 203, 207, **606—609**, 614f.
Tiglatpilesar I. (Tukultiapilescharra), König von Assyrien 64ff., 68, 75, 641
Tiglatpilesar II., König von Assyrien 68, 77
Tiglatpilesar (Phul, Pulu) III., König von Assyrien 68, 88, 91f., **96—99**, 114, 121, **290—293**, 295 f., 642 ff., *Abb. 96*
Tigris 13, 62 f., 105, 126, 137, 148, 202 f., 205 f., 212 f., 216, 218, 578, 581, 585, 586, 618, *Kartenskizze 85, 111, 166, 583*
Tilbarsip (heute Tell Achmar), am Euphrat 82, 86, 98, 104, 139
Tilgarimmu (Togarma), Landschaft in Anatolien 87, 104
Timisitheus, römischer Feldherr 216
Timur Leng, Mongolenfürst 79
Tinnevelly, Südspitze Indiens 427
Tiridates, König von Armenien 148, 202
Tīrthankara, indische Denkerschule 391
Tissa, indischer Prinz 401, 411
Tissaphernes, persischer Satrap in Sardes 180 f.
Titus, Flavius Vespasianus, römischer Kaiser 349, 648, *Abb. 349*
Tocharer (Tokharer, Yüe[h]-chih) 147, 194 f., 424
Töpferei 24, 490, 494, 585, 649
Togarma, siehe Tilgarimmu
Tokharestan, Landschaft in Baktrien 462 f.
Toprā an der oberen Jamuna 402
Toramāna, Herrscher von Zabul 463
Tosali, Kalinga 402, 404, 411
Totalitarismus 635
Totes Meer, Palästina 35, 172, 199, 239, 244, 288, 296, 323, 343, 349, *Abb. 257, Kartenskizze 255, 331*
Tou, chinesisches Adelsgeschlecht 537
Tou Hsien, chinesischer Feldherr 562
T'ou-man, Stammeshäuptling der Hunnen 558
Toynbee, Arnold Joseph, englischer Historiker und Geschichtsphilosoph 17, 25, 32, 34, 38, 360
—, »A Study of History« (6 Bde., 1934—1939) 17

Traikutaka, indisches Herrschergeschlecht 464
Trajan(us), Marcus Ulpius, römischer Kaiser 148, 202, 648
Transbaikalien, Landschaft in Ostsibirien 614
Transhumanz, langsamer Wechsel zu dörflicher Siedlungsform 241, 244
Transjordanien, Landschaft in Palästina 97
Transkaukasien, Landschaft südlich des Kaukasus 88, 111, 138, 140
Trigarta, Republik in Indien 421
Trigonometrie 474
Triparadeisos, Syrien 399
Tripitaka, buddhistischer Kanon 417
Triveda, Teil des Veda 366
Troas, Landschaft in Nordwestkleinasien 181
Trojanischer Krieg 373
Ts'ai Lun, Erfinder des Papiers 486, 653
Ts'ao P'ei, chinesischer Kaiser 527, 652
Ts'ao Shen, Kanzler der Han-Dynastie 530
Ts'ao Ts'ao, Gründer der Wei-Dynastie 539, 554, 652
Tschaldyrsee, Armenien 83

Tschischpis, Fürst der Kimmerier 111
Tschischpisch, siehe Thespias
Tschoga-Zembil (früher Dur-Untasch), Mesopotamien 64
Tseng-tzu, Schüler des Konfuzius 511
Tso chuan, altchinesisches Geschichtswerk 482
Tsou-Yen, chinesischer Philosoph 552
T'u, chinesischer Gott 497, 503
Tucci, Giuseppe, italienischer Indologe und Tibetologe 452
Tudhalijas II., König der Hethiter 46, 68
Tudhalijas III., König der Hethiter 46, 49, 68
Tudhalijas IV., König der Hethiter 51, 56, 58, 68
Thudhalijas V., König der Hethiter 68
Türken 217
Tukultiapilescharra, siehe Tiglatpilesar I.
Tukultininurta I. (griechisch Ninos), König von Assyrien 62 bis 65, 67f., 70, 72, 75, 131
Tukultininurta II., König von Assyrien 68, 78
Tulayama (Turamāya), ägyptischer Gesandter in Indien 405
Tungabhadrā, Fluß in Südindien 413, *Kartenskizze 359, 367, 443*

T'ung-chih (»Übersicht über die Abhandlungen«), chinesische politische Enzyklopädie 484
Tung Chun-shu, chinesischer Philosoph 552 ff., 653
—, »Ch'un-ch'iu fan-lu« 553, 653
Tung-chung-Shu, Staatsmann der Han-Dynastie 533
Tung-kuan Han-chi (»Aufzeichnungen über die Han aus dem Östlichen Pavillon«) 484
Tung-ou, Staat in China 568
T'ung-tien (»Übersicht über die Verfassungen«), chinesische politische Enzyklopädie 484
Tung-t'ing, See in Hunan 529, 540, 568
Tunhuang (Throana), Oasenstadt an der Seidenstraße in Kansu 563, 565, 618
T'un-t'ien, »Garnisonsfelder« 564
Turamāya, siehe Tulayama
Turanische Senke 137, 191
Turanische Steppe 158
Turfan, Chinesisch-Turkestan 561
Turkestan, Landschaft vom Oxos bis einschließlich des T'ienshan-Gebietes 204f., 207, 211, 562
Turtanu (biblisch Tartan), assyrischer Oberfeldherr 297
Turukkäer, Volksstamm im Zagrosgebiet 61
Turvasha, altindischer Volksstamm 368
Tuschpa (Wan), Armenien 87 ff., 97, 643, *Kartenskizze 85, 111*

Tuschratta, König von Mitanni 43, 47, 49, 60, 68
Tushapha, Rāja, Gouverneur von Surāshtra 411 f., 442
Tutanchamun, Nebcheprurê, König von Ägypten 49
Tyana, Stadt und Fürstentum in Kleinasien 91, 425
Tyche (griechisch Glück, Zufall, Schicksal) 214
Tyros (Ssurru), Phönikien 48, 75 f., 80, 110, 115, 125, 127, 183, 273f., 283, 327, 642ff., 646, *Kartenskizze 111, 116, 255, 331*

Tzu-chih t'ung-chien (»Allgemeiner Spiegel zur Hilfe der Regierung«) 484

# U

Ucchakalpa, Staat in Bundelkhand 462
Ucchedavāda, altindische philosophische Lehre 397
Udāyin, König von Magadha 381
Udgatri, indischer Priester 364
Ugagupta, indischer Mönch 403

Ugarit, Syrien 46ff., 55, **57—60**, 75, 109
—, Kultur, Kunst und Religion 58 ff.
Ugaritische Buchstabenschrift 47, 109
Ugrasena, siehe Nanda
Ugrasena, Prinz der Kuru 374
Ugrier, die sprachlich verwandten Ostjaken, Wogulen und Magyaren 607
Ugrofinnen, Sprachfamilie eurasischer Völker 138
Uiguren, türkischer Volksstamm 633
Ujjain (Ujjayinī), Zentralindien 354, 370, 380, 388, 411, 442, 444f., 467, 472, *Kartenskizze 359, 443*
Ukinzer, König von Babylonien 69, 97
Ulamburiasch, babylonischer Heerführer 45
Ulema, Vertreter der theologischen Gelehrsamkeit und Rechtsprechung im Islam 626
likummi, churritisches Ungeul heuer 55
Ululai, Name Salmanassars V. in Babylonien 98
Umā, indische Göttin 441, 453
Umman-Manda, skythisches Volk 300, 306
Una, Hügel zwischen Swat und Indus 398
Unio mystica, mystische Vereinigung 514
Universalität 208
Unki, Landschaft bei Antiocheia am Orontes 97
Untaschhupan, König von Elam 64, 69
Upanishaden (Sanskrit »vertrauliche Belehrung«), kleinere religionsphilosophische Texte 153, 385, **389ff.**, 414, 434, 449, 453 f., 629
Upāsaka, buddhistische Laien 566
Ur (heute el Mugier), Mesopotamien 45f., 94, 129, 242, 360
Uraiyur, Hauptstadt von Cola 407, 652
Urartäer (griechisch Alarodier) 89, 90f.
Urartu (Uruatru, Bia), Reich der Chalder in Armenien 30, 83f., **86—90**, 93, 97, 99f., 107, 109f., 140, 159, 641 ff.
—, Kunst und Religion 89f., *Abb. 88*
Urballâ, Fürst von Tyana 91
Urban revolution (städtische Revolution) 578
Urdeuteronomium 301 ff.
Urdu, Staatssprache in Pakistan 385
Urhiteschup, König der Hethiter 50, 68

## NAMEN- UND SACHREGISTER

Uria, Oberpriester in Jerusalem 296
Urikki, König von Adana 92
Urkommunismus in China 487f.
Urmia-See, Aserbeidschan 77, 84, 87ff., 100, 111, 139, 643, *Kartenskizze 85, 111, 166*
Urtaku, König von Elam 110, 116
Uruatru, siehe Urartu
Uruk am Euphrat (griechisch Orchoë, heute Warka) 45, 71, 74, 101, 126, 130f., 137, 599, *Abb. 45*
Urusalim, siehe Jerusalem
Uruwana, Gott in Mitanni 364
Ushas, indische Gottheit 373
Ushavadāta, Prinz der Shaka 442
Usia (Asarja), König in Juda 288f., 292, 294ff., 644
Utica, Tunesien 76
Uttar Pradesh, Bundesstaat Indiens 361, 379f., 393, 420, 650, *Kartenskizze 367*
Uwachschatra, siehe Kyaxares
Uxier, Volk in Westiran 182

## V

Vādo (Oado), Hindu-Gott 440
Vadugar (Telugu?), altindischer Volksstamm 407
Vahuburz, Führer der aufständischen Perser 197
Vairocana, predigender Buddha 452
Vaishālī, Hauptstadt der Licchavi 380ff., 460, 468
—, Zweites Konzil (um 380 v.Chr.) 382, 396
Vaisheshika, System der indischen Philosophie 453f., 469, 472
Vaisheshikasūtra, Lehrtext 454
Vaishya, Bauern- und Handwerkerkaste der Hindus 375, 450
Vājasaneyī, Weißer Yajurveda 366
Vākāṭaka, indische Dynastie 445, 462ff., 468, 652
Valabhī, Surāshtra, Indien 418, 462
Valcamonica, Tallandschaft in den italienischen Alpen 605
Valerian(us), Publius Lucinius, römischer Kaiser 148, 216, *Abb. 212*
Vālmīki, Verfasser des Rāmayana 416
Vanavāsa, Landschaft im Dekhan 413
Vanji, Hauptstadt von Cera 407, 651
Vara, Wohnmauersiedlung 145
Varāhamihira, indischer Astronom 473f.
—, »Paulisha-Siddhānta« 473
—, »Romaka-Siddhānta« 473
—, »Sūrya Siddhānta« 473f.

Vardhamāna Mahāvīra, indischer Religionsstifter 379, 385, 391, 396, 418, 627, 650
Varella, Kap, Süd-Vietnam 465
Varuna, vedischer indischer Gott 44, 364, 372, 376
Vasishka, König der Kushāna 440
Vāsishthīputra Pulumāvi, König der Kārdamaka 445, 449
Vasubandhu d.Ä., buddhistischer Gelehrter 469
Vasubandhu d.J., buddhistischer Gelehrter 469, 653
Vāsudeva I., König der Kushāna 195, 441
Vasudeva, Brāhmane, Gründer der Kāṇva-Dynastie 420
Vāsudeva, vedischer Heros 414, 453
Vāsudeva-Krishna, indischer Gott 414, 431f., 652
Vatsa, Staat in Indien 380, 650
Vatsagulma in Berār 464
Vātsīputrīya, buddhistische Sekte 433
Vātsyāyana, buddhistischer Kommentator 472
Vāyu, indische Gottheit 373
Vāyū, altes Purāna 472
Veda (Sanskrit Wissen), die vier ältesten heiligen Schriften der Inder 141, 145, 151f., 355, **363** bis **373**, 385, 389ff., 413, 416, 427f., 434, 453f., 470, 609, 650
Vedānga, die sechs »Körperteile des Veda« 414, 435
Vedānta, System der indischen Philosophie 389, 434f., 453f., 472
Vedāntasūtra, Lehrtext 454
Vendidat, zarathustrische Gesetzessammlung 172
Vengi, Andhra Pradesh 464
Verkaufsadoption 43
Versöhnungstag (Jom Kippur) 327
Verus, Lucius Aurelius, römischer Kaiser 148
Vespasianus, Titus Flavius, römischer Kaiser 349, 648
Vidarbha (heute Berār), altindisches Königreich 384f., 427
Videha, altes Königreich im Gangesbecken 369, 380
Videvdat, zarathustrische Gesetzessammlung 172
Viehzucht 22, 24, 145, 580, 584, 586, 589, 593, 595, 608, 650
Viet-Minh-Staat (Vietnam) 556
Vietnam, Staat in Indochina 632
Vihāra, buddhistisches Kloster 437f., 460f.
Vikrāmā-Zeitrechnung (von 57 n.Chr.) 444
Vima Kadphises (Kushan-Dynastie) 195, 439, 444, 457
Vinaya, Zuchtregeln des Mönchsordens 396, 417
Vinayapitaka, buddhistischer Kanon 417

Vindhya-Kette, Gebirge in Zentralindien 353, 384, 406, 408, 463, 466
Vindhyashakti, Begründer der Vākāṭaka-Dynastie 463
Viracocha (Huiracotscha), peruanischer Gott 624
Virgil (Publius Virgilius Maro), römischer Dichter 565
Virtus (lateinisch), männliche Tüchtigkeit, Vollkommenheit, Tugend 504
Vishnu, indischer Gott 378, 414ff., 431, 435, 470
Vishnuismus 423, 431f., 453, 470
Vishnukundin, indisches Herrschergeschlecht 464
Vishnu Purāṇa 472
Vishvamitra, indischer Priester und Heerführer 368
Visuddhimagga, buddhistischer Kommentar 469
Vitasta (Hydaspes, Jhelum), Fluß im Punjab, *Kartenskizze 359, 367, 443*
Völkerwanderung, germanische 18f.
Vohumāna (Manaobago), iranische Gottheit 441
Vokalalphabet, avestisches 234
—, griechisches 234
Vologeses (Volageses) I., Partherkönig 148, 202
Vologeses (Volageses) II., Partherkönig 148, *Abb.200*
Vologeses (Volageses) III., Partherkönig 148, 203
Voltaire, eigentlich François Marie Arouet, französischer Schriftsteller 15f.
Vonones, Partherkönig 148, 202, 425
Vorderasien 19, 26, 28, 30, 41, 43, **45–48**, 61, 88, 179, 399, **641** bis **649**
—, Dynastieübersicht 68f.
Vorderer Orient 16f., 19, **25–31**, 298, 479, **575–600**, *Kartenskizze 583*
Vorratswirtschaft 23, 576f., 597f.
Vorsokratiker 609f.
Vorzeichenlisten, babylonische 74
Vrijji, Volksstamm und Staatenbund in Indien 379ff., 650
Vrishni, altindischer Volksstamm 432

## W

Wahkarê Bocchoris, König von Ägypten 172
Walthari(us), Held des Epos »Waltharius manu fortis« des St.Galler Mönches Ekkehart I. (um 925/930) 213
Wan, siehe Tuschpa
Wang, chinesische Bezeichnung für Großkönig 496

# NAMEN- UND SACHREGISTER

Wang, chinesische Dynastie 525f., 537
Wang Ch'ung, chinesischer Philosoph 554
Wang Mang, Kaiser der Wang-Dynastie 487, 525f., 529, 534f., 538, 549, 553, 562, 652
Wan-See, Armenien 30, 86ff., 97, 100, 586, 643, *Kartenskizze 85, 111, 166*
»war lords«, regionale Militärmachthaber in China 488
Wasaschatta, König von Mitanni 62, 68
Wassukkanni, Mitanni 42, 49
Wattî (Mattî), siehe Azitawadda
Watzinger, Karl, Archäologe 592
Wawilow, Nikolai Iwanowitsch, russischer Genetiker 579f., 584
Wehrpflicht in China 547, 550f.
Wei (Wei-ho), Fluß in China 482, 492f., 499f., 502, 561, 650, *Kartenskizze 495, 559*
Wei, Staat in China 482, 500f., 519, 521, 527, 539, 557
Wei, chinesische Dynastie 458, 539, 652
Weiber- und Besitzgemeinschaft in Persien 222, 225
Wei Ch'ing, chinesischer Feldherr 560
Weichsel 603
Weiße Ameisen (Termiten) 438
Weiße Hunnen, siehe Hephtaliten, Kidariten
Weizen 494, 584
Wellhausen, Julius, Theologe und Orientalist 317, 325, 332
Weltschöpfungsepos, babylonisches 71, 105
Wen, Kaiser der Han-Dynastie 520, 525, 531, 549, 553, 559, 565, 569
Wen, König der Chou 510
Wen-hsien t'ung-k'ao (»Allgemeine Untersuchungen über die Dokumente«), chinesische politische Enzyklopädie 484
Westbengalen, Bundesstaat Indiens 369, 380, 650
Westghats, Gebirgsrand des Dekhan an der Westküste Südindiens 437
Westturkestan, Landschaft östlich vom Kaspischen Meer 137
Wheeler, Sir Robert Eric Mortimer, englischer Archäologe 362, 407
Wiedergeburt (Samsāra) 393f., 470
Wildschaf 582, 584, 586, *Kartenskizze 587*
Wildziege 582, 584, 586, *Kartenskizze 587*
Wirtschaftsform, altorientalische **174—178**
Witwenehe in Indien 370, 376
Witwenopfer 429
Wodan (Odin), altgermanischer Gott 605

Wogulen, ugrischer Volksstamm 607
Wolga, Fluß in Rußland 614
Wortschrift 46, 48, 57, 107f.
Wu, Staat an der Yang-tzu-Mündung 501f., 527, 531, 540, 556, 568, *Kartenskizze 520*
Wu, Kaiser der Han-Dynastie 525, **532—535**, 537f., 542, 545ff., 549, 553f., 556, 559, 563f., 569, 652
Wu, König der Chou-Dynastie 499, 510, 529
Wu (chinesisch), Schamane 498
Wu-ling, König der Chao-Dynastie 605f.
Wu-sun, innerasiatisches Nomadenvolk 561, 613
Wu-ti (Wu-di), Kaiser der Han-Dynastie 195, 616, 618, 652
Wu-wei (»Handle nicht«), Prinzip des Tao 514, 530
Wu-yüan, Landschaft am Gelben Fluß 560

## X

Xandrames (Agrammes, Augrasainya?), König von Magadha 382
Xanthos, lydischer Geschichtsschreiber 164
Xenophon, altgriechischer Schriftsteller 124, 383
Xerxes I. (Chschajarscha), König von Persien 130, 146, 165, 172, 174, **177—180**, 182, 384, 645, *Abb. 165, 177*
Xerxes II., König von Persien 180, 645

## Y

Yabghu, indo-baktrische Fürsten 438f.
Yādava, vedisches Geschlecht 414
Yadu, altindischer Volksstamm im Punjab 368
Yajña, feierliches Opfer 364, 373
Yajñashri Sātakarni, König der Shātavāhana 445
Yajñavalkya, indischer Seher 389, 450
Yajñavalkyasmriti 450
Yajurveda, Veda der Sprüche 365f., 377f.
Yajus, rituelle Opferformel 364, 366
Yaksha (weibl. Yakshinī) 419, 436ff., 457f., *Abb. 412*
Yalu, Fluß in der Manchurei 616, *Kartenskizze 495, 559*
Yama, König der Toten im indischen Mythos 373
Yamuna (Jumna), rechter Nebenfluß des Ganges 402, *Kartenskizze 359, 367, 443*
Yang Hsiung, chinesischer Philosoph 554

Yangshao-Kultur 490, 494, 649
Yang-shao-ts'un (Mien-ch'ihhsien), westlich von Honan, China 490
Yang-tzu-kiang (Chiang), Fluß in China 479, 488, 491f., 500ff., 527, 531f., 540, 556, 568, 571, 650
Yao, legendärer chinesischer Kaiser 489, 491, 510, 517
Yāska, indischer Sprachwissenschaftler 414
Yaudheya, Volksstamm im Südpunjab 421, 442, 444, 461
Yavana (Griechen) 193, 399, 404f., 420, 428, 445, 447
Yayāti, mythischer Herrscher in Indien 366
Yazdgard I. (Yezdegerd, im Pehlewi Yazdkart, griechisch Ysdigerdes), König von Persien 148, 217
Yazdgard II., König von Persien 148, 215, 217
Yazdgard III., König von Persien 149, 230, 232, 234, 649
Yeh-lang, Staat in China 569f.
Yemen (Jemen), Landschaft in Südwestarabien 226f.
Yen, Staat in China 521, 530, 557, 567
Yen-kao-chên (Vima Kadphises), König der Kushāna 439
Yi (chinesisch), richtiges Verhalten 553
Yi, Volksstamm in China 500
Yima, mythischer König von Iran 145, 157, 612
Yin (Shang), chinesische Dynastie 487
Yin und Yang, die Urkräfte in der chinesischen Philosophie 513, 552f.
Yoga, indische Erlösungslehre und -praxis 415, 435, 453, 471f., 514, 567
Yogācāra-Schule 469f.
Yogasūtra, Lehrtext 471, 653
Yogin, Anhänger des Yoga 435, 448
Yona, iranisch für Ionier 405
Yonakaloka, griechischsprechende Länder Altindiens 413
Ysāmotika, Fürst der Shaka 442
Yü, legendärer chinesischer Kaiser 489, 491
Yüan, Kaiser der Han-Dynastie 525
Yüan Hung, chinesischer Historiker 484
—, »Hou-Han-chi« 484
Yüe(h), Staat in China 501f., 556f., 568ff.
Yüe(h)-chih (chinesisch), Tocharer 195, 422, 424, 438, 441, 559, 567, 613, 619, 652

# NAMEN- UND SACHREGISTER

Yü-hai, chinesische politische Enzyklopädie 484
Yünnan, chinesische Provinz 525, 569f., 652, *Abb. 568*
Yusuf (Dhu Nuwas), Prinz der Himyar 226f.

## Z

Zab, Oberer (Großer), Nebenfluß des Tigris 62, 105, *Kartenskizze 85*
Zab, Unterer (Kleiner), *Kartenskizze 85*
Zababaschumiddina, König von Babylonien 64, 69
Zabanni, Syrien 288
Zabibija, Königin der Araber 97
Zabul (Jāuvla, heute Ghazi), östliches Afghanistan 463
Zadrakarta, Hauptstadt von Hyrkanien, *Kartenskizze 167*
Zagros, Hochgebirge in Iran 42, 61f., 65, 77ff., 83, 581f., 585, 594, 597, 607
Zakar, König von Hama und Luchasch 68, 93
Zamban, Osttigrisland 319
Zamua, Landschaft in Iran 83, 111
Zaotar, iranischer Opferpriester 155, 165

Zarathustra (griechisch Zoroaster), iranischer Religionsstifter 35f., **141—146, 149—156**, 161f., 165, 168f., 171ff., 184ff., 189, 198, 208, 210, 608ff., 623, 627, 645
—, Sittliche Forderungen 156ff.
—, Verkündigung und Dichtung 144f., **149—156**, 161, 163, 184
Zarathustrier 164f., 186, 192, 197, 203, 205, 214f., 218, 626
Zarathustrismus (Zoroastrismus) 35f., 148, 156, 164f., 168, 185, 192, 207, 210f., 213f., 217, 226, 234, 452, 623f., 631, 633, 648
Zarzi, Fundstätte im Irak 582
Zarzien, Kulturstufe des Mesolithikums 582
Zedekia (Matthanja), König von Juda 308ff., 312, 644
Zehn Gebote 247f.
Zeitrechnung der Gupta (von 320/321 n. Chr.) 461
— der Shaka (von 78 n. Chr.) 439, 442
— der Vikrāmā (von 57 n. Chr.) 444
Zellenschmelz 235
Zeloten (Eiferer), römerfeindliche jüdische Partei in Palästina 348f., 648
Zelt, heiliges (Stiftshütte), tragbares Heiligtum der Israeliten 249, 263, 270, 325

Zephanja, jüdischer Prophet 123
Zeus, griechischer Gott 131, 197, 206, 335f., 373, 646
Zhob, Fundstätte, Beluchistan 356, 649, *Kartenskizze 359, 367*
Ziege 582, 584, 586, 593, *Kartenskizze 587*
Ziegelrelief 74, *Abb. 45, 128*
Zikkurrat (akkadisch Götterburg), *Abb. 44*
Ziklag, Palästina 267, *Kartenskizze 255*
Zion (ursprünglich der Südosthügel Jerusalems, Königssitz Davids, später der Tempelberg und Jerusalem selbst) 295
Zippaslâ, Landschaft in Anatolien 51
Zivilisation 21, 23, **25—29**, 35ff., **628—631**, 633f.
Zivilrecht, altindisches 428
Ziwije, südlich des Urmia-Sees 111, 140
Zoba, Aramäerstaat 76
Zoroaster, siehe Zarathustra
Zweistromland, siehe Mesopotamien
Zwölfstämmeverband Israel 36, 244ff., **248—251**, **258—271**, 273f., 276, 280f., 287, 293f., 301ff., 320, 326, 328f., 641, 645

# QUELLENVERZEICHNIS DER ABBILDUNGEN

Fratelli Alinari, Florenz (349) – The American Schools of Oriental Research, New Haven/Conn., nach M. Burrows, The Dead Sea Scrolls, 1950 (340) – Archives Photographiques, Paris (256, 288, 292) – Folke Bergmann über Sven Hedin-Stiftung, Statens Etnografiska Museum, Stockholm (556) – Dr. George G. Cameron, Ann Arbor/Mich., The American Schools of Oriental Research and the University of Michigan (144) – Délégation Archéologique Française en Afghanistan (457) – Directorate General of Antiquities, Baghdad (44, 300) – Walter Dräyer, Zürich (357, 412, 456, 470, 475) – Verlag M. DuMont Schauberg, Köln, nach Klaus Fischer, Schöpfungen indischer Kunst, 1959 (413, 474) – Werner Forman, Prag (76, 81, 96, 113, 116, 548) – Dr. Georg Gerster, Zürich (244) – Giraudon, Paris (552 unten) – Prof. Dr. R. Ghirshman, Paris (65, 212) – Sig. Luc. H. Grollenberg O. P., Nijmegen (257) – Dr. Herbert Härtel, Berlin (405, 471) – Hessische Treuhandverwaltung des früheren preußischen Kunstgutes, Wiesbaden (253) – Friedrich Hewicker, Kaltenkirchen/Holstein (88) – Hirmer Verlag, München (56, 57) – The Israel Exploration Society über The Electrotype Agency, London (348) – Dr. Kathleen M. Kenyon, London (592) – laenderpress, Düsseldorf-Golzheim (164, 213) – Enrico Mariani, Como (117, 176, 233) – Museum van Aziatische Kunst, Amsterdam (492, 493 oben, 496, 497, 505, 553 oben) – N. V. Uitgeversmaatschappij Elsevier, Amsterdam (272) – The Oriental Institute of the University of Chicago/III. (165, 176 innen, 177, 273, 585) – Palestine Archaeological Museum, Jerusalem/Jordan (341) – Willem van de Poll, Amsterdam (245) – Paul Popper Ltd., London (356, 440, 584) – Rijksmuseum voor Volkenkunde, Leiden (549, 557, 569) – James A. de Rothschild Expedition to Hazor über The Electrotype Agency, London (281) – Jean Roubier, Paris (64, 112, 160, 220) – Dr. Wolfgang Salchow, Köln-Bayenthal, aus Kunst und Kultur der Hethiter, Deutscher Kunstrat, Köln 1960 (89) – Emil Schulthess über Conzett & Huber, Zürich (145) – Pater S. Springhetti S. J., Centro Culturale San Fedele, Mailand (393, 404) – Uni-Dia-Verlag, Hermes Vertriebsges. K.G., Großhesselohe b. München (252) – University of Washington Press, Seattle/Wash. (493 unten) – Eduard Widmer über Conzett & Huber, Zürich (189) – M. Wolgensinger, Zürich (280) – Alle anderen Fotos verdanken wir den in den Bildunterschriften genannten Museen und Archiven.

# Deutsche Geschichte im Ullstein Taschenbuch

Ein Gesamtbild deutscher Geschichte vom Mittelalter bis in unsere Zeit in Einzeldarstellungen und thematischen Ergänzungsbänden

Herausgegeben von Walther Hubatsch

## Winfried Baumgart
## Deutschland im Zeitalter des Imperialismus (1890-1914)

Grundkräfte und Strukturen

Deutsche Geschichte Band 4

Einleitung / Der Kurswechsel 1890 / Primat der Innenpolitik? / Innenpolitische Situation der fünf Großmächte / Grundzüge der Außenpolitik: Formwandlung der internationalen Beziehungen / Imperialismus Weltpolitik / Flottenpolitik / Kolonialpolitik / Weltpolitik und Europapolitik / Europapolitik / Probleme der Innenpolitik: Die konstitutionelle Monarchie / Die Parteien und der Parlamentarismus / Die Schwächen der Reichsverfassung / Die Parteien / Interessenverbände / Bevölkerungsentwicklung und gesellschaftliche Strukturen / Die soziale Frage

# Philosophie im Ullstein Taschenbuch

## Friedrich Nietzsche
## Werke in fünf Bänden

Herausgegeben von Karl Schlechta

### Werke I
Ullstein Buch 2907
Geburt der Tragödie / Unzeitgemäße Betrachtungen / Menschliches, Allzumenschliches

### Werke II
Ullstein Buch 2908
Morgenröte / Die fröhliche Wissenschaft / Also sprach Zarathustra

### Werke III
Ullstein Buch 2909
Jenseits von Gut und Böse / Götzendämmerung / Ecce Homo / Der Antichrist / u. a.

### Werke IV
Ullstein Buch 2910
Aus dem Nachlaß der Achtzigerjahre / Briefe

### Werke V
Ullstein Buch 2911
Anhang (Zeit- und Lebenstafel, Philologischer Nachbericht, Anmerkungen zu den Briefen) / Karl Schlechta: Nietzsche-Index / Bibliographie